郭绍纲研究文集

广州美术学院
广东省人民政府文史研究馆 编

GUOSHAOGANG YANJIU WENJI

中山大学出版社
·广州·

版权所有　翻印必究

图书在版编目（CIP）数据

郭绍纲研究文集/广东省人民政府文史研究馆，广州美术学院编. —广州：中山大学出版社，2020.12

ISBN 978-7-306-07035-7

Ⅰ.①郭…　Ⅱ.①广…②广…　Ⅲ.①美育—文集　Ⅳ.①G40-014

中国版本图书馆 CIP 数据核字（2020）第 218312 号

出 版 人：	王天琪
策划编辑：	金继伟
责任编辑：	杨文泉
封面设计：	曾　斌
责任校对：	卢思敏
责任技编：	何雅涛
出版发行：	中山大学出版社
电　　话：	编辑部 020-84110283，84111997，84110779
	发行部 020-84111998，84111981，84111160
地　　址：	广州市新港西路 135 号
邮　　编：	510275　传　真：020-84036565
网　　址：	http://www.zsup.com.cn　E-mail：zdcbs@mail.sysu.edu.cn
印 刷 者：	佛山市浩文彩色印刷有限公司
规　　格：	787mm×1092mm　1/16　31.25 印张　735 千字
版次印次：	2020 年 12 月第 1 版　2020 年 12 月第 1 次印刷
定　　价：	98.00 元

如发现本书因印装质量影响阅读，请与出版社发行部联系调换

《郭绍纲研究文集》编委会

主　任：杨汉卿
副主任：麦淑萍　庄福伍　周　高　杨　敏　陈小敏
编　委：李劲堃　梁世雄　方　唐　陈永正　陈初生
　　　　张桂光　李遇春　王　见　吴正斌
编　辑：谭　劲　吴慧平　许以冠　赖荣幸　陈卫和
　　　　温洁芳　郭　晨　张莹莹　李承宗

序 言 一

文化艺术的传承是人类智慧和民族精神的传承，是"成孝敬，厚人伦，美教化，移风俗"的必要途径；是陶冶道德情操、抒发美好理想、丰富人们生活、推动社会进步的重要领域；是一项益于今人、惠及后世的经久不衰的事业。

优秀的文化艺术作品记载历史，展现未来，静憩在书本之中，发力于现实之间，弘扬主流价值观和核心价值体系。观今易鉴古，无古不成今。对文化艺术研究成果的整理、总结与利用，是国运昌隆、社会稳定的表现，是为党和政府决策提供参考、借鉴的要务，是保存民族记忆、推动社会发展的大事。

广东省人民政府文史研究馆，以文化传承为核心，以弘扬民族精神和时代精神为己任，汇聚群贤编史修志，著书立说，文研艺创，齐心描绘祖国辉煌灿烂的历史画卷，共同谱写文化发展的生动篇章，不断挖掘中华文化开拓创新、博采众长的精神内涵。

广东省人民政府文史研究馆馆员享有盛誉、造诣深厚，在投身于改革开放和现代化建设的伟大实践中，留下了大量的著述和研究成果，是独特艺术魅力与社会进步思想的完美结合，是文化艺术研究者对时代、生活的深刻思考和感悟。正是通过这些作品的表达和学术成果的积累，馆员将自己渊博的理论知识、丰富的实践经验传给后人，使优秀传统文化不断延伸和发展。

为了使这笔珍贵的学术成果得以保存并充分发挥作用，让经典涵养道德，让智慧启迪人生，我们将馆员的文史、艺术等各类研究成果精华分类编辑出版，以飨读者。

郭绍纲先生是我馆名誉馆员，是著名的油画家和美术教育家，在艺坛享有盛誉。在《郭绍纲研究文集》付梓之际，我们期冀敬老崇文之风历久弥新，优秀传统文化精华薪火相传，文史阵地翰墨飘香，祝他健康长寿，艺术之树长青！

广东省人民政府文史研究馆

序 言 二

悉闻郭绍纲教授从艺 70 周年之际，广东省人民政府文史研究馆和广州美术学院决定合编《郭绍纲研究文集》（以下简称《文集》），并将 2015 年由广州美术学院美术教育研究所组织编撰的《郭绍纲美术教育研究》作为上编内容收录其中，下编为郭绍纲教授从教以来撰写的部分文章，两部分内容的整合使得《文集》内容更加完善。上、下编内容分别从他人和自身的视角，让我们可以更全面、更客观地了解、解读郭绍纲教授的艺术思想和美术教育思想。这些对于从事美术教育事业的后学而言，是一笔宝贵的财富。

广州美术学院美术教育研究所的前身为广州美术学院美术教育研究室，其创建者就是郭绍纲教授。本来高等院校都有类似的教育研究机构，作为高等教育教学规律的研究总结者，促进高校自身的发展建设。但是，我国的专业艺术院校往往只设立艺术研究机构，而较少考虑艺术教育研究机构存在的必要性。20 世纪 80 年代初，广州美术学院创建美术师范系，希望通过美术教育教学规律研究，促进美术师范专业建设和美术教学师资培养，因而郭绍纲先生到南京师范大学取经，随之创建了美术教育研究室。2011 年，学院决定将之更名为美术教育研究所。

我们之所以编辑这本《文集》，不是出于郭绍纲先生是本研究机构创办人，而是因为郭绍纲先生一辈子丰富的美术教育经历和对美术教育的突出贡献，及其对美术教育的信念、认识和探索具有较高的学术价值。追溯郭绍纲先生从事美术教育之始，绝对不止 60 年。他还是中学生的时候就开始做美术"小老师"，不曾想就此开启了美术教育生涯，这辈子除了学习和创作之外，都在从事美术教育工作。他做过业余美术辅导教师，投身于美育讲学和美术普及工作；他长期负责专业院校美术专业课程教学，乃至于主管专业美术学院的教育教学工作；他主动请缨创办美术师范系，努力培养美术教学师资，发现美术创作和美术教育在人才培养方面的区别，探索艺术院校办师范的专业模式。可以说，郭绍纲先生的美术教育经历覆盖了美术教育的所有领域，从提高国民素质的公共美术教育，到艺术人才培养的专业美术教育，再到教学人才培养的美术师范教育，无往不至，无所不在。以美术教育研究角度来看，郭绍纲先生的美术教育人生是一笔财富，是非常典型的个案，极具超前意识和教育思考高度，为将来的美术教育事业提供认识基础和发展经验。

我们以往对美术教育的认识受到一定局限，比较偏狭，将美术视为"术科"的认识导致专业过度技术化，对艺术理解的不确定和误导将美术专业神秘化，以致前述专业院校反而成为艺术教育研究中"被遗忘的角落"。即使广州美术学院设立了美术教育研究机构，在一些人的眼里也不过是教育理论的教研室。也可以说，长期以来，人们忽略了郭绍纲先生创办美术教育研究室的价值功能和现实意义。学院为更好发挥研究机构作用，理顺管理关系，决定让研究室在更名为研究所之后逐渐回归美术教育研究本体。美术教育研究所于2014年在学院"创新强校工程"立项的"美术教育信息资料中心"，明确从设备条件、人员配备方面加强建设，打造一个研究专业美术教育、公共美术教育和师范美术教育的学术平台。恰逢其时，美术教育研究所组织力量，对经年收集的相关资料进行编辑整理，《文集》因此得以面世。本《文集》不单为郭绍纲教授从教纪念活动添兴，而且有助于开启人们对艺术教育问题的关注。优秀的美术学院教授不仅是美术家，而且一定是美术教育家。

对本《文集》的编辑出版，王水、陈银璇、莫斯棋几位师生共同参与了全书校对。由于本《文集》为美术教育研究文集，我们对收集的文稿资料进行了一些选择，以关注美术教育问题研究为主。有些研究郭绍纲教授艺术创作的文章，因为其中内容涉及油画教学或美术教育方面论述，都一并收入。当然，我们收集的资料仍不够全面，编辑整理的时间也较为紧张，纪念文集的编辑工作稍显匆忙，难免会有所遗漏。鉴于我们在美术教育研究方面的薄弱，美术教育研究所将继续开展对我院美术教育的全面资料收集和专业发展研究，希望能够得到有关部门和有识之士的援手和参与。

因为有艺术教育的代代传承，才有艺术生命的常青树。谨以本书纪念郭绍纲教授从事美术教育70周年！在此，对耄耋之年仍笔耕不辍、辛苦整理资料的郭绍纲教授表示深深的敬意！

陈卫和教授
2020年11月11日

序 言 三

广州美术学院举办郭绍纲教授从事美术教育70周年纪念展之际，广东省人民政府文史研究馆和广州美术学院决定合编《郭绍纲研究文集》（以下简称《文集》），《文集》分为上、下两编。上编"郭绍纲美术教育研究"是业界人士撰写的关于郭绍纲美术教育思想研究的相关文章，本编于2015年由时任广州美术学院美术教育研究所所长陈卫和教授组织美术教育学院教师编著而成，本次出版在其基础上进行再次修订。下编为"郭绍纲文集"，内容为郭绍纲教授从教以来撰写的部分文章，涉及艺术思想、美术教育思想、办学思想以及相关的展评等。

郭绍纲教授不仅是广州美术学院美术教育系的创始人，也曾是美术教育研究所的负责人。20世纪80年代初，出于在美术学院培养美术师资的需要，时任美术师范系主任的郭绍纲先生到南京师范大学调研之后，决定创建广州美术学院美术教育研究室，旨在通过对美术教育教学规律研究，促进美术师范专业建设和美术教学师资的培养。后来的实践表明，郭绍纲先生对于中国美术教育的洞见是极富前瞻性的。他提出"多能一专"的办学思想，对我国美术教育产生了深远的影响。

追溯郭绍纲先生从事美术教育，应该从中学时代开始，他在当中学生的时候就开始了美术老师的工作。他长期从事美术教育工作，知道美术创作人才和美术教育人才之间的区别，进而探索在独立艺术院校办师范的专业模式，这在当时对不被重视的美术教育而言，是极为难得的。从提高国民素质的公共美术教育，到艺术人才培养的专业美术教育，再到中小学美术师资的培养，郭绍纲先生的从教经历几乎覆盖了美术教育的所有领域。正如了解他的一位老师所说，如果要从全国的专门艺术院校中挑选出一位美术教育家来，郭绍纲先生无疑是最合格的候选人之一。我们以往对于美术教育的认识一直局限在对学生专业性的发展上，过度重视学生美术知识与技能的教学，忽视了美术教育的美育功能，以及美术教育人才综合素质的培养。正是这种对于美术教育的片面理解，反而导致了全国的美术专业学院成了被真正的美术教育研究所遗忘的角落。

党的十八大以来，以习近平同志为核心的党中央紧紧围绕实现"两个一百年"奋斗目标和实现中华民族伟大复兴的中国梦，把"教育强国"摆在治国理政的突出位置，开展了一系列根本性、开创性、长远性、基础性的工作，全面推进教育理论和实践创新，提出了一系列富有中国特色、体现时代精神，引领创新发展的新理念新思想新战略。如习近平总书记关于教育的重要论述和全国教育大会精神，《国务院办公厅关于全面加强和改进学校美育工作的意见》的颁布，党中央、国务院关于加强美育建设的政策法规和通知均给予高度的重视。尤其是习近平总书记在给中央美术学院8位老教授的回信中指出"美术教育是美育的重要组成部分，对塑造美好心灵具有重要作用"，更是明

确了美术教育在美育中的重要地位。因此，我们决定出版郭绍纲美术教育研究内容及其文集是为了更好地宣传郭绍纲先生的美术教育理念和美术教育精神，让美术教育的发展回归到美育的本位上来，回到"以文化人、以美育人"的"德育为先、德学兼修"的全面育人观上来。

郭绍纲先生多年的美术教育工作，有关言论、思想涉及对校内外方方面面的需求及思考。如美术展览的前言，画家同行专集的序言，省、市旅游文化建设方面的应征稿件，内容涵盖学校美育、社会美育、国民素质教育以及经济建设等。其中不仅有多篇为同行、友人写的专集序言，也有不少篇幅为学习先辈文艺家的心得与推介，以表达对这些先辈的纪念，还有推介同辈和后起之秀的相关文章。文章从点到面，长短不一，均很好地反映出了郭绍纲先生的教育理念和教育情怀。

本《文集》的出版首先要感谢广东省文史研究馆领导和有关同志的关心、支持和帮助，感谢广州美术学院的领导及我院参与编辑、校对等工作的同事们、研究生们。具体参编工作人员有：吴慧平、许以冠、王东娜、张莹莹、李承宗、林琛、林茵、方汀、麦静虹、黄新然、麦绮琪、黄志娟、蔡谨蔚、李琳、陈嘉熙、鲍聿、王为一、王珂、熊静宁、张瑜、陈卓欣、范秀斐、麦杰斌、黄虹瑜、周培培、许田果、林伯韬、林晓彤、朱泳琳、许哲、梁浩芊，同时感谢郭晨老师的默默支持。正是他们的付出，才使得本《文集》能在郭绍纲先生从艺 70 周年之际顺利面世，在此一并感谢！

广州美术学院美术教育学院党总支书记兼副院长、教授　吴慧平

写在文集出版之前

我从艺已 70 年有余，除了艺术实践，主要是以美术教育工作为业，其中包括教学、学科建设，以及教学行政管理工作等。我由于从艺尽心、教学敬业，得到多方面的好评，这可见诸报纸杂志，又先后经本院美术教育研究所的收集、研究，筛选 17 篇和本人从艺、从教相关的内容，作为文集上编的内容，共占 100 余页。

改革开放后的 40 年，我应约发表于报纸杂志，以及为友人的专著作序，再加上在公共的文艺活动场合发言记录，汇总共得约 140 篇，构成文集的下编，所占篇幅 370 余页。所选文章如有疏漏不周之处，谨请谅解，有关文章涉及学术性问题，也请读者不吝指正。

《郭绍纲研究文集》的出版面世首先要感谢广东省文史研究馆领导的关心、支持和帮助，感谢本院各级领导和美术教育研究所先后参与工作的师生所付出的努力，感谢中山大学出版社同仁的大力支持、通力合作，在此还要向上编各篇作者表示感念之情。

郭绍纲
于广州美术学院
2020 年 11 月 14 日

目　录

上编　郭绍纲美术教育研究

继承写实传统，重视基础锻炼
　　——兼谈郭绍纲的艺术道路 ············· 迟　轲 / 3
郭绍纲的美术教育思想和实践 ············· 顾森毅 / 6
艺德兼善，美质中藏
　　——郭绍纲和他的油画 ············· 李永长 / 10
平和中的隐秀
　　——写在《郭绍纲油画集》出版之际 ············· 钟　涵 / 13
内美的艺术
　　——读绍纲的油画风景 ············· 邵大箴 / 18
业行九转，德艺双馨
　　——中华人民共和国第一代优秀艺术教育家郭绍纲先生纪略 ············· 沙　雁 / 20
无私奉献，奋力推进
　　——郭绍纲教授对中国当代美术教育的杰出贡献 ············· 范凯熹 / 22
德艺双馨，艺教双精
　　——郭绍纲教授的艺术教育观 ············· 范凯熹 / 30
基本功和创造力的互动
　　——郭绍纲教授的美术教育思想与方法评述 ············· 范凯熹 / 38
从艺术家服务基层所想到的 ············· 曹明求 / 43
画者，创美；师者，育人
　　——郭绍纲教授的艺术人生 ············· 吴　爽 / 51
郭绍纲老师的早中晚和三支笔 ············· 吴正斌 / 54
美术教育
　　——我与郭绍纲老师之"殊途同归" ············· 朱松青 / 57
郭绍纲美术教育思想与实践（节选） ············· 司徒达仍 / 61
郭绍纲求真务实的美术教育思想 ············· 司徒达仍 / 66
郭绍纲美术教育思想的现实意义 ············· 司徒达仍 / 95

郭绍纲的治艺之道 ································· 罗远潜 / 103

下编　郭绍纲文集

参观学习浅识
　　——述评法国 19 世纪农村风景画展览 ························ 107
素描基本练习中的风格问题 ······································ 111
素描教学座谈会上的发言 ·· 114
关于人体艺术 ·· 117
浑金璞玉，意趣纯真
　　——评价胡一川的油画艺术 ·································· 119
"吴芳谷水彩画展"前言 ·· 123
要进一步加强中小学美术教育
　　——在广东省中小学美术教学经验交流会暨广东省中小学美术教研会
　　　成立会上的讲话 ·· 124
素描教学讲座纲要 ·· 127
谈谈美术师范专业基础 ·· 132
重视美术作品的欣赏教育功能 ···································· 137
同心协力，研究教学
　　——在广东省中小学美术教研会成立会上的讲话 ················ 138
工作与职业道德 ·· 139
素描教学感想篇 ·· 144
一代新风，势质俱盛 ·· 146
美术鉴赏：《石门》与《南海油田》 ································ 148
广东油画会第五次展献词 ·· 149
习艺练功，本固枝荣
　　——与青年谈学画 ·· 150
艾尔米塔什博物馆 ·· 151
高等学校的美育与文明建设 ······································ 153
中国高等美术学院研究生作品集
　　——《广州美术学院作品》序 ································ 157
胸怀宏远，艺教兼精
　　——观徐悲鸿画展感想 ······································ 159
《人体构造艺术》幻灯教学片前言 ·································· 162

钟耕略的画 ·· 164
波士顿艺术家联合会中国交流画展开幕式致辞 ·· 165
当代广东油画展前言 ·· 166
话说粉画 ·· 168
谈谈广州美术学院的教学改革 ··· 169
访苏漫记 ·· 175
埃里温儿童艺术博物馆 ··· 179
余菊庵的"四绝"与《海棠花馆印赏》 ··· 181
重视美育是现代文明的表现
　　——观吴芳谷暨学生画展有感 ··· 183
展示美的教材 ·· 185
有形有色的诗
　　——为"黄延桐油画展"作序 ··· 186
广州美术学院建校35周年献辞 ·· 187
美育
　　——时代的召唤 ··· 188
《中外人体摄影艺术欣赏》序言 ·· 192
"郭绍纲美术作品展"展览自序 ·· 193
"赖征云油画展"前言 ·· 194
在广州"包豪斯设计展"开幕式的致辞 ··· 195
胡一川、黎雄才两位顾问八十寿辰雅集致辞 ·· 196
高等美术院校应为中学培养美术师资 ··· 197
心宽道广，情挚艺真
　　——写在吴海鹰油画展出之前 ·· 199
1989年校运会致辞 ·· 200
在祝贺胡一川同志从艺60周年学术研讨会上的发言 ···································· 201
李铁夫先生120周年诞辰纪念大会致辞 ·· 204
加强美育，发展教育学科 ·· 206
香港·李铁夫作品展前言 ·· 207
《最新素描技法》代序 ·· 209
海之诗
　　——《吴芳谷水彩画集》序 ··· 210
建设美术教育学科，培养全面发展人才 ··· 212
纪念黄遵宪先生当代书画艺术国际展座谈发言 ·· 215

布莱恩·斯契莱纳
　　——一个画展的回顾 · 216
在岭南画派纪念馆落成典礼上的讲话 · 217
"钟耕略作品展"开幕式致辞 · 218
"关山月同志从艺60周年学术研讨会"致辞 · 219
"姜今书画展"前言 · 221
珂勒惠支作品展览开幕致辞 · 222
"赵少昂精选小品画展"开幕致辞 · 223
"王学仲书画展"开幕致辞 · 224
重视图画这一通向科学与艺术间的桥梁
　　——有感于"学画益智助绘板"的问世 · 225
任瑞尧（真汉）纪念展场刊画册序 · 226
为册页藏品作跋 · 228
乐在其中无畏难 · 229
广州美术学院巴黎广州画室开幕致辞 · 231
适应社会发展需要，更新美术教育观念 · 232
书法作品个展致辞 · 238
师法自然，赞美自然
　　——熊德琴的水彩画 · 239
关于艺术市场问题的思考 · 240
莫各伯墨竹作品展致辞 · 243
素描艺术之光
　　——"王式廓作品展"前言 · 244
美育与美术教育的使命
　　——《美育与美术教育文集》序言 · 246
加强学校美育，提高人才素质 · 248
美师敬业，艺术长青 · 252
油画风景展自述 · 254
《油画风景集》自序 · 255
永念师情 · 257
情深力作，艺象纷呈
　　——谈李瑞祥的油画艺术 · 259
丰碑在我心中
　　——纪念徐悲鸿先生100周年诞辰 · 261

《徐振铎、郭爱好画集》序 …… 264
"张哲雄粉画展"开幕致辞 …… 266
德艺兼优，垂范人间
　　——参观余本油画展有感 …… 267
《色彩基础教程》序 …… 269
《素描基础教程》序 …… 271
雷州高山寺首届书画展开幕致辞 …… 273
以文化建设为目标，发展广东旅游事业 …… 274
文化就是财富
　　——在广东省文化传播学会成立大会上的发言 …… 278
艺术市场的联想 …… 279
《建筑与环境模型设计制作》序 …… 280
《王健武色彩画集》序 …… 281
"素描大展"座谈会发言 …… 282
承前启后独行远
　　——观读《饶宗颐书画》有感 …… 284
观展随谈 …… 288
情感率真，意境深邃
　　——《胡一川素描》读后感 …… 289
贺友直作品研讨会致辞 …… 291
从小港新村到昌岗路的杂谈 …… 292
提高书艺有良方
　　——读《选堂论书十要》之见 …… 294
论艺术教育与全面提高人的素质 …… 298
《陈伟巨画集》序 …… 303
造型艺术教育应达成视而有见
　　——《我眼中的建筑与环境》讨论通信 …… 304
麦华三楷书鉴识二则 …… 306
毕业论文是提高学识的牵动力 …… 307
从王式廓素描谈素描教学 …… 309
华南文艺成人学院开学典礼致辞 …… 311
《色彩小构图》序 …… 313
踏实、进取、团结、祥和 …… 314
远观广州旅游形象特色的创造 …… 315

墨彩随时代
　　——任兴中国画展观感 ………………………………………… 319
缅怀中国油画老前辈 …………………………………………………… 321
尽人生责任，游艺术林府
　　——写在欧初艺术博物馆开馆之前 …………………………… 323
《廖钺书画集》序 ……………………………………………………… 326
怀念我的母亲 …………………………………………………………… 328
冠华肖像画像 …………………………………………………………… 332
油画《牡丹》记事 ……………………………………………………… 333
文艺师友，学者风范
　　——记于安澜先生与我的忘年交 ……………………………… 335
艺术写生的光辉
　　——纪念司徒乔先生100周年诞辰 …………………………… 339
为何炽萍《超越——广州美术学院美术教育系教学改革试验研究》一书作序 …… 344
归侨画家司徒乔 ………………………………………………………… 346
展前自叙 ………………………………………………………………… 348
捐献作品展览开幕式致辞 ……………………………………………… 349
传神写照，人本在心
　　——恽圻苍肖像艺术观感 ……………………………………… 351
一座丰碑，一所学府
　　——纪念徐悲鸿110周年诞辰 ………………………………… 354
《夏立业作品集》序 …………………………………………………… 356
参加"彦涵·穿透历史的青春画展"活动有感 ……………………… 358
"涂志伟美术馆开馆油画展"致辞 …………………………………… 360
"列宾美术学院教师及历届毕业生作品展"致辞 …………………… 361
一代宗师，同求大道
　　——纪念吴作人先生100周年诞辰 …………………………… 362
在温哥华中央图书馆林再圆山水画展开幕式上的讲话 ……………… 365
《陈田恩画集》序 ……………………………………………………… 366
《易利森画集》序言 …………………………………………………… 368
展刊自序 ………………………………………………………………… 370
《操驰作品集》序言 …………………………………………………… 372
从容书画游 ……………………………………………………………… 373
形从神导，形神兼备 …………………………………………………… 374

《徐立斌油画风景写生》集序 …………………………………………………… 376
八十自况 ………………………………………………………………………… 377
侨乡画家刘达滚的艺术 ………………………………………………………… 379
高龄留学生的典范 ……………………………………………………………… 380
人生马拉松六字感言 …………………………………………………………… 381
附录一　郭绍纲油画艺术研讨会记录 ………………………………………… 385
附录二　纪念郭绍纲教授从教50周年、从艺55周年座谈会发言记录 ……… 399
附录三　"郭绍纲从艺六十年画展"座谈会议记录 …………………………… 407
附录四　关于郭绍纲美术教育的访谈笔录 …………………………………… 415
附录五　学美术，教美术 ……………………………………………………… 448
附录六　郭绍纲从艺从教活动年表 …………………………………………… 467

上编 郭绍纲美术教育研究

继承写实传统，重视基础锻炼
——兼谈郭绍纲的艺术道路

迟 轲

1908 年，马蒂斯在巴黎的私人画室开学时，有些学生为了"投其所好"，兀直把大红大绿往画布上涂抹，却遭到老师的斥责。马蒂斯要他们从头开始"基本训练"，因为他认为"色彩就好像炸药，必须由内行控制才能发挥良好的作用"。他还说："如果素描是属于心灵的，色彩是属于感官的，那么你必须首先画素描，培养心灵并能够把色彩导入心灵的轨道。"

一切真正的艺术，都不是靠"天赋灵感"或"自我表现"所能获致，即使像马蒂斯那样的野兽派大师，也还是很重视艺术的规律性和科学性的。因此，我觉得绍纲同志在把他的素描选集出版之后，又选编了这本油画习作，不仅对他个人的艺术道路具有回顾和总结的意义，而且对于后来者的学习发展也是大有裨益的。

本集所选作品中有一部分是他于 20 世纪 50 年代后期在苏联列宾美术学院学习时的作业，是他在列宁格勒（今圣彼得堡）"五载寒窗"锻炼基础的一部分成果，其中，显示了俄国绘画传统自 19 世纪至 20 世纪的现实主义探求过程中所取得的经验。

西方绘画的传统可以追溯至古代希腊。吉伯尔提说过："希腊艺术中显示出素描的理论，缺少了这种理论，你就无法成为一个好的雕塑家和画家。"但是，希腊的经验并未系统地保存下来。正是由吉伯尔提的时代——文艺复兴时期，西方才逐步完善了绘画艺术学习和表现的科学方法。这种表现方法又在不同时代和不同国度中获得了多方面的发展。在现代诸流派已引起人们的注意之后，似乎有一种意见把一切写实的或近于写实的艺术都称之为"学院派"，这种看法是简单片面、似是而非的。

其实，远在 17 世纪，荷兰、西班牙的大师们已经与正宗的学院艺术（意大利或法兰西的学院派）在精神和方法上有歧义。而到了 19 世纪，随着民族和民主意识的蓬勃发展，许多艺术家都因时代环境的推移，在继承传统的基础上进行了新的探求。只要想一想米莱、库尔贝和马奈以及英国的拉斐尔前派和被称为德国或美国印象主义（它们有时也被称为现实主义）的一大批画家的多姿多彩的艺术风貌就够了。

俄国"巡回画派"正是一种历史变革时期发展起来的有着自己特征的现实主义艺术。车尔尼雪夫斯基的美学思想无疑是当时西方最先进的美学思想。在他的"美在生活"和"艺术应是生活的教育书"观念的影响下，俄国的现实主义者特别看重美术的社会教育的作用，因而努力探求人物思想性格的刻画以及艺术语言的通俗易懂——绘画可能按照本来的面貌去表现对象。虽然巡回画派后期的艺术家汲取了印象派的长处，更丰富了色彩的表现力，十月革命后继承这一传统的苏联艺术家们各自又有发展，但正确地反映现实,并特别重视人物的社会属性及其精神世界,却是这一传统始终保持的特征。

郭绍纲的课堂习作明显地反映出其在基础锻炼中严格地忠于对象——生活本身的这种追求。无论是《黄衣少女》或是《戴红帽的女青年》,尽管她们的打扮像女演员或女游击队员,但她们都以一个课堂上的模特的"常态"出现在画面上,而不是以"理想化"了的喜剧故事中的人物出现在画面上。他们的社会属性和精神特征属于以模特儿为职业的普通知识青年的特征,而非某种编造出来的戏剧性人物的特征。在作画过程中,画家当然也是以审美活动重在直观感受和认识作用为原则,而较少虚构和幻想的成分。

如果我们承认艺术中的美源于生活中的美,那么对基础的学习者来说,越是深入地发现对象本身的美,越能避免公式化和主观化,从而提高对于多姿多彩的美的认识。只要学习得法,一个经过严格的现实主义训练的人,在日后转向夸张、变形以及幻想等浪漫主义时并不困难,因为这两者中间并无不可逾越的鸿沟。但是,假使抛弃现实主义方法的训练,一开头就走上随心所欲的"自我表现",他的"浪漫"和夸张变形就很可能落入空洞主观的"公式主义"。

以现实主义作为学习的基础,正是为了避免公式化,其实质与"学院派"是对立的。法国批评家卡斯塔尼阿里批评学院派的古典主义说:"古典主义者宣称,要按照文艺复兴和古代艺术中用过的手法去表现自然。'真实'使他们不安和害怕,他们借口使'真实'纯正化、理想化,而删掉和改变了它。"优秀的现实主义艺术正是从与这种保守倾向的斗争中发展起来的。

我们对于一切优秀的艺术传统都应批判地学习借鉴,对于俄国现实主义的写实传统同样应该采取这种态度。从本集所收的作品中,我们不但可以看到郭绍纲在掌握这一体系的科学方法中获得的出色的成就,同时也看到画家在学习借鉴中并未泯灭自己的个人风格。

郭绍纲在论胡一川的油画艺术时曾引清代沈宗骞的话:"华之外现者博浮誉于一时,质之中藏者得赏音于千古。"这里也表明了绍纲同志自己的审美理想和他崇尚的艺术风格。他不喜欢华丽的外观而倾向于内藏的美质。他的画也正是在朴厚含蓄中闪现深细和精妙的神采。他能以十分概括和简约的笔法描绘出"黄衣少女"拉着衣襟的左右复杂的结构和微妙的动态,用准确的色阶表现出上衣的黑蓝、帽子的浅蓝、眼睛的亮蓝之间和谐的层次,以及蓝、黄、红之间由于响亮对比而产生的色彩力量。

《戴礼帽的老人》由于画在像麻袋一样的粗画布上,更增加了苍劲厚重的美。薄涂的暗部虽未着色却显得透明,亮部厚涂的色彩结实而强烈,明暗交界的地方处理得十分精细,使得整个形象在简略概括中具有可触的真实感。

归国之后,郭绍纲更注重笔法的豪健和色彩的浑成,他画的《中原老人》《卡玛尔像》都显出身后凝重的意趣。而像《骑田岭上》《漓江之晨》一类的风景画,幅面虽小却具有宏大的气魄。在他的笔下,即使明艳夺目的南海风光——例如《西沙金银岛》《榆林外港》等作品,也绝无浮华轻薄之弊,而是在嘹亮的声响中包含着深沉而含蓄的情感。

他说过:"只有根植于生活的艺术,才具有经久的生命力。"也正是这种热爱生活和忠于生活的信念，使得他的油画自然地反映出民族的特征。我们看他近20年间的风景或人像，已经有别于在国外的习作而显现出更为充分的中国民族的情调和风格。郭绍纲对于中国传统的绘画和书法具有浓厚的兴趣。当然，这种素养也无形中为他的油画艺术增添了丰富的民族色彩。

绍纲同志多年来一直担任教学工作，本集所收作品，除部分为课堂作业或教学示范外，大多可以算是"业余"作品。1985年他又担负了广州美术学院副院长的领导职务，繁忙的工作可能会影响到他的绘画实践或创造，因此，笔者就更觉得本集子的选编带有总结性的重要意义。它不仅足为习画者的参考，也可以为教学的方针提供经验。我愿就此机会提出一些对于油画的传统和学习的个人看法，偏颇或谬误之处仍要请教绍纲同志和广大的读者。

（迟轲：广州美术学院终身教授，广东美学学会原会长，中国西方美术史研究的重要学者。此文原为《郭绍纲油画选》序，后转载于《美术之友》1985年第1期）

郭绍纲的美术教育思想和实践

顾森毅

郭绍纲是我国当代对美术教育理论与实践颇有见地的美术教育家和油画家,现任广州美术学院院长兼美术教育研究室主任,并兼任国务院学位委员会艺术学科组成员和国家教委艺术教育委员会委员。他早年毕业于中央美术学院绘画系,在中南美术专科学校任教一段时间后,又由国家选送去苏联列宾美术学院留学深造;20世纪60年代始在广州美术学院一直从事美术教育工作和美术创作活动。几十年的教学和实践,逐渐使他形成了独具特色的美术教育思想,大体可概括为四个方面。

一

郭绍纲在他的艺术教育实践中深深认识到美育对人生的作用和意义,提出了许多关于美育的见解。在美育的范围方面,他明确提出大美育的观点。对美育,人们习惯将"美"与"美术"混为一谈,误认为"美育"即为"美术教育",其实二者就性质范围来看,有极大的差别。前者含所有的"美",包括自然美、社会美和艺术美。后者只是艺术美中的一种。由于历史和现实的原因,当前出现许多令人困惑的问题:美如何与人民大众相通?造型艺术与未来工业产品如何沟通交融?普遍落后的审美观如何适应其他超前观念?普遍偏低的美术修养如何提高?等等。探寻振兴美育的有效途径和方法成为有识人士研究的热门课题。郭绍纲因此提出:"人类向来是按照美的规律去改造自己的生存空间。振兴中华,需要国民教育中加强和普及美育,弥补教育的历史欠缺,完善我国的现代教育体系。"他先后发表了《高等院校的美育文明建设》《重视美育是现代文明的表现》《美育——时代的召唤》《加强美育发展教育学科》等文章。他以鲁迅为榜样,大力倡导普及艺术教育,他说鲁迅先生早年曾用"表见文化、辅翼道德、救援经济"十二字概括了艺术的目的与致用,至今仍有现实意义,今天在经济建设中更应重视艺术具有的开发经济的功能。

提到美育,人们的解释往往局限于美术和音乐。郭绍纲则大胆提出大美育的观点,认为一切美的培养都是美育。它们包括思想品德、语言、诗词、音乐、美术、戏剧、电影、舞蹈、摄影、书法、体操等方面,旨在培养人对美的敏感性,例如:心灵美、语言美、线条美、韵律美、形体美、肌理美……

二

他经常引据寻证，提醒人们重视美术教育的德育功能。人们对美的追求是永恒的，而缺乏美的人是自私的、狭隘的和不健康的。因此，郭绍纲非常注重德育与美育的关系。他说，德育是塑造人的灵魂的工作，是精神文明建设的主要内容之一。他曾引用西方美学家柏罗丁的话："除非灵魂本身美，否则就见不到美。"因此，为了培养美的心灵，培育诚实和纯真，他提议加强美育，指出美育必须从全社会抓起，提倡从幼儿园到中小学到大学乃至家庭和社会，大家都来研究美育，形成一个人人爱美、人人讲美的大美育环境。郭绍纲在创办我国高等师范美术教育的新体系方面做出了显著的成绩。他在广州美术学院师范系确定"多能一专"的办学方针；在美术教师能力方面，提出不仅要有美术能力，还要着重和加强美术教学能力方面的培养。我国美术教育事业同世界发达国家相比是落后的，全国9.3万多所普通中学只有2.1万多名美术教师，形成断层现象。1980年年底，教育部与文化部联合发出了《关于当前艺术教育事业若干问题的意见》的文件。为培养社会急需的美术师资，郭绍纲准备在广州美术学院创办师范系，在大家都不愿担任主任的时候，他毅然离开了油画系的领导岗位去承担这一重任。他认为，在美术学院里办师范系能让学生有机会接触各个专业并经常观看他们的专业展览，视野开阔，能起到潜移默化的作用；打破了单一定向和封闭状态，提高学术水平，是学术性和师范性的良好结合，也正是培养全面发展的和各种学科美术教师的有效途径。在担任师范系（后改为美术教育系）主任以后，郭绍纲在办学方向上，强调师范系的培养目标是中学美术教师，要求既有渊博的知识，又懂教育教学理论；不仅要精通美术学科，掌握美术教育必备的比较全面和扎实的美术知识技能，而且要有广泛和全面的文化知识，具有教师教学学科方面的知识技能。在教学方法方面，传统教学和现代教学是不同的，现代教学强调用系统的观点、整体的观点，在动能过程中考察教学现象；传统的教学则侧重孤立地、片面地、用静止的观点来研究教学。为防止走老路，郭绍纲和全系教师从课程体系结构、教学内容的选择、教育对象的选择培养和教学程序方法等方面采取一系列措施，将创办初期以绘画为主兼教工艺美术的单调教学，逐步转变为30多个学科的教学，旨在培养"多能一专"的、具有多种造型能力的教师。

在绘画基础方面，郭绍纲作为油画家，并不把自己的专业放在第一位，他明确提出水彩画课的重要性，认为水彩画应用范围广，水彩材料可方便获取等，因此，它是中学美术教学中色彩教学的主要内容。因此，美术教育系的色彩课以水彩画为主，以后又逐步完善和发展，在全国影响很大。郭绍纲认为，美术教育系的学生首先应该是教育工作者，而不是专业画家。因此，他主张"多能"以后的"一专"，在拓宽专业领域的基础上，有重点地加强一些基础性和实用性的课程的教学。这不仅是普通美术教育家的需要，更是科技智能深层次化的需要，这与"压缩饼干"式的小美院各专业课程的"翻版一专多能"之说分道扬镳。当时，郭绍纲能坚持下来，难能可贵，是有战略眼光的，在中国美术教坛可谓别具一格。

三

在郭绍纲几十年的教育生涯中，美术的教学和实践是他极为重要的活动内容。他是美术方面的多面手，集美术教育、油画、素描、粉画、书法的技艺于一身。他认为艺术品种虽有不同，却是相通的。在艺术实践与教学的关系上，他认为虽然在实践上有矛盾，但教师的职业道德却能辅助艺术实践水平的提高，赋予艺术实践以高尚的品格。

郭绍纲具有为人师表的全面素养。他说过，要胜任美术教学的工作，教学的艺术和实践经验同样重要。他的教学宗旨汲取前辈的"本固枝荣"的观点，有个形象说法："教授学生一百字，自己先要懂二百字；要给学生一杯水，自己先要有一桶水。"

经过长期的艺术实践和美术教学，他分析、研究大量第一手材料，在此基础上编写教材、著书立说；先后出版了专辑《郭绍纲素描选集》《郭绍纲油画选集》，专著《油画基础知识》《素描基础知识》，译著《色彩与颜料》，并发表多篇美术论文。

1987年，经国务院批准，美术教育系被授权为国家培养硕士研究生。郭绍纲提出美术教育系的研究生必须有本专业的特点，不仅要在绘画（工艺）方面进行研究，还必须研究教材教法，因此成为"教学法"研究生，以强调这门边缘科学的有机组合，这在全国鲜为人知。以后，他又在美术教育系的专科和本科中全面推行毕业生撰写教育类论文制度，以培养学生初步从事教育科学研究的能力。

在当前的现实环境，美术教育没有引起社会的足够重视。针对这种现象，郭绍纲结合自己丰富的实践经验，通过一番周密思考，在全国首次提出"重视加强美术教育学科建设"的倡议。由于历史原因，美术教育学科还在起步阶段，许多潜在的因素还待有识之士的奋力发掘。因此，要发展这门学科，就应当跟其他学科一样，必须有自己的一套结构和体系，并使其逐步形成和完善。不久，郭绍纲又提出可将美术学院办成某一地区的"两个中心"，即美术师资培训中心和美术教育科学研究中心。前者重点在大学和中学美术教师的进修提高，后者强调美术教育科学理论的研究。他在百忙之中，经常到美术教育研究室工作，"七五"与"八五"期间，先后承担和主持完成国家教委艺术教育科研课题三项、广东省艺术教育课题多项；合作撰写了《美术教育教学方法论》等专著，成绩斐然。

四

郭绍纲在美术教育方面，提出大美术教育观；强调美术是基础教育并贯穿于终身的观念。受18世纪德国美学家莱辛和我国教育家蔡元培的影响，郭绍纲把美术的内容划定扩展到整个视觉艺术的大范围；除绘画、雕塑、建筑艺术和工艺美术四大形式外，还包括园林环境、服装、舞蹈、影视、工业等多种艺术形式。他预言，当代艺术的横向联系和综合发展，将使美术的范畴更大。

以电子技术、核能技术和合成材料技术为标志的第三次科技革命，把人类带入信息的时代。知识在向综合化发展，学科在交叉发展。鉴于此，郭绍纲认为不应再把美术教育单纯看成一种实用的工具和单纯的艺术传授,而应满足精神、智能、身心等方面发展的需要;提出欲做到"完全的教育",就应该改变过去范围狭小的学校图画教学的旧观念,确立目标大、范围广、途径多的美术教育观。他建议人们站到一定的大空间看美术教育。从长远看,判断一个国家文化水平的高低,音乐和美术是个标志,它们的影响是深远的。不可设想,有着高度文化水平的中华民族,青年一代却没有艺术修养。从意义和地位看,郭绍纲认为当务之急是尽快建立有中国特色社会主义大美术教育体系。大学生的基础来自中小学,中小学的基础又来自幼儿园、家庭和社会的学前教育。于是,可设想,教育是大教育,美术是大美术。传统的小学到中学到大学的教育系列在向多方位伸展:向前延伸到幼儿教育,甚至是胎教;向后延伸到成人教育和老年教育即终身教育;向左延伸到家庭教育;向右延伸到社会教育。教育在向包括整个社会、人的一生的方向发展。学校教育、家庭教育、社会教育联成一体,构成一个多层次、多规格、多形式的教育系统。郭绍纲指出:"提高国民文化素质是各国共同面对的问题。美术是文化的基础之一,美术文化的普及与提高,依赖于全面的、系统的大教育,而美术教育是不可或缺的。"传统观念认为,美术教育是一种富人教育、一种贵族教育,是以为社会输送一代代美术家为主要目的的。随着时代的发展,这种观念已明显不适应了。现代社会、科学技术与艺术日趋结合,许多工作研究离不开美术,科学技术的艺术化,艺术的科学化,要求各个层次、各种年龄、各项工作的人们具有不同层次、不同水平的美术知识技能。因此,郭绍纲希望能把社会所有的男女老少吸引和组织到艺术教育网中,使作为文化基础之一的美术普及于全民,使美术教育贯穿于人的终身,且创造人人有学习美术的机会的氛围,以潜移默化的影响去提高全民族的艺术文化素质。

综上所述,郭绍纲的美术教育思想和实践,是他多次到国外考察美术教育,在国内坚持教学实践,认真总结经验教训,研究美育理论与实践的结果。他所提出的许多观点具有现实的意义,对我们当前所要面临的美术教育的改革具有一定的参考价值。

(顾森毅:南通大学教授,博士研究生导师,南通大学教学督导。本文摘自国家教委社科中心"中外美术教育理论和实践研讨会"交流论文,写于1996年6月)

艺德兼善，美质中藏
——郭绍纲和他的油画
李永长

若干年前，我通过读郭绍纲教授的著作和油画作品对他有了初步的了解。在各种会议上经常听到美术界的朋友赞誉他，后来的接触与往来，证实了人们对他的赞誉还远不及他的实际成就。我想起了古人的诗句："几度见诗诗总好，及观标格过于诗。"

郭绍纲教授，1932年生于北京昌平县，少年时就酷爱美术，并在天津受到王雪楼等老师的启蒙教育。1949年，他考入国立北平艺术专科学校，1953年毕业于中央美术学院。在此期间，受到了孙宗慰、徐悲鸿、曾绍竹、李宗津、吴作人、李可染、伍必端等人的教诲。因品学兼优，1955年，他由国家选派赴苏联留学，在列宁格勒（今圣彼得堡）列宾美术学院深造学习油画。他倾心于印象派的色彩，5年的严格训练与刻苦学习使他在现实主义绘画上打下了坚实的基础，并掌握了西方印象画派的精粹。自1960年以来，他一直执教于广州美术学院。

在与郭先生的交往中，我深感他是一位朴实、宽厚、和蔼、平易近人的学者与长者。他的油画和书法作品，同他的人品一样，最突出的特点就是务本求实，自然纯真，由此又影响他的艺术风格、艺术道路和教育主张与实践。

几十年来，郭先生在艺术上一直坚持社会主义和现实主义的创作道路，无论政治时局和文艺思潮如何变化，他都毫不动摇。他一再提到，艺术家必须坚持自己的操守。迷茫与困惑在一个人的艺术生涯中是难免的，有时还是变化的先兆，但以此作为一种时髦就有问题。真正的艺术家，如果像蔡元培先生所说的那样，用艺术代替宗教，那么，一旦选定了自己的信仰目标，这一辈子就必须不计成败，就此交代了。

对于生活和大自然，他充满了热爱与激情，经常深入生活，到自然中去观察、体验、写生已成了他的习惯。他认为作品的表现力与感染力均来自对大自然的观察感受，只有在写生中画家才能爆发出活的灵感，才能抓住自然界变幻无穷的色彩和极富生命力的笔法。这些富于艺术哲理的体会，只有在长期、艰辛的艺术实践中才能提炼概括出来。他几乎走遍了祖国各地，因而，他的油画作品中人物、风景、静物都有，题材广泛，内容丰富，艺术表现境界各异。

郭先生的油画，语言朴实、醇郁、凝重、有力；格调淡雅、清新、平和、纯真、娴静；画面在大气势、大色调中求变化，在单纯之中求丰富；初看平淡，细读丰厚；无论色彩还是笔法，既概括凝练，又变化微妙、意趣无穷。如风景画《初春》《春暖》，概括的取景构图，大块的色彩明暗对比，或强劲有力的树干，或交错多姿的树枝及枝头残花等重要细节的细微刻画，表现出微寒流中的盎然春意和万物复苏的蓬勃生机。《林间畜栏》则表现画家抓取风景特征，揭示事物内藏美质的慧眼与高超技巧。静物画《牡丹》则以沉稳的构图、强烈的色块和明暗对比、老辣的笔触、深厚的造型功力，表现了花的美好和生命力，给人以美的陶冶和启迪。

诗云："功夫深处形迹藏，文章老时意气平。"苏轼说："凡文字，少小时须令气象峥嵘，采色绚烂。渐老渐熟乃造平淡。其实不是平淡，绚烂之极也。"（苏轼《与二郎侄一首》）文如此，画亦如此。郭先生曾说"艺术的创造，源于心中的一种真诚的艺术语言"，并把鲁迅的名言"有真意，去粉饰，少做作，勿卖弄"作为自己的座右铭。

郭绍纲教授还擅长书法，且造诣很深。他在绘画上坚持平实之风，在书法上也走着一条平实道路，并选择了最难最拙的书法方向，力攻楷书。郭先生近赠我楷书一幅，上书"春风有形在流水，古贤寄迹于斯文"。观其作品，一派光明正大之气概，笔势雄健，力重千钧，温和仁厚，藏锋敛迹。在他的油画中深藏着中国画和书法的笔法与气韵。郭先生长期孜孜不倦地探索油画民族化，作品有中国气派，得到国内外人士的重视。这与他书法上取得的成就有着密切的关系。

郭先生在艺术上追求内美含蓄的审美理想。他在文章中曾引清代画家沈宗骞的话："华之外现者博浮誉于一时，质之中藏者得赏音于千古。"这正好反映了郭先生的志趣与爱好，此话正好可以用来评价他的油画作品。读他的画，既感到语言是那样的清新闲适，而情感又是那样的强烈浓郁，令人陶醉。正如广州美术评论家迟轲教授所说，"他的画初看上去似只觉得其稳妥严谨，无懈可击，然细加欣赏，方愈显示光彩诱人，韵致悠远"，可以称得上是不尚哗众取宠、不屑卖弄技巧的大家风范。

郭先生长期从事教育事业，并在校内外及全国兼职众多，为广东乃至全国美术教育事业付出了诸多辛劳。他针对我国艺术教育事业长期没有引起社会足够重视的问题，曾深有感触地说："人类向来是按照美的规律去改造自己的生存空间，振兴中华，需要在国民教育中加强和普及美术教育，弥补教育的历史欠缺，完善现代教育体系。"他在教学上一贯主张"本固枝荣"，加强基础教育和训练。他主张对人才要有"识璞、琢玉、护宝"的慧眼和宽广胸怀。郭先生是一个真正的美术教育家，他既有高深的艺术造诣，又深谙教育的理论与实践。他在美术学院率先开办美术教育系，后又成立美术教育研究室，并开工厂，办商店，以解决经费不足的问题。在教学与行政工作之余，他挤时间作画，写字，又著书立说，将长期的教学实践经验与理论总结成书，传给学生，奉献给社会，以促进我国美术教育事业之发展。他先后有《郭绍纲油画集》《油画基础知识》《郭绍纲素描集》《素描基础知识》《郭绍纲油画风景写生》等著作问世。郭绍纲历任广州美术教育研究室主任和该院院长一职，社会兼职有广东省美术家协会副主席、广东省政协书画室主任、国家教委艺术教育委员会委员、国务院学位委员会评议组成员。他的油画作品曾在内地十几个城市和香港、澳门地区展出，并先后在苏联、美国、泰国、日本等国展览。其业绩被列入世界名人传记。

曾有人赠诗郭先生："劳瘁培材年复年，仔肩才息兴弥坚。风光虽好有时变，难得图成永葆妍。"（余菊庵《题赠郭绍纲油画风景展览二首》之一）这是对郭绍纲艺术教育和创作生涯的真实写照。郭绍纲教授虽年过花甲，但他身体康健，精神镬烁。他充满自信地说："我深信，我的艺术生命还在上升时期。"真是"老骥伏枥，志在千里；烈士暮年,壮心不已"(曹操《龟虽寿》)。我也深信在今后的岁月里,他的艺术创作将会取得更大的成就,步入更高的境界。

(李永长:西北师范大学敦煌艺术学院原副院长、美术系系主任,兼甘肃省美协副主席、省教委学校艺术教育指导委员会副主任、省美术教育研究会副会长等。本文刊于《西北师范大学学报》1997年第4期)

平和中的隐秀*

——写在《郭绍纲油画集》出版之际

钟 涵

广东美术馆举办"郭绍纲艺术展"并出版画集，嘱我撰文。郭绍纲艺术的工作素负盛名，有关的评述也已陆续发表，特别是更熟悉他的南方同事对他有了更多的了解与介绍。我长期在北方工作，时常遥望而相过从不密，未敢谬论知己。但是，如果远距离来观察，即所谓山外看山，也许可以有助于多方面的参照。再说，我和他属于同代人，即属于大体上在20世纪后半叶、在中华人民共和国的旗帜下走上艺术道路，并且始终在自己的热土上耕耘至今的一代人，在我们的身上又可以找到艺术生涯中有共性的体会。

在这一代同行中，郭绍纲具有典型性的特点。他出生在北京郊区，十几岁正当学艺心切时赶上中央美术学院在首都成立，那时徐悲鸿先生主张对青年的美术训练要从专科开始，青年郭绍纲在这里打好了德艺双馨的初步基础。时当国家用人孔急，他在20岁出头就走上了刚组织的中南美术专科学校的岗位，和许多当时志在祖国四方的新人一样，充满着对未来美好的向往。不久，经前辈胡一川院长的点将，他被选送到苏联列宁格勒（今圣彼得堡）的列宾美术学院深造（1955—1960年）。列宾美术学院是世界上素有美名的名校，又在当时社会主义大国条件下拓展了现实主义的道路，他的艺术水准在那里得到了扎实的提高。有了这样的学养根底，加上他对民族传统书法和画论的喜爱，作为出色的新人才，他从28岁就走向南国，到广州美术学院任教，以那里为基地开展他在艺术事业上献力建功的前程，至今已40年。就是说，这一株良苗的艺术生命之花是在南国土壤上盛开的。我在这里用"建功"一词，为的是表达一种社会责任感。郭绍纲和他的同代人，总是把艺术的个人发展同为人民服务的自觉实践结合起来，包括创作和教学等。当然在引导实现这种崇高目标时，也产生了过于政治化从而束缚了艺术的百花齐放的偏差，甚至后来在"文革"中，广州美术学院连同郭绍纲都受到了摧折，以至学生们可在垃圾堆里见到郭的油画作品。但是这一页早被揭过去，尔后是广阔的改革开放之路，从而使郭绍纲的才智能力得到了前所未有的发挥：一方面他那有影响的画风经过反思而日益走向成熟；另一方面他双肩挑上了更重的担子，先后担任了从系主任到院长的领导职务。他在后一方面比前一方面更多地付出了诚恳的、辛勤的劳动，直到退休以后，他仍精力旺盛地从事着各方面的艺术开发工作。这次回顾展，则是他全部业绩中能从画面反映出来的部分的展示。从他的历程中可以看出，郭绍纲具有这一代艺术

---

* 此文原属广东评述馆展刊专论，题为《郭绍纲——平和中的隐秀》。

人才的特点与优点,与前后几代人不同。我们的前辈遭受更多旧时的艰辛,有在曲折中靠独立探索而获得的修养;而后辈正在成长的青年,则在开放的环境下更有新鲜生气,有更开阔的天地让他们择路前行。郭绍纲这一代多受到正规培育,将自觉的服务热忱与人民的事业结合,基本上是以写实为主,许多人积极从事教学,以自己的实践在探索现代有中国特色的社会主义美术的道路上起了承前启后的作用。而在郭绍纲的身上又有个人的特点:他的成长更加顺利、信念更加单纯、从教更加专心、艺术方法更为一贯等。我们考察他的油画艺术创作的时候,不能不联系考察他的全局。

  首先要说到他作为教师的工作。我在为前辈师长著文时说过,中国前辈西画家的一个特点是几乎都当过教师,究其原因可能是我国现代文化不发达,艺术市场又有限,社会需要使学成的画家通过办学施教来做一层层普及的工作;同时,画家自己也把育人当作艺术发展之路和自己实现人生价值的方式。这里不妨顺便说一下,在我国文化传统中,艺与教有特别密切的关联。古文最初的"艺"字曾是一个生动形象的字:一个人跪在地上种植。这突出培育生长的意思,以后衍生为包括"艺术"在内的多种含义。由此可见,艺与教同是引向人的修养的社会行为。事实上,画家从教的意义是重大的。没有这种传承,就不可能有20世纪后来艺术的盛大发展,在油画界尤其如此。我们受教的后人总是对前辈师长怀着深深的感激之情。如同薪火相传,郭绍纲继承了这个新传统,自称这是他的主业。他从一位青年骨干教师到师范教育的创办者和管理者,从领导一个学院到关注和参与广东各地以及全国的美术教育,培育了广大的油画和其他美术人才队伍。我看过5年前郭绍纲展览会的一个座谈会记录,那一次他从前的学生从省内外来聚会,都深情地回忆这位老师的风范。他施教认真负责,从不苟且,有时甚至严厉,带学生"摸爬滚打",言传身教,令学生感动信服。有一个故事说,他有一次出差到山西,路过北京而不入家门,赶上火车半夜到韶关,次日一早就上课;又有一个故事,说1969年他和师生一起到三水县农村时,在5个村巡回辅导搞点业务教学,不料被当时的学校革委会视为对抗"接受再教育"的方针,他坚持干到底,回校后自己承担责任。数十年来,他在正反两面积累了丰富的油画专业教学经验和实施美术教育的组织经验。因此,他的工作一直受到教育界的推重。凸显郭绍纲的教师工作,不仅因为他付出了心力,而且因为教学与创作是分不开的,是互相促进的。有些人不了解,以为执教只会妨碍作画。其实,过多的教学负担固然会使画家活动中心转移,但善于处理却确实可以收教学相长之效,郭绍纲的努力清楚地证明了这一点。由于身教,他更保持着严于律己的艺术操守和敬业精神,从而使他在艺事上从不松懈,又在与青年的联系中获得精神上的促进。他带领学生一次次地下乡下厂下部队,从20世纪60年代到80年代,经常活跃在钢铁厂、渔区、深山、林场、村寨、马场、海防前线、港口,走过和熟悉了南粤的许多地方,曾在乳源山区连喝水都困难的地方生活了3个月,曾在海上漂泊了十几个日夜。这就不只是实现了"行万里路"的艺术修养要求,而且在经常深入生活中得到全面的锻炼。此种好处是足不出户的画家体会不到的。由于教学需要,他必须反复地注意基本功相关的研究,深入地研究素描、色彩等规范,这大大超过一般画家的要求,从而使他领会更深,掌握更精,至老也不回生。这样也就容易形成教师画家常有的习作性,而习作性的好处是往往积累着方法、功力上的成果,作品经得起推敲咀嚼,也就是耐看，它在高手之下并不排斥创造意兴的发挥，这从郭绍纲的作品里可以看到。他还经常跟学生一起作画，直接示范，这才不至于像"天桥把式"那样，光说不练。他在教学中养成了一种自己的工作方法，就是挤时间作画，自谓之"业余""见缝插针"。大家知道，从前我们这里的画家和其他知识分子往往负担太重，开会、政治运动之类耗费了太多的精力，以至一些人后来时间多了也懒得动手。郭绍纲不是这样，"业余"状态反而使之拳不离手，抓住意兴，在工余晨昏、在旅途、在办事的间歇操笔，这种习惯又使他发挥了即兴写生的本事。随时观察、敏锐捕捉、抓住要害下笔，形成生动的书体特色。例如在贵州桐梓住招待所，他凭记忆画成了月夜的空明；在海拔1900米的湘粤边山中，万籁俱寂，他手执小画板，面对万山起伏而即兴成章，刚一完成就大雨来临，自谓"如有天助"。没有他那样的常备不懈，这种创造是不可能得到的。要知道，郭绍纲画风的形成与他的教师工作是直接相关的。

郭绍纲画风的方法基础，是具象再现的写实功夫。这来源有三：早年受教和后来任教时的中国学院风气，20世纪50年代苏联的风气和他个人实践的经验积累。关于写实从具象再现的方法到作为创作原理的现实主义，我们看到，这一套传入中国有效果地开展成风才不过十几年，即已经成为主流，反而比在它的原生地西方更为成熟；而近些年在现代新潮的冲击下，不少人又觉得它过时了。郭绍纲正是得益于并坚持着这样一套"保守"的画法。是的，我国美术界的保守倾向是有的，但不能简单地以写实为保守，写实仍然有它继续深化的生命力。这种方法之所以发生是由于人在视觉方面的普遍的审美需要；而由于现代中国社会变革反映在精神文化方面的需要，我们的这个变革并未完成。一个人口众多的东方大国的群众在文化普及的长时期中将继续需要这种艺术来提高全民族的精神素质。在西方，经过了现代主义积极兴盛的高潮之后，他们当代的文化动向中，视觉艺术中现代的写实传统又重新出现新的姿态。所以，我认为在宏观形式上写实方法不会过时，但应该深化。如果我们了解西方的写实与现代原是同一个社会文化之源里流出来的，并且有着内在的流变关系的话，那么就会知道，问题在于，事实上我们对写实方法在移植和普及过程中的认识还很不到位，往往是流于表面形似和照片式的抄袭。这种浮浅之风一旦被动地适应市场口味就会更败坏写实本来的价值。正是这种现象告诉我们，中国的写实还有一个正本的任务。正是在这样的意义上，被不少评论家称为"风正"的、郭绍纲式的画风，就不是可有可无的了。他的展览可以在这个"正本"问题上起到良好的作用，当然，我们不能要求把一个画家的成绩当作完美的范本。

郭画特别注重写生，有学生说他"才华特在写生"。写生不是绘画唯一的训练方法与创作方法，或所谓科学方法。反过来，写生也不是一无是处的落后方法。写生直接面对客观世界，观察对象的生动实在，非如此不可能获得丰富的视觉信息，从而才有发现与选择的可能性，又才有从感性的生动性中悟到美的规律的存在。有赖于写生积累的滋养，画家主观世界中的艺术的形成，像毕加索说的从自然到艺术之间那种"戏剧性"的转化，才会活泼长青。当然也得说明，错误的方法会使画家陷于可怜的被动，除了直接可视物象外便看不到其他东西。在这样的正误之间，郭绍纲的写生有他自己的可贵经验，他绝不是被动地仅依物象而已。他的画里有他自己的发现（发现与简单的再现不同），有自己的认识与感情的选择与处理，而且稳定地成为他的风格。初看之下，他的作品平正，无一见出奇之效，而是平中见味。他并不乱抓题材，而是留神观察，徘徊俯仰，有时要一走十数里，得兴方定。他主张"求意、定调、造型"，这求、定、造都是造化与心源结合的程序。他一般主张赋色有序（因为油画以色笔为手段，所以赋色的过程等于全部作画过程）。他的油画，在我看来，除了素描关系上的稳妥以外，更见光彩的是色笔运用上的熟练与创造，在使用外光色彩体系上有独到的经验和妙处——非写生不可能有的妙处。他主张找出画眼，成为唤起审美兴奋的要害点。他主张久练之后的画家功夫像弹琴之手那样从法到自然，如此等等。例如他画的红衣少女和黄衣姑娘，是稳当却不拘谨的写生，在收放、繁简之间做了有意识的经营，又呈现出少女的妩媚生气。1977年他为学生示范画矿工，那是在多年荒疏之后，可以看得出他带着兴奋在恢复中探索，终于道出了与对象交流中的感情。还有近年来他画过一批牡丹。牡丹之为国中名花，常常被弄成过于做作的、贵族风姿般的娇艳。他却突破俗气，逐渐找到了有新意的美的语言。在现藏广东美术馆的双盆牡丹等多幅作品中，他的运笔渐趋老辣，用色在素中透出明丽，写得苍劲有力，扫除浮华，体现了他更进一步的品格追求。至于风景画，更是他的"拿手好戏"，佳作迭出。

　　郭绍纲的风景画最集中显现了他的艺术能力。他的风景画大多是小画。这种小风景20世纪50年代从苏联引进，引起了油画界很大的兴趣。我那时也是艺术学徒，直到20世纪80年代，和别人一样热衷于带着小画箱到处写生，却是获益匪浅。当初的直接动机往往是"炼颜色"，通过小画的迅速和大量练习，以打破从前所谓"土油画"的局限。如今这样操作的人少了，偶尔在什么地方见到，也颇以为奇。这大概是由于对直接的生活入画不感兴趣和对外光色彩也不感兴趣的风气所致，如今的风气被引向别处了。其实认真反思起来，把这种风景写生只当作"炼颜色"也未免太狭隘了。郭绍纲不是这样，他不但一直坚持着，直到退休以后仍然津津有味地这样做，因为这里面的兴味绝不仅仅是颜色练习的基本功。以我自己的体会而言，这种风景写生是当下直接把自然的东西经过眼、心、手三者一致的默契转化为自己的审美创造，在短时间内意兴充分调动，以至可以如他所说："旁若无人"。他还说过："回顾40年来，我每到一处，都会全心投入，发现当地的淳朴生活和自然之美。"在这个方面，尽管很多同代人都有活动经验与各自的手迹，而且那个时期我国油画界的这个水平曾达到相当普遍的可喜程度，但是，细看起来，郭绍纲作风景另有个人成就，貌不惊人，而别有天地。他的外光色彩造型能力在风景中最为顺手，最为纯熟。在这里面，有各处不同风光在不同时期的历史印记，如20世纪50年代的朴素，建设中的热火，"文革"时期的慌乱，改革开放后所见的五光十色；在这里面，更多的是经过他的气质所强化的种种意兴的起伏，也带有时代的音色。初期在年轻时，他心情单纯，观察的灵敏度高，所作色彩微妙到家，一种年轻的兴致比较突出，如在留学时诸作。其间，1957年画北京东单三条一幅不同一点，手法平直简净，却恰好体现了那时这条京城小街上的朴素情味。60年代所作意兴和手法都渐丰富，自谓"平中求奇"。一幅画黄色海域，四分之三的幅面是天空，运笔设色都很有限，却清新空阔，令人神往。一幅画东莞秋阳下的农田，在单纯的黄褐色调中透出微妙的感受和在暖和的乡土上充满成熟味道的草木芳香。他画地上之物，能把品类之盛概括得生动而有序，充实而不乱，画山能表现出各种土石植物的自然之质。树木在油画里是容易画僵的，他却总是得种种姿态，画得松动，有空气在其中流动。画天最难是空灵的大气感，他却能以大笔涂抹而得微妙的空间深度，让人想做深呼吸。我觉得他尤其善于画海，这位北方乡土之子却能如此纳南海于胸中，笔笔饱和，又咫尺千里，和风细浪，引人无限遐想，例如在盐州西虎屿、西沙北岛所作诸作。据说他在西沙时曾在军舰甲板上临风速写，一手持画一手走笔，画得活泼，至今令人看了好像还可以跟云水一起荡漾。有一幅画牧场，山、坡、马群都在逆光（或暮色）中，沉重的色调和微有不安的斜线节奏透露出艰难和苦涩的意味，但不伤感，把那时的心情不知不觉地表现出来了，能引人回味。大约有一个时期，他的作品趋向单调，或某种平淡，令人担心。不过不要紧，一来他没有受那种"红光亮"的粗猛影响，二来他也没有在人们转入老年时常见的衰退。他有着一贯坚持的执着热情加上新形势下的心胸开阔，于是我们看到，他在近年来反而表现出了更多样的驾驭力。例如在香港修顿球场等地画高楼之林，这种东西往往令人心烦，他却能"耐心找到关系"，弄得体势挺拔、结构分明，却又不是"界画"，仍然是以绘画性的和谐升起现代的繁盛气象。在画一幅大屿山工地时，他费了6小时，反复地揉抹画中大片暗土绿色的山坡，力图求其凝重。他又在画一幅域外的林中高尔夫球场，用笔爽利有声，把一片黄绿色的葱茏生意跟一种老味的苍劲结合在一起。到这里，许多物象事象都被舍弃掉，意兴勃然居上了。由此可见，他的风景特色的一贯性不是重复的，而是在动态中不断变化的某些语言因素和意味倾向。总体来说，他的风景绘画语言是写实方法中的写意语言，形色都在稳健中用得活泼，每见妙处，愈老愈有力度和某些拙味。用这种语言所道出的意兴，总是离不开从自然中发现的种种生意，早年的单纯新鲜经过深化之后，一度有些新奇的兴奋，看来正在进入更超越的境界。对于这样的特色，我想与有些评论家说法相近而另有所强调，称之为平和中的隐秀，不知恰当否。这很容易使我们把他的绘画风格特色同他的为人品性结合起来观察，从而看到其中"画如其人"的一致性。

这样，我的评述就自然回到他的教育工作上来。以他这样的品性，他就一定会把自己大部分的才能贡献于以艺育人的工作。说到底，以艺育人和以艺示人，不是同一意义、同属美育的实践、同是向着人的精神素质的提升么！

几年前，郭绍纲退休时曾说过："我有了更多的时间来作画写字，油画仍然是我的主业，但自信我的书艺尚处于上升时期。"善哉此言！本文没有论述他的书法成就，因为我自己不是书家，只能看到他的笔稳墨丰的楷书从容不迫，从中也可以看见他的主业是油画，同样应该是置于一个新的上升时期。如同在我们前边有不少画家进入老年后，反而可以利用闲下来的自由，利用经验积累而来的优势，以及通过时代潮流给画风催起的新变的契机，现在我们这一代人也有可能开始再有一个高度上的攀登。对于画家郭绍纲来说，尤其如此。既然这次回顾展显示出他的心态如此健旺，那么，我们完全可以预期他的艺术生命将焕发出新的光彩。

（钟涵：中央美术学院教授、博士生导师，中国艺术研究院中国油画院特约艺术顾问，中国油画学会常务理事。本文1999年11月写于北京）

内美的艺术
——读绍纲的油画风景

邵大箴

  绍纲是位做事认真和勤奋好学的人。早在留苏深造期间，他身上的这些品质就散发出一种魅力，吸引了他周围的苏联人和中国同学，其中也包括我。对待课堂作业，不论素描还是油画，他都一丝不苟、兢兢业业地完成；下乡体验生活和写生，也一点不马虎。俄语和文化课，别的中国学生不太注重，他却学得饶有兴趣。我比他年轻也比他稍晚涉足艺事，我在这位学长身上感受到一种精神力量，那就是一种使命感：为祖国而学，为中华民族的艺术振兴而学。由于绍纲的学习目的非常明确，他的学习态度也就非常自觉。他毕业于中央美术学院绘画系，又在中南美术专科学校做过助教，他懂得中国油画教育中缺少什么和在苏联美术学院中学习什么。在当时的同学中，他是在学业上进步比较快、功底比较扎实的一位。所以他回国之后，很快就能把他的学习所得奉献给祖国的美术教育事业，并且取得了可喜的成绩。

  绍纲经受过许多磨难。1966年冬，我到广州"串联"，当时绍纲在"牛棚"中，不能谋面，只在一个揭露"牛鬼蛇神"的展览会上，看到"红卫兵小将们"在抄了他的家后拿出来示众的许多照片。它们大多是他在苏联留学期间的生活照，其中也有我的"图像"，都被打上了红叉叉。我一面看一面直打哆嗦。那时我想，绍纲假如不那么认真做事，大概是不会被揪出来和打成"反革命修正主义分子"的。他在广州美术学院油画系独当一面，传播苏联艺术和教育经验，自然都被看作"放毒"。关于他的这段经历，我偶尔对他提起，他总是付之一笑，从没有诉过苦，也没有提及任何伤害过他的人。对此，我是敬佩的。

  绍纲尊师爱友。他对教过他的老师徐悲鸿、曾竹韶、李可染、吴作人、司徒乔、萧淑芳等先生一直保持着尊敬和感谢的心情。每次来京，他都抽空看望老师或他们的家属。他对老校长胡一川先生的为人和艺术十分敬重。我似乎感觉到，他身上的敬业和奉献精神，有不少是得益于一川先生的感染、影响和教诲。我有时和他谈起和他同辈的广州美术学院的一些老师的情况，他总是说他们的长处和优点。我想，这不仅表现出他作为学院领导应有的胸怀，也说明他作为普通人和艺术家具有的美德，懂得在别人身上总可以学到一点什么的真理。

  我知道绍纲为广州美术学院教育系付出了大量的心血。为培养"一专多能"的师范人才而建立的这个系，如今已开花结果，绍纲自然感到骄傲和欣慰。绍纲说得好："人类向来是按照美的规律去改造自己的生存空间，振兴中华需要在国民教育中加强和普及美术教育，弥补教育的历史欠缺，完善现代教育体系。"绍纲的这一见解正在被愈来愈多的人所理解和认识，他的超前举措的意义也会随着时间的推移更清晰地显露出来。

我上面说的这些话，似乎和绍纲即将举行的油画风景展没有什么关系。但是，我想，只有真正理解了艺术家的为人，才能真正地理解他的艺术。艺术家作为人所具有的气质和品格，必然会自然地透露在他的艺术中。他的笔触，他运用的色彩，他的构想，他所要追求的意境，他所要表达的情趣，无不是他气质和品格的真实反映。我觉得，从这个意义上说，艺术创作也确实是一种自我表现，或者说是一种自我暴露。细心和敏锐的观众，会透过艺术家的技巧看到艺术家的心灵深处。我在绍纲的油画风景中，犹如在他的素描、速写、油画人物和书法作品中看到的一样，是他为人的稳健和正直，是他感情的朴实和真挚，是他对待人生和艺术的投入和虔诚。绍纲的才智不弱，可是他不炫耀自己的才能；绍纲有很好的艺术技巧，可是他从不卖弄技巧。他在描绘普通的自然景色中，抒发他的胸怀。从取景角度和表面绘画效果看绍纲的画，也许不那样夺目，但他的画有一种内在的厚重美，有一种内美，所以经得起看，耐人寻味。在中国画论中，人们把不以外形取胜而以内质予人精神和心灵感染的艺术称为"内美"。我认为，绍纲的油画风景正是属于内美的艺术。目前，我国油画界以至艺术界，都在谈论如何提高艺术创作的精神性这个问题。艺术中的所谓精神性，是相对物质性、技巧性和外表形式而言的，是指艺术中能够振奋人们精神世界的那些东西。决定艺术作品中精神性强弱的因素很多，但最根本的是艺术家的人格力量和精神素质。艺术在某种意义上是一种"道"。从事艺术事业的人，当然要学习技巧，学手艺，研究形式言语，任何轻视技巧、手艺、形式言语的想法，都是错误的。但更重要的是艺术家要"修身"，要在生活和艺术实践中不断磨炼自己，提高自己的精神素质，完善自身的人格力量。只有这两者完美结合，艺术作品才能达到一定的精神境界。我想，有心人在玩味绍纲的油画技巧，欣赏他质朴自然油画语言的同时，定能得到一种人生的体悟和思想的启迪。这便是绍纲的写实而有情韵的油画语言的精神力量所在。

（邵大箴：中央美术学院教授、博士生导师，《美术研究》主编，俄罗斯列宾美术学院名誉教授。本文1994年10月29日写于中央美术学院）

业行九转，德艺双馨

——中华人民共和国第一代优秀艺术教育家郭绍纲先生纪略

沙 雁

古贤谓俊士之宏业懿行，必竭注心血，克尽劬劳。乃臻至境，可喻为九转之功。中华人民共和国第一代优秀画家、艺术教育家郭绍纲先生积四十余年之辛勤，于艺术教育和艺术创造两方面均殚精竭虑，业行共睹，享誉教坛与艺林，是亦九转之成。

绍纲先生 1932 年出生于北京，1953 年毕业于中央美术学院而至中南美术专科学校任教；1955 年由国家选派赴苏联留学深造，于国际著名之列宾美术学院专攻油画达 5 年之久；回国后任教于广州美术学院。他自 1961 年在广州举办留苏作品展，尔后创作甚丰。1968 年《毛主席在陕北》和 1969 年由郭绍纲先生组织集体创作之《毛主席视察水产馆》都曾引起热烈反响。1970 年《焦裕禄在群众中》与 1971 年《毛主席带领我们在大风大浪中前进》等人物油画，皆以细腻之笔触、庄重之神韵、鲜明之时代特色，成为不可多得之历史性艺术珍品。如果说 1972 年的《船厂》《码头》《珠江口》等油画杰作反映了画家对自力更生、勤俭建国的社会主义建设的热情讴歌，那么，1974 年的《金银岛》《抗风同林》《西沙前哨》以及 1977 年的《南天一柱》《雄关漫道》等作品，则是对神州大好河山与壮丽的革命事业及叱咤风云的革命领袖的由衷赞美，抒发了画家爱国爱党的诚挚深情。

20 世纪 80 年代初，郭绍纲教授任广州美术学院教育系主任，虽然教学任务更重，但依然勤于创作与写生，并常赴四处（如汕头、肇庆、潮州、开封、安阳……）讲学、指导、办展，其严谨务实的工作作风、坚韧忠鲠的精神风貌、谦和宽博的学者襟怀与众所瞩目的学术成就，使其无愧于广东省高教局授予教学优秀奖之殊荣。1985 年，郭绍纲教授任广东省美术家协会副主席、广州美术学院院长。翌年受聘为国家教委教育委员会委员；1988 年率广东省美术家代表团赴美国做学术交流；1990 年，两篇关于美育的重要论文在《高教探索》《广州美术学院学刊》发表；同年又获省高教优秀教学成果二等奖。20 世纪 90 年代以来，郭教授艺术涉猎面宽广，沉雄博大，异彩纷呈。1991 年，他的书画楹联参加"中国著名画家作品展"，其书法长联与油画《牡丹盛开》于澳门展出；1993 年荣膺广州市教育基金会少儿美术教育促进会突出贡献奖；同年 11 月，18 幅作品于中国艺术博览会展出。中央美术学院王式廓教授的作品展于当年在广州开幕，王式廓与李宗津、罗工柳等先生皆为中华人民共和国最资深之油画名家，也都以扎实的素描功力而为海内外敬仰。而由绍纲教授执笔的展览会前言《素描艺术之光》（专刊与《南方日报》）精辟地论述了王老杰出的艺术成就和深厚的素描功力的渊源，也反映绍纲先生自身尊崇写实方法的现实主义艺术准则。为传经播道，推动艺术的繁荣，仅

1995—1997年三年间，他连续奔赴河南大学、曲阜师范大学、山东师范大学、山东艺术学院、华南师范大学、广州华联大学等高校讲学或示范。与此同时，许多影响深远的艺术论文，诸如《以文化建设为目标，发展广东旅游专业》《情深力作，艺象纷呈》《艺术教育与全面提高人的素质》等，也在繁忙的教务工作、艺术创作与社会活动的间隙不断问世，广为流布。郭教授还是广东省文化传播学会副会长、省文史研究馆名誉馆员、华南文艺成人学院学术委员、比利时世界文化艺术交流中心顾问。

绍纲先生半个世纪艺途跋涉的闪光轨迹，昭示他既能纯熟驾驭肇自西方的油画的表现手段，并每有创意（如所作风景画倍显蕴藉、含蓄与浑厚，色彩极具微妙变化的韵致，体现其绘画语言已融入传统中国画的写意语言）。他犹深谙中国的翰墨诗文，精研书法，这从紫云山名士碑林中即可窥貌；他积累了宝贵的艺术实践经验，是创作丰盛的卓越画家，也是在理论上颇多建树、论著丰富而予人启迪良深的优秀学者；他不仅是几十年如一日忠诚于党的教育事业，创办和管理师范院校，宏开绛帐、桃李盈门的艺术教育家，也是尽心竭力推动国内外文化艺术交流的社会活动家。故其所以遍获社会各界（尤其是美术界）的推重，自是不言而喻的。

我还想就他的作品再赘述几句。他的众多油画、粉画，无论是人物，或风景，或花卉，都甚含蓄，且耐人寻味。如果用古代诗仙、诗圣的作品做比喻，与其说他像李白的明朗爽俊，毋宁说更似杜甫的深沉老健，不事贲彰，同时更趋向审美主体本身神质的显示，即更忠实于对物象本来面目之写真，拒绝浪漫的夸张与乔装。所作多幅牡丹，一律摒弃浮艳秾丽而还其原始之质朴，从而更显真实的野生的清芬。而《大湖之滨》又销匿浩森清丽之韵，而倍显寥廓之幽貌与草树之苍凉。只此一端，足见绍纲先生熟悉传统又能凭借自己的敏悟卓识，开拓艺术创新的途径。而这种精神恰好是艺术家最堪自豪而又最值得后学者效法之处。

（沙雁：历任北京海淀区文教局干部，海淀区文化馆创作组长，《北京晚报》记者、编辑，中国文联出版社编辑室主任，《文艺学习》杂志副主编、编辑室主任，《青年文艺家》杂志社及《中国文艺家》杂志社社长、执行主编，《中国新文艺大系》编辑部主任，中国纪实文学研究会第一、第二届常务理事。本文于2000年12月8日写于深圳均轩，刊于2001年9月《万丰文讯》）

无私奉献，奋力推进

——郭绍纲教授对中国当代美术教育的杰出贡献

范凯熹

郭绍纲教授是中华人民共和国第一代著名的油画家、艺术教育家，有人称他为"南粤美育大师、岭南油画巨匠"，这并未过誉，因为他对中国当代美术教育和油画艺术的推进和贡献，是美术教育界有目共睹的。但是，研究郭绍纲教授与中国当代美术教育是比较困难的。因为在美术教育史上，像当代这样各种各样的美术教育家，来自不同的层面，具有不同履历背景，提出不同的观点，倡导不同的思路，而且互相竞争，互相影响，此起彼伏，这是前所未有的事情。不过，说是当代，并非就是说"今天"，这里主要涵盖笔者熟悉的郭绍纲教授在 20 世纪八九十年代的美术教育活动；说是"杰出贡献"，当然我们必须以郭绍纲教授在美术教育方面与众不同的突出业绩为依据说话。这里，笔者还是以事实为依据，尽量按郭绍纲教授从事美术教育所走过的工作道路和所做出的贡献的时间顺序来叙述。

一、工匠之子对祖国艺术发展的赤胆忠心

郭绍纲教授，1932 年出生于北京昌平，专长素描和油画，兼擅长中国书法。他的父亲是位仅识得几十个字的首饰工匠，童年时期，他在村塾受启蒙教育，后在县城及天津读书。1949 年，他考入国立北平艺术专科学校，得到徐悲鸿、李可染、吴作人、萧淑芳等名师指导，1953 年毕业于中央美术学院绘画系，并任教于武汉中南美术专科学校。因工作出色、成绩优异，1955 年，他获国家选派赴苏联最好的美术学院列宁格勒（今圣彼得堡）列宾美术学院深造，主修素描和油画。留苏生涯使其有了更多观摩欧洲和苏联名作的机会，开阔眼界，同时经受严格的训练，基础更加深厚，其画风影响着大江南北的很多学子，在当代画坛和美术教育界具有广泛的影响，油画精作影响了几代人。

郭绍纲教授 1960 年留学回国至今在广州美术学院任教。自 20 世纪 60 年代起，他曾在穗、汉、津、杭、深、港、澳等地举办个人油画、书法作品展览 10 余次，部分作品参加出国展览、刊行于国内外出版物；油画、粉画、书法作品均多次参加全国性的大型展览。他的油画代表作有《锻工像》《红帽姑娘》《盐洲西虎屿》《珠江口》等，粉画代表作有《总理与画家》《留念》《女儿像》等，素描作品有《冯钢百先生像》《蒲蛰龙先生像》等，出版作品专集有《郭绍纲油画选》《郭绍纲素描选集》《郭绍纲油画风景写生》《郭绍纲画集》。他的书法作品除参加大型纪念性的展览外，还刻石于多处

碑林和名胜古迹风景区。郭绍纲教授坚持艺术源于生活，以服务社会、雅俗共赏为宗旨，崇尚质朴自然的风格。传记入编国内外多部典籍。

郭绍纲教授长期担任领导工作，历任广州美术学院油画系副主任、美术教育系主任、副院长、院长，工作十分繁忙。但他视艺术为生命，许多作品创作于工作、会议、出差、出访之际，甚至是舟车劳顿后的片刻时间。他在工作中养成了一种自己的方法，就是挤时间作画，自谓之"业余""见缝插针"。"业余"状态使之反而拳不离手，抓住意兴，在工余晨昏、旅途、办事的间歇操笔，这种习惯又使他发挥了即兴写生的本事。他随时观察、敏锐捕捉、抓住要害下笔，形成生动的创作特色。如在贵州桐梓住招待所，他凭记忆画成月夜的空明；在海拔1900米的湘粤边山中，万籁俱寂，他手执小画板，面对万山起伏而即兴成章。没有他那样的常备不懈，这种创作是不可能得到的。又如《西湖晨曦》是1982年秋他到沪宁杭地区考察美术教育，由上海乘车凌晨3点多抵杭州，不愿打扰他人便到西湖边而作的。1991年，笔者与郭绍纲教授同去阳江、翁源、惠州等地出差，他经常丢下行李，打开画箱，全神投入于绘画实践。他的代表作《盐州西湖屿》《珠江口》不仅是他热爱生活、热爱自然、热爱艺术的表现，也是他美术教育考察工作间隙中的刻苦辛劳之作。

郭绍纲教授不但对素描、油画有丰富的知识、精湛的技艺和鉴赏力，同时对古典诗词也有研究，兼擅中国传统书法，其楷书很有造诣，笔致沉厚。郭绍纲教授隐隐有不露锋芒的耿耿风骨，在遒劲、浑厚的笔法中显示出他稳健、严谨、扎实、全面的中国书法基础。郭绍纲教授对艺术有坚定的信念和执着的追求，在当代各种新奇的艺术潮流冲击之下，不随波逐流，仍然坚毅沉着地走写实主义的艺术道路。多年来，在复杂的教育领导工作之余，他仍然锲而不舍地进行书法艺术基本功的磨炼。他曾说，艺术的创造源于心中的一种真诚的艺术语言，并把鲁迅的名言"有真意，去粉饰，少做作，勿卖弄"作为自己的座右铭。

如今，郭绍纲教授虽70多岁了，但无论在国内或在国外，他仍对生活、对大自然满怀激情与热爱，不畏艰苦、不依赖相机，有机会就深入实地进行写生，从而新作、精作迭出，几乎每年他都有印有新作的画册、挂历问世。

二、辛勤园丁对美术教育的报效之心

郭绍纲教授五十年如一日，像一位辛勤的园丁，在祖国的美术教育园地苦心经营。他自己说过，美术教育是他放在第一位的工作。在教学上，他坚持育人育心，不搞为艺术而艺术。他在教学中坚持现实主义的艺术态度，抵制各种形式主义的东西，同时也注意博采众长。在教学方法上，他力求言传身教，对学生既从严要求，又以诚相待，将他们视为"学弟"，始终注意发挥他们的学习主动性。为了搞好基础训练，他十分重视素描教学，并摸索出了一套独特的素描教学规律。他也十分注意不断拓宽学生的艺术视野，强调课堂学习与课间课外学习的结合。在教学组织上，他根据实际情况，主张采用学年制、年级制、学分制和画室制相结合的方式，灵活运用，收到了较好的效果。他培养了汤小铭、邵增虎、吴正斌、黄文波等一批又一批的艺术与教育人才，为祖国文化艺术的不断发展做出了重要的贡献。为此,郭绍纲教授先后被授予国际美术家联合会名誉副主席、俄罗斯列宾美术学院名誉教授头衔并被俄罗斯政府文化部授予普希金奖章;被聘为中国美术家协会理事、广东美术家协会副主席、中国书画家联谊会顾问、广州画院艺术顾问等。

从20世纪80年代开始,郭绍纲教授致力于对美术教育理论和实践的研究,从高等美术专业院校的教育管理到普通高校的美育实施,从高等师院美术教育改革到中小学美术教育的改善,他付出了极大的精力和心血。他在百忙中奔波于北京、杭州、南京、济南、安阳和广东各地,从城市到乡村,从大学到小学,从老一辈专家教授到第一线小学教师,冒雨雪、赶黑夜、顶酷热、战寒风;他参加了数十次由国家教育部、中国美术教育研究会等机构组织和自行进行的调查、开会、访问;他不断地撰文和发表讲话,大声疾呼社会、政府和艺术家及名人应对美术教育的关注和重视,赢得了国家有关部门领导的关注和赞赏,许多真知灼见和建设性意见得到采纳。由于郭绍纲教授对当代美术教育理论与实践的突出贡献,党和政府给予他许多特殊的称号与荣誉:1985年起,他先后被国务院、教育部(国家教委)聘任国务院学位委员会艺术学科评议组成员,教育部(国家教委)艺术教育委员会第一、第二及第三届委员,专家讲学团成员,中国美术教育研究会顾问,中国艺术教育促进会常务理事等职务。获此等殊荣的人在中国美术教育界是屈指可数的。

郭绍纲教授在其50年的艺术教育生涯里,把主要精力用在艺术教育事业上,对中华人民共和国成立以来创立社会主义美术教育体制和实施新的教学方法做出了卓越的贡献。在他任职期间,为了振兴祖国的高等师范美术事业,致力于中国美术教育的改革,曾锐意组织一个又一个思想解放、学术进步的教学班子,为此聘请教师、罗致人才,不遗余力;然而,却未曾提到过要建立一个油画或素描教育学派。在50年持续不断的教育工作中,郭绍纲教授培养了三代人才,延绵至今,实际上形成了一个人数众多的美术教育学派。他的美术基础教学思想独树一帜,是现代中国美术教育的促进派、革新派;他的美术基础教学与创作教学,不论素描还是油画都相辅而行,培植了一大批高级的美术人才。现在他们大多数已成为兼教学和创作的中国美术教育栋梁,推动了新中国美术与美术教育事业的发展。

郭绍纲教授多次访问过苏联、欧洲其他国家、美洲,无论是中国美术教育闭关锁国的时候,还是改革开放的年代,郭绍纲教授始终不忘收集异国他乡的美术教育资料和信息,带回来一大包一大包的图书资料。他常说:"好书难得,爱不释手"。他始终不忘促进国际文化的交流,为学院、教师和兄弟院校联络学术关系。一次,参加国际美术教育研讨会回来后的第二天,他即向美术教育研究室和广州地方的美术教育骨干传达信息。退休以后,郭绍纲教授每年在中国和加拿大两地奔波,一方面可以安心作画、写作,另一方面也可以继续学习,促进中西文化交流。至今他仍然不断地为国内的美术院校和教师牵线搭桥。

大公无私、善于助人、以校为家、报效祖国,是郭绍纲教授美好道德、艺德、师德的具体体现。他向广东美术馆和广州美术学院捐赠了自己的数百件力作,向广州美术职业中学等一些中小学、幼儿园和贫困的艺术子弟们捐赠自己最心爱的艺术图书,然而却未曾想建立为自己树碑立传的研究室或博物馆。无论是留苏期间的代表作，还是现在旅加期间的新作，他几乎无一例外地捐献给了祖国。用他的话说，"我是祖国培养的，为美院服务的，这些作品应该归于国家和学院、美术馆收藏着，每年展一展，对后人的教育有作用"。郭绍纲教授的作品尤其是留苏期间的代表作，是研究中国现代美术教育和中外文化交流的重要文物；他的新作、力作，按其学术和收藏价值，也已经超越数百万元计。郭绍纲教授无私的奉献，令我们小辈敬佩不已。

三、权威人士对美术教育事业的执着追求

"文革"结束后，美术教育逐渐恢复常态，四十而立的郭绍纲教授进入艺术教育生涯的成熟期，逐渐成为中国当代美术教育界的权威人士。这时，他却放弃了一些本可以名利双收的艺术创作时间，开始注意美术教材及教学研究。

由于当时政治、经济、文化、教育等领域都处于百废待兴的局面，中国教育面临堆积如山、积重难返的艺术教育的问题。当时党的十一届三中全会还没有召开，人们的思想被严格地禁锢在"两个凡是"的框框里，当时在社会上和教育系统内部有相当多的人（包括教育部门的领导和一些专业画家）在思想上还不重视大中小学的美术教育，美育在学校教育中没有合法的地位，美术教育当然也不会有它应有的位置；在组织上不落实，教学内容、方法上比较陈旧，教学设备极差……这几年，郭绍纲教授已发现了问题的严重性，觉得有必要呼吁重新确认美术教育的重要性，建议教育部门设立专门管理学校艺术教育的机构，采取断然措施，加强对学校艺术教育的领导管理。为此，他接二连三地做了大量切实有效的工作。

1983年，郭绍纲教授任广州美术学院副院长，虽然工作十分繁忙，但从人才培养和全面发展的战略角度出发，他利用许多开会的机会，虚心征询科学家、教育家和艺术家的意见，呼吁大家一起来关心全国学校的艺术教育工作，并身体力行，积极参加各种社会艺术教育活动……1986年12月，国家教委为加强对学校艺术教育工作的指导，成立了艺术教育专家咨询机构——国家教委艺术教育委员会，郭绍纲教授受聘为国家教委艺术教育委员会委员。从1986年开始，郭绍纲教授每年数次赴京参加国家教委艺术教育委员会的年会和专题座谈会、研讨会，主动联络有关委员，就全国学校美术教育的重大问题给国家教育行政部门建言献策，并为制定中国美术教育史上第一个《全国学校艺术教育总体规划（1989—2000）》，以及《关于在高等学校普及艺术教育的意见》《关于高等师范艺术教育改革与发展的意见》等国家教委文件，提出了许多富有建设性的意见，为中国学校艺术教育事业在新时期的改革与发展做出了积极的贡献。

中国美术教育在1981年到1996年这15年中所取得的成绩，可以说是中华人民共和国成立以来最好的了。这15年中，经过郭绍纲教授和全国美术教育界很多同志的共同努力，在国家教育委员会的领导下，学校美术教育工作取得了显著的成绩，学校美术教育的发展很快，美术教育的春天开始到来。

四、学科带头人对美术教育学科建设的关键作用

我国美术教育事业同世界发达国家相比是落后的。1980年年底，全国9.3万多所普通中学只有2.1万多美术教师，形成断层现象。改革开放后，我国正处于在建设物质文明和精神文明的新阶段，迫切需要培养大量"美育"师资和各类造型设计的专门人才。培育各级各类学校大批合格的美术教师，势成当务之急。为此，教育部与文化部联合发出了《关于当前艺术教育事业若干问题的意见》的文件，要求各地的高等艺术院校试办美术师范教育。为培养社会急需的美术师资，广州美术学院准备创办师范系。当大家都不愿出任系主任的时候，郭绍纲教授毅然离开了油画系的领导岗位去承担这一艰难的任务。他认为，在美术学院里办师范系能有机会接触各个专业并经常观看他们的专业展览，视野开阔，能起到潜移默化的作用；打破了单一定向和封闭状态，提高了学术水平，是学术性和师范性的良好结合，也正是培养全面发展的合格中学美术教师的有效途径。在担任师范系（后改为美术教育系）主任以后，郭绍纲教授作为美术教育学科的带头人，对美术教育学科建设予以极大的关注。他在全国首次提出"重视和加强美术教育学科建设"的倡议，并在《中国美术教育》《美术学报》等刊物上连续发表了《建设美术教育学科 培养全面发展人才》《美术教育学科建设之我见》等论文，阐述了他关于高等师范美术教育学科发展的富有建设性的思想。

从20世纪80年代末起，中国高等院校开始关注和发展高层次的美术教育，培养和培训高层次、高学历、高水平的美术教育人才。1988年9月，南京师范大学美术系设置了美术专业美术教育研究方面的硕士点，由著名的美术教育理论家蒋荪生教授担任导师。之后，郭绍纲教授亲临南京，拜访蒋老取经，回来后在广州美术学院也设立了美术教育硕士点，并在国内率先开始以课题带研究生的形式，举办了7期美术教育专业的助教进修班、研究生课程进修班和讲师研讨班，培养了向新元、顾森毅、楼慧珍、胡知凡、尚华等200余名高层次的美术教育人才。他们中的数十人现已成为全国许多高等院校和艺术系科的负责人和学科带头人。

由于郭绍纲教授等美术教育学科带头人和全系教职工的努力，美术教育系的学科建设、教学改革成果和综合实力在广东乃至全国产生了显著的影响。1985年，广州美术学院被广东省高教局评为"全国高等学校先进单位"；1986年，被广东省高教局评为"文明校园奖"；1989年，美术教育系的教学成果被广东省高教局评为"优秀教学奖"；特别是1992年，广州美术学院教育系被国家教委确定为"全国高等艺术师范教育改革试点单位"，其改革与发展的成果在全国被介绍和推广。教育部、文化部、兄弟院校美术教育系的领导不断来系考察、交流。作为学科带头人的郭绍纲教授，在广州美术学院美术教育系推行的美术教育学科建设和教学改革工作积累的经验，在全国高等艺术师范教育改革与发展中起到了骨干和示范作用。

五、美院院长对普通高校艺术教育发展的推动支持

1988年,国家教委下发了推动全国普通高校的艺术教育文件。据国家教委在制定《全国学校艺术教育总体规划》调查时统计,当时已有近200所普通高校设置了美术、音乐等选修课。1988年到1996年间,他在百忙中多次抽空受聘到山东师范大学、曲阜师范大学、山东艺术学院、山东工艺美术学院、河南大学、安阳师范专科学校、中山大学等高校讲授美术课程,并示范素描、油画教学。1995—1996年,郭绍纲教授与迟轲教授等一起,主持编写了广东省高等学校"九五"规划重点教材——我国第一套的普通高校的《美术鉴赏》选修课教材,由岭南美术出版社出版,深受大学生的欢迎。1996年3月,郭绍纲教授应邀请参加了广东省中等专业院校美育教研会,发表了《美育的重要性与现实性》的专题演讲。他对普及性美育的认识,从普通高校的层面进一步扩大到中等专业院校的范畴。1996年3月,郭绍纲教授应邀到私立华南师范大学美术系讲学,发表了《美术教育学科建设之我见》的专题演讲,对广东重要的美术教育基地的建设提出了许多富有指导性的意见。1997年11月,郭绍纲教授出席广东省高等学校艺术教育工作会议,发表了《艺术教育在人的素质全面发展中的作用》的专题演讲,对出席会议的几十所高校的院(校)长们触动很大,引起了他们的广泛兴趣和关注。会后,《高教探索》杂志以《艺术教育与全面提高人的素质》为题,发表了郭绍纲教授的演讲内容。1997年12月,郭绍纲教授应邀到广州华联大学讲学,发表了《设计与工艺教育学科的发展趋势》的专题演讲。他把对美术教育的内涵认识进一步延伸到工艺教育的领域。同月,郭绍纲教授积极支持全国高等师范学院设计与工艺教育研讨会在广州美术学院召开,并在会上发表了上述论文。

郭绍纲教授言传身教,积极支持和推进普通高校的艺术教育,在一定程度上激发了各级教育部门领导对学校艺术教育工作的重视和热情,时任国家教委副主任彭珮云,高教司司长武兆令,艺术教育司副司长杨瑞敏,广东省高等教育局副局长周鹤鸣、高桂彪等中央和地方教育部门的领导,对郭绍纲教授关心和研究美育与艺术教育的事例十分赞赏,予以高度评价。武兆令司长曾在哈尔滨召开的一次高校美术教育改革与发展的研讨会上说:"像郭绍纲教授院长这样关注美育和艺术教育发展的领导和专家,工作做得那么多、那么细,真的十分难能可贵。"可见,郭绍纲教授对艺术教育倾注的心血,对国家教委和广东省教育界出台一系列有关加强艺术教育的举措,促进全国和广东上下重视艺术教育的大气候的初步形成,对于全国学校艺术教育的改革与发展有着积极的推动作用。

六、知名学者对美术教育理论实践的研究成果

1981年,郭绍纲教授主持广州美术学院师范系工作时,分析了中国学校艺术教育落后的另一个直接原因,是对学院美术教育理论的科学研究不够。他认为理论是指导实践的基础,理论落后就要挨打;发展艺术教育,艺术教育科学研究必须先行。之后,郭

绍纲教授开始重视对美术教育的科学研究工作。他一直试图寻求建立一个相对独立建制的美术教育研究机构，以适应不断发展的美术教育的需要。作为学院科研机构的广州美术学院美术教育研究室，也是在这个时间提出成立的。1987年年初，经广东省高教局批准，广州美术学院设置了美术教育研究室，郭绍纲教授亲自兼任研究室主任，先后配备了3名专职与10余名兼职研究人员，配备了日常专门的科研经费，配合全院和美术教育系的教学，开展美术教育科研工作。这是中国高等美术院校中第一个设立的艺术教育科研机构。

从20世纪80年代中期开始，中国的美术教育与教学研究活动开始活跃。在研究方法上，他反对采用过去单一的纵向研究，提倡进行横向的一体化研究——就是跨课题和跨学科的研究，即把各级各类学校教育机构中的美术教育统一来进行研究；把学校教育、家庭教育、社会教育中的美术教育综合起来研究；把专业美术教育、工艺美术与设计教育和普通美术教育联系起来加以研究；甚至可以跨学科请其他专业的专家来访以共同研究美术教育。这样就会发现普通美术教育中存在的问题，找到改进的方法。当今的世界，自然科学和社会科学有高度综合化发展的趋势，为了顺应这种发展，美术教育要多做"横向"研究，以开拓思路，创造出一个崭新的面貌。

从1988年开始，国家教委开始启动以课题带研究的艺术教育科研计划。1988年年底，国家教委在天津蓟县专门召开了艺术教育科研工作会议，会议分析了中国艺术教育落后的原因，决定采取有效措施，加强对学校艺术教育的科学研究。郭绍纲教授闻讯后，积极联系，派员参加。

1989年4月，经全国教育科学规划领导小组办公室批准，郭绍纲教授申报的《美术教育方法论》被列为全国教育科学"七五"规划"我国学校艺术教育的理论和实践"重点项目的研究课题。

1991年，经全国教育科学规划领导小组办公室批准，郭绍纲教授向国家教委高等学校社会科学发展研究中心申报的"学校艺术教育史料研究"也被列入"全国教育科学'八五'规划重点课题"。

1991年12月，国家教委艺术教育委员会在广东深圳召开"中国当代美术教育研讨会"。郭绍纲教授在会议上分析了社会发展对学校艺术教育提出的新要求，提出了应该采取的对策。这一点，在中国美术教育史上可谓影响甚大，研究气氛甚浓。

1992年3月，国家教委高等学校社会科学发展研究中心在广州美术学院召开了"普通学校美术教育史研究"的课题工作会议。郭绍纲教授主持会议，首都师范大学、南京师范大学、广州美术学院和国家教委的有关科研人员参加了会议，具体落实有关问题。"中外美术教育史"的课题研究正式启动。

1992年10月，郭绍纲教授在广州美术学院主持承办召开"全国美育与美术教育理论研讨会"大型座谈会，邀请赵沨、赵宋光等30多名著名的艺术教育家谈美术教育问题。会议后出版了《美育与美术教育文集》，郭绍纲教授在书中不仅撰写了序言，还发表了3篇专门的论文。作为著名的艺术教育家的郭绍纲教授，他所发表的许多有关美育与美术教育的论述，对全国教育界和美术教师的震动很大。

从20世纪80年代初到90年代中，在郭绍纲教授的倡导、支持和直接参与下，中国新的美术教育学术论著纷纷问世。他亲自主持编著了的中国改革开放后第一部美术教育专著——《美术教育方法论》（岭南美术出版社出版）；同时，还亲自担任顾问，撰写序言，支持中青年学者编著、翻译、出版的美术教育专著，如《美术教育简明辞典》《设计教育方法论》《通过艺术的教育》《创造与心智的成长》《儿童的知觉与视觉发展》《对美术教学的意见》《美术，另一种学习的语言》《沙奥尔绘画辅导探索》等。他多次关心支持和指导美术教材建设，为全国统编的沿海版美术教材提意见，送稿件。

郭绍纲教授针对当前美术教育没有引起社会的足够重视的现实环境，结合自己丰富的实践经验，进行了一番周密思考。他认为由于历史原因，中国的美术教育学科还在起步阶段，许多潜在的因素还待有识之士的勤奋发掘。因此，要发展这门学科，就应当跟其他学科一样，必须有自己的一套结构和体系，并使其逐步形成和完善。他提出将美术学院办成某一地区的"两个中心"，即美术师资培训中心和美术教育科学研究中心。前者重点在大学和中学美术教师的进修提高，后者强调美术教育科学理论的研究。

郭绍纲教授在工作的百忙之中，经常利用休息日和工作日的晚上直接到美术教育研究室进行课题研究工作。作为中国当代的知名学者和美术学院的院长，这是十分难能可贵的。从1981年到1996年这15年间，郭绍纲教授在美术教育研究方面共主持、承担和参与了2个国家级、5个省部级课题的研究，出版了10余部学术专著和教材，发表了30余篇论文和演讲，组织和参加了数十次全国性的美术教育学术活动，硕果累累、成绩斐然，为中国当代美术教育的理论建设做出了重要的贡献。

（范凯熹：现任中国美术学院上海设计学院副院长、教授、博士生导师，兼任中国设计师协会理事，国际商业美术师协会特聘专家，教育部高等学校社会科学发展研究中心研究员，中国艺术教育促进会理事。本文写于2004年）

德艺双馨，艺教双精
——郭绍纲教授的艺术教育观

范凯熹

郭绍纲教授从1953年开始担任教师工作，与广州美术学院同龄。50年丰富的艺术教学实践、教学经验和科研成果，逐渐使他形成了具有自己特色的艺术教育观，成为我国颇有见地和颇具影响的艺术教育家。郭绍纲教授的艺术教育观大体可概括为八个字——"德艺双馨，艺教双精"和以下七个方面。

一、美术教师的艺德和师德观

郭绍纲教授受到社会主义学院艺术教育的正规训练，有自觉地为人民服务的热忱。从28岁到广州美术学院任教，在那里为艺术教育事业献力建功，具有高度的社会责任感，他总是把艺术教学和创作的个人发展同为人民服务的自觉实践结合起来。他不仅是五十年如一日忠诚于党的教育事业、为人师表、桃李满门的人民艺术教育家，又是尽心竭力推动国内外文化艺术交流的社会活动家。经过半个世纪艺途跋涉的闪光轨迹，他积累了宝贵的艺术实践经验，是一位创作丰富的卓越画家，又是在理论上建树颇多、论著丰富而予人启迪良多的优秀学者。他那杰出的艺术成就和深厚的素描功力的渊源，平和隐秀、纯熟驾驭油画的表现手段，自身尊崇写实方法的现实主义艺术准则，融入传统中国画写意语言的绘画语言，颇具端庄秀雅和学士风采的翰墨诗文，很容易使我们把他的艺术作品风格特色同他的人品结合起来观察，从而看到其中"画如其人"的一致性。

素描和油画是有几百年历史的外来画种，成功的创作不应以纯西方的技法绘制东方的景物，因为这样写不出东方的风味，成功的创作应融入东方人的思想感情。郭绍纲教授的素描和油画艺术虽主要得力于外来技法，然而他本人极富东方人特有的艺术素质和中国传统文化的修养。他在50多年的艺术实践中，形成自己独特的画风；他那中西合璧的创新观点，创作了一批具有民族风格、地方特色和富有个性的素描、油画作品。他在坚实的西洋绘画技巧中透出一种清新的、高雅的中国民族气息；在朴实无华的画面中蕴含着画家中华文化的素养、涵养与绘画技巧；在扎实的学习中掌握了古典写实派与印象派的精粹，形成了自己的独特风格。他的画用笔挥洒准确，色彩透亮诱人，质感厚实纯朴，在人物、静物、风景各方面都表现出实而不华的直率与自然的性格。

从郭绍纲教授的素描和油画作品中，我们可以领悟到画家炉火纯青的技巧和深厚的内在功力，领悟到画家的审美追求和独特的艺术气质和品格。仔细欣赏他的油画，就如在细读一位画家的画品与人品。郭绍纲教授作品原作画幅都不大，而且题材都选取并不抢眼的、极其普通的自然景色。然而，作品表达了朴实真诚的感受，描绘出质朴自然的美。迟轲教授称郭绍纲教授的油画"美质中藏、回味无穷"，为我们展现了一个精彩世界，自然、朴实、精彩、生动、平和、俊秀等，都无不把一位美术家的风格水准及美术家本人的追求活生生地展现出来。见画即见人。

考察郭绍纲教授的艺术成就的时候，不能不说到他作为教师的工作，郭绍纲教授自己把育人当作艺术发展之路和实现人生价值的途径。历史上，画家从教的意义是重大的，没有这种师徒承传，就不可能有近代以来各种艺术形式的盛大发展，在绘画界尤其如此，如同薪火相传。郭绍纲教授继承了这个新传统，自称教育是他的主业。他从一位青年教师到管理岗位及各科和全院的学术带头人，从领导一个学院到参加全国美术教育的咨询管理，培育一批又一批的美术教育和创作人才。他从前的学生曾深情地回忆这位老师的风范：郭绍纲教授施教认真负责，从不苟且，有时甚至严厉，带学生"摸爬滚打"，言传身教，令学生感动信服。他有一次去山西出差，路过北京而不进家门，赶上火车夜半到韶关，次日一早就上课。50年来，他的教学工作一直受到教育界的推崇。以他这样的品性，他一定会把自己大部分的才能贡献于以艺育人的工作。

郭绍纲教授十分重视身教。他不仅保持着严于律己的艺术操守和敬业精神，还在艺事上从不松懈、在与学生的联系和教学相长中获得相互的促进。他带领学生一次次地下乡、下厂、下部队、下学校，从20世纪60年代到90年代，经常活跃在钢铁厂、渔区、深山、林场、村寨、马场、海港，走过和熟悉了大江南北的许多地方：曾在广东最贫困的乳源山区连喝水都困难的地方生活三个月，在交通最不便利的海南（西沙）海上漂泊了十几个夜晚。他常说："实现行万里路是历代画家提高艺术水平与艺术修养的基础，画家在经常深入生活中得到全面的锻炼。"

郭绍纲教授德艺双馨、雍容大度。他常说："过去反对他、斗过他的不一定是真的对他坏，只要有才，他要照用。"郭绍纲教授反对阿谀奉承的虚伪作风。他常说："天天说他好话的人并不一定为他好，如有问题也要一律照章办事。"

二、"大文化"的大美育观

郭绍纲教授在他的艺术教育实践中深深认识到美育对人生的作用和意义，提出了许多关于美育的见解。在美育的范围方面，郭绍纲教授明确提出大美育的观点。他反对把"美"与"美术"混为一谈，认为"美"与"美术"、"美育"与"美术教育"之间，就其实质性范围看，有极大的差别。前者含所有的"美"，包括自然美、社会美、艺术美，后者只是艺术美中的一种。囿于历史和现实，当前出现许多令人困惑的问题：美如何与人民大众相通？造型艺术与未来工业产品如何沟通交融？普遍落后的审美观如何适应其他超前观念？普遍的美术修养偏低如何提高？等等。探寻振兴美育的有效途径和方法成为有识之士研究的热门课题。郭绍纲教授因此提出："人类向来是按照美的规律去改造自己的生存空间的。振兴中华，需要在国民教育中加强和普及美育，弥补教育的历史欠缺，完善我国的现代教育体系。"他先后发表了《高等院校的美育与文明建设》《重视美育是现代文明的表现》《美育——时代的召唤》与《加强美育发展教育学科》

等多篇文章。他以鲁迅为榜样，大力倡导普及艺术教育。他说鲁迅先生早年曾用"表见文化、辅翼道德、救援经济"十二字概括艺术的目的与致用，至今仍有现实意义，今天在经济建设中更应重视艺术具有的开发经济的功能。

郭绍纲教授认为，爱美、要求美，虽是人之常情，但高尚的美是有文化教育内涵的美。他指出："人的审美观念有宽窄之分，审美能力有高低之别。在这宽博与狭窄、高层次与低层次之间的距离是很大的，必须通过教育才能向广博、向高尚发展。美育不仅通过美术教育培养人的审美观念、审美情操、审美理想，同时还培养人的创造性思维和审美创造力。也可以说，美育不仅使人塑造美好的心灵，同时使人创造美好的事物，创造美好的环境、物质财富和精神财富。建设四化、社会的治理、整顿、综合国力的开发，都归结到民族素质的提高与人才的竞争，所以教育具有优先发展的战略地位，美育在培养全面发展人才方面不可缺少。"

郭绍纲教授也反对将"美育"与"美术教育"混淆。提到美育，人们的解释往往局限于美术和音乐。郭绍纲教授则大胆提出大美育的观点，认为一切美的培养都是美育。它们包括思想品德、语言、诗词、音乐、美术、戏剧、电影、舞蹈、摄影、书法、体操等方面，旨在培养感受美的敏感，例如心灵美、语言美、线条美、韵律美、形体美、肌理美……而"美术教育"不仅有美育的功能，还有德育的功能、智育的功能甚至术科教育的功能。

郭绍纲教授经常引据寻证，提醒人们重视美术教育的德育功能。他提出，人们对美的追求是永恒的，而缺乏美的人是自私的、狭隘的和不健康的，因此郭绍纲教授非常注重德育与美育的关系。他说，德育是塑造人的灵魂的工作，是精神文明建设的主要内容之一。他还引用西方美学家柏罗丁的话："除非灵魂本身美，否则就见不到美。"因此，为了培养美的心灵，培育诚实和纯真，他倡议加强美育。提出美育的途径和方法必须从全社会开始，提倡从幼儿园到中小学到大学的美育乃至家庭社会，大家都来研究美育，形成一个人人爱美，人人讲美的大美育环境。

三、"多能一专"的师范美术教育观和美术教师观

郭绍纲教授在推进中国当代高等师范美术教育的改革和发展、创建新中国高等师范美术教育的新体系方面做出了突出的贡献。

郭绍纲教授多次在全国性的美术教育研讨会上建议把"美术师范专业"名称更改为"美术教育专业"。他认为"高等美术师范教育应从比较单纯的职业教育逐步发展为一种专业教育。这种专业教育要求培养出来的人才，不仅是美术术科的掌握，从事教师职业的准备，还应在文化、教育学科方面打下宽厚的基础，努力使自己成为美术教育方面的专家。善于把自己的教育对象培养成德、智、体、美、劳全面发展的一代新人"。

郭绍纲教授在广州美术学院师范系确定"多能一专"的办学方针，体现了他德艺双馨、艺教双精的美术教师观，不仅"富有战略眼光"，而且"中国美术教坛上是独具慧眼的"。在美术教师能力方面，他提出不仅要有美术能力，且还要着重加强美术教学能力方面的培养。在办学方向上，郭绍纲教授强调师范系培养目标是中学美术教师，要

求既有渊博的知识，又懂教育教学的理论；不仅精通美术学科，掌握美术教育必备的比较全面而扎实的美术知识技能，而且要有广泛和全面的文化知识，具有教育教学学科方面的知识技能。在教学方法方面，传统教学和现代教学是不同的，现代教学强调用系统的观点、整体的观点，在动态过程中考察教学现象；传统的教学则侧重孤立地、片面地、用静止的观点来研究教学。为防止走老路，郭绍纲教授和全系教师从课程体系结构、教学内容选择、教育对象的选择培养和教学程序方法等方面采取一系列措施，将创办初期以绘画为主兼教工艺美术的单调教学，逐步转变为30多学科的教学，旨在培养"多能一专"的、具有多种造型能力的教师。

郭绍纲教授作为油画家，在专业和课程设置方面，并不向自己的专业和研究方向做重点倾斜，而是根据专业培养目标和社会实际需要出发。他明确提出水彩画课的重要性，认为水彩画应用范围广。因此，美术教育系的色彩课以水彩画为主。以后美术教育系水彩画教学逐步完善和发展，成为广东省高等学校的重点学科，毕业生的水彩画作品甚至获得第九届全国美术作品展览的金牌，其水彩画教学研究方向的研究生教育和水彩画在全国影响很大。

郭绍纲教授认为，美术教育系的学生首先应立足教育工作，而不是成为专业画家。因此，他主张"多能"以后的"一专"，在拓宽专业领域的基础上，有重点地加强一些基础性和实用性课程的教学。这不仅是普通美术教育的需要，更是科技智能深层化的需要，与"压缩饼干"式的小美院各专业课程的"翻版转多能"之说分道扬镳。在当时，郭绍纲能坚持下来，是有战略眼光的，在中国美术教坛里可谓独具一格，难能可贵。在郭绍纲教授几十年的教育生涯中，美术的教学和实践是他极为重要的活动内容。他是美术方面的多面手，集美术教育、油画、素描、粉画、书法技艺于一身。他认为艺术品种虽不同，规律却是相通的。在艺术实践与教学的关系上，他认为虽然在实践上有矛盾，但教师的职业道德却能辅助艺术实践的提高。郭绍纲教授具有为人师表的全面素养，他说过，要胜任美术教学的工作，教学的艺术和实践经验一样重要。他的教学宗旨汲取前辈的"本固枝荣"观点，关于此有个形象说法："教授学生一百字，自己先要懂二百字；要给学生一杯水，自己先要有一桶水。"经过长期的艺术实践和美术教学，他分析研究大量第一手材料，在此基础上编写教材，著书立说，先后出版了专集《郭绍纲教授素描选集》《郭绍纲油画选集》，专著《油画基础知识》《素描基础知识》及《色彩与颜料》译作。

郭绍纲教授提出美术教育系的研究生必须有本专业的特点，不仅要在绘画、工艺方面进行研究，还必须研究教材教法，因此称为"美术教学法"研究生，以强调这门边缘科学的有机结合。这在全国鲜为人知。以后，他又在美术教育系的专科和本科中全面推行毕业生撰写教育类论文的制度，以培养学生初步从事教育科学研究的能力。1999年，他专门为广西美术出版社出版的《美术专业毕业生论文》撰写文章，以示重视。

四、"大美术"概念下的大美术教育观

郭绍纲教授在美术教育方面，提出大美术教育观，强调美术是基础教育，并贯穿终

身的观念。受18世纪德国美学家莱辛和我国教育家蔡元培的影响,郭绍纲教授把美术的内容划定扩展到整个视觉艺术的大范围;除绘画、雕塑、建筑艺术和工艺美术四大形式外,还包括园林环境、服装、舞台、影视、工业等多种艺术形式。他认为,美术教育是教育的一个分支,是美育的重要组成部分。他预言,当代艺术的横向联系和综合发展,将使美术的范畴更大。他在全国美术院校中较早恢复了工艺美术和现代设计教育,并不断主张建设建筑设计专业学科。

以电子技术、核能技术、生物技术和合成材料技术为标志的第三次科技革命,把人类带入高科技的信息时代,知识在向综合化发展,学科在交叉发展。据此,郭绍纲教授认为不应再把美术教育单纯看成一种实用的工具和单纯的技术传授,而应满足精神、智能、身心等方面发展的需要。他提出要做到"完全的教育",就应当改变过去范围狭小的学校图画教学的旧观念,确立目标大、范围广、途径多的美术教育观。他指出:"教育关系着文化的普及、科技的发展、经济的振兴、社会的进步,以至崇高理想的实现。教育是强国富民之本,它必须着眼于民族素质的提高与合格人才的培养,使受教育者在德、智、体、美、劳等方面都得到协调发展。"他建议人们站到一定的大空间看美术教育。从长远看,判断一个国家的文化水平高低,音乐和美术是个标志,它们的影响是深远的。不可设想,有着高度文化水平的中华民族,青年一代却没有艺术修养。从美术教育的意义和地位看,郭绍纲教授认为当务之急是尽快建立中国特色社会主义大美术教育体系。大学生的基础来自中小学,中小学基础又来自幼儿园、家庭和社会的学前教育。于是,可设想,教育是大教育,美术是大美术。传统的小学到中学到大学的教育系列在向多方位伸展,向前延伸到幼儿教育,甚至是胎教;向后延伸到社会教育,教育在向包括整个社会,人的一生的方向发展。学校教育、家庭教育、社会教育联成一体,构成一个多层次、多规格、多形式的教育系统。郭绍纲教授指出:"提高国民文化素质是各国共同面对的问题。美术是文化的基础之一,美术文化的普及与提高,依赖于全面的系统的大教育,而美术教育是不可或缺的。"郭绍纲教授反对"美术教育是以为社会输送一代代美术家为主要目的的富人贵族教育"的传统的观念。他认为,随着时代的发展,这种观念已明显不适应。现代社会、科学技术与艺术日趋结合,许多工作研究离不开美术,科学技术的艺术化,艺术的科学化,要求各个层次、各个年龄、从事各项工作的人们具有不同层次、不同水平的美术知识技能。因此,郭绍纲教授希望能把社会所有的男女老少吸引和组织到美术教育网中,使作为文化基础之一的美术普及于全民,使美术教育贯穿于人的终身,且形成人人有学习美术的机会的氛围,以潜移默化的影响去提高全民族的艺术文化素质。郭绍纲教授在百忙之中经常到幼儿园、小学、中学、大学乃至社会上进行调查研究和讲学,关心艺术的终身教育问题,就是基于实践上述观点的行动。

五、主张"手脑并用"的手工教学观

就中国美术教育的发展史而言,美术课强调写生教学,摒弃了传统美术教学的优点,疏忽了设计和手工教学。为了适应社会主义现代化建设、改革开放和中等美术教学的需要,改变绘画代表造型艺术的倾向,早在20世纪80年代初,郭绍纲教授就重新提

出加强工艺教学的问题。他认为"设计与工艺教学能促进学生手脑并用、眼明手巧和思维能力的发展，培养他们耐心、细致、整洁、有计划的工作习惯，训练他们使用铅笔、毛笔、颜料、手工工具的技巧，并懂得设计与工艺在日常生活和社会建设事业中的作用"。郭绍纲教授提出了师范系应开设设计与工艺课程，拟定了设计与工艺教育要求。他提出："通过设计与工艺的教学，使学生获得纸工、泥工和其他地方性材料（如木、竹、麦秸、高粱秆的等）制作之技能。作业要求做到正确、整齐、清洁、美观，以培养学生的审美能力。"他支持广州美术学院教育系召开全国高等师范设计与工艺教育研讨会，并作专题发言报告。

郭绍纲教授非常关心广州美术学院美术教育系的设计与工艺课程建设，在课程安排上，他主张：一是要增加设计课的比重，不仅在一、二年级列为必修课，而且三、四年级列为主修课，设计课程内容应当非常丰富，根据课程要求和实际需要，开设图案基础、美术字、平面构成、色彩构成、立体构成、打散构成、唱片封套设计、书籍装帧设计、广告设计、装饰画、磨漆画、装饰写生、装潢设计和室内设计等选修课。二是要增设手工劳作教学的内容。郭绍纲教授认为：手工劳作应用广泛，同日常生活和技术劳动联系密切，既包括审美的内容，又包括科技方面的技术操作，在国外中小学美术教育中日渐成为重点。他指出：中华人民共和国成立前有些师范院校曾设过此课，但内容陈旧简单，没有起到美育的作用。中华人民共和国成立后的中小学美术课，多半偏于单一的图画。目前，我国中学生的手工劳作训练还没有引起应有的重视。他认为这种状况必须改变。需要改变这种状况，首先必须从美术师范做起。在郭绍纲教授的关心和支持下，广州美术学院美术教育系在全国高师美术系科中率先增设了手工劳作课，并筹资两万余元盖起了简易工场，购置了小型车床、工作台钻、缝纫机、电动子钻等，逐步在各年级进行几种类型的手工造型训练，开设陶艺、布玩具、壁挂、木雕、漆画等课程，取得了良好的教学效果。

六、产学研结合的艺术教育价值观

在中国当代美术教育发展的进程中，作为校（院）长或系（科）主任，办学资金问题常常是学校管理中的大问题，学院办学处境艰难与提高教职员工待遇所需的大量资金发生矛盾。一种解决办法是"等靠要"，另一种是产学研结合的思路。郭绍纲教授选择后者，努力发挥产学研结合本身的造血功能。

郭绍纲教授学习和研究了我国的社会主义现代化经济建设的战略目标和社会主义精神文明建设的战略方针，明确了美术教育的发展必须适应经济发展，依靠科技进步和不断提高劳动者的素质。他认为："生产要商品化、社会化、现代化，所生产的商品不仅要适应国内市场的需求，更要在国际市场上有竞争的优势，那就要改变因袭、照搬、模仿的状况，而立足于开发、出新、创造。为此，除了依靠科学，还要应用技术美学，使各方面的劳动者树立创造美、鉴别美的观念，掌握这方面的能力。城市建设、环境改造、旅游资源的开发，都不能脱离美的创造与选择。这一切都要求在各种岗位上的劳动者，尤其是决策者要具有相应的审美素养，才能产生良好的、深远的社会效益。"

郭绍纲教授认为：利益分配问题是发挥产学研结合本身的造血功能能否成功的关键，除了市场这只"无形的手"外，还需要做的事是使之制度化、明晰化、规范化，建立多劳多得、优劳优酬、勤劳致富的机制，明晰责、权、利范围，使之由纷扰到有序。当然，这是一个棘手的问题，需要在摸索中解决。对于产学研搞得好的同志，收入再高，他不仅从不红眼，反而为之高兴。他常用"小河有水大河流、小河无水大河干"的道理比喻学院师生员工的设计创收、勤劳致富与学院全院师生的关系。他不断鼓励各系教师，通过自己的劳动创收，出版的个人画册、专著，举办个展、讲学、出访活动等，支持设计、工艺、油画、版画、师范、附中等各自成立的产学研三位一体的校办"设计公司"或"设计中心"。

郭绍纲教授认为，从根源意义上来讲，产学研合作，学院大力推动，这样既有市场的灵活性，同时又有学院作为的宏观性、方向性。学院为系科产学研结合创造良好的政策环境，激励、引导系科自立自强，走上产学研结合的道路。因此，从实际出发，学院提供多种政策上的优惠和便利，充分发挥系科作用，是广州美术学院的产学研发展务实而有效的关键。

在包括郭绍纲教授在内的广州美术学院党政领导班子和师生员工的共同努力下，短短的几年时间，广州美术学院产学研工作已经由面上发动阶段进入深层运作阶段：产学研工作重点已经由宣传造势走向有效踏实的实际合作，由个体性的、突出式的合作走向集团性的、持续性的合作，由碰撞式的合作走向网络式的合作。校办产业的年产值突破亿元大关，师生员工创收的人均产值位于全国高校前列。这些变化反映出广州美术学院的产学研工作已经进入了一种大规模的实际运作状态，产学研合作在广州美术学院已经蔚然成风。这在无论对培养师生员工的实际动手能力、提高教学质量，还是补充办学资金、改善教职员工生活、提高大学生勤工助学和创业能力等方面，都发挥了积极的作用。学院在20世纪90年代已经形成了一个比较完整的、高级的美术教育创业创收管理体系，迈上了一条产学研结合的健康发展的道路，全国各艺术院校慕名前来的团队和人士络绎不绝。

七、任人唯贤的美术人才观和扎实严谨的学术观

教育的问题说到底是教师与管理干部的问题。办好学校一靠教师，二靠管理干部，这是郭绍纲教授的结论。为了创业，他礼贤下士，聘请拜访过许多名家，有时还是"三顾茅庐"；我自己常说是"被郭老师赶鸭子上架"的；有的是被物色提拔。另外，郭绍纲教授为了切实贯彻他的教育主张，还大力培植了不少学有专长的得力教师。当时二十几岁的自学青年尹秋生就是被他破格录用为教师的，现已成为全国少有的木雕人才、广州美术学院木雕课的教学骨干。他以伯乐之识，聘来全国美术教育的精英。他组建的美术教育系，周围几乎汇集了20世纪60年代当时广州美术学院油画系的大多数精英，先后和他在美术教育系共事的既有郭绍纲教授的同辈友人，也有教学有方的门生弟子。美术教育系如此强大的阵容，是郭绍纲教授费尽心血组建而成的，而郭绍纲教授亦自此声名日盛。郭绍纲教授组织、培养师资不遗余力。

在用人上，郭绍纲教授任人唯贤、身先士卒。美术研究室举办研究生班聘请兼职教师授课时，他多次跟我说："应当考虑需要，不论其对他是否在'文革'时整过我，或者是现在对我有意见的人，只要专业强、学术好，你都可以聘用，不要有什么顾虑。"由于郭绍纲教授的高境界和高姿态，美术研究室在院内外聘请了一批高水平、高职称的兼职教师。

郭绍纲教授在配备师资时也是有高标准的。他认为从事美术教育的人，民族气节和事业心应当是同等重要的。因此，需要有德才兼备的人。对于业务荒疏、不能胜任教学岗的在职教师，郭绍纲教授主张坚决停职。他曾和我多次谈及教师的品德问题，对教师要严格要求、严格训练。

郭绍纲教授治学严谨，学风和画风正派，钟涵先生称之为"正本"和"风正"的郭绍纲式的画风。郭绍纲教授的画风是具象再现的、体现了坚实的写实工夫。这是他早年受教和后来任教时的中国学院风气、20世纪50年代苏联的风气和他个人实践的经验积累密切相关。他认为这种写实方法之所以产生是由于人在视觉方面的普遍的审美需要；而由于现代中国社会变革反映在精神文化方面的需要。他认为我们的这个变革并未完成，担心没有写实基础的某些浮浅之风和被动地适应市场口味，会败坏写实本来的价值。

郭绍纲教授扎实严谨，不尚浮华。在教学上一贯进行严格、扎实的训练。他要求学生在四年之中，先进行两至三年极其严格的素描训练。郭绍纲教授说：平心而论，美术院校毕业的学生能基本做到如此的，十者不过一二，坚实深厚的功夫来自刻苦锻炼。他为研究生班授课时，要求学生作画时多做比较，"多看、勤动笔"；他要学生在画架与对象面前趋前退后，认真求证，力图精确。他对学生说：你要把所看到的东西一丝不差地画出来，要把手和眼训练得准确，手和眼要协调一致，手要把所看到的东西反映到画面上。照相机代替不了很多东西。画家作画时有自己的创造，有取舍的态度，有画家自己的意图，有画家独到的地方。

郭绍纲教授告诫学生：你们现在是打基础，不要妄谈这个素描、那个素描，你们毕业后创作什么素描，那是你们自己的事。他要学生痛下苦功。他说："兴趣就是天才，勤奋出天才。"即使对较优秀的学生，郭绍纲教授也是响鼓重锤、快马加鞭。综上所述，郭绍纲教授的艺术教育观和实践，主要表现为多次到国外考察美术教育，在国内坚持教学实践，认真总结经验教训，钻研艺术教育理论与实践的结果。他所提出的许多观点具有现实意义，对我们当前所要面临的美术教育改革具有重要的参考价值。

（范凯熹：现任中国美术学院上海设计学院副院长、教授、博士生导师，兼任中国设计师协会理事，国际商业美术师协会特聘专家，教育部高等学校社会科学发展研究中心研究员，中国艺术教育促进会理事。本文写于2004年）

基本功和创造力的互动

——郭绍纲教授的美术教育思想与方法评述

范凯熹

郭绍纲教授是当代中国艺坛著名的油画家和美术教育家,他从事美术教育半个世纪所形成的一套传统与创新相结合、基础和创造相结合的美术教学思想和方法,为促进当代中国美术教育中西合璧、多元互动,坚持和发扬中国绘画的民族风格,发展中国艺术,培养优秀的美术教育人才,起了积极的推动和促进的作用。

一、强调写生教学和扎实的基本功训练的作用

郭绍纲教授特别注重写生,有学生说他是"才华特在写生"。郭绍纲教授面向大自然、对景对物写生的数以百计的素描和油画,畅快生动,画味十足。郭绍纲教授认为:"写生,顾名思义是写生活、写生命、写生动。"这种接受自然的启迪,在大自然激发艺术灵感并提炼出来的美,是相当感人和充满生命力的。

郭绍纲教授强调写生教学的作用,认为20世纪50年代,中国的基础造型训练虽然基本上沿袭苏联的教学体系,强调对客观物象形体真实性的科学的把握和扎实的基本功训练,并且审美导向也是对客观现实的一种客观感受。综观20世纪五六十年代后的中国绘画创作,大部分画家基本上是在各自地域中寻找自然的启示和灵感。对具有特色的形象的选择、绘画符号的有意排列组合、色彩变化的微妙差异、画面效果的整体处理等,这一切都在传达着对自然的客观审美感受。这种教学体制整整影响了一代中国画家,其结果是由于苏联教学体系的参与和培养,不可否认已获得了成功。

郭绍纲教授说,写生直接面对客观世界,观察对象的生动实在,非如此不可能获得丰富的视觉信息,从而才有发现与选择的可能性,才有从感性的生动性中悟到美的规律存在。他认为,写生不是绘画唯一的训练方法与创作方法,或所谓科学方法。反过来,写生也不是一无是处的落后方法。写生有积累的滋养。郭绍纲教授的写生有他自己的可贵经验,他绝不是被动地仅依物象而已。他的画里不仅有西洋绘画的精髓,也有民族绘画的骨气,还有他自己感情的发现,有他自己的认识与感情的选择与处理,有他的意兴,有他的视觉语言特色,不但在具体的画幅里,而且稳定地成为他的风格。

郭绍纲教授的写生教学思想和他的老师徐悲鸿、吴作人等是一致的。他注重写生但并不反对临摹,他自己也认真临摹过油画和书法;但他认为临摹是辅助手段,写生则是主要方法。郭绍纲教授认为:"艺术家既有求真的精神,故当以阐发造化之美为天职。"郭绍纲教授把师法造化作为创新的最重要的条件和培养学生的第一要素。即使对初学画

者，郭绍纲教授亦首先告知以此。在课堂教学中，郭绍纲教授主张将人体作为学生研究身体构造、通过写生锻炼造型基础的对象。这很能说明他强调研究对象、师法造化的观点。

师法造化，重在写生。他1982年编写出版的《素描基础知识》和《油画基础知识》两本教材，扼要而明确地提出素描、油画写生的基本要求，并由浅入深地渐进到较高标准。这两本教材联系到郭绍纲教授在写生教学实践中的具体问题，系统成篇，是郭绍纲教授现存写生教材的重要组成部分。郭绍纲教授的写生，可以说每一幅都体现出"学院派"风范，具有严谨的构图、鲜明有力的造型特征、充满感情的色调和准确的绘画语言。他认为，一个艺术家的成功，除却艺术天赋之外，极其重要的是生活经验的积累：包括素材的积累、实践的积累、学识修养的积累。积累越深厚，作品的文化含量就越高。

二、学习素描的基本态度和方法

作为美术教育家，郭绍纲教授刻苦努力践行、身体力行的正是他的教学主张。他经常引用"不以规矩，不成方圆"这一中国流行的古语，高度概括学习素描的基本态度和方法。

我国20世纪五六十年代培养的优秀绘画人才，创作了大量富有生活气息和时代特征的素描和油画，郭绍纲教授认为中国素描教学的道路是正确的，就造型才能而言，培养出来的学生在世界上至今还居于出色的地位。这条道路对于青年学习将会起到很好的作用。当然，郭绍纲教授同时也看到中国素描教学实践中的不足之处和存在的偏差，例如，一些人与被描绘对象的关系，不过是"借题发挥"而已，也有些人"聪明毕露"，线条虽然流畅，画得滚瓜烂熟，但公式化、老一套，对描绘对象不求甚解。

郭绍纲教授认为，绘画艺术的内容、形式和风格之美，源于现实生活和广大自然。一个画家，如果不以客观对象为师的话，就不会有所发现，也谈不上有什么感受和探索。他提出：画家教学讲"严格"，光靠天才生活的人，可能会小有得意，但终究不能成大器。郭绍纲教授讲的"严格"，主要是指必先接受客观对象及其规律的制约。他提出的造型的能力，要能形神兼备，能领略真善美的奥秘，不能生搬硬套。

郭绍纲教授的素描绘画风格严谨而不拘、坚实而不板，具有天然质朴之美，平和俊秀之气。学生们之所以喜爱它，正是由于它具备一种厚重、真灼、恰如其分的品质，诚为可供学习的最佳典范。

郭绍纲教授经常对学生讲，艺术家应紧跟时代的步伐，但不能赶时髦。世界上出现一些流行的刺激人们感官的绘画新花样，天真的人不善于区别，这与那深深扎根于人民土壤之中、经受了时间考验的艺术成果之间具有不同的本质。他认为对此不必大惊小怪，时间最能说明问题。但是作为美术教育者，教师们有责任为学生指明一条较为有益的学习道路。

三、素描中的创意教学思想

人们都说苏式素描教学刻板，缺乏生气。但郭绍纲教授的素描教学法十分强调素描与油画教学中意境和氛围的表达，并能在很短时间的速写中程序不乱、胸有成竹地运用素描和油画材质实现达意的追求。

郭绍纲教授在《素描基础知识》一书中指出，素描写生是一项有意识的工作，"在动笔以前，应给自己提出明确的任务，而不能机械地描摹眼睛所看到的一切。现实主义的素描并不是以精确地表现物象的全部细节为真实标准，而应是源于自然形态，而又高于自然形态的一种真实的概括"。他认为，素描或是绘画之所以有别于照相，而且永远不能被照像所代替，就是因为它是作者发挥认识的能动作用的体现。素描有画意，它表露作者的思想感情、艺术见解和风格。素描有立意就是主题思想的酝酿和确定，立意的原理就是艺术的形象思维，也就是中国古人所说的"迁想妙得""立意为先"。"意在笔先"，是郭绍纲教授将我国古代画家早就总结出来的作画经验应用到素描与油画教学中去的成功典范。

郭绍纲教授要求画素描，要立意为先，意在笔先，就是在作画以前要有认识和思想准备。要在表现对象之前进行全面的观察和研究，明确对象的特点，在感觉和理解的基础上，通过形象思维而产生意象或意境。郭绍纲教授所说的这种意象和意境，实际上不同于镜子里所反映出来的物象，是通过作者思想认识"加工"的，有所侧重、有所选择、有所强调地高于自然形象的意象。这种意象从本质上说也就是一种"创意"，它是素描写生的前提和主导。当然，在素描画面上能否体现这种"创意"，郭绍纲教授认为还有个怎样探索和探索的效果问题。素描写生如果没有"创意"这个前提和主导，那么在画面上就不可能有意象的体现。"创意"的产生和对意象的追求，是因人而异的。因为每个作者所处的时代、社会地位、生活经历、思想认识不同，素描写生的对象、时间、环境也有变化。

郭绍纲教授根据古人说的"作画必先立意，以定位置。意奇则奇，意高则高，意远则远，意深则深，意古则古，庸则庸，俗则俗矣"（清·方薰《山静居画论》），说明了"创意"在素描写生中的主导作用。他对古人提出的画意的高、远、深、古、庸、俗等的差别，要求学生们给予特别的重视和研究，并应赋予新的内容。郭绍纲教授还认为画意的高或深、庸或俗，都是作者对具体物象认识的反映，也是作者艺术思想和审美观点的反映。

郭绍纲教授分析了初学者对于绘画创意问题的重要性后，提出学生每次作画动笔以前，应通过观察，结合对象的实际，给自己提出三个问题：一是为什么要画？二是画些什么？三是怎样去画？郭绍纲教授认为，要考虑回答这三个问题，总是离不开作者对作业练习的任务和要求的认识，作者对于描写对象的感受和理解，以及使用素描工具材料的经验。郭绍纲教授认为，我国古代画家绘花能"绘其馨"，绘泉能"绘其声"，绘人能"绘其情"，绘目能"绘其明"，这启发我们，无论是绘画，还是素描练习，都应有作者自己的具体感受和主张，有艺术表现的意向和重点，将写实与写意结合起来，将造形与抒情结合起来。即使描写的是静物以至几何形体模型，也要先明确研究的目的，自己的观察和理解、要强调的方面以及表现方法的运用和探索等。

郭绍纲教授认为，成功的油画创作不应以纯西方的技法绘制东方的景物，因为这样写不出东方的风味，成功的创作应融入东方人的思想感情，他的作品在这方面做得很好。其油画艺术虽得力于外来技法，然而东方人特有的艺术素质和中国传统文化的修养，使他早已在数十年艺术实践中，形成自己独特的画风，以他那中西合璧的创新观点，创作了一批具有民族风格、地方色彩和富有个性的油画作品。他在坚实的西洋油画技巧中透出一种清新的、高雅的中国民族气息；在朴实无华的画面中蕴含着画家中华文化的素养、涵养与绘画技巧，在扎实的学习中掌握了古典写实派与印象派的精粹，形成了自己的独特风格。他的画用笔挥洒准确，色彩透亮诱人，质感厚实纯朴，无论在人物、静物、风景各方面都表现出实而不华的直率与自然的表现。

油画是用色彩和笔法来塑造形象的。郭绍纲教授的色彩语言具有朴实、醇郁、凝重的特色。他的画在单纯的色彩中不失丰富的层次和冷暖变化，常以提炼的色调表达画家的某种感受与情绪。笔法是构成作品表现必不可少的要素，也是画家心智与品格的表露。归为一体，每一笔都既切入形体，又体现了形式力量，加强了画面的韵律与节奏，的确是"下笔如有神"。老画家胡一川对他的评价是："郭绍纲无论对油画、素描等西洋的各种艺术知识都吃得很透，办展是其艺术之路的真实写照。隐隐有不露锋芒的耿耿直骨。"

四、因势利导、因材施教的教学方法

中国历代伟大的教育家皆重因势利导、因材施教，郭绍纲教授更是这样。他从来就不喜欢学生跟自己画得一样，他教学生以观察方法、艺术法则，启迪思想，因人而异；注意培养、诱导学生发扬个人特色，鼓励学生走出自己的路来。凡他的学生，成熟起来后皆功夫淳厚、风格迥异，恰如群星耀空，"天花灿烂"。从这点来看，是找不到明显的"苏派"痕迹的。我认为，这正是郭绍纲教授教学思想的独特之处。即使在进行素描及色彩基础训练时，郭绍纲教授亦不喜千人一面、千篇一律。他允许各探灵苗，百花齐放。广州美术学院的教师，从各艺术院校调来的很多，禀赋不同，基础各异。郭绍纲教授对其中风格不同但画得好的都赞美不绝。研究生班的学生画风更是因人而异，各人不同，凡素描十分出色，造型能力特强的，都深得郭绍纲教授的赞赏。有的学生尝试用水彩临摹油画，用线条勾画各种不同类型的人物，加之以渲染，所作人物惟妙惟肖，造型严谨，色彩和谐。郭绍纲教授对其赞不绝口。郭绍纲教授的学生中，汤小铭、邵增虎、林宏基、赖征云、潘家骏、杨尧、熊德琴、李瑞祥、吴正斌、吴海鹰、李正天、黄文波等，确是油画最有才气者，他们尝试用水彩、水墨、刮刀、蜡笔等不同的工具材料绘画，得到郭绍纲教授极力支持和指导。学生李健先，哲学、文学较好，郭绍纲教授知道后就鼓励其进行有关美术哲学和文学方面的研究。由此可见，郭绍纲教授对学生是极力扶持，善于引导，在教学上是十分细致深入的。

五、主张在艺术教育中学习生活和社会

郭绍纲教授经常说:"画人就要理解人的思想感情、职业和生理上的某些特征,画动物就要熟悉它们的习性和动作。学画还不能停留在表面上,要不断地研究生活,观察自己的描绘对象。"郭绍纲教授很注意师法自然,提倡学生出去旅行写生。他认为学生旅行写生,扩大了视野,丰富了认知,了解了社会民情,促进了创作实践,提高了教学质量;同时密切了师生关系,锻炼了意志,增强了体质,培养了学生的才干和自治的能力。这一做法,已经成为今天艺术院校重要的教学内容之一。写实技法尊重客观世界而不重主观感受,重物象而不重作者的内心世界。把这一点作为基本功,培养学生的观察力、记忆力,确实对中国美术教育产生很深的影响。

郭绍纲教授主张在学校重视基本知识技能的训练只是一种认识生活、表现生活的手段,而不是目的。目的是"外师造化,中得心源"。因为一个真正的艺术家不应该做自然的奴隶,不能止于对外形的模拟;应该做自然的主人,着力于表现物象的本质特征,要"贵乎传神"。因此,一方面他要求在基础功夫上坚持不懈,持之以恒;而另一方面要随手培养对客观事物的记忆力、想象力,发掘提炼事物本质特征的能力,并做到抒发作者所寄予的情意。而这些都要根据学生的性格爱好,因材施教。所以,历届广州美术学院毕业生展览大都千变万化,各具特色,可说是百花齐放。他本人在素描、粉画和油画创作实践中往往运用中国画的云气相间表现空间层次,有时又留出一定的空白,运用意到笔不到的手法,这在西方素描与油画表现中是很少见的。他的速写和油画近作用笔得力于书法,是"写画"也是"积描",层层渲染,着意加笔。从中我们也可以窥见列宾、契(斯恰柯夫)氏的笔触,更觉欧(阳修)颜(真卿)之意境无涯,耐人寻味。

由于一些客观的原因,郭绍纲教授的教育主张曾受到不应有的干扰和阻力,经历曲折的道路,他的师范美术教育思想还未得到充分的实施,他的建筑美术教育理想还未付诸实施。但是,郭绍纲教授的美术教育思想对中国当代美术教育的变革与发展,对此后学子们的艺术生涯,将有着不可忽视的启示、奠基和孕育作用。研究探讨和继续实践郭绍纲教授的美术教育思想和方法,不仅有深远的教育意义,而且对搞好今天的美术教育也有着积极的现实意义,他对中国当代美术教育的贡献,无疑将载入祖国的艺术教育史册。

(范凯熹:现任中国美术学院上海设计学院副院长、教授、博士生导师,兼任中国设计师协会理事,国际商业美术师协会特聘专家,教育部高等学校社会科学发展研究中心研究员,中国艺术教育促进会理事。本文写于2004年)

从艺术家服务基层所想到的

曹明求

> 艺术家郭绍纲是一位多年服务基层并以服务基层而著称的艺术家。这次,深圳市福田区文化馆策划"郭绍纲家庭画展",就是将更多、更好的文化服务提供给广大群众,使基层文化馆作为公共文化服务体系结构的主要功能发挥得淋漓尽致。让广大群众欣赏到高档次的艺术,这才是真正地为群众服务!无论是艺术家郭绍纲,还是福田区文化馆,这种服务基层的文化活动都是值得肯定和推广的。
>
> ——题记

2008年3月22日,由深圳市福田区人民政府主办、深圳市福田区委宣传部和深圳市文化局承办的"郭绍纲家庭画展"在福田区文化馆举办。"郭绍纲家庭画展"很真实地告诉人们:任何艺术都可以在任何合适的时间、任何合适的地点展出,可以是高雅的,也可以是大众化的。"郭绍纲家庭画展"在深圳福田区文化馆的成功举办,在新时期公共文化服务体系的公益性与社会化的关系中,昭示了双重的现实意义:一是郭绍纲教授及其家庭成员是服务基层,体现公共文化体系持之以恒的服务性的;二是福田文化馆主动努力,将有名的艺术家引进基层文化阵地开展高层次的艺术活动,并有机地与郭绍纲教授这样的"高级基层工作者"的社会化实践巧妙结合起来,造成了极大的社会轰动效应。

一、郭绍纲教授及其家庭成员服务于基层,体现了公共文化体系持之以恒的服务性

这里介绍一个美术世家,而且是一家五位。领头的就是执掌广州美术学院帅印多年、南粤美术学子们无人不知、享誉海内外的广州美术学院原院长郭绍纲教授。郭绍纲教授是中华人民共和国成立以来第一代具有代表性的油画家和美术教育家。他1949年考入国立北平艺术专科学校,曾得到徐悲鸿、李可染、萧淑芳、吴作人等名家指导;1953年从中央美术学院绘画系毕业后进入中南美术专科学校任助教;1955年获得国家选派赴苏联列宾美术学院深造;从1960年开始,他就一直执教于广州美术学院,而后担任广州美术学院院长,其教学理念和绘画风格对中国诸多绘画学子及当代画坛和美术教育界产生了广泛影响,其绘画无论从静物画或是风景画里都能找到现场写生、对景抒怀的感觉。10年学院的扎实训练及执教广州美术学院潜心创作,娴熟的技法、广博的知识、高深的学养,使其作品于平和中显示出磅礴大气,郁秀中蕴含着深刻的哲理。观

郭绍纲教授多幅以写生为主的画作，郭老的为人坦荡、虚怀若谷、治学严谨、扶掖后学的人格艺道尽显作品之中。此次家庭画展中，郭绍纲教授带来的大部分是近10年来的作品。由于举办个人画展的次数众多，他特意挑选了多幅从未与观众见面的作品。他展示的油画题材以风景和花卉为主，《初春》《春暖》等风景画所表现的树林和原野春意盎然，色彩葱翠，与现在万物复苏的时节十分契合。除了风景和花卉，郭绍纲还带来了几幅人物画，他希望大家知道他的油画人物实力不逊于风景画。20世纪六七十年代，他创作的《毛主席在陕北》《焦裕禄在群众中》等人物油画曾引起热烈反响，成为不可多得的历史性艺术珍品。郭教授的夫人高志长期在广州美术学院从事教务工作，二女一子全部毕业于广州美术学院，现已移居海外。名副其实的书画之家，满门科班出身。郭家可谓画坛传奇！

高志老师在工作之余，以女性与母爱感知色彩艺术世界，用笔驾轻就熟，用色典雅秀丽，见其人、观其画可闻艺术的氤氲之香。她的作品纯净平和，不见浮躁之气。郭晨的作品初看风格、用笔、用色皆"子承父业"，细观则另辟蹊径、别开生面。《千岛湖畔》《布鲁克小径》可循其迹，《蒙特利尔的老街》《港岛之夜》可窥其貌。郭悦生活、工作在异国，她用画笔把他乡别样的风情移回故国的展厅，可爱的阳光、轻快的笔触、绚丽的色彩，使观者流连忘返。郭家在生活与学习方面，以严格而著称，但郭梅是家中的小女，一般来说父母对小女多了几分宠爱与娇惯。也许对小女多了一分"民主"，因此，郭梅的绘画多了一分"叛逆"与个性。那浓烈如火的红玫瑰，热烈中蕴含着宁静；晶莹如雪的百合，有如皎洁清丽的玉兔般赏心悦目；而恬静柔和的无名小花，如略含羞涩的少女轻轻吟唱；典雅端庄的橘红牡丹，有如雍容华贵的皇后，姿貌绝伦……郭绍纲在谈到一家人创作的共同点时说，5个人所持均为写实风格，大家的创作都源于现实生活，都是对美好生活有感而发所作。虽然3个子女都走上了艺术道路，但郭绍纲说这并非家庭刻意要求，只是因为3个孩子从小在绘画的环境中耳濡目染，自觉自发地游进了绘画创作的海洋。郭绍纲希望通过此次家庭画展，向人们展示岭南的一个小小的艺术家庭，展示一个在艺术世界中相互切磋的小集体。

郭绍纲教授集美术教育家、油画家、书法家诸多身份于一身，论及学习资历、教学资历、学术资历及成就，在当今油画家中是极少见的，但为人却极平和低调。郭绍纲教授从来主张艺术是为人民大众服务的，应该走到人民大众之中去。所以经有心人的安排，全家2007年开始在广州岭南会等地举办"郭绍纲家庭画展"。画展办得朴实平易，仿佛是他们的画作和老朋友见面，同时结识新朋友。"郭绍纲家庭画展"就是简单的展览，就像郭绍纲教授的画作一样越画越明媚纯净，像是面对自然风光发出的一声由衷的赞叹。画面的色彩和氛围，越来越与郭绍纲教授的形象、心境相吻合。原本他的画上就看不到焦躁和火气，这时就更加像是老僧的目光一样一派月白风清的平和。郭绍纲教授和中国大部分油画家一样喜欢小幅油画作品，特别是喜欢画小幅油画写生。这自然与他们在中华人民共和国成立初期学习苏联绘画的经历不无关系，例如同是留苏回国的罗工柳，也和郭教授一样经常带着小油画箱上山下乡，深入工厂农村，一有空就对景挥毫，迅速完成一幅幅写生作品。他们的初衷是油画色彩练习，但轻松的心态下被景物激起的创作冲动，往往使他们创作了许多小幅油画精品。在郭绍纲教授等老一辈艺术家的带动下，20世纪六七十年代的油画家都有过背着油画箱在户外写生的经验，小幅油画风景写生，竟演变成为中国油画艺术中不可或缺的一个门类，亦被后人传为一段佳话。

画家把自己创作的作品展览于国家级美术馆、博物馆是一种展示方式，而直接送到广大人民群众面前，是毛泽东同志1942年就倡导的文艺方针，也是以胡锦涛为总书记的党中央倡导的构建"和谐社会"对艺术工作者的基本要求，更是真正艺术家创造艺术的最终目的。郭绍纲教授一家此次应邀来深圳福田文化艺术馆展览，就是送给深圳广大百姓最好的精神食粮。纵观5位联展，宛如带我们走进一个满庭芳菲的艺术园地，老树新花，满目春光。

深圳各级政府近年来加大了对公共文化服务体系建设的力度，并陆续出台了一系列有关政策，实施了一系列行之有效的具体措施。公共文化服务体系的建设不但取得了突飞猛进的发展，也日益成为群众关注的热点，广大群众的基本文化权益进一步得到了保障。作为基层文化馆的一员，我长期服务于基层群众文化。此次在福田区文化馆策划"郭绍纲家庭画展"，我一直在思考一个问题，公共文化服务体系的核心是什么？是政府投入，是兴建一批新的文化设施，还是加大文化事业单位的改革？我认为所有的这些只是手段而非目的，核心是服务，是通过大量的文化策划和文化包装来加强公共文化体系的服务功能，更好地为广大群众服务。"郭绍纲家庭画展"还只是一次尝试，我希望能够通过策划这样的活动，将更多、更好的文化服务提供给广大群众，使基层文化馆作为公共文化服务体系结构的主要功能发挥得淋漓尽致。

在我们基层文化馆的实际工作中，存在两种现象：一种现象是重"工程"、重"形象"。千方百计地争项目、上项目，项目建成了，但整个展览馆空空荡荡，很难见到一个参观的群众，一些新建的文化馆或者文化中心里冷冷清清。如何将这些花了大笔资金建起来的文化设施为群众服务？这已经不是个别存在的问题了。另一种现象是"唯领导马首是瞻"。我们一些从事文化事业的同志只满足于为了完成领导交办的一些任务而整天忙碌，至于群众的文化权益、群众的文化需求则很少考虑。公共文化服务体系的核心是服务，是踏踏实实地为群众服务，这就要求我们在建设公共文化服务体系的过程中始终要把群众的文化权益放在第一位，要把如何为群众服务放在第一位。我们在福田区文化馆策划"郭绍纲家庭画展"正是基于这一目的：让广大群众欣赏到高档次的艺术，这才是真正地为群众服务！

郭绍纲教授的艺术思想也是很精辟的，似可归纳为这样几个方面。

（1）艺术教育人才还是欠缺。美术教育人才多年欠缺，需要引起全美术界的重视。当然，人才缺乏跟教师定位问题也有一定的关系。大家知道，画家、艺术家这些称号都很响亮，学美术的都宁愿做一名画家而非一名美术教师，画家的社会地位高，人们都愿意当画家，不太愿意当教师。而我自己呢？首先我是一个美术教育工作者，然后才是一名画家。

因此，美术教育一是要开拓学生的视野，给他们不一样的人生体验，不要经常用成年人的眼光去对待小孩子，强加给小孩子，要多创造一些艺术氛围去培养和感化他们。二是无论家长还是老师，都不要提倡"天才论"。我们要提倡努力，就是说提倡刻苦学习。没有哪一个有成就的专家说自己是天才，都说自己是一个努力的人。当然也跟其他

方面的因素，天时、地利、人和有关，但自己的刻苦努力必不可少，任何天资好的人，如果不努力学习，到最后还是一事无成。

有人说，艺术家是天生的，不是教出来的。这种观点是相当不正确的。当然，10个人里面，也许9个不是艺术家，但是最后一个一定是教出来的。哪有天生的艺术家？"民以食为天"，似乎是天生的，但是你吃饭拿筷子，这就是要教的。人都是教出来的，你不教他，他能会吗？这是很简单的道理。何况又要识字，又要拿笔，又要调色，或者表演也好，乐器也好，你不教他能懂吗？还能出艺术家吗？显然是不能。现在的年轻人面临着什么是正确的，什么是谬论之类的问题。因此，我们一定要分辨是非。

（2）把美术课当作素质教育。多年来，郭绍纲教授在美术教学中使用的教学方法灵活多样，有临摹画、写生画、命题画、创作画、记忆画等，但是始终不能完全激发每个孩子的学习兴趣。郭绍纲教授曾问过一个小学生："你上课为什么不画画，总是坐着玩？"他说："我画什么都不像，很难看的。"为什么在孩子们的心中，像与不像成了好与不好的唯一标准呢？我们学生的想象力呢？创造力呢？爱因斯坦说："想象力比知识更重要，因为知识是有限的，而想象力概括着世界上的一切，推动着进步，并且是知识进化的源泉。"开设数学课，不是为了培养数学家，而是为了培养学生逻辑思维能力。同样，美术技法的训练目的也并不是为了培养艺术家，而是为了锻炼学生的创造力、想象力。曾经有位美术教育者说，人的发明创造都是以美的形式存在，并且艺术也越来越多地渗透到我们的生活中。因此，社会的发展要求人们不仅能够欣赏美，也要能够发现美、创造美。我们应该把美术课当作素质教育课来上，通过美术课培训同学们的审美情操，引导他们掌握一定的美术知识，会欣赏，知道哪些值得鉴赏。有一个故事：有人在黑板上画了一个圆，然后提问这是什么。成年人众口一词地回答："圆"。而孩子们回答则五花八门：零、皮球、呼啦圈、鸡蛋、大饼……可见，孩子们的想象力如此丰富，能打破任何固有的模式，不受各种定向思维的局限。著名教育家陶行知先生曾说过："我们加入儿童生活中，便发现小孩子有力量；不但有力量，而且有创作力。"

（3）收藏家不要"耳食"。收藏艺术品，在我们国家来说是一个新兴的市场。现在大家口袋里面都有钱了，投资股票，投资房地产，投资艺术品搞收藏。有不少收藏家是有眼力的，当然也有很多是没眼力的。这就好比是投资股票、投资房地产一样，听人家讲，他就跟着一起整。齐白石有一幅画，是20世纪二三十年代画的，他画的是一个老汉，在吃鱼，他把鱼用筷子夹到耳朵这里，齐白石就题了两个字："耳食"。什么意思呢？我想齐白石那时候也有60多岁了，他也看到了很多行家不辨真善美、假恶丑，都是"耳食而不知其味"，好游闲荡在其间。哪个画家有名？四处打听以后，能忽悠的人就把他忽悠了。也就是说，正因为有相当一部分这样的人，所以我们就更需要美术教育，让他见到什么是真的东西，不去听人家的宣传。当然宣传也有些正面的、积极的，但是也不排除相当一批是不真实的、夸大的。这也就是说，我们真的要从教育的角度来思考。社会上一切问题都可以归结到教育，如果教育出来的人是实实在在的，他肯定会踏踏实实地跟人家学，他也不会随便去听一些虚假的东西。

（4）收藏是一种事业。郭绍纲教授希望能有一部分富裕起来的收藏家，有知识、有远见，把收藏当作一种事业来完成。20世纪50年代，郭绍纲教授到苏联去学习，了解到大企业家特列季亚科夫兄弟。两兄弟很有钱，对艺术家给予很多赞助，画还没完成，把预付款、稿费都给了他们，使得他们可以无忧无虑尽心创作，所以他们收藏了一批精品画作没有外流，然后捐给国家。到莫斯科去的人，有两个地方一定要去看看，一个是特列季亚科夫画廊博物馆，一个是地铁。他们的地铁站也是艺术的圣地，很重要的地方。这些收藏家就是文化的保护人、传承人，没有他们的努力，我们就看不到今天的俄罗斯艺术珍品。郭绍纲教授到了美国，看了很多现代艺术，经常是很私人的小收藏，譬如某某人收藏了某某年代的某某名人或者当地文化人的一些宝贵的材料，这个就是为后人造福，把他整个的心血都融入收藏里头。美国有一个人叫哈默，哈默的藏品到中国来展览是平常的事情，他当时赚了很多钱，想来想去，与其买房地产，买股票，还不如买艺术品来得宝贵。郭绍纲教授印象很深的是他买了一张荷兰伦勃朗的画，这幅画的背景是当年德国人排斥非德国文化的一段历史，非常经典。

深圳市有一个大芬村，我们应该有很长远的准备和规划，要有很好的藏品。这些藏品或许是很不容易得来的，但是我们要想办法把它收藏进来，使各国来观光的人也好，谈判做生意的人也好，来到深圳就知道有个地方叫大芬村值得一游。法国巴黎之所以有那么大的艺术魅力，就是因为它有一个罗浮宫，常年收藏大量的艺术瑰宝，再加上附近到处是一些艺术藏吧、私人艺术收藏阁、各类画廊，你就是在那里住上一个月，也根本看不完。这就给我们大芬村一个案例启发，就是要我们从重视收藏的文化价值和文化历史这么一个历史高度去考量。我们如果现在有可能，就要尽快做一些具体的工作，把这个事办下来，不管是单纯的大芬村也好，还是深圳市整体规划也好，都要细致地办下来。南海有一个博物馆，为了接待乡亲，就把古代至今的各类、各个时期的东西都整理陈列出来，搞得很好。虽然他们出发点仅仅在于保留乡土文化、传承民风民俗，但是很有意义。你要是现在有机会、有条件不搞，那么有很多艺术品就会流失或者因为历史的推演而消亡。这不但是整个艺术界的遗憾，后人也将说，我们这代人没"文化良心"。

二、将有名的艺术家引进基层文化阵地开展高层次的艺术活动，并有机地与社会化实践相结合，造成社会轰动效应

福田区文化馆举办的此次"郭绍纲家庭画展"，将有名的艺术家引进基层文化阵地，开展高层次的艺术活动，并有机地与社会化实践相结合，造成社会轰动效应；抓住了当代艺术展览的盲点，无意之中揭示了一个事实：若干年以前，一流的大师是在大众之中崛起的，是被大众众口皆碑拥护出来的，而现在的许多"艺术大师"则是被包装出来的。令人触目惊心的真相是：不论是在国外还是在国内的当代艺术家，他们的艺术活动从20世纪80年代的文化颠覆到20世纪90年代的文化利用，都"被一个组织完备的国际网络所支持"。中国当代艺术家的"文化利用"，即传统的与当代的文化符号的利用，都是被这个"国际网络"所支持和利用的，而所谓"国际承认"又反过来促进了中国当代艺术的"国际化"，促使更多的中国艺术家，尤其是边缘的艺术家追随"国际网络"制定的标准来进行创作，以期更多地进入国际展览和国际市场。从政治波普到艳俗艺术再到"地下前卫"，"一只无形的手"操纵了中国当代艺术，文化权势与

殖民话语并不是单纯孤立的现象，与西方国家后"冷战"时期的文化战略密切相关，也适合了西方传媒"妖魔化中国"的政治需要，对严肃的中国当代艺术的探索构成严重的威胁。

当我们重新审视艺术观念的发展、演变、转型、再生，用我们当代的态度直面历史的积淀时，对当代文化观念的再探讨就充满了多种呼声：一是呼唤当代艺术作品的"美"，真实反映时代发展的主流，反对把当代中国"妖魔化"，抵制因西方的"现代主义""后现代主义"思潮的泛滥下民族传统精神被分割和瓦解；二是主张中西文化的良性融合态势，融汇古今，中外结合；三是力倡"全球化"，将当代艺术纳入"世界体系"……我们的当代艺术确实面临着自五四以来就从来没有停止过的争议和变革，这种日益剧烈的趋势逼得当代艺术家不仅要面对外来的压力，也得面对自己的内心：中国当代艺术怎么走？如何走？疑虑带来的深层次思考不可避免地涉及了核心问题：什么是中国当代观念？什么才是真正的中国当代艺术观念？在中国绘画史上，不乏理论与实践相互促进的良好范例，但到了当代，理论家比例远远超出了实践者。大到社会上为数不少的"国学大师"、大学教授、博士们无视当代精神，热衷于品三国、论红楼，或为名为利写"新八股"论文评奖评职称，给人一种"虽生犹死"的感觉。小到在当代艺术圈子狭小的空间里，策展人、学术主持与艺术家相互吹捧、相互表扬与自我表扬，一通不着边际的文字图画游戏之后，云里雾里不知所云成为普遍存在，成为当代艺术展最独特的风景。这是当代艺术的悲哀，是有些人缺乏当代观念的关键所在。毛泽东同志早在《在延安文艺座谈会上的讲话》中，就尖锐地批评过类似这种"文学艺术对于古人和外国人的毫无批判地硬搬模仿，乃是最没有出息的最害人的文学教条主义和艺术教条主义"，指出要实现艺术表现形式的多样化，必须正确处理民族艺术与外来艺术的关系，既主张吸收外国优秀文化，又主张坚持民族的艺术特色；既反对拒绝借鉴和继承古人和外国人，又反对"全盘西化"和食古不化，继承借鉴的目的都是为人民大众服务。具体到我们基层文化馆如何为群众提供有效的服务时，我们发现我们基层文化馆人也不得不面对这一现实：我们基层文化馆人在喧嚣一时的当代艺术潮流中应该如何把持自己？怎样才能在新时期的文化环境下做到更好地为广大群众服务？

当我们重新梳理中国文化精神，透过历史文化的迷雾进行一系列核心概念和关键范畴的清理时，对艺术观念的再审视，则有可能会显得从容不迫。时代呼唤的当代观念一旦置身于中国现代文化观念、价值和形态的变革中，将会使得对人与社会、人与自然、人与现代化、人与自身关系的思考得以更新，成为21世纪的思想者对自身认识和价值判断的一个重要基点。放眼中国美术史，什么最值得我们当代人肃然起敬？千年前古穆苍劲的敦煌壁画、嘶鸣时空的汉马、幽深意远的《溪山行旅图》、写实循意的《韩熙载夜宴图》、超迈古今的八大花鸟……作为我们前辈的卓越的古代艺术家，已经为我们建立了中国艺术的里程碑，而凝聚在其中的观念不是单一的构成，而是鲜活地流淌着他们那个时代的血、跳动着他们那个时代的脉搏。相形之下，我们的当代也需要有一种朝气，有一种气质，无愧于先贤的作为，即我们在敬仰他们的同时，必须对自己所处的时代有所贡献！中国当代艺术要想自成面目，必须从观念革新入手，必须重新建构当代中国艺术的观念体系，重新建构中国当代艺术的宣传阵地，除此之外别无他途。文艺为什么人服务和如何去服务，自始至终都是一个国家、一个民族至关重要的文化核心问题。毛泽东在《在延安文艺座谈会上的讲话》中已解决了的难题，今天又重新摆在了我们的面前。

郭绍纲教授长期受到毛泽东同志《在延安文艺座谈会上的讲话》精神的熏陶，正是本着"从人民中来，到人民中去"的艺术宗旨，不顾忌躲在小巷中的非专业展览场地给自己带来什么负面效应，以一流的艺术大家身份到深圳福田区文化馆这样的区级、街道级的大小文化馆举办展览。福田文化馆和郭家的这次行为，实在是对当今艺术展览流行的诸如策展、炒作、包装等非艺术现象的祛魅。画展期间，笔者请教郭绍纲教授："众多的画家都向往到国家级美术馆、博物馆办展，您为何愿意到基层举办画展、讲学？"郭绍纲教授回答得朴实无华："我从中央美术学院毕业参加工作后，国家送我到苏联列宾美术学院留学5年，我应该回报国家。到基层办展，与老百姓艺术对话，是我的回报方式……"

郭绍纲教授借缅怀徐悲鸿之机，深刻地道出了我们的文化所具有的"普世价值"，即我们的文化具有传递性、多样性、交流性，文化的发展需要海纳百川般的兼收并蓄。同行之间，思想需要碰撞产生火花，经验需要相互交流学习，变"文人相轻"为"文人相亲"，将地区间的群众文化交流与合作经常化，将"阳春白雪""下里巴人"化。一个时代的艺术观念必然会与这个时期的艺术活动产生密切的关联。一般而言，"阳春白雪"有可能导致"曲高和寡"，"下里巴人"也未必不能够"登堂入室"。高雅艺术与群众文化长期以来的壁垒森严，在当代中国愈演愈烈，这为艺术家们的艺术活动设置了两难选择：是关在象牙塔里闭门造车，还是坚持走大众化道路？各人的观点和切入角度是不尽相同的。在凡事皆有可能的当代价值取向下，一是艺术家如何在艺术的社会化进程中体现"平民公益性"？二是我们基层文化馆如何充分利用我们公共文化服务体系阵地的优势，与艺术家联手服务大众？中国的艺术展览现在被商业操作全方位介入，弄得展览比创作本身还紧张，书画商人比艺术家还注重营造艺术气氛。在喧嚣热闹的后面，依然有着像郭绍纲教授这样从容平淡、不为外物所扰的真正的艺术大家，是中国社会之幸！是中国民众之幸！

放眼我们的当代，我们的时代正处于"大国崛起"的时代，注定了我们的时代需要正大气象、黄钟大吕，也需要清逸潇洒、阴柔婉约；同时也注定了我们的文化服务需要多样化。文化馆传统意义上的指导、辅导、服务等功能，已经不能满足群众需要。当我们以中国当代发展的特质审视当代艺术和群众文化，认为尤为迫切需要的是时代精神的正大气象和黄钟大吕，需要的是更广泛深入的文艺普及。根据我们基层文化馆的职责定位——"文化馆普及全民审美教育"，结合此次"郭绍纲家庭画展"的成功，我认为我们基层文化馆有几方面的经验值得总结：一是可以尝试将"文艺辅导"转向为"文化联动"，把文化馆对群众艺术的指导、辅导的社会功能和服务水平推向更高层次，即起到"模范性、示范性、导向性、辐射性"的作用。二是积极发挥主观能动性，主动建立"说话的渠道"，进一步提高文化馆的"文化影响力"。通过"郭绍纲家庭画展"，我们主动走出群众文化的小范围，建立与社会各界的"说话渠道"，与高层次艺术界、各级政府部门、各宣传媒体和网络进行有效沟通，使人们对基层文化馆有一个崭新的认识。三是主动积极参与深圳各级政府的文化建设工作,在建立"三馆形象"(文化馆、图书馆、博物馆)的同时,力争出现"三馆的声音"。此次由深圳市福田区人民政府主办的"郭绍纲家庭画展"在福田文化馆一楼的China Talk文化艺术会所举行,是深圳区级文化馆发出的"时代声音",加大了文化馆自身业务的推介和服务功能的推广。我们策展的"郭绍纲家庭画展",切实达到了服务人民群众的对象不变、文化馆的公益性质不变、文化工作的性质不变之目的。

(曹明求:国务院政府特殊津贴专家,国家一级美术师,中国美术家协会会员,中国书法家协会会员。本文发表于2008年6月26日的《文艺报》)

画者，创美；师者，育人
——郭绍纲教授的艺术人生

吴 爽

谈中华人民共和国前期的美术史，离不开革命现实主义的形式范畴；谈中华人民共和国革命现实主义的艺术形式，绕不开苏联现实主义的影响。中华人民共和国成立初期的种种现实决定了与苏联割舍不断的暧昧关系，即便是在20世纪60年期初期政治、经济关系上的逐渐恶化，以至最终的破裂，都不可忽略由此前的感情至深而产生在文化艺术上的潜意识"苏化"。也就是说，即便是断裂了彼此之间的往来，在艺术上，苏联的味道依然留存在这一辈的决策者与艺术家的骨子里。所以要谈中华人民共和国美术史，不得不提到苏联艺术观念及形式的影响，而这种影响既有迎进来的"马训班"，也有送出去的"留苏学子"，彼此互动，组成了中华人民共和国美术史上最为重要的艺术篇章。而这一批学子，将成为研究中华人民共和国美术史绕不开的节点，正是因为他们的经历，组成了中华人民共和国美术史的轨迹，在某种意义上讲，也正因为他们而影响了美术史的书写。

20世纪50年代这批"送出去"的学子中，郭绍纲教授成为其中一员，既有历史的巧合，更多的还是他自己所具备的条件。关于这批留苏学子背后的故事，关于此次留苏选拔的种种细节，是将可以成为中华人民共和国美术史的研究对象，同时将会具有很高的历史价值。但是我们从郭绍纲教授的身上，或许就可以窥见一斑。扎实的基本功，学院派的出身，而更为重要的或许还是思想上的觉悟。因为留苏学子须明白一点：此去求学的目的，是将苏联优秀的艺术带回祖国，为祖国的文化事业做贡献。这或许就是留苏学子的权利与义务，肩负着建设国家文化的重任。这样一种无限光荣的使命，今天的我们是难以体会的；而带着那种红色革命激情的冲劲，更是今天吾辈所难以企及的。在集体主义色彩浓烈的新国家建设热情下，一切的利益以国家为准，整个族群与中华人民共和国一道，干劲十足，发奋图强。我相信，这样一种热血沸腾的红色激情，一定也填充在年轻的郭绍纲心中，特别是肩负着这样一种国家未来的重任，更是有着不可言说的力量。也或许正是这样一种力量，使留苏的经历直接影响了郭绍纲教授的人生与艺术道路。在祖国油画艺术和艺术教育事业中留下了极其艳丽的一笔。如若我们不能理解这样的一份激情，是很难刻画一个客观的艺术家形象的。

留苏经历在郭绍纲教授的作品中留下深深的痕迹。传统"苏俄"绘画细腻的素描风格和含蓄但丰富的色彩味道，都直接影响了他的作品形式。其素描人体和头像作品至今都还成为许多美院学子临摹的对象，因为那种基础必不可少；而油画风景则成为感受俄罗斯画派色彩表现形式的范本。这些是我们能够从郭绍纲教授的作品中直接感受到的

苏式风格。但是苏联现实主义的艺术本质，在指导艺术家创作中所形成的思维模式，则更多地在他的题材选择上有所呈现。在郭绍纲教授的笔下，写生成为他艺术作品的形式来源。有人说，郭绍纲的作品多以习作为主，少有创作的味道，这或许只是一种表面的理解。正是因为出自写生的作品，才真正体现出郭绍纲接受了苏联现实主义艺术创作的核心——再现现实，而并非在此之后的中国化了的社会主义现实主义的指导思想：那是一种在意识形态控制下的现实主义形式，与传统的苏联现实主义有着本质与观念上的差别。我们会发现，在郭绍纲教授的笔下，较少出现我们熟悉的主题创作。在20世纪六七十年代艺术与政治关系密切的现实下，没有在主题创作领域"抛头露面"是比较少见的，特别对进行西方绘画创作的艺术家而言更是如此。这或许有现实的原因，但更多的是他将精力倾注到教育事业上所致。这种投入，使得郭绍纲教授在那个纷扰的年代中，潜心于艺术教育的思索而没有随波逐流。

1953年从中央美术学院毕业后，郭绍纲教授跟随胡一川院长创建了中南美术专科学校，或许这样一种经历可以说明为何他在留苏期间，在忙碌的学习之余，还非常重视苏联的艺术教学方式，因为"他总是抱着一个理想，要把苏联的教学方法带回来中国"（李骏教授语）。这样一种理想决定了郭绍纲教授既是一位艺术家，同时又是一位艺术教育家，这是我们不可忽略的两个角色。

留苏归来后，他任教于广州美术学院，可以说对广州美术学院的艺术教育产生了深远的影响。一种重视基础，重视实践技法，强调素描严谨的造型训练的教学理念在油画系中首先建立。这直接影响了现在广州美术学院油画系的教学体系。这样一种教学理念一方面与郭老师留学苏联所学习到的教育模式分不开，另一方面也与他的艺术态度紧密相连。在他看来，尊重现实、尊重客观才能正确感受对象，而绘画如练功，没有扎实的基本功，一切"如柳絮浮萍，足跟无力"。正是这样一种对待艺术的观念，使他更加重视对教师的培养。他认为，作为一个教师，首先要调整好自己的心态，应该分清教育与利益的关系；而作为一个美术学院，则应该明白自身作为一个未来文化建设的平台，应该思考的是如何对待传统，如何对待外来文化，如何走向未来。或许正是因为出于这样一些对美术教育的思考，郭老师在广州美术学院建立了美术教育系，可见他对美术师范教育的重视。他"可以说是新中国美术学院第一个重视艺术师范教育的人。他确立了师范教育在中国的高等美术教育里的重要位置"（邵大箴教授语），这是一个中肯的评价。建立美术教育系也是郭老师在艺术探索上的结果，这跟他的艺术追求是相辅相成的。正是在传统的学院派基础和苏联现实主义绘画理念的指导下，郭老师形成了艺术上严谨认真的态度，讲求真实的再现客体需要系统的表现技法，这是他对自己艺术创作的要求。而同时郭老师也看到发展艺术教育，首先需要的就是提高教师的质量，所以才有了艺术师范教育系的出现。这是一个连接着的观念发展轨迹，艺术创作与艺术教育成为郭绍纲教授艺术人生的标志。

即便是进行最传统的西方艺术创作与教学工作，郭绍纲教授仍不忘对中国文化的学习，而研习书法成为他介入的途径。用那种对待绘画稳扎稳打、持之以恒的态度，他从最难掌握的楷书入手，使其书法作品渐趋成熟，亦颇具大家之风，具有自己独特的艺术感受。而将这样一些感受运用到了他的艺术创作上，在油画的创作上加入了自己对书法的理解,从某种意义上,这也是一种自觉地对油画"本土化"进行探索。所以在郭绍纲教授的作品中,我们可以感受到一种纵逸劲遒的笔法韵味,这是苏联画派所不曾拥有的画外之风。

郭绍纲教授的艺术人生,是这一辈人的缩影。他们用自己的行动和付出真正诠释了为人民服务的真谛,用真挚的情感和无限的热情投入到建设新国家的行列中。他们既见证了历史,又创造了历史;既有历史所带来的机遇,又受到历史变动的打击。在成败皆萧何的经历中,不变的是一份对艺术的追求,更多的还有始终不变的爱国心。这是拓荒者的一代,付出了垦荒的代价,同时缔造了一段轰轰烈烈的过去,在历史上书写下绚烂的一笔。时过境迁,或许需要拥有的,依然是那份不变的执着追求和拳拳之心,而在师者开拓的道路上行走,将如沐春风,感慨至深。

(吴爽:硕士研究生,2012年毕业于广州美术学院艺术与人文学院,研究方向为中国现当代美术;现为中国艺术研究院在读博士,研究方向为20世纪中国现代美术思潮,师从郑工先生。本文发表于《广州美术学院学报》2010年第7期)

郭绍纲老师的早中晚和三支笔

吴正斌

2013年春节大年初一，我们一些当年的学生到老院长郭绍纲家里拜年，不料吃了"闭门羹"。后来才知道，那天他和全家人到广州郊区一个农庄写生去了。以往春节他们也是在家里有客人陪客人，客人走了就全家都到楼上画室画画。郭绍纲老师这一辈子酷爱画画，并早在青少年时代就立志做教育。读中学时，他因画画小有名气被邀请去辅导小学生，上美院后辅导过中学生、工人和农民。

他于1949年考取国立北平艺术专科学校，在毕业后的志愿一栏中填写的是教育。徐悲鸿先生亲自主持入学面试，郭绍纲的艺龄便是从入学开始。后来国立北平艺术专科学校与华北大学艺术部合并改名为中央美术学院，1953年，他从学校毕业，正好武汉成立中南美术专科学校，郭绍纲被分配成为中南美术专科学校的第一批教师。1955年，他获国家派遣公费留学苏联的资格，成为中南地区唯一一位到苏联学习油画的留学生。这在当时是了不起的大事。1960年，他学成回国，中南美术专科学校已在1958年南迁到广州，并改名为广州美术学院。我作为郭绍纲老师的学生，回顾半个多世纪跟随他的艺术教学历程，脑海中留下他当年早中晚满负荷的工作和学习情景，而今他拥有三支笔，始终笔耕不辍而各显其能。

1960年，我们正好从美院附中毕业升学到美院，我分到油画系。令人惊喜的是从1961年秋季开始，油画系便安排由郭老师包揽我们班全部专业课教学。那时我们就称他为郭老师，哪怕他后来做了系主任、院长，至今半个多世纪过去了，我们还是习惯这么称呼。过去油画系只有三门专业课——素描、油画、下乡下厂体验生活搞创作，分别由三位老师上课（分别属于三个教研室）。我们问郭老师为什么一个人担任了三个老师的工作，他说出国学习这么多年，都是其他老师分担了工作，现在回来要多干些工作，让其他老师有多点时间进修提高。他专业包班教学，从低年级开始进行课程实验。过去都是分段式上课，六周素描、八周油画、六周下乡下厂写生和创作。他上课后安排一次素描作业、一次油画作业轮替，素描以造型为主，油画以色彩为主，对两门课都有利。周一到周六每天上午专业课，下午三天文化课，三天课外写生做作业。我们连星期天都安排了写生。郭老师一开学就教大家注意课外写生，观察体验生活，做好创作练习。下乡后更加要求明确，低年级的创作课主要是构图练习，教大家从低年级就开始构思毕业创作。郭老师自己学习比较理性，教学也很有计划和条理。他在苏联学习时的导师涅普林采夫就是创作大师，其最著名的一幅油画《战斗后的休息》留给观众深刻印象，我们班同学还扮成画中角色人物，按油画作品照了张相，极其生动有趣。

郭老师回国后，把在列宾美术学院学习五年的课堂作业和主要课外写生都交给学校保存。他当时是中南地区唯一派出去学习欧洲油画的留学生，有明确的学习目的，因此学习吸收的是最传统、最正宗的东西，成绩特别突出。这批作品可说是最珍贵的国宝，大家很惊奇怎么都交给学校。他说一来家里没那么大地方存放，更主要的是国家派去学习，学习的目的是报效祖国。这批画当时就由学校保管，每年都展出，每个班可以集体借用，放到画室示范，供同学和老师临摹。当时中国基本上看不到欧洲油画原作，好的印刷品也不多。记得当时资料室有两本好画册，借阅供不应求，只好放到玻璃柜陈列，每天翻一页。郭绍纲这批画成为最珍贵的教材，连同回国后画的最好的一些作品，都算得上是传世珍品。后来办了正式的捐赠仪式，一并将280多件都捐给了学校。艺术家在世时这么彻底的捐赠，特别是在艺术商业化的今天，应是绝无仅有的。直到现在，他和家属、子女没有丝毫后悔犹豫，而且还在继续捐赠。我们那时候美术教材奇缺，看不到名画原作，郭老师在课后还自己翻译了几本教材给大家看，其中一本《色彩与颜料》现在看来都是经典。

　　捐赠的这批作品很大部分是他在列宾美术学院学习的课堂作业，从一年级到五年级，从简单到复杂，呈现完整的学习轮廓和线索。其中，有些作业已经超出课堂作业的分量。如素描《女子组合》《一立一坐的男双人体》，油画《歌舞演员》《带相机的青年》《戴红帽的大学生》等。通过这些画我们不仅学到了造型、色彩，还感受到油画技巧对人物高雅气质的传达。仰卧的男人体画得特别简练有力，色调既沉着又丰富，据说当时列宾美术学院院长都很称赞这幅画。

　　整整一个学期，每天上午郭老师都到课堂给我们上课，下午和老师们一起进修写生，公休日和假期还自己外出写生。最使我们好奇的是，那个年代饭都吃不饱，忙碌了一天他晚上还安排满满的。我们有时去他家见他正在练书法，写齐齐整整的小楷，还阅读中国画论。他说出国学了几年西洋传统，回来要好好补一下中国传统，先从最基本、最正统的东西练起。这一练就是半个世纪，年过八十的他仍然笔耕不辍，精益求精，艺术上达到妙境，成为书法名家。中国画的情感淳朴，笔法遒劲，反映到他的油画作品中，加上西方传统的形象逼真、色彩灿烂，其画作更是攀上了新的高峰。多年来，他画了大量人物肖像，从20世纪五六十年代到最近两年，从家庭成员到各行各业接触到的人他都画。有些历史人物则是参考资料，着重表现出人物的气质。风景和花卉基本上是写生，个别场面也是以写生为基础加工而成的。郭老师写生有两大特点：一是喜欢站着画，二是喜欢表现无限深远的空间。从给我们上课，和学生一起下乡，甚至推到更远在苏联留学，他都是习惯站着画画。他说这样能够统观全局，掌握整体，进退自如。他在苏联有一幅看似简单的十多厘米的小画，却是他站了4个钟头画阳光下的教堂的成果，充分表现对象的形体光色。回国后他画一些建筑街景，有时一口气站四个钟头方完成。郭老师风景油画非常重视空间的表达，他说画风景最重要的是抓大关系，最大的关系就是天与地的关系，天空和地面都无限深远，然后是立在天地之间的一层层的物体。因为有这样的胸怀和境界，他特喜欢画江湖河海，尤其是无限深远的海洋，惊涛拍岸，海上流云，无论在河岸、在海岛、在舰艇都画。到晚年，他更加喜欢纯净的空气、灿烂的阳光、缤纷的花卉。退休后他每年往返于加拿大温哥华和国内广州两地寓居，前街后院、森林草坪等题材表现得淋漓尽致。他有一颗热爱生活、热爱自然的艺术之心，说在温哥华居所看到阳光下的鲜花不得不画。他的油画花卉以国花牡丹为最。捐赠给广州美术学院和广东美术馆的几幅牡丹，花盆中带着泥土芳香，造型严实生动，色彩浓郁芬芳，用笔更是概括苍劲。绘画风格亦中亦西，感觉到国色天香之气度和外光色彩之摇曳，堪称绘画珍品中之极品。2013年中国美术馆举办"留学到苏联"的展览，展出当年留苏学生的作品，成为轰动中国美术界的一件大事。也许是看腻了临摹照片的创作，再来看这些面对现实生活写生和创作的作品倍感新鲜亲切，这次展览给美术界吹进了一股清风。郭绍纲是这帮留学生中的佼佼者，获得很高的评价。

郭老师总结他现在的"武艺"可以概括为三支笔：画笔、毛笔和硬笔。画笔画油画，毛笔写书法，硬笔写文章。他以这三支笔实现自己的人生价值，推动自己热爱的美术教育事业发展，郭老师的话真是言简意赅、发人深思。中国文人素有教育情结，郭老师的艺术创作和教育思想、为人为画都将成为美术教育百花园中鲜艳的牡丹花。

（吴正斌：广州美术学院教授、广州美术学院美术教育系原主任、美术教育研究室主任。本文写于2014年12月）

美术教育
——我与郭绍纲老师之"殊途同归"

朱松青

几天前,在我签赠新书时,陈卫和老师要我从郭绍纲老师研究生的角度写一篇文章。我就想,如果单单写郭老,很多人比我有更多的素材;如果立足于作为他的唯一正式意义上的研究生,我写起来会有点特色;如果立足于美术教育这样一个角度,就可以引申出海阔天空。

最近,蕴含我20多年心血的一本书刚刚出版发行,我完成了这辈子最大的一项工程。在这样一个特别的时候,思前想后,我就觉得有满满的写作心情。但因时间仓促,我仅谈三点。

一、关于"苏派"

对郭老以及当年的"苏派"模式,我想谈谈个人的看法。对现在的"美术人类"来说,"苏派"是一个渐渐淡去的概念。但在我们当年,"苏派"就是一种正统,就是规范,就是标准。所谓"苏派",指的是以形成于19世纪的契斯恰科夫教学体系为主体的美术基础教学体系,主要体现在素描教学方面。20世纪50年代,我们国家组织了一批优秀的美术青年到苏联留学,很系统地接受了这一体系的教育。他们回国后就把这一体系广泛地推广于各大美术学院。由于当时封闭的学术环境以及意识形态的制约,这套模式在中国美术界享有至高的地位;这批留学生也成了影响甚至左右中国美术教育的"关键先生"。郭绍纲老师就是其中一员。

这里,我不想就"苏派"本身展开深入的探讨,而仅仅是从中国美术教育发展的角度,谈谈我个人的一点看法。我认为,20世纪50年代初的中国美术教育,总体上还处在低端、无序甚至杂乱的初级阶段。在这样的时代背景之下,有那么一段专注于单一模式的发展经历,是利大于弊的。

从当年的实际看,中国的美术教育的确需要向西方学习。我始终认为,凡学习就离不开模仿,模仿就难免单一。"苏派"就是当年我们学习西方的一个版本。也许它称不上"正宗"或最好的版本,但至少也是一个能让我们较快地进步并适合我们学习的版本。经过这个相对单一模式的发展,中国美术教育就形成了一个全国性的学术平台,自然就有了一个较为统一的基础、框架与坐标。这对于后来多样化地学习西方,就是一个较高的起点和相对明确的参照体系。若操作得当,用心理学的说法,自然可以成就"正迁移",也就是俗话所说的"一里通,百里明"。

至于当年我们因"苏派"模式而形成的片面认识或由此形成的负面效应，则是成长过程中不可避免的局限。今天，我们完全可以根据各自的理解与意愿去对待这个模式。无论如何，人们已达成这样一种共识，当年的"苏派"模式对中国美术及其教育已产生了深远的影响。如果说今天中国的美术和美术教育总体上能有某些特色或优势，那么基本上就离不开这样一个模式。

就像今天的俄罗斯依然还有坚守"苏派"模式的教育那样，我们今天也依然可以让"苏派"模式的教育成为多样化美术教育的一种。

二、读研

我作为郭老师的研究生的时候，他正担任广州美术学院院长。基于这样的实际，我读研三年，基本上就是独立自主的。由此不仅可以看到郭老师对我的完全信任，也体现了他宽松的教育理念。郭老师也曾谈到他对招收研究生的态度。他不仅对考生的专业与文化水平有较高的要求，而且很注重个人的综合能力与品格。按我的解读，那就是要么不招，招进来就能够自我奋斗。

作为广州美术学院的院长，他可谓公务缠身。我对现在的研究生说：当年我的导师只是在我刚入学的时候召见我一次，以后每次都是因为我主动申请，老师才指点的；而且可能还要申请多次才获见面的机会。现在有的研究生，别说主动请教，就是导师想找也未必找得到。

我从硕士研究生一年级就开始做毕业创作，郭老似乎早就了然于胸，从来就不过问此事，直到论文通过那天，才要我把毕业创作拿出来。看过30多件作品，挑了十几张参展，郭老说："有人物，有风景，再画一张静物吧。"这就是郭老给我布置的唯一作业；我把这个作业——《为爱椅造像》画进了广州美术学院的美术馆，成了馆藏作品。

除毕业创作，我平时还有其他作业给导师指点，如大量的习作，还有文章。我的研究方向是素描教学，在研究中，我发现一个问题，就是美术或美术教育作为一个越来越大的领域，还没有形成一个完整的基础理论体系。这肯定不够科学。实际上，人们并不认为需要有这么一个体系。

有鉴于此，一个长远的计划逐渐形成。首先，我把素描教学研究作为一个切入点，完成一个先行课题。而后逐步展开，经过一个相当充分的论证阶段，最终搭建一个完整的美术原理体系。

根据这个思路，我在三年内发表了四篇论文，分别为《今日之素描》《谈美术教学的理性思维》和《学术传统与素描》，而毕业论文则是《素描教学的逻辑方位与实践》。这一系列的研究，就为我的后续研究确立了基本观点与思维路线。

对我的这些论文写作，郭老师给予了认真的指导。他尤其强调学术之正面性。这一治学态度就与"文革"式大批判及其遗毒迥异。长期以来，我们的学术界习惯于围着别人的观点进行否定性的论证，而忽略了自身理论的建设性。很多人一味地"不破不立"，他们习惯于在进行充分论证之前就对他人进行标签式的否定，似乎用贬义词把别人刷一遍就可以证明自身的正确。

郭老师则相反，他主张尽可能用正面的说法。这种立足于建设性的科学态度，不仅规范了我三年的研究，也规范了我后来的研究。迄今为止，在严肃的学术文章与场合当中，我依然恪守着这样一种学术品格。

三、关于美术教育

美术教育是我与郭老师之"殊途同归"。我与郭老师在成长经历与工作经历方面有着较大的差异，就是在美术教育方面也有不同的侧重点，在认识上肯定也不尽相同。但我们对美术教育都充满了持之以恒的热情，都有奋斗终生的意愿。

郭老师在美术与美术教育方面的学术成就已广为人知。他不仅是我们当年许多美术爱好者的偶像；其严谨的治学态度以及对美术教育的满腔热情，也激发并激励了我在美术教育方面的努力。对中国的美术教育，我有自己的看法，我也把这些看法付诸实际的努力当中。上文提到，读研期间我发现一个问题，就是美术或美术教育作为一个越来越大的领域，还没有形成一个完整的基础理论体系。这肯定不够科学。最近，我参加了一个学术研讨会，发表了《从原理体系到教育体系》一文。文中提出了以下的观点："今天，'体系'一词比较流行。其实，任何事物皆具有与生俱来之体系，差异就在于体系是否合理完备，是否具有特色，等等。所谓体系化就是让某事物中诸因素之关系更加科学与严谨，实际上是改进一个事物。"

我认为，一个合理完备的美术教育体系必须立足于一个科学与严谨的美术原理体系。有怎么样的美术原理体系，就有怎么样的美术教育体系。从原理体系发展到教育体系就是中国美术教育体系化建设的必经之路。

美术原理体系化进程，不仅中国没完成，即使欧美等先进国家也没形成一套完备的体系。其主要原因就在于：进入现代，受各种思潮的冲击，美术家和美术教育家们不仅没有把美术原理所关联的各美术形态当作一个整体去看待，反而乐于纠结乃至夸大各形态的差异。甚至许多人关于美术的概念也变得越来越狭隘，相互间的概念差异乃至冲突也越来越大。我们国内也形成了把美术与设计并列起来的习惯……受制于这样的认识局限，普遍意义上的美术原理体系就肯定难以形成。

然而，就是这样一个普遍存在的局限点，恰恰可以成为中国美术教育模式的创新突破口。一旦完成了从原理体系化到教育体系化的建设，我们美术教育的模式就有可能走到大时代的前列。

如果说当年"苏派"模式的建设是从无到有，那么，从原理体系到教育体系的建设，就是从有到优。

正是基于以上这些认识，我选择了一条与郭老师有所不同的美术教育之路。我用了20多年的时间，在个人的艺术创作及美术教育实践的基础之上，完成了一部关于美术原理体系的专著——《造型学概论》。我认为，这就是立足于我个人的实际所能为美术教育做出的最好的贡献。

而这一成果，就源于我做了郭老师的研究生，这一成果也与郭老师所一贯倡导的"大美术"的理念一脉相承。

所谓饮水思源，郭老师与我的故事，就体现了教育所包含的人影响人的本质属性。

（朱松青：广州美术学院教授、硕士生导师，广东省美术家协会漫画艺术委员会主任。本文 2015 年 2 月 1 日写于广州美术学院）

郭绍纲美术教育思想与实践（节选）

司徒达仍

郭绍纲把自己的一生奉献给了美术教育事业，就是因为自己的成长得益于美术教育，所以要回报教育，回报祖国，回报人民。一个成名的画家，愿意将生命精华无私地奉献给教育，我们该怎样评价他呢？园丁、灵魂工程师……

美国教育家、改造主义教育倡导者乔治·康茨认为，"教育永远不可能是一个独立自主的过程，不可能脱离时间和地点而按照自己的规律进行。有什么样的社会就有什么样的教育。教育与政治、经济制度一样，是整个文化或文明的一个组成部分，是为一定目的服务的"[①]。探究郭绍纲的美术教育思想也要从历史的角度出发，将他的美术教育实践与时代发展联系起来，才能得到准确而客观的论断。

一、高等院校美术教育实践

郭绍纲自1953年从中央美术学院毕业后，包括5年留学苏联，一直都在中南美术专科学校和广州美术学院任教，直到1992年11月退休。历时约40年的教学生涯，前后可分为4个时期。第一个时期是从中央美术学院毕业后，到苏联留学之前；第二个时期是从苏联留学归来，到1981年创办美术师范系之前；第三个时期是1981年创办美术师范系，到调任美术学院副院长之前；第四个时期是担任广州美术学院副院长、院长等领导职务至1992年11月卸任，1997年退休。1999年侨居加拿大至今，在温哥华和广州轮住各半年。

1953年，郭绍纲从中央美术学院毕业，到祖国最需要的地方工作，是郭绍纲那一代热血青年的愿望，那时中华人民共和国的各行各业都急需美术人才。据同期毕业于中央美术学院的葛维墨回忆当时毕业的情形："1953年夏，经过3年或4年的紧张学习，毕业分配在即，每个人都填了工作分配志愿表。绘画系、雕塑系、实用美术系，全校二三百个毕业生，几乎全都填了到祖国最需要的边疆去，或服从组织分配。……我们都卖掉了杂物，准备好了行李，准备奔赴边疆。学校公布了分配方案，一部分同学由党总支书记胡一川带往武汉开办中南美术专科学校（广州美术学院前身），其中有后来成为院

[①] 黄志成主编：《西方教育思想的轨迹》，华东师范大学出版社2008年版，第55页。

长、副院长的郭绍纲、杨之光等人。"① 郭绍纲在新建立的绘画系工作，正式走上美术教育的工作岗位。1954年夏，武汉市遭到百年不遇的特大洪水威胁，中南美术专科学校组织全体师生挑土筑堤，积极参加防汛，而且创作和复制宣传画。在防汛的工地上，郭绍纲接到了被委派留学苏联的通知书。之后，在北京经过一年多的俄语培训和考核，顺利入读列宾美术学院，专攻素描和油画。可以说，郭绍纲受命于国家教育的非常时期，当时的高等美术教育急需借鉴、学习苏联的教育体系和创建符合我国社会需要的、革命的美术教育体系。同时，刚刚组建的中南美术专科学院也急需建立美术教育体制的人才。郭绍纲可以说是肩负着重担去苏联留学的。一同赴苏联留学的美术理论家邵大箴先生回忆说："当时，他是带着任务赴苏的，胡一川要求他回来后帮助学校办好美术教育。所以，他学习目的很明确：一是学习油画艺术，二是学习美术教育。""他很留意苏联美术教育体系，对其课程设置和教学方法等都很关心。例如他与徐华清合译的《色彩与颜料》等，就是在研究苏联的美术教育。"② 在留学的那几年，郭绍纲不仅学习苏联的素描和油画技法，还积极研究苏联的美术教学体制，在他的观念里，教育和绘画是统一的，两者是相辅相成、互相促进的。

郭绍纲从事高等美术教育实践的第二个时期，始于从苏联留学归来。1960年夏，郭绍纲刚完成毕业创作的草稿，由于中苏关系破裂，被迫提前一年回国。回国后的郭绍纲复任教于广州美术学院。③ 那时候，高等美术教育在错综复杂的政治运动中浮沉，郭绍纲的美术教育专长的发挥也受到很大的限制。"1960年开始，学院实行'三一八制'，即每年下乡3个月，休假1个月，课堂教学8个月，强调要克服单纯劳动的观点，要把劳动同体验生活、思想锻炼和创作结合起来。"④ 学校的正常教学受到各种政治运动的冲击，教学内容围绕各种政治任务转，师生下乡体验生活、拉练……在那样的环境下，郭绍纲只能抓住零碎的时间进行写生教学。接踵而来的"四清"运动、"文艺整风运动"等一系列政治运动不仅打乱了正常的教学秩序，而且广大教师、学生、干部受到不

---

① 葛维墨：《往事拾遗·连载四》，载《美术研究》2002年第3期，第31页。葛维墨，1929年生，1949年入国立北平艺术专科学校学习，1953年毕业于中央美术学院绘画系，后延读研究生，1955年留校任教，同年入马克西莫夫绘画研究班。历任北京电影学院美术系教授，中国美术家协会书记处常务书记。

② 司徒达仍：《肩负重任留学苏联——邵大箴教授谈美术教育家郭绍纲》。为了解郭绍纲留学苏联时的学习情况，笔者曾经对邵大箴先生进行过电话访谈。邵大箴，1934年生，擅长美术理论，为当代中国美术理论家，国画家。1960年毕业于苏联列宁格勒列宾美术学院。历任中央美术学院教师、美术史系副教授。现任中国美术家协会书记处书记，兼《美术》月刊主编，中央美术学院美术史系教授，博士生导师，《美术研究》《世界美术》杂志主编，国务院新闻办《中国网》专栏作家、专家，北京大学、北京师范大学兼职教授，清华大学美术学院客座教授，列宾美术学院名誉教授，北京国际双年展策划委员，双年展国际学术研讨会总主持。

③ 1958年，考虑到全国美术院校的合理分布和广州地处南方大门的地理条件，经国务院批准，中南美术专科学校迁往广州，1959年正式更名为广州美术学院。

④ 陈瑞林：《20世纪中国美术教育历史研究》，清华大学出版社2006年版，第220页。

应有的冲击,特别是史无前例的十年"文化大革命",整个学院处于瘫痪状态。① 据邵大箴回忆:"1966年冬,我到广州'串联',当时郭绍纲在'牛棚'中,不能谋面,只能在一个揭露'牛鬼蛇神'的展览会上,看到'红卫兵小将'们抄了他的家后拿出来示众的许多照片。大多是他在苏联留学期间的生活照,其中也有我的'图像',都被打上红叉叉。那时我想,绍纲假如不那么认真做事,大概是不会被揪出来和打成'反革命修正主义分子'的。他在广州美术学院油画系独当一面,传播苏联艺术和教育经验,自然都被看作'放毒'。"②

郭绍纲从事高等美术教育的第三个时期,是他一生梦寐以求的美术师范教育。1980年,改革开放的春风吹拂南粤大地,社会经济得到飞速的发展,教育越来越受到重视,广东的基础教育急需中小学美术教师。当时文化部的林默涵③副部长来学院与老师们座谈,要求学校考虑为社会培养美术师资。当时全国美术院校都没有开设师范系的先例,可以说是前景一片迷茫。由于长期关注美术教育,郭绍纲一直希望能利用美术院校的资源优势培养中小学美术教师,于是他在座谈会上主动提出承担这样的任务,正好广东省高教局也有这样的计划。经过学院领导的反复商议,胡一川院长委托郭绍纲、胡钜湛、葛曾鹊、姜今、蚁美楷等5人成立筹备小组,着手筹建美术师范系。他们先后考察了全国重点院校美术师范系,吸取优秀经验。经过半年的努力,于1981年10月正式成立美术师范系并招生30人,郭绍纲任系主任。在20世纪80年代初期,油画系的地位在广州美术学院内被看成"老大",而师范系却最被看不起的,很多人对于郭绍纲主动放弃前途无量的油画系副主任一职,主动去创办师范系很不理解。他是这样解释的:"办美术师范系和办油画系没有矛盾,都是办教育,只是我在师范系办教育而已。"④

在美术师范系掌舵人的岗位上,郭绍纲从美术教育实际出发,特别是广东中小学美术教育对美术教师的迫切需求,美术师范的办学注重教学研究,健全教育课程设置,确立了"多能一专"的办学方针,明确人才培养方向;重点发展水彩画教学作为美术师范系的色彩基础课,重视教学教研,新的办学理念和办学措施取得了良好的教学效果,一度在全国高等美术师范教育中起到了示范作用。

1983年9月,郭绍纲调任广州美术学院副院长,主管教学工作,开始了他高等美术教育实践的第四个时期。统筹学校管理,把握办学发展方向成为他的工作重点。1985年11月,他被任命为广州美术学院院长。他在办学条件极为困难的条件下,为使学校办学正常运转,因势利导,促使学校各院系的产学研走上了正规化的道路;他也注重学校的教育科研工作。在其任职的期间,学校的学术气氛浓厚,科研取得了长足发展,几

---

① 《美术学报》编辑部:《雪泥红爪三十年——广州美术学院简史回顾》,载《美术学报》1983年第5期,第2页。
② 邵大箴:《内美的艺术》,载《郭绍纲从艺六十周年画集》,新世纪出版社2009年版。
③ 林默涵:1913年生,福建武平人,原名林烈,著名文艺理论家、艺术教育家。1959年任中共中央宣传部副部长,文化部副部长。"文化大革命"期间受迫害,被关押10年。1977年恢复工作,12月任文化部副部长。他在《在要重视美育》一文中提到,文艺界特别是艺术院校应该协助教育部门培养一部分中小学或师范学校的艺术师资,并帮助在职的中小学艺术教师提高专业能力。
④ 司徒达仞:《新中国美术师范教育的开拓者(一)——郭绍纲先生访谈录》。

年间，先后成立了岭南画派研究室、工业设计研究室、民间艺术研究室、雕塑艺术研究室、中国壁画研究室、美术史论研究室、版画艺术研究室、美术教育研究室等8个研究室。1987年经上级批准，成立了全院性的美术研究所，为广州美术学院的教育科研发展创造了条件，将科研推向更高的层次。1986年12月成立的广东美学研究会，也在广州美术学院挂牌，由迟轲任会长，大大提高了美育的理论研究水平。除此之外，他还鼓励教师自选科研项目进行有计划的研究。1984年统计有32项，1986年统计共有30项。1987年，内部刊物《美术学报》获准在国内公开发行，活跃了学术气氛，为教学科研成果提供了一个交流平台，大大促进了学校的科研发展。

1992年11月，郭绍纲从院长岗位退休。摆脱了教务和行政的干扰的他，全身心地回到画布面前，专心写生和为社会美术教育奔走。年近古稀的老人，经历了不同的社会环境，艺术观念也发生了很大的变化，绘画风格逐渐摆脱了留苏时的某些影响，更加注重中国传统的艺术修为。2009年，郭绍纲从艺60周年画展的一大批油画写生新作，充分体现了他那孜孜不倦的艺术探索精神。

二、社会美育实践活动

美育是一种以丰富、发展和完善人的情感为目的的情感教育活动，是人类全面发展中不可缺少的重要组成部分。历史证明，美育在发展个性、完善人格中具有极其重要的作用，对现代社会的道德水平、知识体系、身体素质、审美能力等的构建和完善，具有不可忽视的地位。美育自身的特点也决定了其在培养人的优良素质、促进全面发展有着特殊的功用。

"爱美，要求美，虽然是人之常情，但人的审美观念有宽窄之分，审美能力有高低之别。在这宽博与狭窄、高层次与低层次之间的距离是很大的，必须通过教育才能向广博、向高尚发展。"[①] 这是郭绍纲的美育观点之一，他对社会美育事业一向是身体力行的。初中三年级担任民众小学兼职美术教师的时候，郭绍纲就开始了社会美育教学。在国立北平艺术专科学校就读期间，他也被委以统筹安排义务小学的教学工作，物色任课老师，确定教学内容。早期的社会教育经历，使他对社会美育有了较深层次的认识。如何教会学生审美，提高社会审美素质是他多年来一直思考的问题。他每到一处都不忘社会教育调查，关心当地的教育改革情况，关心藏书藏画的资源是否丰富，还常常组织艺术讲座、画展与学术交流活动。广州美术学院教授王韧教授当年在韶关地区工作时，就曾多次接待过郭绍纲。当时，郭绍纲教授去韶关的红工煤矿、大宝山铁矿、五指山林场、南雄、梅岭等地为业余美术工作者讲课。只要当地教育有需要，他都不计报酬，深入生产第一线给工人、农民画像，为业余美术爱好者授课。他实实在在服务基层的行为，让当地教育部门的同志很感动，也赢得了他们的尊敬。广州军区战士话剧团的夏立业就说："当年为部队辅导美术，郭老师是非常热情的，他每周都去，热情辅导、义务、

---

① 郭绍纲：《建设美术教育学科　培养全面发展人才》，载《美术学报》1990年第11期，第5页。

负责，不仅对学院教学。对社会教学也很热情，有求必应。"①

郭绍纲认为，青年是社会发展的栋梁，未来社会建设的好坏与他们的审美素质有直接的关系，因此，他竭尽全力普及青年一代的美育知识。1988—1996年间，郭绍纲多次抽空到山东师范大学、曲阜师范大学、山东艺术学院、山东工艺美术学院、河南大学、安阳师范专科学校、中山大学等高校讲授美育课程，并示范素描、油画写生。1996年3月，他应邀参加了广东省中等专业院校教研会美育分会成立仪式，发表了《美育的重要性与现实性》专题演讲，把普通高校美育扩大到中等专业院校。同年11月，他应邀到华南师范大学讲学，作了题为《美术教育学科建设之我见》的专题演讲，对广东的美术教育基地建设提出许多指导性建议。1998年，他与迟轲教授一起，主持编写了广东省高等学校"九五"规划重点教材——我国第一套普通高校的《美术鉴赏》选修课教材，由岭南美术出版社出版，深受大学生的欢迎。他还常常被邀参加少年宫美术活动，即使行政工作繁忙，也想方设法到场，从不拒绝。退休后的郭绍纲对中小学以及高校艺术教育的关心依然热情不减，他多次应邀参加研讨会，写论文，发表自己的见解，推广美育思想。2006年，在佛山市小学生创意油画创作研讨会上，他说道："素质教育要从小抓起，从油画突破，是件很好的事。可以让更多的人了解油画，学习油画，欣赏油画。""对于儿童教育，目前要做的是搞好素质教育，然后提升到美术专业教育。艺术的门类很多，绘画艺术知识是其中之一，还有文学艺术，演奏艺术，指挥艺术……只要学艺术，我相信在他今后的一生中，总会起作用的。不仅可提高自己的素质，还可以提高生活质量。"② 2009年12月，广州美术学院主办的"全国高校国际视野下的美术教育专业改革学术研讨会"上，77岁高龄的他坐在观众席上，认真聆听专家和教师的演讲，即使天气寒冷，他也没有中途离场，直到会议结束，让到会代表十分感动。正是有了像他这般的关心和支持，广东美术教育才得到了长足的发展。曾任广州市教育局的美术教研员戴立德说："他是美术教育的开拓人之一。在关键时刻指导了学校的艺术教育，他提出一定要在基础教育中渗透'大美育'文化教育。多年前，我就觉得他的学术思想非常有指导意义，现在的基础教育发展的事实证明了他的学术思想是正确的。"③

（司徒达仍：广州美术学院2011届美术教育学硕士研究生，广州市第八十六中学美术教师。）

---

① 广州美术学院教学研究室：《纪念郭绍纲教授从教50周年、从艺55周年座谈会发言记录》，第5页。夏立业，1935年生，全军高级艺术职称评委，中国美术家协会会员，中国戏剧家协会会员，中国舞美学会常务理事，广东舞美学会原会长，国家一级美术师，享受国务院颁发政府特殊津贴。

② 《美学教育从娃娃抓起》，载《新世纪艺术》2006年第1期，第6页。

③ 广州美术学院教学研究室：《纪念郭绍纲教授从教50周年、从艺55周年座谈会发言记录》，第9页。

郭绍纲求真务实的美术教育思想

司徒达仍

一、在传承和创新中形成的教育思想

郭绍纲曾说过:"在文化传承中,我不喜欢用'背叛''叛逆'这些词来判断,因为传统和现代并不是截然分开的,它是一种和缓渐进的过程。"他所受的教育既有明显的欧洲现实主义艺术的影响,又有中国传统文化的沉淀,绘画上体现了中西艺术融合的努力,所形成的教育思想可以概括出有两条主线:一是传承现实主义绘画体系的教学;二是思考我国美术教育的困境,继而积极推动改革。

(一) 尊师重道文化的陶染

古人云:"学之经,莫速乎好其人,隆礼次之。"[①] 又曰:"为学莫重于尊师。"郭绍纲一向都敬重老师,每次回北京,从不忘看望自己的授业恩师。他说:"我自己今天的成就除了得益于父母的抚养,更重要的是老师为我引路,给我鼓励。所以,我认为必须要把自己的心得教给后人。我还认为一切社会问题的根源都是教育。"[②] 可见,尊师重道的传统文化观念在他的美术教育思想中占有重要地位,也是他终生投身于教育事业的情感源头。在河北省立天津中学念书的时候,郭绍纲在图书馆收藏的徐悲鸿画集中看到徐悲鸿自画像后,对大师纯熟的西画技法印象深刻,便决定了学习美术的志向。后来他在《一座丰碑,一所学府——纪念徐悲鸿110周年诞辰》的文章中提到,"徐悲鸿赴法国留学,面对形形色色的时髦流派,以智之美术的头脑与眼光选择了欧洲绘画艺术的现实主义传统精华的继承为主攻方向,潜心于素描与油画的基础训练……"[③] 1953年,郭绍纲临近毕业时,徐悲鸿的病刚刚有好转,心里还挂念他们这届学生没有上过世界美术史,于是带病给他们补上这门课。当年9月,徐先生就与世长辞了。徐先生对艺术追求,对教学重视,对老画家尊敬,对艺术青年提携的高尚师德,深深震撼着郭绍纲的内心世界。他以徐先生为终生楷模,徐先生的人品和画品,一直鞭策着他的从教从艺过

---

① 荀子:《荀子》(精华本),万卷出版公司2009年版,第9页。
② 司徒达仍:《新中国美术师范教育的开拓者(一)——郭绍纲先生访谈录》。
③ 郭绍纲:《一座丰碑 一所学府——纪念徐悲鸿110周年诞辰》,2005年11月28日,郭绍纲教授出席"徐悲鸿110周年诞辰纪念"活动,在艺术研讨会上的发言,资料由广州美术学院教学研究室提供。

程,激励他为国家的教育事业贡献自己的毕生精力。

古人云:"学艺有师人、师迹、师造化的辩证关系,师迹易,师人难,师造化更难,师人实际上是师人之心。"徐悲鸿先生破除门户之见,重用人才,在1933年破格提拔小学代课老师的傅抱石,并推荐他赴日留学,使他成了江西省当时唯一的公费留学生;敬重和推崇老画家,被齐白石称为良师益友;赞美前辈画家李铁夫的油画人像独步当代中国画坛;高度评价岭南画派的高氏昆仲和陈树人等。为了探究徐悲鸿1937年在香港、广州、长沙等地举行画展情况,以及深入了解徐先生的事迹,郭绍纲拜访一些老画家,做了详细的研究,对徐先生的为人更加敬重。

郭绍纲在广州美术学院主持美术师范系和学院教学工作时,也继承了这样的优秀传统,以慧眼识才、伯乐识马的眼光和胸怀,广纳人才,一时间名教授、名画家、专家学者不计报酬,汇聚广州美术学院,为教育事业倾囊相授;也正因为有了博大的胸襟和海纳百川的能力,以及正直无私的管理,在他担任院长期间,广州美术学院的学术气氛浓厚,教学和科研赢得了良好的发展空间。

(二) 传承现实主义美术教育思想

20世纪初,徐悲鸿、刘海粟、林风眠、颜文樑等美术教育先驱对我国现代美术教育体系建立起到了极其重要的作用。虽然他们涉猎了印象派、后印象派和表现派等诸多流派的艺术语言,但艺术演绎仍然立足于中国传统艺术,在绘画艺术上融合中西方绘画艺术的语言,各自形成独特的艺术风范。

徐悲鸿和林风眠由于有留学法国的经历,教学上借鉴了法国现实主义教育方法,结合中国美术教育的实际,各自建立了比较完备的高等美术教育体系。徐悲鸿注重西方文艺复兴传统的写实绘画,林风眠关注西方现代艺术的发展潮流,尽管对世界艺术潮流的关注点不同,但教学上一致认为素描是艺术造型的基础,主张培养写实能力;强调不仅绘画技术要过硬,更重要的是具备文化知识和修养;尊重民族文化传统,希望引进西方写实绘画改良传统中国画。他们提倡写生,锻炼学生的观察、体验和表达能力,体现了当时美术教育的主导方向。由于社会动荡和战争等原因,他们的美术教育体系虽然没完善,但他们的教学思想和教学方法奠定了中华人民共和国美术教育的基础。1949年后,徐悲鸿和林风眠的教学主张和延安鲁艺革命传统相结合,并吸收了苏联美术教育经验,初步形成了中华人民共和国美术教育体系。该体系既注重基础训练,也强调文化教育;既注重写生,也强调临摹;既关注现实,也强调传承、培养造型基础扎实、有创造能力的德智体全面发展的美术人才。

此外,中华人民共和国美术教育体系的建立与苏联直接参与是分不开的。同一阵营的社会主义苏联与中国有着相似的政治背景,当时苏联的现实主义美术也符合中国国情,不少教育名家、学者对其积极推介和引进。早在20世纪30年代,鲁迅就为推广苏联美术做过大量的工作,徐悲鸿也对苏联的现实主义产生过浓厚的兴趣,在1936年出版的《苏联美术史》序中提倡中国美术要引进现实主义创作方法。延安时期的美术工作者更是大量吸收了苏联的美术创作经验,甚至艺术思想和创作方法。中华人民共和国成立后,迫于国内外的政治形势,中国毫无选择地加入了以苏联为主的国际经济体系,

也主动接受了苏联的美术教育体系,以致苏联现实主义美术思想对中国美术界产生了深远的影响,尤其是美术教育与艺术创作方式一直处于主导地位。

郭绍纲早期受教于徐悲鸿美术教育体系,后直接受教于苏联现实主义绘画体系,在留学期间深入研究了列宾美术学院的教学体系,认同"巡回画派"质朴、贴近生活的画风,回国后大力主张以写实基础训练带动创作。他这样说:"在列宾美术学院,我接受的油画教育就是一种民主主义思想,'巡回画派'主张艺术家要走向民间、同情劳苦人民,然后把作品送到各大城市去巡回展览。""'没有生活便没有艺术'是我们这辈人的毕生艺术信仰,我们回国后也教给了广东的学生。"①

郭绍纲认为,19世纪下半叶开始,欧洲油画的顶尖水平就从西欧、南欧向苏联转移,当时苏联的"巡回画派"盛极一时,油画水平超越了同辈西欧画家。乌加洛夫、彼得·弗明两人曾经是郭绍纲的老师,后来分别成为全苏美术研究院院长以及列宾美术学院院长。他们那一辈画家的作品大多被收藏于博物馆,很少流入市场,代表了真正的学术方向。②

除了郭绍纲外,当时留学苏联的油画家还有李天祥、罗工柳、林岗、全山石、肖峰、邓澍、冯真、张华清、徐明华、李骏等,③ 他们从苏联带回一种符合社会主义制度的绘画"样板",当然也包括苏联的美术教育教学模式。虽说是"样板",但其中包含复杂的教育经历、文化基础、个人气质和政治因素,他们带回的现实主义绘画不是单纯的国外自由意识形态下的绘画艺术,还包含一定历史框架内的个人发挥,是一种中国特定历史条件的绘画艺术。不论创作还是教学,他们把个人的艺术发展与为人民服务结合起来,强调个人利益服从国家利益。由此可知,当时的美术教育模式不可能突破现实主义的大环境,基本上以传承为主。毋庸置疑,现实主义绘画教育在郭绍纲艺术教育生涯中有着深深的烙印。

(三)深刻的社会认知促使美育思想形成

郭绍纲生于手工艺家庭,父亲是一个技艺精湛的银器匠人,母亲是个聪明的家庭主妇、女红能手。在他幼小的眼里,父母的手工艺品,就是神奇的艺术品,使他爱不释手,是他从事艺术之路的种子。"高尔基说过:'艺术的创始人是陶工、铁匠、金匠、男女织工、石匠、粗木匠、木雕或骨雕工匠、武器或甲胄匠人、油漆匠、男女裁缝,总而言之,是手艺匠,这些人的精巧作品使我们赏心悦目,他们摆满了博物馆……人们知道,健康是伴随着生活的极大愉快而来的;从事改变物质和生活条件的人,可以享受到最大的快乐——不平凡的新事物的创造者的快乐。'(《论艺术》)"④

郭绍纲认为审美教育的目的可以通过美观的生活用品来实现。追溯到设计的发展,

---

① 郭绍纲:《油画"大师"满天飞不正常》,载《南方日报》2009年2月6日B08版。
② 郭绍纲:《油画"大师"满天飞不正常》,载《南方日报》2009年2月6日B08版。
③ 王镛主编:《中外美术交流史》,湖南教育出版社1998年版,第336—338页。
④ [苏]尼·阿·德米特里耶娃:《审美教育问题》,冯湘一译,知识出版社1983年版,第106页。

最早的设计就是手工艺品，实用结合美观，赋予物品的物质和精神的双重功用是设计的基本特点。社会物质文明的发展到一定程度，人们解决温饱问题后，很自然需要一种精神上的内涵。功能性与形式感统一的生活用品自然就是首选，鉴于这种认识，郭绍纲对工艺美术教学非常重视，大力支持广州美术学院教育系的设计与工艺课程的建设和改革，以及各系的产、学、研校办公司的正常运作。1997年11月，广州美术学院主持和承办了"全国高师美术教育工艺设计教学研讨会"，郭绍纲虽然退休了，依然热情地在研讨会上发言，并撰写论文《高师美术教育工艺设计教学改革发展思绪》。

然而，有人错误地认为：只有艺术馆里的绘画或雕塑，才需要美，至于其他场合，唯实用、经济为原则即可，对设计的美学功能完全放弃。反之，有人又不考虑实用、方便、合理的原则，过分地美化和装饰，令设计徒有"美"名。这都导致了艺术创造与生活的严重脱节。郭绍纲非常担心这样狭隘的审美观念在社会蔓延，美感往往被曲解为"装饰"，而不是从对象本身和审美用途出发，将实用和美观融为一体。

郭绍纲认为城市建筑的大环境对人的审美熏陶是很重要的，他的这种认识最早源自对俄罗斯城市建筑的思考。"这与我的社会阅历有一定的关系。比如我到了圣彼得堡，看到那里的城市规划和建筑，感觉很不同。当年彼得大帝借鉴西欧的城市规划和桥梁设计，甚至城市雕塑，乃至整个城市空间都是全面配套的设计。在那样的环境里，我的视界开阔了。再说，我一直把建筑艺术看成是主导性的艺术，认为建筑是建筑艺术而不是建筑工程，围绕建筑艺术需要一些艺术配套……"①

他很不满意我国现实生活中忽视整体设计的建筑。他说："现实生活的很多壁画和雕像都是在建筑主体完成后，觉得哪里需要就往哪里放的，只是当家人随心所欲的安排，而不是整体考虑的，在设计风格上极不配套。严格地说，在建筑设计初期，就应该按照比例、环境，从多角度考虑整体与局部之间的协调以及相互的作用，特别是城市规划要整体，而不是想到要搞旅游城市，就到处挖掘文化资源。"②

郭绍纲也深知审美观念不是一朝一夕就能形成的，需要全社会都来重视审美教育，把审美意识融汇到社会生活的每一个角落、每一行业。因此，他致力于社会美育的推广，甚至把它作为终生事业。

二、力倡高等美术教育求真务实

我国美术评论家邵大箴先生曾在公开场合评价郭绍纲"对师范很重视，可以说是新中国第一个重视艺术师范教育的人"③。的确，郭绍纲几十年如一日，像一位辛勤的园丁，苦心经营着美术教育这块园地。他回顾自己从教从艺的经历时提到，美术教育是他的第一工作，自己的成就得益于老师的培养，当教师是为了回报人民。由于从小树立了

---

① 司徒达仍：《新中国美术师范教育的开拓者（二）——郭绍纲先生访谈录》。
② 司徒达仍：《新中国美术师范教育的开拓者（二）——郭绍纲先生访谈录》。
③ 陈绘、李耀、赵嘉敏、汤弼明等整理：《郭绍纲从艺六十周年画展座谈会纪要》，载《美术学报》2009年第2期，第18页。

为教育奉献的理想,他在从艺从教的几十年里,一直为振兴中国的美术教育事业而奔走劳碌,践行他的教育思想。在20世纪80年代初期,郭绍纲就提出普及美育:"人类向来是按照美的规律去改造自己的生存空间。要振兴中华,需要在国民教育中加强和普及美术教育,弥补教育的历史缺失,完善现代教育体系。"随着时间的推移,时代的发展,他的这一见解渐渐被人们接受,他那种超前的教育观念也经受住了历史的考验。

郭绍纲具备为人师表的全面素质。他集美术教育、油画、素描、粉画、书法技艺于一身,认为艺术门类虽有不同,却是相互贯通的。艺术实践与教学实践虽然存在时间分配上的矛盾,但教师的职业道德有助于提高个人的艺术水平及艺术品格,所以,对美术教师而言,不论教学实践,还是艺术实践都很重要。他曾这样形容教师的专业水平:"教授学生一百字,自己先要懂二百字;要给学生一杯水,自己先有一桶水。"他坚持育人要育心,不搞形式主义。他主张"本固枝荣"的教育观点,认为基础的深度决定未来发展的高度。他重视绘画基础的训练,博采众长,融贯中西,既对学生严格要求,又能发挥学生的主体能动性,不断拓宽其艺术视野,强调课内课外学习相结合。他教学管理敢于革新,主张采用学年制、年级制、学分制和画室制度相结合的教学方式,并收到良好的教学效果,培养了一批又一批的艺术与教育人才,例如当年的学生和与其同事的教师们,在中国美术教育界产生了深远的影响。在长期的艺术实践和美术教学过程中,他分析和研究了大量的第一手材料,编写教材,著书立说,先后出版了专集《郭绍纲素描选集》《郭绍纲油画选集》,著述《油画基础知识》《素描基础知识》《油画基础教学》《素描基础教学》《美术教育方法论》和数十篇有关美术教学及社会文化建设的论文等。

(一) 培养美术教师有别于培养艺术家

"1956年,教育部还首次公布了全国初中、小学及师范学校图画教学大纲(草案)。当然,这时的美术教育也存在一些偏隘,如独尊苏联,一概排斥其他国家的经验。尤其是苏联沿袭了俄国杰出美术教育家巴维尔·契斯恰科夫的一整套美术教学方法对我国美术教育影响极大。这一套教学方法,用严格的科学程序,训练学生精确摹写外界事物表象的能力。作为一种具体的教学方法,它的效果十分彰显,但上升到美术教育思想的高度来看,它仍是一种狭隘的'技'的训练,使美术教育只存有'冰'一般的寒性,而没有美术活动应有的'火'一样的热情。学生只能被动地描摹对象,他们的感情、个性表达和能动的创造精神受到极大的扼制。受其波及,在普通学校里这种教学方法的特有难度和单调性,往往使学生泯灭学习的兴趣和信心。"[①] 这种基础美术教育的弊端,一直影响到20世纪80年代,其很大的原因是中小学美术教师是在专业画家式的教育中培养出来的,没有从教育的角度研究中小学生的需要、培养教师。走上工作岗位的美术教师,狭隘的知识视野和单一的绘画技能决定了基础美术教育的教学内容和教学方式的单一,与经济社会高速发展对美术教育提出的要求相去甚远。

郭绍纲长期关注美术教育,特别是广东地区美术师范教育。他深入调查后,了解到

---

① 尹少淳:《美术及其教育》,湖南美术出版社1995年版,第49页。

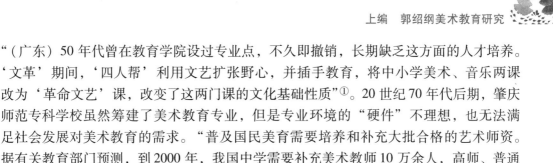

"(广东)50年代曾在教育学院设过专业点,不久即撤销,长期缺乏这方面的人才培养。'文革'期间,'四人帮'利用文艺扩张野心,并插手教育,将中小学美术、音乐两课改为'革命文艺'课,改变了这两门课的文化基础性质"①。20世纪70年代后期,肇庆师范专科学校虽然筹建了美术教育专业,但是专业环境的"硬件"不理想,也无法满足社会发展对美术教育的需求。"普及国民美育需要培养和补充大批合格的艺术师资。据有关教育部门预测,到2000年,我国中学需要补充美术教师10万余人,高师、普通高校、职业高中、中专、中技等校也需补充美术教师3万人,如果按目前高等师范院校美术系科的培养能力来看。这一艰巨任务要40余年才能完成。"②

美术师资的巨大缺口和培养条件的困境,令郭绍纲忧心忡忡。有丰富美术教育经验的他认为,"(在)美术学院内办师范有得天独厚的优势。首先,周围有较高水平的教师,学生直接或间接受其影响;其次,学院的图书馆内有价值的藏书和资料较多,各种艺术讲座、展览活动频繁,能直接影响师范系师生的专业水平。"③ 有了这样的思想认识,在美术学院内筹办美术师范系是他一直以来的愿望。

1981年,广州美术学院领导班子顺应社会发展和响应国家教育部的号召,率先在美术院校内筹建美术师范系,培养中小学美术教师,缓解社会对美术教师的需求。④ 在当时,美术学院办师范是一个新课题,在国内没什么现成的可参考经验和模式,一切都要从头开始,但郭绍纲主动请缨担起了这一任务。

"我系在建系初期,首先遇到的是办学指导思想问题。当时有不少分歧的意见和阻力。一些同志认为,美术师范的任务只在于解决中学美术教师的不足,因而在造就人才方面,特别是在专业培训方面,不必提太高的要求,学生毕业后能应付一般中学的图画课就行了。另一些同志则认为,只要专业能力强,学生不必系统地学习教育科学和课堂实践知识,就算是美院各系的毕业生也能担任教学工作,因此没必要单独建立美术师范系"⑤。为此,他多次撰文谈及"美术学院办师范专业,有利的一面是对美术基本功的重视,不利的一面是师范的特点和要求容易被忽视。要能够摆脱轻视普及教育的陈旧观念和习惯势力的干扰,必须把专业学习和教育事业的发展联系起来,树立献身教育的决

---

① 郭绍纲:《建设美术教育学科 培养全面发展人才》,载《美术学报》1990年第11期,第6页。

② 郭绍纲:《高等美术院校应为中学培养美术师资》,载《中国高等教育》1985年第5期,第34页。

③ 郭绍纲:《高等美术院校应为中学培养美术师资》,载《中国高等教育》1985年第5期,第34页。

④ 1980年,文化部副部长林默涵对胡一川说,他访问了美国,看见美国教育很发达,原因是师资不缺。回来想在各艺术院校办些师范系,现在中小学美术师资奇缺,他找了两间名牌美术学院商量,都不愿办,说是要搞高级专业人才,不培养中等师资。胡一川说:"没人办我们就办!"[摘自《山外看山——胡一川艺术事业述评(续)》,载《美术学报》2007年第1期,第57页。]

⑤ 郭绍纲:《高等美术院校应为中学培养美术师资》,载《中国高等教育》1985年第5期,第34页。

心和思想"①。

面对种种偏见，以郭绍纲为首的美术师范系创办人明确提出了"多能一专"办学方向，并根据中小学美术教学的特点设置课程，安排教学，为美术师范系的未来发展奠定了基石。从美术师范系的发展历程来看，确立办学指导思想并不是一帆风顺的，虽然现在已经被普遍认可，但在当时也是颇具争议，各执一词的。

1. 培养"多能一专"的美术教育人才

美术教育是教育的一个分支，是美育的重要组成部分。

郭绍纲一直认为，美术教育是从属于教育的美术专业，而不是美术专业中的教育，这两者的轻重关系不一样。他多次在全国性的美术教育研讨会上提议把"美术师范专业"更名为"美术教育专业"。② 他的理由是，高等美术师范教育的任务是培养美术教师，而非培养职业画家，所以在课程的设置和教学方式、方法上应该跟美术专业有所区别，要从比较单纯"技"的职业教育逐步发展为一门学科的专业教育。在学生入学时就要明确学习方向，要求不仅要掌握美术专业知识技能和从事教师职业的准备，还应在文化、教育科学方面打下宽厚的知识、理论基础，努力成为美术教育的专家。"美术师范教育与其他的单一专业教育不同，它是一个双专业的人才培养体系。作为高等美术师范教育，（专业）一方面要求学生具备一定的美术专业水平和审美修养，掌握造型美术和设计美术的理论、知识和技能；另一方面又要求学生具备从事美术学科教育的能力和水平，要懂得教育学、心理学，并掌握美术教育的技巧。我们认为，美术师范系既不能像美院其他系那样从高、精、尖着眼，也不能把课程压缩而办成'小美院'。"③ 由此可见，广州美术学院师范系确立的"多能一专"办学方针，体现了郭绍纲德艺双馨、艺教双精的美术教师观，不仅"富有战略眼光"，在"中国美术教坛上是独具慧眼的"。④

"多能一专"的人才标准是什么？对于人才的类型，目前还没有具体的区分标准，如果在某一专门领域具备了专门知识、技术和技能，通常可以被称为"专才"。如果具备了多个领域的知识、技术和技能，则常常被称为"通才"。这两种人才的特点是相对而言的。通才注重的人才对未来职业发展的适应性，是"多能一专"型，"专才"的教育则是注重对具体职业的针对性，是"一专多能"型。"专"是指专业的职业基础和技能水平，"多能"是指建立在职业技能广义范畴之内的复合素质能力、个性和专业特长等。

美术教育的"一专多能"，首先是"一专"，即先确定专门学习某个画种，而后再

---

① 郭绍纲：《谈谈美术师范专业基础》，载《美术学报》1983年第5期，第81页。

② 据广美办89（17）号文件，《关于将"美术师范系"更名为"美术教育系的通知"》，1988年国家教委正式颁布的本科专业目录，明确把美术师范系教育的专业名称命名为"美术教育专业"。广东省高等教育局1989年5月6日同意广州美术学院将"美术师范系"更名为"美术教育系"，但培养目标不变，为广东省中等教育培养美术师资。

③ 郭绍纲：《高等美术院校应为中学培养美术师资》，载《中国高等教育》1985年第5期，第34页。

④ 转引自范凯熹《郭绍纲与中国当代美术教育——庆祝郭绍纲教授从教50周年》，第19页，资料由广州美术学院美术教学研究室提供。

补充、丰富其他门类的美术知识和技能。这种培养目标与培养专业画家没有分别，是以培养画家的方式培养美术教师，以专业美术教育代替普通美术教育。"多能一专"则首先强调"多能"。"多能"是学科基础，是比较稳定、不易老化的知识经验，是专业学科赖以建立和发展的基石，它可促进专业的提升和培养"高瞻远瞩的专家"。"多能一专"的美术教育课程设置是"金字塔型"的，学生需在具备了广博的知识基础上，再学习专一画种，不但能适应中小学美术普及教育，而且为学生未来的专业发展奠定了基础。美术师范系的"多能一专"课程设置是根据高等美术师范的办学宗旨设定的，并没有降低专业要求。那种认为当教师是低要求，当画家、设计家才是高要求的观点显然是目光短浅的，相反，好画家、好设计师不一定是好教师，但好教师必定是好画家、好设计师。当好教师，与当画家和设计师没有矛盾，是互为补充的，所以说，美术教育的"多能一专"是更高的要求。现代社会发展对人才的要求是综合多能的，要有厚积薄发的潜力，也逐渐证明了这样的人才培养发展趋势。

美术师范系建立之初，郭绍纲与同事们分别访问、考察了全国多所师范院校美术系的课程设置、人才培养模式和专业方向等。他们发现当时的高等师范美术教育的模式基本沿袭美术学院国、油、版、雕等专业美术教育办学模式，虽以美术教育专业名义招生，但实际上按照专业院校的教学模式办学，学生的"专"业水平不如国画、油画等专业的学生精，综合知识量的"博"又不能适应美术教育的需要。鉴于此，新建立的广州美术学院美术师范系的人才培养模式是以某一艺术专长为主，还是以多种综合素质为主呢？"借鉴兄弟院系正反两个方面的经验，办系指导思想明确，没有旧的习惯势力束缚，学科术科并重，强调师范教育特点，根据社会所需求的人才培养目标，设置课程，多层次、多形式办学……"① "一专"不仅是术科的专长，还必须落实到美术教育这一专长。可见，"多能一专"的人才培养模式目标明确，就是培养美术教师。这是广州美术学院美术师范系创办者经过调查论证的结果，是符合社会需要的办学模式。

美术师范系的课程设置根据人才培养目标以及社会需要出发，把教育专业确定为人才培养的主要方向，目的是为中小学校培养普及型的美术教师。义务教育阶段的美术教师必须具备"多能"的特点，掌握多种美术知识和技能。美术师范系在课程设置上"要求学生首先做到'多能'，在一、二年级打基础，全面掌握各种美术专业知识和技法；三、四年级在'多能'的基础上再选修中国画、水彩画、设计美术等3个重点学科，掌握某一方面专长"②。同时还"把课程分为政治文化、政治经济学、中国革命史、文学、外语、体育、教育学、心理学、教材教法、教育实习、艺术概论、中外美术史、技法基础、素描、速写、国画、水彩、油画、雕塑、设计美术、劳作、创作等"③。

---

① 郭绍纲：《建设美术教育学科 培养全面发展人才》，载《美术学报》1990年第11期，第6页。

② 郭绍纲：《高等美术院校应为中学培养美术师资》，载《中国高等教育》1985年第5期，第34页。

③ 郭绍纲：《高等美术院校应为中学培养美术师资》，载《中国高等教育》1985年第5期，第34页。

"我们强调的'多能一专',是建立在'多能'基础上的'一专',我们要培养的既是教育家,也是有专长的美术家。"① 这样的教育观念是具有国际视界的,纵观中外美术教育史,这样的例子数不胜数。德国包豪斯学院的教师不但是大画家也是大设计师,同时是艺术的多面手,如康定斯基、格罗皮亚斯等;我国老一辈艺术家徐悲鸿、吴作人、李可染、林风眠、王肇民等,不仅是优秀画家,更是出色的美术教育家、诗人、书法家,具备广博的知识和良好的艺术修养是他们的共同点。

通过美术教育实践和研究,郭绍纲认为,美术师范学生首先要立足于当一名教育工作者,而不是当专业画家。他主张学生首先要美术"多能",然后发展感兴趣的"一专",在广泛的专业基础上,重点强化基础性和实用性的课程。这不仅是我国中小学美术教育的需要,也是个人智能深层次发展的需要,与小美院式的"多能"有着本质上的区别。在当时高等美术院校师范专业普遍实行"小美院"教学的大环境下,美术师范系坚持美术教育的"多能一专"是具有战略眼光的,开创了中国美术师范的办学先例。1985级师资专科班的学员在日后撰文回忆当时"多能一专"的教学是这样的:"系里还为我们开设了工艺设计、陶艺、剪纸等课程。我们当时感觉方方面面都在学,好像太广泛,不够专业。其实后来才明白,这些最实用。由于中小学教学大纲是培养青少年成为全面发展的人才,美术课本新插入了许多工艺设计制作等内容。学校、少年宫也各自创建陶窑、工艺作坊。我们也兼任陶艺和工艺制作老师,亲自动手示范教学生。如果没有当年在师范系的见习和动手能力的培养,真是担当不起的。"② 相比其他院校的美术师范系,广州美术学院美术教育系经过多年教学实践和改革,已经赢得了良好的发展空间。社会发展对人才模式的需求也验证了"多能一专"的人才能够适应社会的发展需要。可见,"多能一专"不仅仅是美术教育应该遵循的教学方针,也必将是综合类大学的未来发展方向。

2. 水彩画更适合中小学美术课堂的色彩教学

研究中国水彩画的发展史,广州美术学院师范系的水彩画教学具有相当重要地位,源于在建系初期就确立了水彩画作为色彩基础课的发展方向。当时,郭绍纲与专攻水彩画教学的胡钜湛共同创办师范系,又从油画系聘请水彩画大师王肇民先生指导第一、第二届本科生水彩课和给水彩画研究生授课。由于有这批德高望重的水彩画名家的教导,特别是在王肇民先生的艺术风范、画品和人格魅力的影响下,广州美术学院水彩画的发展是轰轰烈烈的,一鸣惊人,人才辈出。不管是有幸亲聆王肇民先生的教导,还是仅仅从画展中观摩他的作品,都会自觉或不自觉地被他的作品所感染和陶醉。后来,郭绍纲又把陈秀莪及油画系的黄中羊、宣承榜、吴正斌等一批水彩画家和油画家先后调入师范系,特意安排他们改教水彩。几位油画弟子对水彩画的研究和执迷超过油画,并取得了令人瞩目的成就。郭绍纲直接指导过的几届学生中,也有不少已经成为当今中国最有实

---

① 胡钜湛:《面向中等教育努力办出高师美术教育的特色》,载《美术学报》1990年第11期,第7页。

② 司徒明:《特殊年代的美专师范生》,载《回望与前瞻:广州美术学院美术教育学院建系30周年纪念文集》,广东高等教育出版社2011年版,第243页。

力的水彩画家,甚至有的在全国美展中获得金奖,例如,黄增炎、龙虎、李涛、蔡伟国、李凯煌等,以及他们后来带出来的一批水彩画新锐。经过5代水彩画教师的努力,今天教育系的水彩画教学已经成为在广州美术学院的一支艺术"奇葩",不仅在南方,在全国都是罕见的。

建系初期,把水彩画确立为美术师范的基础课是基于如下两个因素。首先是中小学的美术教学条件适合水彩画的推广。水彩画应用范围广,材料便利、便宜的特点,有助于中小学美术色彩教学顺利开展。郭绍纲曾说:"水彩画在其他系是色彩辅助技法课,如国画系有水彩课,版画有水彩课,附中的学生也学水彩画。但从师范生的知识结构和基本技能结构来考虑,是最需要通过水彩画来认识色彩的规律的。再说,水彩画的材料轻便,容易掌握的特点适合中小学的美术教学条件,所以就有这么样的一个决策……"①

另一个原因是广东有良好的水彩画传统,而且名家辈出。广东濒邻港澳,水彩画有中西结合的优势,具有良好的水彩画传承环境。例如,广东的李铁夫、司徒乔等都是在全国有影响力的水彩画家。

广州美术学院美术师范系从1981年成立时就设置了水彩画专业教育本科,1987年开始招收水彩专业研究生。水彩画一直是一年级、二年级的专业选修课,水彩专业学生到三、四年级则专攻水彩画技法,毕业时要求每位学生完成一幅以上的主题水彩画创作,这样的专业课程设置不仅使"小画种"的水彩艺术名正言顺地步入了艺术教育的最高殿堂,而且成就了广州美术学院水彩画艺术的辉煌。

近年来,广州美术学院水彩画教学屡获殊荣,教学体系渐趋成熟,教育系的水彩画教师不仅秉承了老一辈水彩画家的优良传统,又在学习和借鉴的基础上不断地创新、发展和突破,营造了开放的教学研究环境。无论已经功成名就的大师级人物还是普普通通的水彩教师,他们都在探索属于自己的水彩艺术之路。

2003年,水彩画课程被评为广东省高等学校的精品课程,应届毕业生的水彩画作品参加各级美展屡屡获奖,水彩画教学和水彩画艺术水平在全国有很大的影响力。美术教育系培养出来的水彩画人才也在南粤大地开花结果,活跃了地方的水彩画美术教学教研,培养艺术人才,为岭南地区的水彩画繁荣和发展奠定了坚实的基础。

3. 以美术教研促进美术教学发展

虽然美育和美学等学科发展得比较早,但我国的美术教育学科一直没有引起社会的足够重视,常常被边缘化,甚至被看成是可有可无的学科,这样的观念源于美术教育在基础教育中不受重视的客观情况。郭绍纲认为,美术教育是从属于教育学科的,要发展和完善美术教育学科,就必须建立一套美术教育科研体系。他主管美术学院行政工作时就提出要将广州美术学院办成岭南地区的两个中心,即美术师资培训中心和美术教育科学研究中心,前者注重大中学校美术教师的专业进修和教育教学水平的提高,后者注重

---

① 司徒达仍:《新中国美术师范教育的开拓者(一)——郭绍纲先生访谈录》。

美术教育科学理论的研究,两者相辅相成,是实践与理论的关系。①

郭绍纲留学苏联时就带着构建中华人民共和国美术教育体系的任务,认识到教育研究对教学实践具有巨大的促进作用。1981年,通过考察和分析了当时各大专院校美术教育专业的教学,他发现中国学校艺术教育落后的一个直接原因就是学校对美术教育理论的研究不够重视。他认为理论是指导实践的基础,艺术教育要发展,理论研究必须要同步。

在广州美术学院美术师范系组建初期,郭绍纲了解到南京师范大学设有美术教学研究室,以教研指导教学,由此大受启发。此后,他一直努力建立一个相对独立建制的美术教学研究机构,承担研究教学规律,指导课程设置和教学实践的任务,以适应美术教育不断发展的需要。1987年,经广东省高教局批准,广州美术学院成立了美术教育研究室,郭绍纲亲自兼任该研究室主任,先后配备了3名专职与10余名兼职研究人员,配备了专门的科研经费,展开美术教育科研工作,配合全院和美术教育系的教学。美术教学研究室的建立,大大促进了广州美院的美术教育理论的发展,为教学实践提供了有力的支持,也为其他专业的教学研究室成立提供了借鉴。1987年,郭绍纲申报的"美术教学方法论"课题,被列为全国教育科学"七五"规划"我国学校艺术教育的理论与实践"重点研究项目。1991年,经全国教育科学规划领导小组办公室批准,郭绍纲向国家教委高等学校社会科学发展研究中心申报的"学校艺术教育史料研究"课题被列入"全国教育科学'八五'规划重点课题"。1992年3月,在广州美术学院召开了包括首都师范大学、南京师范大学、广州美术学院和国家教委的有关科研人员参加的"普通学校美术教育史研究"课题工作会议,正式启动"中外美术教育史"课题研究。同年10月,郭绍纲在广州美术学院主持和承办了"全国美育与美术教育理论研讨会",邀请了赵沨、赵宋光等30多名著名的艺术教育家,探讨美育及美术教育问题,出版了《美育与美术教育文集》,郭绍纲为该文集写了序和发表了3篇论文。他与范凯熹共同编写的《美术教育方法论》是中国改革开放后第一本关于美术教育理论的专著。

从20世纪80年代中期开始,我国美术教育与教学研究活动逐渐活跃,各高校和教育部门相继成立美术教学研究机构。为了整合研究力量,郭绍纲提倡实行跨学科、跨课题的横向一体研究,建议把各级各类的美术教育研究机构联合起来,集中力量,攻关教育难题。在他的倡议和组织下,成立了广东省高校美术教育专业委员会。2003年,该机构更名为"高校美术与设计教育专业委员会",在广州美术学院挂牌运作。

郭绍纲强调美术教育系的研究生必须有美术教育的特点,不仅要在绘画、工艺方面进行专业探索,还必须研究教材教法,故称为"美术教学法"研究生,以强调这门边缘学科的教育与美术有机组合。这在全国是鲜为人知的。他还在美术教育系的专科和本科中全面推行毕业生撰写教育类毕业论文的制度,以培养学生初步从事教育科研的能力。

---

① 范凯熹:《郭绍纲与中国当代美术教育——庆祝郭绍纲教授从教50周年》,第9页。由广州美术学院美术教学研究室提供。

4. 以教学实践提高专业竞争力

一般高校管理者都希望学生乖乖地待在学校认真学习，尽量避免参与社会经济相关的活动。郭绍纲却能突破一般观念，鼓励学生参加社会教育实践活动，支持学生在校外当兼职教师。他认为，美术师范生的未来工作将要面对的是中小学美术教学，教育实践能让学生尽快了解教学规律和理论联系实际，适应美术教学，在实际的教学中锻炼能力，提高综合素养，增强竞争力。师范生参与教学实践的做法不仅锻炼了社会实践能力，还坚定了他们从事教育的决心，使他们在毕业后能够更快适应学校教学，有效预防了师资的流失。"……对学生参加社会实践给予鼓励和支持。我院支持美术师范系学生到中小学和幼儿园兼课，有的学生还应聘为家庭教师。这种兼课使学生体会到教学工作的实际需求，看到少年儿童的好学精神，提高了对教师职业的认识，这对巩固他们的专业思想是十分有利的。美术师范系创办以来有毕业生179名，除考上研究生和从事其他工作者外，现仍有144名毕业生在教育岗位上辛勤地工作着，占毕业生总数的85%左右。"① 不论以前还是现在，美术师范生参与教学实践都是必需的，唯有实践才能把课堂知识转化为有效教学技能，在竞争激烈的现代就业环境中，具备了丰富实践经验的美术师范生才能提高就业竞争力，也是美术师范生的教育专业水平的体现。

当时有的学生认为，美术学院的学生到中小学任教是大材小用，体现不出专业水平；也有人认为学生外出代课实际目的就是为了经济利益……郭绍纲却是这样认为的："鼓励学生周六日去小学、幼儿园兼课，理由很简单，就是找机会实习，不要说这就是去赚外快……我认为大学生能够去小学、幼儿园辅导学生就很好，可以把理论联系实际教学。在我的观念里，硕士生、博士生到小学幼儿园任教都是很正常的，没有什么屈不屈才的，只是社会具体分工不同。"② 不论学生参与哪个层次的教学实践，都应该支持，在他的观念里都是服务社会的教育行为，并不存在学校和非学校、高层次和低层次的区别。可见，郭绍纲的美术教育观是社会大教育观，正如美国教育哲学家奈勒强调的："课程的全部重点必须从事物的世界专业到人格的世界。"③

5. 发展设计工艺教学促使"多能"的形成

在旧中国，有些师范院校曾设过工艺美术类课程，但由于历史的原因，美术界认为工艺不能登大雅之堂，以致很长的一段时间里，工艺课只起到劳作的作用而没起到美育的作用。中华人民共和国成立后的中小学美术课，大多偏向于单一的写生教学，也忽视了设计与手工的教学。郭绍纲认为，要改变中国设计工艺落后的局面，必须要从普及中小学设计工艺的教育做起，必须从美术师范做起，唯有这样，才能真正提高整个社会的设计与工艺水平。

随着社会的发展，设计工艺在生产及生活中渐渐受到重视，与之相关的创意理念也显示出非凡的魅力。在20世纪80年代初，郭绍纲就提出美术师范要加强工艺教学。他

---

① 郭绍纲：《高等美术院校应为中学培养美术师资》，载《中国高等教育》1985年第5期，第35页。
② 司徒达仍：《新中国美术师范教育的开拓者（一）——郭绍纲先生访谈录》。
③ 转引自陈友松《当代西方教育哲学》，教育科学出版社1982年版，第103页。

认为"设计与工艺教学能促进学生手脑并用,促进创新思维能力的发展,能够培养他们耐心、细致、整洁、有计划的工作习惯,认识设计与工艺在日常生活和社会建设中的作用"。他提出美术师范系应设置设计与工艺课程,拟定了设计与工艺教育的教学要求,"通过设计与工艺的教学,使学生获得纸工、泥工和其他地方性材料(如木、竹、麦秸、高粱秆等)制作技能。作业要求做到正确、整齐、清洁、美观,以培养学生的审美能力。" 20 世纪 80 年代,在郭绍纲的关心和支持下,广州美术学院美术教育系率先增设手工劳作课,并筹资两万余元盖起了简易工场,购置小型车床、工作钻台、缝纫机、电动手钻等,逐步在各年级进行不同类型的手工造型训练,开设陶艺、布玩具、壁挂、编织、木雕、漆画等课程,取得良好的教学效果。①

中小学设计与工艺教育经过多年的发展和推广,现已经是百花齐放,硕果累累,郭绍纲当年提倡发展工艺美术教学的观点,亦已在全国范围的美术教育中得到了实现,特别在一些具有深厚民间传统艺术和材料资源丰富的地区得到了重视,办出了地方美术教育的特色。

(二) 美术专业人才培养应在写生中训练扎实的基本功

1. 重写生,锻炼正确的观察方法

"人,不仅在生产上改造自然;在艺术上,也经常改造自然。鲁迅说:'所见天物,非必圆满,再现之际,当加改造。'"② 在艺术创作中反映自然,不仅是摹写,而是比所看到的自然更集中、更强烈、更美。达·芬奇也认为,画家应该是"自然的儿子",广泛地向自然学习。中外艺术史上很多艺术家都是通过再现自然景物展现自己的个性和思想的。如郭熙的山水、郑板桥的竹子、齐白石的虾等,他们的绘画艺术内容都是改造过的"第二自然",类似这样的例子数不胜数。

20 世纪 50 年代后,中国美术教育的基础造型训练基本吸收了苏联的美术教学体系,强调科学地把握客观事物的真实性和扎实的基本功,审美导向也是对客观现实的一种客观感受。综观五六十年代的中国绘画创作,大部分画家也基本是在各自领域中寻找自然的启示和灵感,表现在形象选择上,绘画语言、色彩变化、形式美感的处理上。艺术家着重强调对自然的审美感受,例如西藏题材、黄土题材、江南水乡等。当今的写生创作教学走过的路,以及所取得的成果,与西方现实主义以及苏联美术教育体系的参与是分不开的,这也恰好证明了中华人民共和国现实主义教学体制的成功。

通过现实主义的写生可以深刻理解对象的特征,避免创作内容空洞和"无病呻吟"。郭绍纲常说,画人要理解人的思想感情、职业特点和生理特征,画动物就要熟悉它们的动作和习性,画画不能只停留在纸面上的空想和虚构,要不断深入生活,观察描绘的对象,才能把握好事物的本质。只有这样,创造的形象才能打动观众,得到认可。他认为写生教学不仅能师法自然,扩大视野,增长见闻,还可能深入了解社会民生,为

---

① 范凯熹:《郭绍纲与中国当代美术教育——庆祝郭绍纲教授从教 50 周年》,第 16 页。由广州美术学院美术教学研究室提供。

② 朱彤:《美学与艺术实践》,江苏人民美术出版社 1983 年版,第 21 页。

创作准备素材。

郭绍纲认为："写生，顾名思义是写生活、写生命，写生动。"他特别注重写生，善于接受自然的启迪，捕捉在自然中激发出的艺术灵感，并提炼概括美，具有感动人和充满生命力的特点。郭绍纲面对自然写生的作品数以百计，不论素描或油画，每幅都画意十足，充满激情，以致学生都说他的"才华尽在写生"。

在"四清"下乡和一些政治运动时，郭绍纲也没有放下画笔，总是在会议、劳动的空隙时间画画。短时间的写生，锻炼了概括的用笔和用色能力，他的很多油画小作品就是那时诞生的。相对于主题创作型画家而言，郭绍纲确实是写生作品较多，主题创作比较少。可是，写生也是创作的一种方式，也是个人风格、个人艺术思想感情的表达。水彩画大师王肇民就说过"非写生画不画"①，但他的每一张作品仍被称为创作。法国印象派大师们的作品也是以写生为主。对于写生和创作的关系，郭绍纲是这样认为的："艺术实践贵在独创，不能认为这种独创精神只是搞创作时的事，而应在基本功练习中就努力要求。……学会用自己的眼睛去深入观察自然，力求用自己独特的艺术语言，表现自己的观察和感受。做到这一点就是创造性的体现。……在基本练习中的探索精神、创造性和独特风格，也必然要反映到创作实践中去。"②郭绍纲的写生和现实生活紧密联系，使他的作品美中藏质，富于真情实感而广受群众的喜爱。如《台山街景》（1962年）、《牡丹初放》、《牡丹盛开》（1990年）等都是写生的代表作。

人们都说苏式的写生教学刻板，缺乏生气，但在郭绍纲的写生教学十分强调意境和氛围的表达，即使短时间的速写也要求学生也要胸有成竹地运用素描和油画的质材，表达自己的真实情感。"有一次我们在上素描头像写生课，郭老师来了……他走到我的画前很认真地看并指出我画的衣领的线和脖子不相配的细节，然后双脚撑开站了个姿势，伸出手向我要了笔并对模特瞄了一眼，然后在我的画上改了一下。就是这条不起眼的线条，让我在之后多少年一直记住衣服和脖子的关系一定要处理好。"③

郭绍纲认为，写生是一项有意识的工作，"在动笔以前，应该给自己提出明确的任务，而不能机械地描摹所看到的一切。现实主义的素描并不是以精确地表现物象的全部细节为真实标准，而是来源于自然形态，而又高于自然形态的一种真实的概括。"④ 绘画艺术之所以有别于机械照相，而且永远不会被照相机代替，就是因为蕴含了艺术家的主观感情、艺术见解和为人风格。郭绍纲强调写生要先立意，酝酿主题，与我国古代画家总结出来的"意在笔先""立意为先"的作画经验是一致的。所说的"立意"是现实主义的形象思维，是对写生对象进行全面的观察和研究，在理解的基础上，有侧重地选择符合主题的内容，产生形象思维意境，是高于自然的意象，是绘画的前提和主导。

2. 重基础，苦练扎实的专业基本功

郭绍纲在从艺60周年研讨会上总结自己从教从艺经验时说"我很强调基本功，特

---

① 华艺廊：《百年王肇民》，广东教育出版社2007年版，第117页。
② 郭绍纲：《素描基础知识》，岭南美术出版社1983年版，第3页。
③ 洪少丹：《细雨润无声——广州美术学院师范系读书时期回忆琐谈》，载《回望与前瞻：广州美术学院美术教育学院建系30周年纪念文集》，广东高等教育出版社2011年版，第174页。
④ 郭绍纲：《素描基础知识》，岭南美术出版社1983年版，第14页。

别是素描基本功,这是决定一生的基础。基本功如果没有一定的精神为动力的话,人就会处在练拳不练功的状态,花架子,不扎实。"① 难怪学生这样评价他:"(郭绍纲)当年回国时是一位青年教师,要在学生中建立起一种威信不容易,是靠过硬的绘画基本功和严格的教学法树立起来的。"② 郭绍纲教学严谨,不尚浮华,对学生坚持进行严格、扎实的绘画基础训练。他建议学生的大学4年中,要有极其严格的两至三年素描功夫。他说,坚实深厚的功夫来自刻苦锻炼,平心而论,美术院校毕业的学生能基本做到如此的,十者不过一二。他要求学生"多观察勤动笔",在画架上与对象面前趋前退后,认真比对,力图准确地画出来。他认为,只有手、眼和脑协调一致,才能把所看到的稳妥地表现在画面上,才有能力把头脑想的表达出来,这是照相机代替不了的。

郭绍纲常常告诫学生:你们现在是打基础阶段,不要妄谈这个素描、那个素描,毕业后创什么素描风格,那是以后的事。从郭绍纲的写生作品可看出,他的专业基本功扎实而稳重,从不投机取巧摆花架子,每一笔都透露出不凡功力。他说,学习的基础就像画树,要画出树的生命力就不能像桩一样,亦不能像插电线杆那样,而是画出那种根扎实地的感觉,才能有本固枝荣、根深果茂的生命力。

他那严谨写生训练方法对学生今后的艺术之路的影响是深远的、刻骨铭心的,也是受用终生的。广州美术学院油画系主任杨尧说:"郭老师在艺术教育上的贡献,我认为,他传承了西方严谨的造型能力。他十分重视素描教学,认为素描是造型艺术中基础的基础。我觉得,无论现在有多少派别,控制画面结构的能力都是同一的。这一条线从我们学院来说,可追溯到李铁夫、王肇民等一辈大师,他们的造型都是非常严谨的。当然我们也可以在这里枝生出表现主义的造型或其他主义的造型。但郭老师在这个传承链中起到支柱的作用,把基础训练完整地贯彻到教学里。"③ 杨尧说自己的现在油画和素描教学注重基础和严谨认真态度就是从郭绍纲的教学中学来的,真所谓"善教者使人继其志"。

李正天教授说:"(郭绍纲)对素描教学有自己的看法,从不认为所谓国画素描就是国画素描,版画素描就是版画素描,油画素描就是油画素描。他认为,素描就是素描,就是培养造型能力,培养眼睛视觉观察能力的,不能过分强调专业的特点,否则,无形中会削弱了它的基础性,搞得不伦不类,没有基础的特征。"④

杨尧教授总结郭绍纲的教学特点是"严格训练写实功夫,强调素描基础。特别是画油画,十分强调色彩本身的力量,强调色彩在画面上的重要作用。他提醒学生观察绘画对象时,要特别注意色彩的浓度,他说色彩的浓度,好比一杯茶,淡也是茶,浓也是茶,但味道不大一样,油画的色彩,要的就是如浓茶一般的饱和度。记得有一次画全身

---

① 陈绘、李耀、赵嘉敏、汤弼明等整理:《郭绍纲从艺六十周年画展座谈会纪要》,载《美术学报》2009年第2期,第22页。

② 杨尧、谭天:《赶路人的对话》,《广东美术家丛书——杨尧》,岭南美术出版社1992年版,第6页。

③ 陈绘、李耀、赵嘉敏、汤弼明等整理:《郭绍纲从艺六十周年画展座谈会纪要》,载《美术学报》2009年第2期,第11页。

④ 司徒达仍:《宽容待人,严谨作画——李正天教授谈美术教育家郭绍纲》。

肖像，女模特穿了一件蓝色的上衣，同学们都不敢用高纯度的蓝色来画，郭老师就指着模特儿的蓝色上衣说：'多么纯粹的色彩啊！你们怎么画得这么弱呢？'……在油画系学习的几年里，奠定了自己对油画和色彩的基本理解，至今受益不浅。"①

3. 重个性，培养创新能力

郭绍纲重视基本功训练，是因为他认为扎实的基本功是创新的源泉，但他更多是从思想认识上启发学生去思考、去创新，引导学生在作画时要有取舍，有自己的意图，有独到之处。

郭绍纲借古人的"作画必先立意，以定位置，意奇则奇，意高则高，意远则远，意深则深，意古则古，庸则庸，俗则俗矣"，说明思想认识在写生创作中的主导作用。他引导学生要特别重视和研究古人提出的"奇、高、远、深、古、庸、俗"等画意的差别，并赋予新的内容。他认为，画意是作者对具体物象的反映，也是作者艺术思想和审美价值观的体现，是不同一般的个性；无论写生还是绘画创作，饱含个性的艺术感受就是创新的基础。

他认为，画家个性还可延伸到民族性、地域性的选择上，成功的作品不应该以纯西方的技法表现东方的事物，因为那样画不出东方的韵味，而是要融入东方人的感情和认识。其实，这就是我们一直探讨的油画民族化问题。郭绍纲的油画技法来自西方，然而，作为中国人特有的艺术素养和传统文化基础，郭绍纲又形成了自己独特的艺术风格和艺术观点，创作了一批带有民族风格、地方色彩和独特个性的油画作品，体现了贯通中西绘画的创新理念。这种教学理念始终贯穿于他的教学中，他的每一位学生都不是从一个"模子"里刻出来的，而是依托扎实的现实主义绘画基础，然后发展自己的艺术个性，创新自己的艺术感受。

郭绍纲不喜欢学生的画跟自己的一样，即使是素描和色彩基础训练，也不喜欢千人一面。他指导学生以正确的观察方法、艺术法则，注意培养、引导学生发挥个人特点，鼓励他们创出自己的艺术之路。他指导的学生的风格成熟之后都是画风醇厚，风格各异，丝毫找不到人们所说的"苏派"痕迹，这就是郭绍纲基础教学的独特之处。例如，汤小铭、黄文波、赖征云、潘家俊、司徒绵、黄中羊、涂志伟、关则驹、杨尧、熊德琴、李瑞祥、吴正斌、吴海鹰、李正天等人，都是画界中有才气者，他们在基础训练中尝试用水彩、水墨、蜡笔、刮刀等不同的材料工具，都得到郭绍纲的认可。李建先的哲学和文学功底很好，郭绍纲则鼓励他从哲学和文学方面切入艺术原理的研究。

郭绍纲认为，独特的个性是创新性人才的必备条件，发展艺术个性与培养创新品质是一致的，富于个性是时代新人应该具备的品质，胆怯、怠倦、自弃、兴趣狭窄、思维片面等都是与创新的品质不相容的。人的创造性活动是高度的思维意志行为，它具有目的性强、坚强、果断、自制和献身的精神特征，仅仅具备智慧和意志是不够的，还必须与道德、情感结合起来，才能使创新性得到充分的发挥。作为教育工作者，郭绍纲不以自我为中心，坚持现代教育应该注重创新性，对学生因材施教，认为那样不理解、不尊

---

① 杨尧、谭天：《赶路人的对话》，载《广东美术家丛书——杨尧》，岭南美术出版社1992年版，第6页。

重学生心理、生理特点,而且企图把自己的经验当成模式,要求学生仿效的教师,必定会失败的。虽然他的教学严谨到了严格的程度,但并不排斥各种画风。李正天教授说自己在学生时代"用过立体主义、象征主义的手法来创作,他(郭绍纲)从来没有对我进行非议。他对我的创作、我的探索一向都是支持的态度"。①

郭绍纲的教育思想影响了一批又一批的艺术与教育人才,被多所高校授予客座教授的头衔,为祖国文化艺术教育做出了应有的贡献,先后被授予国际美术家联合会名誉副主席、俄罗斯列宾美术学院名誉教授和俄罗斯政府文化部授予的普希金奖章,并被聘为中国书画家联谊会顾问、中央文史馆书画院研究员等艺术职位。

(三)办学育人,为社会输送有创造力的艺术人才是美术院校的中心工作

1. 广纳贤才,营造高校艺术人才的摇篮

教育是为国家、为社会培养人才,办教育就是培养优秀教师与促进学校的可持续发展,这就是郭绍纲的办学经验。为了办好教育,他礼贤下士,聘请过很多名家。据当时任美术教学研究所主任的范凯熹回忆,美术教研室的研究生班要聘请兼职教师来授课时,遇到一些在"文革"期间曾经有过误解或者有不同意见的教师。郭绍纲就多次对他说:"应当考虑教学需要,不论他是否在'文革'整过我,或者是现在对我有意见,只要专业好,学术好,你都可以聘用,不要有什么顾虑。"②由于郭绍纲的广阔胸怀,美术教研室在院内外聘请了一批学术水平高的兼职教师。

在郭绍纲组建广州美术学院师范系的时候,周围几乎汇集了20世纪60年代的油画系精英和水彩画大师,先后与他共事的有同辈友人,也有晚辈弟子。正因为他在组织、培养师资上的不遗余力,为美术教育系后来的人才辈出和蓬勃发展奠定了坚实的基础。

当时美术师范系邀请王肇民教授来授课,并不是一时的急需,而是对王肇民先生水彩艺术和人格魅力的推崇。在那之前,郭绍纲就多次向老师和学生推介过王肇民。尽管当时的王肇民没他名气大,而且学院里很多人都不认同王肇民的水彩画艺术地位,认为他的画很僵硬、很死板、不生动,但是,郭绍纲评价老先生画得好,水彩画的艺术修为不亚于塞尚,是大师级人物,对他很崇敬。李正天教授回忆当时郭绍纲跟他的对话:"当时我对他说,你在苏联留学过,见到那么多大师,那么多名作,真的很幸运。他说,能出国看大师作品固然很好,也要看到自己身边也有大师,王肇民就是大师。郭绍纲老师就看出他的画很有力量,最早向我们学生推介王肇民的就是郭绍纲老师。"③

郭绍纲一直认为美术教育工作者的民族气节和事业心是很重要的,他强调为人师者首先要有"德",然后才是过硬的专业水平。对于业务荒疏、不能胜任教学的教师,郭绍纲主张停职,以免误人子弟。谈起当年郭绍纲对青年教师的严格要求,张弘教授的印

---

① 司徒达仍:《宽容待人,严谨作画——李正天教授谈美术教育家郭绍纲》。
② 范凯熹:《郭绍纲与中国当代美术教育——庆贺郭绍纲教授从教50周年》,第18页,资料由广州美术学院美术教学研究室提供。
③ 司徒达仍:《宽容待人,严谨作画——李正天教授谈美术教育家郭绍纲》。

象是非常深刻的:"当年选人的时候,(郭绍纲)认为专业有潜力、过得去就行了,重要的是看人品。""对年轻老师,他一向都以长者的态度严格要求,而且说话很干脆,从不拖泥带水,让你不敢讨价还价。记得他当院长的时候,我正在准备参加全国美展,想借机会跟他提提改善一下住宿条件。他也不跟你商量,只是拍拍你肩膀,拿出长者的身份说:'年轻人啊,不要跟领导先谈条件,你现就是要把画画好,什么事都别想'。'作为年轻老师不要谈条件,生活条件苦一点无所谓,把精力都放在搞创作上,做出成绩来'。"①

为了留住人才,郭绍纲也敢于打破政策观念上的条条框框。他说:"在学校人才培养方面,破格留专科生在校任教,也是我的一个观点。按要求,大专毕业生是不能留校任教的,如果他确实有专长,确实有贡献的,我们就要把他留下来,之后再提高学历。"② 当时,20多岁的自学青年尹秋生痴迷木雕,专业过硬,被称为"广东画坛一怪",而郭绍纲则称他为"广东一宝",并破格录用他为教师。这样的做法违背了广州美术学院的明文规定。再说起此事时,他说"要破格挽留自然要承担风险的……"现在,尹秋生已经成为全国知名的木雕名家,广州美术学院木雕精品课的教学骨干,被广东省政府评为"南粤教书育人优秀教师"。国际奥委会前主席萨马兰奇参观中国美展时,购藏了6件精品,其中就有一件是他的雕塑作品《旋》,足见郭绍纲具有伯乐识才的眼光。

郭绍纲也向社会推荐学校的名家。他当时对在韶关工作的王韧说,王肇民先生的画,绝不亚于塞尚,在地方工作的学生有机会要好好接待王肇民、胡一川等老艺术家的基层艺术活动,并做好讲学记录。王肇民的《画语拾零》就是以王韧当时记录的王肇民先生的讲学内容为基础,经过整理完善后出版的,其中就有郭绍纲的推动作用。③

由于广州美术学院设计教育发展比较早,青年教师在设计领域取得很大的成就,备受社会关注,屡屡有外单位来"挖角"。对于这种现象,郭绍纲不认为是件坏事,反而认为学校的老师很优秀,受到社会单位的欢迎。他说,学校就是为社会培养人才的地方,正所谓"树挪死,人挪活",人才要流动才能发挥作用。"省里面要把韩子定调到省里办公司,要不要放他?我说,既然省里面要,应该放。我们要有这样一个信心,人才走了一个还有第二个,走了第二个还有第三个,因为学校就是输出人才的单位,人才流动的学校才有生命力,而不是捂住人才不放。当时我说,走可以,但要有条件,你那边可以搞设计,学校这边也要上点课。省画院要调走我们的老师,我也说放人,既然在

---

① 司徒达仍:《营造"多能一专"的师生成长环境——张弘教授谈美术教育家郭绍纲》。张弘,1979年考入广州美术学院中国画系,毕业后留校任教于美术教育系,曾任美术教育系系主任,教授,硕士研究生导师。

② 司徒达仍:《新中国美术师范教育的开拓者(一)——郭绍纲先生访谈录》。

③ 陈绘、李耀、赵嘉敏、汤弼明等整理:《郭绍纲从艺六十周年画展座谈会纪要》,载《美术学报》2009年第2期,第11页。王韧,教授、硕士研究生导师。1970年毕业于广州美术学院工艺美术系,分配到广东韶关市从事群众艺术工作达20年之久。1985年沿丝绸之路进行艺术考察,同年奉郭绍纲先生之命陪同王肇民先生在丹霞山写生并笔录王先生珍贵画语。1990年10月调到广州美术学院,历任学院美术馆馆长、科研处副处长、教学科研处处长、技法教研室主任、研究员、学院副院长。

我们这里教了课，走了也要兼点课，他们既是画院的画家又是学校的教师，两边兼着都挺好。这样既有利于他们个人的发展，也能促进学校的发展。办教育就要有这样的信心，从外面笼络人才的目的也就是为了培养更多更好的人才往外输送，学校只有不断往外输送人才，才能形成有进有出的良性循环，只捂住人才近亲结缘只能是一潭死水。"①

2. 不拘一格，为地方教育培养美术师资和美术设计人才

为满足社会对美术师资多层次、多规格的要求，从1984年起，美术师范系既招4年制本科生，同时招收3年制和两年制的专科生，还按照"当教师"的特殊要求，侧重招收有工作经验的美术教师和美术干部，年龄限制也一度放宽到32岁。

为了配合广州及周边等地区的教育系统培训中学美术师资，1985年9月，广州美术学院师范系打破常规教学模式，采取灵活的教学措施，举办了学历提高班。当年师资班的陈挺通老师后来撰文回忆道："经教育局与郭绍纲院长多次接洽，由市教育局师职处容盘针、中教处丁振华同志带着我到美院教务处具体商谈，委托美院师范系为广州市教育局培训美术教师的事情终于有了结果。我代表教育局草拟了合同书，所有参加培训的教师都要参加成人高考，择优录取，发正式文凭。""原来打算招60人的代培班，由于过了线的有68人，于是全收进来了，只有4人没考上。我给大家发录取通知书时心情好像过节一样兴奋。"② 可想而知，当年广美师范系的师资学历提高班，就像久旱的甘露，为后来的广州市基础美术教育开花结果奠定了基础。

师资班的学员大多是广州市属中学的美术老师，包括各区少年宫美术老师和教研员，绝大多数已经成家立业，最大的已经超过了40岁，最小的也有20岁，都有多年的一线教学经验。因此，培训的侧重点也不同于在校本科生，同时还要考虑培训内容与本职教学工作紧密结合。在艰苦的教学条件下，采取"半脱产"分批培训的方法，即半数学员每周前三天来系学习，后三天回本单位任课，另外半数学员则前三天在本单位任课，后三天来系学习。经过一段时间的培训，基本上解决了广州附近地区的中学美术师资的学历问题，同时也增强了他们的专业教学水平。"在不到10年的时间，为本省教育战线输送了300多名的中等以上美术教师，加强了大学、中专、中学的美术教育。"③ 面向中小学美术教师的灵活办学措施，似乎只是解决中学师资问题，但其实质是教育上的"母鸡"效应，从社会教育系统的大美术教育角度来说，衔接了中学和高校的美术教育，起到了桥梁的作用。"这三年的学习，对我们的一生，对广州的基础教育产生了广泛而深远的影响。同学们没有辜负组织和前辈的期望，成为中学美术教育的中坚力量和教学骨干。20多年来广州中小学美术教研会主席都是这个班的学生；这个班还走出了多名在省市有影响力的优秀教师、著名画家；而一大批由这些同学教出来的学生更是群星璀璨，数不胜数。前些年国家教育部艺术司司长来广州考察，认为广州的艺术教育

---

① 司徒达仍：《新中国美术师范教育的开拓者（一）——郭绍纲先生访谈录》。
② 陈挺通：《久旱逢甘露——88届师资班旧话》，载《回望与前瞻：广州美术学院美术教育学院建系30周年纪念文集》，广东高等教育出版社2011年版，第247页。
③ 葛曾鹃：《竞争、人才与美术教育改革》，载《美术学报》1990年第11期，第13页。

已经走到全国前列,这个班的同学发挥了重要作用。"①

为了培养造就一部分不能脱产学习的美术师资和在职美术干部、工艺美术设计人员,广州美术学院在1985年9月向上级部门提交了成立广州美术学院夜大的报告。1986年开始招生,学制2~3年,以半脱产和业余为主要办学形式。招生形式按全国、省成人教育招生的办法。学员学习期满后,经考核成绩合格者,由学校颁发专科(或本科)毕业证书。在解决广东地区的教育、经济建设对美术人才的迫切需要方面,广州美术学院的美术教育普及到了厂矿企业、学校机关等,培训了大批美术专业人才,对全民普及美术教育起到一定的作用。这一举措对改革单一的办学形式,在探索多形式、多渠道、多层次的模式方面办学迈出了重要的一步。

20世纪80年代末,各地的高等院校开始关注和发展高层次的美术教育人才的培养。1982年,广州美术学院教育系成立初期,郭绍纲曾到南京师范大学,拜访了著名的美术教育理论家蒋荪生教授,就培养高层次美术教育人才向蒋教授请教。1985年,广州美术学院设立了美术教育硕士点,在国内开始以课题带研究生的形式,举办了7期美术教育专业助教进修班、研究生课程进修班和讲师研讨班,培养了200多名的高层次美术教育人才,例如向新元、顾森毅、楼慧珍、胡志凡、尚华等,他们中很多人已经成为高等院校中艺术学科的负责人或学科带头人。②

3. 支持有条件的高校开设美术教育专业

面对高速发展的经济社会,郭绍纲认为美术教育人才多多益善。除了在美术学院本身大力培养美术师资,郭绍纲还大力支持和帮助有条件的高校开设美术教育专业。他曾建议当时广东教育学院办美术教育系,不能只靠美术学院培养美术教师。他认为"只要是适合的,谁有要求,谁有能力,谁都可以办,在这样的基础上可以竞争,谁办得好谁就领先,想垄断,谁都达不到那个水平"。郭绍纲的极力支持和推动一定程度上激发了各级教育部门领导对学校艺术教育工作的重视和热情。时任国家教委副主任彭珮云,高教司司长武兆令,艺术教育司副司长杨瑞敏,广东省高等教育局副局长周鹤鸣、高桂彪等中央和地方教育部门的领导,对郭绍纲关心和研究美育与艺术教育的事例都十分赞赏,并给予了高度的评价。武兆令司长曾在哈尔滨召开的一次高校美术教育改革与发展的研讨会上说:"像郭绍纲院长这样关注美育与艺术教育的领导和专家,工作做得那么多、那么细,真的十分难能可贵。"③ 可见,郭绍纲对艺术教育倾注的心血,对促进国家教委和广东省高教局出台一系列关于加强艺术教育的举措,对促进全国从上到下重视艺术教育的初步形成,以及对全国学校艺术教育的改革和发展,有着积极的推动作用。由于郭绍纲等美术教育学科带头人和全系教职工的努力,广州美术学院美术教育系的学

---

① 陈挺通:《久旱逢甘露——88届师资班旧话》,载《回望与前瞻:广州美术学院美术教育学院建系30周年纪念文集》,广东高等教育出版社2011年版,第248页。
② 范凯熹:《郭绍纲与中国当代美术教育——庆贺郭绍纲教授从教50周年》,第6页。由广州美术学院美术教学研究室提供。
③ 范凯熹:《郭绍纲与中国当代美术教育——庆贺郭绍纲教授从教50周年》,第7页。由广州美术学院美术教学研究室提供。

科建设、教学改革和学科综合实力在全国产生了深远的影响。1985年，广州美术学院被广东省高教局评为全省高等学校先进单位；1986年，美术教育系被广东省高教局评为文明校园奖；1989年，美术教育系的教学成果荣获广东省高教局的优秀教学奖；1992年，美术教育系被国家教育委员会确定为"全国高等艺术师范教学改革试点单位"；1995年又一次得到确认，教学改革的成果在全国得到推广，各级教育部门和兄弟学校不断来参观考察、交流。作为学科带头人的郭绍纲，在广州美术学院的学科建设和教学改革中不断积累经验，在全国高等艺术师范教育改革和发展中，起到了骨干和示范作用。

由于郭绍纲对当代美术教育理论和实践的突出贡献，各级部门授予了他许多特殊的称号和荣誉。1985年起，他先后被国务院、教育部聘任为教育部艺术教育委员会第一、第二及第三届委员，专家讲学团成员，国务院学位委员会艺术学科评议组成员，中国美术教育研究会顾问，中国艺术教育促进会常务理事等职务，这在中国美术教育界是不多见的。

三、生活化与大众化合一的"大美育"观

（一）一切美的熏陶都是美育

1. 美育内涵名家说

1906年，受到西方美学思想影响的学者王国维在《论教育之宗旨》文中指出，"独美之唯物，使人忘一己之利害而入高尚之域，此最纯粹之快乐也"。强调了审美的非功利意义，阐明了美育的精神作用和潜移默化改造人心的作用。陈独秀在《新青年》发表《美术革命——答吕澂来信》，文中要求抛弃传统美术教育，改为具有写实精神的、科学的美术教育，主张美术和美术教育要符合民主和科学的新文化潮流①，蔡元培先生提倡新艺术运动和美育，"美育者，应用美学之理论与教育，以陶养情感为目的者也。"他认为"文化进步的国民，既然实施科学教育，尤要普及美术教育"，强调美术教育的重要作用，主张通过教育，尤其是审美教育来改变国民的素质，促使社会变革的实现。1917年，蔡元培在北京做了题为《以宗教代美育》的演讲，1918年在《文化运动不要忘了美育》《美育实施方法》等文中对普及美育也做了详细具体的规划和设想。在任临时政府教育总长期间，提出了"四育"（德育、智育、体育和美育）方针，认为实施美育要通过家庭教育、学校教育和社会教育3种途径，构建了美育的立体框架，是中国历史上第一次将美育制定为国家的教育方针。鲁迅任教育部教育司主管美术工作期间，也发表了《拟播布美术意见书》，认为美育即美术教育，美术具有"表见文化，辅翼道德，救援经济"等功利作用，主张通过播布美术，让大众了解美术，喜爱美术，以实现社会的效益。

1942年，延安整风运动期间，毛泽东发表《在延安文艺座谈会上的讲话》，论述解

---

① 陈瑞林：《20世纪中国美术教育历史研究》，清华大学出版社2006年版，第114页。

放区的美术教育为革命事业的一部分,根本目的是培养为政治斗争服务和为广大民众服务的美术干部,不允许存在"资产阶级学院"的"为艺术而艺术""纯技术观点""理论脱离实践"和"形式主义"的艺术思想和教学方法,战争环境下的美术教育模式反映了中国美术教育从"实业教育"到"美育"再到"为革命服务"的变化。中华人民共和国成立后,从政治角度强调"美"和审美教育的具有阶级性,强调美术教育要为无产阶级政治服务。1957年,毛泽东在《关于正确处理人民内部矛盾的问题》的讲话中提出:"我们的教育方针,应该使受教育者在德育、智育、体育几方面都得到发展,成为有社会主义觉悟的有文化的劳动者。"在讲话中,毛泽东提到了德育、智育、体育,而没提美育,无疑已经将美育视为资产阶级的东西。此后,学校的美育或审美教育失去了独立存在的意义,仅仅作为德育、智育、体育的补充部分。"文化大革命"使中国社会的审美文化和审美教育严重扭曲,真正的美被说成是"资产阶级生活方式""小资产阶级情调",矫饰、扭曲、虚伪的审美观大行其道,给中华民族造成了无可弥补的巨大损失,美术教育成了"文化大革命"的重灾区。

1976年,"文化大革命"结束,全国各地的美术教学逐渐恢复。1979年,在北京举行的全国艺术教育会议,着重讨论如何贯彻中共十一届三中全会精神,把教育工作的重点转移到艺术教育工作上,提高教育质量,按照社会主义现代化建设和发展文艺事业的需要,培养大批"又红又专"的优秀艺术人才,中国美术教育翻开了新的历史篇章。1990年国家教育部门颁布了《1989—2000年全国学校艺术教育总体规划》,对一定时期内艺术教育的发展目标和主要任务、管理、师资和教学设备器材以及科学研究等问题进行了具体而明确的规划。1993年,中共中央、国务院印发的《中国教育改革和发展纲要》明确规定,"美育对于培养学生健康的审美观念和审美能力,陶冶高尚的道德情操,培养全面发展的人才,具有重要作用。要提高认识、发挥美育在教育教学中的作用,根据各级各类学校的不同情况,开展形式多样的美育活动"。美育再次成为中国美术教育的重要内容。美术教育呈现出多样化,有侧重美的观念和知识,丰富学生的心灵,培养美的情操和感受美的能力;也有将美术视为一种认知活动,训练学生的感知能力、观察能力和空间思维能力;还有把美术教育定位为一种技术训练和动手绘画能力训练;等等。

2 延续发展的"大美育"观

郭绍纲一直以来呼吁要普及美育。他认为"人类向来是按照美的规律去改造自己的生存空间,振兴中华,需要在国民教育中加强和普及美术教育,弥补教育的历史欠缺,完善现代教育体系"①。他看到"人们习惯将'美'与'美术'混为一谈,误认为'美育'即'美术教育'"。其实,二者就性质范围看,有极大的差别。前者所含的"美",包括自然美、社会美和艺术美。后者只是艺术美的一种。他认为"一切美的培养都是美育,它们包括思想品德、语言、诗词、音乐、美术、戏剧、电影、舞蹈、摄影、书法、体操等方面。旨在培养人感受美的敏感,例如,心灵美、语言美、线条美、韵律美、形

---

① 邵大箴:《内美的艺术》,载《郭绍纲赏珍集》,岭南美术出版社2006年版,第2页。

体美、肌理美……"① 对于美术的范围，郭绍纲早就提出"把美术内容扩展到整个视觉艺术的大范围，除包括绘画、雕塑、建筑艺术和工艺美术四大形式之外，还包括园林艺术、服装、舞台、影视、工业等多种艺术形式"。郭绍纲提出"大美育"教育观，突破美术教育领域，扩大到整个艺术教育的各个方面。正是由于他对美育范畴的认识扩大，他更清楚地认识到社会美育的缺乏。郭绍纲所提倡的"大美育"教育的目标和功能不仅仅是增加受教育者的知识，更重要的是引导其追求人性的完满，体验人生的意味和情趣。

郭绍纲认为自己受益于美术教育，他觉得"艺术必然有一个传承关系……大到城市规划、新环境的创造，小到邮票、火柴盒的设计，都是一种美的创造、美的设计"。通过思考分析，他清醒地认识到"就现实状况而言，美术教育是欠缺的，美育文化是不够普及的"。特别是看到一些经济发达的城镇在规划城市建设时，不计后果地填河道修马路，丧失了优美的水乡环境，失去城市独有的魅力，他非常痛心，反思这些现象都是因为长期不重视美育而造成的后果。1999 年，郭绍纲与王天一、常锐伦、尹少淳、钱初熹、候令、关克勤等人阅读了刘心武《我眼中的建筑与环境》一书，发起了学术界关于"大美术"的书信讨论。他谈到"普及与提高艺术教育，培养建筑艺术人才是根本。欲使未来的建筑与环境富有艺术性，就必须使决策者、设计者、执行者们受到应有的艺术素质教育，必须加强艺术教育在全面发展教育中的地位，因为艺术教育不仅是艺术知识、艺术技能的教育，也是审美、道德与情操的教育"②。他坚信"大美育"观念下的艺术教育，可以引导学生独立思考，发挥个性，培养艺术想象力和创造性的思维能力，能够避免跟风随俗和某种意义上的模仿。他指出，现在相当一部分高学历人才的文化程度是名不副实的，甚至有些大学生、研究生的审美文化非常薄弱，影响了个人的创造性思维和审美素质的形成。他深深认识到普及美育的重要性，特别是一些决策者、投资者、设计者更应该具备相应的审美观和价值观，唯有这样，社会建设才能择优从善，才能取得令人满意的社会效应。

1913 年，鲁迅曾上书教育部："美育可以辅翼道德。美术之目的虽与道德不尽符，然其力足以渊邃人之性情，崇高人之好尚，亦可辅道德以为治。物质文明，日益曼衍，人情亦因日趋于肤浅；今以此伏美而崇大之，则高洁之情独存，邪秽之念不作，不待惩劝而国艾安。"③ 至今近 100 年过去了，中国大地发生了翻天覆地的变化，社会经济高速发展，人们物质生活越来越丰富，而人们对于"美育"的认识却未必有当年鲁迅的高度。特别在日常生活的审美素养方面，美育显得更加重要。"因为产品具有实用性与审美性相结合的性质，在实用性大体接近的情况下，审美性就会成为商品竞争的重要因素，所以，审美趣味和品质在商品上的反映，将直接影响其经济效益。反过来，对

---

① 范凯熹：《郭绍纲与中国当代美术教育——庆祝郭绍纲教授从教 50 周年》，第 12 页。由广州美术学院美术教学研究室提供。

② 王天一、郭绍纲、常锐伦等：《造型艺术教育应达成视而有见——〈我眼中的建筑与环境〉讨论通信》，载《中国美术教育》1999 年第 3 期，第 3 页。

③ 鲁迅：《拟播布美术意见书》，载《集外集拾遗》，中国致公出版社 2014 年版，第 1306 页。

商品审美品质的追求,将对美术教育产生极大的影响。德国著名美学家朗格清楚看到这点,他认为国家的经济生活必须借助艺术的进步才能迅速增长,一个国家人民若能多方面发展自己的艺术才能,就能在经济竞争中胜人一筹。正是从这一见解出发,他主张美术教育的目的是培养有一定鉴赏力的国民,而不是艺术家。"① "美术教育的目的是通过美术完整人格教育。所谓完整的人格,应该是人所具有一切潜质都得到全面而协调的发展。"②

在我国社会主义现代化经济建设和精神文明建设的大环境下,郭绍纲清楚认识到美术教育的发展必须适应经济发展,要依靠科技进步,不断提高劳动者的审美素质,他认为,生产需要商品化、社会化、现代化,所生产的商品不仅要适应国内市场的需求,更需要在国际市场上有竞争的优势,那就要改变因袭、照搬、模仿的状况,而立足于开发和创新。为此,除了依靠科学,还要应用技术美学,使各方面的劳动者树立创造美、鉴别美的观念,城市建设、环境改造、旅游资源的开发,都不能脱离美的创造与选择。这一切都要求在各种岗位上的劳动者,尤其是决策者要具有相应的审美素养,才能产生良好的、深远的社会效益。

从长远来看,一个国家的文化水平高低的标志,是以音乐和美术为主的艺术教育水平的高低。在20世纪80年代,郭绍纲就提出要尽快建立有中国特色的社会主义"大美术"教育体系。他认为高等学校的大学生的基础来自中小学教育,中小学的基础来自幼儿教育、家庭教育和社会教育,它们之间是相互联系,环环相扣的因果关系。从小学、中学到大学的教育,可以向多方位伸展,可以伸展到学前教育,甚至是胎教;也可以延伸到成人教育,甚至老年教育;还可以延伸到家庭教育、社会教育、职业教育,构成一个多层次、多格局、多形式的教育体系,整个教育过程就是终身教育。于是,郭绍纲从整个国家的大教育系统去设想的教育应该是"大教育",美术应该是"大美术"。郭绍纲认为:"美术是文化基础之一,美术文化的普及与提高,依赖全面的系统的大教育,而美术教育是不可缺的。"郭绍纲反对那种"美术教育是为社会输送美术家为目的的富人贵族教育"的传统的观念。现代社会、科学技术与艺术的日趋结合,许多职业离不开美术。科技的艺术化、艺术的科学化,要求各种层次、各个年龄、从事各种职业的人们要具备不同层次、不同水平的美术知识技能。因此,郭绍纲希望构建能惠及社会所有人的美术教育体系,使美术作为文化基础普及整个社会,使美术教育贯穿于人的终身发展中,潜移默化地提高全民族的艺术文化素质。他曾用一个通俗易懂的例子说:如果售货员有美术素养,那么,他工作的三尺柜台,摆设的商品都必定与众不同,必定充满创意和美感。

(二)美育必须走大众化与生活化之路

1. "天才论""艺术基因论"是普及与提高美术教育的思想障碍

在计划生育的年代,家庭对孩子的期望值都很高,期盼孩子能够早日成才,兼备较

---

① 尹少淳:《美术及其教育》,湖南美术出版社1995年版,第24页。
② 尹少淳:《美术及其教育》,湖南美术出版社1995年版,第176页。

高的素质和修养，因此非常关注孩子的艺术兴趣，把艺术教育摆在一个异常重要的位置。但由于经济社会的急功近利环境，许多人形成了不劳而获、一夜暴富的思想，儿童教育也深受其害，其中"天才论"最具代表性。许多家长企图通过发掘"艺术天才"，让自己的孩子快速成才。殊不知，幼年被称作"天才小画家"的孩子，在未来艺术道路上往往以折翼而告终，是现代版的"伤仲永"。

郭绍纲极力反对"艺术家是天生的，不是教出来的"的观点。他说"10个人里，也许9个不是艺术家，但是最后一个一定是教出来的。哪有天生的艺术家？"[①]"当孩子听到自己是天才时，很容易有优越感，对将来的刻苦不利。我们都知道，成功是靠艰苦奋斗得来的，没有人说自己的成功是因为自己是天才。"社会流行的"天才""艺术基因"等一些错误的舆论导向让他很忧心，错误的舆论导向把艺术与天才联系在一起，误导了青少年的艺术兴趣培养和艺术智能的发展，致使一些孩子从小就放弃了艺术爱好，最终无缘于艺术殿堂。因此，郭绍纲在提倡"大美育"与"大美术教育"的同时，还从美术教育实践者的角度反驳了"天才论""艺术细胞""艺术基因论"等危害美育良性发展的谬论，主张"通过知识的灌输，强调学而时习之，不断提高审美能力，培养美术兴趣……促进德、智、体、美、劳等的全面发展"。人才成长的规律表明，培养兴趣，树立信心对人的成长是非常重要的。他说："天才实际上是一个努力奋斗的结果。不是自诩的或是别人加封的。这些东西都是害人的。"[②]

2. 美术智能论——美术文化、技能和审美修养是知识和能力构成的要素

1980年，多元智力理论的创始人美国教育家和心理学家霍华德·加德纳把智能定义为"一种计算能力——处理特定信息的能力，这种能力源于人类生物的和心理的本能"。理论本身是"按照生物在解决每一个问题时本能的技巧构建而成的"[③]。加德纳认为视觉艺术是空间智能的一种运用。在郭绍纲与范凯熹合著的《美术教育方法论》中有一章是关于美术智能论的介绍，其中借鉴了霍华德·加德纳的多元智力理论，大量引用了我国美术教育促使学生智力发展和人才成长的案例和数据，对观察能力、理解能力、想象能力、表达能力和记忆能力的训练做了深入的研究，总结出通过后天培养可以锻炼美术智能的观点。

郭绍纲认为"人的智能可分为操作技能和心智技能。艺术教育通过独特的教学形式，训练人的感知能力。这种感知能力表现于视觉的、听觉的、触觉的，抑或身体运动造型的，在特定的空间和时间中培养欣赏美、表现美、创造美的能力"[④]。郭绍纲所说艺术能力不同于霍华德·加德纳提出的那种与生俱来的空间智能，而是一种后天培养出来的能力，"不仅在生活的美化方面具有广泛的实用价值，而且还可以直接应用到实际

---

① 司徒达仞：《新中国美术师范教育的开拓者（一）——郭绍纲先生访谈录》。
② 郭绍纲：《点心名人榜》访谈内容，2007年春，广东电视台，编导张晓菲，主持人郭璐。
③ [美]霍华德·加德纳著：《多元智能新视野》，沈致隆译，中国人民大学出版社2008年版，第7页。
④ 郭绍纲：《论艺术教育与全面提高人的素质》，载《高教探索》1997年第4期，第43页。

工作中，提高生产力。"① 因此，这种美术智能不仅艺术工作者要具备，更重要的是普及全民的素质教育。

郭绍纲曾经说："今天美术教育的基础是什么呢？我给年轻人 4 个字的建议——'语、文、图、画'。'语'，就是语言表达能力；'文'，是文章、文学、文思；'图'，是制图、画图、蓝图等应用能力；'画'，就是绘画的审美基础与手工技艺，这些都是不可或缺的。"美术教育中对眼、脑和手的协调训练，或者审美通感的获得，是其他课程不能取代的，而且，这种能力的培养，不仅是为了未来的艺术职业工作者，更重要的是开发受教育者的右脑思维，让美术智能作为基本能力在生活和工作中发挥基础作用。

1997 年，郭绍纲在论文《论艺术教育与全面提高人的素质》中提到，在各级普通学校中，由于艺术教育被视为少数人的兴趣和爱好，而且艺术课好坏不影响升学率，不属教育成绩的硬性指标，也不影响学校的声誉，因而艺术课的开设与质量得不到保障。这是学生艺术文化素质不高的主要原因。高中阶段的文理分科教育政策培养了严重的偏科意识，导致知识面狭窄，严重影响了大学生的综合文化素质。郭绍纲认为，美术是一种文化基础，美术教学应当以审美教育为主线，融合美术知识、技能训练、文学、历史、地理、政治、哲学等学科，让学生明白：将来不论学习哪一专业哪一学科，或者从事哪一行业，都必须具备审美的知识和能力。他常常引用钱学森先生的例子是"得益于艺术方面的熏陶""接受了这些艺术方面的熏陶，所以才能够避免死心眼，避免机械唯物论，想问题能够宽一点活一点"，阐明了艺术与人的全面发展的密切关系，把美术智能作为人的基础智能，融合到所有学科教育之中。②

3. "处处要学习，时时要学习"的终身教育观

从郭绍纲的著述《油画基础知识》《素描基础知识》《美术教育方法论》论著以及其他的论文中，我们都可以窥探到他那纵向继承、横向借鉴的广博学识。也正是这种广博的知识视野使他能在艺术领域纵横驰骋，精神力量有余，教学无厌苦之患，从而获得一种自由、自得之美。这也是不断学习，不断自我充实的结果。身为教育工作者，他自己形容说："要给学生一杯水，自己先要有一桶水。"事实证明，随着社会的不断发展，教学观念的更新，老师的"水"也要不断补充和更新，才能满足教学的需要，才能跟得上时代的步伐，否则必然落后于教育的发展。

郭绍纲在 20 世纪 80 年代提倡"终身教育不能只依赖学校进行，而应该超越学校，把教育范围扩充到整个社会。……'幼儿学，壮而行'的传统观念已经不能适应新时代的要求，每人在一生的工作和生活中，都需要连续不断地学习，更新知识，真正做到活到老，学到老。"③ 他所倡导的终身学习是为了丰富和发展自己的智能，并不是为了某种功利的手段。"从受教育者的角度来说，活到老，学到老，让学习伴随一生，既有

---

① 郭绍纲：《论艺术教育与全面提高人的素质》，载《高教探索》1997 年第 4 期，第 43 页。
② 郭绍纲：《论艺术教育与全面提高人的素质》，载《高教探索》1997 年第 4 期，第 43 页。
③ 郭绍纲：《更新美术教育观念 适应社会发展需要》，载《高教探索》1992 年第 4 期，第 46 页。

利于社会发展与进步,也有利于提高人生素质。"①

目前,我国的教育方式是以阶段教育为主,包括有学前教育、小学教育、中学教育、大学教育、成人教育、老年教育等。一般在工作之后,人们就很少再受教育,即使有,也是与职业相关的技能培训教育。从提高国民素质的角度来看,终身教育应该是素养教育,而美术学科就是影响个人素养发展的文化基础学科之一。生活中的美术无处不在,养成了美术兴趣,不论处在什么工作岗位,都将会富于创造性,充满创意和快乐。

郭绍纲不仅有终身学习的意识,也有终身学习的行动。他生命不息,学习不止。2007年,广东电视台的《点心名人榜》节目在访谈郭绍纲的时候,曾问到"(您)觉得自己的创作高峰是哪个时期?"他答:"自己的创作高峰还在未来,下一个永远是最好的。现在还是继续学习,继续攀登。"

4. 求真求善求美的艺术追求

"德育求善,美育求美,智育求真,人类真、善、美的完美精神境界,正是通过智育、德育和美育所达至的。"② 郭绍纲认为艺术的"真"是作者的真诚,作品的真实;"善"是作者的心善,作品的完善;"美"是作者的心灵美,创造的艺术美。他认为艺术家不应该扭捏作态,不应该依傍他人,而要有真挚的情感和生动深刻的艺术表现。在教学中,他常以鲁迅的名言"有真意、去粉饰、少做作、勿卖弄"告诫青年学子要有真诚的学习态度和敬业精神。

郭绍纲认为,艺术教育是直接而生动的,以美表真、以美导善的审美教育能造就完善的人格和纯洁的灵魂,美育要引导学生从正面认识"真善美",唯有"真"才能求善达美,脱离"真"去求"善美"是虚伪的表面功夫。现代社会要提高公民的视觉审美洞察力,区别"真善美"和"假恶丑",必须从基础教育开始,加强审美艺术教育,提升精神生活和物质生活的质量。他把现在美术界"油画'大师'满天飞"的现象称之为"不正常"现象。③ "现在艺术界存在很多问题,不少人高高在上的,自以为自己是艺术家了,对人物,我想怎么画你就怎么画你,这是'我'的风格,'我'的自由,完全把自己感觉膨胀,把对方变成一个玩世不恭的或对现实的牢骚和不满的发泄对象"④。他认为以艺术夸张的丑化来表现自己内心感受的方式,是不尊重对象的不平等关系,达不到"真诚、求善、达美"的境界。

退休以后,郭绍纲把自己20世纪50年代到21世纪各个时期最具代表性的油画和素描作品都捐给了广州美院美术馆和广东美术馆。他也曾为公益事业捐赠过自己的作品,其中很多都是精品之作,价值不菲。对于自己作品的社会价值,他没有从金钱的角度去衡量,而是站在教育的角度去思考:"捐画也是为了教育事业的延续,今后可以展

---

① 郭绍纲:《高师美术教育工艺设计教学改革发展思绪》,载《全国师范院校工艺设计教学研讨会论文集——工艺设计教学研究》,东方出版中心1998年版,第11页。
② 尹少淳:《美术及其教育》,湖南美术出版社1995年版,第21页。
③ 李培:《郭绍纲:油画"大师"满天飞不正常》,载《南方日报》2009年2月6日第08版。
④ 司徒达仍:《新中国美术师范教育的开拓者(一)——郭绍纲先生访谈录》。

一展，让学生看一看，更重要的是能够让画保存在一个应该保存的地方。"① 他认为这是对社会教育的一种回报，也能表达自己对祖国对人民的感激之情。

在改革开放的年代，追求物质文明是当时的潮流，郭绍纲依然能坚持着求真求善求美的艺术追求，倡导蕴含真、善的审美，净化心灵，陶冶品性，升华情感，提升精神境界，弱化小我，强化大我，从物质的束缚中解放出来，使自己存在于大我之中，从而获得了更高境界人生追求。

5. 前瞻的艺术观——"未来是科技与艺术结合的时代"

郭绍纲在《美育——时代的召唤》一文中提到，"科学技术与艺术的结合，必定会给经济、社会带来繁荣，并预言未来将进入科技与艺术结合更加紧密的时代，教育也必须尽可能地将科学技术与艺术有机结合起来，优化大学生的素质，以利于创造思维能力的培养和智力的开发。"②

当代美术是多元化的格局，画派林立，缤纷缭乱，早已打破了原本单一艺术技能的限制。多种材料媒体的综合应用，各专业既有其本身的特点，又有很多相同的因素，彼此之间相互借鉴、借用，学科的交叉融合，相互渗透，对高等美术教育提出了更高的要求，需要每个学生都理解和掌握科学与艺术结合的规律。郭绍纲卓有远见地提出，"随着当代艺术的横向联系和纵向发展，将会使美术的范畴更大"。现代艺术正如他所预见的那样，美术的范畴已经扩展到生活中的所有领域，艺术与学科的纵横交叉、综合渗透，特别是电子技术和艺术学科的结合，诞生了许多崭新的美术学科。

第三次科学技术革命把人类带入高科技的信息时代，学科交叉发展，知识高度综合化。"科学和艺术都贵在创造，都是以创造思维为前提的"。郭绍纲认为不应把美术教育看成一种单纯的技能传授，过分强调艺术与科学之间的区别，容易导致形象思维和逻辑思维的相互对立，减弱了相互促进作用，不利于创新人才的培养。现代美术教育应该满足精神、智能、身心等方面的发展需要，做到"完全的教育"，改变过去范围狭隘的"图画"美术教育观念，确立目标大、范围广、途径多的美术教育观。他认为，教育关系着文化的普及、科技的发展、经济的振兴、社会的进步，以致崇高理想的实现。教育是强国富民之本，它必须着眼于民族素质的提高与合格人才的培养，使受教育者在德、智、体、美、劳等方面都得到协调发展。

郭绍纲关于科技与艺术结合的观点并不是凭空臆想的，而是有实证和理论基础的。他曾举例说，文艺复兴时期的许多科学家同时也是艺术家，或是说许多艺术家同时也是科学家。许多杰出的科学家，也是美学思想家，或艺术爱好者。如张衡、达·芬奇、爱因斯坦、波尔、狄拉克、杨振宁、李政道等，他们都在自然科学研究中自觉地运用科学美学思想做出了重大贡献。③

现代科学家证实了人的大脑左右两半球功能的高度专门化，即右半球管理形象思维，左半球管理器官功能和抽象思维。如果片面地过度利用某一边大脑，会使另一边受

---

① 郭绍纲：《点心名人榜》访谈内容，2007 年春，广东电视台，编导张晓菲，主持人郭璐。
② 郭绍纲：《美育——时代的召唤》，载《高教探索》1989 年第 1 期，第 20 页。
③ 郭绍纲、范凯熹：《美术教育方法论》，岭南美术出版社 1993 年版，第 56—57 页。

到抑制，不利于整个大脑的功能运作，不利于和谐发展，造成思维贫乏、神经过度紧张。郭绍纲认为，现代社会的生活节奏加快，工作环境越是现代化、自动化，人就越需要艺术活动。从某一角度来说，人是机械的操纵者，同时也受到机械的制约，需要利用艺术活动开展形象思维，调节疲惫的心态，使精神和体力得到恢复。

创造性思维不仅是科学家、艺术家的需要，也是各行各业的需要。它有丰富性、系统性、整体性的特点，富有创造性思维的人都善于独立思考，表现出思维敏锐、形象和富于逻辑的特点，敢于突破因循的旧条框，实事求是地思考问题。关于科技与艺术结合的教育观点，在中华人民共和国成立初期也提倡过，由于教育方针策略的调整，艺术与科技一度脱节。随着社会的进步，科技与艺术的结合对创新人才的培养将再次发挥巨大的作用。从郭绍纲在20年前提出关于科技与艺术结合的观点，我们可以看出一位立足于教学实践的教育家和艺术家的那种不同寻常的超前意识。

（司徒达仍：广州美术学院2011届美术教育学硕士研究生，广州市第八十六中学美术教师）

郭绍纲美术教育思想的现实意义

司徒达仍

郭绍纲独特的美术教育思想,在广东乃至全国美术教育史上都有其不可忽视的地位。丰富的人生经历和深刻的社会认知使他始终走在美术教育的前沿,他的许多美术教育理念,在今天这个浮躁而功利的时代,更值得我们深思和借鉴。

一、"大美育"观关注人性完满

(一)普及美育为每个人打开了艺术之门

现在我国大力提倡素质教育,美育不仅是提高国民素质的需要,也是社会发展的需要。众所周知,美育是一种情感教育。受教育者在接受美的教育时,体验来自艺术作品和艺术家真实情感的美的审美意象,从而进入纯洁、高尚、健康向上的精神世界。因此,大众的美术基础教育应侧重于审美教育,即以提高审美素质为主要目标,在日常生活中"培养人们的审美意识,完善感情心理结构,与德、智、体等方面的教育协调一致,使受教育者得到真正的全面发展,从而使他们有理想、有能力去创造美好的社会生活"[1]。然而,为数众多的家长和教师片面地认为学生爱好美术及书法就是画画和写字,学校开不开美术课和学生懂不懂艺术也得不到重视,由此而产生的恶劣影响是十分严重的。来自社会的种种因素导致了大多数人对美术教学的误解和偏见,致使基础美术教育未能得到足够的重视和应有的地位。由于基础教育一味地追求升学率,忽视及漠视非智力因素或形象思维的开发和培养,从某种程度上制约了学生求知的视野。所以说,这是导致学生想象力渐次削弱的主要症结。

早在1984年全国美育座谈会上,著名教育家黄济先生就尖锐地提出,"过去的教育方式有的已经不能满足青少年的要求,如何借助于文化娱乐的丰富多彩的活动来进行教育,已经成为当前的重要课题,美育必须担当起新的历史任务。"[2] 由此,美育对学生素质培养的功能才逐渐被社会所重视。

郭绍纲一直以来积极倡导普及美育,他把美术教育提到"完善现代教育体系、提高国民素质,振兴中华"的高度。他认为"一切美的培养都是美育,它们包括思想品德、

---

[1] 郭绍纲:《高等学校的美育与文明建设》,载《高校探索》1985年第3期,第25页。
[2] 孙大江:《对中学美术教育的思考》,中国美术论坛,2005年9月17日,http://www.ms.net.cn/up/upload/viewthread.php?tid=75632。

语言、诗词、音乐、美术、戏剧、电影、舞蹈、摄影、书法、体操等方面。旨在培养人感受美的敏感,例如:心灵美、语言美、线条美、韵律美、形体美、肌理美……"① 他提出的"大美育"教育观,强调美术是基础教育,突破了旧的美术教育领域,面向所有受教育者,为每个人打开艺术之门,引导其追求人性的完满,体验人生的意味和情趣。他曾热切希望构建能惠及社会所有人的美术教育体系,使美术作为文化基础普及整个社会,潜移默化地提高全民族的艺术文化素质。而他不遗余力地致力于美术师范教育工作就是对"大美育"观的形象注释,更是他普及美术教育的具体实践。

(二)"终身发展观"为人们不断攀登新的素质台阶助力

在经济飞速发展的今天,人们的价值观也在发生着变化:社会上浮躁之风盛行,商家沉不下心来研究商品质量;学者静不下心来钻研学术研究;就连被称为净土的校园也急功近利,置教育规律于不顾,一味追求升学率。这种以牺牲长远发展为代价而获得眼前微薄利益的短视行为贻害无穷。那些有分数无素质、有文凭缺文化的所谓人才就是实例。

在这个熙熙攘攘追名逐利的时代,郭绍纲倡导的"美育终身教育观"显得弥足珍贵。他认为:"美术是文化基础之一,美术文化的普及与提高,依赖全面的系统的大教育,而美术教育是不可缺的。"他主张把美育渗透到所有学科教学之中。从小学到中学到大学的教育,可以向多方位伸展,可以伸展到学前教育,甚至是胎教;也可以延伸到成人教育,甚至老年教育;还可以延伸到家庭教育、社会教育、职业教育,构成一个多层次、多格局、多形式的教育体系,整个教育过程就是终身教育。

郭绍纲倡导的终身教育观与"大美育"和"大美术"是一脉相承的,以培养具备各种能力,特别是"学会学习"的能力为目标。这是一种基本素质的学习,教学生学会学习,使他们的知识与社会生活紧密相连,以应付未来人生道路上的各种变化,满足人生各个阶段的需要,不断提高自我素质。这是一种非功利的教育观,更是一种对受教育者负责任的教育观,体现了一个老教育工作者的职业良知和社会责任感。

二、对美术教育课程改革的启示

(一)对高等美术教育课程改革的启示

郭绍纲的美术教育思想源于他的教学实践以及对国外美术教育的考察和思考,是实践基础上的总结。他的许多教学观点至今都符合现代教学发展的规律,对我们当前的美术教育改革具有现实的参考价值。

1. 兼融中西,坚持写实为本

19世纪末至20世纪初,写实主义美术教育传到中国,这在当时是新颖的美术教育

---

① 范凯熹:《郭绍纲与中国当代美术教育——庆祝郭绍纲教授从教50周年》,第12页。由广州美术学院美术教学研究室提供。

模式，备受推崇。随着时代前进，科技的发展和艺术观念的变化，往日"新颖"的美术教育模式已经"过时"，高等美术院校中的写生教学，已经渐渐被创新教学所代替，靠写生收集素材也被拍照取代。尽管还保持有下乡写生的教学形式，但质量已大打折扣，甚至有些学生创作时直接从网络下载图片，然后闭门造车，靠拼贴加工而成。这些不良的现象，使写生教学名存实亡。其实人们在评价写生教学时，往往只是看到其扼杀了创造力的一面，而忽视了写生过程中对学生艺术观念、创作能力以及创新意识培养的积极作用。

改革开放以来，我国的高等美术教育取得了令人瞩目的成绩，特别是在国家完成了中小学新课程改革之后，中小学教育与高等教育如何接轨，成为教育部门和专家学者们迫切需要考虑的问题。国家从宏观的角度提出了高等教育要向"大众化"和"素质教育"方向发展，目前全国一半以上的大学已经开设了美术与设计相关的专业，实施艺术普及教育，提高全社会的艺术素质。

大众化的艺术形式和内容是什么？创意和传统就一定是对立的关系吗？创意从哪里来？难道就是天马行空的臆想？显然不是，艺术的源头活水还是生活本身。

郭绍纲的美术创作就是贴近生活的艺术。他从艺55周年和从艺60周年画展展出的基本都是写生作品，饱含了他对大自然和生活的热爱，是一种真挚情感的自然流露。在审美接受上，郭绍纲的现实主义写生作品仍然很受大众欢迎，相反，一些以表现观念为主，标榜创意，忽略大众审美趣味的美术作品，却门庭冷落。这不能不引起我们深思：我们所提倡的高等美术教育"大众化"，是培养"求奇求怪"、一味标榜个人趣味的美术人才，还是培养创作符合"大众"审美情趣的美术人才呢？

从视觉艺术规律上看，写生是走近生活、观察生活的最直接方式，它能培养学生的观察能力、表达能力、创造能力，锻炼眼、脑和手的配合，其中也包括了对物象的归纳和取舍，并非完完全全的照相机式的反映。我们一直在喊"培养创新型人才"的口号，可是真正落实到行动方法上却显得无力。其实，写生就是比较有效的方法，学生只有在熟悉客观对象的基础上，结合自己的观察感受和生活体验，才能引发创造性思维，才能发现和创造美。罗丹也有这样的观点，"所谓大师，就是这样的人：他们用自己的眼睛去看别人见过的东西，在别人司空见惯的东西上能够发现出美来。"① 罗丹的雕塑创作就是长期对模特观察写生的结果。标志着现代美术开端的印象派作品也是以写生和科学的分析研究为主的，创作也是对客观世界的主观能动的反映，没有离开客观世界的创造。从这一点看，写生与创作是紧密相连的，如果没有了生活体验，也就没有创作的源头，作品就会显得苍白无力。其实，写生的取舍归纳就是对客观事物的改造，是创作的开始。

郭绍纲的写生教学基于东方的、中国的审美观，融会贯通了欧洲写实绘画技巧，使写生教学的依托点发生了转变。这一转化使欧洲写实技巧被赋予了中国的审美感知，使学习者有了把握中西艺术差异并予以变通的可能。我们在吸收西方艺术观念和对现实主

---

① ［法］罗丹口述：《罗丹艺术论》，葛赛尔记、沈琪译、吴作人校，人民美术出版社1978年版，第3页。

义写实教学进行怀疑和批判的同时,也在思考写生与创作的关系。有人把郭绍纲写生作品多、主题创作少的现象归结为写生会限制创作的思维。这一种见解有失偏颇,郭绍纲的主题创作少,有历史时代的原因,也有他教学工作的原因,还有他个人的艺术追求原因,这跟写生方式没什么必然的联系。印象派画家绝大部分作品都是写生得来的。王肇民更是说"非写生画不画"。由此可知,写生作为美术教学手段和美术创作方式,本身并不存在问题,问题在于教育者如何通过写生的手段促进创作。

西方写实的现实主义虽然式微,与现代绘画观念相互夹杂,但人类追求的真理、道德、审美良知是永远不会泯灭的。可以说,20世纪初,郭绍纲等老一辈艺术家从西方学习的现实主义和中华人民共和国成立后学习苏联的现实主义都是"拿来主义"的成功范例。

2. 亦教亦研,保持创新活力

教育关系着社会的未来发展方向,随着创新时代的到来,教育已经成为提高国家综合竞争力的动力源泉。然而,教学前沿问题层出不穷,且更新速度很快。所谓教育的前沿问题是指在教育发展过程中所面临的、正在发生的,且有研究价值的教学实践或教学理论问题。按照一般的教学规律,它有两种形式:一是在教学实践过程中引发出来的教学理论问题,然后上升为研究的课题;二是通过研究新理论或国际前瞻性课题,然后付诸教学实践。这使得每一个教育工作者都面临着新的挑战。

问题是难以预料的,如果等出现问题后才研究对策,必然落后于社会的发展。尤其是美术教育在过去注重以实操为主,不重视理论研究,缺少对前沿问题的预见,因此,对教学前沿问题的研究是十分必要的。

郭绍纲的美术教育思想对教学研究非常重视,他始终关注国内外美术教学动态,把教学研究放在突出位置,以教学中遇到的问题作为教学研究的课题,先从思想上认识,然后在实践中检验,既解决了教学实际问题,又丰富了自己的教育教学理论,从而使自己的教育思想始终处于时代的前沿。例如,对美术师范系的专业定位和课程设置的研究,对学校产、学、研和专业发展的研究等。在其他美术院校美术教育系办办停停的情况下,教学研究使广州美术学院教育系在全国美术院校中处于领先地位,而且发展势头不亚于广州美术学院的任何院系。实践、教学、科研并举的广州美术学院产学研更是全国设计教育的领头羊。广州美术学院在中国美术馆举办"1995年院展"设计教育成果展,引发了全国设计院系来广州美术学院取经的学习潮,为当年设计教育的一大奇迹。总之,他在美术学院主持教学工作期间,坚持以教研促教学,使广州美院始终保持着竞争的活力。

3. "多能一专",构建育才新模式

一直以来,美术教育的目标被认为是培养美术家,可是中国数以万计的美术本科生,有几个能成为"家"?现实是一方面美术学院毕业生显得过剩,而另一方面却是全社会审美格调的低下。这意味着大学美术教育的育才目标和育才模式已滞后于时代的需要。因此,素质教育同精英教育分而治之之势在必行。

在改革开放之初,郭绍纲就对精英教育模式提出了质疑。他根据自己的成长经历,

结合美术课的教学特点①,很有远见地提出了"多能一专"的人才培养模式。尤其突出地体现在对美术师范生的培养方面,不仅注重对他们美术专业的训练,也注重拓宽其文化知识面,提高他们的审美修养,目的是为社会培养更多的合格的美育普及者。

"多能一专"的美术师范人才培养模式在中国现代美术师范史上具有承前启后的作用。它不否定对精英的培养,但更关注对广大美术工作者的培养;它不单纯重视专业培养,更注重对文化知识、审美修养的培养;它的目的不仅仅是培养出几个"专家",更重要的是向社会输送大批美的传播者。这种培养人才的模式,适应了时代发展,符合社会的需求,毋庸置疑也应该是美术教育的终极目标。

(二) 看准中小学美术课程改革的方向

1. 重视美术基础教育的功能

长期以来,基础教育被视为知识传授的阶段,考核也是以知识掌握多少来衡量的。这种教育观在19世纪末至20世纪初是世界教育的潮流。我国当时借鉴了西方的学制和教育思想,一直沿袭"以教师为中心,以教材为中心,以课堂为中心""以知识传播和接受为中心"的教学模式,这在我国的学校教育思想中占据主导地位。1988年,确立小学和初中美术教育的目的任务是:通过美术教学,向学生传授美术基础知识和造型技能;提高审美能力,培养学生健康的审美情趣、爱国主义情感和良好的品德、意志;培养学生的观察能力、形象记忆能力、想象能力和创造能力。与之相应的是课堂的一笔一画"依样画葫芦"的教学模式,注重教学结果,这是我国过去的美术教育存在的普遍现象。这种教学理念完全不能对接时代对教育的期望。"一方面,科学技术迅猛发展,知识经济加速到来,国际竞争日趋激烈,新世纪我国现代化建设面临更伟大、更为艰巨的任务,迫切需要基础教育加快全面推进素质教育的步伐,努力培养具有创新精神和实践能力的有理想、有道德、有文化、有纪律的德智体美等全面发展的一代新人,为提高国民整体素质发挥应有的作用和优势;另一方面,基础教育的质量、推进素质教育的进展和成效同21世纪经济社会发展的要求相比还存在明显的差距。如果不及时地、有效地解决实施素质教育中存在的问题,提高国民素质、培养创新人才,就无从谈起。"②在这样的国内外的背景下,国务院作出《关于基础教育改革与发展的决定》,深刻指出"基础教育是科教兴国的奠基工程,对提高中华民族素质,培养各级各类人才,促进社会主义现代化建设具有全局性、基础性、先导性的作用"③。教育部在《基础教育课程改革纲要(试行)》中指出,"改变课程过于注重知识传授的倾向,强调形成积极主动的学习态度,使获得基础知识与基本技能的过程同时成为学会学习和形成正确价值观的

---

① 郭绍纲:《谈谈美术师范专业基础》,载《美术学报》1983年第11期,第83页。文章提到"为了适应中学美术课学习面广的需要,美术师范专业教学不能不具有综合性强的特点"。

② 钟启泉、崔允漷、张华主编:《为了中华民族的复兴 为了每位学生的发展——基础教育课程改革纲要(试行)解读》,华东师范大学出版社2001年版,第2页。

③ 钟启泉、崔允漷、张华主编:《为了中华民族的复兴 为了每位学生的发展——基础教育课程改革纲要(试行)解读》,华东师范大学出版社2001年版,第4页。

过程"，强调了课程的功能要从单纯注重传授知识转变为体现和引导学生学会学习、学会生存、学会做人。尤为重要的是，在学习知识的过程中潜移默化地培养学生正确的价值观、人生观和世界观，要引导学生在学习知识的过程中，形成正确的价值选择，具有社会责任感，为人民服务，树立远大理想。

郭绍纲的美术教学实践虽然集中在高等美术院校，但他思考的是整个教育大系统的相互关系。他认为高等师范美术教育要为基础美术教育服务，所以，他对基础教育很关注，特别是对艺术教育。早在十几年前，郭绍纲对当时的高考应试教育就提出了批评："由于我国教育体系的不完善，用升学率这根指挥棒，去指挥高中生考大学，艺术素质高低与升大学无关，结果是相当一批学生艺术知识贫乏，艺术实践低能，审美观点紊乱，生活趣味狭窄，缺乏独立思考，参与意识淡薄，严重地影响了全面发展。这是应当引起教育学者和决策机构深思的。"① 他在《美术教育方法论》中分析了我国教育中存在的高技能低文化的美术专业类学生和高文化低艺能的其他专业类学生，并以实例说明了这种不正常的现象是由我国教育在近一二十年发展不平衡所致。他的分析现在都还值得教育部门深思：第一，基础美术教育长期没受到应有的重视，致使许多大学生和专业人才出现了大批的"艺盲"和"半艺盲"。第二，高等美术教育招生中，一些文化课程分数低，无望达到普通高考分数线的学生，在老师和家长的策划下，利用美术招生文化分数线低的机会，以突击的形式，短时间内参加美术培训班，以达到入学的目的。他们许多人本来对美术没多大兴趣，也没有美术才能，纯粹是因文化素质不高而寻找所谓的出路，导致学生有技能缺文化，甚至是低文化低技能的状况。

郭绍纲提倡"大美术""大美育"的观念也符合我国基础教育改革和提高综合素质的理念，推动美术教育改革，这是经济社会迅速发展的要求。社会不仅需要绘画雕塑，还需要建筑、园林、城市规划、环境艺术、电影、戏剧、各类设计、文物保护……必须扩大美术的范围，突破原有的划分界限。这是一种符合"改变课程结构过于强调学科本位、门类过多和缺乏整合的现状，使课程具有均衡性、综合性和选择性"的基础教育课程改革目标。他强调知识的融合，非常赞同在"广泛的文化情境中认识美术"，把美术作为人类文化的一个重要组成部分，"与社会生活的方方面面有着千丝万缕的联系，因此美术学习不仅仅是一种单纯的技能技巧的训练，而应视为一种文化学习"②。

郭绍纲的美术教育思想也反映了基础教育改革的价值。《全日制义务教育美术课程标准》确定了新课程的主要价值体现，其中就指出"引导学生参与文化的传承和交流"，"形成学生的创新精神和技术意识"，"促进学生的个性形成和全面发展"。郭绍纲提出树立创造性的教育观念。尽管这是高等美术教学中常谈的话题，但是他从教学的形式上要求教师要发挥创造性，因材施教，把各方面的教育融为一体，提高学生的创造思维能力，帮助学生树立创新观念。同时，这也是对学生个人性格、情操的锻炼。他认为学习艺术的最终目的是要培养个人风格，让学生学会用眼睛去观察，用头脑去思考、去

---

① 郭绍纲、范凯熹：《美术教学方法论》，岭南美术出版社1993年版，第68页。
② 中华人民共和国教育部：《全日制义务教育美术课程标准（实验稿）》，北京师范大学出版社2001年版，第2页。

判断，用艺术语言去创造、去表现，进而锻铸高尚的情操，推动社会文明进步。将其落实到教学实践中，他创造性地提出："创造性的美术教育，还可以充分利用地方的历史、地理和人文资源，编写乡土教材，使本地的美术传统得到及时的普及和传播，推动本地区两个文明建设。"① 在知识经济时代，创新精神是最重要的心理品质，美术培养的创新精神将会对学生的未来工作和生活产生积极的影响。在学习美术的过程中，对学习内容和方式的选择，必然会涉及学生的个性因素，所以，尊重、保护和发展学生的个性势必会与社会共同的价值观有关。

当前的基础美术教育课程在《新课程标准》的指引下，进行了相当长时间的改革实验，需要思考改革成效如何，并进行修正和改良。郭绍纲的美术教育思想和当前基础教育改革在目标和价值体现上保持了高度的一致。这一方面说明了郭绍纲美术教育思想的先进性，另一方面更重要的是值得我们从中吸取经验，以期对当前完善基础美术教育改革有所启示。

2．培养合格的美术师资

在中学美术教育中，教师是学生学习美术、启发学生智慧、提高学生审美能力的引路人。然而目前普通中学的美术教师相对较少，而且师资水平参差不齐，美术教师的素质普遍不高，很难完成美术学科的教学任务，影响了美术教学的质量。这对学生的学习主动性造成了消极的影响，使美术课程完全背离了课程设置的初衷，无法承载全面提高学生素质的教学目标。显然，要生产合格的产品，必先培养合格的产品生产者。所以，为中小学培养合格的美术师资，意义重大，责任重大。

郭绍纲对中国现代美术师范教育有着深刻的认识。他结合社会美育发展的需要，前瞻性地提出自己的办学观点。他从创办广州美术学院美术师范系开始，一直在践行自己的高等师范美术教育思想，坚持面向中小学培养普及美育教育工作者，认为高等美术师范要为基础教育服务，只有在中小学普及美术教育，才能够真正提高社会的总体素质。基于这样的认识，他一生都不遗余力地致力于美术师范教育工作，除首创广州美术学院美术师范教育系外，还为了解决广州周边地区美术师资紧缺问题，创办了半脱产的社会美术师资培训中心，大力倡导有条件的高等学院开设美术系等。他的教育理想是构建从幼儿园、小学、中学到大学的完整的美术教育大体系，他最终的教育目标是提高国民的审美素质。

总之，我们经历过对美育批判的年代，美育正是我国教育历史所欠缺的，其恶性循环的结果是造成了音乐、美术师资奇缺，而忽视美育、否定美育、无视受教育者的精神需要和心理特点，也违背了教育学科的基本规律，给社会发展带来了无法估计的损失。

郭绍纲提倡"大美育"的核心是艺术教育，即通过生活点滴的艺术教育提高学生的审美能力和审美情趣，促进学生整体素质的提高。他通过多年的教学实践，深深认识到美育不同于其他学科：一是能培养审美感受能力和美的创造能力；二是能塑造全面发展的完美人格。美育具有完整和谐的特点，可以塑造真善美的人生，因此，以审美为核心的艺术教育，被视为实施美育的主要途径，唯有这样才能达到美育的目的，取得事半

---

① 郭绍纲：《更新美术教育观念　适应社会发展需要》，载《高教探索》1992年第4期，第46页。

功倍的效果。

当今,在国家对素质教育的大力推进下,学校艺术教育得到了进一步的发展,但是,社会艺术教育的功利性太强,表现为以追逐名利为目的,太过注重艺术技能、技巧的学习,往往以学科知识为中心,以知识教育为起点和终点,没能完全体现素质教育的理念。郭绍纲的美术教育思想体现了当今社会素质教育的发展方向,对正确理解中小学美术教育,促进素质教育发展,具有深远的现实意义。

(司徒达仍:广州美术学院2011届美术教育学硕士研究生,广州市第八十六中学美术教师)

郭绍纲的治艺之道

罗远潜

"君子不患位之不尊，而患德之不崇；不耻禄之不伙，而耻智之不博。是故艺可学而行可力也。"这是东汉科学家、文学家张衡的名篇《答客问》中的章句。大约十年之前，在广州美术学院一次春节雅集上，郭绍纲即席挥毫，把它写成了一张条幅。诗言志，书为心画，是自励也是共勉，郭教授之胸臆情致如此。

郭教授早年留学苏联，所攻习为西方传统油画、素描，深知人类宝贵的文化财富对于一个画家成功的重要性。在博览群书之时，他尤为致力于我国传统画论的研读，颇有心得。在创作及教学中，他引据发凡，糅进中国历代画理画论，深入浅出结合实践，甚收"古为今用，洋为中用"之效，深受学生及同行的赞许和欢迎。古人论画，着重人品画格，并将之视为画家成败的根本。清沈宗骞《芥舟学画编》论"立格"，语焉甚详"求格之高，其道有四，一曰：清心地以消俗虑；二曰：善读书以明理境；三曰：却早誉以几远到；四曰：亲风雅以正体裁。具此四者，格不求高而自高矣"。言简意赅，蕴含着丰富的内容和哲理。郭教授在著述讲学中引用申述，使人印象深刻，经久不忘。

与同代人相比，郭教授是幸运的。他17岁即考入国立北平艺术专科学校，21岁即毕业于中央美术学院，所师从的都是当代美术界的名宿巨彦，如徐悲鸿、吴作人、李可染诸先生。耳提面命，目濡心接之间自然感受到高素质的艺术熏陶。接着，他受国家选派到苏联留学。中华人民共和国成立之初，年轻的郭绍纲所就读于列宾美术学院，先后求学于帕·乌加洛夫、彼·弗明、尤·涅普林茨夫等教授。涅普林茨夫是苏联名画《战斗后的休息》的作者，为中国人民所熟悉。郭绍纲受业于他，自是时代的骄子。

在奋发向上的时代精神激励下，年轻的他心潮澎湃，热血奔涌，大有"使于四方，不辱君命"的豪壮感、使命感。这个"君"，就是祖国和人民。这不能说不是一种压力。郭绍纲把压力变成动力，除了在学院里接受严格的课堂基本功训练外，他还利用星期天、节假日流连徜徉于列宁格勒（今圣彼得堡）、莫斯科各个博物馆、美术馆之中，像朝圣一般专心观赏、临摹欧洲和俄国绘画大师的精品。优越的学习条件加上如饥似渴的攻习，使他心灵深处含苞待放的艺术之花，得天独厚地受到了甘露的及时浇灌。他几乎每天都处于学习的亢奋状态之中。当时，一同留学的中国同学普遍具有勤奋好学的敬业精神，而他在作品中表现的敏锐感觉和艺术潜质使任课老师对其刮目相看，甚至赢得了列宾美术学院高年级同学的由衷钦佩。五年寒窗，他无愧于上苍的厚爱，更没有辜负人民的重托，圆满完成了留苏的学习任务。苏联高等美术教育的基础体系、苏联当代素描教学法及油画的现实主义表现手法，正通过郭绍纲的留苏作品得到了比较完整系统的体现。当这批留苏作品随着他回到他所任教的广州美术学院时，他被视为美术界出类拔萃的人物而备受崇敬。那时，他年仅28岁。

自苏联留学回国后，郭教授似乎再也不可能像在留学那段岁月那样拥有专心作画的完整时间了。随着政治风云的变幻莫测，他身不由己地与世浮沉，而在"史无前例"的那些岁月，他也必然在劫难中经受了种种磨难和考验。特殊的人生履历，使他更加成熟了。

他挑起了大梁，先是担任油画系副主任，接着是创办美术师范系，担任系主任，然后是副院长、院长。他还由于热心社会各种与美术沾边的公益事业，而被推举为这个会那个会的主席或副主席，这个会长那个副会长，有了一长串的头衔。繁重而频繁的教学任务和社会工作，各种会议和行政教学事务几乎排满日程。他不推诿、不叫苦，任劳任怨，事必躬亲地忙于工作。他似乎是天生当领导的料子，可以承受别人难以承受的压力而自得其乐，除了岁月添给他鬓边的几根华发，他依然体魄健旺，容光焕发。

郭绍纲是感情丰富的艺术家，尊师重道，友爱同仁，提携后进，每到一地必拜望长辈学者和德高望重的老艺术家，门生故旧必也闻风而聚，把杯论盏，共叙一堂。郭教授选择绘画艺术作为终生之志，视美术事业的发展繁荣视为振兴中华民族文明的崇高使命，日既久而志弥坚。不管工作如何繁忙，他始终没有停过手中的画笔。他坚守美术教育这一神圣岗位，利用教学之便与学生一起画模特或外出写生，更善于利用出差、讲学、参观、会议、访问的间隙，用那个跟随了他数十年的小油画箱进行风景写生。那些宽不盈尺的油画风景忠实地呈现了郭教授对艺术挚爱的深情，凝聚了他的心血，是他对油画艺术探索的人生印记。

郭教授除读书作画之外，兼重书法。持之以恒的努力，收到了丰硕的成果，颇为大众瞩目称道。以书法入画看似只是中国画家之事，观郭教授油画写生近作，其笔触的纵逸劲遒，直有书法的韵致，更具民族传统审美的风神，从而增添了艺术的魅力。因而知道中国传统的画理、画论、书法艺术对习西画的画家之成功同具重要意义。

最近，在岭南画派纪念馆举办的"郭绍纲油画风景展览"集中展示了郭教授自1956年留苏至今的70件作品，让观众有机会观赏了画家几十年来艺术探索的足迹。其中，以新疆为题材的一组新作，达到了艺术高度，为同行所激赏。《林间畜栏》是画家在新疆库尔勒林场实地写生之作。明快的色调表现了天山脚下和煦的阳光、明丽清新的自然景观，似乎引人离开空气污染的都市进入画境，呼吸到天山林间清冽的空气。画家以豪纵生动的笔触、饱满的色彩，画出了近景几棵参天挺拔的冷杉，赋予一种顶天立地的人格力量。树荫下成平行透视状的畜栏横木把观者的视线引向画境深处，远处微茫的山色与天宇相接。畜栏中虽然没有牲口，却让人联想起画面之外，白天放牧出去的牛羊马匹，成群成行与蓝天上的云彩交相辉映……另一新作《雪融》，章法奇特，画面的下部以大面积的前景画出雪山深处消融的溪水迎面奔泻而来，似乎使人听到了淙淙潺潺的流淌之声，感受到一股清爽的寒气。几个陂岸山形的转折组合，逶迤迢递，成行的林木把景深引向远处。在薄霭云翳遮蔽下的群峰，冰雪消融。景愈藏而意愈深，画家通过云霭飘飘缭绕，群山连绵起伏，峰峦直插霄汉的气氛渲染，表现了平远、深远、高远的意境。在冷灰色调的统摄中，他成功地运用了一系列变化精微的绿色、蓝绿色、蓝色、蓝灰色，呈现出深远莫测的空间和西北高原春末夏初特有的气息。大自然的奥秘无穷、瑰丽多姿似乎把人引进一种禅的境界。笔致的酣畅奔放，色彩的明净和谐不仅显示画家技法的纯熟，还依稀透露出画家卸下院长之职后几许宽松、几许从容的心境……

下编 郭绍纲文集

参观学习浅识

——述评法国19世纪农村风景画展览

法国19世纪农村风景画展览在首都的展出,是我国文化生活中的大事,尤其是对美术工作者来说,更是值得珍视的学习和研究的机会。

在我国展览条件设备不足的情况下,法国政府批准从巴比松派到野兽派的60多名作者,从法国各地40多个博物馆征集的共80余件作品到我国展出,其中包括不少具有代表性的名作,与广大中国观众见面,这首先是中法两国人民友谊的象征。

这次展出米勒的4件作品,其中以《牧羊女》和《喂食》最为著称。米勒的画风纯真、朴实、深厚,充分体现了他的个性。他创作中的人物形象,常常是以强调人物动态的整体造型而取胜,如《拾穗》《晚钟》《播种人》等都是这样。

《牧羊女》则是以正面刻画而突出的人物肖像,米勒运用来自后上方的光线,使牧羊女在明亮多云的天空衬托下,造型更加整体、牢固地与地面结合在一起,使人联想到作者是把农民当作大地的主人来歌颂的。牧羊女那简朴的衣着,安详稳妥的坐姿和纺线自如的双手,从构思到形式的处理,使人物与土地有着互相影响的、不可分割的联系。牧羊女在纺线劳动中,眼神凝定,若有所忆,口形微张,好像在民歌声中憧憬着什么。米勒塑造农民形象的思想基础是:"农民是从来没有什么欢乐的,劳动就是天职。"牧羊女的面部光线由于帽檐遮盖而统一于阴影之中,米勒在面部刻画上没有强调什么分明的细节,借助于微微的、由于地面反光而产生的色调变化,使人物的特征、年龄、身份以及内心活动等方面得到充分的表现。这种虚中见实的手法,运用在肖像的正面刻画中是不多见的,是富有创造性的。

《喂食》一画给人以真挚亲切的感觉。米勒善于将农村生活的普通情节概括成动人的画面。通过生活真实的艺术描写,歌颂了辛勤而伟大的母性。

米勒反对古典画派因袭模拟的风尚,也不满浪漫主义造作求奇的偏向,强调的是面向现实、接近人民、观察生活,在作品中反映当代进步思想,表达画家自己的感情。米勒的许多作品,印证了他的艺术观点:"在艺术中,人物应当集中于一个思想,要为他寻找令人信服的表现,使自己酝酿出能够感染人的构思,有如铸造奖牌一般的准确性。"他还说:"人和物应该有目的放在那里。我要有力地完整地表现所有必要的东西,因为我认为无力地说出一些东西,倒不如完全不说。"他的这些话有助于我们进一步地理解他的艺术。

米勒长期的农村生活给他提供了丰富的创作题材,使他的作品富有生活气息和感人的力量。米勒从思想感情上充分肯定劳动的意义,这使他的作品具有纯朴的、高尚的品格。

同是农民出身的勒帕热和莱尔米特，继承了米勒的现实主义艺术。勒帕热的《垛草》，以典型环境中的典型性格，一坐一卧的农村夫妇的休息场面而发人深思。从对画面人物的精心刻画中，我们可以感到作者对于社会问题的同情和对农村生活的洞察力。在对大自然景色的描写中，作者用抒情宽阔的笔法表达了画面的意境。勒帕热善于将工笔与意笔结合起来，使画面处理有张有弛、有操有纵，做到精细与粗犷的统一，细而不腻，粗而不野。

勒帕热的老师卡巴内的创作可作为法国第二帝国和第三共和国时期反动沙龙学院艺术特征的代表。卡巴内为上层人物画的盛装肖像，因追求表面效果而受到资产阶级上层主顾的赞赏。而勒帕热却致力于农民生活的表现。现实主义艺术道路的选择，是他有所创造的关键。

莱尔米特的《收获》和《收割的报酬》是这次展览让人注意的作品。《收获》是莱尔米特30岁时创作的，画面自然，空间真实深远，可见作者对于外光写生的表现力。但人物的表现，还有明显的学院派所尊崇的古典主义的遗风，劳动妇女的身体，都是维纳斯一般的标准的比例，劳动着的妇女虽各有动态，但理想划一的比例关系，使人物缺乏生活的真实感。8年之后，作者在《收割的报酬》一画中，很明显地摆脱了标准比例的束缚，使作品更富有生气，每个人物都是活生生的、有个性的、互相对比，引人入胜。莱尔米特作为学院派出来的画家，坚持反映农村生活题材是难能可贵的。作者深知劳动与报酬的社会矛盾的意义，通过人物形象心理的揭示，典型细节的描写，明确而深刻地表达了主题。画面具有真实动人的感染力。准确的素描，明朗而谐调的色彩，从不同人物的头、手、颈、背的刻画中，充分显示了作者的扎实的基本功。

遗憾的是这次未能见到库尔贝的人物作品。他的《雪景》多用画刀完成，没有明显外露的着色痕迹，也没有繁杂的颜色对比，以朴素清新的色调表达了山中雪景的意境。画面深厚有力，耐人寻味。

柯罗的风景画独树一帜，这是他认真地研究了油画传统和细心地观察生活的结果。透明统一的色调，写意抒情的笔法分明而不刻露，浑融而不模糊；用诗人的想象力，强调自己所看到的和如何看到的东西。《阵风》《春天树下的小道》等作品向我们展示了柯罗对大自然力量的美的独特认识和理解。

古典主义为了保持古雅的画风，对大自然持冷淡的态度，不能理解大自然的变化规律，使画面缺乏生气。而巴比松的画家们接受了康斯太布尔的"艺术的衰落盖出于同一原因，即模仿过去的风格，却极少观察自然"的进步观点，而致力于研究自然，重视外光写生的实践，因而过着简朴的生活。

卢梭的《水滩》《走下汝拉山的奶牛群》，多比尼的《奥普特沃的水闸》《维莱维尔海边的沙滩》，迪亚斯的《枫丹白露森林》，特罗容的《伐木工人》等都是具有代表性的作品。

在研究外光的基础上发展形成的印象主义艺术，对当时和以后的油画艺术产生广泛而深远的影响，一般的追随者大都停留在学习印象派的皮毛，而脱离了优秀的艺术传统，把光色的追求当作目的，本末倒置。莫奈的《诺曼底田庄的院子》及《克勒兹河谷》两幅画，前后相隔26年，对比一下可见作者画风的变化和发展。前者用笔粗重，造型肯定，浓郁的色彩表现了地面物象的实重，画面上的人、牛、鸭等细节的表现，说明作者对生活的精致的观察。这是产生1874年的《日出的印象》及《克勒兹河谷》的基础，《河谷》一画色调浓重，用笔挥洒自如，很像中国画的大写意，体现了作者几十年的功力和多方面的造诣。毕沙罗、西斯莱却学习于柯罗与库尔贝，雷奴阿也是库尔贝的学生，他们确有相当的写实能力，又有自己的独特笔调。《夕阳下的苹果树和杨树》是毕沙罗71岁时的杰作，我们从中感到了作者虽已高龄，但仍坚持艺术劳动的精神和表现大自然的激情。

法国农村风景画，使我们得到了审美享受的同时，也了解了法国19世纪的风土人情。丰富的人物形象，多种动物的形象，各有特色的景物形象，之所以令人难忘，就在于它们融合了作者的感情和理想，体现了作者对生活的选择和判断。这也是勒帕热的《垛草》、莱尔米特的《收割的报酬》中的人物形象不论怎么细致都不同于照片的原因所在，尽管这些油画都是照相术在欧洲发明后创作的。

自古至今都存在着风格工细的绘画艺术，它与照相有本质的区别。正因为理论上的模糊，有人把工细的画风当作照相而加以否定，也有人把绘画艺术的任务与照相等同起来。照相术的发明，并未使过去的现实主义绘画艺术逊色，照相术再发达也不会代替绘画艺术的职能。这关键在于艺术作品是作者认识、思想、判断的体现，也就是作者心灵的体现，没有这种体现，就无异于一张机械生产的照片，因而也就失去了影响观众的艺术感染力。

法国18世纪的唯物主义哲学家狄德罗的许多文艺观点在当时是进步的，但也有片面偏颇之处，他在《绘画论》里说："摹仿越完善，同原初的样子越一致，使我们得到的满足就越多。"在一些史料中常被人传颂的公元前4世纪的希腊画家宙克什斯，能把葡萄画得逼真，以至能骗过鸽子前来啄食；18世纪德国洛色尔所作的昆虫插图，由于甲壳虫画得逼真，结果被猴子咬成碎片。黑格尔则认为："这种连鸽子、猴子也能骗到的艺术作品不值得赞赏，而那些只会把这样庸俗的效果捧为艺术最高成就，认为这样就可以抬高艺术的人都理应受到谴责。"总之，我们应该说，靠单纯的模仿，艺术总不能和自然竞争，它和自然竞争，那就像一只小虫爬着去追大象。

我国三国时代的曹不兴受孙权之命画屏风，误发笔点素，因就以画蝇，孙权以为生蝇举手弹之；古代（公元10世纪）的黄荃受蜀主之命画鹤于壁，竟引起生鹤与之为伍。这两例说明，我国美术史上不仅有类似的骗过生鹤的作品，同时也有骗过人的作品。这些作品只能说明画家的机智，而不是艺术的最高准则。

一切优秀的现实主义作品，都是作者将生活观察和积累经过思想加工提炼出来的结晶，也是作者思想品性的表征。我们必须认真研究，从中得到启发，但是不能将对它的模仿代替自己的创造。关于这一点，鲁迅先生有过中肯的告诫："依傍和模仿决不能产生真艺术。"

法国19世纪农村风景画展，使我们重温了历史。这些作品的作者大都是在法国资产阶级民主主义思潮的影响下，在同封建的、大资产阶级的、反动的文化专制主义斗争中成长的。

米勒经常受到反动舆论的攻击；卢梭当官方沙龙不接受他的风景画时，就把自己的作品展于一个私人画室以示抗议；柯罗的画长期卖不出去；库尔贝的作品也经常遭到拒绝；为了捍卫自己的政治信念，坚持了原则性的斗争，后被迫流亡国外；莫奈的《日出的印象》是在落选画展上展出的，一开始就遭到讥讽。而当时受到优厚待遇的是向封建贵族、大金融资产阶级涂脂抹粉的、阿谀奉承的艺术。法国19世纪农村风景画大量的展出，其现实主义作品的社会意义就逐渐被人理解而得到认可。今天，这些作品集中在一起、代表法国油画艺术来中国展出是历史发展的趋向。

"四人帮"所推行的文化专制主义是他们的愚民政策的需要，是复辟阴谋的需要。"四人帮"企图将一切文艺创作都纳入他们篡党夺权的轨道，公开地背叛毛主席提出的"百花齐放，百家争鸣"方针；在艺术创作中，打着革命的旗号，贩卖封建阶级的唯心史观，假灰调子的罪名，褒奖红、光、亮的粉饰术。对"洋"的全盘否定，把国画诬为"黑画"。"四人帮"的淫威和法国19世纪反动的官方沙龙相比，有过之而无不及。"四人帮"的垮台是历史的必然，而其流毒还远待我们去认真肃清。

（原文发表于《广州美术研究》1978年第5期）

素描基本练习中的风格问题

　　一个民族某一时期的艺术成就，总是以一些杰出的艺术家为代表的，他们的作品又各以其独特的风格给人留下深刻的印象。

　　我们的素描基础教学是整个艺术教育的重要组成部分。尽管一个美术家的画风是逐渐形成的，决定因素是多方面的，可是，初学美术时的素描基础练习课，往往会对一个人的艺术道路起重要的决定作用，对他的艺术创作的发展产生深远的影响。因此，素描基础课必须与创作课相结合。

　　素描基础课，和其他课程一样，有它相对的独立性，有它自身的教学任务，有它自身的发展历史，有如何继承传统和发展传统的课题，也有如何贯彻"古为今用""洋为中用"的问题。正因为它是基础课，它不能起"立竿见影"的作用，所以并非一直都受到足够的重视。

　　作为造型艺术的素描基础，它的训练不仅是使学生掌握认识物象的手段，还是描写物象的手段，同时学生还要掌握用以感人的表现手段。因此，在强调对客观规律性的认识的同时，不能失去艺术表现力的要求，否则就无法达到感人的目的。所以，我们的素描写生，目的应该是运用素描手段，提高对于生活物象的观察能力、理解能力、表现能力，并从中理解和掌握造型艺术的某些规律。素描能力的提高，不能靠动作的熟练，也不能只靠时间的积累，而是靠在一定的艺术思想和审美观点指导下的有意识的脑力劳动，而风格的形成就是脑力劳动的结果。

　　关于风格问题，马克思认为"风格就是人"。鲁迅认为，一张画或一个雕像，其实是作者的"思想与人格的表现"。作者的品格与画格的一致性，也为古今中外画家们的社会实践所证明。

　　素描教师在执行教学任务中，不可能避开自己的风格和学生的风格基础去传授素描经验。但我们必须经常思考的是：什么是严格训练的标准？什么才能保证艺术繁荣，有利于学生个性发展的必须遵循的准则？又怎样可以使二者统一起来？如果把画画的风格看成是学生毕业以后的事情，脱离学生的思想作风，单纯地用客观规律知识去检查作业练习，那就无异于将我们的素描课室变成了手艺作坊，从而也背离了我们的教育方针。事实上一个人不是这种风格就是那种风格，没有任何风格的学生是不存在的。基本练习中的任何作业，不论是一幅动态速写，还是一幅长期作业，或是一个局部研究，都应该根据作者的见识和情感表现出来，是画意的表达，而不是冷冰冰的客观描写或自然现象的临摹。临摹对象，模仿别的画法，也都是风格，是临摹的风格、模仿的风格。

　　素描基本练习既是在一定的思想指导下的艺术实践，目的明确的艺术实践又促进了作者思想品格的发展，这也是艺术的"陶冶性情"的功能作用。有些青年人画素描住

往热衷于孤立地学习某种技法，模仿某种流行的风格，以至加班加点地去画灯光作业，不可谓不重视这门基础课。青年人处在求知欲望旺盛时期，学习的劲头很足，这是可喜的现象。由于有些青年并不了解在艺术实践中的技术与思想的内在联系，不能把"求法"与"悟道"结合起来。由于分辨不出什么是真善美，什么是假恶丑，沾染了不良的思想作风，不同程度地影响了业务上的进步。作为教师必须通过学生的素描实践，了解和关心青年思想作风的发展，首先要帮助他们懂得树立正确的艺术观点，比任何高明的素描表现方法的学习更为重要。素描课是技术性很强的练习课，但也要求教师教书又要教人。

年轻人初学素描，要注意端正和提高自己对专业的思想认识，坚持严肃认真和虚心钻研的学习态度，养成实事求是的作风。柯罗说："在艺术中要做朴实的人，不做取巧投机者。"罗丹认为艺术是一门"学会真诚的功课"，二者都强调了艺术与做人的关系。因此，应从基本练习就开始要求自己以诚挚的感情去观察、研究、表现客观对象；紧紧地围绕着自己的画意，去探索适当的表现方法，沿着情真意深的努力方向，发展自己的表现能力。一切"言不由衷"的、浮光掠影的、矫揉造作的，以至哗众取宠的表现，都要引以为戒。

素描写生和其他造型艺术一样，是源于自然形态又高于自然形态的一种观念形态的反映。作者在动笔以前，一定要在感觉与理解的基础上产生意象（或意境），这种意象不同于拍出来的照片，也不同于镜子里反映出的对象，而是经过思想"过滤"了的，注入了作者感情的艺术形象。为了使这种意象在画面上得到充分体现，必须通过认识的能动作用，进行有意识的探索，而不是机械地抄录眼睛可看到的一切，或者视而不见，盲目地主观臆造。前者属自然主义，后者属形式主义，这是在素描写生中常见的两种倾向。我们必须坚持辩证唯物主义认识论，"认识的能动作用，不但表现于感性的认识到理性的认识之能动的飞跃，更重要的还须表现于从理性的认识到革命的实践这一飞跃"。在素描表现中，必须通过认识的能动作用，捕捉住和强调那些在对象身上发现的具有本质意义的表征，删略那些偶然的和非本质的东西，探索艺术概括的手法表现出对象的精神实质。正因为每个人的思想基础不同，认识程度不同，以及审美的意趣不同，所以在认识的能动作用的发挥上，也是各不相同的。这就是形成不同风格的认识基础。大家同画一个人，有的强调对象的形象特征，有的强调表情的生动，有的强调内心深度，有的强调神态的庄严等，这些都是自然的现象。学生来自四面八方，各有自己的特点，既不能一律强求，也不能放任自流，只能是因材施教。每个学生的思想作风，一般在素描写生过程中都会显露出来。教师应透过学生的画面，看到更深的东西，帮助学生总结经验教训，使他们立足于未来的发展，正确地对待自己的优点和缺点。这是个很细致的工作，它要求教师不断地加强艺术修养，提高识别优劣的能力，准确地掌握情况。区别优缺点标准的掌握应是客观的、中肯的，而不是以自己的一时好恶为转移。这样才能令人信服，有利于学生正常发展自己的风格。教师应善于发现和爱护学生的积极性和独到之处。对于缺点，要有分析，通过帮助，使他增强克服的信心。如果每个学生的优点和独到之处都能得到教师爱护，必然会成长得更快些，他们的练习作品，就不会是互相类同，而是各具风貌的。为此，教师在学生作业上不宜轻易动手，如必要动手时，也应是启发性的、有针对性的。

　　学生的课外练习和课外作业，应完全由自己选择题材。这样更能反映出他的意趣倾向和特点。在我国传统绘画中，画家们不仅强调对生活的观察和默记，还强调"每于皮袋中置描笔于内，或于好景处，见树有怪，便当模写记之，分外有发生之意……夫林峦之浓澹浅深，烟云之灭没变幻，有诗不能传，而独传之于画者，且倏忽隐现，并无人先摹稿子，而唯我遇之，遂为独得之秘，岂可觌面失之乎"（盛大士《溪山卧游录》）。这里谈的虽是关于山水画如何从实景的感受中去求发展，其实，在我们的日常生活中，包括我们画室在内，有许多生动的、感人的东西，只有留心观察，才能有"独得之秘"。在素描学习过程中，缺乏独特的感受或"独得之秘"，就缺乏艺术的独创性表现的基础和前提。艺术的独特风格就是在表现题材内容的选择和表现语言的探索中形成的。

　　线条与调子都是素描表现手段的基本因素。一般的都是将二者结合起来运用，有的则有所侧重，也有的单独使用。这些手段本身并无高低之分，运用这些手段的作者倒有能力的不同、风格的不同。达·文西、荷尔拜因、伦勃朗、戈雅、米勒、赛洛夫、柯罗惠支，以及我国的徐悲鸿、王式廓等画家，都善于将调子和线条有机地结合起来，使它们变成自己的独特的艺术语言。安格尔和德拉克罗瓦都重视线条的运用，前者以线条的严谨探求美的理想，后者用线条的跳动表达感情的奔放。线条与调子的运用并没有一个不变的模式或样板。如果将手段当作目的去追求，不可避免地要陷入形式主义的泥坑。写生手段的运用，应紧紧地围绕着基于具体感受所产生的画意去探索。如古人所说"以意运法""法随意转"。黄宾虹说："描法的发明，非画家凭空杜撰，乃各代画家在写生中，了解物状与性质之后所得。"这都说明了方法运用的目的性和灵活性。素描所以区别于照相，就在于它有画意。那种向照片看齐的素描之所以没有感染力，就在于作者放弃了认识的能动作用，将思维劳动变成机械的复制。画意的表达是作者审美观点的反映，有高低、深浅、雅俗之分，它决定风格的不同程度的差别。清人张庚说"品格之高下，不在乎迹，在乎态"是有道理的。

　　教师有责任引导学生独立思考，开阔眼界，树立雄心壮志，扩大容量，以利于向生活学习，向传统学习。常言道，"立志不高，究心必浅"，基本练习脱离了长远的目标，就失去了努力方向，在勤学苦练中不注意提高审美的鉴别力，就无法继承优秀的传统。在传统的继承中不少人限于笔迹的临摹，或因于对某家的模仿，而不大从古人的经验中去吸取精神力量。鲁迅早就指出："依傍与模仿绝不能产生真艺术"。清人周览说："画须自出手眼，何蹈袭前人为？"不相信自己，没有独到的见解，就达不到"自出手眼"。黄宾虹的山水画能有所创造，自成一家，那是因为他以"欲取古人之长皆为己有，而自存面貌之真不与人同"的思想为指导的结果。

　　在素描教学中的严格要求，与注意个人风格的培养应该是完全一致的。历代素描大师所共同崇尚的是质朴，是形体的明确性和内容的深刻性。如果是为了风格而风格，那就必然会陷于形式主义的羁绊。

　　凡有作为的画家，都注意教育青年在"求格""立品"方面用心，"清心地""消俗虑"，要一心为艺术的发展着想。在艺术实践中坚持自己的信念和理想，把"修业"与"进德"结合起来，更好地选择自己的途径。

素描教学座谈会上的发言

多年来，由于复杂的历史的原因和社会原因，我们的素描教学学术交流不够，理论探讨也不够，再加上"四人帮"的干扰和破坏，我们的美术园地所遭到的浩劫和践踏，大家都耳闻目睹，有切身的体会，结果使许多理论上的是非混淆，许多实践中的优劣颠倒。"四人帮"所造成的恶果有多大，只有历史老人才看得最清楚。要使我们的美术教育跟上全国人民向"四个现代化"进军的步伐，就要拨乱反正，所牵涉的问题很多。应当承认，我们面临的任务是十分艰巨的。

素描教学是美术教育中的重要组成部分，它关系着我们的美术事业怎样一代一代地发展下去的重大课题。因此，不论是从事教学的，还是不从事教学的，从专业到业余，从领导到群众都给予关心，这是很自然的事。现仅试着提几点粗略的看法。

关于素描的概念应当统一认识。素描，顾名思义应是与彩绘相对的，含义很广的术语概念。它与彩绘一样，有自己的源流，品种多样，形态极为丰富，而且还在不断地发展着。素描，简单地说就是单色图画。

素描自古就已成为人类认识自然、改造自然，推动社会发展的手段。西班牙的亚勒泰米拉洞里的野牛图，就是原始人画在石壁上的素描作品。鲁迅说："中国文字的基础是'象形'。"我们的象形文字就是从原始的素描演化而来，也可以说是从素描形象的概念化、规范化、简化而来的。

根据史料记载：我国周代百工中就有画工与绘工的分工。画工画形，绘工赋色，可见素描与彩绘在当时相对而又连接的统一关系。古人说，"绘画之事后素功"，肯定了素描作为绘画的基础作用。我国的传统绘画，将素描作为一种独立的造型艺术形式，不论是重视线条变化的白描画法，或是强调墨色层次的没骨画法，历代匠师给我们积累了异常丰富的遗产。清人张庚就以"所谓拙规矩于方圆，鄙精研于彩绘"来解说八大山人一派的水墨画。用现代的语言来理解，就是八大山人所影响的一派，早已把水墨画（或素描）看成为最高的艺术形式。当然，我们不强求把水墨画都改称为素描，就像有人强调工具特点而称木炭画、铅笔画、钢笔画等一样。其实，日本美术界就将石涛的水墨画作为毛笔素描的最高示范作品，鲁迅也将线画的连环画称为素描，可见素描作为一个概念含义之广。

素描除了作为独立的艺术形式之外，任何艺术创作大都用素描手段推敲构思、探索形式。素描除了作为艺术创作的不可缺少的基础功能之外，它还有超出艺术范畴之外的社会功能。随着社会的发展，许多部门、许多专业，诸如，生产、科研、教育、宣传等部门的许多专业需要用素描手段辅助工作。如用素描记录观察所得、默记、表达设想、探讨设计、标明物体结构、图解文字概念及科学技术原理、示范操作和动作规程等。这些广泛的社会需要与提高全民的科学文化水平有着密切的关系。素描既是我国自古就有的，又是有相当深厚传统的，不断吸收外来营养的。一个处在不断发展中的学科，如果从理论上能够统一对于素描概念的理解，那就减少了一个由于对素描概念有广狭不同的理解而产生的学习美术要不要学素描的问题，而是应该直接探讨怎样重视素描的基础作用，以及怎样推进素描教学的问题。我们作为艺术工作者必须分清艺术性素描和实用性素描的界限，但作为教育工作者，还需正确地对待社会各方面的需要与分工的问题。当然这并不妨碍实用性的素描也同时具有一定的艺术性，反之也是如此。

我国长期封建专制的统治，严重地束缚了人物画的发展，因为对人体结构的研究为封建礼教所不容。唐以前人物画还较发达，唐以后山水花鸟占了主导地位。

到了清代，沈宗骞在《芥舟学画编》中说："……周身骨骼要从衣外看出，何处是肩，何处是肘，何处是腰，是膝，正立见腹，侧立见背及臀。衣有宽紧长短之别，势有文武动静之异，而骨骼部位总无二致。"他还说："凡初学者先将裸体骨骼约定，后施衣服，亦是起手一法。"松年在《颐园论画》中说："古人初学画人物，先从髑髅画起，骨骼既立，再生血肉，然后穿衣……"这些画论，都反映了当时人物画家们对研究人体的需求。

直至清代灭亡，民国成立以后，画家刘海粟在上海创办美术专门学校，首用裸体模特进行教学，遂引起封建代表人物的责难，以致军阀孙传芳出面阻止未成，甚至发出通缉刘海粟的密令。这场关于裸体模特的封建与反封建的斗争持续了近十年之久。刘海粟以"研究人体结构，生动历程，精神体相"为理由，极力辩护裸体模特之必要。他在回复孙传芳信中谈道："学术兴废之事，非由一人而定也。"

封建军阀的代表们，混淆是非地提出："欲维护沪风化，必先禁止裸体淫画；欲禁淫画必先查禁堂皇于众之上海美术专门学校模特儿一科……"

鲁迅先生明辨复杂的社会现象，深知社会痼疾的根源所在。1922年，他在《对批评家的希望》一文中提出："我们不敢望他们于解剖裁判别人的作品之前，先将自己的精神来解剖裁判一回，看本身有无浅薄卑劣荒谬之处……我希望的不过愿其有一点常识，例如知道裸体画和春画的区别、接吻与性交的区别、尸体解剖与戮尸的区别、猫和老虎的区别、老虎和番菜馆的区别……"这是多么深刻的揭露与辛辣的讽刺，可见这场斗争的规模和深度。作为"学术之器"的徐悲鸿在多年艺术教育中谈素描基本功，强调师造化，强调人体写生，裸体模特儿终于保留下来，这对于促进我国素描的发展及人物画之复兴，有着不可磨灭的历史贡献。

中华人民共和国成立后，1952年《文艺报》17号署名"牛"所作的短文《这是一条岔路》披露，"文艺思想整风之后，某些艺术学校存在着这样的情况：学校当局对待素描这门主要课程，不是从教学内容与教学方法上来改进它，而是干脆把它取消。理由是素描上的问题，可以在创作实习中去解决，没有独立存在的必要，重视它就是学院派的作风。也有这样的领导者，认为素描用人体模特儿就是'资产阶级纯技术观点'，用女模特儿'更是侮辱女性的腐败行为'，坚决主张取消模特写生。至于石膏像写生呢，那也是'不科学的'，理由是：人的颜面的颜色很复杂，对着纯白的石膏像写生，有什么用？那意思是说：石膏像写生也是脱离实际的，也应该废除。"

今天看来这些极"左"思想是可笑的，但在"文革"前就已开始——成为了现实。1964年秋，在党内那个披着革命外衣的"理论权威"的操持下，竟以行政命令在全国范围内各美术院校废除模特教学，并借模特教学之毒害，妄加罪名，广大师生和有关领导干部都要受到审查，株连甚广。不仅正当的学术活动、教学活动横遭破坏，我院师生每人都要做出检查，以"肃清毒害"，人人过关，使广大师生的心灵不同程度地受到亵渎和摧残，恶果难言。

多亏不到一年之后，毛泽东对模特问题作了专门的批示：肯定了男女老少裸体模特儿是绘画和雕塑必需的基本功，不要不行。同时也肯定了徐悲鸿留下了人体素描，以及刘海粟的贡献。可是，批示内容一直没有明确下达，不久即开始"文化大革命"了。停课，停止招生，模特问题也便搁置起来了。可是军宣、工宣入校，或是每换一个新的驻校成员，都把学校有严重问题的人看成是过去"竟画光屁股的人"，真令人啼笑皆非。

1971年，我院工农兵入学，当时学校领导掌实权的大都是一些不学无术的人，笑话百出，可以编成集子。他们又捡起了中华人民共和国成立初期，《文艺报》短文中提到的那些观点，认为素描基本功可以在创作中去解决。提出了"以干成学""以任务带教学，以创作带基础""缺什么补什么，急用先学，立竿见影"。结果，基础课已经不起基础作用，没有系统，没有稳定的计划，任课教师流动很大。把基础课变成被带的一门课，结果是随着创作任务变动而变动，可多可少，今天可以这样，明天可以那样，甚至是可有可无的，"被带动"变成了"被代替"，教学质量、教学成绩可想而知。当然这里也有招生制度问题。

裸体模特真正恢复是"四人帮"打倒后的第三年，即1979年春季开始。从1964年废除到1979年恢复，这是第15个年头。这个损失怎么估量呢，受影响的、被耽误的只是一代人吗？不知道还有什么学科受到如此严重的摧残呢？这种历史现象的重复给我们的启示是什么呢？这些基本问题不弄清楚，我们的具体经验又从何而来呢？一切都是来之不易啊！

（原文发表于《美术学报》1979年）

关于人体艺术

自画家刘海粟首先在上海使用裸体模特进行美术教学，至今已有大半个世纪了。我国在这几十年的时间里，围绕着模特问题、裸体画问题的斗争层出不穷，虽属中国近代新旧思想斗争的必然反映，但也实在是我国美术事业的不幸。

漫长的封建社会严重地限制了我国历代画家对人类本身结构的研究和认识，同时也影响了我国人物画的发展。辛亥革命以后，批判了封建礼教，才有可能在美术教学中使用人体模特。那时皇帝虽已逊位，盘踞地方的军阀势力依然猖獗。孙传芳代表封建遗留，竟然下令取缔已在我国实行数年的模特教学。画家刘海粟不畏强暴，据理力争，他在给孙传芳的信中提出了"学术兴废之事，非由一人而定也"，捍卫了学术原则。在进步言论的支持下，终于使以"明察人体构造，生动历程，精神体相，表现人类伟大生命力"为目的的人体模特教学停留了下来。伟大的思想家鲁迅曾愤慨地在《马上日记》中写道："要证明中国人的不正经，倒在自以为正经地禁止男女同学，禁止模特这件事上。"这场模特斗争，实质上是五四运动反封建的继续。

历史总是以不同的形式重复的。到了20世纪60年代，因为有党内那个"理论家"发难，通过行政命令，重演废除模特教学。此后不久，毛泽东同志专门作了关于模特问题的批示，明确地指出：男女老少裸体模特儿是绘画、雕塑必需的基本功，不要不行。由于可以想到的原因，再加上十年"文革"，这个批示长期未能得到落实，致使我国的美术教育、美术创作遭受到无可估量的损失。

今天，在一些同志中，已有画裸体模特为美术专业所必需的基本功是无可非议的认识，实在得之不易，但是还很不够。因为艺术家对人体的研究与表现绝不限于基本功练习，它也是创作范围的一项课题。

艺术创作，画家画什么，怎样画，雕塑家雕塑什么，怎样雕塑，和作家写什么，怎样写一样，涉及问题虽广，一般来说，大都是学术问题，属于怎样贯彻"双百"方针的问题。一件作品是否出现裸体，应允许作者根据自己的构思、立意去探索，去抉择。文艺复兴时期意大利雕刻家米开朗基罗的代表作《大卫像》是用男裸体表现传说中的英雄形象。法国19世纪雕塑家罗丹的代表作《青铜时代》《思想者》都是用男裸体来表现的。而苏联雕塑家穆希娜在20世纪30年代后期，以一对女裸体人物托举一捆麦穗来揭示她的作品"粮食"的主题。在绘画作品中的裸体形象，就更是常见了。在欧洲各地的建筑群中，在园林中，以及在博物馆中，人体造型艺术作品占有相当高的地位。这些作品反映了艺术家对人类自身的体魄和创造力的赞美。其实，我国的敦煌艺术中早就出现了裸体形象。现代画家徐悲鸿的彩墨画《愚公移山》等作品都有裸体人物的出现。可见裸体人物造型在我国传统艺术中也并不乏先例。

在粉碎了以"四人帮"为代表的现代封建文化专制主义之后，一些美术家挣脱了精神枷锁，刚刚在人体艺术方面迈了一步，不仅没有得到应有的鼓励，反而遭到种种的非难。

现今对于裸体艺术作品的非难，许多仍是重复几十年前的老调。记得芭蕾舞初到中国时，也有人提出"大腿满台跑，工农兵受不了"，加以反对。历史实践证明，受不了的并非工农兵。

早在20世纪20年代，鲁迅就要人们"知道裸体画与春画的区别"，人体画的制作与欣赏和"春画"的兜售与流传是"猫和老虎的区别"，有本质的不同。不能因为在社会生活中确实存在一些像鲁迅所说的"一见短袖子，立刻想到白臂膊，立刻想到全裸体，立刻想到生殖器……"的那种精神低下的人，就宣布穿短袖衫为非法。遗憾的是，半个多世纪过去了，鲁迅要人们知道的一些常识还普及得很不够，致使一些关于人体艺术的批评，不是从作品的思想感情的基本倾向去分析、评论，而是以人体的裸露程度去判断是非。更有甚者，还把社会秩序问题、风化问题、治安问题都与裸体艺术作品联系起来。那些良莠不分、有欠公允的批评，既无助于对社会问题进行科学分析和切实解决，同时更不利于艺术的发展和创作的繁荣。

我国既已拟定将以"四个现代化"的面貌屹立于世界各民族之林的宏伟目标，广大人民群众包括青少年、儿童在内，除了德育、智育、体育，还有权受到正当的美育，其中对人体美的欣赏亦不例外。美术家有责任通过自己的作品鼓舞人民前进，美术家在表现生活中客观存在的美好的形象时，也不应该把表现人类健美体魄排除在外。

美术作品的好坏，情调是否健康，要对具体作品做具体分析，绝不是简单地以着衣或裸体划分界限。美术家的艺术观点正确，审美情趣高尚，表现裸体人物也是健康的，给人以美感和力量的。反之，作者的艺术观点错误，审美观点庸俗低下，即使表现着衣人物，也必然要在作品中反映出低级、庸俗的情调。目前，存在的事实也说明这点。

人体艺术，自古有之，源流不断。美术家没有理由不去批判地继承、研究、创造并普及这方面的知识。人民群众对美术的需求是多方面的，我们无须要求美术家人人都去从事人体艺术创作，但也不必在这方面重设禁区。最近关心美术作品的评论多起来了，这是好事，那种同志式的、有说服力的评论是可贵的。"学术兴废之事由一人而定"的时代已经过去，以人体为题材的作品和其他题材的作品一样，应交给人民群众去鉴定。"人民需要艺术家，艺术家更需要人民"，人民群众会给艺术家和他的作品以应有的评价。

（原文发表于《羊城晚报》1980年6月25日、《美育》1981年第3期）

浑金璞玉，意趣纯真
——评价胡一川的油画艺术

　　油画家胡一川的作品，别具一格，令人注目。画家在艺术上坚守自己的信念，坚持独立的个性，远离媚俗、欺世之风，沿着"我自画我家画"的途径，取得了显著的成就。

　　胡一川对于油画民族化问题有着自己的深切的理解。他认为，任何画种都不是哪一个国家的专利品，主要是工具材料不同，油画在中国是完全可以发展的。胡一川致力于将民族传统绘画的精神，与油画特点的发挥结合起来，辛勤地在生活的源泉里，探索着美的境界，在油画实践中，逐步形成和发展了自己的质朴无华、雄深壮阔的独特艺术风格。

　　沈宗骞说："华之外现者博浮誉于一时，质之中藏者得赏音于千古。"实为精辟之见，古今中外，历来如是。胡一川作画，力戒浮华纤薄，不尚小巧玲珑，在写实中，强调写意，在写意中，着意写实。他的画粗中蕴精，拙中寓巧，深蓄着淳朴的生活本质和自然美质。只有根植于生活的艺术，才具有经久的生命力。

　　胡一川青年时代，在家乡福建就读于集美中学和集美师范学校，曾从吴其珌、张书祈先生学习国画。1929年，进国立杭州艺术专科学校绘画系之后，他又得到潘天寿先生的指导。他的素描和油画基础课受教于李超士和法人克罗多教授，水彩画练习曾得到吴大羽教授的鼓励。这些都是胡一川后来成长和发展的业务基础。

　　胡一川在进步的文艺思想影响下，入杭州艺术专科学校不久，即与同学组织了"一八"艺社，在鲁迅先生的关心和教导下，始以简朴有力的木刻艺术形式，反映劳苦大众的生活面貌和民族意识的觉醒。后为统治当局所不容，遂被开除学籍。

　　秘密的革命活动，艰苦的狱中生活，锻炼了青年画家的战斗意志。抗日战争爆发后，胡一川和其他革命青年一样，经过长途跋涉，辗转到延安。嗣后，在鲁迅艺术学院美术系任教。1942年，他参加了毛泽东同志主持的延安文艺座谈会，更加明确了为人民服务的文艺方向。他曾和学员们一起到敌后方从事美术普及工作，这使他得以研究民间年画的造型和色彩等方面的特点。

　　1946年，张家口解放，胡一川随后入市，一个偶然的机遇下他购得一套旧的油画工具和材料，从此便与油画结下不解之缘。这时画家已年36岁。

　　中华人民共和国成立以后，胡一川曾先后在北京、武汉、广州任美术院校的领导职务，这使他有较好的条件提高油画艺术造诣。他用心地研究了油画前辈李铁夫、徐悲鸿和其他油画家的作品，有时还以"不耻下问"的虚心精神，向一些青年教师学习。凡有外国绘画艺术作品来华展出，他总是不放过前往参观、研究的机会。

　　1957年和1960年，他先后两次以中国文化艺术使者的身份出国访问苏联和波兰等国。他在参观莫斯科、列宁格勒（今圣彼得堡）、基辅、华沙等城市的博物馆和画廊时，从大量的欧洲油画名作中，开阔了眼界，鉴别和领略了各民族传统艺术的精华。这些无疑对于丰富和提高他的油画表现力起了潜移默化的作用。

　　胡一川是一位善于学习、勤于实践的画家。中华人民共和国成立30多年来，画家在繁忙的工作之余，以饱满的热情，先后创作了《矿工》（1949）、《开镣》（1950）、《过鸭绿江》（1952）、《过雪山》（1959）、《前夜》（1961）、《落网》（1962）、《挖洞》（1972）、《推土机》（1973）等作品。这些作品的主题，不论是反映革命历史题材，还是反映现代生活题材，都可以反映出胡一川的深厚的生活基础、鲜明的时代责任感和对人民的真挚感情。

　　《开镣》是场面宏伟的巨作，表现中国人民解放军攻入城市监狱，解救自己的革命同志时的感人情景。画面构思缜密、气氛热烈，把观众视线引向解放军正在敲开革命者脚镣的一组人物，革命者一边接受开镣，一边与另一解放军紧紧地握手，并现出激动之情。火红的军旗高扬，更使主题突出。这幅油画是中华人民共和国成立初期有代表性的作品之一。胡一川于20世纪60年代初期创作的《前夜》，是表现第二次国内革命战争时期革命者暴动前夜的集会，好似在城市郊区一个普通工人家里，与会者正在灯光下商议行动的程序，远处有人瞭望警戒，画面充满了秘密活动的气氛。20世纪70年代初期，画家创作了《挖洞》，表现抗日战争时期人民武装挖地道的斗争生活。洞内三个人物在挖土、运土，那种从容不迫、互相配合的关系令人感到斗争的持久性。

　　上述三幅创作，是画家在不同的年代，经过多年的构思、酝酿而产生的作品，尽管构图形式各有不同，但画家都将人物安排在灯光下活动。胡一川再三地以强烈的明暗对比手法，在深沉的色调中，突出了灯火的光明，不仅合情入理地表达了各自的主题，还给人以热情和亲切感。这种并非偶然的手法重复地运用，正是画家专长的发挥，表达其对光明的喜爱和向往。

　　如果说20世纪50年代的《开镣》，在油画技法上还有某些方面的拘谨之处，到了20世纪60年代的《前夜》已有明显的提高，再到20世纪70年代的《挖洞》时，画家在技法上已经达到了纯熟而精到的程度。画面人物塑造得充实、饱满。油画色彩的印象铿锵有力，充分发挥了油画特有的表现力。《挖洞》虽是胡一川呕心沥血之作，但在那造神有势、以假乱真的"四人帮"逞凶的年代，这件作品遭到歧视是可以想象的。

　　胡一川的创作态度体现了一位老画家对待自己事业的严肃。在创作过程中，他按部就班地抓紧每一个环节。人物的形象、动态、衣履装束都要寻找，对照生活原型作为艺术表现的依据，这也是他的作品造型简括而不概念化的原因所在。在党内"左"的思想指导下，曾有人用行政命令废除模特，搞创作对照模特一度属于非法，甚至还造舆论以画模特为无能。师法自然本是我国民族绘画传统，对照模特，研究真实人物，本属师法自然的一种手段，无可非议。胡一川在这个问题上坚持了实事求是的科学态度。

　　多年来，胡一川为了深入生活，收集创作素材，画了许多风景写生作品。足迹所到，无论是雪山高原，还是海岛矿区、长江三峡、滨海侨乡以至出国访问，都有佳作。如《偏桥》《雪山》《岷江放木》《万县石桥》《列宁住过的草棚》《龙潭水电站》《广海村景》《奇石》《南澳岛》《汕头风光》《碉楼》等。这些作品都是画家不畏严寒酷暑，不辞跋涉辛苦，有时还须忍受饥渴而获取的劳动成果。现在老画家虽已近古稀之年，但他并不满足自己的成就，还坚持争取更多的时间到生活中去写生，可见他在艺术上进取精神的一斑。

从胡一川的写生作品中，我们可以感受到画家对生活、对祖国大好河山的诗情画意。胡一川作画，选材严格，立意求新，构图稳中求险，奇中有正，落落大方。画家在复杂纷呈的景象面前，大胆取舍，不仅使作品洗练概括，而且善于掌握特色。歌德说："艺术真正的生命正在于对个别特殊事物的掌握和描述。"胡一川作画，尊重客观对象，但不拘泥于对象。他在任何景象面前，都像一个谦虚而有见地的学生那样认真领受自然的启示。他强调画家写生要有"独特的观察，独特的理解，独特的表现"。胡一川的油画写生作品，之所以具有耐人寻味的魅力，正是在于"对个别特殊事物的掌握和描述"的独特性。我们从画家20世纪50年代中期所作的《偏桥》《岷江放木》，以及后来出国所作的《列宁住过的草棚》等作品，就可看到在构图、色彩、用笔等方面的艺术处理，因时而异、因地而异，每一幅作品的天空、空间氛围都有变化，空气的清浊、干湿、动静、冷热，表现入微，无雷同之感。

画意的产生，在于画家要由衷地感到自然特有的动人之处，触景生情，才能酝酿丘壑在胸。以意运法，不为法窘，才能达到笔简意饶。《南澳岛》是胡一川20世纪60年代初期到南澳岛写生的成功之作，画面端庄洗练，景次有序地表现了海阔天空的岛屿风光。远山厚涂，以饱蘸颜色的画笔，为探索山势的起伏凹凸而纵横驰骋，画面肌理具有浮雕的效果，与天空海面的色层平薄形成对比。明亮的色彩贴切地表现出山峦土质和阳光的强度，笔法灵活多变，增强了阳光的颤动感，同时我们可以从运笔韵律的节奏中发现画家是怎样地善于体察自然，以及其作画时的激情。

胡一川是20世纪20年代的归侨，对侨乡有着特殊的感情。他曾多次到广东沿海侨乡各地写生。他于20世纪60年代初期赴新会所作的《龙潭水电站》，表现了山区新貌，景色壮观。赴台山所作的《广海村景》表现滨海村镇的街景，云天舞动，色彩明亮，陈旧的建筑、街道，具有引人入胜的空间感。《汕头风光》是画家20世纪70年代初的佳作，色彩笔触粗犷奔放，油画格律严谨，凝重响亮的色彩对比与突出巨石造型的边线有机地结合，浑然一体。天空赋色沉着灵透，间露画底本色，富有空间深度，与前景对比，更加衬托出巨石的色彩斑斓和形体厚实的力量。画家在20世纪60年代初去新会崖门，曾画一幅《奇石》，如同《汕头风光》一样，也是以奇崛的巨石为主体，并突出画面前景。这两幅相距十多年的写生作品，都是将形体不同的石头当作静物甚至是人物一般地刻画、赞美。我们怎能不把这种别出心裁的表现理解为画家对大自然中坚实质重的物性所赋予的情感和寄意呢！

胡一川20世纪80年代的新作《碉楼》表现了台山集镇的一角。高耸的炮楼是中华人民共和国成立前侨乡人民为了防避土匪的劫掠而筹建的公共建筑，各户分室储存财物于内，它是历史生活动乱的见证。画家采用直幅构图，以有利于突出建筑的气势，用刚健的线条勾骨，大块色彩铺陈，整体色调呈暖黄色。严密而坚固的炮楼，透视法度准确，还有周围的房屋、街道、台阶等都具有地方特色。画家在近景和中景处，极为精心地点缀了 6 个人物，更使画面增添了生活气息。

胡一川的油画风景作品，不仅具有咫尺千里的辽阔境界，同时还使人感到有一种气旺势大的扑出画外的力量。

艺术作品是画家心灵的产物。画如其人，一个革命者的乐观主义精神，真诚坦率，豁达大度，对艺术的酷爱、远见、卓识等，这些对于欣赏、理解和研究胡一川的油画艺术，都是十分必要的。

东西方绘画形式迥异，画理相通。胡一川经历了先学国画，再搞版画，后专油画的途径，具有多方面的艺术修养。他的国画和版画的功力都变成了他钻研油画的有利因素。只要认真研究一下他的油画作品，就不难发现这些有利的因素，是怎样地和油画巧妙地融为一种风格的总体。

要发展我国的油画艺术，我们需要更多的画家以脚踏实地的劳动去培植它。一切妄自尊大和妄自菲薄都是没有根据的。

（原文发表于 1981 年第 3 期《画廊》）

"吴芳谷水彩画展"前言

我院师范系最近邀请了汕头一中老教师吴芳谷先生跟班下乡教授水彩风景课。为了美术教育的兴旺和水彩画的普及，我们联合组织了这个画展，作品共 42 幅。

吴芳谷先生是我省著名的水彩画家，汕头市人，现年 64 岁。吴先生早年毕业于上海美术专科学校西画系，而后曾出游南洋诸国。自 1947 年起至今一直在汕头市第一中学任美术教师，积累了丰富的教学经验，成绩卓著，可谓桃李满园、硕果累累。

吴先生辛劳有志，不仅坚守教学岗位，并且坚持水彩艺术实践。在经受了几年"四人帮"的诬陷和折磨之后，又焕发了艺术青春。1981 年春，在省博物馆在中国美术家协会广东分会和汕头地区文联共同主办的"吴芳谷水彩风景画展"，深得好评。吴先生在这段下乡任课的时间里，还同意将自己的作品在封开县城展出，受到县委领导和广大观众的赞赏。

冬过春来，园丁的劳动必然要重新受到重视和肯定。吴先生把普及美术教育工作和艺术实践方面的进取和谐地统一起来。我们从他的质朴、严谨、气度豁达的画风中，看到了一位美术教师的心灵和艺术活力。

（写于 1982 年 4 月）

要进一步加强中小学美术教育

——在广东省中小学美术教学经验交流会
暨广东省中小学美术教研会成立会上的讲话

各位老师、同志们：

省教育厅召开这次美术教学的经验交流会是很有意义的，我很高兴地听取了几位老师的经验介绍，看了一些打印的材料，听了顺德县（今佛山市顺德区）两位老师的美术课。从各位老师创造性的劳动中，受到很大的教益和启发。借此机会我谈点随想。

一是中小学美术课是一门文化基础课，不是"革命文艺"或某种职业教育课，它是现代教育的组成部分，是每个人在接受普及教育过程中不可缺少的一门课，有没有学好这门课直接关系着一个人未来的劳动素质和工作素质。

一个地区或一个企业的决策者，如果知道美术设计与产品更新的关系，他必将重视职工在美术能力方面的提高。不言而喻，一位校长如果知道美术的功能，他也会重视这方面的建设。有些领导讲些违反常识的话，除了后来学习不够的原因，很重要的是在接受普及教育的年龄阶段，缺乏全面的文化基础教育。

今天，我们面临着建设社会主义物质文明和精神文明的艰巨任务，我们要培养建设"四化"的劳动大军，就必须重视研究我们的教育对象所应有的知识结构、文化素质和思想品德。我认为美术课是必不可少的，应该花大力气去加强。

鲁迅先生在1913年写了一篇《拟布播美术意见书》，那时他在当时的教育部工作，文中谈到美术的目的与致用，他用"表见文化，辅翼道德，救援经济"12字来概括。当时的美术概念是包括音乐在内的，这12个字无论是对于今天的音乐还是美术，仍有它的现实意义。

自从清末废科举之后，书院、学堂教育，图画和手工两门课均列入了普及教育的必修课，一直到中华人民共和国成立前后，许多地方保持了每周两节美术课教学，而我们30多年来只是每周一节课。当然，学时少可以用第二课堂来弥补。但有些地方由于种种原因长期不开美术课，如果长期缺课，必然带来难以估量的后果。因此，我认为主要是解决思想不重视的问题。

我们说中小学美术课是文化基础课，而不是某种职业教育课，就像语文、历史、数学等课一样，是最基本的文化教育。语文课不能着眼于培养作家，历史课不能着眼于培养历史学家，否则就必然影响教育的普及性。社会上各种分工、各种职业都要求多些有文化的劳动者，都要求语文的表达能力，都要求有一定的历史知识。在普及教育中，语文、历史等课基础打得好，将来自然会有一部分人专门从事写作、出版、秘书等方面的工作。美术课也是如此，社会分工不可能需要那么多的画家。但要发展国民经济，我们的衣、食、住、行都会有对美的追求：服装、食品、住宅、环境、交通工具和设施等都要求美术的设计。如果从事各行各业的人能在青少年时期受到基础的美术教育，无疑，他们的工作质量、劳动价值都将会有力促进社会的发展和进步。

今年的高考，对报考建筑专业的考生，要加试徒手画，这是很明智的。因为建筑、建筑群体、城市规划，标志一个城市的文明，要求建筑师要有较高的审美创造力，要有形体、空间的想象力和表现力。欧洲许多国家将建筑系设在美术学院里是有道理的。建筑专业招生要加试徒手画，向我们中学美术课教学提出新的要求，初中美术课要打好基础，到了高中也不能间断学习。许多国家高中都设美术课，因为不仅建筑专业，许多专业都要求有美术文化基础。

二是扩大"美术"观念，树立总体审美思想，进行全面的美术教育。我们在教学中，应对"美术"这个概念理解得宽泛些。绘画技法固然要教，手工也要做，更重要的是使学生了解各种艺术形式。如绘画、雕刻、建筑、设计美术等虽然不同，但它们是互有联系的，建筑艺术的构成，往往和雕刻、壁画、室内外的装饰设计是分不开的，可以说是多种设计创造的综合。一本书有平面设计、插图，更重要的是立体的总体设计，它是装饰艺术、造型艺术、印刷工艺的总和。成功的书籍装帧可以代表一个民族的文化，流传广泛而久远。

指导思想明确了，在教学中便可以贯穿总体美的鉴赏和创造。美术课时虽然有限，学生一旦有了总体的审美意识，就可以把平时的观察力、注意力与审美实践结合起来，养成审美的良好习惯。日积月累，提高审美能力就有了基础，精神生活就会感到充实、丰富。

在现实生活中，肯花钱可以表现阔气，但不一定换来真正的美感。许多东西单看也许还是美的，拼凑在一起，并不一定是美的。美的组合是受审美观制约的，一个人的审美观应同学历、经济实力成正比，但又不一定成正比，关键是他有没有受到相称的美术教育。这正如一个人的道德应和学历成正比，但又不一定成正比，也要看他平时有无注意品德修养一样。

譬如，最近我接触到的不少园林建筑，花了不少钱去模仿假东西，如用水泥仿制石头、树皮、攀藤，用塑料仿制葡萄、各种植物叶、花卉等。园林设计都要求质材美的组合，那种真假混杂的设计，以假乱真的模仿，削弱了总体美的创造和设计美的感染力，因为真实的生活环境不同于舞台和影棚，应强调自然美、真实美，以真材实料的巧妙运用为贵。纸扎的花，玉雕的叶，形体虽逼真，色彩再漂亮也是没有生命力的，蜡制的果品摆在水果店里、餐桌上及静物台上，都不能引起人们真正的美感，反而令人不快。

审美能力应从小开始锻炼，有了总体鉴赏的意识，学生在生活中就能开阔视野，去欣赏自然美、生活美、艺术美，就能有更多的收获。

三是学习美术，画素描与数学有一定的联系。讲清道理，可以引起更多人的兴趣。如比例关系，黄金分割律，点、线、面、体、垂直线、水平线、弧线、角度的运用都是数学的运用。要回答学生为什么要画几何形体，为什么画球形体不用圆规、画方形体不用直尺，而是要靠目测，徒手画与用器画的区别，等等。要使学生认识，理解基本透视的规律、明暗变化的规律，看到疏密层次、空间层次，这都是数学的变化。许多艺术形

式都有这些构成的规律。

四是教学方法和教学手段,要尽可能地生动、灵活、多样。总体说来,儿童、青少年都喜爱美术,都有这方面的才能潜力。如果教学得法,可以引起更多同学的兴趣,有了兴趣,也就不难做到重视美术课的学习。譬如画圆球体,大家可以从各个角度去观察比较,选定位置。要强调多观察实物,多观察自然,使学生看到比例。体积特点,光线变化与和谐的美。讲写生构图时,可以与摄影取景结合起来,可以按1∶20和1∶35两种比例关系进行取景、构图,绘画更要根据特定的画幅比例进行构图。

要普及电化教育手段,提高教学效果,可以使学生鉴赏许多作品,欣赏到艺术美。可以要求学生带着一个小本子,画速写,记录一些材料,锻炼文字与图画并用,表达认识能力。

五是美育是终身教育,有它的连续性。我们中小学的美术老师在工作中要互相关心,互相支持,同时还要关心幼儿的美育。今后的独生子女越来越多,父母亲都希望自己的子女自幼受到良好的教育,我们重视了这方面的工作,这就是面向未来,面向更远的未来。

(原文发表于《中小学美术教育》1983年第9期)

素描教学讲座纲要

　　素描作为造型艺术的基础，具有两方面的含义：一、素描是创作过程中不可缺少的组成部分；二、素描能力是进行艺术创作必需的基本功。

　　鲁迅先生在世时极为关心青年画家们的成长，他屡次在文章里，在通信里谆谆教导青年作者要重视素描基础工夫，重视"远近法"与"明暗法"的掌握。

　　掌握素描造型能力的途径：不外一是写生，二是临摹。怎样处理这二者的关系，涉及如何对待艺术的"源"与"流"的关系问题。研究传统是为了发展传统。要发展传统，必须通过写生的途径，必须从生活的源泉中汲取营养和力量。素描写生实践是对于作者认识、思维的检验。素描写生的目的在于提高作者对于生活中客观物象的观察能力、理解能力和表现能力，并从中理解绘画艺术的某些规律。

　　临摹别人的作品，须有明确的目的和要求，对临本要有所选择。临摹不宜专摹一家，而要广览博取。以学习借鉴为目的临摹，要求形迹的逼真固然重要，更重要的是体会作者的用心和对生活的态度，启发自己在艺术表现方面的探索精神。

　　在写生与临摹中出现的一些弊病，都不是写生与临摹本身的问题，关键在于提高思想认识，正确地对待传统的继承与传统的发展的关系，写生因传统而深，传统因写生而明，关系掌握得好，就会互有补益。

　　作为造型艺术基础的素描写生作业练习的目的，不仅是为了掌握认识物象的手段和表现物象的手段，同时还是为了掌握用以感人的手段，作画者如果失去了艺术性的要求，对美的探求就无法达到感人的目的。不论是寥寥数笔的速写，还是一幅长期作业，或是一个局部练习，都应该是根据作画者的情感和见识表现出来，是画意的表达，而不是冷冰的客观描写和对自然现象的临摹。它应该是源于自然形态而又高于自然形态的艺术表现，是主观与客观的统一。

　　只有坚持辩证唯物主义的认识论——"认识的能动作用，不但表现于从感性的认识到理性的认识之能动的飞跃，更重要的还须表现于从理性的认识到革命的实践之一飞跃。"——才能使素描写生成为源于自然形态，而又高于自然形态。那种缺乏主见或套用成见的方法，不能在具体事物面前指引具体分析，更无法捕捉住和表现出对象那种具有本质意义的东西。因此，凡属于源于自然形态而又高于自然形态的艺术风格是最有生命力的风格。

　　在舆论风格问题中，常见的是将复杂的形成因素简单化而成为一种模式，缺乏具体分析而用类型的模式去套用。

　　我们素描教学的目的，是通过写生实践，锻炼学生对生活形象的观察力和造型表现力，从而理解创作中的某些规律，培养学生独立思考和独立工作能力，使他们在未来的艺术创作实践中有较宽阔的和长远的道路。在基本训练中必须坚持严格的训练原则，应注意以下几点。

一、严于指导思想的明确性

（1）学习目的：达到独立钻研的长远目标。
（2）学习态度：严肃性、肯定性、认真。
（3）认识论：辩证唯物主义的认识论，认识到本质与非本质。
（4）作业的要求：循序渐进的正确性，立意的重要性。

二、观察方法

（1）形体比例的敏感性，避免片面性、表面性、主观性。
（2）观察要求：全面、整体、深入。
（3）艺术效果的整体感、谐和感、美感，画意的体现。

三、表现形式多样性

（1）如何落幅，工具材料，画幅尺寸。
（2）艺术语言的丰富性，长短结合。
（3）表现方法，概括性。

四、表现形象的生动性、明确性、深刻性

（1）笔少画多，捕捉形象，深刻形象。
（2）笔简意饶。

上述几个方面的问题，不仅教师应该掌握原则，从严要求，而且还应逐步变成学生的自觉要求。如果学生还不懂得这些问题的重要性，不懂得理论指导实践的意义，那也就检验出学生还缺乏独立思考的能力。这种缺乏独立思考能力的学生只能做一个随波逐流的画匠，如不注意加强思考基础，难以继续深造。

素描练习严格要求，苦练基本功这是大家都同意的，严在何处不一定有统一的认识。严格得准确就有利于学生独立思考，发展个人独特风格，严格得不准确就会束缚学生的发展。

真正的独特风格是随着练功的深入而形成的。那种表面的临摹对象，记录对象的自然主义倾向，把面面俱到、"有闻必录"当作严格，必然导致统一的照相风格或图解风格。这种视而不见、脱离对象、失去了对象的个性，把对象的表现变成主观臆造，任何对象都如法炮制，也会导致另外一种千篇一律。

在舆论风格问题中常见的是将复杂的风格问题简单化、定型化。绝对地、孤立地、静止地看待风格问题，是不利于艺术发展的。有的人甚至用表现手段、用线去划分风格，甚至民族风格，把线条和调子对立起来。其实，古今中外多少画家使用线条和明暗调子，但有多少明显不同的风格啊！

有些同志强调专业的不同，素描练习的要求也应不同，这看起来似乎也是对的。

至于国画，我只能说很赞成李可染先生说的"素描是研究形象的科学，它概括了绘画语言的基本法则和规律。素描的唯一目的就是准确地反映客观形象，形象描绘的准确性、体面、明暗、光线的科学道理，对中国画发展只有好处，没有坏处"，"说西洋素描会影响发展民族风格，这是一种浅见。缺乏民族风格关键在于对民族传统的各个方面没有进行深入的研究，没有把自己民族的东西放在主要地位，而不在于学习了素描"。又比如版画，常见的是木版、石版、铜版，又该适应哪一种版画？即使艺术版一种，风格又何其多样，有的强调写实性，有的强调装饰性，有的强调黑白对比，有的强调调子层次。这一切本来都是正常的现象，若从基础课就提出要适应专业要求，既不利于素描的基础训练，也不利于专业本身多种风格的发展。

因此，我主张各个专业的素描基础目的、要求是一致的，不同的是教学内容、时数、画幅大小的差别。生活中大量的事例表明，凡素描造型能力强的学生，变换专业不仅不难上手，而且有的还可以做出比较优秀的成绩。

我们必须从思想上划清"四人帮"推行的那种的以创作带教学的界限，着重素描教学应有的相对独立性，更不必要求立竿见影地为创作服务。必须承认，基础课的共同规律性是主要的、是基本的。教学要考虑与创作结合的问题，也要考虑与其他基础课的关系，如水彩、水粉画、彩墨画。这些画也需要素描基础，因此，我想国画专业为了发展白描，画一点以线为主的素描也未尝不可，但如果以为画以线为主的素描就可以解决适应国画的问题，这未免有很大的片面性。这只能说是为了某种国画的需要，但远远不是全部。国画除描法，还有皴法、没骨法、渲染法等，只会线的素描，基础就很不全面。工笔重彩虽要勾勒，但重彩的浓淡层次也是很重要的。国画的笔墨，除了用笔还要用墨。我认为墨色的运用就更需要有运用调子的基础。关于墨色的运用，清画家笪重光说："宜浓反淡则神不全，宜淡反浓则韵不足。"墨色的运用关系到一幅画的神韵，还不重要吗？把国画的部分要求，当成全部要求也是不利于国画发展的。

可贵的不是现成的、类型化的风格的适应，而是富有个性的、创新的风格。关于艺术风格，马克思认为："风格就是人。"罗丹认为："素描，实在说来，世界上有多少艺术家，就有多少种素描和色彩。"鲁迅认为："一张画或是一个雕像，其实是作者的思想与人格的表现。"表面化地追随某种现成风格，也就有失去自我的独特风格的危险。

独特风格的形成是一个艰苦的劳动过程，它是随着艺术思想和审美观念的提高而自然形成的。在学画刚入门进行严格训练的同时，必经注意有利于学生个性的发展。对风格的评价总是与艺术的创造性的发挥成正比的。一旦艺术失去了创造性，风格也就停止了发展。

素描教学中的师生关系，既有教与学的关系，也有在学术上互相探讨的平等关系。在训练造型基础的同时，也奠定了艺术民主的基础，这是发展繁荣艺术的必要条件。

艺术写生的传承

"诗画均有江山之助"是清人盛大士在《溪山卧游录》中说的话。他还说:"画家惟眼前好景不可错过。盖旧人稿本,皆是板法。惟自然之景,活泼泼地。故昔人登山临水,每于皮袋中置描笔在内。或于好景处见树有怪异,便当模写记之,分外有发生之意。登楼远眺,于空阔处看云彩。古人所谓天开图画者是也。夫作诗必藉佳山水,而已被前人说去,则后人无取赘说,若夫林峦之浓淡浅深,烟云之灭没变幻,有诗不能传,而独传之于画者,且倏忽隐现。并无人先摹稿子,而惟我遇之,遂为独得之秘,岂可觑面失之乎,若一时未得纸笔,亦需以指画肚,务得其意之所在。"

我国传统画论有"画有四难"之说,即"笔少画多""境显意深""险不入怪,平不类弱""结营惨淡,结构自然"四难,应当成为我们致力追求的目标。怎样从传统画论的精华中,领悟一些基本的艺术道理,运用到素描实践中去?徐悲鸿、吴作人、王式廓等画家的艺术成就,可以给我们以启发。凡有志于美术的青年,都要重视这方面的学习,只有在传统面前,在生活面前,才能获得进行艺术创造所必需的去伪存真、去粗取精的吸收能力。

达·芬奇画论

达·芬奇认为比例是"艺术之母和女王","比例不仅在数和度量中,而且也在声、重力、时间、位置和在任何的力之中都可以找到","画家只凭实践和眼的判断作画而没有任何的思想,就好像一面镜子,只是将放在它面前的物体反映出来,并不具有关于它们的知识"。在现实生活中物象体量大小,比例关系无处不在。达·芬奇还说:"不要用鲜明的轮廓来描筋肉,但是光的柔和不自觉地转变为令人愉快的迷人的光暗;美妙和美就以此为先决条件。"此论可比对今人一些素描表象。

古人云:画乃心迹,心性良善,热爱生活,方能随时发现生活之美。达·芬奇说:"自然是那么博人欢心,那么形形色色取之不尽,以致在同一品种的树木中也不会遇到这棵和另一颗完全相似的树木,不仅树木,而且树枝,树叶和果实,也不会碰到这一个和另一个丝毫不差的东西。"

达·芬奇的素描用钢笔,钢笔和海绵并用,银色铅笔、粉笔、红色软铅笔、意大利铅笔和色粉笔。他擅于描绘,时而是不可捉摸的纤细的线,时而是粗重而有力的线,时而是严谨而练达的线,时而是奔放曲折宛如旋转的线。他最善于使用红软铅笔,施以阴影突出肌肉的弹性。

学习古人不仅读懂他们的作品而且还要读懂他们的画论、经验。

罗丹论素描

"无知的人所喜欢的,就是在制作上那种毫无表现力的烦琐,虚假的高贵姿态。庸俗的人完全不懂得这种大胆的简练,将无谓的细节迅速放过,只注意整体的真实,他们也完全不懂得诚挚的观察。"

"艺术上的素描,好比文学上文体的风格。装腔作势,故意炫耀的文体都是不好的。"

"真正好的素描,好的文体,就是那些我们想不到去赞美的素描与文体,因为我们完全为文体所表达的内容所吸引。"

"一知半解的人见解错误,是因为他们认为世间只有一种素描……实在说来,世界上有多少艺术家,就有多少种素描和色彩。"

(写于20世纪80年代初)

谈谈美术师范专业基础

我国已经进入了建设社会主义物质文明和精神文明的历史新阶段。党的十二大把教育和科学列为发展经济的战略重点之一，教育要在"四个现代化"建设中起先导作用。

普及教育是强国富民之本，任何进步的思想、优良的文化传统、先进的科学技术，都要通过普及教育才能得到继承和发扬。现在人们逐渐认识到智力开发与经济建设的密切关系，没有全体劳动者的知识化，也就谈不上社会主义"四个现代化"，重视知识、渴求知识已成为社会的普遍要求和时代的要求。

审美能力和美的实践能力是人类本质特征之一，人类社会的物质生活、精神生活都是按照美的规律去创造的，个人审美能力和审美观点的高低是决定个人和社会完善程度的标志。因此，美育在普及教育中应占有相当的地位，它在形成、发展、健全人格方面有着不可取代的作用。中学美术课是美育的组成部分，美术课教学的普及与提高是现代文明建设的迫切需求。历史的社会的多种原因造成了美术教师的奇缺，为了培养社会急需的美术教学人才，我院开设了美术师范专业，这正是高等教育为普及教育服务的体现。这个专业无论是设在师范院校，还是设在美术院校，其培养中等学校美术教师的目标是一致的。只有培养出合格的教师，才能有效地为普及教育服务。这就要求教与学都要有明确的指导思想，需要师生两个方面的共同努力。

美术师范专业教学计划要求学生"热爱中国共产党，热爱社会主义；努力学习马列主义、毛泽东思想的基本原理，逐步树立辩证唯物主义和历史唯物主义观点；具有爱国主义、国际主义精神和共产主义道德品质；坚决执行党的教育方针政策，忠诚党的教育事业，自觉地为社会主义四个现代化建设服务"。师范专业学生要努力使自己具备上述思想品德，同时要"掌握本专业所需要的基础理论、基本知识和基本技能，具有一定的分析问题和解决问题的能力；掌握马克思主义教育理论，能胜任中等学校美术教学工作，具有对青少年进行教育和组织活动的初步能力；能用一种外国语阅读本专业外文书刊"。这些基本要求就是美术师范专业课程设置的出发点和归宿。

学习任何专业，对于专业的认识都有深浅之分，对于专业基础的理解也有宽窄之别，因而决定了学者对自己的要求有高低之不同。古人有"士先志""学莫先于立志"之说，就是强调了志向、志气的重要性，有无明确的学习目的要求，其学习效果就迥然不同。

美术师范专业学生现在所接受的一切教育，都是为了将来做好育人的工作。育人，首先是思想教育，新的历史时期对教师提出了更高的要求。

教育者必须首先受教育。政治理论课、教育理论课、文艺理论课，以及技法理论课，都是必修的基础理论课。专业思想的巩固与提高，全赖思想、理论的武装，掌握了牢固的理论基础，便有了学习的动力、努力的方向和鉴别能力，更利于发挥全面学习的主动性和积极性。

美术师范专业是现代教育学科的一个方面，是由早期的图画手工科演变发展而来的，推算起来在我国已有近80年的历史。我国许多老一辈的美术家与图画手工科的教或学有直接关系。图画与手工原为早期师范学堂的共同课，成立专门学科是从1906年开始，所设的课程有中国画（山水、花卉）、西洋画（素描、水彩、油画）、用器画（平面几何画、立体几何画、透视画等），手工课有纸工、编织、雕塑、竹工、木工、金工、漆工、工艺美术等课程。后来除了师范院校设图画手工科，在美术专科学校也设师范科，在抗战期间曾改名为绘画劳作科，实质还是图画、手工并重，其与普及教育和社会生产结合的意向，仍有研究、借鉴的现实意义。

中华人民共和国成立后，美术事业发展很快，这和重视它的宣传功能有关，但对于美术的教育功能认识不足，致使美术师范专业发展不快，中学里的美术课不但未能改变一直延下来的属"小三门"的地位，以致变成可有可无，或根本不开这门课，实在令人叹息！

"文革"对于教育事业破坏的惨重，除了政治上的原因，许多文物遭受破坏，和文化教育不发达的社会基础不无关系。后来"四人帮"篡党夺权心切，出于他们的舆论需要，竟然把中学美术课冠以"革命文艺"的头衔，全称为"革命文艺·美术"，从根本上改变了它的美育性质的文化基础。

自从党的十一届三中全会以来，思想重新解放，知识重新受到肯定，教师的社会地位迅速地得到提高，整个社会重心转移到经济建设方面来。随着教育事业的大发展，美术师范专业也呈现了美好的前景。

应该看到，在美术学院办师范专业，有利的一面是对美术基础的重视，不利的一面是师范的特点和要求容易被忽视。要能摆脱轻视普及教育的陈旧观念和习惯势力的干扰，必须把专业学习和教育事业的发展联系起来，树立献身教育的决心和理想。

从1980年全国中小学美术教材会议制定的初中美术课教学内容来看，它对于美术教师的现实要求是很高的，很全面的。在初中三个学年的美术课中，欣赏课占20%、绘画课占40%、工艺课占30%、雕塑课占10%。在欣赏课中有美术讲话，包括"美术课的目的与任务""美术与生活""美术与科技"等。美术作品介绍，包括各种画种和艺术形式的介绍，中外美术史知识和作品介绍。在绘画课中，有铅笔画、水彩画、水墨画、白描和工笔人物画，以及透视、构图练习等。工艺课有图案的描法、构成、写生、便化、设计、剪刻纸、纸工、编织、木偶、脸谱、废品工、竹工、木工、石工、金工等。雕塑课有花卉浮雕、小泥塑、人物、动物雕塑等。

为了适应中学美术课学习面广的需要，美术师范专业教学不能不具有综合性强的特点。

根据资料介绍，国外一些多科性大学中美术系学生一般都要选修绘画、雕塑、工艺美术、摄影等课程，有人称之为"百科全书式"的教育。只有这样，才有利于科学技术与美术的结合，同时也有利于学生毕业后对工作选择的适应性。美术系学生若想选择教师工作，还须另外修满教育课各门的学分，获得教师资格证以后，才能担任教师工作，可见他们对于培养师资的重视。而我们往往因专业面过窄造成分配工作的困难，即使有了工作也会由于思路不展而感到不适应，以至于不能正确对待工作中所遇到的矛盾。

美术师范专业培养中学师资的目标非常明确，大量的职位虚位以待，根本不存在难以分配的问题，但更需要"百科全书式"的教育，进行"知类通达"的训练，打好全面的基础。学生对某一画种的爱好，到了高年级，可能与选修课统一起来，也有可能不能统一。选修课的开设，既要考虑师生的专长和志愿，更要考虑教育发展的全面需要。如果选修课只开绘画课，不开工艺课，长此下去，必然要削弱中小学美术课中工艺美术的教学质量，以至违背教学的目的性。从社会发展的广泛需要着想，工艺美术的教学内容，只能加强，不能削弱。绘画课可以培养学生的写生能力，陶冶品性，工艺课则养成美的创造技能和热爱劳动的习惯。总之，"图画"和"手工"的教学内容不可偏废。为此就要求我们在专业教学中要有无偏废之思想。中小学的美术课主要目的还在于普及美育、开发智能。通过美术欣赏、美术知识、美术技能的教学实践，使学生的注意力、观察力、审美力、记忆力、想象力和思维能力得到加强，美术教学的普及面越宽，学生的智能发展途径也越宽阔。

知识的丰富与渊博是教师的重要条件。所以，美术师范专业在招生录取工作中要强调把好文化课这一关，要逐步改变只重绘画技术而不重视文化提高的社会风气，因为学生将来的工作对象是求知欲强的青少年，要上好美术课不仅要有一定的美术实践能力，还要能系统地介绍美术知识、美学知识、中外美术史的基本知识，也要旁及自然的、地理的、历史的、现代的、政治的、社会的……各方面的知识。要使自己能够因材施教，回答问题，就要很好地用知识武装起来，才能保证应有的教育质量。

随着时代、社会的发展，知识的互相渗入日益深化，知识的密集度日益增高，知识的整体性也越来越强，知识比较丰富的人，也有一个要不断更新知识结构的问题。我们搞社会主义现代化建设，已有科学家提出科学与美术结合的课题。在中学美术课中安排"美术与科技"的教学内容，这是时代发展的需求，不仅要求我们有丰富的美术知识，还要掌握一定的科技知识，否则就讲不好它们的关系。

一个人的文化水平是由基本的文史基础决定的。中国美术史和外国美术史均是专业必修课，我们可以从中了解艺术发展和人才成长的规律，从古人的智慧和创造中吸取才智。尤其是中国美术历史文明更可以培养爱祖国、爱人民的思想感情，领悟民族精神，鼓舞信心，继承和发扬优秀的传统，创造新的民族文化。

美术教师要有一定的美学知识和良好的审美修养，这是对学生进行美育的必要前提。美术课应将审美教育贯穿到整个教学全过程中，使学生逐渐产生良好的审美意识，在日常学习生活中能够欣赏自然美、艺术美、科学美、伦理美，进而能够主动发现美、创造美。

美术学院开设美学课是当务之急，美学的建树是美术教育的长远需要，现实的困难是可以克服的，很需要有志于美术教育者开展对美学的学习和研究工作。

美术的基础知识是现在和将来必需的教学内容，各种美术形式都有其自身的发展历史和形式特点，应在平时学习中全面地、系统地掌握和运用。

绘画基础课由造型基础和色彩基础构成，其目的是训练这两个方面的基本功。绘画基本功的训练不是简单的技术操作，也不是复杂的手艺训练，它要通过写生，结合实际，有见识地进行循序渐进的练习。它需要技术，更需有审美理想和创造性的发挥。

造型基础严格地说起来应包括平面上的造型（绘画）和立体造型（雕塑）。在基础训练中平面上的素描造型练习占较大的比重。素描作为一门基础课，不仅要锻炼准确性、立体感、空间感，与此同时还要逐步解决一系列的思想认识问题，如作画的态度、步骤、方法，观察与造型的整体感，画面的完整性和对风格的理解，明确写生的目的和意义，求实与艺术性的关系，造型与传神的关系等。

素描练习是审美的艺术实践，既要求艺术性，又要求科学性，要把艺术的真实与科学的真实统一起来；应当重视物体造型的结构基础和透视学知识的掌握，以及运用这些知识表现物象实际的能力。

色彩基础课主要是通过色彩画（水彩、水粉、油画等）写生，掌握观察色彩的方法，熟悉色彩变化规律和工具材料的性能，锻炼用色彩造型的能力。

水彩画具有用途广、易普及的特点，同时也是学习其他色彩画的基础，故在美术师范专业中水彩画既是普修的共同课，又是高年级重点选修的课程之一。

"中国画"又称"国画""彩墨画"，是我国民族绘画的传统画种，列入美术师范专业的必修课、选修课是必然的。通过写生、临摹、欣赏，使学生全面而系统地掌握民族传统绘画的理论、知识和技法，掌握它的造型规律、特点和技巧。

中国画源远流长，内容和形式都极为丰富，代表我国悠久历史文化发展的一个重要方面，也是对人类文明的贡献，需要我们很好地学习和继承，要从多方面去研究和探讨，使其精华得到普及和发扬光大。

虽然各种绘画形式不同、材料不同，但它们都不能脱离对现实生活的观察与研究，这也是绘画发展的必由之路。写生因传统而深，传统因写生而明，对象写生与研究传统是互相促进的关系，不可使它们对立起来。

工艺美术，又称应用美术，既是专业必修课，又被列为高年级选修课，工艺美术是个含义很广的概念，教学内容非常丰富，其基本练习也分为平面的和立体的，即平面构成和立体构成两大类。

图案是平面构成的基础，要求运用图案的基本理论、各种表现技法，熟悉图案色彩的特点，掌握实际应用的能力，写生、便化与构成是图案的基本功。图案的生命力和发展在于它来自生活，要通过写生、便化、构成相互联系的步骤，掌握单独纹样与连续纹样的组织能力。

立体构成是立体形的设计和装饰基础，它是与平面构成相对而言的。凡不属于平面构成的，均可列入立体构成，如装饰雕刻、陶瓷器皿、商品包装、书籍装帧、家具用具、建筑、空间布置等，范围很广。除了训练造型、设色的想象力，还要求材质的运用和组合能力。

立体构成与国民经济生产和社会生活的美化有密切的关系，大至建筑工程群体的城市规划，园林设计，公共场所的布置，工业品的造型，小至手工艺品的设计，以及服装、发型、食品造型的设计等都需要日益美化，不断地提高。如果在各个生产和服务岗

位上的劳动者在接受普及教育时，未能得到应有的美术教育，或是美术教育质量不高，那将给工作带来一定的局限或不利的影响。因此，要在美术师范专业学习中强调打好工艺美术的基础，多学习，多研究，多做宣传工作，要引起各方面的重视。

语文是文化的基础，它包括语言和文字两个方面的表达能力。首先谈谈语言方面的要求。

教师的工作特点是用语言讲课，语言的表达能力是教师工作的基本技能。教师应在学习期间，注意语言练习，养成良好的语言习惯；要及早给自己提出严格的要求，从多方面努力，在集体民主的生活中积极发言，表演说唱节目，参加演讲比赛等活动。教师在推广普通话方面有义不容辞的责任，教师讲课对学生也是语言的示范，直接关系着教学效果。教师要在学生时期学好普通话，注意语言的净化、表达力和感染力。

高年级的教学实习是对专业学习的检验，也是语言基本功的检验。教师要在实习前使自己的语言表达能力符合明确、畅达、条理清晰、简洁、生动的要求，就要有良好的思维能力和语言习惯。

文字的表达能力或称为作文能力，它和讲话一样，要合乎法度、规则。说与写都是思想的反映，首先要想得正确、清楚，想不正确、不清楚，肯定写起来必然谬误连篇，文理不通。为了作文的条理清晰，应养成写提纲的习惯，写提纲可以训练思维方法。

本科生的学年论文和毕业论文是对学生写作能力的检验。要写好论文，须及早打好全面学习的基础，如思想、理论、知识、写作等方面的基础。为此，必须加强对专业的认识、听讲、看书、参观、作画、作笔记以至写日记、写信，都要有严格的要求，持之以恒、日积月累，文字的表达能力就会有明显的提高。

美术师范专业培养的是普及教育工作者，它的基础在于适应中等学校美术课教学的"多能"，而不是"一专"。这并不排除学生在多能的基础上发挥专长，以至达到某一美术专业的优秀水平，但不能用专门美术工作者、专门设计工作者、专门理论工作者的水平去要求学生，不能用这些专业的水平去衡量教学的得失，要以合格的教师为标准检验教学成果，否则对于美术师范专业的切实发展是不利的。

（原文发表于《美术学报》1983 年第 11 期）

重视美术作品的欣赏教育功能

古今中外各个民族的美术家的优秀作品,既为本民族的文化发展历史增添光彩,同时也是全人类共同的宝贵的精神财富。我们教育工作者应该重视运用人类文化遗产和现代艺术的优秀作品教育后代,使他们通过欣赏和研究,丰富精神生活,陶冶性情,增进知识,扩展眼界,活跃思维,提高审美能力。

美术作品欣赏是美术课教学的组成部分,也是美育的重要内容。美术作品,无论是绘画或是雕刻,都是形象的表现或创造。在美术作品欣赏中,教师应引导学生去忖度、理解作者的创作意图,还要自问,作品给自己留下了什么印象。要经过反复地观赏和思考,才能有所收获。美术作品题材广泛。形式多样,观者的知识面越宽,就越容易接受作品的内容,领略其美妙之处。如果你欣赏有素,还可以熟悉一些画家的风格特点,以至于不经介绍就可以知道作者是谁。

齐白石所作的花卉草虫,形象鲜明易懂,具有不同于照片的真实性。他画的梅花、牵牛花、虾、蟹、老鼠等,在笔墨之间充满了老画家淳朴而高尚的艺术情趣。如画两只小鸡在争夺一条蚯蚓,题曰《他日相呼》。又如画一只老鼠坐在秤钩上,与秤锤平衡,题曰《自称》。将文图结合起来欣赏,更加发人深思。徐悲鸿和齐白石都用水墨作画,取材和表现风格却有明显的不同。前者爱画奔马、睡猫、醒狮,都有寓意。他的大型人物画,多取材于历史故事,如结合作品创作年代给予介绍,更可以看到画家关心人民疾苦的感情和爱国主义思想。

美术作品是美术家心灵的产物。美术家在作品中体现出的创造性如何,还要经受社会以及历史的检验。达·芬奇所创作的油画肖像《蒙娜丽莎》是一幅世界名画,她的原型是一位商人的妻子。画家所画的既是具体的人,又是一位富有意大利文艺复兴时代特点的妇女典型。画家成功地表现了她那轻松自若而又端庄的美。达·芬奇熟悉人体结构,善于运用柔和多变的调子,能够把握住人物形象和心理特征进行深入刻画。这幅杰作的产生不是偶然的,他早年就练就了一手严格的"画蛋"功夫,他在这幅肖像作品的反复探索中付出了四年的心血。这说明,达·芬奇的博学、天才和成功,是来自刻苦的学习和认真的创作实践。

除了美术教学外,语文、政治、地理、历史、外语等课程也可以选一些符合教学内容的美术作品指导学生欣赏。如彩陶、青铜器、洞窟艺术、建筑、绘画、碑刻、书法、民间工艺等,都可用来作为直观的教材。这样既能加强教学效果,又可以提高学生的审美能力。

(原文发表于《广东教育》1983年第7期)

同心协力，研究教学

——在广东省中小学美术教研会成立会上的讲话

各位老师、各位同志：

在省教育厅的领导下，在几位老教育家的关心和支持下，经过同志们的努力筹备，今天广东省中小学美术教育研究会顺利地成立了，它标志着我省中小学美术教育研究的新起点。

科学教育是我国社会主义"四化"建设的战略重点，中小学美术教学是普及教育不可缺少的组成部分。近几年来，我省中小学美术教育是有了明显的起色，但远远还不能满足培养"四化"人才建设的需要，我们还面临着许多困难，最主要的是美术师资的缺乏和经费不足。

这次刚刚结束的教学经验交流会，以及1983年召开的教材教法学习会表明，我们有许多老师在美术教学岗位上，在困难的条件下，积极努力地工作着，做出了成绩，通过论文，总结了自己的美术教学经验，这些经验为今后的教学研究活动打下了一个良好的基础。

我们的中小学美术教育研究会，将在党的教育方针和文艺方针的指引下，团结、组织广大教师学习和研究美术教育理论，总结教学实践经验，开展学术交流活动，为提高我省中小学美术教育质量做出自己的努力。同时希望同志们对于我们今后的工作给予支持和监督。

要开创我省中小学美术教育的新局面，我们还要做许多方面的工作。

第一，我们要站在为我国"四化"建设培养人才的高度，明确美术教学的目的和任务，努力提高教学质量，加强社会责任感，以献身的精神和创造的精神做好工作，做出成绩来。

第二，多做宣传工作，争取更多的同志了解和支持美术教学工作，调动各方面的积极性，争取必要的经费，完善美术教学设备，创造良好的教学条件。

第三，从实际出发，改进教学方法。要使广大的青少年喜爱美术课，重视美术课，也就是要调动学生主动学习美术的兴趣和坚持学习美术的积极性。

第四，希望至今还没有成立教研会的地方尽早创造条件，把教研会组织起来。已经成立的各地、市、县的教研会，要争取教育行政部门的领导和支持，有计划、有要求地开展一些教研活动，采取一些措施，以提高现有教师的素质和教学水平。

（原文发表于《中小学美术教育》1984年第1期）

工作与职业道德

各位同学：

大家面临毕业和工作分配，为了适应社会需要，今天试图给同学们谈谈职业道德问题，使大家有个迎接工作的思想准备。

以往毕业生的工作去向，大致可分三个：一是文化工作单位，二是教育工作单位，三是生产、设计单位。各行各业都有自己的工作要求和行为规范，各行各业都讲自己的职业道德。我只能根据自己的经历和学习体会谈点体会和认识，以供同学们去思考。

一、什么是职业道德

职业道德问题的重要性，在于它关系着个人与事业的前景和成就。

道德是一种社会意识的观念，是人们共同生活及其行为的准则和规范。在有阶级的社会里，不同的阶级有不同的道德观念。

道德可分为政治道德、社会道德、职业道德和婚姻家庭道德。

职业道德是指不同职业的人在从事本职工作时所遵守的道德。社会上每出现一种行业就会产生该行业所应遵守的职业道德。所以，职业道德是道德的一种特殊领域。

职业道德的产生具有悠久的历史，作为一种社会现象，职业道德是与社会分工发展相联系的。在人类历史上，随着手工业、商业的出现，分工和交换逐渐成为一种普遍的社会现象，职业道德就开始产生了。特别是资本主义确立了自己的社会地位之后，伴随着工业化和城市化的发展，自给自足的自然经济解体，在社会生活中的每一个人都不能独立地生产生活资料，生产自己生活所需要的一切。生产的社会化众多职业的出现使人与人之间的联系不能不逐渐扩大，每个行业为了使自己长期存在和发展下去，必须取得人们的信任。为此，各行各业在自己的活动中，就要根据行业的特点，逐渐形成一种比较稳定的规范和规则，约束自己的行动。职业道德的普及与提高，对于社会生活的稳定，具有重大的意义。

例如，商业工作者要遵守商业道德才能取得买主的信任，提出了"童叟无欺""热情待客""货真价实""服务周到"等行为准则。

交通部门要遵守安全行船、安全行车的道德。海员的职业道德就是要保证旅客的安全：在船遇到海难时，必须全力抢救；在旅客未脱险前，船长和船员绝对不许弃船逃命。

行医的有医德，从艺的有艺德。

唐代名医孙思邈是很讲医德的人。他认为"人命至重，贵于千金，一方济之，德愈

于此"。他还要求行医者不管病者贫富贵贱,应一视同仁。看病时要精神专注,不可旁视室内的陈设,不受环境的影响……所以受到后来中医的普遍重视。

齐白石所说的"作画妙在似与不似之间,不似则欺世,太似则媚俗",这里提出了美学观点,同时也提出了职业道德问题——作为一个画家要不欺世,不媚俗。

相声表演艺术家侯宝林说:"相声演员要首先下定一个决心就是甘心情愿地为人民服务。"他还说:"相声演员要具备两个品质,老实、厚道。即老老实实地做人,绝不能搞投机捞外快,糟蹋艺术。厚道就是要与人为善,人民内部的讽刺要从善意的批评帮助出发。"

中国工农红军的"三大纪律""八项注意",是在战争年代制定的一种军人的道德规范,其中有说话和气、买卖要公平、借东西要还、损坏东西要赔、不打人和骂人、不虐待俘虏、不许搜腰包、不许调戏妇女等。它批判地继承了古代的文化传统,推动了战争的胜利发展。解放军的三大纪律:一切行动听指挥人、不拿群众一针一线、一切缴获要归公,反映了人民军队的性质,使解放军受到了人民的拥护。

二、职业道德与精神文明

职业道德的产生和发展与社会精神文明的发展是一致的。

职业道德不能脱离人类道德发展的轨道而单独存在。从职业道德的具体内容来看,每一个时期的职业道德,总是受一定社会阶级道德的影响和制约,都要从一个侧面反映阶级道德的状况。

资本主义在商业活动中提出"顾客总是有理""顾客就是上帝",尽量充分满足顾客的要求,用各种方式约束自己的职工,防止与顾客可能发生的冲突。

在资本主义社会,讲不讲商业道德都是为了获取更多的利润。1982年《健康报》(6月17日)载:我国从日本进口的药品"救心丹",原配方规定用熊胆,可是经检验,发现用的都是猪胆,为此有关部门决定向日方退货索赔,同时发出停止使用的通知。

日本明治维新时期的一位学者福泽谕吉曾经写道:"世界上如无德教,犹如暗夜无灯,就无从辨别事物的方向。"他说:"德教犹如寒暑,而文明犹如寒暑表",德教增长一分,文明也随着上升一分。

社会主义制度下的精神文明,特别是在道德领域中的表现出来的精神文明,由于它摆脱了人对人的奴役,剥削压迫和欺骗,从本质上看应该远远高于一切剥削制度下的精神文明。

社会主义条件下的职业道德,在整个社会范围内是调整人与人之间关系的一种重要的行为规范。人们遵守职业道德,既不应有虚伪和欺骗的目的,也不应仅仅服从于个人或本企业盈利的考虑,更不能见利忘义,用不道德的手段坑害国家和人民。

不容否认我们的社会上还存在着大量的个人与个人、个人与集体、集体与集体的利益上的冲突,我们就是要通过政治的、经济的、社会的、道德的种种手段协调解决各种利益上的冲突。使人与人之间的关系建立在平等的同志式的基础上。各行各业都要遵守最核心的道德要求,即全心全意为人民服务,为社会主义服务。

我们必须进行广泛而深入的职业道德教育,帮助各行各业做好自己的本职工作,从而推动物质文明和精神文明建设的发展。社会主义社会要求商业工作者具有商业道德,做到热情主动为顾客服务,不许掺假、缺分量以免顾客受损失,其目的动机已不是追逐利润,而真正是为顾客着想,使职业道德不仅是一种规范和原则,而且还表现为一种理想和精神,使职业道德的内容得到扩展。

如商业工作者,扩大服务范围,卖药的还负责介绍医生,负责代客煎药,卖菜的负责便民的火柴和邮票等"便民措施"。乘务员负责接送老、幼旅客。小学教师负责背学生过桥,涉水等。医生要想尽一切办法减轻病人痛苦使他康复。

容志行很讲体育道德,志行风格广为传颂,起了旗帜的作用,不仅是我们体育界的精神文明,而且是整个社会的精神文明。

三、功夫与道德的关系

广东遂溪县人都喜欢练功夫,原来很多人学了功夫就打架,后来把他们组织起来,搞了一个武术队,归公社文化站领导,这些原来不大遵守秩序的人,很快成为协助政法部门维持治安,勇于同坏人坏事做斗争的先进分子。

他们定了十条武德,共同遵守,不但化消极因素为积极因素,而且把传统武术在新的历史条件下发扬起来,做到古为今用。

可见教育一旦完善起来,就可以把人的体力、智力和道德力量推向更远。

1980年以后的一年的时间内,北京友谊宾馆的服务员表现了良好的道德风尚,先后涌出拾金不昧的事例792起,拾到人民币、外币、外汇券折合人民币11万多元,照相机62架、手表20只、各种金银首饰15件,还有录音机、半导体收音机、计算器、摄像机等贵重物品100多件。这些东西,除了个别找不到失主以外,都送还了失主。一位日本朋友说:"送还的东西,饱含着比金钱更贵重的友情。他们那诚实、高尚、纯洁的心灵给我留下了美好的印象。"

旅游业的服务道德,关系着民族的尊严和国际友情。

四、职业道德的教育和训练

要使社会职业道德得到普及和提高,就必须引起社会重视职业道德的教育和训练。

在社会中,并不是人人都了解自己工作的意义、社会职责,工作的实际表现反映出不同的人对道德的理解和认识有很大的差异。因此,他们的工作态度和效果也很不相同。

要使职业道德的教育和训练取得良好的效果,就必须把职业道德教育与职业技能教育很好地结合起来。从各行各业的实际情况来看,一个人要胜任本职工作,需要具备多方面的条件,如知识素养、劳动技能、身体状况和精神面貌等方面的因素。任何职业都要从职业道德和职业技能两个方面训练自己的职工。而每个职业工作者也应自觉地从这两方面加强学养。

一种职业道德在社会中的影响如何是与它的普及程度有关的,广泛地宣传各行各业的职业道德,对于整个社会主义文明建设具有重大的意义。

一是广泛而深入地进行职业道德教育,有助于每个社会成员乐业、敬业、做好本职工作,从而有力地推动物质文明和精神文明建设的发展。社会是一个有机的整体,各行各业都需要,如工人、农民、战士、知识分子,后者包括教师、干部、科学家、艺术家等社会群体。随着家用电器的发展,必然要兴起家用电器的维修行业,随着高大建筑的发展必然兴起电梯制造业。随着社会主义民主的制度化和法律化,为了调节集体与集体之间、个人与个人之间、集体与个人之间的关系,律师这门职业也必然要兴旺起来……各行各业都是社会需要的,都能为社会做出贡献。只有各行各业都热爱本职工作,才能增强责任感,做好本职工作。

二是通过职业道德教育,培养人们良好的品德,调整我们社会中人与人之间的关系,促进同志们的平等关系。在社会生活中大量的人与人之间的关系是通过本职工作表现出来的,当然,也要通过社会生活、政治生活、家庭生活反映出来。职业道德可以调整自己服务对象之间的关系,使人感到无论是乘车、住宿、买东西,都是融洽的,心情舒畅的。

此外,职业道德也调整本行业内部关系,加强相互间的信任和合作,反对互相封锁,垄断资料,反对沽名钓誉,弄虚作假,抄袭剽窃。

教师对帮助青年人怎样自觉成才起到"传帮带"作用。运动员为了祖国的荣誉,可以放弃自己的系统训练,甘为别人当陪练。

三是广泛而深入地进行职业道德教育有助于改变社会风气。一切不正之风,如"开后门"、弄虚作假、以权谋私等都是与职业道德相违背的。

任何一种工作都是与一定的职责和权利联系在一起的。工作作风、经营作风、领导作风都要反映出职业道德的水准来。要使社会风气的根本好转,一定要搞好职业道德教育。

每一个行业如果不遵守起码的职业道德要求,必然要使社会产生大量的生活矛盾,不能建立相互信任的关系。一是要加强事业心,要使自己把心扑在事业上或是说全心全意从事自己的职业。凡有利于事业发展的,就尽力去做,既要考虑眼前,更要考虑长远的需要,只有想到事业要不断发展,才能从根本上去下功夫。二是德智体美全面发展,才能做好工作。未来的文化工作、教育工作和设计工作,这三大方面的工作都要求全面发展。为人民服务要有一定的本领,这本领不单是画得好就完了,要注意全面发展,对工作的适应性才强。三是要注意品德修养,学艺术要求感情丰富、强烈,但感情不能代替品德,品德基本属于理智范畴。

在中国文联第四届全委会第二次会议通过的文艺工作者公约八条中,第六条是"注重职业道德,端正思想作风,提倡谦虚谨慎,反对骄傲自满。自觉抵制资产阶级思想、封建残余思想和各种不正之风的侵蚀,做一个有理想、有道德、守纪律、勤恳朴实、品格高尚的文艺工作者"。公约的八条是互相联系,不可分割的,是对文艺工作者的全面要求。

社会分工有各行各业,各行各业都要求热爱祖国,忠于人民,坚持四项基本原则,全心全意为人民服务,为社会主义服务。各行各业在自己的互不相同的岗位上,都有各自专门要求的职业道德。

道德观和艺术观一样,是世界观的组成部分,是思想认识的反映,道德观既不是天生的,也不是临时学习可能获得的。它是长期学习、实践修养的结果。

多年来,文化艺术界也出现了不少的先进工作者,精神文明的标兵,他们不仅是艺高,德也高。德高,使它们的艺术发挥了更大的作用。他们的为人民服务的精神,弘扬民族文化的精神,全身心地投入的创作精神、表演精神,在人民心目中都留有美好的形象。

下面重点谈谈编辑和教师的职业道德。

关于编辑的职业道德修养:编辑工作的性质、责任,要求他应该成为他人的表率、楷模。他们思想应该纯正,心灵善美,道德情操高尚,感情丰富,作风正派,旗帜应该是鲜明的。编辑工作在社会主义精神文明建设中具有十分重要的地位。从发展社会精神生产的角度看它是精神产品的加工厂,从丰富群众生活的角度看,它是精神食粮的运输线。

关于教师的职业道德修养:道德规范的原则是经过概括的、合乎标准的知识。从这规范引申出来的教师的道德是十分复杂的,例如教师对待劳动、对待学生(自己的劳动对象)、对待教育过程的所有的其他参加者,形成了各种主客观关系,这就是教师和教育劳动的关系、教师和学生的关系、和学生集体的关系、教师和学生家长的关系、教师和自己同事的关系和教师集体及学校行政机关的关系,教师和社会的关系。教师和教育劳动关系的产生先于教师和其他方面的关系,并且教师始终保持着他/她和劳动的关系,这种关系在其他各种关系中变化着。有些教师虽有知识,热爱自己的劳动,却不善于与同学建立起正常的合作关系与和睦相处的关系,对于这样的教师来说,教师劳动是半自流的,缺乏效果的。这容易造成学生不理解或不信任教师对他们的善意,怀疑教师言论和行动的公正性,以至教师不能维持正常的教学秩序。

在教师和学生家长之间也会出现不正常的关系。

教师对待自己劳动的态度包括选择职业、对待职业的态度、关心职业劳动质量和提高以及教育事业的整体发展。

总之教师要有献身精神和创造精神,热爱自己的教育对象,随时随地学习,充实自己的修养和精神的内蕴,起到为人师表的作用。

(写于1984年5月)

素描教学感想篇

　　素描教学在我国现代美术教育中的基础作用日益明显，无论学习什么美术专业，素描乃必由之途径。素描功力的深浅，将给学习以深远的影响。因此，全面和深入地认识素描的含义和功能是十分必要的。

　　学习素描要有正确的指导思想、端正的学习态度、明确的练习要求，才能收到良好的效果。反过来，素描练习又是对学习思想、态度、认识的检验和端正的过程。素描练习是重要的审美活动，并能陶冶性情。

　　素描教学以写生为主，写生是直接地研究物象现实。首先是观察力的培养，要能看到形体、比例、结构、运动、空间、光线、质量等方面的特征和美质。通过比较，做出判断，运用笔法，应物象形。更重要的是明确重点，突出画意，训练扼其精要的能力。用观察的整体性、深刻性，克服片面性和表面性。熟悉客观规律性，避免偶然性。在写生实践中使眼、脑、手逐渐敏捷起来。

　　表现物象特征，主要是依靠探索正确的比例，凡形体结构都有其独特的比例关系。广义地讲，除了长短、大小、宽窄之外，还有明暗层次、疏密、参差等，它们都是按照一定的比例关系互相制约着。形体结构各方面的特征，都是通过比例关系的特殊性显现出来的。因此，离开比例关系的敏感力是无法掌握个性特征的。

　　素描写生，不可无法。掌握了基本方法，还要不被成法所拘，努力做到自出手眼、别出心裁，使表现方法灵活多变，做到得心应手。这当然并非短期训练所能达到的。学习素描，要有丰富的知识，其中包括对人体结构的了解。素描写生要运用知识，不可违背知识，但不可用素描写生作知识的图解。运用知识和手法，与显示知识和手法，有本质之别，不可不加思考和区别。要使一切知识和手法变成"营养"，化为一种创造性的精神力量，奔向练习的中心目的。

　　素描写生不仅是研究物象的手段（包括人体组织结构、运动规律的研究），同时还是表现物象的手段。它应该是科学性与艺术性的统一。素描写生不仅需要严肃认真的工作态度，还需要有饱满的探索生活美、自然美的热情。从这个意义上来说，素描练习也是艺术创作（设计）的起点。画人物要求生动、传神，画风景要表现空间意境，画动物、植物要表现生长规律和活力，画静物要表现形体、质感之美。无论使用什么工具，在造型中作者的感情一直和笔力融合在一起活动着，直线、曲线、实线、虚线、点和面都成为思想认识与感情活动的痕迹。

　　在素描练习中主要的作业与辅助性作业应有区别。在辅助性作业中所作的科学分析，在主要作业中的细致描写，都要与艺术概括力的培养结合起来；要善于概括物象的精神、实质，使生动活泼的素描形式富有深厚的意蕴，使它产生耐人寻味的吸引力。

素描写生不仅是学生的必修课，也应是美术工作者毕生坚持的基本功。正确的素描观点为画家开辟了广阔而深远的创作前景，使画家密切保持与生活的联系，对于生活物象采取具体感知的写生，使画家排除了艺术表现的程式化和表面性，使艺术形象具有现实的说服力。

素描教学的各种工具材料都有优越性和局限性，使用工具材料可以有所偏重，以某种工具之长攻另一种工具之短是没有必要的。素描教学中所出现的问题，应从教与学两个方面去总结经验。

（原文发表于《素描》1984年第7期）

一代新风，势质俱盛

胡一川画展先后在穗、京两地举行，是我国文艺界可喜的事情。这个画展是一川同志从事文艺工作半个多世纪以来第一次个人作品展览，其中有早期的木刻版画、巨幅油画创作和写生风景画，这些作品鲜明地展示了画家艺术风格的独特与高尚，给我们以深刻的印象和启迪。

一川同志在学生时代就参加了进步的文艺活动，并接受到党的教育。他的艺术风格是在鲁迅先生的影响下从木刻版画开始的。1931年在上海举办的"一八艺社习作展览"中就有他的《饥民》《流离》《囚》等作品，这些木刻作品因富有战斗性而开我国现代版画运动之先河。抗日战争爆发后，一川同志奔赴延安，在鲁迅艺术学院任木刻教员，并率木刻工作团到敌后开展宣传工作。这个时期他先后创作了为数不少的木刻版画、木刻连环画、木刻宣传画，还创造了套色木刻如《牛犋变工》《胜利归来》《攻城》《不许通行》等作品，及时地反映了前方的斗争和后方的生产情景，使木刻艺术与时代的使命、人民群众对文化的需求更加紧密地结合起来。

中华人民共和国成立后，一川同志开始在美术院校担任领导工作，这使他有条件进行油画艺术创作。他于1950年所作的《开镣》是一幅纪念碑式的革命历史画。通过激动人心的打开脚镣的场面，概括地表现了祖国人民获得自由、走向光明的历史时刻。优秀的作品是能够经受时间的考验的。《开镣》作为中华人民共和国成立初期有代表性的作品之一，今天再看，更显得难能可贵。画家20世纪60年代的代表作《前夜》，是表现第二次国内革命战争时期革命者组织暴动的集会情景，画面充满了秘密而紧张的气氛。20世纪70年代创作的《挖洞》，反映了抗日战争时期人民武装挖地道的斗争生活：在拱形的地道里，3个挖土的人物相互配合，向前掘进，充满了抗战必胜的信念。前面所述的3件作品表明，一川同志善于运用强烈明暗对比的手法，根据各自的主题，巧妙地将人物安排在特定环境里的灯光下活动，有力地加强了人物间的关系，传达出一种温暖、亲切的感情。在光线的表现方面，我们不能不想到这是对乔治·拉吐尔、伦勃朗等人的优秀传统的继承和发展，同时也融合了他的木刻版画的风格。

生活是艺术的源泉。一川同志对生活一直保持炽热的感情。1982年，他到江浙一带写生作画持续达百余日，每到一地，不惊动别人，宿食节俭，对生活抱艰苦、谦虚研究的态度，画风也随之一新。一川同志在生活中善于选择有代表性的形象，使风景更具有社会意义。近年来，他更加自觉地进入矿区写生，反映与能源、交通有关的题材，如《红工煤矿》《四望嶂煤矿》《龙岩铁矿》《闽西探宝》等作品，都有一定的时代特点。

胡一川在艺术表述方面，强调的是主观与客观的统一。他遵循对景造意、师法自然、当场写生、以景抒情的传统准则，每逢作画从不匆忙起手，尤其是对那些要画三四次才完成的作品，更是立意求新，着力于开始阶段的置陈布势，在确定轮廓位置的结构线条方面推敲再三，有时竟夜不成眠，起身骤看、细看画面的基本结构，弄清得失之处，以利继续工作。

面对实景，怎样取势求质，全靠画家的经验和创造性的发挥。一川同志的作品经得住远看，甚至远看效果更好，这正是他的功力所在。古语有云："远则取其势，近则取其质。"这要求作品无论是远看还是近看，都具有艺术的感染力。20世纪60年代作的《龙潭水电站》用直幅构图，以突出高耸的山势；近作《红工煤矿》用横幅低视平线表现了井架的壮观；《厦鼓轮渡》则强调了海面的壮阔与平远；《东海岸》以高视平线表现了惊涛骇浪不可阻挡的气势。画家用直幅表现的《西湖风光》更是别出心裁，用行进着的红、黄二色的两只帆板装点湖面，与云水相辉映，使西湖更加美丽而富有生气。胡一川的风景画有强烈的外光特点，色彩浓厚而明快，与多变的笔法相结合，使坚实的山石、建筑，清澈流动的湖海，云晴变幻的天空等都能得到深入实质的表现。"咫尺应须论万里"，作者要有深远的空间观念才能探索到宏伟的境界。尤其是天空是色调的主宰，是更要花气力的。一川同志能够将探索天空空间的无限性与时间气候的特定性统一起来，因此，他的每一幅写生作品，既有强烈的空间感，又有本身的特色。

一川同志写生，坚持站立作画，他虽已年逾七旬，仍能连续站立作画达数小时之久，有时画到吃饭时间，在原地吃点干粮，餐后又画，或边吃边画。有时遇到天气恶劣，也不动摇工作到底的决心。《闽西探宝》就是在雨伞下面完成的，可见他的工作精神。站立作画，进退方便，同时也便于调动全身气力，挥毫用笔、抒发情感，以达到气韵生动的艺术效果。一川同志写生回避纤巧，不嫌于拙；拙笨成熟，已成大巧；既写实，又写意，一笔一画都发之于感觉和情思。他那刚劲有力的笔触，时而如斧劈，时而如凿刻，也有游刃自如之笔迹。为了发挥笔力，他喜欢将画纸钉在木板上，或直接画在板材上面，而不喜用画布。这可能是画家多年从事木刻而养成的爱好吧！《龙岩富铁》设色沉雄，用笔苍劲，重而不滞，显而不跳，给人以一种特有的拙韵美感。另一幅《我的故乡——福建永定中川》色彩明快而含蓄，笔法肯定而细致，流露着作者对家乡怀念和赞美的感情。

一川同志不愧为延安文艺座谈会的参加者，他有明确而坚定的艺术方向，对现实生活充满了激情和信心。他的作品始终洋溢着时代的革命精神，我们读他的画作，有如欣赏激昂的乐曲，或铿锵的诗文，令人振奋。"画乃心印"，高尚的艺术是由画家朴实、纯真的心灵孕育出来的，见画如见其人。胡一川同志多年身居领导岗位，一直保持艰苦朴素的思想作风和工作作风。他平易近人，不求闻达，不计名位。这次展览也是在同志们敦促下举行的。可幸的是，岭南美术出版社已将有代表性的作品编入了《胡一川风景画选》并发行于世，它将和展览一样，使更多的人了解画家的艺术风格，加强发展中国油画艺术的自信心。

（原文发表于《美术》1984年第3期）

美术鉴赏：《石门》与《南海油田》

油画《石门》和《南海油田》是老画家胡一川近几年来的优秀作品。

《石门》取材于北戴河风景区，作于1981年。据作者本人介绍，《石门》并非当场写生完成，而是根据观感、记忆和想象创作的——他喜爱大自然奇崛之美，在怪石嶙峋的海边，发现了值得赞美的景致，但觉得现场的石群比较繁杂、凌乱，必须经过艺术构思、提炼，才能使画面产生简洁、概括、主体突出的效果。从画面的结构、虚实、线条的运用与组合情况，我们可以看到，在这朴实的艺术表现中，带有一定的装饰性，从而联想到胡一川早期套色木刻的某些特点。画家运用鲜明的黑白分割、浓郁的色彩对比，着意表现石门的凝重、雄伟。画面的空间深度，笔法的粗犷、豁达，更显示了作者的风格特征。如果回顾一下胡一川在20世纪60年代作的《奇石》、20世纪70年代作的《汕头风光》，还可以进一步了解作者油画艺术风格的发展。

另一幅《南海油田》画的是南海崭新的景色，作于1983年。胡一川重视对能源题材的表现，曾多次到煤矿体验生活。他也曾拟到北方和南方的油田去搜集素材，却因条件限制未能如愿。有一次，胡一川乘船途经珠江口，巧遇海上钻井台，他为我国海上油田的开发而欢欣鼓舞，立即速写这一景色。回家后，他运用酣畅、强烈的色彩，奔放自如的笔调，抒发自己的情怀，任心象驰骋，创作了这幅充满诗意的风景油画。在辽阔的海面上，钻井台傲然耸立、火焰在熊熊燃烧，犹如巨型火把，照耀着南海水域，气势非凡，十分壮观。

胡一川这两幅作品表明，他不仅有对景写生的深厚功力，也能将中国画论说的"丘壑成于胸中，既瘝发于笔墨"运用于油画艺术。

（写于1984年11月）

广东油画会第五次展献词

为了适应社会改革的形势，几年来，广东油画会的成员都在不同程度上致力于新的艺术探索，坚持用"年展"的形式，进行艺术交流，请观众鉴赏和评议。

油画艺术可以作为商品，为发展经济、美化生活服务。但其主旨应是社会精神文明的表现，而精神文明是自觉的行动来创造的。

社会生活的迅速发展变化，包括人们的思想、观念的变化，为艺术创作提供了更加丰富的题材。画家的社会责任感则要求他/她用新的形式、语言去表达对生活的新鲜感受。新形式产生于新的认识。

任何艺术，贵在独创。要摆脱他人遗型，显现自己特质，缺乏修养，没有高尚而坚定的品格，是很难达到的。创新是从艺者的共愿，理解各有不同。新旧可以互相转化，泥他人之新，虽新亦旧；化他人之旧，虽旧亦新。创新与传统的继承并非对立，可以统一起来。

为了广东油画的普及与提高，油画会还须进一步努力，开展多方面的工作，诚请同行及各方人士，多多指教。

（原文发表于《展览场刊》1984 年第 12 期）

习艺练功，本固枝荣
——与青年谈学画

常有青年朋友来信，或当面询问学习美术的途径。在不了解对方主观和客观条件的情况下，实在难以提出适合意见。

美术的范围很宽广，形式又多样，所使用的工具材料也各有特点。因此，学习美术要有一定的知识和兴趣选择。在学习中所产生的自负心理、自卑心理都是有害的，应与学习其他科目一样，要严肃认真，以至立定为美术而献身的志向，将来才能有所成就。

美术是视觉艺术，要经受社会广大观众的视觉检验，扩展人们的审美视野。初学美术，首先应注意学习整体比较的观察方法，看到一切现象的配合比例。其次才是学习怎样表现的问题。观察不到整体，就画不出整体；看不到特征，就画不出特征；感觉不到美质，就画不出美质。其中也有审美能力问题。因此，写生作画，不只是手法的训练，而是眼、脑、手的全面训练。要使学习不断提高，达到所谓的"得心应手""自出手眼"的程度，需要有个艰苦的学习过程。

一个人自幼学画，不外乎从想象开始，从临摹开始，或是从写生开始。无论是属于什么情形，都要重视写生画的练习。只有选择师法自然的途径，才能有远大的前程。一般美术基础有三方面：一为素描写生，二为彩绘写生，三为创作（或设计）练习。要使这三个方面结合起来，互相促进，全面发展，当然也可以根据不同情况有所侧重。

写生练习，应由简到繁，循序渐进。无论是简是繁，都是有明确的要求，尽量减少和避免盲目性。常言道"拳不离手，曲不离口"，这是说要勤学多练的意思。但武术家又认为"练拳不练功，则如风絮浮萍，足根无劲。练功再练拳，则本固枝荣"。其实，写生作画也是如此，写生不用气力不行，用气力没在点子上也不行。

一般写生练习，多从静物画开始。首先要使静物的选择、组合合乎情理，布置自然，有主次，有变化。摆静物也是练功夫，可以锻炼想象力、审美力和创造力。要不怕麻烦，多尝试，多比较，择善而从。选好角度，起手作画，是从严格构图、定位置开始，就要注意构图的生动与平衡，表现特定的形体特征和空间环境。在练习中，逐步学会观察、理解、运用透视、明暗及色彩变化规律，以表现具体物象的精神实质。写生不是临摹对象，要有所取舍、抑扬，有自己的鲜明而肯定的见解。

为了打好美术基础，还要多观摩优秀作品，提高艺术鉴赏能力和审美观点。一个人的审美观点与思想感情、品德修养有密切的关系。丰富的文化修养、心灵美是最可贵的精神财富，它能使人看到人类的创造力和高尚的生活目标。愿有更多的青年朋友学好美术，为社会主义文明增添光彩。

（原文发表于《青年生活导报》1985年第1期）

艾尔米塔什博物馆

苏联国立艾米尔塔什博物馆位于列宁格勒市（今圣彼得堡）中的涅瓦河畔，这是一所艺术与文化历史博物馆，以其宏伟、收藏丰富而举世闻名。博物馆由一组从18世纪到19世纪中叶先后兴建的建筑群体构成，这几座建筑物分别由不同的建筑师设计的，既有区别又相互联系，建筑物之间有带顶盖的相同引桥。

博物馆内部的结构和装饰千变万化，互不重复。冬宫一进门的大厅里有富丽的装饰雕刻，巨幅的壁画、天井画，间以镀金的花纹浮雕，完好地保存了巴洛克式的建筑风貌。左右对称的主楼梯台阶是由白色大理石砌成的，上面铺设着红色的地毯，前来的参观者都要由此上楼至各个展览厅。

冬宫里的王座厅拥有800平方米的面积，完全由大理石和镀金的铜质配件构成，孔雀石厅的圆柱、壁柱和壁炉都镶嵌着乌拉尔的孔雀石，色彩瑰丽夺目。陈列厅是艾尔米塔什最早的藏品陈列地方，吊灯晶莹，金碧辉煌，是全博物馆最靓丽的房间之一。从这里，我们可以通到屋顶花园，欣赏令人心旷神怡的胜景。大面积的屋顶上覆盖了两米厚的小层，上面不仅有花草植被，还有小树生长，草坪上布有雕刻、石凳、喷泉等石雕艺术品。

博物馆的藏品按地域、国家、历史时期分别陈列。在中国展厅里不仅可以看到陶瓷、木雕、绘画等古代文物，还有现代国画作品，如齐白石、徐悲鸿、张大千、陈树人等名家绘画。

在艾尔米塔什博物馆众多的展厅中最有魅力的还是西欧绘画作品的陈列厅。一进入意大利文艺复兴时期作品陈列厅，就可以看到占有显要位置的达·芬奇和拉斐尔的圣母像。他们的作品虽风格不同，但都充满了认真进取的精神，与拜占庭时期的圣像画相比，他们完全摆脱了中世纪那种冷酷和神秘的色彩，创造出温柔可亲的母性形象。米开朗基罗的大理石雕刻《痉挛的少年》以完整的造型和完美的结构表现了少年人体运动之美。当转到威尼斯画派的展厅，我们可以看到提香的《忏悔的玛格达林》，笔法兼工带写，色彩沉实而绚烂，生动地表现了玛格达林（又称抹大拉的玛利亚）隐含泪水的眼睛、浓密的秀发、健康的肌肤、内心的激动……采用典型的人物形象，揭示宗教题材的内容。这是文艺复兴时期许多大师所共有的特点，画家所强调的是精神和形体美的统一。

《弹琵琶的女孩》是卡拉瓦乔的早期作品。画家大胆而柔情地表现了普通人的形象。卡拉瓦乔绘画的民主性质和突出明暗对比的艺术手法，给西班牙以及欧洲各国的油画发展影响很大。

西班牙绘画艺术作品布满了一座大厅，琳琅满目。有格列柯的《使徒彼得和巴维

尔》、苏巴朗的《圣母的少年时代》、委拉斯开兹的《早餐》、牟利罗的《男孩和狗》等。

在尼德兰文化艺术品的陈列厅中，属于弗拉曼画派的鲁本斯的作品竟有41件之多，其中不少作品取自神话题材，强调表现人体的丰盈和活力。《野外》一画则表现了纯朴的民间生活和大自然的美。

荷兰画家弗朗斯·哈尔斯的肖像画含有风俗画的特点，可惜这里只有他的两幅作品。另一位荷兰画家伦勃朗的作品则有25件之多。

荷兰小画派的作品也引人注目，所表现的都是现实生活的图景。《一杯柠檬水》《绞弦琴弹奏者》等都是17世纪荷兰市民风俗的写照。

15世纪到19世纪的德国绘画陈列，诸如克拉纳赫的《圣母像》、荷尔拜因的《青年人肖像》以及李伯曼的《田野上的姑娘》都是珍品。

法国艺术品的陈列占有41个展厅，从15世纪到20世纪的著名艺术家都有作品。乌东的《伏尔泰像》是与人同大的大理石雕刻，坐势生动，眼光慧黠，雕刻家真实地表现了这位启蒙学者的形象。夏尔丹的油画《洗衣妇》通过室内外人物和空间的描写，展示了朴素的市民生活情景。安格尔的《古里也夫伯爵像》和德拉克洛瓦的《备马的摩洛哥人》是古典主义和浪漫主义不同风格的鲜明对照。柯罗的风景画《林中》在朦胧的气氛中有一种恬静的诗意美，卢梭的《诺曼底市场》乃是写实主义的先兆。

印象派的作品有莫奈的《草堆》、毕沙罗的《巴黎蒙马特的林荫道》、雷诺阿的《持扇姑娘》、德加的《梳妆台旁》、高更的《持果妇女》、塞尚的《吸烟的人》、凡·高的《茅舍》以及马蒂斯、毕加索等人的作品，都有鲜明的个人风格。

艾尔米塔什博物馆的珍贵收藏给观众留下了深刻的印象。各国伟大的历史文化和艺术珍品使观众得到美的享受，丰富了他们的精神生活。

（原文发表于《美育》1985年第1期）

高等学校的美育与文明建设

美育是现代教育的重要组成部分。要使教育面向现代化，面向世界，面向未来，明确提出美育已刻不容缓。美育的目标就是通过自然美、生活美和艺术美的鉴赏和创造，培养人们的审美意识，完善人们的感情心理结构，与德、智、体等方面的教育协调一致，使受教育者得到真正的全面发展，从而使他们有理想、有能力去创造美好的社会生活。

美育与德、智、体等方面的教育是互相渗透、互相促进的关系。这几方面的教育都不能孤立地进行，也不能相互取代，它们各有其本身独特的范畴和功能。

20世纪50年代初期，我国曾将美育列入教育方针。1957年以后，国内只提德、智、体全面发展，随后国内所编写的教育学相关书籍，对于美育大多是避而远之。由于"左"的思想影响，曾有观点将美育与资产阶级思想体系挂上钩，有时还将美育与修正主义等同起来。排斥美育，给我国教育事业所造成的损失是难以估量的。"文革"期间，"四人帮"对于教育方针的歪曲与破坏，更是不堪回首。那种对"智育第一"的批判，对交白卷的宣扬，以及用劳动代替体育，把运动场改为农业生产用地等做法，都不是偶然现象。其所以至此，除了政治的、历史的原因之外，从另一方面也正说明了我国教育落后，文化不普及，接受过教育的人和领导教育的人并不都是全面发展的，而美育的社会基础就更是薄弱。十年浩劫，许多文化古迹被占用或拆毁，无数艺术珍品被砸烂，这与长期缺乏文化传统教育、缺乏美育不无直接关系。直到"文革"之后，由于教育领域中存在的实用主义观点和追求升学率的倾向，中小学的音乐、美术课（它们是不可缺少的美育基础）至今仍未得到应有的重视，这两门课程的师资奇缺，都说明了问题的严重性。长期缺乏美的教育的后果，必然要经常地反映到社会上和高等教育中来。

党在十一届三中全会以后，确立了实事求是的思想路线；经过拨乱反正，开展全国性的"五讲、四美、三热爱"活动，向全国人民提出了建设社会主义文明的总任务。党的十二届三中全会"关于经济体制改革的决定"，重申了物质文明与精神文明一起抓是我们党坚定不移的方针。为此，如何有计划地、系统地开展与文明建设息息相关的美育便成了全社会的严肃课题。建设文明，发展任何事业，首要的是解决人才问题。最近公布的《中共中央关于教育体制改革的决定》指出，教育体制改革的根本目的是提高民族素质，多出人才，出好人才。高等学校担负着培养"四化"建设所需要的各种专门人才的历史重任，高校学生都是国家未来的栋梁，没有一定的美育基础，他们是无法胜任建设两个文明的时代使命的。美育之所以重要，就在于它关系着民族素质与人才的品性和智能。国外一些未来学学者也都强调审美教育和道德教育。他们认为，在未来高度发达的"电脑时代"里，美育和伦理教育反而会显得更为重要，因为单靠科学技术，

并不能培养出"完善的人"。

历史发展规律表明，人类是按照美的规律来创造生活的。无论是建设物质文明，还是建设精神文明，都要依靠人们的审美想象力和创造力去推动。为了使劳动者具有一定的审美创造力，就要求有相应的审美教育。

从教育的终身性来讲，美育是自小从良好的家庭教育开始的。普及教育阶段的美育应为高等教育的美育打下应有的基础，系统的美育是青少年全面、和谐成长的迫切需要。现实生活的各个方面，诸如学习、劳动、科研、社交、文娱以及生活方式等方面，无不蕴含着审美因素。人们对客观世界的审美认识，全赖于自觉的审美意识和高尚的审美情操。高等学校应教育学生牢固地树立正确的审美观，使他们在审美鉴赏活动中，能够分辨真善美与假恶丑、高尚与低俗、崇高与卑微的界限，从而在学习生活中能够择真而求，择善而从，择美而爱，使自己的言行与高尚的人生、美好的未来紧紧地联结在一起。高校的美育还有另一方面的重要意义，就是它能优化学生的智能结构。人的审美能力不仅是自身的精神文明需要，也是创造物质文明的需要。人的审美能力可直接转化为对各种文学艺术形式的创造，也可以转化为"软技术"而成为各种设计图纸，以提高社会物质文明程度。

例如，建筑物就是建筑师审美意识的体现。建筑师首先在图纸上运用空间组合、比例、线条、体型、质材等艺术语言构成设计意境，然后再通过一系列施工程序来完成。它既是物质的实用空间，又是形象的精神空间。成功的建筑设计，总给人以舒适、愉悦的美感。建筑是百年大计的事情，能否经受得住社会的、时间的检验，能否显示出时代的、地域的文明，这一切都取决于建筑设计师的审美修养和创造才能。

再以工业产品为例。在商品竞争的形势下，多少年一贯制的产品已不受欢迎。任何新产品都要通过美的新形式生产出来，才有可能打开销路。欲在国际市场上占一席地位，更要求有新颖的创造和独特的想象。仅就国内市场而言，由于购买力的提高，消费者对于商品的要求，不仅要能满足实用需求，还要求得到视觉美的享受。许多工业产品，从技术美学的角度看，都是"工业艺术品"，起着美的向导作用。已赢得美誉的产品，也面临怎样改进、更新、保持优势的问题。总之，一切产品，无论大小，都要求美的设计，在造型、选材、设色等方面都要运用美的规律。

高等院校普及美育本身就是精神文明建设，而精神文明的建设更需要各种专门人才的审美创造力去推动。如文学艺术、科学、教育、新闻、出版、广播、电视、卫生、体育，以及图书馆、博物馆、文化馆等方面的工作，都需要加强美的吸引力和感染力，才能更好地发挥本身的职能、作用。

一切美的创造，都要有良好的土壤和条件，才能开花结果。在我们这个经济腾飞的历史时期，各条战线都要求高等院校培养出未来的管理干部和专门人才，在他们的智能结构中，应有较高的审美鉴别能力，才能使美好的事物得以形成、保护和发扬。在现实生活中，美丑不分、高低不辨的现象是很多的，这种现象发生在一般人身上是不足为怪的，但如果发生在有决定权的管理干部身上，就会给工作带来很大的不良影响，甚至造成损失。总之，科学管理不可缺少审美能力。

现在在学的大学生大都是"文革"期间出生的，他们所接受的普及教育是缺乏美育的，再加上社会美育基础薄弱，今日高校的美育不能不带有"补课"的性质，要改变这种现状，就要做多方面的工作。例如：认真开展美育调查研究。各地各校的实际情况不尽相同，面对现实，进行改革，开展各方面的调查都是必要的，学生的美育素质调查亦不例外。高校的美育是人生美育的重要阶段，不可孤立地研究，而要顾及普及教育、家庭教育和社会教育中的美育问题。有条件的应建立专门的机构，拟订专门的美育科研项目，深入探讨美育的地位、功能以及它的规律性。针对现实教育中的实际问题，提出美育的实施方法，在不断总结、汇集经验的基础上，建立我国社会主义美育体系。

将美育的目标和要求渗入各门课程。凡教育工作者，都应像重视德育、智育、体育一样，重视美育，提高自身的审美修养，才有可能将各方面的教育融会贯通，运用美育内容和手段，加强教学效果。从整体来说，青年人都是爱美的，而且愿意按照美的规律塑造自己。我们的教育必须遵循美的规律，培育青年一代。这就产生了教育科学与美学怎样结合的问题。教育青年"约之以规，晓之以理"是必要的。由于过去长期受"左"的思想影响，学生对思想政治工作产生一种逆反心理，这给教育工作造成一定的困难。加强美育，采用青年喜闻乐见的形式，例如运用电化教材及各种艺术手段，借助于情感的、形象的美的感染力，可以产生"动之以情，导之以行"的美育功能，同时也可以达到一定的思想教育目的。

文科及文学艺术各专业，因学生未来的职业就是文艺的创造者，是未来的"人类灵魂工程师"，理应受到良好的、系统的审美教育。树立正确的、健康的审美观点，才能使自己的心灵和美的源泉沟通，学养有素，才能使审美能力逐步提高。文科学生或文艺工作者审美情操的高低，直接影响着用功致力的方向、追求的目标和发展前途，以及艺术风格的高低变化。而用功致力一旦脱离了高尚的审美目标，就会导致艺术上的平庸、低俗，其不良后果绝非时间、条件所能弥补的。

美学原理对于任何专业都是必要的课程，需要开设和普及。为了长远的美育工作需要，急需建立一支美学师资队伍和科研队伍。美学刚刚复兴，美学的应用也在蓬勃地展开，美学人才的培养已成为迫切的任务。凡有条件的地方都应重视这方面的工作。据了解，要将艺术院校的美学课的教学健全起来，需要花大气力培养师资才能满足。

实施技术美学与新技术相结合的教育。现在已进入了科学与艺术相结合的时代，新的工业技术为艺术和美学开辟了更广阔的领域，为美育的实施提供了更好的条件。当代许多科学技术问题、经济问题以及社会问题的解决，都要运用多学科的方法和知识，形成综合性的知识整体，因而，各学科的相互渗透，弥补着人的认识能力的局限。新的技术革命，使知识更新速度加快，对于人才的创造能力要求也越来越高。学校的美育，不仅要增强学生的审美意识，使他们具有形象思维的能力，并使自己的任何活动都带有创造性因素和艺术性色彩，同时还要求学生将技术美学用于新技术的生产训练。技术美学知识的普及与应用，美学与新技术的结合，将不断优化学生的智能，促进各科教学与科研的发展。

用艺术和美学丰富学生课余文化生活。我们的美育是社会主义教育的组成部分，它的发展与社会主义政治、劳动、道德教育是一致的。多姿多彩的现实生活、壮丽多姿的山河以及丰富多彩的文学艺术作品，为美育提供了无比丰富的材料，激发着人们的审美

需求。在现实生活中,每个人都在追求这样或那样的美,只是格调不同,趣味各异罢了。一首歌曲可以激发人的爱国情感,一幅画可以使人憧憬未来,一首诗可以使人更加珍惜年华。对艺术作品的欣赏、评论,能使人的思想活跃,感情激荡,精神充实。学习工作越是紧张,生活节奏越是加速,就越需要审美活动来调节,使精神和心理得到平衡。审美活动一旦养成,将成为一种高尚的乐趣,成为一种自觉的意识和行动,就有可能对不正当的或不健康的消遣活动进行抵制。

大学青年要有丰富的课余文化生活,无论读书、诗歌、音乐、美术、书法、影视、舞蹈、旅游等活动,都有广大的课余爱好者。为了发展学生的个性特长,应根据自愿原则组织学习团体和兴趣小组,聘请适当的教师给予指导。早在五四新文化运动之前,蔡元培先生就倡导过美育,当年他在主持北京大学校政时期,就曾为学生成立乐理研究会、画法研究会等学术团体,还聘请了社会上有成就的音乐家和美术家任导师。近年来,也有一些综合性大学、理工科大学成立了美术教育研究室,聘请名家任顾问或导师,指导青年学生开展美术活动,提高审美认识能力。

用美育的战略观点进行基本建设。高等学校在基本建设和基本设施建设方面,应考虑到长远的美育需要,能够因地制宜,进行有特色的整体规划和环境美化(包括各种设施的布局,园林绿化,室内装饰、布置等)。应增设或改善展览、演出的场地,以利于开展第二课堂的活动。

图书馆、电教馆、资料室等要有计划地添置形象化的欣赏读物,如图片、画册、图书、唱片、录像带等。同时,还要争取条件在公共场所陈设艺术品原作,如绘画、雕塑、壁画、壁挂等,这也是高校文明建设的重要内容,它将潜移默化地给青年一代以深远的审美影响。

审美教育是社会主义文明建设的重要环节,普及美育是时代的需要。作为培养人才的高等院校,必须克服与纠正忽视美育的倾向,把审美教育迅速地提到议事日程上来。

(原文发表于《高教探索》1985年第3期)

中国高等美术学院研究生作品集
——《广州美术学院作品》序

　　学习任何专业，无不强调基础的重要性，美术各科亦不例外。由于对基础的理解与要求有宽窄、深浅的不同，再加上认识与心理矛盾的干扰，并非人人都能打好基础。基础的发展往往不与时间的流逝成正比。正如黎雄才教授为青年题词所说，"学问之道劳而不获者有之，未有不劳而获者也"。从事艺术，欲想达到劳而有获，必须从基本功要求开始，认真领悟艺术的真谛，为自己攀登艺术高峰奠定全面而坚实的基础。

　　美术各专业的艺术形式、工具材料多种多样，各有独特的技术性要求，每种基本练习，都不是一种手艺活，而是一种艺术语言和手段的掌握，最终要运用到艺术形式的创造上去。艺术技能的训练，是受艺术思想、学习作风和审美观点等方面的主观因素制约的。实践出真知，真知指导实践，正确的指导思想是从学习实践中不断总结经验教训获得的。目标明确的自信心，钻研、求实、创新的进取精神，严肃而谦逊的学习态度，鉴别真伪、高低的审美能力等方面的加强和提高，都是发展独立思考能力和工作能力所必需的。

　　历史的经验表明：对于各科基础教学的进程和要求，任何想立竿见影、急于求成的做法都是有害的。基础课不仅要与创作课（或设计课）结合，它还有横向联系，各门基础课之间还有相互结合、相互促进的关系。素描与各种色彩绘画练习作为必修的基础课程，应属整个美术修养的重要组成部分；作为一门课程应保持其相对的独立性，并使课程本身有继承、有适应、有发展。

　　美术各专业的基本练习与创作实习，大抵可分为平面的和立体的、单色的和多色的、长期的和短期的；形式与方法不同，而艺术规律相通。如素描的构画、图画的章法与工艺的平面构成有着共同的经营规律，诸如疏密、分割、对比、变化、均衡、协调等道理是一样的，可以触类旁通。重视这点，就可以扩大学习面，开拓自己的审美视野，获得更多的创作自由。

　　各种写生练习，应将科学规律的认识与审美感受结合起来去表现。眼睛内部结构与花木的生长规律，与制作科学挂图是不同的。前者是为了艺术表现，后者是图解原理。从艺者熟悉结构本身不是目的，而是一种手段的掌握，强调什么，强调结构的哪一方面，强调到什么程度，应由表现画意、探索形象的需要来决定。写生题材的拓展，构图意境很别致，画前人所未画，见他人所未见，需要有一种探索精神和相应的技法，基本练习不仅有丰富的传统可以继承，同时也有广阔的创造天地。

　　根据培养开拓型、创造型人才的需要，美术教育的改革应注重优化学生智能结构的研究。为了打好基础，发展学生个性专长，对于基础科目，应适当放宽，将"多能"

与"一专"结合起来。除了必修课程,还可以根据兴趣选修一定的课程,给予发挥成长的机会,多开选修课是符合因材施教的原则的。在"多能"的基础上发挥专长,是更有实力的专长。随着现代科技的发展,为了解决人类社会所面临的众多问题,人们开始重视各学科目的相互渗透关系。美术各科为自身发展,也有相互渗透的必要。把专业面、基础面规定过窄,既不利于全面发展学生的智能,同时也会影响艺术个性的发展,对于满足社会需要和发展艺术事业都是不利的。

美化环境已成为时代的要求和社会的普遍需要。有关空间美化的任何构思,都要先通过设计效果图体现出来。为了画好效果图,不仅要有素描构成的能力,还必须有色彩的表现能力,要精通透视原理,要善于运用色彩对比,要运用有色调表现意境的能力。因此,绘画、雕塑、壁画、工业设计、染织等各专业,都应将色彩与素描的学习放在重要位置,以使学生所学专业知识适应多方面的需要,并具有相应的竞争能力。

随着社会经济的发展,人民对文化生活的要求越来越高。美术在社会主义文明建设中的地位与职能将日益显其重要。文艺家素有"人类灵魂工程师"的称号,为了培养名实相符的"灵魂工程师",就要发挥教与学两个方面的主动性和积极性,共同研究美术人才的成长规律。认识规律才能遵循规律、运用规律,达到多出人才、出好人才的目的。

广州美术学院大学生、研究生作品集的出版是我院向社会汇报教学成绩的良好机会,由于时间、条件所限,有些优秀作品未能选入,各科作业也未尽平衡。在这已经选出的近160件作品中,不仅可以看到他们对物象敏锐的观察力,还可以看到他们的风格倾向和特点,以及他们对现实生活的认识能力与表现能力,体现了一代青年的精神风貌。

总观之后,也可以看到我院教学的大致情况,诚请广大的读者提出宝贵的意见。

(河南美术出版社 1985 年版)

胸怀宏远，艺教兼精
——观徐悲鸿画展感想

徐悲鸿先生的一生经历了辛亥革命前后到解放战争前后的各个历史时期。画乃心印，我们可以从来展的国画、油画、素描以及图片资料中看到这位画家所经历的生活足迹、艺术道路，感受到他的时代情思。

徐悲鸿一生"视画如生命""爱画入骨髓"，用"拳不离手、曲不离口"的精神，努力创作，并注意保存、收藏作品，从而相对集中地为我们留下了一批珍贵的财富。他去世后，徐夫人廖静文先生根据徐悲鸿先生的意愿，将他数以千计的遗作和藏品，数以万计的图书、图片和资料全部捐献给国家，中央文化部为了纪念徐悲鸿先生，于1954年成立徐悲鸿纪念馆，周恩来总理亲自书写了"悲鸿故居"匾额。

徐悲鸿是一位革新者、开拓者。他22岁以后，就已和高奇峰、陈师曾等画家共商怎样复兴国画，主张新国画应走"中西兼通，融合中西"的道路。实践证明，徐悲鸿的国画创作，无论在选材、艺术构思、构图、形式语言等方面都有独到之处。由于他有传统绘画的功底，他的留欧学习更有明确的目的性和选择性。徐悲鸿在他的国画人物画创作中大胆地运用了男女裸体形象，借以阐明主题，如果没有多年的人体写生的功力是无法达到目的的。

凡杰出艺术家的作品都得到历史的肯定而流传不朽，就在于他们都将自己的艺术实践与民族的兴亡、社会的需要密切地结合在一起，有鲜明的爱憎观、有美好的理想。悲鸿先生的大型油画《田横五百士》《徯我后》，大型国画《愚公移山》《九方皋》，以及未完成的画稿《屈原》《毛主席在人民群众中》《鲁迅与瞿秋白》都反映了他在不同时期的思想感情。他还以奔马、醒狮以及雀、鸡、猫等作品形象，抒情言志。抗日战争期间，徐悲鸿曾到南洋各地举办个人画展，目的是筹款赈济国内战区灾民，激发侨胞的爱国热情。他将此行卖画所得捐款3万余美元全部献给祖国。当年郁达夫在新加坡撰文详细地描述了徐悲鸿"欲以艺术报国的善心"。1951年，在抗美援朝运动高潮时期，徐先生正病卧在床上休养，但他一直关怀志愿军战士们，带病给志愿军写慰问信，连同自己的作品寄给他们。

徐悲鸿作为一位正直的画家，早就提出破除派别，消除门户之见，在学术上唯才是举，对老画家推崇、敬重，对晚辈画家鼓励、提携。在20世纪20年代，他就视齐白石为良师益友，在国内外逢人推崇齐先生，介绍他的作品。齐白石诗句中有"我法何辞万口骂，江南倾胆独徐君"也可以证实他们之间的关系。徐悲鸿称李铁夫的人像画在中国当代堪称独步画坛。1937年5月，徐悲鸿在来粤个人画展目录前言中对岭南派高氏昆仲和陈树人的艺术给予高度评价。1939年，他在香港与赵少昂先生合作画品。抗战胜利后,徐悲鸿为关山月画集写了序言,并给许多有为的画家以热诚的支持。例如徐先生在重庆参观全国木刻展览会后,曾在报上发表感想说,"我在中华民国三十一年十月十五日下午三时发现中国艺术界中一位卓越之天才,乃中国共产党中之人艺术家古元",认为"古元乃是他日国际比赛中之一位选手,而他必将为中国取得光荣"。他这样公开地表扬一位共产党艺术家,是当时重庆国民党统治集团所不快的事。后来古元的艺术成就也证实了悲鸿先生的远见卓识和胆量。

徐悲鸿作为一位美术教育家是学有渊源的,他自1927年留欧归国后,一直从事教育工作,培养青年一代。

1928年,徐悲鸿先生在南京国立中央大学主持艺术教育科工作,一切从培养人才、出好人才出发,不持门户之见,多方延聘教师,如高剑父、张大千、陈之佛、颜文樑、潘玉良、吴作人、傅抱石等先生,用教师的不同风格扩展学生的视野。在徐先生主持国立北平艺术专科学校及中央美术学院期间,更是举贤任能,聘请了齐白石、吴作人、李桦、李苦禅、李可染、叶浅予、王临乙、蒋兆和等诸先生。对于后学者,只要务本求实,学有所成,学有专长,都能给予教席地位,补充师资队伍。

悲鸿先生主持校政,虽事务繁忙,但不脱离教学工作,不仅担任一个班的主课,同时还参加招生工作。1949年,我报考国立北平艺术专科学校时就是徐悲鸿先生口试的学生之一。他口试时,和蔼可亲,给我的印象很深。1951年,徐先生因病比较少到校。1953年,我们毕业前的那个学期,他曾带病给我们开了几次美术史讲座,当时他坐着讲课的,讲稿是用毛笔写在长卷形的宣纸上的。徐先生讲课富于情感,语言饶有风趣。记得他讲到欧洲文艺复兴时,将那时的艺术与中国的宋词做对比。他说,如果用四个字形容文艺复兴时的艺术那就是"惊心动魄",形容宋词只用两个字就够了,那就是"销魂",顿时全场活跃。

徐悲鸿先生对学生是关心备至的。同学王学仲在养病期间曾收到徐先生的一封信,信中写道:"病症静养可愈,需具信心,多食葱蒜,并节思虑,自易恢复,愈后仍需来院学习,以竟前功,所谓'玉不琢,不成器',鼓励勇气,以奏肤功,望弟自爱。"

徐悲鸿先生作为教育家,对于天才的解释,认为主要有三个因素:一是诚实,二是毅力,三是聪明才智。任何天才都要通过实践才能显现出来,所以他经常鼓励学生刻苦用功,"拳不离手,曲不离口"。他说,艺术上的成功,才能只占一分,而毅力占二分,如果单凭才能而无毅力是不能成功的。

悲鸿先生重视师资的培养,积极参加教师进修辅导,他自己也和大家一起画画。他认为从事教育的人应注意品德修养,要德才兼备才能为人师表,不能因有画家的头衔,在品德上就可以打折扣,也不能做徒有虚名的画家。

令人感动的是,根据廖静文先生回忆,徐先生养病期间,已不能起床,却在计划编制一套《爱国主义教育挂图》。他在草拟中的序言里写道:"此一切皆先民劳动天才之创造,此一切皆以美术眼光选刊……"可惜他的计划未能实现,就与世长辞了。今天科学和教育已成为"四化"建设的战略重点之一,他的遗愿因具有迫切的现实意义而可望实现了。

悲鸿先生是自20世纪20年代就开始成为一位鉴赏收藏家的,他早有在中国建立一所外国美术陈列馆的设想,向当时的政府呼吁筹资四万元买欧洲油画原作,未能如愿,只好在同学好友们的支持下买下了几幅欧洲名家的原作。

  悲鸿先生回国后一直过着俭朴的生活,却把薪金之余用来收藏古字画。他收藏的《梅妃写真图》,是"因借债收之"的珍品。悲鸿先生藏画重艺术价值,而不重画家的名气,他的收藏有的来自画店,有的来自小市的旧物摊上,全凭他那敏锐而高深的鉴别力。徐悲鸿在填写干部履历表上"专长"一栏时,既不填"绘画",也不填"美术教育",而是写了"能鉴别古今中外艺术之优劣",可见他将鉴别能力放在首位。"学画当先学鉴别"为的是"目中有画",这是我国传统画论的主张。徐先生的阅历和造诣使他具有敏锐的艺术鉴别力,凭着这种能力,进行美的创造,发现人才,收藏作品,为我们留下了宝贵的精神财富,这是值得后人永远怀念的。

(原文发表于《羊城晚报》1986 年 2 月)

《人体构造艺术》幻灯教学片前言

人体艺术是人类社会文明的一种标志，它反映着各个民族在特定的社会历史条件下对人的自身结构美和力量的认识。生活是一切艺术的源泉，艺术创造是艺术家智慧的结晶。不管这种结晶来自何方，出自何人之手，都是属于全人类的共同财富，每个人都有权利从这极为丰富的人类文化艺术遗产中选择一切有用的东西，汲取自己所需要的营养。

今天，我们正处在改革开放最好的历史时期，在文化建设方面只有正确地对待历史，包括正确地对待人体艺术历史，才能正确地把握现在，才有利于规划和建设未来。

欧美许多国家素有利用人体艺术美化城市、装饰建筑的传统。成功的艺术创造不仅给当地人以审美的享受，同时为广大旅游者所向往，增加了城市的知名度，随之而来的是旅客流量的增多、财富的流入、经济的繁荣，后人深受前人艺术投资的恩惠。现代旅游业的兴旺表明，在文化建设方面的投资不仅满足了人们的精神需求，同时从物质、经济方面也会得到适当的补偿。

随着国内、国际文化交流的发展，电化教学手段的采用，使我们更有条件了解各地艺术宝藏的情况，同时各种艺术形式的传播和普及都会促进我国现代文化建设。为此，我们集体编制了这套《人体造型艺术》幻灯片，供大家欣赏和参考。

应当说明的是，这套幻灯片远远不是一套完整的人体造型艺术资料，也不是系统的美术史教材，而只是在有限的图书资料中撷取一些有代表性的作品，基本上按年代、国家地区和艺术品种编串在一起。为了突出某件作品，或是便于说明不同的艺术家表现同一题材的差异，在编排序列上也有按年代先后颠倒之处。对于一位有经验、有创造性的教师来说，是不会受现有的编号序列局限的，完全可以灵活选用，这是不言而喻的。

自古至今，人体艺术素有品级的差别，并非都是健康的，有的甚至是病态的、低下的，这要靠文化素养、高尚的审美情趣去识别、去借鉴。面对各种文化意识形态，要有个容量，对于长期受封建思想束缚的人来说，会有个思想解放过程，所以要增加这方面的知识和审美实践的机会。在审美实践中去鉴别，在比较中去研究，才能不断提高认识，为发展我国人体艺术创造一个良好的社会环境。

我国自五四新文化运动前后开始引进的人体写生教学，"文化大革命"时期屡遭干扰和破坏，令人沉痛。值得反思的事情还有很多，应引为教训。

现在，我们要培养"四化"建设人才，建设现代化的人才，应树立新的思想、观念，不仅要适应时代的需要，还要有预测未来的观念，其中自然也包括正确对待人体艺术创造的新观念。但愿这套幻灯片也能得到正确的对待，对于一切建设性的、批评性的意见，我们都会认真听取和考虑。

我院文艺理论教研室副研究员司徒常同志、电教科实验师温锦枚同志、图书馆馆员江琼帝同志、教务科负责人周立初同志,在这套幻灯片的选材、摄影、制作、发行中都付出了很多劳动,应在此说明,致谢!

(写于20世纪80年代)

钟耕略的画

　　画家钟耕略，原籍广东，已移居美国多年。他在学生时代，打下了扎实的绘画基础，并专门从师研习过国画。钟耕略初到美国，面对艺术多元化的倾向，发挥自己的特长，探索艺术途径。开始创作时，他受超写实的影响较深，有时借助于摄影机和幻灯机进行创作，但仍能突出自己的造境风格和语言特征。钟耕略的画，多取材于建筑物，门口、阶梯、墙壁等都是他经常表现的对象。近年来，他的兴致又转向冬日落叶的树木，那萧疏的树枝被和煦的阳光所照耀，光影投射在墙壁上，枝影交错，画家着意表现的是虚与实、平静与跳动、冷寂与温暖的对比。只要仔细观赏他的画，不难发现，同一处地方，赋予反复的艺术表现，由于角度的不同和时光的变化，使你看上去毫无重复、雷同的感觉。钟耕略喜用素描的形式语言，刻画景物形象，更有利于突出画面和谐而静谧的气氛。他有时将普通铅笔与颜色铅笔结合使用，也取得良好的艺术效果。钟耕略的油画如同他的素描作品一样，严谨而完整，无懈可击，具有真诚的说服力。钟耕略作画，胸有成竹，遵循严格的步骤，有条不紊，尽管一幅素描也要画上很长时间，但能够做到"抠而不死"，给人以雅静、抒情的美感。钟耕略的风景画没有人物点缀，但能使人感到人的活动和人的感情。他笔下的建筑物是坚实的，树木是充满生机的，我们从中感到了画家对于生活和艺术的美好信念。

（原文发表于《美育》1986 年第 3 期）

波士顿艺术家联合会中国交流画展开幕式致辞

尊敬的克莱特先生，尊敬的美国波士顿艺术团全体成员，女士们，朋友们，同志们：

由克莱特先生率领的美国波士顿艺术团一行10人，带着美国马萨诸塞州人民对广东人民的深情厚谊来到广州，参加波士顿艺术家联合会在广州美术学院举行的画展开幕式。我怀着喜悦的心情，代表广州美术学院全体师生和广东省美术界人士，对远道而来的艺术团全体成员表示热烈的欢迎，并对这次画展的顺利开幕表示祝贺！

美国艺术团的艺术家们给我们带来了10位少数民族作者，所作的20余件美术作品，其中有绘画、雕刻、织画、印染、摄影等。这些作品从各个不同的侧面，反映了美国少数民族，尤其是美籍非洲人日常生活的真实和他们对美好生活的追求，以及人民对道德和精神标准的探索。他们以自己独特的艺术风格表现美国的亚非传统文化。

波士顿艺术家联合会的许多成员访问过非洲、亚洲、南美洲等世界各地，他们经常与亚洲和非洲保持联系。这使艺术家们加强了对自己的"根"的感情，保存了一种本能的意识——即通过他们的作品向少数民族社会，也向整个社会表现富有特色的"面"的观念形态。

此次参加展览的艺术家们都在美国享有盛誉。艺术团为我们带来了丰富多彩，各种不同风格的艺术作品，为我们提供了一次很好的欣赏和学习的机会。在此，我们表示诚挚的感谢。

在展览期间，来访的艺术家们还将在广州美术学院参观我们的教学成果，开展一些学术交流活动，并和广州艺术界同行座谈。我们深信通过这次画展和交流活动，必将增强和扩大中美两国艺术家之间的友谊，促进互相了解，并对进一步增强中美两国人民的友好合作做出贡献！

预祝这次画展圆满成功！

（写于1986年7月）

当代广东油画展前言

　　油画艺术是人类社会近代文明的花朵,经传播、交流,在世界各国各民族特定的社会土壤中扎根,使其或隐或现地呈现出一定的民族特色和地方特色。杰出画家的作品,往往因富有个性风格的艺术魅力而产生世界性的影响,甚至形成流派,影响深远。作为艺术传统和历史的见证,油画在各国各地的博物馆和私人收藏中,占有重要的地位,藏品的数量和质量已成为一种文化财富的标志,令人向往和珍视。

　　中国油画历史虽然较短,但也可以追溯到16世纪后期,那时欧洲天主教开始传入中国,油画作为一种宗教文化也随之传了进来。广东滨海,交通便利,历来是国际贸易、文化交流的必经之地。18世纪中期,广州曾是全国唯一的对外通商口岸,在那时的外销品种中,就已经有了表现地方风土人情的油画。中国油画发源于广东绝非偶然,这是广东地理、历史、社会条件所决定的。在从事油画的先驱者当中,可找到南海人关作霖的名字。他曾于18世纪末,随洋船出游欧美,专门学习油画,归国后在广州开设画店。那时广州作为开放城市,西人画家前来旅游、作画者多有其人,并留下了不少作品。其中以英人钱奈利影响较大。钱氏于1825年定居澳门,授徒、卖画,直到逝世,历时27年。钱氏的弟子关乔昌也曾在广州开设画店,享有盛名。后有鹤山李铁夫,于1885年游学北美,研习油画,参加画展,多次获奖,造诣达致高深,被孙中山先生誉为"东方巨擘""洵足与欧美大画家并驾齐驱,诚我国美术界之巨子也"。这些先驱的艺术成就,早已表明中国人完全可以掌握油画的真谛,可以有所作为。"五四运动"以后的每个历史时期,都有更多的画家、教育家盛力勇为,为我国油画事业做出了自己的贡献。

　　自20世纪中期,随着美术教育事业的发展,高等美术学院普遍开设油画专业,各地人才辈出,队伍空前壮大。特别是近10年来的社会巨变,学术民生、自由的空气日浓。一些老画家坚持发展个人风格,奋力作画;一些中青年画家勇于探索,在艺术实践中前进。无可否认的事实是,经过几代画家的努力,油画已成为中国绘画令人瞩目的组成部分,并以新异的姿态跻身世界艺术之林,他日之影响未可估量。

　　任何绘画的发展,都不能脱离现实社会的基础,并受这个基础条件,诸如政治、经济、文化等方面的制约。油画艺术要在适应社会需求中发展、提高,这个社会需求应理解为是多方面的、多层次的、多形式的。

　　绘画形式不仅繁多,还在不断地发展。无论画家属于什么风格,他的作品总是要反映作者的心境、情感、志趣和功力。作品内容与形式的关系,乃画家的认识与实践的关系。总是作者的认真、心思在先,产生作品在后。即使不属于"意在笔先"或"胸有成竹"的随意发挥、倾尽墨彩,也是选择方法在先,产生作品在后;判断得失在先,保留效果在后。画家欲创造出高质量的、反映精神文明作品，自身须有高层次的精神生活基础，必须有一种创造进取的动力。这一切都源于对艺术事业的真诚和奉献精神。

近几年来，广东油画界在天时、地利、人和之中，开展了一些学术活动，新人新作不断涌现，在普及与提高两个方面都有所进展。此次广东当代油画展，包括18位画家、30件作品，远非广东油画的全貌。承蒙有关单位和热心人士的资助和支持，使这些画幅得以展现于广大香港观众面前，实属幸慰、感奋之事。不足之处，诚请同行友好、热心观众给以指点。

愿今后穗港两地文化交流更加密切！

（原文发表于《华侨日报》1986年11月19日）

话说粉画

在西方近代绘画艺术中，与油画、水彩画并行发展的还有粉画。广义地理解粉画，有粉笔和水粉材料的区别。油画、水彩画、水粉画自传入我国后一直都在发展，至今已经成为中国绘画的组成部分。唯独色粉笔画（简称粉画）由于种种原因，未能普及和发展。

人类文化史表明，人类早就懂得用颜色土直接作画，或将颜色土加工成为颜料用于绘画艺术，技术不断得到改进和提高。欧洲文艺复兴时期，许多艺术家都用过红、棕、赭等色的粉笔作素描。荷尔拜因的素描有时把二至三色结合使用，得到很丰富的艺术效果。自18世纪以后，许多油画家同时是粉画家，特别是19世纪以来，自德拉克洛瓦、米勒等画家的粉画随同他们的油画展出，并产生了较大的影响之后，马奈、德加、雷诺阿、卡萨特、惠斯勒、赛洛夫等各国名手都相继作粉画，马奈还将粉画画在布上。德加的许多名作是用粉画完成的。这时的粉画已伸展到人物、风景、静物等领域。

我国早年留学或寓居欧洲的一些画家，如李超士、徐悲鸿、颜文樑、潘玉良等人都使用过粉画材料作画，李超士是以专工粉画而著称的。其后近半个世纪以来，粉画在我国已濒临绝迹。党的十一届三中全会以后，在中国美术家协会领导的支持下，由江苏、浙江几位老画家发起，组织粉画联合展览，先后在南京、广州、北京、上海、杭州等地展出，并开展了一些学术交流工作，起了带动作用。近两三年来，不少城市成立了粉画家的组织，开展了创作活动。在中国美术家协会广东分会的支持下，广东粉画会于1986年9月举行了首届作品展览。

粉画的长处是工具材料简便，色彩鲜明、柔和，技法丰富，着色增减不受时间限制，也没有像油画、水彩那样受稀释材料的约束，间断和继续作画都较方便，不影响效果。它的短处是忌震动、怕风吹，如不及时喷射固定液，则易脱落。

现在上海、衡阳两地均有粉画笔生产，温州皮纸厂已有专门的粉画用纸生产，这都是我国粉画发展的有利条件。其实可用于粉画的纸是很多的，还有画布、木板等都可以使用。

（原文发表于《广州日报》1986年10月26日）

谈谈广州美术学院的教学改革

在党的十一届三中全会的精神鼓舞下,我院全体师生员工面对学院经过十年"文革"之后面临百废待兴的形势,在上级部门、学院党委、院长领导之下,克服困难,进行教学改革,努力开创一个新局面。回顾近几年,我们大致做了以下几件事。

一、结合社会发展需要培养人才

工艺美术系根据社会消费工业的发展和人民生活水平不断提高的需要,吸收国外一些有益的经验,于1980年就开设了工业设计专业班和服装专业班。经过几年的努力,这两个专业都已有毕业生陆续走向工作岗位,深受社会有关部门的欢迎。在充实师资、增添设备和积累教学经验等方面,已取得显著成绩。

1980年12月,教育部与文化部联合发出了《关于当前艺术教育事业若干问题的意见》,指出了艺术院校办学存在的问题。为了培养社会急需的美术师资,1981年,我院在困难情况下成立了美术师范系,把培养中学美术师资作为自己的一项长期的任务,并于当年开始招生,至今第二届毕业生和1984年招入的首届专科毕业生即将走上工作岗位。

为了给本省少数民族培养美术人才,学院附中于1982年开始举办了民族班,学制为四年中专,定向到海南、粤北少数民族地区招生。

雕塑系为了适应雕塑事业发展的需要,于1985年开始办两年专科雕塑技术专业班,着重学习各种雕塑材料的应用和雕塑放大技术,以使雕塑人才配套,要求报考的学生参加理工科的统一考试。

二、扩大办学规模,多培养人才,变超编为编制有余

美术院校向来招生不多,长期超编是个普遍性的问题。有两个解决办法,一是裁减人员,二为增加学生数。在长期的干与不干、干多干少一个样的情况下,选择哪一种办法都有一定的困难。从培养人才的艰巨任务来看,我们国家的教育队伍无论是从数量或是从质量方面要求,都是十分欠缺的。美术学院也不例外,一方面同样存在怎样挖掘潜力、调动广大教师积极性的问题;另一方面是怎样使现有的教学用房和整个校舍发挥更大的效益问题。美术师范系的筹办,就是从这两个方面发掘潜力,从各系抽调教师和教室才得以开课的。

为了扩大招生,解决宿舍不足的问题,我院自1981年开始实行部分学生走读制

（本市学生10千米以内住家不安排住宿）；住宿生要交纳一定的宿舍管理费，以示区别于走读生，同时又补充了必要的管理开支。

"文革"前，我院招生平均每年为46名，"文革"期间平均每年为43名，自1978年恢复广州美术学院院名以来，平均每年招生124人。1985年，在校学生数（503人）比1981年（237人）增加1倍，比1978年（123人）增加3倍。随着学生人数的增多，教职工不仅不超编，相反感到人手不足。为了弥补不足，学校也促进了校内的人员流动，从校外调进的人才，为教师、干部队伍增添了新鲜血液。扩大招生促进了教师队伍结构的调整。

三、多层次办学，多种形式办学

社会对人才的需求是多层次的，人们对学习的要求也是多种多样的。我院为培养高层次的人才，于1978年开始招收研究生，各学科先后获得硕士授予权，现已培养出各科研究生26人，他们都已成为工作单位的骨干力量。

为了调动学生的学习积极性，培养多层次人才，解决人才倒挂问题，我院于1984年首先在工艺系和师范系的入学新生中实行"二、四"学制，即普修两年合格者为专科毕业，经过一次专门考核，择优选录一批学员入本科继续读两年，合格者予以本科毕业。考核办法、选录人数都是按计划，经学院领导和教育部门批准的，师范系鉴于一般师专美术系为三年制，为了保证教学质量，将"二、四"改为"三、四"制，即学习者为专科，择优学四年者为本科。经过两年的实践，由于竞争的推动，获得了积极的效果。

我院培养专科生的形式是多样的，油画系与工艺系分别承担广州职工业余大学绘画和工艺两个班的教学任务，学制三年，利用空闲时间和星期日教学。

师范系为广州市教育局培训中学美术师资，为照顾在职教师自身的教学任务，使他们采取"半脱产"学习方式，即部分学员每周一、二、三来学院学习，每周四、五、六回本单位任课；另一部分是每周一、二、三在单位任课，每周四、五、六来学院学习。学制仍为三年专科。由于学员们大都有多年的教学经验，因而学习的侧重点也各有不同。

至于各种形式的短期培训班，由半个月至一年时间不等，更是灵活多样了。1979年年初，油画系利用寒假两周和开学后学生下乡实习的四周，利用空闲教室举办了为期六周的培训班，学员有在职技术人员、美术爱好者和待业青年。此后各系都重视利用自身的条件发展教育事业。附中曾利用暑假举办幼儿师资培训班，师范系利用暑假举办各地县中学师资培训班，国画系自1984年开始定期举办暑期香港学员国画学习班，油画系、雕塑系、版画系都根据社会需要开展了各种教学活动，工艺系在校内校外为有关部门办了几个短训班，学员共达910余人。

最近我院已决定办夜大，申请已获批准，正在招生录取，筹备开学。

四、注意社会学科发展，优化学生智能结构

随着我国对外开放、对内改革的社会潮流，人民生活普遍提高，人们的审美需求也不断提高。美术学院学生，无论属什么专业，都应有适应社会需求的基本工作能力和创造力。一方面，现代科学、艺术各学科都在相互交流、相互渗透中发展。另一方面，原有的优秀艺术传统经过"文革"的干扰破坏，还必须用历史唯物主义观点给予重新的审视和评价，给以扬弃和继承。

雕塑系为提高学生的艺术素质，克服过去教学中习作与创作脱节的弊端，在泥塑基础课中，安排了人体自选动作练习，使习作带有一定的主题性、装饰性和创造性。该系在整个教学过程中增加了雕塑材料技术方面的教学内容，致使1985届学生的毕业作品全部用硬质材料完成，改变了过去大多数用石膏翻制作品的现象。

国画系为了提高传统专业水平，除一、二年级普修各科之外，从三年级开始分山水、人物、花鸟三科，供学生选修。山水科增加了城市风景写生课，以使学生能创造性地反映现代城市风貌。花鸟课强调题材的开拓。近年来，他们到海南、云南等地教学实习，创作出一批具有地方特色的新花卉画。国画系为了发扬优秀传统，最近成立了书法篆刻教研室。另外，该系对水彩写生课教学的重视，加强了学生用色彩造型的能力。

油画系自1984年新生班开始，试行以教学组责任制教学代替单元负责制教学。1985级继续试行这种教学组责任制，调动了教与学两方面的积极性。在教学中，除了基本练习强调速写和人体写生外，还加强了平面构成的基本训练，其中包括色彩、肌理装饰性等方面的练习。根据学生学习需要，除了教学组教师任课外，还聘请系内系外一些教师上课，以完善专业知识结构。

工艺系围绕工业设计学科的建设，新开设了销售学、消费心理学、人体工程学、材料学、电子技术学原理、设计教育概论、工业设计史、世界民间工艺史、室内设计、环境设计、工业产品预想图等30余门课程。为了提高学生的设计能力和设计水平，教学不仅强调色彩、立体的学习，更重要的是在社会实践中进行市场调查，掌握商品销售中的信息，有针对性地提出创造性的产品设计方案。学生为使自己的产品设计能直接服务于社会生产，必须主动上门联系给予支持的厂家，以得到必要的试产条件和经费来源。学生在社会调查和生产实习中，不仅提高了专业设计能力，同时也锻炼了社交能力，增加了经济、生产技术、材料等方面的知识。

版画系较早地在素描基础课教学方面进行了深入的探索，在教学要求和教学方法方面进行改革，使学生在基本形体的塑造，特征的捕捉、刻画等方面提高了艺术表现力，为创作各种形式的版画，打下了扎实的基础。在发展木版水印、石版、铜版、丝网等版画品种方面，该系积极完善教学设备，积累教学经验，改变了过去那种以黑白木刻为主的版画技法课和创作课，并使各种版画技法课增加创作因素，向专业课转化。

美化环境是社会现实的迫切需要，各系都加强了这方面的教学探索。原来工艺系的磨漆画专业，扩展为装饰画专业；油画系招收了壁画研究生；雕塑、工艺、油画、师范各系都有计划地派出高年级学生或青年教师到华南工学院（今华南理工大学）建筑设

计院学习，学习建筑学基础课、设计课。促进了艺术学科之间的嫁接关系。这种做法虽尚属一种教学试验，但无疑地会对学生的智能和学科发展产生良好的影响。

各共同课教研室在教材、教法方面也做了一些新的探讨。外语教研室结合美术专业编写了一些教材，并编印了美术专业常用词汇，受到师生们的欢迎。马列主义教研室的教师针对同学感兴趣的问题，做了一些学术性的辅导或开讲座。有的教师在考核方法方面做了一些改革，结合教学各个环节的要求，逐项计分。如听课笔记、写课文提纲、写时间记录、做文章、考试等，这五项各有不同的评分比重，调动了学生的学习主动性和积极性。文艺史论教研室担负全院 6 个系和附中的史论课，校内外任务都比较繁重：1980 年就开了美学讲座，1983 年开始已招了两届研究生，共 5 名；并努力培养师资，为将来创办美术史论系创造条件。体育教研室近几年来在困难情况下坚持每年举办一次校运会，组织教师们参加业余体育运动。有的教师还编写了适合美术学院特点的美育教材。

五、加强师生的社会实践，提高教学水平

我院师生的社会实践基本可分为：艺术创作、参与社会教育和生产服务三个方面。近几年来在这三个方面相互促进发展，成果明显。

（一）艺术创作方面

教师在教学之余从事艺术创作，这是一种社会责任感的反映，也是提高教学质量的重要途径，必须给予鼓励和支持。在关心和支持教师创作时，应尊重艺术创作规律，鼓励作者独立思考，不断进取，发挥创造性。仅就我院为迎接第六届全国美展的筹备工作来看，有关部门做了大量的服务性工作，但对教师创作只组织了一次草稿观摩活动，没有要求"人人过关"，作者拿不拿稿来都尊其方便。经过大家的努力，参加全国美展入选作品 52 件，评奖结果：获金牌奖 1 个，银牌奖 3 个，铜牌奖 3 个。此外，学院支持教师、干部举行个展，参加联展和各种形式的展览。

雕塑系教师用自己的作品美化城市，为雕塑事业的发展开辟了途径。近几年来，全系完成城市雕塑 122 座，其中铜铸 29 座，花岗石或大理石 1 座，玻璃钢（含镀铜）30 座。

（二）社会教育方面

教师在校任课之余，接受一定的社会美术教学任务，这对于发展我国教育事业、普及文化、开展教学研究、提高教学水平都是有益的。这是务正业（教育）的积极表现，不能视为"一切向钱看"，"不务正业"。教师在本职工作中所出现的问题，应从正面去严格要求。教师一旦明确了高目标的要求，大多能正确处理本职与社会任务之间的主次关系。前几年，我院教师外出零散兼课的较多，这主要是由于改革开放之初，学院未能统筹组织计划外招生，未能打破"大锅饭"的局面。近两年来，由于各系都组织了计划外招生、办班，教师的教学工作量已相当饱和，那种"舍近求远"的兼课者已为数

很少了。

我们对学生参加社会教育实践给予鼓励和支持。1984级油画系学生曾组织少年美术学习班,师范系有意识地介绍学生到中小学里去兼课,各系都有学生利用业余时间外出兼课,有的应聘为家庭教师,有的同学还到幼儿园去教美术课。这种兼课使学生体会到工作的实际需求,当他们看到少年儿童的好学精神,看到孩子们的家长在旁陪伴时的那种殷切的期望,他们会更加端正对教师职业的认识,更加明确了学习目的,使他们学到了书本上所没有的东西,同时用自己劳动获得的经济收入,补充学习生活费用。

此外,教师们撰写出版了《画语拾零》《画境》《西方美术史话》《工业设计史》《广东黎族染织刺绣画册》《素描基础知识》等共23部面向全国读者的著作,其中有些创下了逾10万册的发行量。教师们还出版了20本个人画集,集中地反映了本院教师毕生的创作结晶。

(三) 在社会服务与教学实习方面

社会的开放与改革,使社会对美术的需求面扩大,需要量也增加,从而改变了美术家的职能。像过去那样只考虑参加画展的架上作品是不够的,今天社会最广泛的需要是美化环境的蓝图设计,因而美术家的创作天地也相应地扩大了。为了培养社会所急需的人才,教师首先要取得相应的实践经验。在这种形势要求下,我院除了较早地成立了美术服务部,开展院内外的美术服务工作外,工艺系配合教学需要,于1985年先后在广州本院内和深圳市分别成立集美设计公司和深美设计公司。油画系为了发展壁画艺术学科,相继成立了现代环境艺术设计公司。这三间公司按章程规定均属校办工厂性质,为师生的社会实践搭建了桥梁,提供了场所,不仅有利于提高教师理论联系实际的教学能力,提高专业水平,积累教学资料,同时还可以创收,补充办学经费。

1986年年初,我院在机构调整中成立了美术咨询服务中心,将对各服务、创收部门起指导、协调作用。

从我院看教学、创作和社会服务三方面相互促进的关系是明显的,社会服务提高了教学水平和创作成果。全国美展雕塑获金奖的《开荒牛》是潘鹤同志为深圳市委大楼前创作的铸铜雕塑。郑爽同志获得银牌奖的《黑白牡丹》是为广州白天鹅宾馆所作的《丝绸之路》组画之一。在这套组画创作经验启示下,这个创作小组又继续创作了组画《华夏之歌》,同时也获得了银牌奖。

六、加强师资队伍的建设

由于招生数量的不断增加,有些系科明显地感到师资不足,有的年龄梯队还有点不尽合理,除了各系间的相互支援、相互调剂之外,近几年来,我们从两个方面补充师资队伍:一方面调进有经验的美术工作者,另一面是从本校研究生、本科生的毕业生中选择。为了培养教师和管理干部,这几年学校先后派出20余人次到兄弟院校进修、学习,进修学习的方向有专业课、外语、高校管理等。

为了提高教学效果,国画系制定了互相听课的制度,师范系实行"以老带新"的办法,帮助年轻教师备课、写教案、课前试讲等。工艺系实行备课预讲制度,由教研组、系领导同志听课、讲评、提出改进意见。

些专业紧缺的教师,采取聘任兼职教师的办法;对兼职教师,不拘一格,不唯文凭,更重其真才实学。

1985年年底,我院教务部门对全体任课教师的教学进行一次评估,主要是从学生方面检测,由学生按下列一些项目给教师打分:教学内容、教学方法、教学态度、出勤情况、备课情况、语言表达、学识修养、为人师表、教学效果。用不记名投票的方式,汇总统计,结果准确率达90%以上,取得良好的效果。

为了培养师资,培养高层次的人才,开展科学研究,我院成立了美术史论研究室、岭南画派研究室、雕塑艺术研究室、工业设计研究室、版面艺术研究室、美术教育研究室、壁画艺术研究室和民间美术研究室。这些研究室的成立和完善,将为教师和专职研究人员提供必要的科研条件。

相信通过专业技术职务聘任制的实施与贯彻,我院教师队伍和科研队伍的建设,会更加迅速地向前发展。

(原文发表于《美术教育》1986年第6期)

访苏漫记

1986年10月，我参加中国美术家代表团，访问苏联，先后到了4个城市：莫斯科、列宁格勒（今圣彼得堡）、伏尔加格勒和埃里温，历时16天，曾四进四出莫斯科，日程紧凑，收获良多。既要抽空作画，又想详写日记，实在是顾此失彼，难以周全。

一到莫斯科，我们受到苏联美协书记处四位书记的迎接，其中有80多岁的老漫画家叶菲莫夫。主人把我们安排在莫斯科宾馆，住房窗外，可以看到列宁博物馆的白色屋顶，距离只有一街之隔；远望就是红场，那里总有长长的游人队伍，在列宁墓前等候着瞻仰列宁的遗容。

第二天，我决心到阳台，用小油画箱作一幅红场速写。这时室内暖气洋洋，室外已冷，我也顾不得再加衣服，在打冷战中画完了第一幅速写。

一天傍晚，我独自漫步红场，观察周围的一切。夕阳照射在高耸的钟楼斯巴斯克塔上，使钟楼显得灿烂辉煌。坐南的华西里·伯拉仁内教堂是16世纪中叶的建筑艺术，有人说它是"用石头描绘的童话"。记得团长华君武同志在室内曾指着教堂的屋顶说："我一看到这'大蒜头'式的屋顶就觉得好笑！"而我想到的却是俄罗斯画家苏里柯夫所作的历史画《近卫军临刑的早晨》，这幅画就是以这座教堂为背景的，还有坐落在它前面的米宁和帕沙尔斯基的纪念铜像，都赋予广场以历史感的特征。我从不同的角度去欣赏它们，并及时地拍摄下来。

在访苏期间，我们幸运地赶上了好天气，在翻译的带动下，参观了莫斯科市郊的科洛门斯克，这是国家建筑历史博物馆的所在地；然后又转向库斯柯沃别墅博物馆，实际上是在郊区的大自然里欣赏历史建筑以及这些建筑物室内的历代装饰和陈设。那天风和日丽，游人甚多，许多人尽情地享受着太阳的温暖。这次郊游给我留下了深刻的印象。

访问画家工作室

苏联美协主动先安排我们访问马克西莫夫教授。20世纪50年代，马克西莫夫曾以专家身份到北京指导过油画研究班。自他到中国任教，北京开始仿制他的木质三脚式画箱，并成批生产，人称"马式画箱"。马克西莫夫按约定时间派儿子阿廖沙站在楼底门口接迎我们。我们乘电梯上8楼来到他的画室，他和夫人、儿媳妇都在等候我们，大家见面非常高兴。1957年夏，我与马克西莫夫在北京相识，那时他的身体很健壮，现在已是形体有所收缩的老人了。大家坐定，他指挥儿子将他的作品一一拿给我们看，其中有画郭沫若、吴作人、越剧演员的肖像画，还有一张画的是三个青少年在一座小桥旁的立幅群像。他说："这是在武汉画的。"我告诉他那里就是我工作过的前中南美术专科学校。马克西莫夫又指着一幅农村风景说:"这是离北京40公里有温泉的地方。"我估计那就是我家乡附近的小汤山了。后来阿廖沙拿出一幅《睡觉的孩子》,有点不好意思地说:"这是我小时候的样子。"大家都笑了。这是他父亲1960年的作品。阿廖沙出生在北京,所以谈起话来,彼此都感到亲切。我们还看到了阿廖沙的作品和设计图纸,他更多的是搞环境艺术设计。马克西莫夫特别委托亲家专门给我们制作了4种馅的茶包,邀请我们都尝尝。大家围坐品尝丰盛的饮食,很晚才惜别离去。

在莫斯科我们还访问了戈·扎哈洛夫工作室。扎哈洛夫已60岁,是版画家,工作室有铜版机设备。他的女儿诺·扎哈洛娃也是版画、油画兼作的画家,她帮助父亲拿作品给我们看,十分热情。当这位女画家拿出一幅大胡子肖像时介绍说"这是我的丈夫"时,君武同志便从口袋掏出一个小小的胡梳说:"我正要找一位大胡子得我这件小礼物。"大家都惊异地大笑起来。女画家接过小胡梳,连声代丈夫道谢。

重游列宁城

由莫斯科乘火车,经过一个夜晚,次日清晨就到达列宁格勒。俄罗斯美协负责人在车站迎接我们。出莫斯科车站,穿过涅瓦大街,我们下榻在阿斯托里雅宾馆。20世纪50年代,我曾在这座城市学习,对涅瓦河两岸的建筑和街道记忆犹新。伊萨柯夫斯基教堂就在我们所住的阿斯托里雅宾馆的前右方,楼高达101米,每次进出都要欣赏一下它的雄姿,但在我的住处却无法看到它的全貌,因此,两次作油画速写都只能将它的一角收入画面。

在游览市容的那天,我们到斯莫尔尼宫参观了列宁工作过的房间。宫里面的大厅是列宁当年宣布苏维埃政权成立的地方,现在摆满了一排排的靠背椅,刚好装饰一新,似乎更加富丽堂皇。

列宁城的名胜古迹很多,位于南郊的普希金城有叶卡捷琳娜宫,这是18世纪的建筑。为了保护地板,进去要套上一双软底鞋。在卫国战争中,这里曾受到严重破坏,室内还有一部分图片陈列,真实地说明了它当年的遭遇。通过与修复后的现状对比,可以了解到修复工作的艰巨。

巴甫洛夫宫博物馆位于普希金城南方不远的地方,是18世纪后期的建筑和园林艺术。空间规模很大,自然景色清新,森林、草坪、湖水、桥梁,无不令人心旷神怡,真是游览的好地方。

列宁格勒文化局一位负责人曾介绍说,他们每年有2500万卢布用于保护文化古迹,有800万卢布的文物修复费,用3万卢布收购作品。列宁格勒有150名著名的收藏家,他们的收藏,政府都是有底的。

访问列宾美术学院

列宾美术学院的全称是列宾绘画、雕刻、建筑学院,已有230年的历史。它的主体建筑至今依然如故。当我们通过院长办公室时,见到院长室的门已打开,主人已站在门内等待我们。其中有院长彼·弗明教授、尤·涅普林茨夫教授、安·梅尔尼柯夫教授等,前两位都是我的老师。握手寒暄之后,大家围坐在长形的会议桌旁。梅尔尼柯夫兴高采烈地谈到20世纪50年代他在中国生活半年的情景,至今还经常怀念;华君武同志谈到20世纪50年代列宾美术学院曾为中国培养了不少人才,今天这些人都担负着重要的工作,并以团长的身份表示感谢。我受托提出要交换版画原作,弗明院长专门请了版画系主任维特拉贡斯基来承办这件事。

在教授们的陪同下,我们参观了教学。首先参观了梅尔尼柯夫领导的壁画工作室。室内布满了学生的作业,其中有文艺复兴时期和古俄罗斯的壁画临摹品,可见他们学习、研究传统的精神,还有一些是他们对各种材料的运用和试验性的作业练习。他们的油画写生课仍然是循序渐进的严格训练,在人体写生作业的下边都有一幅小色彩稿,这是长期作业上画布前必要的准备工作。到了涅普林茨夫工作室,老教授特别将我介绍给学生们。他自豪地说:"你们可以说是先后同学,当然属于不同的年代。"涅普林茨夫已78岁,仍在执教,领导工作室,我为他健康而充沛的精力感到高兴。

接着,我们又参观了图书馆和环形展览馆以及展览大厅。环形展览馆是学院展示教学成绩用以长期陈列作品的地方,展品比20世纪50年代有所增减,从头到尾可以看到这所学院200多年的衍变,可以反映出苏联美术教育传统的继承和发展。

伏尔加之游

伏尔加格勒位于伏尔加河下游平原上,被称为英雄城市,原名察里津,1925年改为斯大林格勒,1961年改为现称,著名的察里津保卫战、斯大林格勒大会战都发生在这里。我们到了伏尔加格勒首先参观了马马耶夫山冈上的纪念性建筑、雕塑艺术群体。第二次世界大战时,这里是抗击德军的主战场,后人为了纪念在大战中牺牲的英雄将士们,经过8年修建,使这里成为瞻仰和凭吊的胜地。山冈上矗立的《祖国——母亲》巨型雕像高达85米,光是底座就有8000吨重。母亲右手擎剑,面向伏尔加河,昂首在召唤自己的儿女勇杀入侵之敌。这是以著名雕塑家乌契切奇为首的创作组集体创作的。在这座巨型雕像附近的圆形纪念大厅,又是一种别出心裁的设计。大厅中央有一只巨手紧握火炬,火炬是燃油长明的自然形象,低沉而悲壮的配乐音响回荡不绝。圆厅的金色墙壁上嵌着7200名烈士的名字,整个环境气氛庄严静穆,令人肃然起敬。中国美术家代表团每人向牺牲者的英灵献上了一束鲜花,并行低首默哀礼。

在山冈下面还有《宁死不屈》《哀悼的母亲》两座大型雕塑,都被池水围绕,水天一色,倒影清晰,另有一番情景,给人以现实生活美好的感染。创作这种纪念性的大空间的雕塑艺术群体,只有社会主义国家才能给艺术家提供有利于发挥创造性的优越条件,从而将弹痕累累的战场变为旅游胜地,并能用历史和现实给人们以启示。

伏尔加格勒的全景画是用绘画的形式再现了斯大林格勒大会战的场景的,它属于"粉碎德国法西斯、斯大林格勒血战"博物馆的组成部分。博物馆自1962年开始筹建,较莫斯科的博罗吉诺战役全景画的规模更大,内部全画周长为120米,高16米,圆形看台边距画面为9米。画面的基底是画布,画布总重为1000千克。这幅巨大的画布,

是用 6 台纺织机同时发动联合生产的，全画只有一条接缝，接缝处很难被发觉。为了将亚麻布制作成能用的画布，当地专门组织了各地的专家集体制作。它的巧妙工艺在于，整个画布维系在一个金属大圆圈上，缀以重物使之均匀下垂，无一处有凹凸起伏之现象。

全景面表现了战役紧张激烈的最高点，全画的情节起伏有致，气氛逼真，辅以灯光照射，空间感很强，再加上画前的实物道具布置服从于整体的艺术处理，前后连贯，虚实统一。观众集中在二楼的圆台上，俯视战场布景，环视四周画面，即有亲临其境的感觉。

在伏尔加格勒访问了 7 位画家的工作室，他们是苏哈诺夫、米拉诺娃、里特维诺夫、切尔纳斯库特夫、帕契雅依诺夫、德尼索夫和柯瓦里。他们都热情地拿出作品给我们看。年轻的柯瓦里是有才华的画家，36 岁，油画、版画、宣传画、书籍装帧、邮票设计，他都搞得很好，这和他兴趣广泛、修养全面有关。他的工作室布置得也很别致，空间不大，布满了他的珍藏器物，令人赏玩不已。

（原文发表于《画廊》1987 年第 22 期）

埃里温儿童艺术博物馆

1986年10月中旬，我们中国美术家代表团一行，访问了苏联亚美尼亚加盟共和国的首都埃里温。

埃里温是苏联最古老的城市之一，至今已有2769年的历史，到处所见都可以感受到它的悠久文化传统和发展的活力。埃里温是一座美丽的山城，新建筑很多，许多高层建筑是由淡紫色、粉红色的凝灰岩构成的。这使埃里温的建筑更具地方特色。

在短短的三天时间里，我们访问了美术家协会、画家工作室和专为美术家建立的创作基地——"画家之家"，参观了博物馆、名胜古迹和新建的体育中心，每到一处都受到友好盛情的接待。

在到达埃里温的第二天，我们来到了儿童艺术博物馆。这座儿童艺术博物馆是亚美尼亚共和国教育部美育中心的一个组成部分，美育中心还设有音乐厅、剧场、电影制片厂、民间音乐乐器学校，还准备增建木偶剧院。美育中心在亚美尼亚已有12个分会，计划发展到44个。亚美尼亚全国共有300万人口，从数字比例可见亚美尼亚共和国对美育的重视和对国民教育的重视。

儿童艺术博物馆的独特性在于它专门收藏儿童艺术作品，它的国际性在于已藏有112个联合国成员国的儿童艺术作品共10万余件，并多次组织到欧洲国家展出。

我们在主人的陪同下，走进了琳琅满目的儿童艺术世界，深深地被孩子们作品的天真、稚趣所吸引。无论是直长的画廊，还是回形的展厅，都布置得相当讲究。每幅作品都装潢得体，配以玻璃镜框。由于博物馆管理水平较高，这些孩子们的作品形成一种高雅的气氛，使博物馆充满了熏陶的力量。我们刚进入展厅不久，就有一批小朋友跟随几位老师前来参观。我留意观察孩子们的形象和他们听介绍作品的反应，个个精神专注，十分可爱，也有个别敏感的孩子很快地发现了我们几位不同于他们的人便投来新奇的眼光。我及时地把这个情景拍摄下来。

综观博物馆陈列的大量展品，当然还是以亚美尼亚儿童作品为主，除了各种形式的绘画，还有丰富多彩的手工作品，如印染、抽纱、编织、壁挂、陶艺、镶嵌、雕刻等，应有尽有，既有地方的传统特色，又有现实的生活气息。

孩子们的绘画，贵在稚拙天真，有独特的想象力。他们虽然年龄幼小，但是每个人都有自己的生活情趣，有自己的爱好。有的孩子对动物感兴趣，有的爱画车、船等交通工具，有的孩子爱画植物、花卉，也有的爱画人物。形式、材料也多种多样，都不同程度地显示了小作者的个性。儿童艺术博物馆自身的宣传画，选用了一幅5岁儿童作的人物画，其可爱之处，倒不在于画的是什么人，像不像，而在于小作者的观察力和魄力，可以说敏锐而大胆。

当我们正在仔细地观看一幅火柴棒镶嵌画时,主人特别介绍说:"这位小作者用大量细小的火柴棒镶嵌成这幅作品。首先要有全画的设计图,有耐心,有毅力,才能完成得好。在一根一根地认真细致的镶嵌过程中,使自己的性情得到了陶冶。"我点头表示赞同,教育孩子,不仅需要随意的图画,同时也需要精工细作的磨炼,才能使孩子在未来的学习中有锲而不舍的精神,在事业上有所作为。

浑朴有力的色织布壁挂也吸引了我们的注意力。这些用灵巧的双手编织出来的图案显示了孩子们的设计心思和手工艺的实践能力,虽每幅图案的构成不同,但都色彩沉着,纹样质朴,布置、悬挂也考虑它们之间的关系,产生了相互衬托呼应、相得益彰的效果。

陶艺作品,除了器皿造型,还有艺术形象。如犀牛背上落着两只小鸟,乌龟背上趴着两只小龟仔等,取材、造型都富有生活情趣,逗人喜爱。

经过一段目不暇接的参观,我们来到了中国儿童画的陈列部分。主人特别介绍说:"中国的儿童作品,你们可以看到只有挂着的5幅画,这与中国的国际地位不相称,你们这次转交来的10幅中国儿童画,我们一定尽快地补充进去,把它们布置起来。"听到这里,我立即感到,我们驻苏使馆的同志,根据对方需要,及时地做了有意义的弥补工作。

主人曾经向代表团介绍了儿童艺术博物馆的发展过程。"这些收藏和陈列的展品,大都是小朋友们自己送来的,开始是埃里温的小朋友,后来各地、各加盟共和国也都不断地寄送作品来,日久天长,许多参观过博物馆儿童画陈列的外国小朋友也把自己的作品送给我们,展品增加速度快、范围广,所以现在成为国际性的儿童艺术博物馆,影响也越来越大"。主人兴致勃勃地又谈道:"其所以能够有今天这样的博物馆,完全是一批热心儿童美育的园丁长期艰苦劳动的结果。起初,为了教育儿童,他们曾经想过:'到哪里去寻找一所儿童画博物馆?',答案是'无处可寻',只有自己创立。于是这独特的博物馆就在自己脚踏的土地上,在自己工作的地方开始着手建立,由小到大,成为今天的规模","园丁们把艺术博物馆比作维生素,博物馆将使众多的儿童、艺术爱好者健康地成长起来。"的确是这样,儿童画创作,不只是一种业余艺术活动,不只是一种有益的消遣,或一种兴趣、爱好,它还将成为严肃的社会文化构成因素,促进社会主义文明建设。

博物馆为了普及美育,形成了自己的工作传统,除了组织各种年龄的少年儿童艺术展览之外,每年在3月20日这天,举行儿童画活动日,小朋友们都集中在歌剧院广场,用各种颜色粉笔作画,像节日一样热闹。儿童艺术博物馆自1970年3月13日开馆以来,做了很多方面的工作,在苏联享有广泛的声誉,受到了有关部门的表扬。自1974年开始,曾有《苏联画报》《真理报》《创作杂志》等刊物多次报道,这些历史资料集中地陈列在专门的展柜里。

中国美术家代表团参观亚美尼亚儿童艺术博物馆,开阔了眼界,得到了启发。关心少年儿童的成长,不仅是教师和家长的事,每位文学家、艺术家都应有一定的责任。教育好一代儿童就是建设美好的未来,全社会都应重视教育工作。

(原文发表于《美育》1987年第3期)

余菊庵的"四绝"与《海棠花馆印赏》

广东省文史馆馆员余菊庵先生已年届八旬,一直过着淡泊宁静、俭朴自适的生活。他不仅是卓有成就的书画家,同时在诗文、篆刻方面也都有高深的造诣。有人说他是诗、书、画、印"四绝"兼长,并不过分。这两年,余先生先后在中山市博物馆、广州美术学院举行了个人作品展览,受到美术界的重视和好评。

余菊庵先生1907年生于广东中山下泽乡,自幼喜爱书画,临摹法帖,12岁时随家迁居石岐镇,曾先后就读于粹存国文专修学校、县立乡村师范学校。1931年,他到广州专门学习绘画,为尺社美术研究会会员。他学习一年素描,受到关金鳌等先生的指导。后来由于生活所迫不得不中断学习,返回乡间在小学任职,为时4年有余。此后,余先生得知赵浩公、卢振寰两画师在广州办学授徒,便辞去教职,再到广州专门学习绘画。他在赵、卢两位先生指导下,不仅学习了工笔花鸟、北派山水,同时开始学习金石篆刻。抗战开始,日寇南侵,他不得不回乡避难,接受县立中学的聘请,负责美术和文学两科的教学工作。20世纪40年代初,余先生开始赋诗述怀。从他在《闲居》一诗中的"知难营一饱,耻恶不相谋",以及另一诗的"当肉常迟食,惜油夜早眠",即可想见他那时清苦生活之一斑。而1949年余先生在《重九日邑境解放》中写道:"扫荡妖气划一时,飘扬遍插五星旗。今年不作登高客,挤向街头看会师"又可表现他对解放的渴望和喜悦心情。

党的十一届三中全会以后,余先生看到社会各方面的形势发展很快,诗兴更加振奋。他关心国家统一大业,于1983年写了《奉劝台当局》:"同是轩辕裔,宿嫌尽可消。负隅非久计,御侮共肩挑。荆瘵因闻析,琴清忌失调。回心明大义,企望复朝朝。"

余菊庵先生在中华人民共和国成立前后那段生活都是以刻印所得来维持的,即使如此,也没有使他放松对艺术的追求。他主张广采博取,"宗古创异"。正如他在《自题印存》中所说:"玺玩周秦味其朴,派分皖浙孰为雄?若夫创异不宗古,小子才庸未苟同。"从汉印到邓石如、黄牧甫,以及广东的易大厂、邓尔雅,都是他师宗的对象。

余先生虽然治印多年,但自己却没有留下几方印玺,全赖世交黄小庚同志潜心收集,将余老的印作编辑成册,题名为《海棠花馆印赏》,由岭南美术出版社出版,为该社"岭南印综"系列丛书之一。

关于"海棠花馆"的由来,余先生在1949年《题斋壁》一诗中这样写道:"自号海棠花馆主,略无隙地可栽花。亭台久向胸中构,称谓先于印上夸。且傲一椽供啸卧,还凭六法写幽遐。亦松石室非吾慕,廉让之间便拟家。"可见此一馆名只是一种美好理想的象征罢了。余老认为治印并不难,难的是要写好字,书法是印章的基础。字写得不好,又怎能刻印呢?他强调刻印要有书情画意,"印写性相",否则就没有"创异"的个性可言了。余先生的书法有深厚的功力,毫无疑问,他的篆刻成就与他的书法功力是分不开的。

余菊庵先生的绘画,初始从事工笔花鸟,后来转向写意。他先后刻有"一气呵成""一鼓作气"两方印,前印的边款有这样的注述:"作书作画均宜一气呵成,即不佳,亦觉痛快也。"

余菊庵先生一般是不收弟子的,但对于登门求教的青少年,凡秉性纯良、学艺真诚者,都给予辅导和帮助。

(原文发表于《美术之友》1987 年第 3 期)

重视美育是现代文明的表现

——观吴芳谷暨学生画展有感

在《吴芳谷暨学生画展》上得以看到吴先生的水彩画近作,所选题材大多是汕头地区海滨景物风光,渔舟货轮,晨雾暮色,花蔬海鲜尽收画面,很有地方特点。从中可以看到这位 70 多岁的老画家在艺术园地辛勤地耕耘、进取,在用笔敷色之间散发的艺术创造的热情。

自 1982 年开始,吴芳谷先生先后两次应邀到广州美术学院师范系任教,带学生下乡上风景写生课。风景画家之难在于要到处奔走,去寻觅自己的画境,在审美鉴别过程中去选择、确定自己作画的时间、地点、方位,有时要写生多次,克服许多困难,才能完成一幅作品。

芳谷先生的水彩画,一向以设色酣畅清新、运笔豁达自如见称。近年之作有明显的发展,在技法上吸收了国画艺术语言。如《收获》一画中,可以看到用线描的方法强调船只的轮廓和结构;在静物《塘虱》这幅画中,运用大写意的手笔,与典雅的设色相结合,概括地表现了白盘鲶鱼之美,富有令人振奋的感染力。

这次学生参展者 30 余人,每人选择一两件作品,展示了他们各自的专长和成就。吴先生在汕头一中和汕头师范学校任教至今已 40 年,他尽力给学生以良好的美术教育,他的其中一部分学生考进了国内各院校的美术专业,可以说桃李遍地。他们能够选择美术专业的道路,全赖老师的启蒙、指导,启蒙老师的文化修养和教学水平是起决定性作用的。吴芳谷的学生们都感念这位启蒙老师的培育,就在他任教 40 周年之际,纷纷写信祝贺,自动组织这次师生画展,以表达尊师重道之情。

在提高民族素质的普及教育和社会主义文明建设中,美育都不可缺少,美术教育是美育的重要途径,重视美育本身就是一种现代文明的表现。普及教育中的美术课,首先是文化基础课,它对于培养人的高尚情操和创造能力都是不可或缺的,各级学生要全面贯彻教育方针不可没有美育。可是,中小学美术(包括音乐)教师太缺。据说,我国现有 9.8 万间普通中学,只有 2.1 万名美术教师,可见相差之悬殊。要改变这种不完全的教育局面,还需各方面的努力。

美术家也许是令人爱慕的职业,因而也有与其相应的社会地位,而美术教师的社会地位是与教师的社会地位联结在一起的。近年来教师的社会地位略有提高,但中小学美术课仍属"小三门"之列,这是一种社会和历史的偏见,在开放与改革的今天,已到了改其"小"的时候。在美化生活、美化环境、美化城市、全社会处处都讲究美的形势下,美术在人的知识结构里和人的智能发展中都是不可缺少的因素,因而爱好美术的青少年日益多起来,这是文化普及的好现象。应当设法积极发展美术师范教育,把更多的美术工作者、美术爱好者吸引到美术教学岗位上来，以解决美术师资奇缺的社会问题。

吴芳谷先生在汕头﹝中﹞和汕头师范学校任教的 40 年里，虽历经坎坷，但对于美术教学却感情专注，对水彩画艺术矢志不移，教学与艺术并行发展，相辅相成，相得益彰。需要有宽阔和远大的胸怀，才能使教学与艺术相融互济，永葆生命力。"吴芳谷暨学生画展"闪烁着美术师范的光芒，为后生学子树立了榜样。

（原文发表于《羊城晚报》1987 年 6 月 16 日）

展示美的教材

　　模特是社会主义文明建设中不可缺少的一种职业、一种社会分工，办好一所美术院校不仅需要一支强有力的师资队伍、管理干部队伍，同时还需要一支相对稳定的模特队伍。模特队伍的素质，直接关系着美术基础和创作各门课程的教学效果。模特作为写生课、教学的研究对象，有着衣和裸体之分，又有男女老少之别。按教学要求，并非人人都适合做模特工作。一位优秀的模特，应具有某种富于个性的美质，诸如在身材、肌肉、肤色、形象、服饰等方面有美的感染力，要有相应的服务态度和文化修养。模特的劳动应当得到社会的理解和尊重。

　　在美术教学中，画（或塑）裸体人物是基础训练的一部分。学生通过写生练习逐渐熟悉人的身体结构、生动规律、色彩特征和精神体相，借以训练、培养作为美术家所必需的观察、审美、记忆、表现、创作等方面的能力。面对实际研究人体的重要性，这与培养医生要熟悉人的生理解剖，锻炼联系实际的诊治能力一样。

　　我国的传统画论，有强调"师法自然"。人是自然的主宰，也是自然的一部分，是有性灵的自然。美术家应对人的研究给予特别的关注。但我国长期的封建礼教的影响沉重地束缚了人们对自身结构、对人体美的认识，同时也长期限制了人物画的发展。我国自 1912 年开始建立人体模特教学，经过了坎坷的发展道路。20 世纪 60 年代，在"左"的思想影响下，曾发生过用行政命令开除模特教学的事件，使美术教育受到不应有的干扰。为此，毛泽东做了批示，指出男女老少裸体模特是雕塑绘画必需的基本功，不要不行，封建思想加以禁止是不妥的，从而使美术教育避免了更大的损失。由于多年来我国实施缺乏美育的教育，限制了美育普及与发展，有些人对模特在美术教育中的作用常有误解，甚至错误地认为画人体是低级、丑恶的表现。有的人把画任何模特都与我们的文艺方针对立起来，也还有人把创作中要不要对照模特当作判断画家能力高低的标准。正是这些认识上的偏差，给美术教育造成了种种不幸。

　　随着国家的开放、社会的改革，人们不再用怀疑的或神秘的眼光去看待模特。我院先后两次公开招聘模特工，报名者十分踊跃，许多人得到家属亲人的支持，出现了不少的感人事例。事后屡有志愿者前来"毛遂自荐"。这些来自四面八方的男女青年大都有一定的文化基础，有的本身就是美术爱好者。他们跟随时代前进，更新了观念，愿意展示自身的美，为教学服务。表现突出者还受到学院的奖励和表扬。我们应该进一步关心这支队伍的成长，改善他们的工作条件和生活条件，以使他们能够更加安心工作。

（原文发表于《中国现代画报》1987 年第 7 期）

有形有色的诗
——为"黄延桐油画展"作序

风景画之所以受到人们的喜爱,因为它形象地反映着人和自然、社会的密切关系。现代城市生活的繁华加速了人们生活的节奏,同时也造成了城市环境的污染,使久居城市的人们更向往自然生活的清新与宁静,因而表现自然风光的画幅也就更加为人们精神生活所需要。

风景画是有形有色的诗,是作者对生活的肯定和对自然的赞美。我国古代画家已提出"绘水绘其清,绘泉绘其声"的艺术要求,并有专门的山水画家从事理想境界的创造。

无论中外,风景画之难在于一幅作品是特定自然空间物象的组合,有如一首情景交融的协奏曲,没有感情,没有一定的宏观气度,难以围绕主题去取舍扬抑,将众多的物象协调起来。欲达到"咫尺万里遥"的空间深度,则更需要深厚的艺术功力。

黄延桐是一位脚踏实地的风景画家。他重视观察生活、感受自然的美质,就地取材,无论山石、林木、池塘、田野、农舍……皆取入画,别有心裁,从中可以看到他的足迹所至和情趣所在。黄延桐作画善于刀、笔并用,色层厚薄兼施,在色彩与刀笔痕迹之间洋溢着真情实感和淳朴的生活气息。

难能可贵的是黄延桐自 1965 年大专毕业后至今一直在地区基层做群众文化工作,后又任惠阳文联秘书长职,他的作画时间远远不如专职画家那么富有。近两年来,全赖他的勤奋,领导的支持,他创作了一批作品,选出部分在此展出,这是广州同行和观众们所高兴的事。我不仅预祝展览成功,更希望他在自己选择的艺术道路上坚定地走下去。

(原文发表于《文化参考报》1988 年 2 月)

广州美术学院建校 35 周年献辞

1988 年是广州美术学院建校 35 周年，是学院由武汉迁校广州 30 周年，是历经劫难恢复广州美术学院建制 10 周年。

回顾过去的 35 年，尽管道路曲折、步履艰难，可是恢复学院建制的十年，正是国家改革开放的十年。我院地处改革开放先行一步的广东，在"天时、地利、人和"具备的条件下，学院的变化是明显的。我们扩大了办学规模，改革、充实了原有的专业，增添了一些社会急需的专业，沿着多渠道、多形式的办学途径，培养多学科、多层次的人才，已经产生了良好的社会影响。新的一代教师在成长，对内对外文化、教育交流也日益频繁。正如一些老教师所共同感到的："现在是建校以来最好的历史时期。"

现在我们完全有信心开拓美术教育的未来，根据是改革开放的丰硕成果和它的历史必然性，科学文化的价值观念开始普及，美术教育的社会意义逐渐受到重视，还有更可贵的是广大教职员工孜孜以求的探索精神。

振兴中华，无论是物质文明的建设，还是精神文明的建设，全靠一代胜过一代的国民素质的提高。社会的发展，不仅需要拓宽各种专业美术教育，更需要在国民教育中加强和普及美育，弥补教育的历史欠缺，完善我国现代教育体系，通过德育、智育、体育、美育全面发展的教育，使劳动者、建设者具有优化的智能结构和高尚的审美情操。这是建设一个富有创造活力的社会所必需的基因。

一方面，人类向来是按照美的规律去改造自己的生存空间的。现代化的社会环境也要按照美的规律去设计、去创造。另一方面，任何现代化、自动化的生存空间都不能代替人的自我完善。我们培养有理想、有文化、有道德、有纪律的代代人才，也必须依靠美育的魅力和动力。

广州美术学院暨附中应考虑怎样适应现代社会发展的迫切需要与长远需要，多出人才，出好人才，以推动社会主义商品经济和文化教育的繁荣。这也是我们今后教育改革的出发点和归宿。

建校 35 年来，众多奠基者、开拓者和园丁们的业绩昭著，已经载入史册；学院未来的远景需要更多的开拓者、探索者去设计、去创造。

广州美术学院的过去、现在及未来都离不开社会各界人士、海内外校友的支持，谨此向所有关心、指导和扶植美术教育事业的人士致敬！希望广州美术学院能够得到更加广泛的社会支持。未来是更加美好的！

（写于 1988 年 9 月）

美 育
——时代的召唤

近 10 年的改革开放,有如春风吹拂,使中国大地复苏。在这社会主义初级阶段,必须通过发展商品经济,发展生产力,才能使国家振兴,人民富裕起来,同时将科技和教育推向前进。

今天的国际社会,许多国家面对着商品竞争的挑战,放远眼光,把育人育才放在发展战略的首位,使人成为未来经济增长的主要动力和主要受益者。除了普遍提高国民素质外,这些国家更着眼于培养开拓型的、创造型的、国际型的各种专业人才。

国内、国际的现实,不能不令人严肃地思考:我国的高等教育怎样面向现代、面向世界、面向未来?我们探讨怎样提高现代人的素质,就需要突破旧观念的束缚,重视教育与美学的结合。重视美育,使人们懂得美学不仅是观念形态学,同时是行为科学。在人的劳动生活中,无论是物质转变为精神,还是精神转变为物质,都需要通过美育增强和拓展人的价值观、人生观,才能追寻美好,探讨卓越,推动社会发展和进步。

美育有其传统性和时代性。20 世纪初,教育家蔡元培提出"美育是近代教育之骨干",并认为"科学与美术不可偏废"(当时美术与艺术同一概念)。五四运动爆发后,他呼吁"文化运动不要忘了美育",可见他对美育的重视。

鲁迅也是一位美育的倡导者。1912 年他在日记中写道:"闻临时教育会议竟删美育。此种豚犬,可怜可怜";次年,在《拟播布美术意见书》一文中,全面地概括了美术的目的与致用,见解精深,至今仍有现实意义。

我们今日谈社会问题的综合治理,开发商品经济,也仍然亟待"美术弘布"。现代化社会建设,全赖建设者素质的现代化,而美育是不可缺少的。人类向来是按照美的规律去改造自己的生存空间的。现代化的社会环境,也要按照美的规律去创造。

高等学校所培养的人才,是高层次的人才。他们应当具有高尚的道德修养、良好的文化素质和必需的专业智能。这就是说,我们要培养有理想、有道德、有文化、有纪律的人才,应当依靠美育的魅力和动力。而美育正是我国教育历史所欠缺的。我们经历过对美育批判的年代,其恶性循环的结果,造成了音乐、美术师资奇缺的现状。忽视美育,否定美育,无视受教育者的精神需要和心理特点,也就违背了教育学科的基本规律。我国由于教育体系的不完善,用升学率这根指挥棒去指挥高中生考大学,艺术素质高低与升大学无关,结果使得相当一批学生艺术知识贫乏,艺术实践低能,审美观点紊乱,生活趣味狭窄,缺乏独立思考,参与意识淡薄,严重地影响了全面发展。这是应当引起教育学者和决策机构深思的。

青年一代向来是思想活跃的 代。现代生活的蓬勃发展,使青年学生更加向往新的美好的生活,如不从正面给予健康的引导,就难以使他们将个人对美好的追求与社会的进步和群众利益统一起来。仅就提倡心灵美、语言美、行为美、环境美而言,就是一项长期的美育任务。

高等学校实施美育的手段是多学科的、多种多样的。美育之所以对青年人具有吸引力,在于它是情感的教育、创造性的教育。在众多的教育手段中,艺术教育占有重要的位置。艺术教育是形象的教育,它通过千变万化的形体、空间、色彩、线条、运动、音调、旋律、音型、光线、角色、意境等方面的传达与感知,令人心神专注,可以达到忘我的境界。经常性的艺术欣赏和实践,可以使人耳聪目明、思想活跃,领略各种艺术形式、风格的特征以及美的规律,锻炼人的创造性思维,培养人的价值观和人生观,使人懂得生活的积极意义和创造性劳动的价值。

目前我国商品经济日益繁荣,大学生增强了商品经济观念。随着竞争机制的形成,客观形势迫使人们必须考虑如何参与竞争,并立足于社会、贡献于社会的问题。高等教育必须考虑怎样调整和优化学生的智能结构,各个学科都有必要通过艺术教育增加人文学科方面的知识,提高学生的审美兴趣和创造的积极性。

现代生活节奏的加速,也反映在商品款式、花色品种更新的加速。设计艺术始终居于时代的前列。艺术的动向,反映时代的变化。受欢迎的、畅销的商品,将是那些包含更多的"知识与智慧的美的商品",这样的商品有时要比其他同类商品价值高数倍、数十倍,如高级时装、高级机器、名牌产品、高级消费品等。任何出自高手设计的产品和广告,都会给生产企业以至整个产地带来巨大的物质财富和精神财富。

在国际贸易中,自从1851年在英国伦敦举行首届世界博览会以来,各国一直都在为提高本国商品的竞争能力而加强艺术教育和职业教育,因为艺术潮流主导审美潮流和产品设计潮流。同时开展技术美学的研究,运用美学知识,提高产品质量,改善生产环境;运用音乐、照明、色彩等艺术手段,使生产者保持兴奋的劳动状态,提高劳动生产力。

为了促进商品流通,开辟销路,还必须适应消费者的心理,运用美学知识和艺术手段去做各种宣传,使商品深入千家万户,吸引广大的旅游者。一切都要像艺术创造一样,发挥想象力,突破一般常规,不断出新,展开一系列的创造性的劳动。

科学技术与艺术的结合,给社会经济带来繁荣。未来将进入科技与艺术结合更加紧密的时代,教育也必须尽可能地将科学技术与艺术有机地结合起来,优化大学生的素质,以利于创造性思维能力的培养和智力的开发。

科学与艺术都贵在创造,都是以创造思维为前提的。过分地强调艺术与科学间的区别,导致一些人把形象思维与逻辑思维对立起来,忽视了它们之间的相互促进作用,不利于创造性人才的培养。

文艺复兴时期的许多科学家,同时也是艺术家,或是说许多艺术家,同时也是科学家。现代许多杰出的科学家,也是美学思想家或艺术爱好者。如爱因斯坦、波尔、狄拉克、杨振宁、李政道等,他们都能在自然科学研究中自觉地运用科学、美学思想,为美育做出了重大贡献。

现代科学家确证了人的大脑左右两半球功能的高度专门化,即管理形象思维由右半

球负担,管理器官功能和抽象思维由左半球负担。如果片面地过度利用某一边大脑,会使另一边受到抑制,不利于整个大脑工作。如果左半球负担过重,管理形象思维的右半球负担不足,则不利于个性的和谐发展,会造成思维贫乏、神经过度紧张。这时,便应该用形象思维活动,用欣赏自然美、艺术美来调节大脑活动。

人的生活节奏越紧张,环境越是现代化、自动化,人就越需要艺术活动。人是机械的操纵者,同时也因受机械的制约而失去了自由,这就需要通过艺术活动开展形象思维活动,调节心态的平衡,使精神和脑力得到及时的恢复。

思维的创造性,不仅是科学家、艺术家的事,各行各业的工作者都需要用创造性思维去开拓自己的事业。创造性思维是以思维的丰富性、系统性、整体性为基础的,富有创造才能的人都善于独立思考,提出问题和一些新的思想。他们的思维的智慧表现为机敏性、形象性、逻辑性,敢于突破因循的旧框框,实事求是地思考问题。

个性的发展是创造性人才所必需的条件。能富有个性地创造,乃时代新人应具备的品格。只有不畏事物的复杂性,才能培养在复杂事物面前扼其精要的能力。一切胆怯、怠倦、自弃、兴趣狭窄、思维片面性都是与创造者的品格不相容的。

人的创造性活动是高度的意志活动,这种意志活动应有目的性、顽强性、果断性、自制性和献身精神。只有智慧和意志方面的品质还是不够的,还必须与道德、情感方面的品质结合起来,才能使创造得到充分的发挥。艺术实践方面的要求,与培养创造性劳动者的上述的品质是一致的。

许多学者提出创造性与幽默之间有着密切的联系,还有的学者把幽默与科学、艺术一道归为创造性思维的基础。列宁认为:"幽默是一种优美的、健康的品质。"在现实生活中,不乏富于幽默感的人,这种人大都是对自己从事的劳动充满自信,往往表露于幽默的生活态度和丰富的情趣,同时表现出思维的敏捷和丰富的想象力。鲁迅的文学作品是耐人寻味的,这与其特有的幽默和风趣不无关系。优秀的漫画能令人产生会心的微笑,就在于作者能够发挥联想,突破时间与空间的局限,利用形式与内容的矛盾,道破主题,表现出作者对待生活的敏感性和积极的态度。

优秀的文学艺术作品,其创造性往往表现于作者的真知灼见、艺术表现的魄力和魅力以及风格的独特性。"文章最忌随人后",无论做什么工作,那种因循模式、人云亦云、随波逐流的思想作风与创造性思维是水火不相容的。

总的来说,每个人都具有创造潜力,但只有心理健康的人,才能将潜力不断地发挥出来。人虽然禀赋各有不同,但一切都不是命里注定的。要有高尚的情操和志向,不为琐事所扰,勇往直前,才能保持心态的稳定和健康发展。只有自觉地接受和利用美育的多种形式,丰富自己的精神生活和形象思维能力,使多种智能相互渗透,相互促进,才能奠定创造性劳动基础。

一方面,现代教育是注重鼓励青年创造性的,优秀的教师可以创造性地因材施教,使青年学生得到健康的成长。另一方面,凡不理解、不尊重学生的心理、生理特点,企图把自己的经验当成模式,要青年人去仿效的教师,往往要遭到失败。

培养学生的创造性思维能力,要求教师具有科学与艺术多方面的修养和幽默的品格。现实生活表明,富有幽默感的人是受人欢迎的。教师的幽默是对教学工作的热情、真挚的流露,是在与学生感情交流中自然产生的妙趣,有别于自作多情,哗众取宠。教师的幽默可以给教学增添艺术色彩,它可以调动学生们的学习热情,启发学生智力,加深教学印象,缓解学生们的紧张情绪,稳定心态平衡。总之,对优化教学效果有不可忽视的作用。学生将在教师的言传身教的活动中,得到多方面的教益。

高校能否重视美育的实施,关系到人才的培养和教育学科的发展进程。多年来那种定于一尊、缺乏美育的局面已经开始改变,教育学术由一人而定的时代也已结束,教育科学的发展与民主的学术气氛是分不开的。为了使我们的代代青年更富有创造性的活力,提高全民的文化素质,所有高等院校都应像重视德育那样去重视美育的研究,这样,我们的教育就会因符合社会和青年的实际需求,符合"三个面向"而得到较快的发展。

实施美育,既是传统的发扬,又是时代的召唤。高等教育把教育学和教学法的研究与改革提到日程上来,运用多学科的理论研究教育、设计教育的"三个面向"问题,这也必将推动美育的普及与提高。

(原文发表于《高教探索》1989 年第 1 期)

《中外人体摄影艺术欣赏》序言

人类社会文明一直在科学与艺术两大领域内延续着、发展着。科学的进步、艺术的繁荣使人们不断加深了对自然和社会的认识，其中包含对人类自身的力量和美的认识。

艺术反映生活，生活需要艺术。在各种艺术形式中，摄影产生较晚，自达格尔发明摄影术算起，至今也只有一个半世纪的历史，远远不能与绘画、雕刻相比。其后相继产生的电影、电视都得到迅速的普及，同时促进了摄影艺术向前发展。

近年来，绘画、雕刻方面的人体艺术，已进入我国现代社会生活，人体在电影艺术中也时有出现，这些大都是艺术家为了表现创作主题所采用的形式艺术语言。因此，在摄影艺术中表现人体，也是自然的事。

花城出版社编辑出版的《中外人体摄影艺术欣赏》能开拓读者的视野，普及和提高读者对人体艺术的欣赏能力，对我国摄影艺术的普及也会起推动作用。

本书集中选编美国的戈登、端纳、史密斯、科布，法国的杰曼，瑞士的沃格特，日本的富吉等摄影家的代表作品，选入比较多的是广东摄影家利智仁先生的人体艺术近作。

学术无禁区、无国界，而有传统、有高峰，要有人去继承，去发展。利智仁先生勇于开拓、勇于探索，他的人体摄影艺术不乏新颖、成功之作，这与他自幼开始培养的美术素养是分不开的。尽管各种艺术形式手段不同，但对美的发现、鉴别能力是共需的，是互通的。

人体艺术创作是现代文明的创造，现代生活需要高尚的人体艺术。缺乏知识，缺乏具体分析，用简单的思维去判断红色的、黄色的……是有害的，甚至会给社会带来不幸。我们应当以历史的教训为戒，任何高尚的艺术作品都是以艺术家的高尚的审美情操为基因的，同时需要高尚的读者知音去鉴赏。愿人体艺术在我国能够健康发展。

（花城出版社1989年版）

"郭绍纲美术作品展"展览自序

  我从艺已40年,早年选择美术专业,既不是受家庭影响,更不属于天赋,而是全靠老师们的启蒙和鼓励。后来自己又从事教学工作,要教学生,就要先要求自己勤于实践,多学习前辈的经验,要能够在辅导中言之有物,言之成理,力求身教与言教的统一。我发现许多前辈艺术家的成就与他们热爱教育工作是分不开的。艺术实践与教学工作在时间上虽有矛盾,但教师的职业道德却能辅助艺术实践水平的提高,使艺术功力有崇高的目的和品格。

  这里展出的许多写生作品,大都是我在教学之余,抓紧时间挤出来的东西,虽不尽完美,却来之不易。所写人物大都为熟悉的人,任何人物写生,都是双方劳动的成果,至于风景写生,有时为寻觅画境,或曾涉水,或在作画时遇到风吹、雨淋、日晒、虫咬等不同情况的困扰,一旦战胜了困难,就有了收获。每次翻看它们都会引起美好的回忆,我为自己的精神财富而感到自豪。希望各位观者能和我一起分享艺术实践的快慰,并请多加评论,以活跃学术空气,推动艺术教育事业发展。

(写于1989年1月)

"赖征云油画展"前言

十年改革开放,赋予我国艺术新的生命,并使其向多元化蓬勃发展。仅就广东举办个展而言,无论从数量或是从质量上讲,都不断在增长、提高,个展作者的年龄也日益趋向年轻化,这些都是过去所不能比拟的。

赖征云同志已入中年,举办油画个展,应是意料中之事。他是广州画院画师,更须用自己的创作向社会尽责。

赖征云,原名忠荣,江西赣州人,早年曾先后毕业于广州美术学院附中和广州美术学院油画系,经受过扎实的专业基础训练。毕业后,他曾在部队从事文艺工作多年,工作锻炼和艺术实践均坚持有素。征云不仅擅画人物,风景也是他的爱好。由于他也有用色彩造型的全面功力,他的作品大都具有势和意清之美,无生僻晦涩的感觉,不乏富于诗情之作。

艺术贵在情真意切,必须在艺术语言上多加锤炼,才能达到笔少画多,笔健意厚的境界。艺术家个展的回响,必有助于发扬不断进取的精神。

(写于 1989 年 1 月)

在广州"包豪斯设计展"开幕式的致辞

各位来宾,女士们,先生们,师生同志们:

今天,由联邦德国斯图加特市对外文化关系协会提供,香港德国文化中心组织,广州美术学院与中粤轻工进出口包装联合公司主办的大型展览"包豪斯设计展"在这里如期开幕了,我代表主办单位欢迎各位光临。

"包豪斯"是20世纪世界建筑史、艺术史和设计史上一个光辉的里程碑,是现代设计的真正开端。由于包豪斯基于现代科学技术,大工业生产方式和新文明思想所开创的一整套设计理论与主张,它影响了全世界的设计发展,改变了这个世界的面貌。

近70年前,1919年4月1日,包豪斯创建于"一战"后的德国魏玛市,德文Bauhaus,是"国立建筑设计与艺术学院"的缩写。包豪斯是一群青年建筑师、艺术家和设计师因不满当时的艺术与设计现状,在魏玛大公的支持下,组建的一个集设计研究、设计教育和设计实践的集团。包豪斯主张全面抛弃旧的设计传统,探求工业化时代的设计原则,创造新的文明和设计美学。如今,构成我们生活环境的所有现代建筑、工业产品,几乎都在设计上与包豪斯有着内在的联系。

在包豪斯的师生中,瓦特·格罗佩斯、米斯·凡·得·罗、勒·柯布四耶、瓦西里·康定斯基、保罗·克利、马歇尔·布鲁耶、莫荷利·那基等人在现代建筑、艺术、家具、印刷以及各类工业产品设计上所做出的卓越贡献,使他们成为20世纪最伟大的设计家与艺术家。

在国内建筑界、艺术界和设计界,人们对"包豪斯"早有所闻,也有许多专家、学者对其进行过研究,但是,人们从未有机会通过一个展览的形式全面、系统地了解包豪斯。这个展览在中国广州的展出,是第一次,也是唯一的一次。观众将通过大量的图片、录像和实物,一睹半个多世纪前德国设计家与艺术家的创造。

我们相信,这个展览在广州的举办,将会促进中德文化的交流,促进我们的艺术与设计教育的发展,并将在国内艺术与设计界产生深远的影响。

感谢香港德国文化中心向我们推荐并组织了这个重要的展览,感谢中粤轻工进出口包装联合公司与我院合作,承办了这个展览。

谢谢大家!

(写于1989年3月12日)

胡一川、黎雄才两位顾问八十寿辰雅集致辞

各位同志：

今天我们在此雅集，第一要表达的一个意思就是我院胡一川教授、黎雄才教授都即将进入八十整寿，他们两位都是卓有成就的艺术家、美术教育家，谨此，请允许我代表全院师生员工向两位教授表示衷心的祝愿，祝愿两位教授健康长寿！生活更加幸福。

第二要表达的是，胡一川、黎才雄两位教授都在学院成立36年的建设、发展过程中做出了卓越的贡献。诚然广州美术学院能有今天的成绩，是集体创造的结果，但是胡一川同志作为学院的创建者之一，多年担任学院的领导职务，黎雄才教授是国画系学科带头人之一，先后担任系和院的领导职务。自1983年以后，他们两位退居二线，仍担任学院顾问的工作。他们都关心、支持学院的全面工作，并积极承担有助于学院开拓的工作。借此机会谨向两位同志表示衷心的感谢，感谢他们在学院发展中所做的杰出贡献。

第三要表达的意思，就是胡一川同志从1929入国立杭州艺术专科学校开始，至今已从艺60年，黎雄才教授从1927年向高剑父先生学画开始至今已有62年艺龄，他们在各自从事的专业方面，无论是学术造诣，还是艺术成就，都是举世公认的，并在海内外有广泛的好评。1988年年底胡一川同志获日本园艺术交流中心颁发的"贡献金奖"。他们虽然各自的经历不同，至少有三点是共同的：①他们在艺术园地的辛勤劳动，为青年一代树立了良好的榜样；②虽已到高龄，仍坚持艺术实践，保持艺术创造的青春活力，不断为社会，为美术教育事业积极做贡献；③他们两位还有一个共同点就是对待生活。对待未来抱积极进取的乐观主义态度，这种乐观主义的态度，使他们的身体和艺术都保持了健康和活力，这是很值得我们大家学习的，是令人尊敬的。

我们今天还要感谢关山月先生出席这个雅集，感谢吴表凯、张菊和胡姗妮同志，感谢各位对我们工作的支持，表达未尽之处和表达不确切、不恰当之处请各位原谅，并做补充或更正。

为了表示我们的谢意和敬意，我们给两位顾问准备了一点小小的纪念品。不成敬意。

（原文发表于《南方时报》1989年11月12日）

高等美术院校应为中学培养美术师资

近几年来,艺术教育的社会意义逐渐受到人们的重视,艺术教育出现了蒸蒸日上的新气象。社会的发展,不仅需要拓宽各种专业艺术教育,更需要在国民教育中加强和普及美育,以弥补教育的历史欠缺,完善我国的现代教育体系。通过德、智、体、美全面发展的教育,使劳动者具有高尚的审美情操和优化的智能结构,这是建设一个富有创造活力的社会所必需的重要因素。

普及国民美育需要培养和补充大批合格的艺术师资。据有关教育部门预测,到2000年,我国中学需要补充美术教师10万余人,高师、普通高校、职业高中、中专、中技等校也需补充美术教师3万人。如果按目前高等师范院校美术系科的培养能力来看,这一艰巨任务要40余年才能完成。因此,培养美术师资必须采用多渠道、多层次、多规格的方法,不能囿于传统的高师美术系科。

我院是美术专业院校,为了培养普及国民美育急需的美术师资,1981年,我院在困难的情况下建立了美术师范系,把培养中等学校美术师资作为学院的一项长期任务。这个系的建立,是我院建设中的一件大事,体现了改革与开放的精神,打破了我国历来只在师范院校培养美术师资的模式,为加速培养美术师资开辟了一条新的办学途径。

美术学院办美术师范系拥有得天独厚的优势。首先是周围有较高水平的教师,学生直接或间接地受其影响;其次是学院图书馆有价值的藏书和资料较多,各种艺术讲座、展览活动频繁,也直接影响师范系师生的专业水平。但是,美术学院办美术师范系,毕竟是一个新课题,一切从头开始,困难不少。美术师范系的师生们满腔热情地开展了一系列艰苦创业的工作。

第一,根据师范特点,设置课程,选定教学内容和方法。

美术师范教育与其他单一专业的教育不同,它是一个双专业的人才培养体系。作为高等美术师范教育,一方面要求学生具有一定的美术专业水平和审美修养,掌握造型美术和设计美术的理论、知识和技能;另一方面又要求学生具备从事美术学科教育的能力和水平,要懂得教育学,并掌握美术教育的技巧。我们认为,美术师范系既不能像美院其他系那样从"高精尖"着眼,也不能把美院的课程压缩而办成"小美院"。为此,我们把课程分为政治文化、美术学科和教育学科三大类,包括哲学、政治经济学、中国革命史、文学、外语、体育、教育学、心理学、教材教法、教育实习、艺术概论、中外美术史、技法基础、素描、速写、国画、水彩、油画、雕塑、设计美术、劳作、创作等。

与此相适应,我校根据对中学美术师资要求"多能"的特点,进一步调整了课程结构和教学要求。要求学生首先做到"多能",一、二年级打基础,全面掌握各种美术专业知识和技法;三、四年级在"多能"的基础上再选修中国画、水彩画、设计美术等3个重点科目,掌握某一方面的专长。在分科选修时,我们仍坚持"多能"基础上的提高。如国画选修班要继续学习设计12周、水彩6周；水彩选修班要继续学习设计10周、素描10周、油画5周，设计美术选修班要继续学习素描4周、水彩6周、国画6周。各选修班学生均要深入生活、下厂实习和参加教育实习。这样就把"一专"与"多能"的关系理顺了，有利于培养既能适应中学教育需要，又有某方面专长的较高水平的美术师资。

第二，按照师范教育的要求改革招生制度和学制。

从1984年起，为满足社会对美术师资多层次、多规格的要求，美术师范系既招4年制本科生，又招3年制和两年制的专科生，而且按照"当教师"的特殊要求，侧重招收有工作经验的美术教育工作者和美术干部，年龄也曾放宽到32岁。1985年，美术师范系开始实行中期选拔制，即招生时一律招收专科生，学习3年（1987年后改为两年）后，经全面考核，选拔德、智、体、美全面发展，品学兼优者升入本科深造，从而激发了学生的竞争意识，调动了学习的积极性。从1985年起，我院还为广州等地培训中学美术师资，为了照顾在职教师自身的教学任务，学员们采取"半脱产"的学习方法，即半数学员每周前三天来院学习，后三天回本单位任课；另外半数学员前三天在本单位任课，后三天来院学习。由于学员们大都有多年的教学经历，因此学习的侧重点也各有不同，学习与本职工作能紧密结合。为了培养高层次的美术教育人才，开展科学研究，我院成立了美术教育研究室，从1986年起面向全国招收素描、水彩、国画和设计美术教材教法的研究生，并筹办以招收高校青年教师为对象的素描、水彩等科的助教进修班，实现了多层次、多规格、多形式的美术师范办学模式。

第三，按照师范教育的需要，编写自己的教学大纲和教材。

我院要求美术师范系的教师特别重视教材建设和教学法研究，及时总结经验。该系实行以老带新的办法，老教师帮助青年教师备课，写教案，进行课前试讲等。1985年，美术师范系在培养了第一届毕业生的基础上，结合对社会的调查，根据各类学校，尤其是中学美术教学的需要和毕业生从教的情况，进行全面总结，制定了各科教学大纲。目前正在组织力量编写一整套自己的教材，争取在较短的时间内使之系列化。

第四，我院对学生参加社会实践给予鼓励和支持。

我院有计划地组织美术师范系学生到中小学和幼儿园兼课，有的学生还应聘为家庭教师。这种兼课使学生体会到教学工作的实际需求，看到少年儿童的好学精神，提高了对教师职业的认识，这对巩固他们的专业思想是十分有利的。美术师范系自创办以来已有毕业生179名，除考上研究生和从事其他工作者外，现仍有144名毕业生在教育岗位上辛勤地工作着，占毕业生总数的85%左右。同时，美术师范系学生的优秀作品已制成幻灯片向全国发行；河北美术出版社出版的《静物花卉》、漓江出版社出版的《水彩人体习作》、岭南美术出版社出版的《画廊》中，都大量选载了我院美术师范系学生的作品。

我院在普及国民美育、培养合格师资方面已有良好的开端，但在改革与发展中还存在不少问题和困难。我们决心进一步深化改革，把我院办成培养高水平美术教育师资的重要基地，为普及国民美育做出积极的贡献。

（原文发表于《中国高等教育》1989年第5期）

心宽道广，情挚艺真
——写在吴海鹰油画展出之前

深秋是丰收的季节。画展之多，令人欣慰。可是，时至今日，油画作品之展出，却为数较少，油画家能够举行一次个人作品的展出，实属难能可贵。

今天，吴海鹰油画作品展终于与大家见面了。它展示了一位中年女画家的艺术成就，令人十分高兴。海鹰从艺已三十余载了。还在学生时期，海鹰就已有聪颖的表现。她在广阔的艺术天地里，执着地追求深远的境界，毕业后工作不久，即碰上了十年"文革"，她因此走过了一段曲折的路。

常言道"路遥知马力"，一个画家在艺术上的扎实基础与全面修养是重要的。随着拨乱反正与改革开放，艺术的春天终于到来了，艺术园地生机勃勃，各方面都为画家的创作生活提供了有利的条件。已进入不惑之年的吴海鹰更是加倍努力，勤奋耕耘，新作不断。这是令人至为欣慰的。

作品是心灵与情感的产物，海鹰胸怀宽阔，感情真挚。她的《红花岗的怀念》是对革命先烈的敬仰；《冬至》《小人书》是对少年一代之爱抚；《山村》《窑洞》和《井》，是她向往中原农村生活的结果；而《窗外》《玫瑰》等作品，则充满了她对现实生活的热爱之情。是的，一个画家，不仅要热爱生活，而且还需独具慧眼，到处都能有美的发现，接受生活的启迪，才能不断有所创造。

海鹰作画，讲究构图，注重造型美，而色彩沉实适度。她认真刻画而无拘谨，抒情写意而不浮华。无论工笔、意笔，抑或兼工带写，她都力求情趣有致，神韵充足，各有特色。

现在，海鹰已是广州画院的高级画师，但艺无止境，愿她更上一层楼，永不停步。

（原文发表于《南方日报》1989 年 11 月 12 日）

1989 年校运会致辞

各位同学，各位同志：

首先热烈祝贺 1989 年校运会的开幕。在学院建校 36 周年，学院附中建校 35 周年的前夕举行校运会，使这次校运会具有迎接校庆的意义。

一年一度的校运会，是对我院体育教学、运动水平以及校风校纪的检阅。为了筹备运动会，迎接校庆，各系、附中、各部门以及工会都做了必要的准备，在人力、财力方面给予支持，许多师生为了参加竞赛已经早有所训练和准备。

体育是我们贯彻全面发展教育方针的重要组成部分，我们必须重视体育，不断地提高教育质量，平时坚持开展多项运动竞赛，才能保证一年一度的校运会富有生气。

体育教学关系到每位学生的素质培养，它不仅是体能的训练，更是意志和气魄的锤炼。我们应在体育运动中培养高尚的精神和品格，这也是一种文明的体现。我希望大家在运动竞赛中能有优良的表现。

运动竞赛在社会生活中、在校际交流活动中占有重要的地位。我们应当在抓好体育教学的基础上，把业余体育活动蓬勃地开展起来，在参加各类竞赛活动中有所作为。广州美术学院的体育运动也应当是好样的。

在此谨向为筹备校运会付出劳动的老师和同学们，为校运会的经费提供支援的有关部门、向各系和有关同志表示感谢。

预祝 1989 年校运会圆满成功！

（写于 1989 年 11 月）

在祝贺胡一川同志从艺60周年学术研讨会上的发言

各位同志：

昨天，我在胡一川作品回顾展开幕致辞中谈到，胡一川同志的创作道路是跟我国的革命历史进程和社会进步的潮流紧密地结合在一起的。

60年来，胡一川同志始终是在革命的旗帜指引下开展自己的艺术活动的，他始终是一位双肩挑的干部。他的艺术活动有亲身的创作，也有革命的宣传工作，领导工作和教育工作。

现在就他的艺术创作而言，综观60年，大概可以分为四个时期：即战前时期、战争时期、和平时期和改革开放时期。胡一川同志于1929年入国立杭州艺术专科学校正式学艺，他入学不久，即参加了改组后的"一八艺社"，1930年参加共产主义青年团和左翼美术家联盟。他的艺术活动是在左联和鲁迅先生指导下开展起来的。当时处在民族危亡时期，"九一八"事变"一·二八"事变接连发生，人民的灾难深重。他不仅创作了《饥民》《流离》，反映了劳苦大众的生活处境，后来又创作了《失业工人》《到前线去》《闸北风光》等作品，积极地反映了阶级意识和民族意识的觉醒。他的这些创作都属于当时战斗性木刻版画运动的代表性作品。抗日战争爆发后，一川同志的创作由战前时期转入战争时期，这中间包括抗日战争和解放战争两个历史时期。抗战开始，一川同志奔赴延安，初在儿童剧团，后到鲁迅艺术学院任教，并率领鲁艺木刻工作团到太行山区、晋察冀一带开展创作宣传活动，团中有彦涵、罗工柳、邹雅等同志。他们还深入民间采风、研究民间艺术特点，根据宣传任务，创作了一批优秀作品。一川同志的《军民合作》《牛犋武工队》以及在解放战争中创作的《攻城》都是他的代表作。中华人民共和国成立后进入和平时期，一川同志的创作转向了油画。20世纪50年代初，我在中央美术学院看到了他的大型油画《开镣》，给我很深的印象。后来他又作了《过雪山》。20世纪60年代他在困难的条件下创作了《前夜》《落网》《挖地道》等作品。在这20世纪70年代，他的任务主要是办学、作画，虽然不多，但都是大型作品，分量都很重，都具有时代的代表性。改革开放以来，一川同志的油画转向了风景创作，其中以现场写生为主。在这期间，一川同志到了10个省、几十个城市和地区。从选材上可分为几个方面，反映能源矿区的有《南海油田》《红工煤矿》《刘家峡水电站》《闽西探宝》等作品，反映侨乡风光的有《碉楼》《广海街景》《开平码头》《我的家乡》等，反映历史遗址的有《嘉峪关》《山海关》《敦煌》《古寨门》《腊子口》等作品。此外，他在鲁迅的家乡绍兴所画的一批作品也是很精彩的。

下面我谈谈一川同志艺术风格的两个方面：一方面是他的前后风格是一贯的、稳定的。另一方面他的风格是富有个性的，是发展的。说他风格一贯和稳定是根据他60年来，对于自己开始所选择的艺术道路和理想，始终没有动摇过。就像刚才闻凤岗同志说的，他的艺术沿着所选定的革命方向，勇往直前。回顾他几十年的创作，从选材来看，都是有明确的目的，都是从人民的需要出发，与时代前进的脉搏合拍的。从艺术语言上讲，一川同志的版画，以及近年来的风景写生作品，都具有简洁、质朴沉雄而有力的特点，这种有力是一种综合的感染力，无论是他的版画、油画或书法作品，很注意基本构成的创造，很注意做基础工作。我想顺便引出这样一个问题，他的写生作品，大都是经过认真准备、观察、作素描稿的过程，在素描的基础上，再发展成为一幅油画构图。回顾展上展出了一批他的素描作品，虽然都是写生前的素描稿，但是其艺术价值不亚于他后来的一些油画作品，因为它们已是一幅幅完整的独立的素描作品，如《碉楼》《日光岩》《北戴河小渔船》等，都是很成功的——运用素描语言，已经达到相当充分、相当完整的表现。所以，研究胡一川的艺术，不仅仅是他的版画、油画，还应包括他的素描艺术，或将版画理解为包括素描艺术在内的大版画。前几年我在编《广州美术学院素描集》时，首先请胡一川同志选了两幅素描，那时我已经很注意他的素描风景的表现力。他在素描造型上，在某些方面比他的油画可能更加容易掌握整体的气氛。他那些作品，无论是素描，或是油画，都是相当精彩的。我绝不是妄自尊大的，胡一川同志的作品跟外国大师的作品放在一起，毫不逊色。我国的油画艺术自20世纪以来一直在发展，这类的东方艺术作品与西方艺术作品比较，毫不逊色，甚至更有我们自己的特点。

胡一川同志在油画色彩方面、画面的基本结构方面是倾注心力的。我曾听涂志伟说过，他跟一川同志出去，有一次胡一川打了一个草稿，在墙边放着，半夜里，突然拉开了灯，然后把头从蚊帐里伸出来，看自己的那张画。我听了以后很感动，加深了对他的创作过程的理解，可见他睡觉时还不忘推敲自己的画面结构。所以，我认为胡一川同志对于自己的创作是全身心投入的，他不仅仅是艰苦朴素，还有另外一面，就是全身心地投入。在他的风景画里面，那些建筑结构、空间透视关系，基本上都是稳定而准确的。他更醉心于色彩和笔法方面的运用和创造，常常站立很久，经过观察、酝酿、调色、运笔着色，他的色彩是响亮而丰富的，他的笔触是肯定有力的。他从不把一件东西故意画得歪斜，或将形体拉长或缩短去追求变形。他的画也完全不同于照相，可以说有很大的变化。他那种变形不是简单理解的变形，是整个形象的升华。一川同志的艺术语言，和他的为人一样，没有什么啰唆，非常简明。他每一幅画的命题都非常简明，如《饥民》《囚》《开镣》《前夜》《挖地道》《红帆》等都是简明的。除了一些地名是非标明不可的，其他都是简单、朴实的。我认为这些都是鲁迅先生的教导，为人民大众的艺术就要简明易懂。当年鲁迅先生在《一八艺社习作展小引》里曾指出，一些号称"艺术家"者的作品将题目故意题得香艳、缥缈、古怪、雄深、连吓带骗，令人觉得似乎了不得。一川同志的标题表明，他就是靠自己的画来说话，没有故弄玄虚的东西。胡一川同志的艺术风格之所以有这样的胆魄，是跟他有崇高理想和坚定信念以及无私的忘我的劳动精神是分不开的。他的艺术是创造的艺术，他的艺术创造源于发自内心的一种真诚的艺术语言，而且不计较荣利，不考虑发表与否，时兴什么风，会得到什么奖励等。在他的观念里头，始终是一贯的，这也是他的可贵之处。

他的艺术风格又是发展的。从他的木刻作品前后比较来看,他到延安以后的作品要比早期的成熟洗练得多,生活气息更加浓厚,又吸收了一些民间艺术的特色,在技法上也丰富得多。他的油画,20世纪80年代的风景写生,显然比早年的写生作品更有气魄,像去苏联、波兰访问的那些作品,当然也是很有意义的。显然,前后比较,后来的作品就更加雄浑有力。这是视野开阔、胸怀阔达的一种表现。一个画家的艺术风格应是不断发展的,但不是随风歪倒的。胡一川同志的艺术风格与他多方面的艺术修养也是分不开的。他早年在厦门集美中学、集美师范都学习过,先后曾随吴其沁、张书旂两位先生学习国画、书法。入杭州国立艺术专科学校之后,他又随潘天寿先生学国画,随吴大羽先生学水彩,随法籍教授克罗多学素描、国画。早年的基础在他后来的创作中发挥了作用,我们从他的油画艺术表现中可以感受到他吸收了版画构成的某些因素以及传统绘画中骨法用笔、气韵生动的追求。另外,一川同志在音乐方面也是有素养的,他早年曾做过歌咏的教师和活动家,他也是吉他、钢琴的爱好者。他多方面的修养在他的画面上有充分的体现。特别是他的书法作品,那里面有很强的音乐节奏感和木刻的力度。

胡一川同志的作品是唯物论、反映论的一种体现。他的作品完全是根据他所经历的历史和生活来创作的,如《开镣》《前夜》《挖地道》都与他的生活经历有密切关系。他画绍兴的几幅作品,色调爽朗、明快,充满了温馨之感。他与鲁迅的关系直接,非同一般画家到绍兴的写生。那幅《红帆》,又称《西湖风帆》,可以当作一般的风景画,实际是很有意义的。杭州西湖是作者所熟悉的地方,画上的保俶塔,一川同志早年是在塔下宣誓入团的,那是他从事地下活动的地方。20世纪80年代他去写生,我不知道当时有没有红帆,也许有,也许没有,也许瞬间而过,他却非常大胆地运用红、黄、蓝三个原色,使三原色对比达到相当饱和而强烈的效果。虽有装饰性,又是现实生活的反映,作者的寄情寓意,耐人深思、寻味,只有熟悉作者的生平历史,才能对他的作品理解得深刻一些。

我现在仍在学习,因为工作较忙,没有专门采访过一川同志,作此简单的发言,抛砖引玉,只是自己的一点体会,不妥之处请大家,特别是请一川同志给予指正。

(原文发表于《广州美术研究》1990年第4期)

李铁夫先生 120 周年诞辰纪念大会致辞

各位同志、各位来宾：

今年是李铁夫先生 120 周年诞辰。今天开始，我们在这里举行隆重的纪念活动。请允许我代表李铁夫先生 120 周年诞辰纪念活动筹备委员会对各位的光临表示热烈的欢迎。

铁夫先生 1869 年出生于鹤山县陈山村，少年时期就喜爱绘画，曾在吕辉生孝廉家学习诗文、书法。16 岁离乡赴加拿大，曾先后就读美国阿灵顿美术学校、纽约国家美术学院专门研习美术。在各种美术大赛中，多次获奖，并于 1916 年加入最高画理学府（即美国老画师会）。李先生为东亚人加入此学府的第一人，可见其艺术造诣之高深。这也是后来其被誉为"东亚画坛巨擘"的来由。

李铁夫先生年轻时代就已向往革命，从而成为孙中山先生最早的支持者之一，与孙中山先生创立兴中会（后改名为同盟会），并担任纽约同盟会常务书记，历时六年。他曾用演剧活动、导演电影、出售美术作品等方式筹措革命经费。1910 年，清廷海军司令程壁光驾"海圻"舰到纽约，铁夫先生与赵公壁、邓家彦等人冒生命危险到"海圻"舰上鼓吹革命，待使全舰官兵倒向革命，加入同盟会。辛亥革命爆发，清帝逊位，民国成立，铁夫先生不求官职，高风亮节，孙中山先生曾书"创国元勋"赠给李先生。

1930 年，铁夫先生回国不久便去香港定居，一直过着清贫的独居生活。1942 年，他曾应友人邀请到台山、桂林等地暂住，写生作画。抗日战争胜利以后，李先生曾到广州、南京等地举行个展。1946 年春，铁夫先生归鹤山家乡时，曾书出"独鹤归何晚，昏鸦已满林"之感叹。未久，又返回香港红山居住。1949 年 10 月 26 日，香港进步文艺界人士曾为李铁夫先生举行 80 寿辰集会，同时也是为了庆祝广州解放。

1950 年 8 月，在广东省人民政府派出迎接人员陪同下，李铁夫先生高兴地回到广州，9 月 2 日出席华南文联筹备会所举行的欢迎大会，就任华南文艺学院名誉教授、华南文联副主席，并表示将自己作品全部献给国家。10 月，即在广东省立中山图书馆举行了李铁夫作品展览。

李先生不仅在油画、水彩画等方面有杰出的成就，在我国传统文化方面也是修养有素、功力深厚的。他能诗、善书，还兼作传统的水墨画。他在海外几十年坚持练功写字。他多次书写傅青主的书论，这不仅反映了李先生的审美追求，也可以感到他对傅山的为人治艺的推崇。李铁夫先生那种泾渭分明、淡泊名利、愤世嫉俗的气节和情操，还可以从他的诗联、书画里明显地感觉到。

李铁夫先生生前多次与人说他的平生两大嗜好：一是革命，二是艺术。他的一生经历正如李济深先生文章所说，"他将艺术与人生融合成一片了"。李铁夫先生的艺术成就表明，他汲取东西方艺术的精髓，兼容并蓄，相辅相成，形成自己独特的风格，具有时代的典范性。

为了纪念这位革命先行者和杰出的艺术家120周年诞辰，广州美术学院与鹤山县联合发起筹备这次纪念活动，很快得到领导部门的批准和各有关单位的支持。通过协商，由各单位推举相应的人员，组成了32人的筹备委员会，委员会下设办公室及学术研讨、展览工作、出版宣传、秘书、接待各组，办公室及各组成员大都由广州美术学院和鹤山县派员组成，同心协力，承办纪念活动的各项工作。

为了这次纪念活动，我们编印了李铁夫诗联书法集，附有文献资料和评论文章汇编，编导制作李铁夫传记性的录像，印制了李铁夫作品明信片、幻灯片。

这次纪念活动，除了纪念大会之外，还将举行李铁夫作品展览、李铁夫学术研讨座谈会及参观铁夫画阁等多项活动。

在筹备工作中，我们邀请了我省文化界、美术界、新闻出版界和其他各界的有关人士，邀请了北京、上海、武汉三地的个别老画家，同时邀请了香港、澳门、台湾的美术家和有关人士，共同参加纪念活动。

李铁夫先生捐献给国家的书画作品是珍贵的文化遗产，一直收藏在广州美术学院美术馆，经常展览陈列，供广大观众参观、临摹、学习和研究。在"文革"十年动乱中，李先生的作品得到了严密妥善的保护。1978年12月，学院在美术馆展厅举行李铁夫美术作品展览，当时也曾邀请一些港澳画家返穗参观。1979年，上海人民美术出版社出版了《李铁夫画集》，由国家前副主席宋庆龄女士题签。1982年12月，为纪念李铁夫先生逝世30周年，广州美术学院举办李铁夫教授美术作品展览。1983年，鹤山县人民政府在陈山村建成铁夫画阁，并举行了大型的纪念活动。1984年，由广东省文联、中国美协广东分会、广东画院、广州美术学院、鹤山铁夫画阁联合主办，在广东画院展览厅举行李铁夫作品展览，并组织了关于李铁夫艺术的研讨会。同年，广东省政府专门拨款给广州美术学院扩建美术馆画库，增添设备，以改善保管李铁夫作品的条件。1985年，岭南美术出版社出版大型文献性画册《李铁夫》。1988年12月，广州美术学院美术馆举行《李铁夫美术作品展览》。此外，近10年来，广东电视台及《广东画报》《羊城晚报》《广州文艺》等传播出版单位多次刊登、报道李铁夫作品、评论文章和展览活动。

今天我们在鹤山，在李铁夫先生的故乡联合举办隆重的纪念活动，是为了进一步传播李铁夫先生的生平事迹，学习李铁夫先生热爱祖国、热爱艺术的高尚品德，继承和发扬中华民族的优秀传统，推动我们的现代化的文明建设。我们应当继续加强对李铁夫先生生平资料和作品的收集、研究、传播工作，希望能得到更多方面关注和支持。

最后，我还要代表筹委会对鹤山县委、县政府、县政协为这次纪念活动提供的资助和接待表示衷心的谢意！

（写于1989年12月1日）

加强美育,发展教育学科

广东高等教育近年来的发展,我省改革开放先行一步创造了社会条件,以及领导部门和各地高校自身努力的结果。《高教探索》创刊 5 年,成绩斐然。《高教探索》是一个重要的理论阵地,在教育改革实践中不可或缺。现又开辟笔谈专栏,以新的姿态迎接 20 世纪 90 年代的到来,令人瞩目。

全面贯彻党的教育方针,是一项艰巨而长期的任务。德育是塑造人的灵魂的工作,有其丰富的内涵。远大理想的教育要以公民教育、法制教育为基础。公民教育与法制教育不可分割。大学生应有强烈的爱国思想和公民意识,不仅要知道自己的权利,同时更要明确自己的义务。大学生应有为国家安全和富强而献身的精神;要有法制观念,懂得按民主程序办事;要有基本的道德修养,为建设社会主义文明,为提高社会公德和职业道德的水准而努力。

美育是一种文明教育。"五讲四美"是美育,艺术教育是美育。美育内容丰富、形式多样,且能辅助德、智、体等教育的发展。通过艺术教育进行美育,使学生增强爱国主义情感、陶冶高尚的道德情操、培养健康的审美观念和审美能力,发展想象力和创造性思维。艺术教育在物质文明和精神文明建设中担负着重要使命。鲁迅先生早年曾用"表见文化、辅翼道德、救援经济"十二字概括美育的目的与致用,在今天仍有现实意义。美育是青少年心理健康发展的需求,是培养全面发展人才的需求。一方面,美育与人生关系密切,不可回避,不可自流,培养正确的人生观、价值观,改造主观世界和客观世界,都需要美育。另一方面,任何人无论贫富,只有培养高尚的审美情操,才能抵抗精神病毒的侵袭,在丰富的精神生活中,使灵魂得以净化。

怎样对待美育,关系到教育学、教育心理学、教材教法等教育学科的发展和建设,从而也关系到人才培养的质量。教育要面向现代化,面向世界,面向未来。教育要为社会培养大量德才兼备的合格人才,首先要建设好一支强有力的师资队伍。教育学科的建设,是重要的基础建设。我们这样一个拥有十多亿人口的国家应当产生与其人口相适应的教育家和教育学科的专家。广东省应当在这些方面有所作为。

(原文发表于《高教探索》1990 年第 1 期)

香港·李铁夫作品展前言

李铁夫先生是我国近现代史上跨时代的一位杰出的人物，无论是在民主革命史上，或是在美术史上都有其重要的地位。

李铁夫1869年生于广东鹤山县，少年时起，在家乡一位孝廉吕辉生家学习诗文、书法，奠定了国学基础。约17岁赴加、美留学，攻研油画、水彩、雕塑等艺术。在纽约国家美术学院学习期间，因作品优秀，多次获奖。他曾学于美国著名画家萨金特和切斯门下。1916年，他加入最高画理学府（美国老画师会），属于东亚人加入此学府的第一位画师，故有"东亚画坛巨擘"之誉。

李铁夫是我国民主革命的先行者之一，他参加了孙中山先生领导的早期革命活动，同属兴中会（同盟会前身）创始人之一，曾担任约同盟会常务书记，历时六年。李铁夫先生才艺多能，富有奉献精神，曾以演剧活动、导演电影、展览美术作品等方式，开展革命工作，筹措革命活动经费。

1910年，清廷海军司令程璧光驾"海圻"舰到纽约，铁夫先生与邓家彦、赵公璧等人冒生命危险到舰上鼓吹革命，得以成功，使全舰官兵倒向革命。

辛亥革命之后，清帝逊位，民国成立。孙中山先生曾赠书"创国元勋"四字给铁夫先生。而李铁夫不以功臣自居，不求官职，继续从艺，直到1930年始回国，定居香港。

1935年，香港钟声慈善社举办李铁夫画展，在画展前言中申明其使命之一"见得美术与人生是不能离开的"，第二是介绍"在美术上立了不少勋劳，为我们民族增了不少光荣的画家李铁夫君的作品"。

抗日战争爆发后，形势严峻。1942年，铁夫先生应友人邀请，到台山、桂林等地暂住，作画。战时后方物资紧缺，所耗颜料难以补给，虽使他的艺术表现受到一定限制，但他还是创作了一批富有乡土气息的作品。

抗日战争胜利后，1946年春，铁夫先生回到家乡鹤山，忆起青少年时期的生活，面对现实，深有感触，曾书对联"独鹤归何晚，昏鸦已满林"留给家乡。同年9月，他到南京举行个展，展出作品中有他于当年创作的巨幅油画《蔡锐霆就义》。一方面可见他对革命烈士的怀念，另一方面他直接表现了残酷的史实。

1949年10月26日，香港文艺界曾为李铁夫80寿辰组织庆祝集会，同时也是为了迎接广州新时期的到来。1950年8月，在广东省人民政府派员陪同下，铁夫先生回到广州定居，并接受了华南文艺学院的聘请，成为该院的名誉教授，同时担任华南文联副主席。当年10月，广东省立中山图书馆举办了李铁夫作品展览。李先生表示将自己的作品全部献给国家。

李铁夫的晚年，生活愉快。他经常自豪地与人谈他的毕生两大爱好：一为革命，二为艺术，给人留下深刻的印象，因而也深受师生的爱戴。

李铁夫于1952年离开了人世。李铁夫先生的绘画、诗联、书法作品与他的人品是一致的，同是留给后人的宝贵财富，并日益受到社会的重视。虽经历了十年"文革"时期，李先生的遗作得到了妥善的保存。10余年来，李铁夫遗作展览多次举办，使作品与观众见面。1979年，上海人民美术出版社出版了由国家前副主席宋庆龄女士题签书名的《李铁夫画集》。1983年，鹤山县人民政府在李铁夫生活过的陈山村建成"铁夫画阁"，并隆重地举行了纪念活动。1985年，岭南美术出版社出版了大型文献性画册《李铁夫》。1989年，为了纪念这位革命先行者和杰出的美术家120周年诞辰，广州美术学院与鹤山县人民政府联合举办纪念活动，得到许多文化团体和单位的参与及支持。

今天，我们应香港艺术中心的邀请，将珍藏在广州美术学院的铁夫先生遗作选出一部分运至香港展出。这是推进穗港两地文化交流的体现，是广州美术学院与香港艺术中心通力合作的成果。

李铁夫的作品是我国优秀的民族文化遗产的组成部分，应得到更好的继承和弘扬。李铁夫爱国家、爱民族、爱艺术的精神更是值得学习的。祝此次展览圆满成功！

（原文发表于《展览场刊》1990年第5期）

《最新素描技法》代序

　　素描是与彩绘相对而言的一种美术表达形式，有其悠久的历史，并不断地发展。将素描列为必要的美术基础，就像人对语文的知识与运用一样，不可缺少。对某些艺术、设计等专业工作者来说，素描更是必要的专业基础和职业技能，因而有更高的要求。

　　随着社会商品经济的繁荣和科学技术的发展，人们从物质生活到精神生活的追求，都在美的享受层次上不断提高。艺术工作者、设计工作者从事直接创造美的劳动，对于美的感受、表现与创造，应训练有素，从素描基本功就开始要求。一幅画、一件艺术品（从小摆设到大建筑）的构成，选择什么材料，怎样运用材料，怎样完成它，都不能脱离美的要求与创造。凡卓有成就的艺术家，都强调素描基础的重要性。米开朗基罗认为，素描功夫的深浅，对一个艺术家的成败有直接影响。

　　素描基本功、素描艺术语言的把握能力，必须从长期的反复实践中获得，而人的实践是需要指导的。许多从事教育工作或热爱教育事业的艺术家，大都在基本功的理论指导方面进行了研究和探索，并培养了不少学生。邝声副教授就是其中的一位。他在书中基于自己多年的教学经验，对素描的各种风格进行了分析和对比，提出了自己的见解。作者强调"兼容并蓄、有容乃大、不争长短、志在发展"，这无疑是十分重要的。此书图文并茂，便于读者对照理解和参考。

　　今日社会对艺术创造和设计的要求日益广泛，一般是从竞争中选择，以满足需要的。青年学子应加强参与竞争的意识和能力，这就需要有扎实而宽阔的艺术基础。素描基本练习，不仅是从纵的方面，同时也要从横的方面考虑基础的适应问题。素描不仅是某种专业创作或设计的基础，同时也是各种基本功的基础，如各种色彩画练习、各种雕刻的练习都不能脱离素描的基础作用。不全面研究基础的涵养，不能保持素描基础的相对独立性，就会陷入片面性，顾此失彼，往往是得不偿失的。

　　素描概括绘画造型的基本法则和规律既要求科学性，又要求艺术性，二者是统一的，并非对立的，可以兼顾，也可以有所侧重，视练习时的需要而定。素描的科学性与艺术性的获得与强化，要求画家在实践中提高观察能力、独立思考能力和审美鉴别能力，才不会被俗流所困扰，才能沿着艰苦进取的途径，继承并发展传统，形成个人风格，开辟新的境地。

（《最新素描技法》，香港文艺出版社有限公司 1990 年版）

海之诗

——《吴芳谷水彩画集》序

  水彩画的兴起和发展与近代地志学、建筑学以及各种设计学科的发展有着密切的关系。由于水彩画的工具材料轻便，效果明快，易于运用，故有广泛的社会实用价值。它的实用性与艺术性应当是一致的。普及与提高水彩画艺术对于现代物质文明和精神文明的建设具有重要的意义，同时对于丰富和发展我国优秀艺术传统也是十分必要的。

  吴芳谷先生是广东著名水彩画家、美术教育家。他早年求学于上海美术专科学校西画科，后游学于南洋各地，1947年返回原籍汕头，并一直任教于汕头第一中学。40余年来，在他的启发、教育、培养下，弟子中人才辈出，分布在海内外各地，可谓桃李满天下。吴先生在教学之余，坚持艺术实践，特别是近十年来，更加焕发艺术青春，在水彩艺术园地辛勤耕耘，硕果丰盈，屡出佳作，受到各界有关人士的赞赏。1987年，有关电视台制作播放《美术师范之光》录影带，专门评述、介绍吴先生的艺术和教育事迹，产生了良好而深远的影响。

  吴芳谷先生擅长风景写生，兼及静物花卉，其艺术特点是饱含诗情、笔法精炼、色彩丰富，讴歌大自然，赞颂家乡风光之美。写生艺术要求作者熟悉生活，对大自然的无穷变化具有敏锐的观察力，每到一地，均有新鲜感；而且要有所发现，遂能产生画意，得之于心，应之于手；再得天时、地利、人和之助，才能成画。可见作品产生之不易。吴先生的写生，不仅有情真意切的追求，还致力于别出心裁的画面处理，从而具有动人心弦的感染力。

  欣赏《待汛》一画，我们可见作者取高视平线的构图，在辽阔的海面上，着意表现两条小船，每船有一人，他们向背不同，各有所为，期待鱼讯使他们有一情感上的内在联系，彼此照应，富有生活的亲切感。画面色调深沉而又明快，这是水彩画难以达到的和谐境界。

  《丰收忙》与《待汛》相比，有异曲同工之妙。俯视的构图，空间层次分明有序，海天融成一片，中间一段的海面反光，把观者视线引向天际，有无限深远之势。远景和中景的船群密集，人群走动，与宁静深邃的自然空间，形成了对比，突出了渔民们为丰收而忙的主题，道是一首渔民生活的赞歌。此外，如《海门渔港》《莱芜渔艇》等作品，尽管各有当地特色，但都突出忙碌生活的节奏感。画家不是冷眼看世界，更不是戴着有色眼镜去寻找什么，而是把自己投入现实生活之中，与渔民们同呼吸，共命运。

  吴芳谷先生虽属于风景画家，但重视并善于写景中之人，在许多作品中，都借助于人物的描写和点缀来烘托主题，使画面的生活气息更加浓郁。《补网》一画不仅有突出的人物描写且整个画面颇具新意。渔网摊布在泥水相间的海边，网上各色的海漂鲜明地标志着渔网的规模,并使画面活跃,有跳动感;巨网的伸延、回转以及网体的疏密重叠,色彩的冷暖、浓度变化均有淋漓尽致的表现;两位补网的渔工,主辅有别,动态明确,发挥了点题传神的作用。

大海并不常以汹涌澎湃之势激动人心,有时也以恬静柔和的魅力引人入胜。吴先生善于利用水彩的特点,烘托海水的波纹和天空的云层以及它们相互辉映的关系,使画面浑然一体。对于任何特定光线、氛围条件下的物象,空间层次的特点,都能直抒胸臆,即兴创作,给予入微致妙的表现。从《渔舟唱晚》《江雾》《晨曦》《落日余晖》等一系列作品中,都可以感觉到先生是怎样驾驭自己的画笔,驰骋自如地追寻理想的画境的。

画集中所收作品,还有一些特写性的景物表现。如《古榕》写出了古榕树特有的生态,盘根错节,枝干倔强有力,这是生命与历史的见证,启人所想;《小镇集市》通过描写一座桥与河水,用近实远虚、近静远动的对比手法,体现小镇的面貌。《红目绫》《百日红》《鸡冠花》等静物写生,反映了画家倾心留意的生活面是宽阔的。画家随时观察生活,未放过这些物象所体现出的美和所发现的美,使之成为一种精神财富的创造。

吴芳谷先生热爱家乡,并将自己的心力献给家乡。汕头的土地、海洋、渔港生活是他的艺术源泉,使他的作品充满了热情与活力,富有鲜明的地方特色和个人的独特风格。

难能可贵的是,吴先生数十年如一日,矢志不移,在教学之余,以水彩艺术为终身事业,天道酬勤,使他的艺术成就不断更新。此外,高瞻务实的思想风格,赋予他的艺术以相应的品格。应该说,吴芳谷的艺术道路是艰苦的,同时也是高尚的。开阔的心地、健康的心灵保证了他的艺术创造所必需的精神力量和实际能力。他的艺术成就丰富了水彩艺术园地和中国绘画的内涵。其人其艺不仅值得称道,而且也是值得深入研究的。

(写于1991年1月)

建设美术教育学科，培养全面发展人才

教育关系着文化的普及、科技的发展、经济的振兴、社会的进步以及崇高理想的实现。教育是强国富民之本，它必须着眼于民族素质的提高与合格人才的培养，使受教育者在德、智、体、美、劳等方面都得到协调发展。

美术教育是教育的一个分支，是美育的重要组成部分。1988年，国家教委正式颁布的本科专业目录已明确把美术师范教育的专业名称命名为"美术教育专业"。这说明，我国的高等美术师范教育将从比较单纯的职业教育逐步发展为一种专业教育，这种专业教育要求培养出来的人才不仅是在美术术科的掌握、从事教师职业的准备，还应在文化、教育学科方面打下宽厚的基础，努力使自己成为美术教育方面的专门家，善于把自己的教育对象培养成德、智、体、美、劳全面发展的一代新人。

过去，"左"的思想影响束缚了教育学科的发展，缺乏美育的教育使美术教育变得可有可无，严重地影响了学生的文化素养和智能结构，造成美术教师特别缺少的现状。呼吁重视美育的功能和恢复美育应有的地位，只是近几年来的事。美育与精神文明建设的密切关系已得到较普遍的认同，美育与物质文明建设的直接关系还有待社会的重视。

我国的社会主义现代化经济建设的战略目标和社会主义精神文明建设的战略方针，确定了把经济发展转到依靠科技进步和不断提高劳动者素质的轨道上来。生产要商品化、社会化、现代化，所生产的商品不仅要适应国内市场的需求，更要在国际市场上有竞争的优势，那就要改变因袭、照搬、模仿的状况，而立足于开发、出新、创造。为此，除了依靠科学，还要应用技术美学，使各方面的劳动者树立创造美、鉴别美的观念，并掌握这方面的能力。城市建设、环境改造、旅游资源的开发，都不能脱离美的创造与选择。这一切都要求在各种岗位上的劳动者尤其是决策者具有相应的审美素养，才能产生良好的、深远的社会效益。

爱美、追求美虽是人之常情，但人的审美观念有宽窄之分，审美能力有高低之别。在这宽博与狭窄、高层次与低层次之间的距离是很大的，必须通过教育才能向广博、高尚发展。美育不仅通过美术教育培养人的审美观念、审美情操、审美理想，同时还培养人的创造性思维和审美创造力。也可以说，美育不仅使人塑造美好的心灵，同时使人创造美好的事物，创造美好的环境、物质财富和精神财富。建设"四化"，社会的治理、整顿，综合国力的开发，都归结到民族素质的提高与人才的竞争上，因此，教育具有优先发展的战略地位，美育在培养全面发展人才方面不可缺少。

美术教育作为一个学科，有其丰富的内涵和广阔的覆盖面。它将随着美育的普及而得到较快的发展，在社会主义文明建设中发挥应有的作用。

我国高等美术师范教育始于20世纪初南京两江优级师范学堂的图画手工科，随后保定北洋优级师范学校、浙江优级师范学校、广东和北京高等师范等相继成立图画手工科，它是随着新式中等学校教育的需要而发展起来的。顾名思义，图画手工科即图画与手工并列并重，图画则含制图作画，或图案绘画，手工则含纸工、编织、针黹、雕刻等方面的课程，可见当时对实用美术的重视。后来，培养图画手工师资，不限于高等师范，上海美术专门学校在1914年就增设了师范科。进入20世纪20年代后，北京美术专门学校、武昌艺术专科学校、西南美术专科学校都先后设立师范系科，培养了不少师范人才。可见，在艺术院校兴办美术师范专业、培养师资是有历史传统的。

多年来，我国高等美术师范教育经历了曲折的道路。仅就广东而言，50年代曾在教育学院设过专业点，不久即撤销，因此长期缺乏这方面的人才培养。"文革"期间，"四人帮"利用文艺扩张野心，并插手教育，将中小学美术、音乐两课改为"革命文艺"，改变了这两门课的文化基础性质。当然，受到干扰的不仅是广东。20世纪70年代后期，肇庆师范专科学校开始筹建美术教育专业。1981年年初，广州美术学院在广州首先建立美术师范系科，并于当年开始招生；1985年开始向社会输送人才；至1989年已有本科毕业生163人，专科毕业生206人。自1987年开始招收研究生。现在全系在校人数230人。在建系之初，学院借鉴了一些兄弟院系正反两个方面的经验，办系指导思想明确，没有旧的习惯势力的束缚，学科术科并重，强调师范教育特点，根据社会的需求对人才培养，设计课程结构，通过多层次、多形式办学，取得了良好的办学效果。

教育要面向现代化，面向世界，面向未来。建设美术教育学科，必须明确学科的发展方向和教育的指导思想。美术教育专业要为基础教育、职业教育以及高等教育培养师资，重点应立足于为大面积的基础教育、职业教育培养美术师资。近年来，为适应师资奇缺的需求，美术教育专业点发展很快，但必须是质量兼顾地培养全面发展的人才。在全面发展中，品德是第一位的。大学阶段正是青年人生观、世界观形成的关键时期，应当通过各科的教育和社会实践，使学生树立辩证唯物主义观点，弘扬民族文化的爱国主义思想，养成社会主义法制意识，为坚持四项基本原则、坚持正确的政治方向奠定牢固的思想基础。

培养美术师资，应注重职业道德的教育，使学生热爱人民的教育事业；在贯彻全面发展的教育方针中，能为人师表，有为育人而献身的精神。所设课程，除公共课外，可分为学科与术科两类，其中学科课程是起主导作用的，术科课程分绘画、设计、手工三部分。各门课程应有普修的基础，再分工选修，培养"多能一专"的能力。没有学科的指导思想，就没有学习"多能"的动力，从而也难以达到培养的目标。因此，各科教学连同教学实习必须从严要求，才能给学生打下学识与工作能力的基础。

为了加强学生的思想、文化修养，应注意教育方法的改革，不断提高政治理论、文艺理论、美术教育史论等课的教学质量；要丰富第二课堂的教育活动，使学生关心国内外美术教育发展动态，增强事业心。学生自觉的学习精神，有助于建设良好的学风。培养一名合格的美术教师，不仅培养其美术技能，还要有多方面能力的培养。如组织教学、写作教案、编制教材、做班主任工作等，这些都是必要的工作能力。此外，体魄健全、生活有规律、情操高尚、言行得体、礼貌待人等都是教师必需的素养，应要求学生

在学时期就严格规范自己,以达到精神文明建设的要求。

美术师范教育与美术教育科研是相互依存、相互促进的,高等美术教育系科应当既是美术师资培训中心,又是美术教育科研中心。教育质量的提高有赖于美术教育科研的繁荣与发展,美术教育科学的推广和应用,也需要美术师范教育的实践和研究。

现代教育学科发展很快,边缘学科蓬勃兴起,除了传统的项目应向纵深研究之外,还应注意新兴学科的研究,如美术教育学、美术教育心理学、美术教育生理学、美术教育社会学、美术教育管理学、美术教育史等。一般的科研选题应结合社会实际需要,把提高人的素质与教育的系统性、终身性联系起来,从教育的宏观指导到各课教学法的深入研究,从近期的任务到长远的目标,范围十分广阔。

为发展美术教育学科,无论是教学还是科研,都需要建立一支结构合理的学术梯队,有学术造诣较深的学科带头人,有相对稳定的教师队伍和科研队伍,教学人员应参加一定的科研工作,科研人员要参加一定的教学实践。美术教师进修一般易于偏重艺术实践,局限于用个人经验指导学生,这是很不够的,还必须加强理论和教育科学修养,担负一定的科研项目,探索教学和培养人才的规律。为了保证教学质量和科研工作的顺利开展,还需完善教学和科研的条件,如图书资料、各科实习的场地和设备、教学实习网点的建立等,都是必不可少的。

美术教育的科学研究,不仅是有关系科和研究室的事,教育科学研究机构、综合性大学以及教育领导机构都应积极给予关注,支持它的发展,或指导、参与工作,使美术教育学科跟上时代,为社会造福。

(原文发表于《美术学报》1990 年第 11 期)

纪念黄遵宪先生当代书画艺术国际展座谈发言

"纪念黄遵宪先生当代书画艺术国际展"首展在广州开幕,是我国美术界的一件大事,也是我们广州文化生活中的一件大事。我说它是美术界的一件大事,是指各地参展的作者们为纪念一位杰出的历史人物、著名的爱国知识分子黄遵宪先生的生平事迹,发挥每个人的专长,积极创作,取得了丰硕的成果,汇集于此展出。我在此表示热烈的祝贺!

在1990年年初的一次座谈会上,姚美良先生提出:"一个民族的兴盛,没有精神支柱是不行的,纪念历史伟人,弘扬中华文化,就可以增强我们的精神支柱。"得到了文化界和教育界的共鸣和响应。这个展览是一次成功的命题创作活动,在黄遵宪先生142周年诞辰之际,美术家们、书画篆刻家们从各种不同的角度反映了我国近代卓越的外交家、启蒙思想家、改革家和著名诗人的形象和思想,同时开启了海外爱国企业家与国内美术家携手合作、共建精神文明的先例。这次展览是国际展览的首展,在广州举行,是一次艺术观摩的良好机会,是广东美术家向各地美术家学习的好机会。相信今后在各地巡回展出,使中国当代书画艺术走出国门,走向世界,必将产生深远的影响。

从中国近代史开端150年来,中国历经列强的侵略、欺辱和掠夺,只是在40年前开始走向独立自主的建设道路;又经过了重重的困难考验,才达到今日之安定和开放的局面;经过数代有志之士的前仆后继,才有今日的自主地位。这150年经历了几个不同的历史时期,但爱国主义思想是一脉相承的。我们美术界应当认真地学习历史,学习近现代史,尽自己的职责,在纪念性的、专题性的历史画创作中贡献自己的力量。我们广东美术界已在这方面做了规划,并得到省委的支持。我认为广东的美术家表现近现代历史题材有许多有利的条件,因为许多近现代历史的大事是在广东发生的,许多历史的风云人物是广东籍的,或是在广东活动过的。近10年来的改革开放,广东又居领先地位。作为广东的美术家应当珍惜,并且很好地利用自己的有利条件,做出自己的成绩来,把普及历史和普及艺术结合起来,弘扬并发展我国民族文化。

姚美良先生为弘扬中华文化,促进人才成长和美术事业的发展,特别设立了"永芳艺术基金"。这也是对艺术教育事业的支持。浙江美术学院肖峰院长已在基金会的组织和章程起草方面做了不少工作。这项工作的开展,也必将促进各兄弟院校之间的维系和合作。

我作为一名艺术教育工作者,深感任务繁重,同时也充满了信心。今天难得这样一个机会,各兄弟院校、美术家协会及各分会的代表和姚美良先生聚在一起,共同商讨文化大事,我由衷地表示欢迎和感谢,欢迎各位到广州美术学院参观、指导,给予的支持和帮助。

(写于1990年12月18日)

布莱恩·斯契莱纳
——一个画展的回顾

1990年5月中旬，我到洛杉矶访问期间，一天傍晚，走到帕萨迪那怀特·奥·托恩画廊，得知那里正在举办布莱恩·斯契莱纳水彩画展。在参观过程中，经人介绍，与作者相识，并交换了名片。这位水彩画家对中国同行的不期而临感到高兴，并很想听听意见。他的作品给我留下了美好的印象，我称他为"严肃的画家，热爱生活和艺术的画家"。我之所以称他为严肃的画家，并非说他不够活泼，而是有别于那种玩世不恭的艺术家。

1991年年初，我突然收到布莱恩·斯契莱纳先生寄给我的邮件，其中除了信，还有他的作品幻灯片，又一次使我回忆起那次参观画展与他晤面的情景，同时感到我们彼此之间的艺术交流，不是只有偶然的一次，而是在继续增进着相互了解。

布莱恩·斯契莱纳的水彩画展上，一幅幅都是画意明确、认真完成的作品。欣赏他的风景画，可以感到他那种鲜明而独特的风格，在宁静的大自然氛围中，洋溢着美国现代生活气息。作者激情满怀，赞颂着人类赖以生存的自然空间，位于自然空间里的车辆、机械或建筑物等。《比赛的同伴喧闹地进入宇宙的另一个终点》画作的长标题，更使作品形象具有哲理的思辨性。

在布莱恩·斯契莱纳的风景画中，有一幅名为《一个惬意的地方》，表现以一望无垠的旷野为背景的一棵大苹果树，树下周围落满了苹果，犹如进入一个童话世界；茂密的枝叶与满地的苹果上下呼应，并由粗壮的树干连接构成近景的整体，其壮观之势，令人感到大树深扎下土地的根须所具有的生命力量。画家以精练的艺术语言，表达了丰富的感情意蕴，给人以在欣赏中再创造的启迪。

布莱恩·斯契莱纳是一位有明确创造目标的、步履稳健的艺术家，他的艺术生涯已有十多年的历史，他的作品不少被知音、艺术爱好者所收藏。除了水彩画创作，这位画家还兼搞壁画创作。我希望他有更多的优秀作品问世，并得到更多人的赏识。

（原文发表于《画廊》1991年第34期）

在岭南画派纪念馆落成典礼上的讲话

各位领导、各位来宾、各位师生员工:

在广东省委和省政府直接关心与支持下,岭南画派纪念馆经过3年多的筹建,今天我们聚此举行隆重的落成典礼!岭南画派纪念馆的建成是我省文化教育建设、精神文明建设中的一件大事,我谨此代表广州美术学院向各位领导、各位来宾表示热烈的欢迎和衷心的感谢!感谢各位的光临指导,感谢在纪念馆筹建过程中给予各种支持和帮助的同志们、朋友们。

在20世纪初以高剑父、高奇峰、陈树人三大家为代表的岭南画派的形成是社会历史变革所使然,他们有共同的民主革命思想基础,并有志革新艺术,提倡描写新的生活题材,反映时代精神。岭南画派不仅在我国现代艺术史上具有开拓新风的重要地位,同时在美术教育史上也写下了光辉的篇章,其影响扩大及海内外。岭南画派纪念馆无论是从它的纪念性质看,还是作为一组独立的建筑艺术品,都具有历史的永久性和深远的社会意义。

岭南画派纪念馆在继承和弘扬民族文化、促进国内国际文化交流等方面发挥职能作用,应在管理、收藏、展览、学术研究、教学等方面积极开展工作并完善自身的工作。

岭南画派纪念馆作为广州美术学院的一个教学基地,将为培养人才、培养学术队伍提供有利的办学条件。为此,岭南画派纪念馆的工作既要面向社会,又要面向教学,只有把两方面的工作兼顾起来,才有利于人才培养。多出人才、出好人才,这是我们文化教育事业后继有人、兴旺发达的需要和保证。

最后,希望各位领导、各位来宾对广州美术学院,对岭南画派纪念馆的发展继续给予关心和支持,多提宝贵意见。谢谢大家。

(写于1991年6月8日)

"钟耕略作品展" 开幕式致辞

各位来宾，各位老师和同学们：

很高兴我们今天聚此为广州美术学院校友钟耕略先生回母校展览作品举行一个朴素的开幕式。我首先代表广州美术学院对钟耕略先生及他的夫人李瀛女士表示热烈的欢迎，对"钟耕略作品展"的开幕表示衷心的祝贺！

钟耕略是一位学有所成、不断进取的画家。1986年，我曾写过一篇短文发表在《美育》杂志上，向广大读者介绍他的作品，题为《钟耕略的绘画》。5年后他专门来华举办个展，先后在北京和上海展出后，现按计划来广州美术学院展出。今天，我们可以通过展览，看到他近几年来的艺术追求和风格的发展。

钟耕略是一位真诚而乐观的画家。他的作品取材大都是树石、阳光和建筑物，他赞美生活的温馨和自然的生命力。

钟耕略又是一位安宁而严肃的画家。他的作品是心灵的诉说，是情感入微的描写，是一丝不苟精神，能使读者以诚相待，去静心地品味和欣赏他所创造的美意。

5年前，钟耕略的作品就已产生了令人耳目一新的效果。相信这次展出新作，也会得到更多的知音，开拓人们的视野，起到国际文化交流的作用。我谨此预祝展览成功！

（写于1991年6月18日）

"关山月同志从艺60周年学术研讨会"致辞

各位同志：

今天是由省文联、中国美术家协会广东分会、广州美术学院暨岭南画派纪念馆、广东画院、岭南美术出版社联会举办的"关山月同志从艺60周年学术研讨会"，我代表广州美术学院全体师生员工向关山月同志——我们美术界的老前辈致以热烈的祝贺和诚挚的敬意。

关山月同志从艺60年来，用自己长期的辛勤的艺术劳动，为社会的文明与进步，为继承和发展民族艺术传统，为培养社会主义美术人才做出了卓著的贡献。

关山月同志一向遵循艺术师法自然、广采博取的途径深入生活，进行创作。他曾游历祖国西北、西南、华南、东北等地写生作画；也曾先后出访朝鲜、波兰、苏联及欧美等国家和地区，同时也写生作画。

他于20世纪40年代创作了《漓江万里图卷》《南洋记游》和《西南记游》等系列作品；20世纪50年代创作了《新开发的公路》《山村跃进图卷》；1959年，曾与傅抱石先生合作《江山如此多娇》，这幅巨作气势宏伟，意蕴深邃，已成为歌颂祖国山河壮美的典范，产生广泛而深远的社会影响；20世纪60年代，关山月同志创作了《煌都》《东风》《祁连放牧》等代表作；20世纪70年代，关老创作了《绿色长城》《俏不争春》《井冈山颂》《江峡图卷》等作品，均成为代表作；20世纪80年代，创作了《江南赛北天边雁》《赏海》《国香赞》等代表作；近年在北京、成都等地筹办个人画展。我们欣赏关山月同志的一系列作品，无论是小幅的速写，还是鸿篇巨制，无论是画南海的防风林，还是画美国的尼亚加拉大瀑布，都体现了画家深厚的功力、博大的胸怀和勇于创新的精神。

关山月同志作为老一辈美术教育家，一贯重视人才的培养。他早年毕业于广州师范学校，20世纪40年代开始在市美专任教授。中华人民共和国成立后，他任华南文艺学院教授，兼美术部副部长和教务主任；1953年，任中南美术专科学校副校长；次年，中南美术专科学校附中成立，又兼任附中校长；1958年，中南美术专科学校改为广州美术学院，关山月同志任学院副院长，兼国画系主任。他在坚持美术实践的同时做了大量的教学工作和教学管理工作、教学研讨工作，在岭南美术的发展过程中起到了承前启后的作用，学生遍布了海内外。

关山月同志为了发展中国画事业，勉励后学，专门把自己的积蓄拿出来建立"关山月奖励中国画教学基金"并将不断地用自己的作品发展这项基金。这将对我院教学质量的不断提高起到推动作用。关山月同志于1991年年初访问美国并举办展览，将卖画收入捐赠给中国美术家协会建立艺术基金。关山月同志热心社会公益事业的范例还有很

多,不再一一列举。

关山月同志从艺60年的丰富艺术创作成果和教学成果,是我国社会主义文化宝库的一笔巨大财富。他的思想与实践的风范是美术界学习的榜样,必将产生深远的社会影响。

广东美术界的队伍是团结的,历史赋予我们的任务是艰巨的,我们将在老一辈革命家、文艺家、教育家的带动下,坚定信念,高瞻远瞩,做好本职工作,完成教育人的任务。

最后祝愿关山月同志健康长寿,永葆艺术青春。

(写于1991年10月30日)

"姜今书画展"前言

姜今教授博学文艺，早年师从陈国钊、潘天寿、唐醉石、雷圭元、倪贻德诸先生学习绘画、篆刻、图案、水彩，曾先后从事教学教育研究，戏剧和电影美术设计工作。

姜今教授自20世纪70年代初调入广州美术学院任教，自1981年起参与美术教育系筹建工作和教学工作，并在工艺和国画艺课的教学中起了主导作用，深受青年教师和学生们的爱戴。

姜今教授是一位修养有素的中国画家，继承国家优秀绘画传统，博采众长，推动书、画、印的融和发展，创作出《雄视》《黄金甲》《春城无处不飞花》等系列优秀作品。他的作品，构思清新，笔墨凝练，富有装饰意趣，别具一格。

姜今教授著述亦丰，出版的专著有《画境》《设计艺术》《画石构思》《图案》《舞台美术研究》《中国画美学的初探》等，可见他研究成果之多。

姜今教授作为一位美术教育家，他希望"青出于蓝胜于蓝，培养出有成就的人才"，进一步发展我国民族的艺术事业和美术教育事业。

（写于1991年11月2日）

珂勒惠支作品展览开幕致辞

尊敬的尼之克院长、各位来宾、各位老师和同学们：

今天，我们很高兴地聚在一起，在珂勒惠支作品展览开幕之际，请先许我代表广州美术学院全体向尼之克院长及各位来宾表示热烈的欢迎！

珂勒惠支是德国具有世界影响力的一位女艺术家，早在20世纪30年代初，鲁迅先生在上海举办木刻讲习会时，就是以珂勒惠支的作品为示范的。自那时起，我国一批批年轻的美术工作者把珂勒惠支的艺术视为学习的榜样。珂勒惠支十分同情和支持中国人民的革命斗争，她是全世界进步文艺家联名抗议国民党杀害柔石等五位作家的签名者之一。珂勒惠支的名字在中国文化界是深入人心的。广大的美术爱好者从珂勒惠支的传记和作品中吸取了前进的力量，同时也丰富了对于德国历史和文化艺术的了解。珂勒惠支同时还是一位艺术教育家。她自1919年至1933年曾受聘为柏林艺术学院教授，她的作品也参展于学院展览会，她的艺术是面向社会的。

一切真诚而进步的艺术是不朽的。珂勒惠支的作品具有强烈的艺术感染力，她的作品从多方面启发人们回顾历史，理解人生，认识艺术。我们今天能够欣赏到珂勒惠支的原作，必须要感谢香港歌德学院在举办这次展览工作中所给予的关照，并感谢他们为中德文化交流所做的贡献！

预祝并相信展览之成功！

（写于1991年11月28日）

"赵少昂精选小品画展"开幕致辞

尊敬的各位领导、女士们、先生们:

今天在岭南画派纪念馆,我们为举行"赵少昂精选小品画展"而聚在一起。首先,我代表主办单位向各位来宾表示热烈的欢迎!

赵少昂先生是驰名海内外的岭南派画家,他今年已有 87 岁高龄,仍在艺苑辛勤地耕耘不辍,成果甚为丰盈。赵老在艺术上继承中国画的优秀传统,坚持表现生活,师法自然,为花木草虫传神写照,为传统的写意花鸟画增添了新的生机。赵先生的花鸟画构思巧运,笔锋犀利,富有意趣洋溢之势;再融合独特的题写字体,使个人风格更显突出,颇具引人入胜的艺术魅力。

赵少昂先生同时还是著名的美术教育家。自 20 世纪 20 年代起,数十年来,他曾先后在佛山市美术学校、广州岭南艺苑、重庆中央大学艺术系以及香港等地执教授课,培养众多美术人才。他的学生遍布于海内外各地,影响深远。

今天我们能有机会欣赏到经过赵老亲自精选的 40 件作品,我们要感谢赵少昂先生对美术事业发展的关心和对学术活动的大力支持。我相信展览一定能够取得圆满成功。

我们在此祝愿赵老长寿,艺术长青!

(写于 1992 年 4 月 16 日)

"王学仲书画展"开幕致辞

各位来宾、各位老师和同学们：

王学仲先生现为天津大学教授、天津大学王学仲艺术研究所所长，也是我院的客座教授。此次王先生应邀来我院举办书画展览，我谨代表我院师生员工对王学仲先生及随行的来宾表示热烈的欢迎，并对展览的开幕表示衷心的祝贺。

王学仲先生在社会上还担任中国书法家协会副主席、中国诗词学会顾问、中国现代书画学会名誉会长以及日本国立筑波大学客座教授等职。

王先生青年时代毕业于北京京华美术学院，后入中央美术学院学习，曾师从徐悲鸿、容庚、吴镜汀等名家。他的文化基础雄厚，艺术修养全面，能将诗书画融为一体；作品别开生面，体现出高雅之格韵。王先生提出"书存山岳气，画冶众生心""扬我国风，励我民魂，求我时尚，为我怀抱"等艺术主张。1981年9月，王学仲先应日本国立筑波大学之聘请赴日任教授两年。1985年，王先生在天津大学首次招收诗书画国外研究生。这些都说明了王学仲先生在改革开放的历史时期为中日文化交流、艺术教育所做出的突出贡献。1988年，王学仲先生还将他所珍藏的作品献给自己的家乡山东滕县，可见他的热爱家乡的赤子之心。

我院在1987年曾邀请王学仲先生来院讲学并举办展览，他的书画作品给广东的观众留下深刻的印象。时隔五年，我为今天有机会观赏他的近作展览，能够看到他的诗文画集出版而感到高兴。我希望我们的师生抓紧这个展览机会，多多学习和研究王先生的文学和艺术成果，以利推进我院各有关学科的建设。

祝展览成功！

（写于1992年4月）

重视图画这一通向科学与艺术间的桥梁

——有感于"学画益智助绘板"的问世

今天,我国处在以经济建设为中心的历史时期,我们需要大量的各行各业的"四有"人才。欲使我们的教育培养出的人才真正成为社会主义文明的建设者,就必须重视人之初的学前教育和基础教育。无论是家长或是教育工作者,都要重视儿童和青少年的健康成长和全面发展,培养用文字和图形,也就是用语文和图画来表达思维和情感的能力。前提是必须把图画看成同语文一样,是必需的文化基础。

由于我国现代教育基础薄弱,教育各学科的建设也受到很大的限制,美术教育人才严重缺员,同时也影响到美术教育的普及。社会上许多现象表明:一代代读书的人大都未能得到与其文化相应的美术教育。同时还有长期的"天才论"的影响,把学美术看成是少数人的事情,使大量的青少年因此自认无"天才"而与美术疏远。甚至,在社交中我们也可经常听到一些妄自菲薄之辞,如"我无艺术天才""无艺术细胞""父母亲没有给这方面的基因"等。而专门学美术的人中,一方面,有的自幼已被称为"神童",当然容易自居"非凡",以至讥笑别人为"美盲",另一方面,又乐道自己是"科盲",缺乏数据观念等,可见也没有把握好全面发展的方向。

今天的世界已进入科学与艺术相互结合、相互促进的发展时代,高等教育面临着如何使文科、理科相互渗透的改革课题。科学与艺术的高峰是可以相互沟通的,中外许多杰出的科学家、艺术家的贡献和业绩都证明了这一点。

万丈高楼要由人来设计,要从基础建起。培养人才,提高人的素质,应从学前教育阶段就注意用图画启发孩子的智能,培养美术兴趣,不断加强求知、求能的欲望。一旦学养有素,无论从事什么工作都将受用得益。

值得高兴的是,最近由科技发明家和美术家杨立群等人共同创造的"学画助绘板"问世。这是一项以数理科学为基础、以艺术构成为目的综合研究成果。在长16厘米、宽12厘米的透明板上,含有16个不同形状和7种弯曲变化不同的线段,可供任意选用勾画,构成具象的或抽象的图画。岭南美术出版社为了普及这项研究成果,专门出版了辅导性的读物"人人都会画"丛书,为读者提供了可阅读、可摹仿、可创作的范本和指南。

谨此,我对学画助绘板的创造者和对"人人都会画"的出版发行表示衷心的祝贺,并希望全社会都重视美术教育,希望有更多的人投入到开发民智的研究行列和服务行列。

（写于1992年5月）

任瑞尧（真汉）纪念展场刊画册序

任瑞尧（真汉）先生不仅是著名的书画家，同时还是诗人、作家、评论家、鉴赏家。我每次赴港，总要拜访任真汉先生。有一回，他送一本《日据时代台湾美术运动史》给我，并翻开书指给我看题为"在'美术运动'里唯一的'唐山客'——能诗善画的聋人任瑞尧"的章节。任先生感到欣慰的是史学家没有遗漏他的早期艺术活动，同时也指出了书中有误会之处。每次与任先生笔谈，都感到他有良好的记忆力，都会获得一些未知的史料。

任真汉先生1907年生于广州，年幼失聪，7岁随家迁居台北，9岁随师陈宝田读书学画，14岁入闽籍画家蔡雪溪画塾，修习山水人物画，并随张长懋学诗，加入淡北吟社，同时曾用雪崖、一鸥笔名发表诗作，得有"聋仙"之雅号。1925年，他回广州学习素描、绘画，师从冯钢百、胡根天、赵雅庭诸先生。1927年，他留学日本，入京都关西美术院修习油画。1929年，他作油画《露台》参加第三届台展。1931年，他作《三等舱》参加日科会第八回展。"九一八"事变后，即举家移居香港，并改名为真汉。1933年，他参加广州尺社活动，教授油画技法，由师友主持举办"任真汉个人习作画展"。1936年，他被委派为广州第二次全省美展国画审查员，并有国画《创建图》、油画《黎明颂》参展。1937年，他定居香港，入珠江日报社工作，由徐悲鸿先生荐介为助理编辑，转为报人。20世纪50年代中期，他在报刊以忽庵笔名发表《西太后》等历史小说，并自制插图，署名任游。20世纪50年代后期，任先生3次应邀游览祖国东北、西北、西南、华东等地，创作了大量的国画作品。1964年，他在香港大会堂举办个展。1971年，他出版专作《江山览胜》《中国画基本画法》，这个时期还到南洋各地举办巡回画展。1981年，他出版专著《石涛画语今译》。1989年，他回到阔别60年的台北举办《聋仙任瑞尧（真汉）画展》。1991年3月，任先生因病逝世，同年12月由友人和弟子在香港大会堂举办"任真汉遗作展"。

任真汉先生在20世纪50年代与友人创办"庚子画会"，画会每两周雅集一次，已坚持30余年未曾间断，画友同仁切磋艺术，创作出不少的书画代表作，增添了香港社会文化生活的光彩。

任先生自幼勤奋好学，克服了因失聪给他造成的种种困难，饱读古典诗词和历史小说，练习写作，16岁开始发表旧体诗，同时也写如《日月潭棹歌》一类民谣体作品。他早年曾作诗曰："故意避凡卉，迟放休云懒。会将晚节香，遍惊流俗眼"，可见他的艺术崇尚。1989年秋，我到任府拜访，适值庚子画会雅集，任先生当场为我写了一首诗留念，诗曰"休嗟大块昏如晦，风为前驱雨洗尘。豁眼朝来应有句，江山浴后更精神"，我深为这位老艺术家的情怀和信念而感动。任真汉先生继承并发扬了我国诗书画融为一体的优良传统。他在画中题款,诗文并重,饶有风趣;或因诗成画,或因画成诗,使书画情景交融互济,非同一般之画品。任先生在逝世前的画作《待钟期》《伯牙心籁》有诗题曰:"天风海浪伯牙师,真趣源心造化知。何待成连刺船度,于廖廓处省渊奇",可以感到他晚年的心境和情思。

任先生的书法,实为画家的书法,点划、轻重、疏密、疾徐都充满了画意,有时不拘泥于笔顺、起转、顿挫的程式,写字如写画,追求造型美、气韵美。常见一些卓有成就的画家之字大都具有这种随意应变的特点。书画之功相互促进,诚如苦禅先生有云:"书至画为高度,画至书为极则",如能正确地理解和领悟"写画"与"画字"的内涵,可得书画艺术创造的真谛。任先生写字执笔悬腕,八面出锋,行笔取势,挥写自如,颇具独特的个人风格。

先生的绘画,以山水见长,作有《东江供水工程》《喜看人力改沧桑》,还有描写鼓浪屿、北戴河、钱塘江、凤凰山、宋王台等景致的多系列作品,用笔墨、色彩讴歌祖国山川之壮丽。到了晚年,他的绘画更是深融洒脱,意趣天成,所作长卷《万里朝宗》,从左至右由长江发源地雪山至南京紫金山上,为景象连绵的40米巨构,可见作者经营之匠心和运用笔墨之功力。任先生对石涛画语有深刻的领会,再加上他早年有素描和油画的基础,故能在艺术创造上追求博大精约,势质俱盛。

任真汉先生一生虔诚笃学,博古通今,多才多学,在教学、艺评、鉴赏等方面也多有建树。他热心于社会公益事业,热心指点好学的友人和青年人,他的治学风范和创造业绩为我们留下了一座艺术丰碑,令人景仰。

(写于台湾美术馆,1992年)

为册页藏品作跋

  澳门马君锦强得册页一套示余,并嘱作跋,其中书画兼有,大都属文佩作品。文佩为清驻藏大臣凤全之妻,其书画钤有长白文佩,右郢文佩等印,所绘花鸟草虫秀润研雅,构图别致有生活气息;其小楷书法较之凤全所作更具端严劲拔之功力,可见其学养有素。此册为宝贵难得之文物,今人应如何治艺练功,可资借鉴,愿学人珍之爱之。

(写于1992年8月)

乐在其中无畏难

古人有云："明窗净几，笔砚纸墨，皆极精良，亦是人生一乐事。"我所拥有的文房四宝，远未达到"皆极精良"，但我已深得其乐，乐在观赏与使用的兴趣日益浓厚。尤其是砚，是雕刻艺术品，形、质、工艺均佳的砚，可成为传世瑰宝。古人好事者若得一满意之砚，往往还要自己镌刻诗文、图像于上，寄托情思。20世纪60年代，我曾在一旧物摊上买了一方小端砚，同行鉴定石质不错，一直保存至今。20世纪80年代初，友人送一块砚石给我，便自己动手，刻了一方素砚，外观欠精，但很实用，因为是自己的劳动成果，用起来也就倍感得意。

近些年来，我的工作负担沉重，人谓"劳形费神"，只有晚上寻觅一点时间，摊开宣纸，立定入静，悬肘写字，运气用力，促使心境平和，抛开一切杂念，进入忘我的境界。这时最怕有人呼唤。家人开始也未理解，为何有呼不应？我答："一应就中断了连贯之气，影响了书法的生动自然。"

近年随着经济的繁荣，书画活动也多了起来，社会多方要求我俨如一位书法家去应酬，其中也有外地的活动要我支持。因时间有限，我只能有选择地努力去做。经验教训告诉我，一要认真学习，二是要严肃对待。前些年，海南有一次纪念苏东坡的活动，主办单位寄来手刻油印的苏诗多首，要作者选写。我选了一首《过黎君郊居》，展后编入"墨迹选"出版。这本墨迹选还刊印苏诗原文在作品旁边对照，我发现我的那件拙作是随着来文之误而犯了错误，误将原诗中的"黏"字写成了"占"字，后悔莫及。后来北方某地要纪念杜甫，先后寄来两封征稿函，同时各附一张刻印杜诗的纸条，要作者按指定内容书写，我量力只选其一。鉴于教训，我首先翻阅杜诗集逐字查对，发现来文又有误处，将"秋"字写为"城"字，庆幸没有白花时间，同时体会到，书法写诗也是学诗的过程，受益的方面很多。

书法是一门艺术，要有深厚的基础。练字用纸耗量很大，早年用的是元书纸，近年用了不少夹江纸、皮纸、高丽纸，经同行提示如果用好宣纸，写出的字会显得更加浑厚。此理早知，未能使用，定有其因。后来经人介绍买了一批八尺屏宣纸，整齐地高叠起来，甚为壮观，便产生一种富裕感。为了充分利用这种长条形纸，我便写起长联来。写好长联难度很大，不论字多字少都要求上下连贯，有阵势，由于台面有限，难以把握整体。

写字要得心应手，需要好笔，但一支好的毛笔却难得。我爱闲时见到毛笔就买三两支，总希望在三两支中能有一支好用的笔，但往往都不如意。我还从一位江西制笔人那里定制了一座牛角构成的笔架，可以把很多支笔挂上去。这些笔的毛和笔杆的形、色、材质多有变化，长度也不一样，围成一个圆形垂下，既整齐又多彩，这又是一件传统的民间工艺品的巧妙组合，近观远看都十分惬意。我还向这位笔商买了一支巨形笔，长期挂在壁上，供茶余饭后赏玩，后因笔绳中断便搁置起来，至今还只是用过两次。每次望到这支笔就自然地产生一种"大笔一挥"的力量，总有跃跃欲试之感。

我对墨也有一种偏爱，经常买一两块放在家里，现在生产的墨汁品种很多，给书写带来方便，节省了时间。我认为写字磨墨的功能是墨汁所不能代替的。古人写字磨墨，被认为是静心构思的过程，是心性的磨炼，无疑也是一种健身运动，正如人们对徒步旅行的需求一样。我相信随着社会文化的普及与提高，中国文房四宝的生产将会日益兴旺起来。

（发表于《广州日报》1992年9月7日）

广州美术学院巴黎广州画室开幕致辞

尊敬的
  巴黎艺术城主席布鲁诺夫人
  中法文化交流促进会主席吕霞光先生
  中国驻法大使馆文化参赞张文民先生
  中国驻法大使馆教育参赞李海绩先生的代表沈耀民先生
  各位来宾
  各位艺术同行友好：

各位聚会一堂，我谨此代表广州美术学院各位艺术家热烈地欢迎大家出席我们广州画室的开幕式，并衷心地感谢吕霞光先生和布鲁诺夫人为中法艺术交流所做的杰出贡献。

我院在巴黎的广州画室，是众多热心于美术教育事业的校友们共同筹措、赞助的成果，我代表广州美术学院向为画室的建设付出心力的艺术家、教师们致以谢意。在此要特别感谢在巴黎的校友陈建中先生和他的夫人昆妮女士为画室的使用所付出的辛勤劳动。

为了迎接这次盛会，我院于秉正教授、宣承榜副教授准备了一批作品同时在此举行联展，我祝贺他们的联展成功。

广州美术学院位于得改革开放之先的广州，深得天时地利人和之助，近些年来在教学改革、学科建设、学术交流等方面都有明显的进展。我们诚恳地欢迎各位能有机会光临广州美术学院参观指导。

借广州画室正式开幕之机会，我希望现在及今后凡入住广州画室的教师、艺术家都能自觉地遵守艺术城的规章制度，勤于艺术实践，树立良好的合作关系和道德风范，为国内、国际艺术交流的健康发展而努力。同时，希望各位来宾、同行继续给广州画室以支持和帮助。

（写于1992年9月17日）

适应社会发展需要，更新美术教育观念

一、根据社会需要，发展美术教育

过去的美术学院只把培养专业艺术家作为主要任务，学生也以当专业画家为奋斗目标。在这种思想指导下的教学，与国家建设事业的发展和改革开放的潮流很不合拍，从而使办学的路子越来越窄。形势迫使我们走出纯艺术殿堂，面对社会主义经济建设的主战场，以培养符合社会需要的人才为己任。

10多年来经过一系列教育改革和探索，目前我院已形成与社会需求基本配套的专业结构和层次结构，形成了自己的办学特色，在实践中摸索出一套行之有效的教学模式和管理手段，取得了人才培养与科研、创作、设计相结合的社会效益和经济效益，成绩是令人鼓舞的。

（一）专业结构的改革

广州美术学院原有中国画、油画、版画、雕塑和工艺美术的陶瓷、印染、装潢等专业，招生人数很有限。为了发展美术教育事业，我们改变了美术学院过去专门培养专业美术家的传统观念，开拓了美术教育、设计等新的专业。

1. 创建美术教育系

1981年，针对我省普教系统学校美术师资奇缺的现状，广州美术学院率先创办了以培养美术教师为目标的美术师范（1989年更名为美术教育系）。经过10多年的艰苦创业，这个系已成为我院第一大系，在系学生240人（包括硕士研究生、本专科生及研究生课程进修生），自1985年至今已向社会输送了500余名毕业生，成为广东重要的美术师资培养基地，在教学、科研和创作、设计上都有显著的成绩。1989年，我院获得广东优秀教学成果二等奖（集体），1992年被国家教委确定为全国高等美术师范教育改革试点单位。

2. 开我国现代高等设计教育之先河

广州美术学院工艺系，原来是在绘画专业教育模式的基础上增加一些图案和实用工艺课程，不少学生不安心学习，对专业不感兴趣，思想不稳定，主要是教学与社会需要脱节，更谈不上现代意义的高等设计教育。而设计人才的培养对经济的发展有举足轻重的作用，是亟待解决的社会问题。

1978年，广州美术学院刚刚恢复院制，通过与香港设计界的交往，感觉到我国当时的工艺美术教育与现代设计教育水平相比，差距很大。为了掌握现代的设计教育理论和教育思想，工艺系开始了基础课程的改革，把原来的染织、装潢专业改为染织设计、环境艺术设计、服装设计和装饰艺术设计等新的专业，并着手筹建影视广告专业。这些专业设置标志着开始打破传统工艺美术教学体系，向建立与现代工业生产相适应的设计教育体系前进，使原有的3个专业变为7个专业。1989年，我院把工艺系的装潢、环艺、工业造型、陶瓷4个专业分出来成立设计系。目前工艺、设计两系学生占全院学生总数的35%，这几年已向社会输送千余名学生，但仍远不能满足社会需要。现在，各设计专业均属热门专业。

(二) 探索新的教学模式

国、油、版、雕4个美术专业都有30多年的历史，拥有一批教学经验丰富、艺术造诣较深、在国内外享有盛名的老艺术家、教育家。建校以来，这些专业培养的大批美术人才活跃在广东和全国各地艺坛上。原有的教学成果和多年积累的行之有效的教学经验应当肯定，但也面临着如何改革才能适应新的改革开放的形势问题。我们采取的措施是：

(1) 强化基础教学，全面提高学生的素养。

(2) 扩大专业容量，增强专业活力，以适应社会需要。

(3) 坚持以严格写实的基本功训练为主的教学体系，充分发挥中国美术教育这一鲜明特点。

中国画专业是广东省的重点学科，我们坚持中国画要继承传统、发展传统，坚持艺术要源于生活并高于生活的原则，在培养研究生、本科生质量方面取得显著成绩，师资队伍结构合理，新的师资力量成长起来，新的作品也不断问世。在课程设置方面，除了写生创作之外，还安排临摹课、水彩课以及一些构成课等。

油画专业首先试行画室制，按不同的艺术主张分为第一画室、第二画室和以壁画教学为主要内容的第三画室，使学生对建筑、环艺、雕塑、材料构成等课都有所了解，增强其适应能力。

版画专业从原来以木版为主，改变为石版、铜版、丝网版同步发展，同时还办书装专业班、版画师资班。1991年第一届版画书装专业毕业生的毕业成绩受到好评，这个班有5件作品入选省美展，获金、银奖各一块，原来的冷门专业现在变为热门专业。

雕塑专业由于要适应城雕建设的需要，必须在技术材料方面多做探索，改变以石膏为主的教学，加强使用硬质材料的实践，本专科并举，举办了雕塑材料技术班，向社会输送急需的人才。

设计教育的改革，根据培养人才的目标，调整课程结构，普及三大构成，增添新课，填补空白。如工业设计史、工业设计概论、室内设计史、广告史、服装史、销售学、人体工程学、价值工程学、经济法学、设计方法论等课，奠定了设计教育史论基础。

此外，我院还开设了制图、模型、摄影、编排、广告撰文等课程。

我院为把教学、科研、实践和社会服务结合起来，成立了"广州美术学院集美设计工程公司"等教学、科研、生产联合体，培养了师资队伍，充实了教学内容，改善了教

学条件，提高了教学质量。

二、根据"二个面向"，更新美术教育观念

邓小平同志提出"教育要面向现代化，面向世界，面向未来"。这"三个面向"是密切联系的统一整体，其核心是面向现代化。面向现代化有两方面的含义：一方面是教育要全面地适应社会主义现代化建设需要，另一方面是改革教育，通过从教育思想、教育体制、学制课程、教学方法到教学手段等方面的改革，逐步实现教育自身的现代化。

美术教育要面向现代化，要改革一切不适应社会需要的东西，首先是要摆脱陈旧观念的束缚，思考现代的社会需要，接受现代化的东西，创造符合现代进步方向的东西。改革开放，面向世界，使我们开阔了眼界，解放了思想，有条件吸收各国优秀的文化传统，同时也有利于认识自己的优势和特点，珍惜自己的宝贵遗产和认识中国的社会主义特色。

人类有认识自然、改造自然的必要，也有认识社会、改造社会的必要。因此，人在这认识与改造过程中一般都遵循审美的发展规律，用审美观点改造自己的生存空间。美术教育是培养人的审美观点、完善自身学养的重要手段和途径。美的判断、选择，美的创造潜移默化地推动着人们对客观世界和主观世界的美好追求。

（一）树立美术文化的教育观念

普及教育的美术课是文化基础课，应当围绕美术文化进行教学。技艺练习是其中的组成部分，应当把审美教育当作一条主线贯穿始终，把有关美术的知识、历史、理论传授给学生，使学生明确，不论将来学工、学医或学农都必须有美术文化知识和制图作画的能力。美术的智能可以横移到其他方面的工作中去。

过去由于对美术的文化性强调不够，美术教育不普及，一些美术爱好者入学考试的文化成绩比其他专业的考生要差。在录取学生当中也往往有轻视文化的现象发生。文化基础差的学生多数到毕业时还是差的。这样的学生虽然对于画画也很用功，但明显缺乏后劲，缺乏对文化的兴趣，理解能力、接受能力以及发挥联想的创造能力都受到了限制。

在留校教师的标准把握上有时也有重技艺的偏向。青年教师要有创作，有科研成果，将来要承担高层次的教学任务，还要有外语专长以便直接借鉴别人的科研成果。因此，教师的文化基础厚实更为重要。

各学科的发展趋势是文科、理工科相互渗透、相互促进，美术的文化还应包括一些理工方面的知识，如电脑、材料、力学、光学等在今后的美术发展中都将会产生更大的作用。

（二）树立大美术和大美术教育的观念

树立大美术观念，推动美术教育改革，这是经济社会迅速发展的要求。社会不仅需要绘画雕塑，还需要建筑、园林、城市规划、环境艺术，需要摄影、电视、电影、戏剧美术、动画艺术和精美的图书设计。各种商品的包装装潢、服装、食品、家具、工业品都需要美的设计,而且产品更新换代在迅速加快。围绕旅游业的发展,许多名胜古迹需要保护、维修、增加开放点和范围,文物的修复与陈列也是重要的美术工作。旅游业的开发,除了自然景观的开发,还有人工景观的创造,如锦绣中华、深圳中国民俗文化村、西游记景观以及洞窟艺术的复制等。各种集会、运动会、艺术节等方面的设计、宣传、美术服务的范围在迅速扩大。美术教育工作者必须扩大美术观念,突破原有的分工界限,才能使扩大的美术教育的价值体现出来。

关于空间艺术、视觉艺术、扩展造型艺术观念问题,过去,人们把空间艺术与时间艺术对比,二者兼有的是综合艺术;今天要求我们从平面到立体,从立体到空间,从静态欣赏到动态欣赏,树立综合的空间与时间相结合的欣赏与创造的观念,欣赏是为了继承,创造是为了发展。

建筑是大空间的造型,要遵循形式美的法则;建筑的功能与结构,必须通过一定形式表现出来。因此,必须要有艺术处理,在处理中往往还要运用雕刻、绘画、工艺等附属件体现主题。建筑师的工作是艺术创造,是总体设计,需要有良好的美学修养和艺术想象力、创造力。建筑学的研究和建筑师的培养要求教育的全面性和系统性,过去,建筑系一直设在理工学院,与土建结构人才的培养混为一谈,以致在一些人的观念里连建筑师、建筑工程师的分工也弄不清。

在欧美,美术学院办建筑系已是传统的常识,我国美术学院办建筑系应不是遥远的事。园林是建筑的一种体裁,是自然物与人工物相结合的综合艺术,也可以说是大空间的艺术,应该纳入我们现在环境艺术设计专业之内。美化环境、美化空间是美化生活的重要方面,是人类社会的普遍需求,不管条件如何,总要向美的方向去改善。这里就关系到人民的素质、劳动者的素质问题,也有我们普及文化及艺术的课题。广州名为花城,每年春节前还有花市,四季都有花卉供应。怎样普及插花与提高插花艺术?培植盆景的人也很多,社会需要美术指导,人们需要尽早地掌握文化基础。这也关系到经济建设和文化建设的问题。

(三) 树立美术创造是生产力的观念

现代科学技术进步产生了新的美学学科——技术美学,它包括劳动生产中的美学问题和劳动产品的艺术设计美学问题。有目的、有计划的劳动,不仅要使产品具有科学性、实用性,同时要有艺术性和审美价值。在国际贸易中,各国都在为本国的商品进入国际市场、提高竞争能力而加强技术美学的研究。为了提高生产力、保证生产的稳定发展,各国都在劳动环境、劳动条件方面向美的方向去改善。如厂房设计、照明、工厂环境、服装、标志、绿化、空气、音乐、劳动程序等方面都在提高标准,加强规范。社会主义的劳动环境的改善应当是既提高了生产力,同时也美化了生产者自身。

一项成功的设计如果可以代表国家的文明,一项成功的广告如果可以为产品打开销路,就有可能挽救一批濒临倒闭的企业。加强商品竞争的观念,要加强色彩的研究。《海外文摘》有篇文章说:"面对琳琅满目色彩鲜艳耀眼,或柔和迷人的漂亮商品","产生着色彩的诱惑,令人难以拒绝诱惑而掏腰包","在商品实用性差异不大的情况下

这真是由颜色决定商品销路的时代"。日本色彩设计研究所所长小林重顺说："在讲究个性的时代，颜色的变化已成为商品制胜的利器。"这充分说明了色彩设计对开发经济的功能和重要性。我们应当思考在教学中的色彩学问题，特别要重视对装饰性色彩的研究和信息情报的把握。

（四）树立创造性的教育观念

美术教学生动活泼、形式多样，不能照本宣科。教师必须发挥创造性，因材施教，才能把课教好。

美术教育是情感的教育，眼、手、脑协调一致，使学生看到美的东西，发挥想象力，学习才能得心应手。要提高学生的创造性思维能力，使学生树立一种创造观念，这也是个人性格、情操的锻炼。

学习艺术最后要培养个人风格，用自己的眼睛去观察世界，用自己的头脑去思考、去判断，用自己的语言去发挥创造、去表现，画画事小，荣辱观念事大。从创造性思维方面去教育学生，培养高尚情操，是可以推动社会文明进步的。

创造性的教育，还应该把各方面的教育融为一体。如审美教育、劳动教育、身心健康的教育、爱国主义教育、热爱家乡的教育、社会主义教育，以及人生观、价值观的教育和继承人类优秀文化传统的教育等。

创造性的教育要求结合本地本校的实际，深入开展有特色的美术教育，充分利用本地区的历史、地理、人文方面的有利条件进行美术教育，编写乡土教材，使本地大美术的传统和现实成果得到及时的普及和传播，推动本地区的两个文明建设。

（五）树立终身教育观念

现行的教育是阶段性的，如学前教育、小学教育、中学教育、成人教育、老年人教育等，教育的系统性应体现在教育的终身性上。提高国民素质基础教育很重要，真正的良好基础是树立终身接受教育的观念和自觉的学养观念。美术教育首先是文化基础教育、学养教育，通过基础教育养成爱美术的兴趣，使这种兴趣伴随终身，不论爱好者的岗位是什么都会使他的工作富有创造性，使他的生活丰富多彩，身心健康。

高等美术师范教育是专业性很强的教育，教师不仅在美术方面要多才多艺，还要成为青年人的良师益友。这就要求教师在人生观、价值观等方面有高尚的道德风尚，有广阔的审美视野，要热爱生活，热爱青少年，热爱群体，有奉献精神和开拓精神。

高等美术师范生将来的工作岗位是普通中学或各类师范。他本人不一定教小学生，但是他的学生可能是未来的小学教师。因此，如果教育观念狭窄就无法把学生教好，如果不热爱教育事业就会把学生引向唯经济利益是图的道路上去。

终身教育不能只依赖学校进行，而应该超越学校，把教育范围扩充到整个社会的各方面。教育并非学校一家的特权，学校也并非唯一具有教育作用的机构。"幼而学、壮而行"的传统观念已不能适应新时代的要求，每一个人在一生的工作和生活中，都需要连续不断地学习，更新自己的知识，真正实行活到老，学到老。从终身教育观点来看，学习是为了发展智能丰富知识的途径，不是取得某种待遇的手段。在未来的教育中，学校教育不是终点,只是整个教育活动的一个组成部分。联合国教科文组织认为,"我们必须把教育理解为一个终身存在的连续体",要求受教育者毕生努力学习,不断地接受教育,才能使连续体更加美好。

(原文发表于《高教探索》1992年第4期)

书法作品个展致辞

各位领导,各位来宾:

在校友们的敦促和支持下,我得以举办这次书法个展。首先,我要欢迎各位光临今天的开幕式,同时也要感谢促成这次展览和支助这次展览的校友们和同事们。

今天,书法在社会文化生活中占有重要的地位,同时是民族、地区和城市的文明标志,我希望有更多的同仁给予重视,使我国具有丰富传统的书法艺术得到健康发展和普及,使书法艺术为今天的社会主义文明建设起到积极的促进的作用。

我的主业是美术教育,是绘画。书法是我的爱好,也是表达心意的一种形式。我在书法实践中追求的是自然、平和,雅俗共赏,并从中得到鼓舞和愉悦。

希望各位来宾、同行友好对这次展出的作品给予鉴评,提出宝贵意见,谢谢大家!

(写于1993年4月10日)

师法自然，赞美自然

——熊德琴的水彩画

  熊德琴是广州画院画师，他致力于油画和水彩两方面的艺术实践。我在他近期创作的一批水彩画中，看到了他的诚挚追求。德琴的水彩画，画幅都较大，题材都是自然风光。由于有扎实的油画基础，他的水彩画富有彩绘的韵致。也许由于他有丰富的舞台设计艺术的经验，他的水彩画也趋向简洁明快，有如抒情的诗篇，艺术语言凝练，无拖泥带水之弊。又由于他为人诚实，艺术追求执着，他的赋色、运笔重于内蕴，无空泛轻薄之嫌。

  艺术是审美创造的结晶，水彩风景画也是如此，首先要在现实生活中发现美境，生发美好的情感，经过比较、选择、构思一系列的思维过程，用特定的艺术手法，表情达意。德琴的作品，如《粤北瑶村》《晨》《北江大堤》《田野中的草垛》等，虽各有特点、取材、构思、色调之不同，总而观之，可以感到的是一种共有的静谧、幽深的艺术境界。

  我们从《清远小景》一画中，可见作者的苦心孤诣。远山笔简、形美、意厚，呈灰蓝色背景，衬托出一缕回升的炊烟，令人想到山里人家。近处有双牛饮水，更增添了农村生活气息。清静的小河环绕茂密的竹林，一派春色，境界清新。另一幅《北江》，宽阔的江面被沙洲分开，几条横线分割画面，展示了空间的深远。画家着意表现了近景的行船和远景的田林，远近呼应，分明的空间层次，使人心旷神怡。此外，表现水上生活的还有《北江小船》《江边暮色》《小河涌》等，均有独到之处。《小溪流》有如一幅彩墨画，溪水穿林，水天呼应，富有野逸之趣。《新绿》属于静中寓动的作品，沉着绿色的基调，衬托出几块水田反射的天光。作者没细致描写新插的禾苗，而是用写意的手笔表现大地的生机，呈"之"字形的田基线条组合，加强了画面的生动感，使我们欣赏到艺术与大自然和谐之美。

  从这些作品中，可以看到作者深入生活的足迹和艺术题材反映生活面之宽度。我们的社会和人民需要更多的、脚踏实地的、深入生活的艺术家，而艺术家为得到更多的知音，应使自己的艺术更富有生活气息。

（原文发表于《广州日报》1993 年 5 月 12 日）

关于艺术市场问题的思考

广州集雅斋、广州艺术品拍卖公司、广州画院、《画廊》杂志社联合筹备"艺术市场前景研讨会"是一项很有现实意义的联合行动。为此，相关负责人还拟定了 11 个题目，给与会者参考选择，诚意可亲，思路通达。我虽无力投入研讨，但也不得不泛泛地谈些这方面的思考，请大家指正。

艺术市场是我国社会主义市场经济的不可缺少的组成部分。艺术走向市场，这是社会发展的必然。随着经济繁荣，教育的普及与提高，人民生活对艺术品的需求量将不断扩大，组织研讨如何开拓，发展我国艺术市场问题是十分必要的。艺术市场不仅关系到艺术品供需沟通问题，同时还具有长远的文明建设的战略意义。

当前开拓我国艺术市场的有利条件如下。

一是以经济建设为中心，发展商品经济的思想已深入人心，基本成为社会性的共识。经过 10 多年的经济改革，社会的开放、物质生活有较普遍性的改善，同时使愈来愈多的人走向小康和富裕，紧跟着必须着手解决精神生活的供应问题。要看到对艺术品的社会需求量不断扩大，将推动艺术市场的发展。

二是广大的艺术家较过去有更多的时间和条件投入艺术创作，除了有限的订件之外，将会有更多的艺术品须要解决出路问题；作品有了出路，也就解决了艺术再生产、再创造的必要条件。艺术家的劳动成果与社会需求结合得越紧，创作的繁荣就越有基础，也才能切实有效地贯彻我们一贯提倡的为人民服务、为社会主义服务的方向和"百花齐放、百家争鸣"的方针。

三是改革开放、发展商品经济的一系列政策逐渐打破了产品经济的管理模式和思维模式，肯定了促进商品流通的社会意义，同时也肯定了人们在商品流通过程中各种分工劳动的意义的劳动价值。其中，包括了艺术品经营者的劳动价值。

四是由于我国经济发展速度快，海内外各种产交流频繁，有相当一部分企业家、收藏家、画廊经营者看到了我国艺术和生产的魅力和潜力，他们在艺术市场上投资的兴趣日益深厚。他们的投资将带动社会的普遍性的投资，促进合理的消费和有益的经营。

五是广东有改革先行一步的历史使命，有良好的社会基础，还有毗邻港澳台和华侨众多的优势，也有市场经济发达优势，最重要的是经济基础的优势。

六是 1993 年 11 月的广交会大厦将举行"中国艺术博览会"。这是中央文化部艺术局主办的，首次以国际性博览会形式把艺术品推向国际市场，改变以国家拨款举办艺术展览的传统模式，"目的为引导艺术市场、繁荣艺术创作、沟通国内外艺术交流"。广州艺术家、收藏家、艺术品经营者还有"近水楼台"之便可抓住时机，积极参与，参观、学习。

发展艺术市场，除了上述的有利条件，还要看到存在一些制约性的因素，有待重视、妥善解决。

一是观念上的障碍。多年来人们已习惯于把艺术单纯地看成上层建筑，是意识形态的宣传品，是纯艺术的创造，不承认它的商品性。艺术家的生活和创作经费都由公家包下来。现在虽然正在设法通过改革减轻国家负担，但看法不一。不更新观念，难以克服思想障碍。前些年也有过批评艺术商品化的经历，虽事出有因，把握不好，其副作用是阻碍艺术品走向市场，不利于体制改革。

二是社会上还有不少向艺术家巧取强要艺术品的现象，不尊重艺术家的劳动，无视艺术家的权益。另一种现象是视艺术品为"贡品""礼品"，作为达到某种利益的手段。这是常用"无价之宝"夸大艺术品的价值，助长了社会上的某种不正风气的结果，艺术品可以变成不清的人情债。这些得益者一般不情愿艺术品走向市场。艺术家以文会友，赞助社会福利事业，献出自己的作品，应当鼓励，另当别论。

三是由于文化不普及，尤其是艺术教育的历史欠缺严重，有一批富裕起来的人，缺乏艺术知识和基本的审美能力，缺乏消费导向，其中有些有兴趣收集艺术的人，也往往多靠耳闻去买艺术品，或与别人攀比去买艺术品，因而为假名家的赝品提供了温床，扰乱了市场，同时也影响真正艺术品价值的体现。

四是珠江三角洲一带的艺术品拍卖刚刚起步，在操作上，有时缺乏学术性和严肃性，往往由于急功近利，不乏以假当真之作，损害了艺术市场的形象和收益者的利益。

五是缺少立法，税法也不健全。艺术品走向市场以及进出口、保险等事项，应有法可依，有明确的运作程序。但是当下一件艺术品的定价要有成本计算，要纳多少税，由谁纳税，尚无清晰的规定；另外还有艺术水平与作者的知名度、作者的作品量等应成为定价的参照系数。艺术家和收藏家进入不成熟的市场，还有后顾之忧。因此，艺术品的供需交换多在地下运行，有人称之为"黑市"。这种地下运作，对于培育市场，对于作者、买者以及宣传方面的长远利益都会产生负面的影响，有的已受其害。

关于如何规划和发展广州艺术市场问题，谈谈几点不成熟的意见。

一是艺术市场的开拓和发展是全社会都要关注解决的课题，它是文化与经济的结合，它们是相互促进的关系，要使它们产生良性循环的相互作用，就要健全的社会机制，就要有相应的立法和具体的政策规定，保障艺术商品源源不断地流通，保障国家的合理税收及艺术家、经营者、购买者的利益，把暗市逐步引导到明市上来。

二是广州市的发展目标是成为国际性购物中心城市，必须加速规划，建设艺术市场，不仅要与国内外艺术市场沟通，还应当起到辐射的作用。广州的艺术市场应当是全方位的、多层次的、有网络的。正因为有对外贸易的需求，必须以健全国内市场为基础。这个基础不仅是外汇的基础，首先还是文明建设的基础，有了这个基础，才能变被动为主动，才能起到辐射的作用。广州的艺术品供应应当考虑各地阶层的需求、海内外旅游者的需求、海内外收藏单位和收藏家的需求，经过努力的结果满足各地各方面对艺术品的需求，更可加强城市的吸引力。

广州原有的几间经营传统书画的斋、堂、轩等单位，为繁荣创作和市场做了很多工作，现也正为适应形势发展需要扩大经营项目，改革经营方式，放宽眼界，取得良好的社会效益。此外,还要增设新的经营油画、版画、水彩画和装饰画等艺术画廊,与现代建设密切结合。

三是加强艺术教育是繁荣艺术市场的根本,从中小学到大学都要落实艺术教育的任务和要求,还要加速培养一批理论人才、鉴定人才、艺术经营管理人才,做好指导和服务工作。任何事要做好,要开拓都要有相应的人才才能成事。只有买者、经营者、作者都具有相当的艺术文化基础,才能使艺术市场健康发展。

四是舆论先行。报刊、电台、电视台可请评论家、作家、记者,有目标、有系统、有步骤地做好舆论工作,要多多为开拓艺术市场和收藏方面有成绩的单位和个人做些宣传和表彰工作。鼓励各市县、各基金会、各企事业单位为本地区、本单位多收藏艺术品,规划建设投资目标。市县、企事业单位不论贫富,如把吃喝、买汽车等攀比风刹住,把节约下来的钱投在文化教育事业上,也是很可观的。应当在环境美化、艺术品收藏量方面比富、比豪气,这既是物质文明建设,也是人才精神文明建设,对发展第三产业、引进人才可起到促进的作用。为此,有舆论开道、有典型事例、有一批带头人,可以促成良好的社会风气。

五是开拓艺术市场,既要当文明建设来抓,又要当搞活经济、改善投资环境的大事来抓,要有相应的配套政策和配套措施,鼓励各种艺术多创作、多开展览会、展销结合,培养一支支有实力、有影响的创作队伍、管理队伍。有人才,有政策,何愁艺术市场不兴旺?广州的天时地利人和,太有吸引力了,要好利用才行。

(写于1993年8月8日)

莫各伯墨竹作品展致辞

莫各伯墨竹展览会于今天开幕，同时莫各伯发行他的专著《墨竹教程》，在此我谨表衷心的祝贺！

竹因有节备受我国历代不少画家的喜爱，他们以画竹寄托情思，抒发胸臆。今人画竹，应更加深入观察竹的生态规律，得心应手，才能赋予作品以生命力、感染力，因而才能发展传统。

莫各伯是一位明志好学的书画家。他在广东省书法家协会的会务工作之余努力研究学术，注意全面修养，以文助艺，坚持艺术实践，这是难能可贵的。他的这次墨竹作品展览是一次学术交流的机会，是一次接受社会品鉴的机会。我们从他的作品中可以看到一位中年书画家的钻研精神，同时希望有更多的书画家分出精力，投入社会服务和教育事业中。

预祝他的墨竹作品展览成功！

（写于 1994 年 3 月）

素描艺术之光

——"王式廓作品展"前言

王式廓先生是卓越的画家和美术教育家。总观他的艺术生涯,与我国人民的正义事业和社会进步的艺术潮流紧密相连。一直令人痛惜的是,1973年春,他深入到巩县(今河南巩义市)体验生活,不断地奋力工作使他手握着画笔溘然逝世,过早地离开了我们。

王式廓先生1911年生于山东掖县,自幼受父辈启蒙,习书作画,后曾就读于济南爱美中学艺师科、杭州国立艺术专科学校等学校;1935年东渡日本留学,入东京美术学校;未久,卢沟桥事变爆发,便毅然回国,投身于抗日救国斗争行列,并奔赴延安,任鲁迅艺术学院教员。那时,在困难的条件下,要一边开荒生产,一边教学、创作,式廓先生曾获"劳动模范"的荣誉,这个时期创作了版画《开荒》《二流子转变》,素描有《安塞县女县长》《老农》等作品。中华人民共和国成立后,王先生任教于北京中央美术学院。教学之余,创作了油面《送参军》《井冈山会师》等作品。1959年完成的《血衣》以其构图宏伟、寓意深刻、人物形象丰富而成为富有时代性的力作,从而将中国素描艺术提高到一个新的高度。

王式廓先生认为"深入生活,主要是研究人,理解生活,主要是了解人"。只要浏览一下他的作品,就会感到一股浓郁的生活气息,是一股质朴、健康的生活气息。画家经历多年战争和民主革命的洗礼、艰苦生活的锻炼,使自身与群众结合成鱼水相融的关系。仔细欣赏这些北方各地的身份、性格、神采各异的人物形象,不同于一般的人物模特写生,不仅有作者对人物的敏锐而深邃的见解,更有如面对亲人或知心朋友的写照,充满了友爱和尊重的感情。

王先生早年曾学习花鸟画和书法,深谙书画艺术的意、理和气韵的运用,能在人物写生中扼其精要而获"笔少画多"的效果。他的素描以揭示实际人物的美质为目的,外表内蕴,无圆滑与修饰之嫌,运笔在疏放中寓精深,合形、貌、神于一体,使人物跃然于画面。知音者欣赏这些素描人物,可见画家聚精会神把握整体的气度,用笔轻重有节的变化和真诚的声情流露,不仅表现出令人信服的农妇、老妇、男孩等的个性,同时还画出了阳光的和煦与空气的清新,画出了人物心灵淳朴之美。

画家逝世前夕所作的侧面《老农》像表明,作者身体虽已危机潜伏,仍能强有力地刻画了这位老农的精神和气质的特征,可以说是老笔纷披,浑厚天成,为充分发挥素描艺术的表现力倾注了自己最后的心血,完成了一幅可歌可泣的绝笔佳作。尽管画家的不少素描是为创作素材而画的,但大都由于内涵形象的完整性和深刻性而富有独立的艺术价值。

作为美术教育家的王式廓先生,为人诚恳可亲,博艺多才,修养全面,言教与身教相结合;理论与实践相结合,培育人才,硕果繁衍,且私淑者众多,凡与王先生有接触的青年学子都将他的诚挚、认真的教学作风铭刻在心。王式廓先生的人生之路和艺术风范是宝贵的精神财富,将与他的作品一样产生深远的影响,永耀人间。我们不能不为拥有王式廓这样的素描巨匠和美术教育家而感到自豪!

(写于1994年6月)

美育与美术教育的使命
——《美育与美术教育文集》序言

美育与美术教育之所以能够推动社会进步，乃立足于提高国民素质、优化人的智能，助人培养健康向上的人生观、审美观、价值观，从而在工作中激发科学与艺术的创造力，作用于物质与精神文明建设。

我国为世界公认的文明古国，在数千年的文化历史长河中，可见的形象物证就是陶瓷、雕刻、书法、绘画、建筑等各类工艺美术文化遗产。认识我国历史，以及认识世界各国的历史都要以上述的历史见证物为根据，可见美育与美术教育的重要性和认识功能。

在普通教育中，美育与美术乃是一门重要的文化基础课，如同语文、数学一样，必不可缺，且应教出水平来。遗憾的是，教育学的滞后、美术文化价值观的不普及，致使美术课在学校中未能得到应有的对待。当前，艺术教师的缺乏及师资合格率不高，正是长期推行不完全教育的结果。

基础美育与美术教育一旦偏离了国民素质教育，忽视了艺术课的文化基础性和普及性，必然会影响到艺术课的教学质量。长期以来，一些错误的舆论干扰总是把艺术与天才联系在一起，天才论限制了众多青少年的艺术兴趣的培养与智能的发挥，致使一些人自小就放弃了艺术爱好，以致与艺术绝缘，虽名为中学毕业或大学毕业，但远未具备应有的艺术文化基础。艺术文化方面的知识、观念、技能的欠缺，必然会影响到后来的学习和工作。"天才论"的社会影响根深蒂固，时常可以在评人或自谦中听到"无艺术细胞"论、"无基因"论。这是值得深思的问题。

今日的美育与美术教育必须跟上时代潮流，面向现代化，面向世界，面向未来。现代化建设，发展经济，要求改革教育，完善人的智能结构，保存民族的优秀文化，展示自己的历史文明和时代文明。要继承和发扬民族的美术文化，方能创造有中国特色的现代文化。美育与美术教育的任务艰巨，要使青年一代不负年华，不仅要有丰富的美术文化知识，同时要不负双眼，以致独具慧眼，视而能见世界万物之美，领受视听机遇的启迪，发现和创造新的美物、美境、美的艺术，并能识别它们的高低、优劣、真伪。这全赖美术文化的教育基础。

随着时代的进步，美育与美术教育的内容与教学手段也更加丰富多样，对于教师的要求，一方面要博学多艺，另一方面也应在教学组织上合理分工。

全面的美育与美术教育应着眼于全面的素质教育，针对"天才论"的误导或困惑，通过知识的灌输，强调学而知之，学而能之，培养美术兴趣，学而时习之，不断提高审美能力，训练图画、手工能力，掌握运用器械、机械的作业能力，促进德、智、体、美、劳等方面教育的全面发展，树立创造性的劳动风格。

美育与美术教育有由浅入深、循序渐进的科学性，同时也有因地制宜、因材施教的艺术性。美术教师应具备与教学的科学性和美术性相适应职业道德的全面的美术教育能力，以发挥师表的作用。教师应明确意识到面对的学生中未来成为职业美术家的只是极少数，而绝大多数虽将分流到各行各业，但都应具有全面的美术文化基础。这美术文化基础不仅可以辅助学习其他各门功课，同时在未来的各种工作岗位上，也将起到应有的作用。美术修养将使人终生受益。

回顾历史，1851年，英国举办万国博览会，经过现场商品实物比较，发现本国产品外观不佳，影响经济竞争力，"究其原因，盖图画落后所致"，后即"憬然自省"，定图画为国民必修课，经过奋力追赶，终于后来居上。法国经历也如是，自举办万国博览会后，发现本国图画落后，遂不惜耗巨资提倡美术，经过努力，也见成效，"遂为世界大美术国"。据报载，亚洲某国皮革制品商发现，法国的女士提包产品，虽材料相同却价高数倍，不可思议。其实服装产品也常如此。这是长期美育教育文化积淀的结果。

今日中华经济崛起，商品出口日增，旅游业发展迅速，欲提高物资、产品的附加值，加强商品竞争力，改善环境，提高服务质量，仍必须从普及美育与美术教育、改革美育与美术教育着手。希望在未来，美术教师的劳动奉献，不仅在精神文明方面，同时也在物质文明建设中发挥推动作用。但愿有更多的有识之士、有志之士为美育与美术教育的发展奠基引路、开道。

（岭南美术出版社1994年版）

加强学校美育，提高人才素质

教育是富民强国之本。教育是阶段性的、连续性地系统工程和社会工程。一个人在连续性地接受教育的过程中，学校教育是关键性的学习阶段。这个阶段要求学生全面发展，学会独立思考、独立工作，而能否全面发展，直接影响人生观、价值观的培养和形成，影响着未来的各方面的人才的培养和素质。

从总结我国教育经验出发，回顾历史，成绩与不足，经验与教训，都是可以客观地评价的。中华人民共和国成立后，社会变革不断深化，由于认识论的局限，体制的束缚，美育在教育学中的地位是反复的，因而导致美育的欠缺是必然的事。自改革开放十多年来，社会变化巨大，学术思想也日趋活跃，教育问题受到社会关注，教育改革，加强美育，成为热门议题之一。

时代呼唤美育

现代社会是以现代化生产力和商品经济为基础的科学技术日益发达的社会。各国教育都在围绕世界新技术革命和现代生产要求，探索改革问题。我们要面向现代化、面向世界、面向未来，去思考培养有理想、有道德、有文化、有纪律的人才问题。

以经济建设为中心，发展商品经济，是我国现代社会历史演进中的转折点。原有的教育思想、教育体制、学科设置、教学内容、教学方法等都需要进行必要的调整和不断的改革，以利于为经济建设培养合格人才。

经过十余年的改革开放，我国经济发展迅速，现已进入健全社会主义市场经济体系阶段。我国的商品生产不仅要满足国内市场需求，同时要走出国门，参与国际贸易。因为商品是双向交流，国内国外都存在竞争的压力。为了引进技术，引进资金，必须不断地改善投资环境；第三产业的兴起，特别是旅游业的发展推动了各地的城镇建设、环境美化以及旅游资源的开发；有些大城市制定了向国际大都会发展的建设目标，这一切都要求学校教育培养大量的、全面发展的建设人才，同时也给教育改革与发展提供了很好的机遇：一方面要围绕社会发展需要增设专业，扩大办学规模；另一方面就是注重人才素质的培养，改变那种高分低能的教育，转变为全面发展人的教育，使德育、美育、人格教育、素质教育与科技教育、专业教育融为一体。

在全面发展的素质教育中，体育与美育的结合也是非常重要的，在许多开拓性的工作任务中，没有健全的体魄是难以胜任的。在不少体育项目竞赛中，往往可以听到这样的评论："不仅是体力的较量，同时也是美的竞争。"可见，体育教学和体育人才的培养也必须结合美育进行训练，才能增强竞争的实力。

实际上，美的竞争已渗透到现代社会的各行各业，许多行业、许多商品无不在"美"字上下功夫，诸如美食、美容、美物等，商品不仅价格优惠，还能为客户带来美的享受。美的标榜和美的竞争比比皆是。在商品生产发展过程中，策划、开发、设计、制造、包装、流通、推销、宣传等系列工序，都要求服从美的总体形象，接受社会检验，优者将成为名牌。名牌的产生，绝非偶然，没有相应的高素质的经营者、设计者、生产者，就不会有名牌的产生。那些伪劣产品的制造者，也是素质伪劣所致。

法国的皮件加工产品，高档次的皮革材料相同，价格可以贵上几倍，犹如巴黎的时装一样，不仅价昂，还有不断出新的优势。而巴黎皮件加工业的中下层基础，是以华人为主经营的加工业，这些华人经营者限于素质不足，经过一段繁荣，已难以再提高档次。一些年轻者再去读名牌大学，提高审美文化，有的索性回乡另寻发展途径。

立足于发展民族工商业，培养大量高素质的人才刻不容缓。各级学校学生将是未来的策划者、设计者、建设者、创业者，他们应当有自己的美好蓝图，应当具有创造美、鉴赏美、选择美的基本能力，美育将赋予他这种能力。

社会文明需要美育

我国的社会主义文明建设，包括物质文明和精神文明两个方面的任务，物质文明是基础，精神文明是主导，二者相互促进，不可偏向。目前，我国也在着力解决两手都要硬的问题。在 20 世纪 80 年代初期，曾一度有人提出开展"五讲四美"的群众性社会活动。"四美"（心灵美、语言美、行为美、环境美）的提出，是有针对性的，是建设文明社会的需要，也可以说是社会美育，当然应当坚持下去，学校美育应该做得更好一些。

许多发达国家的社会问题表明，经济实力、现代化的高科技发展，都不能代替人的自我完善，减轻教育任务。恰恰是现代经济社会机械化、电脑化的生产使人的生活节奏、工作频率加快，增加了精神负担，更加需要调适身心，维持生理与心理的健康。一般有审美文化修养、精神生活富有的人，适应环境变化的能力比较强，可以主动地把握主观与客观的关系，通过自己的审美爱好，保持健康的心态，抵制恶习的侵袭，避免不幸，减少悲剧的发生。

不论什么历史时期，人们都在追求美好的理想，尽管美好的内涵千差万别，但美好总是一种动力。尤其是在和平时期、经济上升时期，更是要追求美好。其实，真正的美好是从教育而来、感受而来、选择而来、创造而来的。

当前，城市和乡镇都在规划自己的未来，都在筹集资金、发展项目、改善环境，这一切都要求决策者、投资者、设计者有相应的审美观和价值观，才能在不断的建设发展中，择优从善，使大量的资金投有所值，才能取得相应的社会效益。一座以河道成网为特色的水乡都市，在建设或改道的名义下，将河道填平，改成马路，便丧失了特色，失去了城市特有的魅力，也就损失了最大的价值。如何认识本地的优势，扬长避短，需要相应的审美鉴别力、想象力。美景、美境、美的建筑物，都是人们向往的地方，这些地方需要以美的保护、美的创造和美的服务为前提，才能产生更大的社会效益。

优秀的文学艺术都应是美的创造,不论是专业的或是业余的文学艺术工作者,谁善于运用美的规律,谁就把握了成功的基础。不少作品之所以格调不高,粗俗低下,是作者情操低下,失去了基本的审美品位所致。

艺术因蕴含丰富的美而受到普遍青睐。"艺术"一词常用来当作工作要求,要求领导要有领导艺术,谈判要有谈判艺术,教学要有教学艺术等,其实质是要按照美的规律把工作做得完美,做得恰到好处。

美育在培养人生观、价值观的过程中具有一种无形的引导作用。成功的美育应当使学生有一双慧眼,从而可以自觉地在广阔的生活中去随时发现美的东西;可以在纷繁杂陈的物象中,不放过美好的东西。使他掌握一盏矿灯,从而可以深挖古今中外的文化宝藏,通过以美引真,以美导善,使志趣高雅、道德高尚,精神生活富有,身心体魄健全,并将精神文明转化到改造客观世界中去,追求一种创造性的劳动风格;使美育的结果不限于自身的满足,而是对社会奉献创造性的劳动,为社会文明发展做贡献。

教育改革要推动美育

教育改革应与国民经济发展要求相适应,针对薄弱方面,加强素质教育,加大改革力度。

一是从教育观念中加强美育的地位。目前,国家已明确地提出,将德、智、体、美全面发展为教育方针;四育相互结合,相对独立,不可相互取代,重在落实。

美育是美学与教育学的实践结合,不仅是传播知识;美学也不仅是观念形态的研究,有关美学的边缘学科很多,这加强了它作为行为学科的实践性,如体育美学、劳动美学、教师美学、科学美学等,将美学理论渗透到教育工作的各方面。

当今世界教育潮流进入理工科与文科相互结合、相互渗透的改革时期,过去那种严格分科教育已不适应社会发展的需求,"重理轻文"或"重工轻理不要文"已受到批判。在运用科技发展生产力的时代,科技也必须结合社会实际需要去发展。历史上以及当代许多大科学家都有良好的人文学科基础,有自己独特的创造性思维、独特的科学美学思想,他们的思想也丰富了传统美学的内涵。

二是艺术教育、艺术美学教育,对于培养人的审美情操、认识社会历史,具有重要作用。艺术的种类很多,不论什么品种的形式与内容都非常丰富多彩。欣赏艺术可以通过视觉与听觉的审美感受,陶冶性情,拓展思维,丰富想象力。要创造条件,使每个青年在广阔的艺术世界里去寻找自己的兴致,形成爱好,只要学养有素,不仅可以丰富精神生活,同时可以终生受益。如果把艺术爱好,艺术欣赏看成一种高雅的修养,那么有了这种修养,就可以带动周围的人、周围的环境高雅起来。因此,艺术教育是美育的重要途径。

目前,我国学校的艺术教育基础薄弱,其中一个重要原因是高中不开艺术课,有的学校只开课到初二,且教学质量差别很大。这不是学生之过,艺术教育是文化基础教育,我们应当由此去思考文化基础的全面性、连续性和系统性。

为了实施包括美育在内的全面发展的教育,学校应把图书馆、博物馆、艺术馆、科技馆、校史馆、电教馆等设施办好，逐年增加投资，丰富藏书、藏品、完善设备，尤其是博物馆、艺术馆的收藏要系统、全面，使学生能够通过观赏实物提高鉴赏能力。

在艺术教育中，还要把校园美化。校园中有代表性的建筑、园林、雕刻作为教育的内容，不仅可以达到全面美育的效果，同时可以使学生珍惜学习环境，热爱学校，激励学习的积极性。

学校的艺术教育，在指导学生开展社团活动的同时，还要指导学生以社会为课堂，参观当地的名胜古迹以及各类展览和演出，使学生度过有意义的节假日，不负在当地学习的几年时间。

学校应注意引进人才，借助于社会力量开展艺术教育。

三是师表美育与师资队伍的建设。教师的任务就是教书育人，为人师表，工作性质决定了他/她的崇尚美的工作要求。因此，教师在教学中要加强美育观念，把教学内容融合美育思想开展教学活动，加强教学效果，也会潜移默化地给学生以深远的影响。

教师的师表美育，应是教师人格美的感召力的体现。为了具备并体现人格美的感召力，教师应把德、智、体、美的全面提高作为自己的本分，言传身教，按照美的规律教书育人。

教学应是科学性与艺术性的结合。教师要在规定的时间内，按计划用自己的智慧和情感完成一定的教程，使课堂充满热烈的、和谐的学术气氛，创造出最佳的教学效果。

教师作为教学的主体，应具有教学艺术的魅力。教师的职业道德规范了教师要热爱学生，认真备课，不断地提高教学质量。一方面要提高专业水平，另一方面要提高文化艺术修养。这种修养应体现于教师仪表、教态、语言、书写、图画以及各种教学手段的运用等方面。从整体上把握面对的现实，驾驭教学现场，始终使学生保持学习的热情和注意力。教师的不同教学风格，将给学生以不同的影响，完美的教学风格和教师形象，无疑地将成为学生永远的学习榜样。

加强学校美育离不开师资队伍的建设。美育使教育充满活力、充满希望。美育激励师生探索美好的未来。

（岭南美术出版社 1994 年版）

美师敬业，艺术长青

翻开《陈海鹰回顾展》场刊画集，我欣赏并了解到这位创办并主持香港美术专科学校的陈海鹰先生的艺术活动和作品的风采。陈校长在香港是一位成绩卓著的美术教育家，同时也是一位颇具深厚功力的油画家。

海鹰先生在港有幸师从李铁夫先生，并追随侍业10余年。李铁夫逝去后，陈先生秉承师志办起一间香港美术专科学校，至今已有40多年的历史，培养了大批美术人才，实为难能可贵的贡献。

展览画集可见陈先生的艺术实践以油画为主，也兼作水彩画、水墨画，表现体裁以人物肖像为主，也旁及静物画、风景画等，是一位坚持探索、积极进取的多能博长的艺术家。

纵观油画发展历史，不论画家的学历如何，基础如何，都必须有一种矢志不移的钻研精神和忠于艺术的高尚情操，才能在丰富的艺术宝藏中和多彩的现实中摄取营养，健康地成长，从而不断产生新作向现实生活和艺术宝库做出回报。画家在专注于自己个性表现的时候，如果忽视了所画对象的个性和独特风貌的表现，必然会逐步倾向形象概念化、符号化，流于空泛的形式以致走向千篇一律。

油画具有自身本体的优良传统，数百年来在各国、各个时期都有自己的代表性的画家。李铁夫先生是我国油画艺术事业中的杰出人物，曾被孙中山先生誉为"东亚画坛巨擘"，是当之无愧的；我们将他的艺术成就与同时期的世界各国画家的代表人物相比，他也是出众的，那是因为李铁夫融会中西艺术精髓，有言简意赅、形神兼备的写实功力，其艺术风骨表现于阔达深厚的气度和生动微妙的气韵，非同凡响。

海鹰先生随师多年，耳濡目染，悉心研究，戒避流俗，继承李铁夫的遗风。他的一系列肖像作品，都有不同的构思表现，无一雷同。他于1949年和1952年两次作李铁夫肖像，前者为半身像，后者为全身立像，这是画家对导师的景仰和感念。陈海鹰所画肖像，都是他所熟悉的人物，不仅能传神写照，且能深入刻画。《画家·周公理》为其1986年之作，成功地表现了老画家周公理的神情与心态，笔法洗练，在色彩结构关系的处理上也出新意；人物肤色在大面积的红外衣、深绿色背景的对比和衬托下，显得晶莹夺目，充分发挥了油画色彩的"交响"功能和"音域"宽广的特长，标识着画家风格的发展。此外还有《俄国教授》《俞彭年先生》等肖像可见画家刻画人物的功力。上述两幅作品先后相距30余年，前者刚劲，后者丰满，光线集中于人的重要部分，层次分明而又浑然一体。这后一幅肖像为1993年画家75岁之作品，使人看到了一位老画家的旺盛的创造力。同年还有《金菊花》一作，色彩与笔法的运用都充满了活力，表现金菊花在阳光的照烁下，生意盎然，散发着馨香，海鹰写物寄情，耐人寻味。

画家保留对生活和艺术的美好追求，使艺术永葆青春，使身心健康长寿。陈海鹰先生的作品对艺术发展起到了承前启后的作用。

（写于 1994 年 10 月 11 日）

油画风景展自述

这次油画风景展览，更确切地说应称为油画风景写生展览，主要是想回顾自己从艺以来油画风景写生的历程，同时也想为风景写生的普及与提高做点宣传工作，使美术教育重视从生活美、自然美中发现并汲取有益身心的营养，沟通艺术源泉，积蓄全面的运用色彩创造美的能力，也企望有更多的美术爱好者通过参观与作者分享艺术劳动的甘苦，从而使展览起到服务社会的作用。

油画作为空间美术的一种形式，观察生活和表现空间意境的锻炼，乃是改造与美化空间环境的基本功；欲使富有创造性的意念得以顺利实现，必须培养眼、手、脑相谐和的艺术表现力，不断提高热爱生活的激情和审美判断力。经常性的风景写生对于培养人的空间观念和时间观念以及独特的艺术风格都是大有助益的。我之所以在这方面投注一定的心力，除了主观爱好，与客观的需要和条件的局限都有一定的关系。

请相信，对展览的任何意见都是对作者的激励和支持，在此致谢。

（写于 1994 年 11 月）

《油画风景集》自序

  油画风景画作为一种独立的艺术体裁，自欧洲文艺复兴以来，随着社会经济的发展，生活文明的提高，人们对自然美的认识也逐步深化。从以伦勃朗等为代表的荷兰画派到英法等国诸流派的风景画，其中大量的作品是对景写生完成的。这些风景画家用自己创造性的劳动结晶，拓宽了人们的审美视野，促进了油画艺术的发展。杰出画家们的作品的艺术魅力和风格的独特性给后人以深远的影响。

  面对自然写生，无论怎样取景，都属于特定空间的表现，体现空间艺术的特质。中国山水画之难在于意境的表达，油画风景画也要求画家表现对美境的发现，有时虽画幅不大，但要有"咫尺万里遥"的气度，才会达到相应的艺术效果。在哲学认识上，时间与空间作为物质存在形成所具有的无限性决定了风景画表现时空变化方面的丰富性和深刻性。

  今日科技发达，摄影、摄像以及电脑图像构成，都可以辅助作画，但都不能代替写生实践中眼、脑、手的现场配合而产生的审美创造力的发挥和锻炼。艺术是情感升华的产物，作画应有自出于眼的进取精神和情感的抒发，才能使画面充满一种感人的力量，使观者产生共鸣。虽然成功的摄影作品也能打动人心，但已属另一种艺术形式，不能等同而论。故应明确，摄影在某种情况下可以辅助艺术创作，但不能变成绘画艺术的依托，更不能取代富有个性的绘画艺术。

  前人有"读万卷书，行万里路"的名言，强调的是重视生活基础和文化修养。现代交通工具可以给人提供许多方便，但不能代替"行万里路"的功夫，因为"行万里路"的意义在于认识社会，熟悉生活，沟通艺术源泉，非时间距离的事情。

  回顾40年来的写生实践，我每到一处写生，都会全力投入，发掘当地纯朴生活和自然之美。在平凡的景色中探寻不平凡的意境，跋山涉水也是常有的事，要经受风吹、日晒、雨淋，要克服许多困难，才能完成一件作品。每次出差，或出境访问，日程安排虽紧，我也要挤出时间写生作画，作为"到此一游"的纪念。乘坐火车虽比飞机慢，但我不觉枯燥，因为可以观察路旁的景色，可见山川、林木、村庄、市镇，变化无穷，同一地方每次经过，因季节、时间不同，所有景象大不一样。有了这种变化的比较和印象积累，一有机会动手作画，就会得"胸有成竹"之助。

  画家对于作为艺术基本功的风景写生，必须通过经常化的练习，加强空间与时间的观念，培养观察生活的能力。写生，顾名思义是写生活、写生命、写生动，前提是要求作画者爱生活、爱自然、爱艺术，在大自然面前，诚谦好学，方能接受自然的启迪。

  前人有云："诗中有画，画中有诗。"任何绘画都要求有诗情画意，意高则高，意远则远，意深则深，意雅则雅。风景写生不是临摹自然，须有感而发，用色彩造型，写出自己的认识。意会和情感,同时也表露作者的艺术个性和精神。强调写生,要求艺术语言的生动、明确、达意和内涵的丰富与深刻性。

诗有"诗眼",画有"画眼",确立了具体的写生画意和"画眼",动起手来,就有了中心,有了目标。

油画风景,无论是表现春、夏、秋、冬,均"画以地异",都要有空间深度、地方特色和时间特色。油画颜料的覆盖力和可塑性,决定了油画特有的赋色程序。起稿赋色的开始阶段,是奠定基础的阶段,是非常重要的。善始,才可能有善终的结果。一般的赋色遵循由深到浅和由薄到厚的程序。深有双重含义,即空间的深远和色彩的深重,色层则由薄涂到厚涂,有薄厚对比,体现油画特有的质地美。由于写生的时空物象不同,写生时间的长短、次数不同,画家必须通过多次的、长期的实践,才能灵活地运用赋色程序,发挥油画材料的特性。时间短的写生,必须从最有心得、最有把握之处求意、定调、造型,由此及彼,贯穿全幅。多次完成的写生,因为有一个深入观察、取象的推敲过程,就要有全过程的通盘考虑,不急于出具体的效果,应根据色彩的关系,通过铺垫,逐步深入、达意。风景写生经过一定的实践,在技法上会达到相应的熟练程度,但艺无止境、学无止境,油画也有"从有法到无法""画到生时是熟时"的艺术境界。

本集选编了自己近40年来的风景写生油画60幅,根据回忆,写些心得介绍附于画页,目的在于交流学术,并请读者、学者提出宝贵意见。

(写于1994年12月)

永念师情

我已在广州工作34年，经常想起我的家乡北京昌平县东营村，因为我的童年时代是在家乡度过的。小时候，父亲在外做工，母亲不识字，做中医的伯父是我的启蒙教师，他教我认识了许多中药名。据伯父说，我在3岁的时候，已能认识百余字，后来因怕我费心，影响身体发育，便停顿下来。

约6岁时，家里送我到村塾读书，老师是同宗辈分很高的郭兴武先生，从几岁到10多岁的孩子他都教。我先后读了《百家姓》《三字经》《弟子规》和《千字文》。写毛笔字是必修课，先从描红开始，经过描写阶段，再到临帖，学习耐心地研墨，学习装订写字本。所有的学习用品都是由流动服务的书倌供应的。每逢书倌一到，同学们都活跃起来，可以跑回家要钱，买自己需要的用品。

有一年过春节，母亲买了年画，贴在炕头的墙上，其中靠窗的一张是多图的连环画，故事是"狸猫换太子"，每幅小图下面都有一段文字说明。自此，我开始知道皇帝、李妃、刘妃和太监郭槐等人之间的故事。

8岁时，在外祖父的帮助下，我随母亲、弟弟和表兄一起住到昌平县城内，上县立小学，于是又从一年级开始，读起新式教育的课本来。任教的刘秉琳老师，常穿旗袍，留着短发。每讲一课，先教生字。她在黑板上边写边讲笔顺，让大家高声背诵笔顺。刘老师的音容笑貌给我留下很深印象。

刚读完二年级，我又随母亲和弟弟一起迁居天津，和在津工作的父亲住在一起。读了两年私立小学之后，我考入市立第三小学读高小，那时美术老师孙家树先生还兼教武术课。杨坚白先生教书法课，他曾在班上给大家示范临摹魏碑。杨先生临摹得很准确，使我对书法更感兴趣。平时走在街上，我总是注意招牌字和建筑物上的匾额或对联，并能认出一些书家的风格。

在我们的小学附近，有一间青年会，经常可以从门口的海报上知道将要举行的文化活动，都是免费入场。我在那里看过国画家黄二南先生表演，他口含墨汁，用舌作画，至今还有印象。另一次是进去听戏剧作家洪深先生的文学讲座，虽听不太懂，也能坚持听完。

在住家附近，有几间书摊，起初我常租借《三国演义》《西游记》《封神榜》《三侠五义》等连环画看，后来我就租借起老舍先生的小说来，读了他的《二马》《牛天赐传》《离婚》等。我爱读老舍的小说，是因为作者用北京的方言描写人物、情节，细致入微，充满了幽默。每逢读到精彩之处，我总会笑出声来。

小学毕业前一年，学校来了一位张云英老师，她任我们六（乙）班的班主任。张老师鼓励我毕业后报考有名的、位于铃铛阁的河北省立天津中学。临考前，她利用不少

业余时间,在她家里为我补习功课,重点辅导算术四则题的练习。后来我有幸考入这所著名的中学,是与张云英老师的热心辅导分不开的。

省津中(现称天津三中)学习气氛很浓,当年学生来自各县镇的不少,大都生活朴素、刻苦学习。初中生仰望高中生,每年都有几位刚读完高二的学生,以同等学力的名义考入北京名牌大学。他们的先例激励了师生教和学的热情。

在美术老师王雪楼、胡定九两位先生的鼓励下,我学美术的兴趣日益增长,常以周围的师生为模特作速写或默写练习,并常到图书馆借美术图书。当我借阅了《徐悲鸿画集》后,知道了徐先生的艺术生平,徐先生的自画像以及诸多作品艺术技巧精湛,令我十分景仰。我刚读完初二,就得到学校附属的民众小学的聘任,去教美术课。其他课的教师都是在读的高中同学。大家利用课余时间义务教学,用中学课后的教室给孩子们上课。我是学历最低的教师,从一年级到六年级的美术课全由我承担,当时的惶恐心情难以名状,但对我来说是很好的锻炼,也是服务社会的开端,对我后来的学习和工作产生了深远的影响。

(原文发表于《广东第二课堂》1994年第12期)

情深力作，艺象纷呈

——谈李瑞祥的油画艺术

一位画家的成就所得，除了天资、后天勤奋善学，发挥创造性主观因素之外，还受到生活环境、学习和工作的际遇等客观条件的影响。画家李瑞祥1941年生于山水甲天下的桂林，初中毕业后考入中南美术专科学校附中，该校于1958年由武汉迁至广州，更名为广州美术学院。瑞祥于附中毕业后继入学院油画系，前后共打下8年的美术专业基础。在学生时期，瑞祥已表现出聪颖、好学、思想活跃、富有想象力的特点。在苦练基本功的同时，他不断地练习创作。他的毕业创作油画《海难》成功地表现了渔民们的不幸遭遇，不仅取得了优秀的成绩，还得到了社会广泛的好评。

1965年，瑞祥被分配到广东省博物馆工作，得到一个博见多学的工作环境。他参加了多次考古发掘、保护文物的工作，并主持了许多美术、文物、社会历史、经济文化等方面的展览筹备工作，不断地扩展知识面，丰富文化修养，日益增强了服务社会的能力。瑞祥的胸襟开阔，没有把自己的业务局限于狭窄的作画范围之内，在艺术上更没有陷入对"理想王国"的追逐，而是面对社会实际和美术事业发展需要去发挥自己的能力。在改革开放初期，他积极参与筹办并促成广东油画会的成立，后兼任秘书长工作，主持系列油画讲座与社会培养美术人才工作。他有一颗开朗的与社会融合的心，客观环境促使他全面进取、钻研艺术、努力创作。

我们只要翻阅一下他的作品目录，就可以肯定他的勤奋：他的作品有宣传画、油画、水彩画、素描、塑胶彩画，在作品的体裁上有历史画、人物画、肖像画、风景画、静物画等；在作品的题材上，从《孙中山与乡亲》到《井冈山会师》，从《太平天国攻打桂林》到《1911年广州起义》，从《母系氏族社会》到《未完成的中国现代史》，还有那"敦煌系列"水彩画，"桂林山水"一系列作品，洋洋数百件，可见他作为一位多产的艺术家在社会历史的时间和空间的观念思维是何等的宽广与深远。从大量作品的去向归属情况来看，其中有属多间博物馆、图书馆、纪念馆的藏品，有的属于外国银行、总统的及各地收藏家的藏品，他的艺术影响面之广可见一斑。

李瑞祥的作品受到海内外众多美术收藏家的欢迎，是值得研究的社会现象。我想可以归纳的是，首先是他对于现实生活的观察力和艺术表现力，表现历史题材的作品，也需要现实的基础，同时要有丰富的历史知识和想象力。其次是对人物形象的把握能力。他的肖像画有会意传神的生动效果，表现历史人物更需要塑造人物形象的功力。他笔下的孙中山、毛泽东、朱德、鲁迅等众多历史人物都能刻画入微，显示人物的精神风貌，给人留下深刻印象。再次，瑞祥有热爱生活、热爱家乡的赤子之心，在其作品中，《家乡水》《象鼻山》《桂林风景》《桂林山水》等描绘家乡风光的作品占有相当大的比重。

他在桂林出生、长大,始终钟情于养育自己的家乡风土,反复表达自己对家乡的情怀,瑞祥热爱生活还可见于对渔民生活的关注。自 1960 年的《渔民群像》、1965 年的《海难》,到 20 世纪 70 年代的《渔民肖像》《老渔公》,直到 90 年代的《渔歌》《任凭风浪起》等作品可见画家热爱渔民生活的一贯性。还有那些静物花卉、风景等作品都显示了作者的生活情致。最后,瑞祥作为一位色彩画家,有色调鲜明而凝重、笔法阔达而细致的特点,他善于驾驭画面的整体结构,突出艺术的感染力。

李瑞祥的艺术成果是丰富多彩的,他的成功不是偶然的机运,而是多年艺术磨炼的结果。1982 年,他定居澳门之后,便潜心利用澳门的社会条件,一边创作,一边观察、研究教堂的油画藏品,研究油画历史,于 1985 年完成了他的艺术论文《澳门——中国油画的发祥地》。这篇论文将中国油画史的研究推向一个新的深度,颇有学术价值,受到社会的好评。

学无穷期,艺无止境,瑞祥正处于艺术成熟、精力旺盛的时期,我相信他会抓住一切机遇,提高学识,施展才智,为中华民族的油画事业的繁荣与发展做出更多的贡献。

(写于 1994 年)

丰碑在我心中

——纪念徐悲鸿先生100周年诞辰

在天津铃铛阁读初中时,我从美术老师王雪楼先生那里知道有位徐悲鸿先生是著名画家。王老师也是国立北平艺术专科学校(以下简称"艺专")的校友,他经常给我一些指点和鼓励,让我常去学校图书馆借阅一些画册。有一次,我借到一本《徐悲鸿画集》,其中印有作者的自画像,从这本画册中对徐悲鸿先生有了形象的认识,并十分景仰先生的画艺。1949年初中毕业时,我面临多种前途的选择,爱好美术的志趣促使我选择了专门学艺的道路。

为报考艺专,我曾先在艺专参加暑期素描补习班,由在读的高年级同学辅导。其间,在校门口,曾见到徐先生乘车到校,这是我第一次见到慕名很久的徐悲鸿先生,给我印象很深刻的是他着一件蓝灰色夏布长衫,上缀圆形的铜纽,头发分向两边,很有中国文人的风度。

在入学考试中,口试刚开始不久,考生们在礼堂门口聚集等候传呼。当大家都在注意里边的口试情况时,我突然发现了徐先生从我们的身边走进了礼堂,走到中间的一张桌子里面坐下来。这时跟着就有人叫我进去,于是我又惊又喜地坐在徐先生而前。徐先生对照报名材料,微带笑容看了看我,问了我的家庭情况和学习情况,我很快就通过了,我感到徐先生是一位和蔼可亲的人。

入学未久,得知徐先生身为校长,还亲自任油画四年级的课,吴作人先生身为教务长,还兼三年级的课。我在四年级课室里第一次见到徐先生的油画全身人体像,在三年级教室看到吴先生的全身人物像,大开眼界。入学不久,在学校礼堂举行的全国美展上,我看到徐先生画的一幅彩墨人物画,表现的是中国代表们参加布拉格世界和平大会的情况。这是徐先生自己参加了大会之后有感而发的创作,使我认识到徐先生是一位油画、国画兼擅的富有创作热情的艺术家。

徐先生重视素描基础教学。我们一入学就听到老师和同学们介绍的徐先生经常教导的"拳不离手,曲不离口""要画一千张素描",以及在练习中要求"宁方毋圆,宁拙毋巧,宁脏毋净"等名言,对许多同学都起到了激励学习的推动作用。徐先生还强调默写。我们在一年级时的素描课,先后由孙宗慰和李宗津先生任教,为了做到真正的写生后的默写,还要求走出教室,在走廊上默写刚刚画完的石膏像。这样的默写,要求加强写生中的理解力和记忆力。每到素描课告一段落,先由任课老师将考试作业评出分数,排出名次,再请徐先生到各教室巡视审定。徐先生会发现一些未足评的作业,便将它们从中间的位置提到前列,并指出其优点。各班的最高分一般定在86~88分,互不相同。按分数排名次,名次之间有1分或2分之差距,有时是同分并列,依素描的实际而

定。徐先生到教室评定作业是公开性的学术评定，师生都在现场，聆听先生的意见，他的学术权威地位是令人们信服的。徐先生还提倡业余画速写，作自画像。我们一入学，就见到宿舍老生的床头墙上挂有一幅至几幅自画像，新同学们很感兴趣，并跟随学习。随身携带速写本已成我的一种习惯，东安市场、东单小市、火车站都是画速写的好地方，我为速写还与人发生过误会，但不畏缩。

徐悲鸿先生为筹建中央美术学院，曾写信给毛泽东主席，请毛主席题写校名，毛主席给徐先生的复函中用商量的口吻说"写了一张未知可用否？"这封复函曾展示在二楼东南角上的一间教室里，使师生们深受鼓舞。

1950年4月，中央美术学院正式成立，华北大学美术系的师生们合并过来，给学校增添了新的活力。徐先生与老师们一起进修作画，进修画室设在学校北边的平房西头，平房的中间还有一间徐先生的创作画室。我经常到那边，从门口或隔窗参观老师们的进修作品，还有徐先生在创作的《毛主席在人民群众中》巨幅油画。有一段时间，徐先生和几位老师在进修室为战斗英雄和劳动模范画肖像，这些作品都及时发表在报纸杂志上。

徐悲鸿先生在艺术教育上重视社会实践。他认为解放区的艺术教育重视深入生活，服务方向明确，便派高年级学生到东北鲁艺去实习，学习解放区艺术教育经验。1949年下半年，徐先生曾写信给周总理，要求派艺专的师生参加冬季在北京郊区展开的土地改革运动。后来决定派二年级以上的同学和老师们参加土改运动，我们一年级同学未能参加，不无遗憾。1951年，徐先生抱病到山东导沭整沂水利工地体验生活，收集素材，为民工劳模画像；他还给抗美援朝前线的战士寄赠自己的作品《奔马》，可见徐先生的为人民服务的精神，作为校长能够这样全面地兼顾，是难能可贵的；对青年一代的影响是积极的、深远的。

回忆我的四年学习生活，在学校的统一安排下，我充分地利用了寒假和暑假，走向社会，深入生活。我曾先后参加了土改与抗美援朝的宣传工作，丰台桥梁厂的群众美术辅导工作，天津华北物资交流展览会的绘制工作，参加"三反""五反"工作组的工作，到太原机械厂及满城要庄体验生活。通过这些社会实践的工作和学习，我不仅提高了美术专业能力，同时也在思维能力和组织工作能力方面得到全面的锻炼，收获是很大的。

与此相关的是学校重视文艺理论教学。我们入学未久，学校就请王朝闻先生授"新艺创作论"，请艾青先生授文艺思想课，请蔡仪先生授艺术欣赏课，这一系列的讲座，是全校都听的大课，很有声势。我们这个年级还先后聆听了肖殷、常任侠、王森然先生的文学课，听了王逊先生的中国美术史课。从任课先生的名单可以看出这是一个强大的理论教授的阵容，他们的教学春风化雨，润物细无声，值得永远怀念。

徐悲鸿院长自1951年病休在家，一直在关心着我们这个人数最多的年级快要毕业了还没有学外国美术史。1953年年初，徐先生的身体稍有恢复，便决定自己给我们毕业班补课。当时我是丙班的班长，知道徐先生的决定使系里感到为难，一方面是同学欢迎徐先生给多讲些课，另一方面又担心徐先生的身体吃不消。于是便象征性地给徐先生安排几次讲座，地点定在楼下的42教室。首次讲座，我坐在前二排右边，视听比较清楚。为了照顾徐先生的身体，请他坐着讲课，坐定后，徐先生面带笑容向大家示意，便拿出一卷写的宣纸毛笔讲稿，像一件书法作品摊开在桌上，同时还带了一些他收藏的实物和图片。徐先生的讲座，从希腊、罗马、印度，直到欧洲近代艺术，每次讲座都有主题。徐先生的讲座不同于一般的史论课，糅进了许多自己的阅历和观感，因为徐先生早年先后到日本、欧洲留学8年，访问过苏俄、印度和南洋诸国，见闻非常丰富，而且常用感情色彩很浓的幽默语言表述。给我印象比较深的是，他参观希腊帕提农神庙遗址时，拾了一块石头，一直保存为纪念物，上课时便从口袋中拿出这块石头给大家看，因讲话幽默，大家都笑了起来。有一次讲到欧洲文艺复兴时，徐先生说那时期的艺术可用"惊心动魄"四个字来概括，跟着话锋一转说，我们中国也有值得自豪的，那就是宋词，用两个字概括其魅力就行了，这两字就是"销魂"。讲得大家也活跃起来。徐先生的几次讲座，使我们扩大了审美视野，初步认识到世界文化艺术遗产的浩瀚。徐先生要求我们"对于一流艺术家要记住一百个，二流艺术家二百个……"联系他在素描练习方面要求画一千张素描，可知徐先生在教学上重视量的目标要求。

  1953年9月，我们刚走上工作岗位不久，万万没想到北京传来了消息，一代宗师徐悲鸿先生因病不治，与世长辞了。徐先生给我们开的几次讲座，可能是他最后的面对学生的授业了。大家对他的英年早逝无不感到痛惜。

  徐悲鸿先生的音容笑貌给我留下了不可磨灭的印象，他那献身于祖国艺术教育事业的感召力，一直使我在工作上、学习上不敢松懈。

  我到南方工作已30多年，一直在追寻先生的足迹，在收集有关徐先生的资料。这不仅是自身学习和情感的需要，更是教学工作任务的需要。

  自20世纪80年代以来，我曾先后拜访过杨影、陈文希、任真汉、赵少昂诸先生，他们几位都是与徐先生有过交往的人。杨影先生回忆了徐先生在桂林时期的生活情景；陈文希先生回忆了20世纪30年代徐先生赴港，由他陪同访问李铁夫先生的经历；赵少昂先生叙述了20世纪30年代徐先生任香港中华书局编审时推荐出版《赵少昂画集》的事例。任真汉先生因年幼失聪，我们几次见面都用笔谈。他与徐先生的关系在《三论徐悲鸿艺术》一文中已详述。任先生曾对比自己写文章的反响：有人看到批评性的文章竟像"挖了他的祖坟一样跳了起来"，我受托写文章欲抓徐先生的"痛脚"，"没想到他反而要聘我去任教"，相比之下徐先生的大度与爱才，诚属不同凡响了。

  1994年8月，我专门拜访了徐悲鸿纪念馆廖静文馆长，又一次认真学习了馆藏作品，同时观看了廖馆长随"徐悲鸿作品展"赴台展出访问台湾时的录像集，使我感到时光荏苒，思绪万千。徐悲鸿先生为我国美术事业留下了许多艺术珍品，同时在美术教育事业上鞠躬尽瘁。他那为事业而开拓的精神，为育人而奉献的精神，已凝铸成一座丰碑，永远昭示后人奋发前进，为弘扬民族文化而努力。

（原文载《美的呼唤——徐悲鸿100周年诞辰纪念文集》，
华东师范大学出版社1995年版）

《徐振铎、郭爱好画集》序

徐振铎、郭爱好两位志同道合，于1979年一起走上肇庆师范专科学校组建美术教育专业的工作岗位，按领导决策，恢复了广东中断20年的高师美术教育学科建设，因而他们的工作具有重新立业的性质，这是广东美术教育专业史中不可遗漏的。

在教育园地，他们为培养美术师资已默默地耕耘了17年，每年有播种，有花开，有结果，蔚然而丰硕。也正是他们的学生们被教师的奉献精神所感动，自愿尽心出力，为两位老师出一本画集，当徐、郭两位来与我谈起此事时，学生的盛情、老师的欣慰之情同时感动了我，于是满口答应在画册之前写上几句序言。

万未料到，事隔不久，我的序言尚未成文，振铎突然发病不治而离世。在痛心之余，我幽思着序文结构的调整，实有力不从心之感。

徐振铎自1965年于广州美术学院国画系毕业后，就被分配到肇庆市任职，先做了10年文化工作，继而到广东省工艺美术学校肇庆分校任教，历时3年，调至肇庆师范专科学校筹建高师美术专业，后来发展到现在的西江大学美（今肇庆学院）术系。

徐振铎的国画以人物为主，时而也有花鸟画出品，完全是系领导工作和教学之余的产物，作为画家不属于多产者，这是可以理解的。尽管如此，集中所选入的作品，大都蕴含着平生的情思，绝非轻浮之作。只要了解他的为人、处境，再细读他时有的画上题词，就不难鉴赏到其人其画的品位不俗。他在《醉春图》上题上"寂寂虽无人领带，年年自有燕归来"。这是吴子复先生的联句，因有同感而产生画意，和风淡远的自然景色，归燕迎风之自由飞翔，在他的笔下，浑然成为一体，赋以清新的画境，令人神往。徐振铎善画猫，以集中的"花猫图"为最佳。他对猫有一种"崇高的感情"，将猫人格化，犹如一幅肖像，一首颂歌，其原因是自己在异地工作，难尽应尽之孝道，只有花猫陪伴年迈的双亲，代尽孝道。这也是他的情思之一斑。

徐振铎埋头于工作，生活简朴，淡泊名利，这是接触到他的人都会感觉到的。他作画时有题上自己的斋名阅云轩，显然不仅要阅自然的烟云，同时也阅人间社会之烟云，不被过眼之烟云所迷惑，能超脱，把心计用于艺术创造。人无俗气，画亦生雅，这是自然的事。

徐振铎笔下的人物，有古、有今、有男女老少，所采用的笔调韵致各有不同，都富有情感的内涵。肇庆鼎湖山是画家常去的地方，山景哺育了他的美感。山人无私奉献也给他留下了深刻的印象。"四眼山人"就是一位几十年耕耘于鼎湖山的林业工作者。徐振铎用浓重的墨彩表现森林的茂密，衬托山人的倔强与明透。《美好的八月》寄托了某种美好的回忆，用浓重丰富的背景衬出淡写的人物，再联系名为"白云"的少女像，乃是纯洁、明亮的象征，用以感念同学、医生、亲人等对作者的情义和无私。通过细致的刻画和渲染的烘托,使人物纯洁的面孔与白云融为一体,将人物写实与寓意象征的手法结合起来,表达了画家的理想和信念。

《达摩的时空》完全是另一种笔调的艺术表现。画象认为:"达摩的敬业精神、吃苦耐劳的精神,很能飞越遥远的时空。"读到这里,我立即想到:这不就是徐振铎的思想和情操的表露吗!他为美术教育而献身的精神,随着朋友们、学生们的口传、文传,随着作品和画册的流传,当也能飞越遥远的时空的。

本集另一位作者郭爱好早年毕业于广州美术学院附中,工作多年后,于1981—1982年回广州美术学院油画系进修,并追随王肇民教授研习水彩画。1989—1990年又到西南师范大学助教进修班进修。他的水彩画内容包括静物、人物、风景。教学工作任务要求教师要全面发展,在艺术方面要"多能"。郭爱好的水彩画大都是进修、备课、教学示范之作品。

1988年,郭爱好与徐振铎应邀在南京龚贤艺术馆举行二人画展,获得良好反响,得"清正有力度"的评语,这是对作品中肯的评价。

郭爱好的水彩画,如《12个苹果图》《瓶菊》《老人像》《池边》等,均属上乘之作。据我所见,作者至少画了两幅《朱顶兰》,选入集中的一幅有构图清新,色彩明快之优势;而另一幅则在于以生活气息和色彩丰富的艺术表现见长。从作者的作品中还可以感受到他在探索着水彩画的绘画性与装饰性的结合,可见于《苹果与玫瑰花布》《一份早餐》《少女》《白云》等画。

10多年来,郭爱好确是在水彩画方面下功夫,以至获"有力度"的评语。对照作品,分析起来,有3个方面的因素:首先是作者的勤学、善学,其次是将对色彩的敏感力提升到艺术的表现力,再有就是得益于王肇民教授指导和艺术影响以及去西南师大进修、求师,尤其是她在静物写生方面,色彩不仅有力度,而且有入微的独特表现。已逾不惑之年的爱好当继续奋进,有意识地向中国水彩画的个性化的艺术境界去探索、去钻研,攀登高峰是可以期待的。

(写于1995年10月4日)

"张哲雄粉画展" 开幕致辞

各位来宾、老师和同学们：

在张哲雄粉画个展开幕之际，请允许我代表广东美术家协会粉画会和广州美术学院美术教育系，向各位来宾表示热烈的欢迎！张哲雄先生今年3次来华，先后在上海、杭州、苏州举办个展，这次在广州举办个展，是我们难得的一次交流机会。

张哲雄先生是美国粉画协会和美国艺术家联盟的成员，同时在高校兼职教授粉画。从他这次展出的38件作品中，我们可以直观感知到他的作品取材丰富，形式多样，以及在构图、构思方面的想象力和创造力，尤其是在静物粉画方面的精湛入微的艺术技巧。

回顾我国近现代美术历史，艺术先辈徐悲鸿、颜文樑、李超士、司徒乔等先生在粉画方面均有自己独特的建树。后因社会历史诸多因素的局限，粉画几被淹没，改革开放以来，又由刘汝醴、卢鸿基、丁正献等先生的热心提倡，恢复了粉画在我国的生机。广东粉画会就是上述各位前辈先生的热心感召下成立的，并组织了几次画展，后终因作品数量不足而使活动受到限制，这是有待改进的，有待同行和广大爱好者共同努力的。

张哲雄先生此次来广州到学院举办个展，必将吸引一批美术爱好者，将对我们的粉画创作有所启迪和促进。张哲雄先生还提出了在推广粉画、培养人才、促进文化交流方面的一些设想，经他同意在午饭后举行一次座谈会，欢迎大家参加交流并希望大家支持粉画会的活动。

我对张哲雄先生不远万里来中国举行粉画个展并介绍经验表示衷心的谢意。预祝展览成功！

（写于1995年10月18日）

德艺兼优，垂范人间
——参观余本油画展有感

余本先生是我所敬重的一位前辈艺术家。20世纪80年代初期，在我编写、出版的《油画基础知识》一书中，我选用了余先生的《珠江帆影》一画作为图例，我认为余本先生在我国油画艺术事业中有一定的代表性。

余本先生早年留学加拿大，半工半读学艺术，对欧美的油画艺术传统有较深的了解和心得。从他早期的作品中可以感觉到有卢本斯、伦勃朗、米勒及库尔贝等人的影响，同时在风景画方面也深得巴比松画派、印象派各家的神髓。重要的是，他不是单一地追随与模仿，而是广博地吸收、拿来，用以表现中国人的生活形象，抒发自己的情感。

从余本先生20世纪30年代所作的《奏出人间辛酸》《纤夫》《晚归》等作品的艺术形式来看，他作为一位真诚的艺术家，所着眼的不是欧美绘画风格流派的纷呈与更迭，而是现实生活的启示，是人民疾苦的呼唤。从他笔下产生的农民、渔民和下层劳动者的生活形象，可以使我们鲜明地感觉到作者关注的是劳苦大众的生活状况。这对一位当时的香港画家来说，更是难能可贵的。

余本先生是一位全面的油画家，人物、静物、风景都有不少的佳作，每个时期的侧重点不同。他的静物画以画鱼和花卉见长，如《小鱼》《菖兰花》《水仙与橘》都是突出的代表作。"绘花要绘其馨"乃绘画花卉的高境界，上述的两幅花卉写生，生动地写出了菖兰和水仙的温馨之美，可见余先生的油画造诣之深厚。

1956年，余本先生应人民政府之邀请定居广州，视野更加开阔，并奋力工作。他围绕珠江和越秀山画了许多作品，如《珠江帆影》《珠江两岸》《纪念堂外望》等，还有一些从不同的角度表现广州的风景，自然使广州的观众感到亲切，对于身居广州的画家也有启迪。

在展览会上还有一批反映农村生活的风景画，其中《抢插禾苗》《菜田早晨》等表现群体劳动的场面，作者的激情和速写的功力都表露出来。还有如《农村新貌》《罗岗一角》《围海造田》《晒网》等一列作品，都是画家与生活关系密切的例证，只要认真参观，就会发现《小兴安岭气象站》的写生稿与作品的完成稿同时展出，两相比较，使我们更多地了解了作者的创作过程和创作生活的艰辛。

这次展出近400件作品，数量之多是罕见的。从作品的取材可以看到画家的足迹所至的范围之广，从海南岛到黑龙江，所到之处，都有用心血凝铸成的艺术成果，足以昭示后人要怎样去勤劳务实地工作，怎样深入生活去创造艺术。从余本先生的《万里长城》及多幅《延安风景》的出品来看，这足以说明他的情怀高尚和思想的深沉。

余本先生作为一位归侨艺术家,他所走的艺术道路及其艺术成就是很值得我们去追寻和研究的。

(原文发表于《粤港信息日报》1995年10月29日)

《色彩基础教程》序

当今社会经济蓬勃发展，加速促进了人才培养和素质教育的普及。人们开始认识到美术文化在人的智能结构中不可或缺，艺术教育也日益受到重视，更有不少青少年立志学习专业美术，并热衷于接受基础训练，其中包括必修的色彩画写生的基础训练。

在美术教学中，色彩画写生无论是用油画、水粉画或是水彩画写生等，都是重要的基础课程。虽然各画种的工具、材料各有特性，但都是要通过写生作业练习，培养人对客观物象色彩的观察力和艺术表现力，提高色彩审美修养。

美术包含的专业很多，凡开明的教育工作者和学人均晓得培养色彩画写生能力、提高色彩审美修养的重要性，同时要重视色彩画写生与素描基础课的横向关系的紧密。尽管如此，因有传统观念的束缚或教学改革的滞后，影响了色彩画写生教学的普及与提高。更有"照像写实主义"的出现，以照片为蓝本，疏远写生，致使色彩造型逐渐失去了绘画应有的生动性和画种特有的艺术表现力。这是由照片平面转移摹写到另一平面——画面的必然结果，日久，个人风格也随之被磨灭，令人惋惜。

色彩画写生与冷漠地摹写照片截然不同，是通过作者在现场的审美选择，将特定空间中的物象，经过眼、心、手的过滤、提炼，浓缩地再现于画面。写生是由直观感受而发的调色与笔法的运用，注入了作者的激情和心血。学习者要在经常性的写生练习中逐步掌握从生活源泉中取象，并锻炼扼其精要的造型能力，同时也奠定了个人艺术风格基础。

本书作者马新宇先生以油画见长，现任河南大学副教授。他根据多年的艺术实践和美术教学经验，以解答提问的形式，将平时所接触到的问题，分类依次给予阐释、解答，遂成专著面世。其中学术见解不乏精辟之处。

此书的重点在于第三部分色彩绘画技法和第四部分色彩画写生练习计划。正如作者所说："绘画艺术是一门特殊的学问，它既要求学习者像学文化那样用脑去记忆，消化它的理论知识，又要求学习者像匠人那样动手去做……多么精彩的方法都不可能为不实践者所掌握。"这是千真万确的，一定要坚持实践，在实践中总结经验，锻炼独立工作的能力。俗话说："师傅领进门，修行在个人。"初学者在色彩写生方面所遇到的问题是多方面的，同时问题有大小、主次之分，解决问题要有一个摸索、思辨、提高认识和加深体会的过程，不可轻率、不宜操之过急。

学习美术的青少年各有不同的处境，在校学习的与自学的情况不同，但都必须立下终身热爱美术的志向。成才之路十分宽广，关键是自己努力，注意于德、智、体、美全面发展。无论你选择什么职业，都要让美术伴随一生。美术知识、美术的经验、美术文化的全面修养是一笔可贵的精神财富，它使你看到生活和艺术的丰富多彩，使你的生活增加乐趣，使你的工作富有创造性。

（《色彩基础教程》，河南美术出版社1991年版）

《素描基础教程》序

素描是一种表达人的认识和思维的绘画形式，基本上以单色为主，其形式、品类的简繁与粗精有程度的不同。在人的素质教育中，素描能力的培养应得到重视和普及，其重要意义在于，如同培养作文能力一样，人在社会生活中，用图画与用文字表达认识，沟通思想都是不可缺少的。

从人之初的看图识字开始的整个教育过程，美术是文化基础不可缺少的组成部分，尽管人的受教育程度、社会分工和职业的选择均有不同，但是美术文化素养都不仅是精神生活的需求，同时也是创造物质财富所必需的文化基础。人的造物能力的高低，商品生产、空间环境的布置，自然景观的发现与维护，以及美好蓝图的构造，都与人的美术素质有直接的关系。美术的启蒙教育一般都是从素描开始。

素描的工具材料各异，构成了素描形态的丰富性。素描教学都要遵循由简入繁、循序渐进、反复实践的教学规律，本着因材施教、启发式的教学原则，培养应物象形的表现力以及反映生活的想象力、概括力，同时在素描实践中，领悟某些艺术规律，逐步掌握独立工作能力。

有志专门学习美术的青少年，更应重视素描基础的全面训练。虽然美术包含的专业很多，但是素描乃是各个专业的共同基础课。既然是共同基础，那么共性的要求基本是一致的。特殊性的要求，如写生的内容、时数、作业量、临摹的比重、工具材料以及教学方法等应有所不同，且应不断改进和提高，但素描教学的本质任务是共同的。

近年有"设计素描"一词的出现，有如"创作素描"一样含混不清。过去还曾出现过"版画素描""国画素描"等用语。这些名词的提出，无非要求素描基础直接对着专业的某种局部形式去训练，却忽视了专业本身的多样性，削弱了素描基础课应有的相对独立性。设计如同版画一样，更如同创作一样是一个涵盖很广的概念。把某一种设计形式要求强加于素描基础，并标之以"设计素描"，必然导致以偏概全。设计素描之含混在于是设计的素描，还是素描的设计？混淆了素描基础课的任务，而应列入设计课的范畴。素描基础的内涵应是宽而实的，既是设计和创作各专业的共同基础，同时还是其他基础课的基础，如色彩画写生、空间立体造型、美术史论、美术教育、美术鉴赏等方面的基础。色彩画写生的色调把握不能没有练习素描调子的基本功，环境艺术设计的效果图不能缺少色调、空间、光线、气氛等构成因素，美术作品欣赏也需要有以鉴别素描造型的生动性、深刻性为基础的审美能力。

《素描基础教程》一书的作者为河南大学美术系主任王彦发副教授。他多年从事素描教学和素描艺术实践，积累了丰富的教学和艺术实践经验；1989年举办的王彦发素描个展，显示了作者对素描教学和素描艺术的执着追求。

《素描基础教程》一书的作者力求系统地从素描概述、素描基础知识，到各种作业练习的步骤、方法和要领等给予阐述，并附以图例介绍，供读者参阅、研习。这既是一本素描指南，同时也是素描教学研究的成果奉献。作者强调，学习素描"一是要有正确的指导思想和学习方法；二是要付出大的代价和艰苦的劳动，打下扎实的基础，对个人艺术事业的进步，受益一生"。万丈高楼平地起，旨高意远，欲建高楼，应打好坚实的地基，这是不难理喻的。

　　《素描基础教程》是学校师生应备之书，也是为美术自学爱好者所需的读本。今日社会，成才之路更加宽阔。美好的人生从图画开始，愿美术文化早日普及。希望有更多的教育工作者关心素描教学，对素描教学的认识也应有新的深度和高度。

（《素描基础教程》，河南美术出版社1996年版）

雷州高山寺首届书画展开幕致辞

各位来宾、各位佛门朋友：

雷州高山寺修复落成，佛容开光，继水陆大法会之后又举行书画艺术展览，并将继续筹建佛教艺术馆，这都是雷州佛教界、文化界的盛事。借此机会，我谨代表广东省政协书画艺术交流促进会对雷州高山寺首届书画艺术展的开幕表诚挚的祝贺！

随着我国改革开放的深入和社会经济的发展，书画艺术在社会文化生活中也日益受到重视，已经富裕起来的和日渐富裕起来的人民群众渴望有更多的高雅的书画艺术品问世。今日高山寺首届书画艺术展开幕，表明高山寺住持、领导对文化建设的重视，同时也表明参展的书画作者以及今日到会的朋友们、来宾们对文化建设的支持。

我们翻开中国美术史册，佛教文化一脉相承，占有辉煌的篇章。凡历代的洞窟艺术，许多名胜古迹，均是佛教文化的表现，也是十分珍贵的艺术遗产和历史的见证。佛教艺术兴于汉，盛于唐，载入史册的与没有留下姓名的艺术匠师们给我们留下了举世瞩目的、非常丰富的、有形的与无形的艺术财富。唐代不仅有杰出的画家、雕塑家，如阎立本、吴道子、杨惠之等人，同时还有杰出的书法家，如智永和怀素。僧人书画家对艺术的贡献自晋唐以来，连绵不断，直到清初遂有弘仁、石溪、朱耷、石涛的出现，他们都是诗文书画修养全面，而又富有创造精神的艺术家，影响尤为深远，一直是僧俗后学者的楷模。

雷州高山寺筹建艺术馆并举办首届书画艺术展，是可庆的创举，还有待各界的关心和支持。雷州佛教艺术馆要不断地丰富艺术藏品，要扩大艺术品种，要增加藏品的数量，更需要收藏高质量的艺术品，以使祖国的文化艺术得以弘扬，推动中国式的现代文明建设，造福于社会，造福于子孙万代。

最后向各位来宾们、朋友们致以良好的祝愿，福善修长。

（写于1995年12月18日）

以文化建设为目标，发展广东旅游事业

旅游作为一种社会文化现象，其效益是与文化建设的投入成正比的。发展旅游事业与精神文明建设，与城镇的建设是一致的。

一、重视旅游文化建设

城市建设要有充实的文化建设，文化建设是投资于文明的事业，属于市政建设投资而非商业行为，故必须加大投入的力度，并使它有发展的余地。此外，要有一系列严格的法律制度，以保证其经费应与国民经济按比例地增加。

首先要提出广州南越王墓博物馆（后改名为西汉南越王博物馆）的地位和完善的问题。南越王墓是汉代古越文化的见证，经发掘、设计建成博物馆，以其出土文物丰富，建筑艺术设计雄伟，展出水平高雅，融古今文化于一体，受到海内外观众的关注，可作为广州文化建设的标志，列入名胜的首位。

根据报道，"南越王墓"也面临"下海"，但存在一些问题。其中一点是停车难影响了旅游团的参观，这是客观事实。请交通管理部门特别照顾是有限度的，绝非长远之计。欲使南越王墓博物馆得放光彩，必须要解决停车场的问题。陈家祠是颇具地方特色的旅游点，同样存在交通不便、停车难和周围的环境问题，应列入城市改造计划。

每一座市、县、镇应将文化景点当作本地的文化瑰宝或是文化明珠。明珠需要装饰，需要环境的衬托，突出物象之美。如余荫山房这颗明珠，与其相连的道路则是金练或是彩带，哪怕是一根根的朴素的"线绳"都应是整洁的、美观的，有无景点观念，以及观念的强弱，反映在城镇建设和规划方面是大不一样的。

博物馆的数量与藏品的质量是一座城市文化分量的标志，应随着城市规模发展相应给予规划。博物馆的种类很多，有综合性的，有专门性，如历史性的、民俗性的、科技性的、艺术性的等。综合性的博物馆要有较大的规模和容量，如难以扩展，也可另辟新地，或利用旧建筑改造为专门性的博物馆，如民俗、革命史、华侨史、商品生产史、陶瓷、纸工艺（包括佛山剪纸）博物馆等，这些都富有广东特色。

值得一提的是，现在各地都重视爱国、爱乡的教育，各地都应重视有关华侨文物史料的收集和陈列，同时要收集本地历史人物、艺术家、书画家的真迹，丰富博物馆藏品陈列，以启示后人，加强爱国家、爱乡邑的观念。地方政府要有适应发展的经费划拨，也可接受私人捐赠，对陈列的藏品说明捐助者，这是对各方面均有利的好事。

既称博物馆，不是一般的展览馆，就要以长期陈列自己的藏品，向全社会提供精神食粮为职责，要不断扩大自身的服务项目，要有发展目标，不断提高藏品量和观众量。

二、旅游文化的继承与创造

古代建筑，历史越悠久，就越具文物的价值，因为它们是历史文明的见证，是向人民群众进行历史唯物主义和爱国主义教育的全面可视教材，应当按照国家文物法给予重点保护。在维护工作中有保存现状、恢复原状的协调问题。如无明确的认识，把握不当，往往在修葺的口实下，破坏了文物的原貌。如有的地方在古塔上安装霓虹灯，夜晚有塔形的霓虹出现似乎是美化了城市，实际上是对文物的损害，令人痛惜。又如在古老的寺院中加建水泥结构的宣传栏，这是在加强宣传的口实下，对建筑的整体风格和布局的破坏。在名园的修复中，用水泥仿真石形，也降低了格调，损害了古园林的艺术美。

在保护古建筑、修复文物工作中，无论是"修旧如旧"，还是"修旧如新"，关键是对文物历史精神的把握，表现出现代继承传统文明，而不是耗资将文物搞得面目皆非。"旧"与"新"都有一个"度"的把握问题，首先指导思想要明确，其次是在施工质量方面要有严格的要求。如油漆门窗，不选择称职的漆工，就难以达到文明施工，漆工粗糙、薄厚不均，以致调色不准，难以展现文物的风采。

前面谈到修复古园林，用水泥仿造观赏石是施工设计中的"败笔"，因为失去了天然之美。而在新建的园林中，用仿锯断的树根装点草坪，有的是用仿树根代替台凳，不仅人工气很重，有如布景道具，在视觉上也有破坏生态之嫌，实不敢恭维。有的公园放置仿动物的垃圾箱，如鲤鱼、企鹅等形象张着口，等待吃垃圾，都是令人难受的，这是有违审美心理的设计。关键是管理者、决策者都能够接受、能够容忍这样的商品。在不少展现文化的场地，玻璃污浊、影响视线，扫地、拖地的工具随便放在观众的视域之内，凡类似这些不洁与杂陈的现象都是有碍观瞻的，有待从严要求，按规范加以改进。

旅游文化的创造性应表现在继承优秀传统，因地制宜，展示中国特色、地方特色、民族特色和时代特色，不一窝蜂追随洋风，这是应有的共识。从"西游记"景观到世界建筑景观，都需要耗费大量资金去追随，这是得不偿失的，最大的失败是失去了自己的风格特色，失去了创造性。还有一些投资用于搞封建迷信，是与精神文明建设背道而驰的。

广州有花城之誉，原花县现称花都，要进一步体现名实相符，则应大力发展花卉文化。不少堂皇之场合，以至会议室，让大家围观假花木、假的绿色植物；我们的电视荧屏上主持人身前或身边也摆假花，这是遗憾的。花卉象征情感、生活与温馨，节目主持人应与现实生活靠近，而不是向舞台戏剧靠拢。据报道，香港已开始用鲜花祭祖先，代替爆竹和纸钱，还有啖花之风，说明花卉文化的普及率高，同时也是经济信息——广东的天时地利都有利于花卉的生产，同时应在花卉文化方面起到辐射作用。

吃在广州、闻名遐迩，饮食文化仍有创新的必要，也有树新风的必要，那就是向科学的方向去发展，与营养学、医疗保健学、养生学等结合起来去提高。只宣传"食不厌精""豪华""气派"是片面的，有些粗粮野菜已开始登上大雅之堂就在于它们的营养全面，有利于消化、卫生。面包绝非越白越好，全麦包、黑麦包营养要丰富得多。要有中国式的快餐店，改进旅游用餐。饮食文化应包括满足现代生活中各文化层次劳动者、

旅游者的需求的文化。

茶文化在我国历史悠久，广东又是产茶区，药茶也有广东特色，均可统一于茶文化之中，日本有茶道文化，广东应在茶文化的研究与推广中起领先作用。现在矿泉水的生产很广泛，其中一部分该用于饮食文化，提高饮食之品位。不妨创办几家新式茶社，用优质矿泉水沏优质的茶叶，供人品尝滋味，解渴提神。这类的茶社应设在幽静的园林之中，也可设在交通方便之处，总之，要有别于流行的茶楼聚会，也有别于外地的茶馆，体现真正的文化气氛和文化服务。

此外，还有与旅游服务相关的服装、礼品、特产等方面的文化研究与推广是不可缺少的。

三、旅游文化的传播与教育

发展旅游事业体现一种健康的生活导向，研究旅游生活本身是建立更为合理的旅游文化的关键。尽管旅游是一种跨文化信息交流，人们在旅游活动中所反映出的人生观、价值观和审美观是不同的，但人们对旅游项目、文化景观和旅游生活方式的不同选择都反映了客观存在的不同层面的旅游者的消费要求。这种要求无论是普及性的或是提高性的，其中自始至终应贯穿审美的文化内涵。从这个意义上讲，旅游也可以说是社会美育的重要途径。

旅游文化的传播工作，首先是在普及的基础上提高，在提高的指导下普及。能够参加境外游、境内几日游的只是一部分经济比较富裕的人，还应考虑广大劳动者的半日游、一日游或二日游、骑车游，以及外地来者的市容游、景点游，应有这方面的宣传品和交通、讲解的服务。通过这种服务，向游客介绍本地的历史、地理、发展现状和特产。

广州市的景点很多，有没有家喻户晓的景点？有多少人知道南越王墓？有多少大型市场？应有全面的、多样的宣传品提供给市民。

又如广东的四大名园，分别处于佛山、番禺、顺德、东莞，是我国岭南园林艺术的瑰宝，应当全面恢复。四处园林各有特色，应当做一个整体进行宣传介绍，造成声势，对当地经济和文化发展有利。对广州也有利。要将四大名园游一遍至少要两天，可以留住游客。对于广东的名山，如白云山、西樵山、罗浮山、丹霞山、鼎湖山，名湖如鼎湖、星湖、惠州西湖等都应多做全面的联合宣传。

中国园林已开始受到世界重视，在美国、欧洲、澳洲等地都有仿制建筑。陈从周教授主持设计的明轩已作为纽约大都会博物馆永久展出的艺术藏品，这是值得深思的。我们要宣传名园，首先要修复名园、创造名园，把它们列入城市必参观景点。

古代的名人游记和山水诗，令后人产生对名胜的向往。今日，我们仍需呼唤优秀的文艺作品，为发展旅游事业服务，包括文学、音乐、美术、摄影、影视等，各界人士都应主动地将自己的作品与传播旅游文化结合起来。有计划地组织创作也是必要的。

近些年来，大量的挂历宣传的是外国名胜，满足了一些购置者的心理，对比之下，缺乏宣传本地旅游景点的挂历、台历。这种挂历、台历不仅是为了满足境内广大购置者的需要,同时要推广到境外世界各地,到华侨和外国友人的生活中去。作为商品投资也是可以收益的,关键是要有旅游投资者、策划者、组织者,把这件事当作长期的基本文化事业去做。

旅游事业的潜力除了设计、策划之外,最根本的还是教育问题,是人的素质问题,而教育基础需要加强,教育的观念需要转变。教育应与旅游事业结合,培养人才。一方面要在教学内容中加强旅游文化的知识和观念;另一方面要为旅游事业培养人才。北京、上海已有专门的旅游高校,广东在建设教育强省的规划中,应有培养旅游人才的长远规划,筹建专门的高校,特别是要培养大量合格的导游人才,招生的素质起点要高,经过几年培养,要具有良好的职业道德、身体健康,有良好的语言表达能力,要博学,要有丰富的知识,可以根据不同的参观者的需求,进行导游,解答提问。导游应是社会教育的讲师或是教授。再高级的人才目标是:应具备教育家的师表、文史学家的才学、外交家的口才和政治家的风度。激励青年学子努力,使他们自觉成才。

只有重视教育,面向未来,规划培养人才的目标,人才才会源源不断地涌现。

各级教育部门、各类各级学校应鼓励教师利用假日和假期参加旅游,教师旅游不仅是积极的休息,也是教学备课、丰富学识的需求。教师在旅游中的感受和收获,可以直接地或潜移默化地丰富教学内容,提高教学艺术性。素质教育的基础是早期教育,素质教育越好,培养的导游人才也就越好。

从长远考虑,在基础教育阶段,凡统编教材不足之处,可以用地方教材或称乡土教材补充,有计划地将本地的文化古迹、革命遗址、景观名胜以及与之相关的传说、名人、英雄、杰出人物等编写出有地方特色的教材,使青少年从小就知道本地的人文、地理、名胜、古迹而终生受益。

教育事业与旅游事业关系密切,永无穷期、无止境,且相互促进发展。

(广东旅游出版社1996年版)

文化就是财富

——在广东省文化传播学会成立大会上的发言

文化传播学是新兴的综合交叉学科,基于从事美术教育多年以及对美术文化的普及经验与思考,我有兴趣学习与研究文化传播学。

在政治稳定、经济繁荣的社会条件下,文化建设、文化传播显得尤为重要。广东改革开放较早,经济发展在全国名列前茅,更有条件在两个文明建设中走在前列,使文化与经济相互促进,协调发展。

发展经济,无论什么产业,都是以充实的文化内涵为推动力的。发展社会生产力首先是提高人的素质问题、培养人才的问题。传统的农业也讲科学种田,任何现代科技都要由人来掌握、管理、改进和创造。人才的培养要靠教育,有教育才能有文化,文化传播、积淀又丰富了教育的内容,二者关系紧密。在此我谈三点。

一是普及文化价值观念。文化内涵广而深,千头万绪、源远流长。科技是生产力,科技文化、科技美学、艺术创造都可以化为生产力,促进经济发展,提高社会文明。美好的人生、美好的社会、美好的环境都需要有相应的文化建设才能实现,还要不断充实文化内涵,才能提高水平,向前发展。缺乏文化价值观念,就无法摆正经济与文化的关系,就难以摆脱短期效应的迷惑。

二是普及文化就是精神财富的观念。财富有物质的、精神的两个方面。在生活走上致富之路的时候,更要提倡珍惜时间、学习文化,以拥有更多的精神财富。在攀比物质财富的同时还要攀比精神财富。只有精神富有,才能保持物质富有,或使物质更富有,才能抵制庸俗、恶习、腐败的蔓延,抵制黄、毒、赌的污染。

三是普及终身教育观念。学习有阶段、无止境。活到老,学到老,是人生文化修养的追求。提高职业道德,提高工作质量,保持身心健康,以至长寿,除了物质营养保证,还要不断地补充精神食粮、精神营养,那就是要不断地学习、受教育,享受高雅的文化生活,才能使人生美满、社会祥和、事业发展。

文化传播学会应当以满足多层面的服务对象的精神食粮需求为重点课题,开展工作。我相信广东省文化传播学会是大有作为的,应当在弘扬民族文化,建设有中国特色的社会主义现代文化方面做出努力和贡献。

(写于 1996 年 1 月 31 日)

艺术市场的联想

"礼物既属纠缠,赊欠尤为赖账,年老体倦,亦不能陪诸君子作无益语言也",跟着附诗一首:"画竹多于买竹钞,纸高六尺价三千。任渠话旧论交接,只当秋风过耳边。"这是郑板桥晚年对艺术品交换问题的明确表态。

齐白石老人也厌恶人情索画的纠缠,不论题款名下写"雅属",还是"清正",一律是有润方得,故想无偿要画不能如愿者多有微词。广东有位书法家,曾在家中挂出"先润后得"四字,过去的言传者不以为然。今日再看这些事例,都是根据自己的经验教训,不得已而为的举措,是可以理解的。

今日发展商品经济,卓见成效,给文化繁荣提供了有利的社会条件,虽然旧习仍有沿袭,但是人们也在接受新的观念,不仅承认艺术品是精神文明的劳动成果,同时认同欲享受这种劳动成果,必须付出相应的代价。这正是对艺术劳动者的尊重。显然,那种靠人情,或无人情的无偿索取是有违艺术市场发展规律的。

艺术市场的健康发展,必须以教育文化的普及为前提,在国民素质教育中加强艺术文化的教育,才是长远之计。人的素质提高了,价值观念得到全面的加强,会以拥有精神财富为荣,而不是去炫耀物质财富,去攀阔气、比排场,更不是用黄、赌、毒去填补精神空虚。单从收藏艺术品可以保值、升值的方面去宣传,可以吸引一批艺术投资,但非治本之途。对于供人观赏的视觉艺术品,人要有相应的审美眼光才能欣赏,才能鉴别什么是真、善、美。属于听觉的艺术品要有相应的听觉审美能力,才能深入地体会艺术的魅力,这种视觉的、听觉的审美能力绝非朝夕或是短期训练可以培养出来的,是长期教育、长期学养的结果。

收藏艺术精品是文化建设重要方面的见证。首先应是各级政府主管部门或企业集团的行为,其次才属收藏家、画商和爱好者。一位主管干部为了收藏本籍人士的作品,展示乡邑历史文化,可以卖掉汽车而不放过机会;也有的主管干部大叫收藏经费不足的同时,买进口汽车,一而再,再而三,与两个文明建设的目标相去甚远。我们不妨请经济发达的城市在上报产值超过多少亿元的时候,同时也报一下博物馆、艺术馆、图书馆增加了多少藏品,增长的比例又如何,有点"硬件"的要求,形成制度。这不仅能推动艺术市场的发展,也会对社会的综合治理,对城市旅游文化的开发,给予经久的回报,真正是造福子孙万代的善举。

(写于1996年1月)

《建筑与环境模型设计制作》序

模型设计与制作在基本建设规划和发展经济过程中的地位之所以重要,在于它要用艺术的构成形式,体现科学的构思和美的理想,展示工程建设的概貌和工程的设计水平,以获得预期的宣传效应。模型作为科学论证与宣传的形象依据,要求尽可能精确地体现建筑艺术和环境艺术之美。模型设计制作工艺乃艺术美、自然美的再创造。

模型制作作为一种完成某项设计任务的手段,由简朴的雏形结构开始演进,完成自己的构思。有经验的建筑设计师、园林设计师大都利用模型开展自己的设计工作。模型的规模、范围、繁简以及材料的选择是依据其使用功能决定的。随着现代科技的进步,新技术、新材料的涌现,为模型设计、制作、展示提供了更加便捷的条件。优秀的模型设计与制作,可以全面地表现时代的社会文明,更具有长期保存与展示的价值。不少地方的建筑文物展览中,除了用实物与图片介绍,还用微缩模型、剖面模型展示主体结构之巧妙,更给人以智慧的启迪。

我们处在以经济建设为中心的历史时期,各地用于基本建设的投入是巨大的。基本建设规划、设计,以及房地产开发所需要的模型设计与制作,其数量也是巨大的。教育尤其是美术教育的缺欠,使美术人才缺额很大,特别是包括模型设计与制作在内的实用美术人才之缺乏更为突出,因而给教育与美术教育的改革提出了急待解决的人才培养问题。一方面要加强素质教育中的美术文化基础;另一方面要优化美术专业人才的智能结构,扩大设计类各学科的人才培养,以从数量上和质量上适应社会基本建设任务的需求。

广州美术学院范凯熹副教授具有多年的设计与工艺教学经验,长期以研究美术教育为己任,写作与著述均有丰硕的成果,开学科建设风气之先。除了任本院美术教育研究室副主任之职,还兼国家教委高等学校社会科学发展研究中心副研究员等职。近年来,他结合教学,从事模型设计制作研究与指导模型设计制作,服务社会,在理论与实际结合、教学与艺术实践结合等方面都做出了可喜的成绩,积累了丰富的经验;为了培养社会急需的实用美术人才,适时地编著这本《建筑与环境模型设计制作》。这本书文图并茂,以其学术的系统性、实践性、开拓性而适用于教学者与自学者。

我作为一位美术教育工作者为此书的问世而感到庆幸,并为之作序。

(范凯熹编著《建筑与环境模型设计制作》,岭南美术出版社 1996 年版)

《王健武色彩画集》序

  我与健武教授已相识多年，其中也有共赴天山林区写生的一段生活经历。他给我的印象不仅是一位美术教育家，还是一位诚挚而勤奋的画家。他在教学和行政管理工作之余，能争取机会到生活中去体验、写生，就像逢秋抢收一样，时间抓得很紧。

  健武教授擅长水彩画、水粉画，有时也作粉笔画。总览他的作品，大都取材于新疆生活风光，人物、风景、静物无不研究。他笔下的老人像、妇女像，都有各自的民族特征和个性特征，他的风景画和静物画则有鲜明的地方特色。我更喜爱他的静物画，丰硕的果品、富有民族特色的器皿和装饰织品所组成的一幅幅画面，给人以结实、明朗的感染力。

  作者是美术教育家，将艺术实践与教学示范相结合，这是工作性质所决定的。尤其是长期担任师范教育的导师，需要培养学生（未来教师）的坚实造型功力，需要指导学生学会从现实生活中汲取精神营养，寻求富有诗情画意的美好事物去表现、去创造的方法。这一特定条件深刻影响了健武教授绘画风格的形成与发展。

  从一系列作品可见健武教授是以虔诚的态度去观察写生对象的，尤其是以平等、友善的态度去画面对的人物，以崇敬、热爱的心情去描绘大自然，故其作品给人以朴实的亲切感。这是一位画家扎根于生活所不可缺少的感情基础。这个基础越深厚，艺术生命越长久。

  真是艺术的力量所在，而艺术的真不仅包含对客观世界的真实描绘，更重要的还是艺术家的真实感情。艺术家对美的真诚追求，不趋附潮流、不故弄玄虚、不矫揉造作，按自己的感受，虔诚地去追求与表现生活与自然之美。这是健武教授艺术风格最可贵之处。

  健武教授在美术教育园地耕耘了40年，同时画出了很多好作品，深受广大民众喜爱。这本画集的出版，将使更多的读者欣赏到他的艺术作品并获得美的享受。特以庆慰之，祝贺健武作品集的面世！

（写于1996年5月1日）

"素描大展"座谈会发言

素描从含义上来讲，是越来越广。今天所展出的素描，比我们以前的素描有了发展，这是应该肯定的；下一次的素描大展，肯定会比这次丰富得多。素描作为一门基础课，它的概念应当模糊一点，这种模糊，就是讲使其内涵更多一点。素描就是素描，就是基础课，不主张给它前面加许多帽子。油画是千姿百态的，这种风格的素描，只能适应这种风格的油画，而另一种风格，它又不见得适应。版画系的素描，油画系素描教师能不能教？能的，它们之间毕竟还有些共通的地方。所以，让素描的概念模糊一点好，不要弄得太细。

难道绝对性的分工就决定一个学生的一生了吗？不能这样。我们现在的社会对我们的毕业生是有选择的，并不是说我们的学生想到哪里去就到哪里去，而是别人要看这个学生适应能力怎样。要迎接社会对你的选择，那你的基本功是非常必要的。

用线画素描强调了结构，也是对工业品的科学性的设计、创造和说明。但是，我们今天的工艺和设计也在扩大，绝不是一个简单的包装或产品造型所能说明问题的。例如，画环境艺术设计效果图，这效果图没有色调是不行的，没有明暗是不行的，当然也有单色。这说明应该有全局性的基础，而这种基础不仅仅是单线性的，它还有横向基础的深远关系，仅考虑单线性的素描发展，往往易陷入片面的境地。另外，一张效果图能否引人入胜，能否给人以美感，这些还是对设计者的全面功夫的检验。那不仅仅只是一种空间结构的问题，还有一个构成，它的质以及组合关系都得表现。没有全面的能力的话，就很难具有一种竞争能力。所以，我们搞工艺的同志做一点探索是很可贵的。一定要给学生一个比较宽的基础，无论哪个专业的素描都得注意两个方面：一是科学性的表现，二是艺术性的表现。各个画种都要讲艺术性，可以有所侧重。科学性与艺术性不是对立的，它应该是互相结合、互相促进、互相吸收的，而不是互相排斥的。

近来东西方文化的交流、撞击、汇合，有许多问题需要我们考虑。我们对西方艺术的一些观点看法不是很全面，就像外国人看中国艺术一样，也不全面，有很多误解，或者他看到的确是这样，但不能概括为中国造型艺术的全貌，这里面常常是有误解的因素。改革开放，大家要吸收外来的东西，这是肯定的，但我们更需要很好地了解我们自己的文化历史。就是素描以及它的理论，有些时候我们谈素描，那素描是否包含中国绘画艺术的成分？如果不包含，那必然要分为西洋素描、中国素描。从对立的观点来讲，是否要这样划分？我们自身的素描历史应该有人研究，也应该给学生灌输我们自身艺术的优秀传统。至于它的概念怎么划分，那是另外一回事。

从古到今，也有的人谈到素描是一种精神，一种品位、层次。其实，在我们的传统艺术里已讲得非常透彻，也还要再发展。今天，我们怎样去继承和发展它呢？我们这一代有责任了解外部世界，但又要对我们自己的历史、文化做到非常了解，只有这样，我们才能承担起社会赋予我们的责任。否则，我们的学生只一味地去了解外面的世界，而对自身的历史不懂，美籍华人比我们国内的还懂得多，港澳台同胞比我们还懂得多。大家在那儿想尽办法研究，而我们却自认为自己的东西不属于我们研究的体系，或不属于我们的专业范围。实际上，有很多东西还是共通的，把中西艺术进行比较，应该是找出它的共同点，这应作为一个新的课题开始做这方面的探讨。

教师在鼓励学生勤学苦练之外，还得做到"练拳又练功"。功在何方？各个教师修养不同，理论观点不同以及着眼点不同，传授给学生的内容又未必一样。这里又有一个短期效益、长期效益的关系问题。从教书育人来说，教师应多给学生以长远一点的东西，可以说是一生享用不尽的知识，正因为有了扎实的基本功，他/她才能适应今后的发展。美术造型艺术的力之美怎么表现出来？一是主体本身要懂得用力，二是客体的效果要有力，应该是统一的。

（原文发表于《广州美术学院学报》1996年第12期）

承前启后独行远

——观读《饶宗颐书画》有感

饶宗颐教授不仅是一位造诣渊博的史学家、文学家、敦煌学家，同时还是一位兼通音律、书法、绘画的艺术家。在他的一系列的形式与内容多样的艺术创造中，包含着极为丰富的情思和深邃的境界，反映了饱游饫览的经历，并闪耀着继承传统、发展传统精华的光彩。凡艺术知音不难从他那恣意跳荡的笔墨中感受一种高雅的文质和气韵。

我国古代绘画原属"小伎"，自汉晋以来，文人学士加入绘画行列日多，"由工匠污墁之所事，而为贤达士夫性灵情感之所寄托"的绘画的社会地位就提高了。入唐以后，诗人、画家王维以"破墨"写山水松石，状物抒情，可达"云水飞动"之境界，曾被誉为"诗中有画，画中有诗"。稍晚于王维的张璪，也以破墨写山水树石见长，并有"外师造化，中得心源"之画论，给后人的影响深远。到了北宋的文同，提出写竹必先"胸有成竹"，更加强调了观察生活、默化自然的重要性，他与师其法的苏轼成为文人画家的代表人物，继之有米芾、米友仁，以及元四家、明清各家。大家兼擅诗、文、书、画，其中还有兼通音律的元画家黄公望、明画家徐渭等。

纵观历史，书画家的艺术大致可分为三类：一类是供职画师的艺术，要满足供养者的喜爱。一类是赖以营生的艺术。对这类艺术，明人唐志契说："若今人多以画糊口，朝写即欲暮完，虽规格似之，然而蕴藉非矣，即或丘壑过之，然而丰韵非矣。"第三类是文人学士自娱性的艺术。这类书画家有稳定的生活来源，艺术活动主要是自身爱好的发挥与满足，创作上自由度也较宽大。但这类艺术若无奋力的明确目标，也难以达到应有的高度。客观地说，这三类艺术，每个时期都有其代表人物，他们在不同的方面，不同的程度上做出了自己的贡献。对具体人还要具体分析，因人的品性与际遇不同，还有社会的变化、职务的更替等因素，都关系、影响着艺术家的创作质量与数量，不能一概而论。

饶宗颐教授，在他全心任教治学的时候，书画艺术只能是业余之事了。其中也颇有难得的结合之处，如对古文字学、文学、史学的研究，都是直接与书画艺术结合的文化修养。长期的含英咀华，必能厚积薄发，一旦有发即不同凡响，是无可置疑的。

自古书画界有识之士就有重视文化修养，"读万卷书，行万里路"，重视画外功之传统。对此传统，也是因人而异，各有选择。由于器识不高，纵有学习文人画之志，但无文人之实力，又不重视下学上达之工，以至舍本逐末，将继承传统简化为学习"笔墨"，耽于"墨戏"而缺乏探源，唯有浓淡变化以至掌握各种技法，终因情思所限，最后也难免落入俗流。

饶宗颐教授自小就有家学基础，童年喜爱画人画佛，12岁随金陵杨栻学习书画，经勤读进学，"十八岁时续成其父所著的《潮州艺文志》，刊于《岭南学报》。"① 后历任中山大学、无锡国学专修学校、广东文理学院、香港大学教授。在港任教期间，屡至台北浏览、研究原故宫艺术藏品；到东南亚各国寻访佛教史迹；研究巴黎、伦敦所藏的敦煌画稿及文献资料；后又任教于法国，讲学于日本；回祖国各地游览山川、文化古迹。他同时坚持书画创作活动，先后在香港、东京、新加坡、汉城（今首尔）、吉隆坡、广州等地举办个人书画展，不断地弘扬了民族文化。

从广州《饶宗颐书画展》及《饶宗颐书画册》可见作者在中国书画艺术宝库中的游猎情况和心到之处。诸如敦煌佛像、晋唐写经、唐人诗意、宋人词意画，钱选人物、云林山水以及石涛等明清画家都有借鉴。从艺术体裁上说，能突破前人的分工界限，山水、人物、花鸟、篆、隶、楷、草、行各体书法，均能兼擅，这在当代及历史上也是罕见的。在书画艺术形式上，如巨幅中堂、条幅、四条屏、长卷、册页、扇面等，"大则寻丈，小则逾寸"，随意而定，均能成为佳构。

"余自退居而后，益游心于艺事，即误入米船之家，遂妄搦张颠之管。尝以尺幅虽小，精神与天地往来。宇宙云遐，点滴咸可以入画。"② 作者画册中的《自叙》为读者提供了欣赏、研究他的作品，进而成为寻宗探源的指南。

张旭与米氏父子唐宋书画史上都是开一代新风的人物。张旭与米芾的书法都受到王献之书法纵逸不羁风格的影响。他们的共同点是在书法中重情感的抒发，重神采的表现，先后在自己所处的时代创造了书法艺术之"巅"。

米芾的山水画是重写意的，从而创造以水墨点染的方法，所以在画史上有"米家山""米家云山"的称谓。米友仁继承、发展了米芾的山水技法，用水墨横点法表现自然，有"点滴烟云，草草而成，而不失其天真，其风气肖乃翁也"③ 的评论。

饶先生的《雨后空林》一作，自题"杂小米法写之"，用笔、赋色也有自己的创意，画面充满了雨后清新的气息，是一幅意境深达的代表作。而《榆城雪后》则是另一番画境，景无险势，普通的山脚，被雪覆盖的树、石在画家笔下充满了诗意。与前述一作相比，虽色调相近，由于章法与笔法的变化，而将雪后与雨后的不同氛围烘托出来。《榆城雪后》更属于"笔简意赅"的代表作。

《雪中禅意》一画为四尺中堂，画题："静听风中树，闲参雪里禅"，富有哲理性，并注曰："以晚明诸家法写之。"山丘、树林错落自然，勾皴与点染结合，构成疏淡、幽远的空间意境，令人肃穆、遐想。

饶宗颐先生的人物画多以传说或佛教人物为题材，以勾描为主，兼工带写，笔法依人物形象的创造而定，如《朱笔钟馗》由朱砂色书法和线写人物，构成简约的画面。

---

① 见《饶宗颐书画》作者简历，岭南美术出版社1993年版。
② 见《饶宗颐书画》"自叙"，岭南美术出版社1993年版。
③ 见《画史丛刊》，《画继》卷三，第19页。

钟馗身躯厚实有力,线条运用充满了粗细、浓淡的变化,多处运用了"钉头鼠尾描"及线条急转的力度,使人物造型生动、威严。双目传神,表现入微。另一幅人物《诵经罗汉》属了彩墨工笔,用圆线条勾写端坐的罗汉,造型有如陶艺般的洗练,俯首专注的神态刻画生动,双耳上边的毛发色重,突出了罗汉秃顶的特征,加上前面的一双木屐,使人物富有生活情调。还有那拟钱选的《洪崖仙人图》长卷,学习传统的工笔技法,同时也表现了书画家既能放、又能收的艺术功力。

饶先生的花卉作品以四君子条屏为最突出,书画结合,极为典雅。四条屏的构图相互有别,而又组合成并列的和谐整体。"梅屏"之花小而精,上用隶体书写贺寿词句,此条书艺居主角地位,"兰""菊""竹"三屏也都具有不同意思的书画合璧的特色。

今日社会、书画家之间及画家队伍自身有分工日细的趋势。若书家能画,则有利于书艺的发挥;画家善书,会因题签的书艺而提高画作的品位,同时也会使画中写意之法更具风骨。若不注意书画并进,以致笔墨无力,缺乏神采,有损于艺术表现力,难以发扬中国绘画特色,是很可惜的。

书画合璧是饶宗颐艺术的特色,尤其于今日更属难能可贵的特色。这种特色同时也表现在一系列的长卷作品中:1979年所作的《万点恶墨》长卷后书清湘题句;1986年所作的《四时花卉》后面题写了作者看了虚白斋藏石涛花卉的感想,可知作者的师法精神。此外还有《潇湘水云》等,书艺题识、抒怀,都是艺术作品的重要组成部分。

在饶先生的书艺作品中,有长达5米的长卷《书〈草书状〉》,是用书法写的梁武帝萧衍的著作;有长达12米的草书巨作《千字文》;还有那自书诗长卷4卷都长逾5米。书写长卷不仅要有相应的气度,同时还要有相应的气力,尤其是草书欲成云龙飞动之势,必须有一气呵成的功力。书画家抒情之气功也正在于既要放怀纵笔,又要忌狂怪怒张,而使奔放专趋清纯、谐韵。饶先生的书艺如同他的画作一样能大能小,能放能收。其楷书《心经》一作,以及一些佛像和扇面的行书,字虽小而密,均可见健腕风旋之力,给人以美的享受。此外,还有不少的各体对联,以及"茅龙书陈白沙句""茅龙书龚定庵句",结合文字内容欣赏书艺,更可见作者的兴致宽广与情怀之古博。

饶先生有云:"笔迹自以磊落为高,点画更取离披为美,神不可见其盼际,意正期极于周密,不滞于手,不凝于心,真宰在胸,生气满纸。观山则情满于山,用法则意不囿于法。固知书、画、运笔,等是同源,关捩相须,道通为一。"① 这是饶先生在75岁时,根据数十年的治艺经验而提出的真知灼见,启发后人,深入理解。

画家观察生活,师造化的情感真挚,艺术表现以意运法,而不拘于成法。在《饶宗颐书画》册中不少作品均标以写生,如《西北写生》《野柳写生》《塔尔寺写生》《蒲甘写生》《美国黄石公园写生》《大峡谷写生》等,都是现实生活的反映,章法、用笔、设色,无不有自己的特点和表现新意之法。

饶宗颐先生已年届八旬,正进入"风力方滋,漫施丹采。敢云享帚自珍,聊寄我梦

---

① 见《饶宗颐书画》"自叙",岭南美术出版社 1993 年版。

寐。晓烟夕霭，尽行役之纪程；蜀嫌乌系，犹美学之散步云尔"①，充满创作活力的时期。按照一般的规律，像饶先生这样的学者型的书画家，他所继承的和所创造的艺术巅峰还会与年俱增，令后学者仰观。

（写于1996年5月）

---

① 见《饶宗颐书画》"自叙"，岭南美术出版社1993年版。

观展随谈

日前,在广州美术学院举办的金秋书画展上,有王肇民教授四件自书诗展出,其中书"题画"一作曰:"一幅丹青但写真,不标宗派不标新。年高未敢轻形似,自谓宋元以上人。"诗是旧作,诗言志,书是新作,书则意奋而必笔纵,有鲜明的个性风格,给我的印象很深,并为之兴奋不已。

王肇民教授的水彩画、素描是写实的,都力求深入实质的表现,尤其是他的水彩画,以写实为目标,更具有独特的用笔与赋色的丰富技法,不仅求形似,求质感、光感,更以画出光芒为高境界。

苏东坡有诗云"论画以形似,见与儿童邻",给其后的文人画以深远的影响。文人作画有文人之实可达雅致,无文人之实,则易入俗流。肇民教授敢于宣称自己"宋元以上人",不随大流,首先需要一种胆识,还有数十年如一日的写真实践。这使他的艺术具有鲜明的现代性和强大的辐射力。

古今中外的艺术财富如浩瀚的海洋,生活的源泉取之不尽。画论与绘画形态之繁多,给今人以空前的自由、在时间与空间上的选择,唯方向明确且能独立思考者,方能坚定而主动地开辟自己的创作道路。绘画是技术性很强的艺术,不能顾忌"见与儿童邻"而忽视形似和写实的功力,同时更要重视观念思维、思想感情对艺术品位的主宰作用。肇民教授在一篇跋文中说:"惟敢于如实写出自己的思想感情者乃真画或真诗,否则即为伪作。古人所谓为文以诚,不诚即伪。"广义的伪作是多样,多层次的。冒名之作自然是伪作,不敢于如实写出自己的思想感情的属于非写真之作,也是伪作。尽管画家的处境不同,文化有别,画家自身提高精神文明程度却是无止境的。

(写于1996年11月14日)

情感率真，意境深邃

——《胡一川素描》读后感

中西绘画都重素描基础和素描艺术形式，而画家的风格形成就是从素描开始的。对于成熟的画家来说，画素描更是他的精神体现。关于素描风格问题，总是引人注意的。罗丹在他的艺术论中说："艺术上的素描，好比文学上的文体风格，装腔作势，故意炫耀的文体都是不好的。"而鲁迅在回答青年提出"作文秘诀"时也提出作文要"有真意，去粉饰，少做作，勿卖弄"的忠告，可见，中外文艺大家的审美与鉴评之大同。

胡一川同志作为一位归侨青年，是受鲁迅演说的影响而步入革命文艺道路的。鲁迅在20世纪30年代曾反复向青年木刻工作者们指出素描基础的重要。胡一川早年在集美师范学校时就接触了绘画基础课，学过国画，入杭州国立艺术专科学校后，又向法籍教师克罗多学习素描和油画，时间不长就投入了革命工作，拿起刻刀作起版画来。无疑，木刻所需要的是素描线条与黑白对比的概括力，以至于中华人民共和国成立后胡一川所作的一系列油画创作都可见作者的素描修养。

在1984年纪念胡一川从艺55周年作品展览的基础上编辑出版的《胡一川画集》比较全面地反映了作者的艺术成就，画集的第一部分就是他的素描，选入了从1946年到1982年的作品计有22幅，其中有一半是他70岁以后到外地写生时作的素描。早期的有反映解放区生产的《春耕》《播种》《村口》；也有反映战争景象的《固安炮楼》《人圈》《清风店战役》《战俘》等。作者在20世纪50年代开始画海滨生活，如《黄埔港》《堵海》《运石》等；"文革"十年停笔。1978年广州美术学院恢复院制，胡一川复任院长职。经过拨乱反正，进入20世纪80年代的胡一川逐渐恢复了艺术创造力，他到各地进行油画写生的同时也画了不少的素描。其中有北上画的《前门箭楼》《故宫一角》《长城》《山海关》《北戴河》等，各具画面构成的艺术特色，《北戴河》与《开平炮楼》已先于1986年入编《中国高等美术学院素描集》出版面世。《北戴河》与其他素描作品一样，画幅不大，长边不过24厘米，却用简练的线条，充分地表现了北戴河海滨的辽阔境界；前景以两条木船为主体，相互并列而又有掩遮，与远景的两条船前后呼应，使海边充满生产劳动的气氛；人物富有动感，与船只浑然一体，密不可分。除了可视的柔和的光照与反射，似乎可以感到扑面的海风、湿润的空气和浪涌之声。在南方的写生中，还有《广海码头》《厦门码头》都是空间辽阔、富有动感的佳作。素描《开平炮楼》是与油画《台山炮楼》同时期的出品，作者在不同的时期都画了多幅具有历史和地方特点的炮楼，正是画家对现实和历史的关注，令人回顾深思。1982年，胡一川同志到上海、苏州一带写生，所作素描《苏州河》显然是为油画《苏州河》做准备而构图成幅的。若将两画做对照比较，就会发现，河中的船只和远景的建筑都有明显的取

舍变化和不同之处，从中可见画家创作态度之一斑。苏州河是胡一川青年时期从事地下工作经常走过的地方，经过半个世纪的历史沧桑变化，旧地重游、写生作画，所倾注的情感和欲表现的内容，显然要比一般的写生深刻得多。

综观胡一川的风景速写，就会发现因时因地而异的画面处理，情调不同、章法不同，所用线条的笔法也不同。其中有铅笔、炭笔和水笔，所画出的线条，直率而不轻滑、曲转而不滞涩，可以感到画家在胸怀激情的艺术表现中，有明确的形体比例观念和空间透视观念。这也是主观、客观相融、合一的奥妙之处。

素描艺术语言较之用色彩表现有其单纯的方面，有利于整体气势的把握和突出精要的描写，但要表现空间艺术的丰富性，不用色彩要表现出有色彩的物象也绝非易事。掌握素描艺术，不仅靠经验的积累，还要依靠文化修养和思维能力的升华。胡一川同志在年轻时曾从事歌咏教育工作，有多年坚持弹奏乐器的雅好，在美术学院数十年的领导工作中，擅长用简洁而精练的语言作报告，他那富有激励性的演说，可使听众振奋，以至令离校多年的校友念念不忘、乐于回味。音乐和演说一样都要富有节奏感和韵律感，有情感的表达。素描的视觉艺术语言，同样要有节奏感和生动的气韵，其艺术表现力决定于观察的整体性、生动性和深刻性以及作者情感的真挚。胡一川的素描具有质朴、生动、内容深蕴、情感率真的特点，其艺术魅力，如同他的演说一样铿锵有力，令人回味。胡一川的素描是他的艺术整体的不可分割的组成部分，就其艺术性而言，绝不亚于其他组成部分，是值得深入研究的。

在我们翻阅《胡一川画集》时，如能认真看一下其素描出品的年代、地点和作者当时的年龄，我们就会得到教学的启示和艺术实践的动力。

（写于 1996 年 11 月 19 日）

贺友直作品研讨会致辞

　　13年前跟贺先生相识，我对他的艺术已是久仰大名。刚才听贺先生说把自己的作品捐献给上海美术馆，也有一部分捐献给广州美术馆。这就反映了贺先生有这种无私的精神，同时也反映美术馆重视这方面的收藏，我感到非常高兴。说起连环画这个大事业，我童年时像《三国演义》《水浒》等之类的书我都不是读原著，而是读连环画的。读书的时候学过和画过连环画，后来分工是画油画，这是社会的分工，是社会决定的，并不是我自己决定要画。那么我想，刚才很多同志包括林墉同志开幕致辞也讲到，连环画给年轻一代的影响力。我想画连环画之难就是因为对南北生活、古今中外都要有一点知识，有一定的实践，它不同于其他画。我画人物，只要对这个人物有兴趣，我知道什么就画什么就完了，就一张就完了。但连环画要受制于文学的文本、文学的故事，因此，它要求知识丰富，要熟识生活，要热爱生活，要肯于去深入生活，才能去表现，这样将来这些作品才能站得住脚、才能产生更大的作用。我想这是贺先生画几十年的连环画还能有这种魅力的原因所在！可以说，他从事的是一种社会艺术教育。他虽然不是在学校里面，但他的作品深入人心，家喻户晓。大家都有几本或者更多，补充了学校的不足。鉴于贺先生在连环画上的艺术成就，我认为他是当代相当活跃的一位大家，因此对贺先生是久仰的！贺先生的连环画给人的那种启发不但是故事的内容，同时也有在他的形象学里得到的启发。他刻画人物形象的每一个具体造型，每一个动态，每一个背景都是很认真的。当然构图跟形象是分不开的，为了使这个形象和整个画面的构图协调，贺先生每一幅画的构图都留有一块空白。我是这样理解的，能有空白的地方，他都尽量地给个空点，但是你是不会觉得那是空白的，他给你一种余地去想。从中国传统文化来讲，知白守黑，以黑守白，给人一种强烈的对比，他不是那种平均刻画，而是突出重点。从色彩学方面来讲，虽然他那些画面运用色彩并不多，但是运用得很好。我跟贺先生说，你有一张画，月光下留一点光，整个用灰色，画面非常协调。贺先生已经把美术教育和社会美术教育都融入专业里面，融入一般的读者心里面，这个影响力不可低估！因此，我就思考我们的连环画事业怎样去继承贺先生这种精神。要有一批人去做，而这批人必须要想到广大的读者，从学前到小学、中学。刚才贺先生还讲，现在的儿童都喜欢卡通。这个我认为是一个贯通的问题，在商品经济冲击下，外来的商品冲击了，而我们却没有重视这方面的问题，使它形成一种低谷。如果我们从小就给他们一种灌输，到高中和大学他们还会欣赏。连环画，像贺先生的连环画，或许小孩还不能完全看懂，那就给高中生看，让他们结合文学作品来看，并设有艺术鉴赏课，作为一种教材来教他们。这很有必要，有专人评说连环画。现在要是觉得必须要做到的，就马上去做。

　　非常感谢贺先生的展览！

（原文发表于《广州美术研究》1997年第5期）

从小港新村到昌岗路的杂谈

光阴荏苒。一晃,我在广州工作已有37年了。

1960年,我从苏联回到留学前工作过的广州美术学院。学校是1958年从武汉迁到广州的,新建的校舍是当时小港新村很可观的建筑群体,四周是田野、竹林、菜地,四层的教学大楼在景观中很突出,教师宿舍都是二层楼房,高低分明,规划有序。遗憾的是校舍尚未建完时,因有"双反"而压缩了经费,砍掉了一些应有的项目,以致有三层楼的学生宿舍缺乏批荡、房顶见瓦没有顶棚的现象,围墙一项也被挤掉,校舍四通八达与农村连成一片。在动物园参观蛇类时,曾见一条毒蛇的介绍标牌写着"产地:广州美术学院",事实也证明,这里是蛇鼠聚生的地方。那时只有第14路公交车可达江北市区,而从学校到汽车站要走一段弯曲的小路,步行要10多分钟。经过多年的建设,随着昌岗路与江南大道的开通,后又拓宽路面,驶经前后校门的公交路线已不下二三十条,难以记清。

20世纪60年代,学校有一辆解放牌大卡车,组织进市区开会听报告、看展览、运输物资全靠它。后来逐渐改善增添了大客车、中巴以及各式的小车,这是改革开放提出"以经济建设为中心"之后的事了。车多路窄是社会普遍性的问题,车流高峰时间校门口已成了各种车辆拥塞之地。老美院的居民更有资格谈30多年来的大变化:原先小港新村的邮局、菜场、储蓄所、小学等都升了格,变了样;原来师生劳动过的红薯地早已变成了大医院;学校已被高楼大厦包围,昔日的小港新村已成为珠江南岸繁华的闹市区。

回忆20世纪60年代初,经济生活紧张,物资缺乏,许多生活必需的食物、用品都是凭票供应,票证颇多,使用不便。粮食定量,肉票、鱼票编号,过期作废,但不能提前使用。菜场与学校、机关一样上下班营业,教师、干部只能利用星期日去采购,排队不说,如带的票号不对等于白花时间。为了不白跑一趟,便把全部票证都带在身上,临时对号撕下。虽然"为人民服务"的宣传已深入人心,但优质服务、笑脸服务却十分难得。为了补充粮食之不足,时而要去自由市场买一点红薯、花生等杂粮以及蔬菜之类的食品。遇到教师、同事,交谈起来,总要相互鼓励一番,"人是铁,饭是钢啊""保重身体是第一位的",有时则不好意思,相视一笑。

今日新建的昌岗路肉菜市场深入街里,规模很大,各类食品摊档排列有序,与街区房地产发展相适应。我以游逛肉菜市场为乐,从肉菜市场中可以看到经济的繁荣,可以感觉"菜篮子"的成效。广州市得改革开放风气之先,是最早取消凭票证购物的城市。广州的居民得天独厚,肉菜市场的丰盛,应有尽有,今非昔比。与过去使用票证并限量购置相比,今日只带人民币,想买多少尊便,想在哪里买都可,从笑脸服务中可以感到欢迎多买、欢迎下次再来买的热情。有时东西便宜到令人深思，一斤鸡蛋与一斤优质米，一斤水果与一斤青菜价钱相近，这合理吗？果然有报道："鸡蛋好吃，蛋鸡难养。"这是政策调整，保护生产积极性的问题了。至于怎样调整，消费者是不难理解的。

原小港新村的煤店已不知去向。旧时能源紧张，供应的蜂窝煤是湿的，刚做好的就卖给排队的居民，每买一次煤要发动全家劳动才能搬到楼上。自从用上了罐装煤气和管道煤气，那烧煤的生活就成历史了。

昌岗路上的服装店也多了起来，高档、低档之间差距拉大，有些服装市场便宜到难计工本，可以感到服装生产在薄利多销中竞争的态势。改革开放十多年来，引进外资，服装业的发展影响到海内外，大学的服装专业也应运而生。

在学习贯彻邓小平理论中，更加明确了我们所处的社会主义初级阶段，一切都要从初级阶段的实际出发。为了发展社会生产力，如果不将"姓社姓资"的争论放在一边，哪里会有今日的发展规模和发展速度？如果将农民养鸡不能超过5只为界，哪里会有今日的养鸡专业户？哪里会有与人民生活密切相关的衣食住行的全面改善和生活水平的大幅度提高？

昌岗路257号学院大院的变化，也可以见到社会主义文明建设之一斑。美术学院、岭南画派纪念馆等每年都有几十个展览面向校内外展出，其中有教学成果展、教师作品展、设计展、国际文化交流展、国内外图书展等，是广州文化展览重地。广东省在北京先后参加全国各省市区改革开放15年建设成就展，党的十四大以来五年成就展，广东馆都受到关注与优评，其中就有广州美术学院设计家们的一份贡献。每年都有几百名学子由大院走向社会各种岗位。年轻一代的教师在迅速成长，七八十岁的老教师们依然在辛勤地作画、著书，他们的敬业精神如春风化雨、润物无声，使年轻一代看到了学术风范。老教师们都珍惜时光，没有后顾之忧，也有条件做自己想做之事。10多年前，记得一位老教师说过："现在是历史上最好的时期。"另一位老教授最近因病住院，发病的原因是看香港回归祖国的交接仪式之后，一定要等着看解放军入驻香港，由于过度疲劳而影响了身体。老教授对客人说，"一定要看解放军进城"，"阶级观念与民族观念相比，我一向是民族观念强烈的"，实在令人感动。提到迎接香港回归，在作品创制、礼品设计方面，院内不少教师都尽了心力而出了成果。

迁校初期学生们种下的树苗现已长成高大的树木，校园成了昌岗路边一片可贵的绿洲，她将在美化生活、净化空气方面日益显现其应有的作用。

（原文发表于《广东文史》1997年第4期）

提高书艺有良方

——读《选堂论书十要》之见

我国的书法艺术与民族文化发展并行，源远流长。历代的书工、匠师、文人、学士为书法艺术的演进与创造倾注心力，给后人留下了宝贵的财富。他们的书艺结晶载于石、陶、竹、木、帛、纸等物上面，表现着民族文化的历史进程，培育着世世代代学子们的审美观念和严格的摹写能力以及创造性的表现能力，其影响早已逾越国界，使富有中国特色的书艺在更大的范围内流传，并给现代艺术家们以启迪。

20世纪以来，生活中常见的各种硬笔，在实用方面逐渐取代了传统的毛笔，遂有硬笔书法的产生与发展。经过一段历史的沉寂，近些年来，传统的书艺文化已呈现复兴之势。

有位书画家著文，感慨地提出"书法展越来越多，书法家越来越少"的问题。认真分析，书展多意味着书艺文化的普及，"书法家越来越少"则是高层次的书家难得，提高书艺是社会培养人才的需求。任何艺术门类，作为一种文化，其水平的普及与提高能够持续，全赖于教育与有志者实践的高尚追求。

饶宗颐先生是一位文艺全面而功深的大家、学者。他的《选堂论书十要》（以下简称《十要》）全文只有四百多字[①]，珠玑串连，凝聚作者从艺治学数十年的心得与经验；对于发展国民文化素质教育，改进书法教学，提高书法艺术水平，均有现实的指导意义。

《十要》各条相互联系，又各有主题与针对性。现在将《十要》综合成3个专题，谈谈自己的理解和认识，借此机会请教于饶宗颐先生和各位专家学者。

一是《十要》首先从美学的高度，强调了书艺的器识与立品，提出了以重、拙、大三字之方以医常见的"轻佻""妩媚""纤巧"六字之病，将书艺所讲究的"锋颖之美"与声韵之美类比，不可忽视，"主'留'"防治"俗""滑"二字。

所说的"重"字是指行笔运气的力度和写字结体成势的分量，以质重医轻佻，常言的力透纸背是与轻佻绝缘的。在一些书论中用"奔雷、坠石"来形容落笔重力之雄强；还有"重若崩云，或轻如蝉翼；导之则泉注，顿之则山安"[②]，都是用自然形象比喻用笔的质重，比喻重与轻、动与稳的对比力度。

"拙"字是指实力、朴质、艺术因素对比的反复追求。任何艺术练功都不是短期行为，一定要经过艰苦的磨炼，才能有十之一二、十之三四、逐步深入的收获。书法笔画

[①] 《选堂论书十要》之一、之二，广东人民出版社1987年版。
[②] 孙过庭：《书谱》，湖南美术出版社1986年版。

中蕴含"筋骨""血肉""铁画""银钩""玉箸"等方面的形质，还有"锥画沙""屋漏痕""印印泥"等方面的风韵要求，不经过一番拙工是达不到高风格的。布颜图说："先练心，次练手，笔即手也"，又云"拙力用足，而巧力出焉。巧力既出，而巧心更随功力而出也"①。无论书画，生与拙是功力所至的境界，"生则无莽气，故文，所谓文人之笔也。拙则无作气，故雅，所谓雅人深致也"，这是明人顾凝远所言。此后，不少书画家提出书画练功，宁拙毋巧、宁丑毋媚的主张，妩媚的艺术是软弱无力的，虽不少见，绝非上乘。

"大"字的要求，首先是胸怀博大，器识、气度博大，无博大难以有驾驭书艺全局的认识与功力。钟繇说："用笔者天也，流美者地也，非凡庸所知"②，强调的是用笔者创造艺术美的气概和主动意识。这也是钟繇创造他那重质朴、典雅、幽茂书风的思想基础。他的艺术给后人的影响非常深远，大巧若拙非纤巧所能比。

"主'留'即行笔要停滞、迂徐。又须变熟为生，忌俗、忌滑"③。写字如行云流水，简单地理解，易快速、草率而致俗滑。孙过庭说："失劲速者超逸之机，迟留者赏会之致，将反其速，行臻会美之方；专溺于迟，终爽绝伦之妙"④。"留"的笔势产生一种韵律美感，要具有赏心会意的情操才能获得，同时其中也蕴含了个性特点，久之则风格渐显。

从书艺的观赏性、自喻性以及实用性去致力实践，思想基础的雄厚、审美情操的高尚永远是起主导作用的。

二是《十要》从历史的深度，提出自上而下的学习历程；强调了"不从先秦、汉、魏植基，则莫由浑厚"⑤。秦、汉、魏不仅有大量的碑刻、印拓可以参照，还有"新出土秦汉简帛诸书奇古悉如椎画，且皆是笔墨原状，无碑刻断烂，臃肿之失，最堪师法"⑥。竹简、木牍、帛书是秦汉书文的重要载体，时有出土考古的新发现，扩大了今人的视野和观念，推动着学术的发展。"二王、二爨相资为用，入手最宜"⑦。王羲之、王献之父子都是晋代的大书法家。羲之一方面早年学卫夫人（卫铄），后北上旅游名胜古迹，观赏名家的碑刻与书作，博采众长；另一方面向生活学习，从鹅游水的姿态悟出执笔时食指要像鹅头那样昂扬、微曲，像鹅掌拨水般地运用自如着力行动，使全身精力贯注于笔端。王羲之的清俊飘逸的风格给后人影响很大，自然也包括其子王献之所受的影响在内。在父子各有千秋、各有风格的情况下，在封建社会，唐太宗尤其推崇王羲之，使献之有所逊色，其实王献之那散朗多姿的行草给后代书家的影响是很大的。

东晋的《爨宝子》和南朝的《爨龙颜》碑，都是朴质、厚拙的正书，在方正中有巧意，标志着隶楷之间的过渡书风，与王氏父子的遒俊书风形成鲜明对比。可相资兼取

---

① 布颜图：《图学心法问答》，人民美术出版社1960年版。
② 王世国：《中国历代书法家评述》，广东教育出版社1990年版。
③ 《选堂论书十要》之二，广东人民出版社1987年版。
④ 孙过庭：《书谱》，湖南美术出版社1986年版。
⑤ 《选堂论书十要》之三，广东人民出版社1987年版。
⑥ 《选堂论书十要》之八，广东人民出版社1987年版。
⑦ 《选堂论书十要》之三，广东人民出版社1987年版。

其长。

唐代由于太宗李世民的提倡，书风大盛，名家辈出，从而奠定了法书的基础。除了欧、虞、颜、柳的楷书，还有李邕的行书，张旭、怀素等人的草书，都有辉煌的业绩。一般学书大都从唐人楷书入门。欲作书家，正如饶先生所说："若从唐人起步，则始终如矮人观场矣"①，这是忠告。

"于古人书，不仅手摹，又当心追。故宜细读学思，须看整幅气派、笔阵呼应。于碑版要观全拓成幅，当于别妍媸上着力……"② 这里强调的书作的整幅气派，要手摹、心追，同时要着力辨别美丑，提高鉴赏能力。饶先生特别指出："明代后期书风丕变，行草变化多开新境，殊为卓绝，不可以其时代近而藐视之，倘能揣摩功深，于行书定大有裨益。"③ 明代书家辈出，陈白沙、祝允明都是法古开新领风骚的代表人物，到后期有徐渭、邢侗、张瑞图、黄道周、倪元璐、王铎等，其中不少是书画兼擅者，他们都具有恣意纵意、别开新经的独特风格。王铎是跨朝代的书家，成就最为卓越，明末书家作品国际影响也大。

三是《十要》以艺术修养的广度提出，"书道如琴理""书道与画通"以及"作书运腕行笔与气功无殊"④ 等，强调了艺术功力间的相互联系与相通之理。

"书道如琴理，行笔譬诸按弦，要能入木三分。轻重疾徐，转折起伏之间，正如吟揉进退、往复之节奏，宜于此仔细体会"⑤。节奏、律动、气韵是艺术表现的内在规律，只有形式的不同、空间与时间的不同。张怀瓘在"书断"中评程邈的隶书说"隶合文质，程君先，乃借风雅，如聆管弦"。众多的行草书法更是如此。书法线条的流动，如同乐声的延续，有轻重、疾徐、转折起伏的对比。法国作家雨果还曾将建筑比作凝固的音乐，可见艺理相通之广。

"书道与画通"，画取形、书取象，书与画都是线条造型，同用笔、墨、纸、砚，所出笔迹只是具象与抽象之别。书画都贵"写"字，笔墨可以相辅相成。以画法掺入于书，可增书法的神韵，以书法透入画作，可增精妙。唐寅说过："工画如楷书，写意如草圣，不过执笔转腕灵妙耳，世之善书者多善画。由其转腕用笔之不滞也。"⑥ 历来有不少书画家，用篆书笔法画竹、木，以草书笔法画竹枝，以真书笔法画竹叶，以隶书笔法画竹节，而黄山谷则以画竹法写字。李叔同说："朽人于写字，皆依西洋画图案之原则"⑦，可见书画相通之一斑。

书画的艺术性要求势质俱盛。画论有"远取其势、近取其质"之说，势有平正、险奇之分。"险中求平，学书先求平直，复追险绝，最后人书俱老，再归平正"⑧。这里

---

① 《选堂论书十要》之三，广东人民出版社 1987 年版。
② 《选堂论书十要》之六，广东人民出版社 1987 年版。
③ 《选堂论书十要》之八，广东人民出版社 1987 年版。
④ 《选堂论书十要》之七、九、十，广东人民出版社 1987 年版。
⑤ 《选堂论书十要》之七，广东人民出版社 1987 年版。
⑥ 季伏昆：《中国书论辑要》，江苏美术出版社 1987 年版。
⑦ 林子青：《弘一法师遗墨》，华夏出版社 1987 年出版。
⑧ 《选堂论书十要》之四，广东人民出版社 1987 年版。

饶先生先用平直,后用平正表述,显然是进程的高度不同。前者是横平竖直的规范要求,后者不是前者的重复,也不是追求险绝的倒退,而是升华到平中有险、险中有稳,正如艺术上的返璞归真,臻于成熟,是人书俱老之表现。

关于书艺练功,《十要》中有"书丹之法在于抵壁,书者能执笔题壁作字,则任何榜书运诸掌"。书丹是以朱笔写石碑,有待镌刻而得名。书丹与题壁都是在立面上运笔,便于写大字体的榜书,不仅要悬肘,还要运用臂膀之力,所以榜书也有"膀书"之称。站立作书画,可运全身之气力于笔端,以身使臂,以臂使指,使全身心之气力举重若轻,虚实相生,是气韵、人工、天趣合而为一。正如《十要》最后所说"作书运腕行笔,与气功无殊,精神所至,真如飘风涌泉,人天凑泊。尺幅之内,将磅礴万物而为一,其真乐不啻逍遥游,何可交臂失之"。这是一种价值观、艺术观的推介。气功非气师的专利,艺术家的气功与其艺术生命并存,且成正比。艺术运作不仅要有充沛的气使、力达,还要在视觉上或听觉上给人以气韵生动的感染力,以至余音缭绕,回味无穷。这无疑的是高层次的气功。

书画大局,需要大气,贯气,以至一气呵成,气得而形随,才能如"飘风涌泉"和"淋漓痛快"。刘熙载在《艺概》中说:"高韵深情,坚质浩气,缺一不可以为书。"这八个字是要具有健康的身心和高尚的文化修养才能达到的境界。从另一方面说,能以此为目标坚持书艺实践者,不仅可达到人书俱老,健康长寿也是可以期至的。

对照饶宗颐先生在学术上、艺术上的业绩与成就,去深入领会论书《十要》的精神,才会有更多的收获。复兴书艺、弘扬民族文化是社会建设文明的需要,与教育关系重大。教育包括家庭、学校、社会三个方面,如果有面向未来之远见,就必须从教育改革着手,从幼小时期抓起。包括硬笔书法在内,它既可独立发展,也是毛笔书法的基础。弘扬传统的书法艺术,必须在普及的基础上提高,才会呈现人才辈出的局面。除了有志学子个人努力的主观条件外,还需要相应的社会条件,包括家庭条件。譬如饶先生说"碑版要观全拓成幅,当于别妍媸上着力",剪拼印制的字帖很多,碑版全拓成幅的缩印品都难见到,原大全拓成幅的碑版更是难得。越是名碑也越具保护的价值,有严格的保护条律。看不到面幅的拓印品,就难以想象"整幅气派与笔阵呼应",这是矛盾。我还想到碑是历史的见证,大都是为纪念逝者而树立的。碑是一种独立的建筑形式,规模有大小,有些是很富有艺术性的。不仅碑文有全拓的价值,就连其装饰雕刻、整体结构都有集形成书的必要,使之成为教材。又如最堪师法的《秦汉简帛诸书》,怎样通过复制复印加以推广?这也是文化建设的重要问题。校园文化不可缺少可视的文物、艺术原作或复制品的收藏和陈列,使青少年学子自小就有条件养成别妍媸、辨真伪的能力,这是我们的素质教育不可缺的。

这里从"论书十要"谈到书艺教育、素质教育,还是要借用饶先生的话作为本文的结束语与大家互勉:"触类旁通,无数新蹊径正待吾人之开拓也。"

(写于1997年11月)

论艺术教育与全面提高人的素质

多年来,除了艺术专业院校之外,高考始终没有将艺术科列入应考之列。艺术教育长期不被重视,教学课时和质量得不到应有的保证,更谈不上艺术教育的连续性、系统性。学校教育因而成为缺乏美育的不完全教育。这种不完全教育所造成的后果,已经引起全社会的重视。1996年7月,国家教委下达通知并印发《关于加强全国普通高等学校艺术教育的意见》,指出:"艺术教育是学校实施美育的主要内容和途径,是全面提高文化素质,促进高校校园精神文明建设不可缺少的内容。"概而言之,艺术教育与全面提高人的素质密不可分。

一、艺术教育与文化素质教育

艺术教育在各级普通学校中,应被视为文化基础教育,就像语文、历史、数学、体育等课程一样,要面向全体学生,成为不可或缺的课程。艺术的门类很多,在基础教育中,音乐与美术是必修的课程。由于艺术常常被视为少数人的兴趣与爱好,艺术文化的成绩不影响升学率,艺术教育不在教育的指标之内,艺术教学的好坏也不影响学校的声誉,因而课时与教学质量得不到保障,致使高校的学生普遍缺乏艺术文化基础。还有高中阶段的文理分科,更加严重地影响了大学生的文化素质。这方面与国际教育相比是有很大差距的。

有的专家认为:"文字、数码、音符和图形是人类把握客观世界的四种重要表述符号。因此,美学和美育应是人类社会性教育行为的重要内容。"由于多年的艺术教育的欠缺,我国大学生音符、图形的表述能力跟文字、数码的表述能力是不相称的。

艺术教育不同于科学教育,不是从物质方面去认识世界,而是在社会历史发展中去认识人的精神世界,去认识人文思想、观念形态发展的进程。先民为我们留下丰富的文化遗产,这些文化遗产不是孤立产生的,不仅有先后的继承与发展的关系,同时有横向的交融关系和对比关系。我们不仅可以从艺术文化中去认识科学,去认识人的聪明、智慧和创造力,同时还可以通过艺术文化去认识历史文化、地域文化、民族文化、宗教文化以及其他方面的文化。

艺术的门类很多,除了音乐、美术之外,还包括戏剧、舞蹈、曲艺、杂技、影视等各种综合艺术形式。它们的共同点是运用美的规律去创造各自的艺术形象,而各种艺术形象的创造都是以作者追求艺术的真善美的情感抒发为基础的。有了这个基础,这方面的基础越扎实,就越能接受文化,创造文化,从而促进社会文化的健康发展。艺术文化越普及,艺术的知音就越多。能够欣赏高雅文化的人多了,艺术文化的继承者、创造者也会日益增多。

二、艺术教育与智能素质教育

人的智能可分为操作技能和心智技能。艺术教育通过一定的独特的教学形式，训练人的感知力。这种感知力表现于视觉的、听觉的、触觉的抑或身体运动造型的，在特定的空间和时间中培养欣赏美、表现美、创造美的能力。无论是哪种门类的艺术教学形式，都包含了眼、手、脑等全身心的和谐运动和训练。各种训练的独特性不是其他课程所能替代的。

艺术实践能力的培养，不仅是为了培养日后可能专门从艺的职业工作者，而且要使艺术的智能在社会工作中得到发挥。艺术智能不仅在生活的美化方面有广泛的实用价值，而且可以直接应用到生产、服务等实际工作中去，提高社会生产力。因此，生活美学、技术美学、环境美学、劳动美学等学科的研究与普及都要以艺术美的智能为基础。

人们常常将工作能力的发挥与艺术联结起来，遂有领导艺术、教学艺术、指挥艺术等概念的产生。要求领导工作者"要学会弹钢琴"更是一种形象的比喻。任何工作只有对科学规律的把握是不够的，还要有对艺术规律的把握，才能在工作中联系实际，发挥解决特殊性问题的能力。

据清华大学调查，该校毕业生在党政部门和学术团体中成为骨干的主要有两种学生：一种是学生时代的干部，另一种是文艺社团成员。其原因是文化修养全面，思路开阔，左右脑均衡发展。这些人"工作起来点子多"，富于开拓精神。艺术教育使他们富有感情，易于理解人；处事通情达理，易于团结人；具有文艺特长，易于联络人……据此种种，他们往往容易打开工作局面……可见文化艺术是能力的基础。

钱学森先生曾说自己"得益于艺术方面的熏陶"。他说："接受了这些艺术方面的熏陶，所以我才能够避免死心眼，避免机械唯物论，想问题能够宽一点活一点。"钱先生不仅是科学家，他对环境艺术、艺术教育等方面都有卓识。

许多杰出人物的成就表明，艺术与人的全面发展有密切的关系。艺术教育与发展人的潜能已成为现代教育家所关注的科学命题。可以说，艺术教育是发展人的教育。

三、艺术教育与身心素质教育

艺术教育以独特的训练形式促进身心的健康发展。艺术的想象力和表现力，可使左右大脑均衡发展，尤其是对大脑右半球功能的开发与保健有着重要的作用。

我国古代的《乐论》提出音乐是"人情之必不免也，故人不能无乐"，并且强调了音乐"可以善民心""移风俗"。在《乐书·第二》中就有"音乐者，动荡血脉，流通精气，而正如和心也"之说，强调音乐的教化作用。现代科学研究表明，优美和谐的音乐能够使人体产生有益的共振，促使人体分泌一种有益于健康的生理活性物质，使血液的流量和神经的传导得到调节，从而使人精神振奋，加快新陈代谢，有益于健康。反之，刺耳的音乐、过量的音响是有损健康的。显然，缺乏音乐修养的人，就难以从中得

到教益。音乐教育就是要将音乐的教化作用、音乐的教化历史普及到素质教育中去。人的音乐修养越高，就越能使音乐在社会文明中发挥更大的作用，诸如音乐之用于医疗、用于生产、用于提高生活质量等。

艺术教育是从艺术方面积极地引导人生向前发展，从认识意志情感等方面培养人的感知力，使人热爱自然、热爱生活，适应环境，为追求真善美而处于满意的心境，遇到困难则有意志去克服，受到挫折则有毅力渡过难关。艺术令人视听阔达，可以做到如孟郊诗句所云"达人识元气，变愁为高歌"，永葆青春活力。

任何艺术实践都是心性的磨炼过程。首先要求心态入静，在实践时，静中有动，动中有静，以静制动。动功重于练形，静功重于练神，在聚精会神中使气与力和谐运行与发挥，使身心得到全面修炼。

人们看到艺术家长寿，尤以书画家、乐队指挥家为最，其原因值得深入研究论证。董其昌在《画旨》中说："画之道，所谓宇宙在乎手才，眼前无非生机，故其人往往多寿。"金绍城在《画学讲义》中说："其作画者，气静心平，神凝意爽，故其作品书气昂然，而作画之人精气快愉，其所以享大年者以此。"而中医早有"气血充和，百病不生"之说。艺术劳动使气血通畅，尤其是左右手并用，均衡地增强左右脑半球血管的弹性，可以减少脑血管疾病的发生，这也是被现代医学所证实的。

体育教学与学生的身心、体魄教育有着直接的关系。许多体育项目与艺术关系密切，许多项目是美术与舞蹈的结合、与音乐的结合、与造型艺术的结合，有时艺术是起主导作用的。

这里特别要强调体魄健全。只有健康的身体还是不足的，还要有一定的魄力。魄是胆识、是精力。艺术表现、艺术创造是胆识的培养。创业开拓需要胆识，尤其是在改革开放、振兴民族精神的历史时期，更需要培养有胆识的创业者。艺术教育可以培养人的敬业精神、创造精神、敢于负责的精神。这是提高工作效率、提高社会效益的可贵的精神基础。

四、艺术教育与品德素质教育

古人已有"德成而上，艺成而下"之说。鲁迅在《拟播布美术意见书》中也谈到美育可以辅翼道德，"美术的目的虽与道德不尽符，然其力足以深邃人之性情、崇高人之好尚，亦可辅道德以为治。物质文明日益蔓延，人情因亦日趋肤浅，今以此而崇大之，则高洁之情独存、邪秽之念不作，不待惩劝，而国又安"，至今其现实意义更显。艺术教育是从正面引导，使人的情趣高尚，自然远避邪秽，实能促进社会文明。

中央号召，要通过各种生动活泼的形式深入持久地加强爱国主义教育和宣传，增强全国人民的民族自尊心和自豪感。艺术教育在各级学校的教育中，都有着生动活泼的教育形式和教学内容。国旗、国徽、国歌，是国家的三大标志，也是艺术创造的结晶，是艺术教育普及的首要内容。学习国旗、国徽知识，唱好国歌，欣赏《黄河大合唱》等，都可以加强爱国主义教育和民族自豪感。

音乐艺术教育中的演唱与伴奏、合奏、合唱、大合唱，以及舞蹈教育的集体表演等艺术表现形式和教学内容，要求分工尽责，服从指挥。在艺术实践中，培养合作精神、集体主义精神，每个人都是集体的一员；必须齐心合力，才能获得良好的艺术效果；每个人的音容举止都要合拍，在集体中起到和谐的积极作用。尤其是在班、队及校际的汇演和竞赛中，更能激发每个参与者和有关成员的集体荣誉感和奋力争上游的精神。这是一种生动的热爱集体的教育。

音乐教育欣赏优美的乐曲、丰富多彩的交响乐章，在丰富的情感交融中所产生的共鸣可以使人的精神振奋，使性情得到熏陶。

艺术教育不仅能培养高尚的审美能力，同时还培养身体力行的实践能力。这种实践能力无论是付诸听觉的，还是付诸视觉的，都要求真诚的学习态度和敬业精神。诚实是做人的美德，也是艺术灵魂的基础。孔子在《大学》中说："意诚而后心正，心正而后修身。"人能修身，自然于成才、于家庭、于社会都是"健康的基因"。

艺术教育要使学生懂得，诚则认真，真则求善、达美，脱离真诚去求善求美是虚伪的表面功夫。鲁迅曾针对寻求"作文秘诀"的青年，提出"有真意、去粉饰、少做作、勿卖弄"的忠告。这不仅是学习文艺的方法，也是思想品德的要求。认真的艺术教学，可以使学生养成勤奋刻苦的学习精神、活跃的思维能力、高尚的艺术情操以及逐渐养成独特的治学从艺的风格。这些都是与人的全面素质提高密切相关的。

齐白石先生曾说："作画妙在似与不似之间，太似则媚俗，不似则欺世。"从他的艺术准则中可知其职业道德：不媚俗、不欺世。良好的职业道德是以早期的、一贯的品德修养为基础的。艺术教育不仅要注意艺术禀赋、艺术表现，还要注意在艺术表象深处的品德培养，这才能达到教书育人的境界。丰富多样的艺术教育适合青少年的学习兴趣和心理过程，教师因材施教的辅导会使学生的心性、德性得到明显的提高。

艺术教育是直觉的、生动的美育，是以美表真、以美导善的审美教育。它关系到造就完善人格，陶铸真善美灵魂的人类工程学的建设，是学校全面贯彻党的教育方针，培养"四有"新人的重要途径。

五、加强艺术与艺术教育学科建设

高校的艺术教育质量决定艺术与艺术教育学科建设的水平。艺术学、艺术教育学涵盖面很宽、内容十分丰富，它们的建设又可以促进文化学、教育学、历史学、心理学、美学等学科的发展，丰富人文各学科的研究与教学内容。艺术学与艺术教育学所包括各门艺术与艺术教育学科研究都根据各校的实际情况，纳入整体的学科建设规划和教学计划。目前，需要解决两个问题。

首先，围绕教学计划、课程设置、教学内容等方面的需要，优化师资队伍，延聘人才，建立相应的艺术教学研究组织，开展学科理论与实践的研究。

综合性大学、师范大学有人才的优势和招聘人才的优势，可以在学科建设、学位点的规划方面有高目标的要求。通过努力，创造自己的优势，有了学术的优势与人才的培养，可以产生良性循环；不仅满足了本校艺术教育人才的需求，同时也为社会输送艺术和艺术教育人才，促进社会文化的健康发展。

其次，为了培养全面发展的人才，各校都要重视校园文化建设。任何校园文化建设都需要艺术文化的注入。艺术学科的建设，不仅关系到艺术课程的质量，同时也直接影响到校园文化氛围。

在校园文化硬件建设中，表演场地设备的改善、优化是毋庸置疑的。现在提博物馆、艺术馆、文物馆、美术馆等硬件建设是非常重要的。无论是综合性的博物馆，或是分门类的博物馆，都是必要的展示文化的教育园地。越是名牌大学，就越要有这方面的设施，就如图书馆一样不可或缺。博物馆或艺术馆的建设，既是物质文明建设，又是精神文明建设的体现，其作用是长期性的。在人才的综合素质教育中其意义既是现实的，也是深远的。

博物馆、艺术馆对于文化、艺术起着收藏、修复、展示、教学、科研的职能作用，是校园文化的重要标志。建设学校博物馆、艺术馆的现实意义在于丰富学生的文化生活和审美视野，使学生的文化素质全面提高。现在各校开展的校园文化活动，所举办的艺术节和各项文艺比赛活动，大多属于时间艺术范畴。博物馆文化建设，结合校园建筑、园林建设，属于空间艺术范畴。博物馆的收藏越是丰富，就越使学生得到更多熏陶，使他们在学生时代就能看到艺术原作和文物真迹，有利于提高鉴赏能力，从而树立珍惜文化、积存文化、保护文化的价值观念。这些价值观的树立，可以在长远的社会文化建设中，发挥推动作用。这个问题之所以重要，在于今日之大学生、研究生都是跨世纪的建设者，未来的建设者应具有全面的文明建设观念。

（原文发表于《高教探索》1997年第4期）

《陈伟巨画集》序

  我与伟巨相识是在1962年秋，随本院中国画系师生到东莞太平填虎门南面村教学实习的时候，那时伟巨还在学习，记得我还和同学们一起，聆听关山月教授讲中国绘画章法课，并仔细地做了笔记。那时候师生们深入生活、教与学的热情以及我自己的油画写生收获，都深深地留下了美好的记忆。

  1964年，伟巨毕业后分配到粤西封开县文化馆，做了15年的群众美术工作。1979年调到肇庆师范专科学校美术系任教，他也是该校美术教育学科初建时参加工作的元老之一。1981年春，我曾应邀到肇庆师范专科学校讲学并提供一些观摩作品，那时本学院也已开始筹建美术教育专业，后来因系科相同，两地间也时有一些工作联系。现在系领导的重担已落在伟巨的肩上，肇庆师范专科学校美术系早已成为西江大学（今肇庆学院）的一个组成部分，其中也能窥见广东教育发展变化之一斑。

  伟巨在完成教师工作、教学工作的同时，能抓紧艺术实践，不断提高教学示范能力，为社会提供精神食粮，是应给予肯定的。他的作品以人物画为主，也时有山水或表现地方风情的作品问世，如《椰林夜色》《藏原牧女》等，都表明作者有感于生活源泉的启示，表现现实生活之美的激情所至。集中有些作品是他带学生深入生活作画的成果，教学相长，也是教师提高的必要途径。集中的作品，有些参加展览或见于报刊，得到社会的肯定或奖励。

  从伟巨的一系列人物画可见他的画风是朴实的，用笔、赋色力求沉着、贴切，无轻薄、浮华之嫌。用意笔写生，画人物之难在于要统观全局，捕捉精要，准确而概括地表现具体对象的面貌、神态，体现人物个性、特征，还要使笔墨、色彩富有情感和韵致，这是与那种想象的、雷同的人物画不同的，因此要求作者必须热爱生活，画自己之所见，富有真情实感。此外，被画者的配合也是必要的条件。集中的《客家姑娘》《少女》《藏族姑娘》《老人像》《古道驼声》《驼队》都可视为作者写意并且得意之代表作。

  自古至今，艺术传统与创新相融并立，在彼此砥砺中流传、发展。艺术之深奥在于如鲁迅说过的"真挚却非固执，美丽却非淫艳，愉快却非狂欢，有力却非粗暴"。这些都自在于各种艺术表现之中，完全决定于作者的真知和情操了。目标明确、脚踏实地的精神是可贵的。

  当今社会持续安定，生活水平不断提高，人生七十不稀，画家百岁不奇。伟巨虽年近花甲，艺龄方长，方向已定，要有信心地阔步前进，更高的艺术境界是可以达到的。

（写于1998年1月）

造型艺术教育应达成视而有见

——《我眼中的建筑与环境》讨论通信

近读《我眼中的建筑与环境》一书，引起我的共鸣。作者刘心武以作家的社会责任感，将平时对建筑与环境的关注与研究，写成系列文章并集成集出版，从中可以感到作者的审美兴趣与真知灼见。

书中第一辑《通读长安街》的系列文章，是对北京东西长街35座大型建筑的逐一评论，从建筑风格、色彩与材质的运用，以至门楣书体，都提出了作者的见解，其中也融入了一些老百姓评头品足的幽默用语。正因为作家刘心武有鲜明的建筑艺术观念，所以他能从艺术美的价值观念出发，去解读建筑。他在具体感受与分析中褒贬分明，对民族文化宫、天安门观礼台、中化公司大楼、东单菜市场等建筑的品评中多有赞赏与肯定；对一部分建筑的优点和缺点做中肯的评价，而对另一部分建筑则评为"毫无艺术性可言"或"乏善可陈"，或是"失之于浅露生硬失败之作"等。在建筑同行圈内能否听到如此坦诚的意见，我不得而知，坦诚在艺术评论中是非常可贵的。

建筑和雕塑与绘画同属空间艺术，外廓线是很重要的构成因素，刘心武在书中多次提到"城市建筑的天际轮廓线""尤其应有从各个角度望去都令人视觉舒畅的天际轮廓线"等。这也是艺术审美的相通之处。

针对建筑界有的人士提出：需要建立新的观念，告别过去那种将建筑比附为音乐、绘画、雕塑的观念。作者刘心武注意到评论建筑的文章还在运用"美观、韵律、色彩协调、画面气势恢宏"等语汇，并言道："即便是外行，我们也应当学会那样的眼光：不把一栋建筑物当作孤立的东西来考察，而应将它们的相互关联以及所构成的整体人文环境来加以评价。"这种态度是明确的。

我认为从城市的总体规划与决策，建筑与环境艺术设计，工程管理体制等方面去深入研讨是主要的。事在人为，普及与提高艺术教育、培养建筑艺术人才是根本。欲使未来的建筑与环境富有艺术性，就必须使决策者、设计者、执行者们受到应有的艺术素质教育，必须加强艺术教育在全面发展教育中的地位，因为艺术教育不仅是艺术知识、艺术技能的教育，也是审美教学、道德与情操的教育。在建筑专业、园林专业、环境艺术专业教学中，应当加强大艺术各门类的横向相通的教育，这些专业教育的发展与提高也必然会带动其他视觉艺术的繁荣与普及。

书的作者刘心武运用美学观念审视城市周围的一切，在第二辑《城市美学絮语》中有18篇文章，大都是联系实际有感而发，如"保护城市望点""捍卫城市居民共享之美的景观""建筑要讲理趣，不要图解""凝固的音乐亟须评议""享受灰空间"等，根据建筑史实的纵横对比，提出了美学的理想，针砭一些业已形成的社会问题。

一位作家提出城市美学是可贵而有力的，可以在更广的社会层面上唤起人们对美学的重视。我们经历过批判美学、缺乏美育的历史年代，那时凡是在教育学中写到美育的作者，大都受到不应有的批判，给我国教育学学科建设带来的负面影响是深远的，不完全的教育必然也制约了人才培养中真正意义的全面发展，制约了人才的审美眼光与行为能力的拓展。相隔20年，经过历史的转折，社会发展迎来疾速的时代。科教兴国，教育改革，提高全民族的素质教育，加强美育乃是时代的呼唤。美育不仅是精神生活需要，也是创造美的有形世界的需要，更是发展商品经济的需要。

　　作者刘心武自8岁定居北京，至今已近半个世纪，对于京城的历史文化有着深切的感受，对四合院、什刹海、护城河、隆福寺等都有美好的生活记忆。他的社会活动涉及海内外各地，在以"建筑、环境、人"为题的第三辑中文章的篇数最多，可以感受到作者视野的宽广与情怀的深沉。

　　《作为艺术的建筑》一文提出："就艺术的创新活动而言，许多设计大师往往是掀起艺术新潮的锐进人物"，还谈到"苏联历年颁发列宁奖金总是将建筑艺术与文学、音乐戏剧、电影、绘画、雕塑等并列"，使我想到在过去以及现在还有的"照搬苏联的一套"为历史教训之说，其实远未尽然。如果和苏联一样，将建筑列入艺术项目，对优秀设计者照发奖金，对于培养建筑艺术人才会起到激励的作用。

　　在书的前言中刘心武说："我只是在追求文学与其他艺术门类的'通感'谦称书里的文章是'越境漫游'的产物。"其实在我们的教育中，欲克服专业面过窄，加强人文学科教学，急须这种"越境漫游"，为丰富精神生活，提高生活质量，应当培养对艺术各门类（含文学）的审美"通感"，这也是自基础教育开始的系统教育内容。

　　刘心武称自己的《城市美学絮语》所涉及的不仅是城市建筑和一般意义上的环境艺术与环境保护，应属"'大建筑'观念引导下的文学思索"。我们的城市管理、经济开发、人才教育等各方面都需要树立"大建筑"观念，这是城市建设大手笔的动力基础。

　　常从报道获悉一些破坏人文景观、制造假人文景观的事时有发生，令人痛心。应着力思考的是大量的基本建设投资欲体现投资化充分价值，应当使"大建筑"观念下的科学性与艺术性相融合，既不是复古，也不是某种主义下的模仿，而应当是因地因势的创造。"大建筑"的内涵甚广，设计任务不在大小而贵在独创，因此，创造性的人才培养是必不可少的。这是长期的艰巨任务，要由教育部门来承担。

　　培养创造性的人才，具有普遍的社会意义，其中也包括建筑艺术创造人才。大艺术教育之所以重要，在于它是审美教育的重要途径，可培养人的艺术想象力和创造性的思维能力，可以引导学生独立思考，发挥个性风格的表现力。忌戒追风随俗，而崇尚艺术的提高与发展。这是真正意义的创造风格。

　　作家刘心武以自己的艺术通感写出了《我眼中的建筑与环境》一书，对我的启示是：人生时间虽有限，但由于艺术教育的内涵广博、丰富，故教育的空间是极其广袤无垠的。

（写于1998年）

麦华三楷书鉴识二则

一

文人诗书并重，书家各体兼能乃学力和修养所使然，此卷汇集麦华三先生墨迹多帧，可以感到作者诗情墨韵，既有书艺美的表现，又给后人以全面的启发，可观、可读、可学。

二

钟王小楷麦三先生临品，为当代真书之流传，由林应时先生集表成册。钟书素有古雅清劲之评誉，羲献帖之临品，虽未完备，亦可见大王书风质朴、灵和。小王书风神俊妍妙，临者的功力亦随之而出。麦老生前任教于广州美术学院，并热心于社会文化教育。此册墨迹当为20世纪70年代课业示范作品，今日观赏弥足珍贵。

（写于1998年5月）

毕业论文是提高学识的牵动力

论文是提出问题、分析问题、阐明事理的文章。毕业论文的写作是学生专业学习、思想心得、写作能力的检验。

美术青年考入大学，必须明确教育的培养目标，自觉地通过学习而成为"有理想、有道德、有文化、有纪律"的全面发展人才。无论选择什么专业，从艺治学，相辅相成，不可分割。读书写作是提高学力的需要，也是进行研究、提高学识的重要基础，有了这个基础，读书人才能成为真正意义上的知识分子。缺乏这个基础，就难以发展为高层次的人才。

目前，一方面，爱好美术的青少年多，报考美术院校的也多，但考生的文化基础相对薄弱，影响其全面发展；另一方面，普通学校多年缺乏美术文化的普及教育，使艺术学、美术学、美术教育学等方面的发展受到制约。上述两个方面存在的问题，有待在教育的深化改革中得到解决。

有识之士，应当将毕业论文写作视为提高人才素质、促进人才全面发展的牵动力，将教学与这种牵动力挂钩，必将推动学科建设，并使学生受益深远。

欲使美术专业毕业论文写作成为一种教学的牵动力，必须在入学教育中就使学生了解在学期间的教学计划和教学任务与要求，以便学生有所准备。为了取得写毕业论文的经验，至少在二年级安排一次学年论文练习。

毕业论文是学习的牵动力，基于如下三点认识。

（1）关心有关学科的信息与发展动态，全面理解学科与专业的内在联系，及时了解教学、科研、创作的新成果，有助于培养正确的人生观、艺术观、价值观。

（2）促进理论与实践的结合，使专业学习避免情志无主的盲目性。前人成才规律表明，学文与学艺相辅相成。以文助艺，艺术实践才能有高尚的追求；艺得文助，作品才会有丰富的内容，学生才能在学习中易于理解艺术的师迹、师心、师造化的关系，从而深入地理解艺术真谛。

（3）文与图都是表述客观世界的形式，写作与美术都是表现情思、认识事物的手段，虽形态不同，但有相通互补之处。诗文书画兼擅仍是应当全面继承的宝贵遗产和精神财富，更可以创造新的、丰硕的艺术成果。

美术学生毕业论文写作选题一般围绕专业学习、美术文化、美术教育学、艺术学、艺术与科技的结合等方面选定，无论是命题、自选题或结合科研任务项目分工等形式，一切都是在教师的指导下进行。因为学校培养目标、教学要求与师资情况不同，对于论文写作的要求也是不尽相同的，其中也包含了因材施教的因素在内。对于青年学者来说，主观的认识、努力和从严要求是主要的、起决定作用的因素。

论文写作要有"为世用"的明确目的。为求实诚,要有充分的论据和论证,因此,要联系实际,还要有广博的学识和深厚的写作修养。论文要求思维清晰,论点正确明白,语言表达精练、丰实、生动。这显然不是临时上手、偶然一试所能达到的,必须提早将它列入平时学养来对待。毕业论文是一次重要的检测。学无止境,它和其他艺术实践一样,欲使功力不断加强并富有个性,必须沿着实事求是的途径坚持走向远方的目标,争取富有创造性的成果。

(原文刊于《美术专业毕业论文集》,广西美术出版社2000年版)

从王式廓素描谈素描教学

王式廓素描艺术魅力在于真善美的统一体现。其真在于作者的真诚，作品的真实；其善在于作者的心善，作品的完善；其美在于作者的心灵美，创造了艺术美。艺术家的风格可贵，不是扭捏作态，也不是依傍他人，而在于情感的真挚、劳动的诚实和艺术表现的生动性与深刻性，故而能自出手眼、别出心裁。其风格难学在于画面无固定模式，完全应物抒情，现场即兴发挥，凭着丰富的实践经验和艺术修养，从有法到无法，达到"天游自绝俗"的艺术境界。要做到这一点，不能不提到人生观和艺术观的高度来深究画理。

王式廓作为一位艺术教育家，恪守职业道德，与同学们教学相长。他提出："根据我们的实际情况，改进学习者内容、方法，明确教学要求和制定严格的教学制度，是目前提高我们的素描教学质量十分迫切的问题。"同时，他认为"绝大多数学生不深入地观察对象的特殊性，不从根据对象特点的理解和感受来寻求表现方法，而在描绘对象时有意无意地模仿某一教员或同学的画线用笔和涂光的办法……形成了千篇一律的现象"。这不仅是向教师们提出教学方法问题，同时也向青年们提出了学习方法的问题。今天重提王式廓的意见，仍有现实指导意义。

王式廓素描作品，从延安时期到20世纪70年代的一贯作风就是尊重写生对象的个性，重视人物的特殊性，以寻求素描表现方法。从《延安老农》到《巩县老农》等一系列老农像，从《安塞副县长》到《副社长吕振香》等一系列妇女像，我们虽未与画中人物晤面，但欣赏这些素描，不能不被作者用敏锐的洞察力来揭示人物特征的深刻性所产生的艺术感染力所打动。我们将这些作品联系起来看，就会感到王式廓是以这样的敬业精神来对待自己的艺术劳动的：数十年如一日，一直坚持主观与客观统一的艺术追求。

欣赏王式廓素描艺术，研究他的技法，首先看到的是用笔、用纸的不同变化。他于1940年所作的《老汉》是用陕北当地的马兰纸画的，展出时画下有注明："用在桥儿沟矿中拣来的红石所画。"仔细读画，可以看到画家利用不规则的红石棱角所画出的线，有粗细与虚实的变化；多用意笔，还写了老汉的形貌特征。在这件因材施艺的素描中，既有古典素描传统的继承，又有中国绘画气韵，诚为我国20世纪40年代素描的代表作。王式廓素描意义非同于一般还在于抗战期间画家在艰苦条件下所发挥的创造精神。

王式廓素描，常用的是铅笔、炭笔、褐色炭棒、有色笔以及白粉笔等。这些材料与不同的纸质相结合，效果更加丰富。尤其是在中华人民共和国成立后的素描，使用有色纸的作品占的比重较大。如《京郊老农》，用的是深灰色纸底，以炭笔为主，在胡须处略加白粉笔，使老人在阳光下的肤色、神情、体态等表现得淋漓尽致，有呼之欲出的生动感。在这个时期，还有《社委杜埣》《老妇》《农妇》等作品，首先是选择不同的色纸为基调，再以不同的笔调写生、传神，最后在高光处如以鼻、额、颧、唇等部位为主，以及在白色或发光的衣物上，精心稍加点画。其范围虽很小，但用白色粉笔的分量、虚实、形状都直接关系着结构特征和调子层次的表达和精神内蕴，不可缺少。

1955年和1958年，王式廓先后访问了苏联和民主德国，在访问期间的素描作品也大多是画在有色的纸底上。《魏玛集中营废墟所见》《沉痛的凭吊》等作品充满了义愤之情，是对第二次世界大战中德国法西斯惨无人道罪行的控诉，其社会意义重大而深远。在出国访问期间的素描作品中，他有一批人像写生，如《女歌唱家》《农妇》，在色纸上还使用了色笔，所画对象同是外国女性，对比欣赏，前者画得简洁、有力，后者则丰富、细微，可见画家因人而异的艺术追求与表现手法的截然不同。在风景素描中，如《船厂》《农村小景》《莫斯科大学夜景》等作品，色纸底色起到全面色调的基础作用。这些作品因地点、时间、气氛的不同，取材、用意各有特色。如《莫斯科大学夜景》用深灰色纸，用炭笔加深天空，用白粉笔点以灯光，强调了空间层次和夜景的氛围。不同的色纸与不同的色笔随画意而结合，再加之白粉笔的运用，使王式廓的素描具有清新、丰富、雅致的艺术特色。王式廓素描风景，用粉笔点画在墙壁、船体、灯光以及飞鸟等物象上面，成功地点化了风景素描的诗境美。

结合王式廓素描的研究，可以对照我们美术教育中存在的问题，其中包括素描基础课的改革问题。我们对素描的基础作用要重新认识，课堂作业要精练，教学要求要明确，才能真正达到练功之效。一方面，素描教学也要深入生活，从生活中发现美的物象；另一方面，深入生活也要强调素描，才能产生素描艺术表现的激情。真正的艺术风格应当在素描取材和艺术手法的探索中产生，如果不是在写生中眼、心、手协调运用地去下功夫，素描基础也就失去了意义。绘画艺术依赖照相、取象、摹象，就会倒向"更加千篇一律"，与此相反的另一极端是写生视而不见，不尊重对象之个性，任意地改造对象，素描比例长期失调，更加难与现实生活沟通，以致艺术源泉枯竭，其后的损失是难以弥补的。

王式廓的素描作品已经超越基本练习的品位，完全具有独立的艺术性，因为它们是主观与客观高度结合的产品，是用情感和心血浇注的结晶，为我们美术教育事业提供了继承传统和发展传统的典范。画家为了创造这些典范之作付出辛勤的劳动，鞠躬尽瘁，他的献身精神和创造性的成果，是留给我们的宝贵财富。今年是王式廓先生逝世25周年，在讨论素描教学的同时，我们对于这位杰出的美术家表示深深的敬意和怀念。

（原文发表于《美术》1998年第8期）

华南文艺成人学院开学典礼致辞

各位老师、各位同学：

首先向1998年入学的新同学们表示衷心的祝贺和欢迎，欢迎你们从不同的学校、不同的地方、不同的岗位汇集在一起，来到华南文艺成人学院接受学历教育。你们的共同点就是携手开始新的学习阶段，这个阶段要为你们的未来前程奠定重要的基础，成为获得发展的重要条件。社会的经济发展，物质文化与精神文明建设需要大量的各方面的艺术人才，因此，近年来艺术教育点增设与办学规模快速扩大，这是前所未有的。

华南文艺成人学院是一所综合艺术性的、有特色的高等学校。它是广东省文联为满足培养社会文艺人才的需求创办的。广东省文联的前身华南文联，有办华南文艺学院的传统，华南文艺学院美术部与中南文艺学院美术系、广西艺术专科学校三部分，构成了广州美术学院的前身——中南美术专科学校。因此，华南文艺成人学院得到政府各部门及有关文艺专家们的支持，是有前后的因缘的，是有优良的文艺传统的。今天，随着社会的发展与进步，文学艺术为人民服务、为社会主义服务的内涵与范围较之从前要丰富得多。

古人云，"先器识而后文艺"。只有提高认识，将文艺与社会、与人生优化结合起来，才能在两个文明建设中发挥积极作用。我国还有"学无止境""学而后知不足""活到老学到老"等名言，是千真万确的真理。

今日世界，发展教育的话题是普及素质教育观念，普及终身教育观念，探讨怎样从"学历社会"转向"学习社会"。要逐步提高学历，就要普及由教育九年到中专、大专、本科、学位教育，到博士教育以及博士后的研究。对于一般职业来说，则面临待业、再就业的问题，要加强培训，还有老龄教育。

确立终身教育观念就是将人生视为不断学习的一生、充实精神的一生、不断提高生活质量的一生。

按现代教育观的要求，在初等教育阶段就要重视自立能力的培养，重视全面发展的素质教育观，同时要树立终身教育观。大家对此如果有足够的认识，就要将每个阶段的学习认真落实，加强学习的主动性、自觉性、创造性，杜绝一切务虚不实的侥幸心理干扰；端正学习目的，尽量充实自己的能力和学力，以增加人才竞争的有利条件。

改变艺术与学术分家的现象，将学习艺术与研究学术结合起来。现代很多专业要求综合性的、跨学科的通才，如环保、环境艺术、旅游、电脑、影视编导、艺术教育等。特别有开拓性的人才更需要博学、有远见、卓识、有丰富的想象力。

树立艺术文化观念。艺术需要文化，有了文化才有发挥创造的能力，各学科都应加强人文学科的教育，文学艺术专业更要重视人文学科的学习，如文学、哲学、历史学、美学等。文化需要艺术的内涵。学术研究关系到高层次的人才培养,关系到社会的和谐发展,关系到各学科的相互促进,相辅相成。

各位老师、同学,希望大家理论联系实际,独立思考,选择社会问题去致力研究,即使是大器晚成,也会领风气之先,不断有创造性的贡献。

(写于1998年9月6日)

《色彩小构图》序

　　美术教学中的构图是个含义较宽的概念，各类艺术创作和习作都使用构图这一术语。在造型艺术与设计美术的基本练习中，小草图也可以称为小构图，它是重要的不可缺少的教学环节。

　　绘画写生是美术各专业的基本功，是提高艺术表现力、审美力与创造力的重要途径，其功力与修养将作用于人的一生。绘画写生可分为素描与色彩画两大类，素描因与彩绘相对，包括一切黑白画形式，其基础作用是尤为重要的，因为许多小构图是从素描手段起始的。

　　小构图在写生取材、经营位置、光暗分布、色彩处理、重点的把握以及画幅的尺寸比例、工具材料的运用手段等方面获得直接经验，这对于正式作业的准备，把握要领，达到教学要求是不可缺少的基础工作。

　　韦济众先生毕业于中央美术学院，经历了严格的绘画基本功训练，并积累了多年的绘画、设计等方面的工作经验。他在美术教学中重视绘画能力的培养，将自己的经验与教学成果汇总，编写成《读写小构图训练》一书，这正是提高美术基础教学所需要的、及时的补缺工作。此书针对美术教学中易被忽视的环节，阐述了小构图教学的重要性、训练方法和表现技法，明确、易懂、切实可行。此书的特点在于作者提供了大量的系统的图例，可供参照，不仅是青年学子的读物，同时对于教学交流也是可喜的成果。

　　鉴于韦济众先生对美术教学研究的执着，应嘱写几句序言，当作成书之贺。

（写于1998年11月）

踏实、进取、团结、祥和

远潜主编：

《广州美术研究》已出版21期，每一期都有新的美术信息、新的研究成果，内容丰富多彩，具有广州的刊物特色。从学术的角度去看，虽然文章质量有参差之别，总的说来，基本上反映了美术界的一种可贵的踏实与进取的精神，其中蕴含着广东美术界的团结、祥和的氛围。《广州美术研究》得到社会学界的肯定，成绩可喜，除了客观因素外，你和同仁们所共同付出的心力是可以感知的。办好一份刊物，主编的指导思想起决定作用，由于你毕业于历史教育专业后又专门研究绘画艺术，你的历史观、教育观不仅反映到你的创作上，也必然成为你办刊的思想基础。这种工作思想的优势已被你的实践所证明。

为了改进工作，更上一层楼，你曾几次征求我的意见，我只能用"理想主义"谈几点想法，供你参考。

（1）可否改半年刊为季刊？这样等于增加一倍的工作量，但其社会效益应不只是一倍之增加。

（2）扩大美术研究的内涵，如一般美术史所包容的建筑、绘画、雕刻、工艺，以及各类设计艺术等。建筑与环境是社会关注的热点，现存诸多遗憾的问题，其中包括由于审美创造力、鉴赏力的薄弱而造成的遗憾。建筑艺术观念亟待加强，建筑艺术的普及与提高，更有利于美术事业的全面发展和城市文明建设。

（3）重视广州在历史文化名城中的特色研究。广州是我国历史上从未间断过的对外贸易和文化交流的城市，有待开发的文化资源非常丰富，美术文化有待开发的领域十分宽阔，而今广州居改革开放的领先地位，也应创造自己的文化优势，在国际、国内艺术交流中发挥应有的作用。

（4）美术研究要着眼于扩大美术文化队伍的建设，使刊物在社会教育中发挥普及与提高的作用，设法使刊物推广到高校和高中、职中学校中去。现在学校也急需加强艺术鉴赏的教学，以提高素质教育，《广州美术研究》可以成为受师生欢迎的读物。

也许给你出难题了，不妥之处，尚请包涵。

此祝

编安！

（写于1999年2月5日）

远观广州旅游形象特色的创造

广州开展旅游形象问题讨论：从什么角度看都富有战略意义，旅游形象从根本上说是由城市建设来决定的。一座城市的形象，包括旅游形象与城市的宏观调控、综合治理密切相关，需要各部门之间有所共识，通力协作，集体创造。

一方面，在以经济建设为中心的历史时期，旅游业的地位日益显要，以至被视为"龙头产业""支柱产业"。另一方面，人民生活改善，欲通过旅游得到身心享受者日益增多，旅游渐成时尚。国际往来通过旅游，促进相互了解以及经济、文化等方面的交流。提高旅游形象的感染力有着现实的深远的意义。

一、充分开发历史文化名城的旅游资源

广州是我国首批"历史文化名城"的城市之一。历史文化名城建设，要体现现代人文价值观念，在横向的国内、国际名城的观察与比较中，才会更加明确自己的定位，才会更加珍重自己的独特的历史文化。广州的历史以及今日的城市地位决定了它在社会主义文明建设中的使命，在城市建设、发展旅游事业方面更应有所作为、有所超越。

历史文化名城应当在保存、弘扬历史文化遗产方面竭尽全力。欲使实名相符，就要有规划，要有大量的投资，要不惜牺牲现实利益，其结果是为人民及子孙后代造福。这无疑会在旅游业的长远发展中得到全面的回报。

广州在秦代就是岭南地区政治、经济文化中心：秦汉墓类古船台、南越王宫室御花苑遗址的相继发现都是令世人瞩目的重大考古发现，其无可估量的学术价值、旅游价值为重新审视城市建设规划提供了依据，这也是创造现代人文景观的依据。有南越王墓博物馆的成功建设经验可鉴，未来美好的景观创造可望早日实现，为广州增加光彩。

广州是近现代革命第一源地，有一系列的革命活动遗址和纪念性的建筑、园林。这些是广州光荣的革命历史赋予的珍贵财富，也是重要的旅游资源，是社会性的爱国主义教育基地，不仅要保护，还要加强宣传，以充分发挥历史文化教育作用。

二、加强文史研究，推进旅游文化建设

博物馆的数量与质量是城市文化建设的标志，直接关系着旅游文化的普及与提高。据报道，北京已拥有百余间博物馆，深圳已拥有博物馆、美术馆、展览馆19座。广州要根据历史文化的源流兴建各类博物馆，丰富展示文化。

可以设想筹建的有以下方面。

（1）从秦汉古船台、东汉船台的发现，到今天广州造船业的发展，这也是港口城市必然发展的一个有特色的方面，除了考古发现的遗址博物馆建设之外，同时可以考虑兴建船舶博物馆或广州造船史博物馆。

（2）广州是古代海上丝绸之路的起点，时至今日，中国出品商品交易会、外贸源远流长；明、清时期广州是全国唯一的对外通商口岸。可以考虑建立广州外贸历史博物馆，其社会效益是多方面的。与此相关的还有航运史、交通史等方面的研究与博物馆建设。

（3）广东建筑富有岭南特色，尤其是在近现代中国建筑史中占有重要篇章。研究历史是为了珍视现存的古建筑，包括近现代的建筑。即将跨入21世纪，回顾20世纪的广州建筑就会更加感到珍贵。广州有山有水，应当以山水城市建设为目标，不必与国际上某些高层林立的建筑相攀比。现代建筑应以保存文化遗址、美化景观为宗旨。广州也可建城建博物馆，展示城市全貌、城建历史和远景规划。

（4）建设山水化的城市，有利于保存历史文化名城的传统风貌，有利于保护文化景点，有利于缩小城乡差别，有利于环境保护。研究建筑历史，就要普查城市（包括农村）建筑，普查自然景观和人文景观。这是城市建设与开发的基础，如在人文景点附近建高楼大厦、高架桥必然会遇到与保护相关的照明问题、地基问题、破坏建筑景观美的问题。

（5）在中山四路发现南越王室御苑遗址，这项考古的重大发现，证明"中国是世界园林之母"名不虚传。近年，中国园林已落户纽约、法国、澳大利亚等地，其影响力在扩大。广州应当在古旧园林的修复、新园林的创造方面更加突出自己的特色，兴建园林艺术博物馆，可对环保科学、环境艺术的普及与提高起到推动作用。

与园林相关的是花卉文化建设。广州名为花城，有花都、芳村、荔湾、越秀、海珠、白云、天河等区市，花卉文化建设是不可缺少的内涵。应当建立集产、展、销、研、教于一体的中心，利用历史、地理的优势使花卉生产与花卉人才培养走向全国各地、走向世界。

（6）海珠区地域辽阔，四面环水，可开发的旅游资源非常丰富，应建成名实相符的海上明珠。海珠区有大面积的森林、河网、潮道、古火山、古海岸、黄埔古港、古塔、古寺观、园林、公园多处，以及现代化果蔬农业生产，可开发的方面多，潜力大，可作为重点开发区，可开发海上、陆上环岛游。

（7）兴建广东艺术文化博物馆。为突出特色，艺术文化博物馆也可以按艺术门类，如文学、戏剧、音乐、美术、电影、舞蹈杂技、曲艺、摄影、书法等进行分类。广州就出了不少海内外颇有影响力的艺术家和演艺人才。

（8）演艺文化是广场文化的基本构成因素，建设区域性的广场文化，可以促进综合艺术的发展。广州艺术既代表广东特色，也善于吸收外域文化、外来文化，有广阔的包容性。北方的歌手、乐人、艺人、画人都乐于到广东发展，要为外地艺术在广州演出创造更多的机会和条件。

富有民族文化传统的京剧及其他地方剧种，需要在广州多些演出的机会，尤其是京剧，要有长期落户者，管理体制如何另当别论。既然是大都市就应满足各方需要，定居广州的和来广州旅游的海内外华人不乏京剧爱好者,广州居民来自五湖四海,来自任何地方的文艺演出都是有知音的,要有人策划,有新的经营机制,有优惠政策,这将大大丰富广州文化生活旅游发展。

三、科教兴市,发展旅游

科教兴国、兴市,国兴、市兴则旅游兴旺发达。广州得改革开放风气之先,经济发展迅速,发展高科技、创造良好的投资环境对城市发展至为重要。环境保护是塑造城市形象的生命和灵魂。环境保护与优化、美化需要多学科技术的综合治理,应当放在兴市的首位。

广州的饮食文化、"菜篮子工程"已有口碑,新时期饮食文化应当将营养学、医疗保健学的研究结合并宣传、普及。与此同时,还必须考虑与饮食相关的排泄、排污工程建设。碍于观念,有人反对提"厕所文化",厕所文化不在名,而在实,曾见报道称日本人提出要承建沪、苏之间交通线上的厕所。可见不论是数量,还是质量问题,公共厕所供不应求是客观现实,这给国人提出了难题,怎样解决,未闻后果。在此阐述的目的是厕所是生活和发展旅游的基本需要,至于是公益性的还是经营性的,这是分层次的。有选择的交费使用,那是技术问题。因为游客的消费层次有高低、生活习惯有不同,都应当给予适当的满足。厕所已进化到具有洗手间、化妆室等多功能阶段,不仅有设备、保洁问题和保安问题要考虑,而且要能满足多功能的使用也应考虑周全,如同一间厕所应同时具备蹲式、坐式设备以便不同人群使用等。

垃圾问题、环境污染等问题,都是关系形象的大事,要依靠科学技术解决。多从治本方面考虑解决。

科学包括自然科学、社会科学(或称为人文社会科学,其中包括艺术)。讲科技也必须以科技美学为指导,才能满足社会发展的多元要求。多年来,我们的素质教育缺乏艺术教育,人才素质有局限性、制约性,不适应社会发展的多元需求。建筑、装修、环境美化、绿化、街道装饰、标志无不是美形、美境的创造,无不是科学与艺术的结合。

市容的塑造、旅游文化建设需要多方面的有识人才。人才竞争、知识经济的发展都必须从发展教育着手,制定优惠政策引进人才、派出培养人才都是十分必要的。

旅游作为社会需求是多方面的、多层次的、多形式的,客源、时间、方向、方式、消费能力等都有差别,无论是讲"为人民服务",还是讲"顾客是上帝",都应给游客以满足,旅游工作者、文化工作者、宣传工作者、教育工作者以及各层领导人都应关注旅游业的健康发展。

旅游业人才的培养要靠教育,教育人才也需要通过旅游延伸课堂,这也是加强素质教育的途径。因此,学校教师、学生与家长永远是旅游的客源。为了支持教育发展,应当使师生享受优惠待遇,尤其是教师,更应享受优惠待遇,这是科教兴国、科教兴市的工作需要。政府、教育部门、学校应鼓励教师利用假期旅游。教师旅游不仅是一般的休闲开心活动,还有备课、蓄能的性质,可直接有助于教学质量的提高。教师的视野开阔,直观的感受丰富全面、深刻,才能在教学中充分发挥创造性,提高教学艺术水平。

旅游与教学的结合，应放眼于未来，客源文化素质的提高与旅游工作者的人才后备力量源源不断，这才是发展的根基。

高校应多培养旅游业的管理人才、导游人才，人文学科各专业应增加有关旅游文化的选修课程，以培养全面人才，增加就业选择的机会。

导游的工作是服务工作，是观光的指导者，是旅游业成效的关键性人物；与旅游印象有直接关系，因而要求导游不仅要有热诚的服务态度、有高尚的职业道德，还要有广博乃至精深的知识。重视旅游人才的培养，已成为国际性的教育发展动态。广州不仅是历史文化名城，也应是国际化的名城，更需要重视高层次的旅游人才培养；依靠人才，依靠优质服务，旅游形象必会相应地好起来。

有关城市管理科学、社会面临的重大课题，需要有教育、科研人员共同参与研讨，提供咨询。

语言是基本的社交工具。为了提高信息接收的准确性、减少误会，广州还必须加强推广普通话，最有效的办法是从学校做起，从严要求普通话拼音正读的教学。

影视广播、图书报刊等方面的工作是社会性的大教育，应当加强介绍本市、本省的人文景观、自然景观、有特色的旅游点，是为文化教育、大旅游服务、团体旅游、自助旅游所做的服务性的宣传介绍。向旅游者提供各旅游点、文化景观历史、艺术价值方面的介绍，有利于旅游者在参观中吸收知识，增强欣赏、审美的感受，得到艺术熏陶。

凡旅游景点，多有历史文化的积累，大都有文字的装饰、点化。其中存有大量的繁体字、异体字，要通过宣传、介绍，适当使游客在观赏中认知字音、字义及有代表性的作者，这是文化流传的价值所在。

各级学校都应适当地加强旅游方面的教育，一切都是形象的爱生活、爱家乡、爱祖国的教育。不仅广州本地学生要去本地的文化古迹、博物馆参观学习，外地的学生在广州读书期间，以及青年打工一族，都应到这些景点、博物馆去参观学习。学校、企业要鼓励青年利用假日旅游，旅游部门、交通部门以及文化部门都要主动地提供服务。应当考虑设立本地旅游景点循环行驶的专线车、专线车的司机，或聘请专人向乘客介绍经过的地方、市容的特点。需要培养一批兼能司机和导游的人才。

旅游指南、旅游纪念品等文化产品亟待开发，大到与结合城市介绍的巨型画册，小至一个明信片，这既是商品投资，又是基本的文化建设。出版物是城市文化的标志，从形式到内容应体现广州的古今文明。综合性的、系列分类的、规格不同的出版物要包括胜景系列、文博系列，如广州博物馆、纪念馆系列，不仅有指导旅游的实用价值，而且富有收藏价值、文图欣赏价值；风物系列如广州园林、花卉系列等，作为宣传品、纪念品、邮品流向海内外，按商品价值规律操作，投资者、经营者获利。当然，最大的收获是社会效益，使更多的人更深入地了解广州这座历史文化名城的风姿。

（原文发表于《广州旅游业跨世纪发展战略研究会论文汇编》1999年4月）

墨彩随时代
——任兴中国画展观感

  画友任兴出学于油画专业，多年从事报刊编辑和插图工作。现已年逾花甲，曾先后在澳门、深圳举办"任兴中国画展"。我曾在参观祝贺之时直曰："你这是新中国画。"作者笑笑，还说过"我的画尚属探索阶段"。

  用传统的笔墨要求，任兴的画既不见勾勒的功力，也缺乏皴法的变化，统而观之，每一幅画都有不同的情思、画意，以及由此而产生的自己的笔墨之法。赋色之法。我认为，以水墨画或墨彩画称之更为贴切、具体，这有利于中国文化的普及与推广。今日也常见以水墨画命名的作品、展览，以及国际艺术交流活动，外国刊物推荐中国画作品有时以水彩画注明。一方面，画种的称谓于作品质量和地位无增无损，另一方面，任兴选用中国画展的称谓，是以生机勃勃的系列作品开拓人们的视野，授予扩充了历史形成的艺术观念，也是一件好事。

  任兴作品取材很广，其重点在于现代城市风貌的表现，如高楼群体的参差与重叠，交通工程建设的宏伟，以及车流、人群活动的街道气氛等，这一切都是改革开放社会经济发展的结果。任兴常以高视点、多角度去表现美的境界，使人在画中感受时代的气息。

  我曾用油画作过一些国内外城市的楼群写生，对表现楼群建筑空间的宏伟与繁复有所追求，对其难度也深有体会。而任兴是在宣纸上用大写意的方法去表现《城市斜阳》《白云山下》《香港之晨》等作品，其笔墨的酣畅淋漓，完全是胆识与魄力使然，从中不难感受到画家作为现代人的情怀与进取精神。

  也许是职业的特点画家习惯于夜间观察夜色，《小区之夜》《节日之夜》《高架路雨夜》等一系列带"夜"字的作品画意虽各有不同，表现夜色灯光的气氛之美都是共同的，充分发挥了黑白对比和墨色变化的表现力，根据特定的构思和意境的追求，决定色彩的运用，使墨与色相结合，使画面浑融于一体，使黑夜充满了生气。《降临城市的飞机》《高速公路隧道》都是以强烈的黑白对比取胜的别出心裁的作品，《晋阳夜色》一作则具有朦胧的、温馨的艺术魅力。

  我国绘画自古就有表现自然的阴阳凹凸之要求，当代的山水画家已有不少强调山川光影的作品，表现城市生活中灯火辉映的还不多见。任兴以墨彩结合表现现代城市风貌，尤其是夜景的辉煌，是更具有开拓性的艺术实践，足以令人振奋。

  一位老画家曾说过一段话，大意是：学油画的转向国画大都有所成就，学国画出身的转向搞油画几乎没有转成功的。任兴属于前者，因有素描和油画色彩基础，又有全面的艺术学养。别的不说，他的歌喉表现力在美术圈内就是非同凡响的。绘画与声乐都讲究气韵，而且要生动，任兴的综合实力在绘画中得到展现和升华，绝非偶然。

我也曾与任兴交谈过关于画上题字的问题，为了作品的充实、完整、形象的丰满、厚重，还需从书法艺术中汲取滋补的力量，以发扬写意精神，使作品富有中国的文质特色。

（原文发表于《羊城晚报》1999年6月9日）

缅怀中国油画老前辈

今年是我国民主革命先驱、中国油画艺术开拓者李铁夫先生130周年诞辰，为了纪念他，现将一篇20多年前访问冯钢百先生的笔记整理一下，提供给美术界同行及美术爱好者，聊表我的一点心意。

1978年2月4日，我与同事黄渭渔女士一起到冯钢百先生府上拜访，目的是了解冯、李两位先生的历史关系，以资美术教育研究工作。

冯钢百先生是1884年生，新会古井人。他早年到美国学习，37岁时学成归来，那是20世纪20年代初。"教育厅长许崇清要我办学，任教于广州美术学校，"冯先生说，"我21岁在旧金山读伯格里美术学校，此前先在墨西哥读美术头尾五年，应当学四年，要我多读一年再派送法国学习四年，我去过美国很困难，因为法律规定不准华人从墨西哥过境到美国。"

当我们问起李铁夫先生的情况时，冯先生说："我在旧金山格里美术学校学了一年就去了纽约，当时在纽约很多华人国民党员是我们的同乡，李铁夫在纽约任国民党支部书记，大我两三年（李生于1869年，此言有误——笔者注）。我当时在纽约夜晚做洗衣工，白天学画，在纽约九街学生美术研究会。

冯先生继续又说："李铁夫由加拿大去美国，他的伯父很有线，但是保皇党，李是同盟会，就不理他了。李铁夫是鹤山人，孙中山去美国是李铁夫照顾他，当时孙没有钱，……，孙曾经到鹤山会馆去讲革命。"

当我们问起李铁夫先生在纽约的情况，对他有何印象时，冯先生说："我在纽约呆到了37岁，李铁夫虽生活困难，饿几餐都不讲穷，谁去他那里一讲'捞世界'，他就走人，就说有事。他常说，'我的画值大把钱'。"

关于李铁夫先生回到国内的情况，冯先生说："是蔡元培拉李铁夫住陈铭枢家，陈曾给李几百元的资助"。"我告诉孙科，李铁夫归来。孙说要他来这里坐，孙李二人很熟，谈起来我就走了。据说孙科要李铁夫给他妈画像，李未出声，就未画成。孙科给李三百元，当然在美国画像远不止此数，孙科对李铁夫不热情，李觉得看不起他"。

油画《冯钢百像》是李铁夫先生回国后的代表作，我们请冯先生本人说说这幅画产生情况。冯先生说："那是在香港的余本画室，在抗日战争期间画的。我知道他的性情，要他试一下牛顿厂的颜料，他才画的"。他又补充说："和李铁夫谈小事他不高兴，要谈去月宫他就高兴。要和他上街时，他常以还忘点东西为借口而回去。"

访谈结束，我们站起来仔细欣赏了冯老挂在厅中的几幅肖像画后，谢别而归。

今日翻起21年前的笔记，思绪纷起，感慨良多。李铁夫先生已于1952年逝世，生前任华南文联副主席、华南文艺学院教授。虽无缘相见，但从他遗留、捐献的大量作品

和档案资料中我得到了多方面的精神营养和启发。冯钢百先生115周年诞辰,生活到百年而终,接受我们访问时已是94岁高龄。更令人难忘的是,1979年,他95岁时,还应邀到广州美术学院给研究生上课,还做模特,与大家交谈,老中青汇聚一起非常融洽。我的素描《冯钢百像》就是在这种气氛中产生的。

李铁夫、冯钢百等老前辈都是我国美术事业的开拓者李铁夫先生的油画、水彩、水墨画、书法、诗稿等遗物是他的精神与情感的体现,是留给后人的宝贵财富,是永远值得学习和研究的。

(写于1999年11月20日)

尽人生责任，游艺术林府
——写在欧初艺术博物馆开馆之前

广州市兴建艺术博物院是广州市的一项文化盛事，其中的欧初艺术馆，颇具个性特色。

这个艺术馆陈列的展品均为广东炎黄文化研究会会长欧初先生所捐献，展品分三个部分：第一部分为欧初先生与当代名家合作的绘画及五桂山房藏画；第二部分为文房四宝藏品；第三部分是古陶瓷藏品。这是一批凝聚着欧老平生心血的可赏可鉴的珍品，其中有不少令人钦敬的故事，每一件展品都体现着欧老的好学与研究的精神。

欧初在年少时就接受了民主革命思想熏陶，读高中时就参加了广东青年抗日先锋队；1940年，受党指派组织抗日游击队，任广东人民抗日游击队珠江纵队第一支队支队长；第二次国内革命战争时期，任粤桂边区人民解放军政治部主任，并任东征支队司令员兼政委，亲率队伍东征粤中，任中国人民解放军粤中纵队副司令员兼参谋长。欧老原是一员武将，中华人民共和国成立后转为文职，任东省人民政府秘书长等职，经历了"文革"的考验。逐步落实干部政策后，任广东省轻工厅厅长，省计委、经委副主任等职务。进入改革开放时期，先后任广州市党、政、人大，省顾委等领导职务。几十年来，他在繁忙的公务之余，志学文艺，经过长时间的努力，乃有所就。他自谦地说："我文化水平不高，喜爱文艺，自五十年代与诗书画界接触，开始收藏书画，'文革'期间在干校放牛时学诗词，容许回家探亲时，偷闲临习汉碑，后来又学画老来红。"欧老为官能放下架子，广交朋友，这既是工作的需要，也为深入地研究学问创造了有利的条件。退休后，他又肩负起广东炎黄文化研究会、孙中山基金会的领导工作，组织社会力量，开展学术活动，主编和出版《屈大均全集》等一系列岭南文化历史文献丛书，业绩卓然。

近年来，他先后出版有《欧初书画集》《五桂山房用印藏印集》《桂山房诗文集》《芸窗清供——欧初珍藏文房四宝选集》《少年心事要天知》等书，从不同的侧面反映了他的为人以及他基于人生观、审美观、价值观所创造的精神财富。

五桂山房是欧初先生的书斋名，在《少年心事要天知》书中他有言："一提起五桂山，我恍如一位诗人，思绪如同山涧流泉，奔腾起伏。我感到年轻，感到有劲，更感到做人的意义所在。"情溢言表，令人神往。中山五桂山是欧老的故乡所在，也是他年轻时战斗、工作过的地方。他曾请人刻有"五桂山房"（黄文宽作）、"桂山"（黄文宽作）、"桂山书房"（李小如作）、"五桂山人"（莫铁作）、"五桂书屋"（黄文宽作）等印，收藏并用于书画，也可见其情系之深广。

《五桂山房诗文集》所收诗文为他在20世纪70年代至90年代中期的作品，无论是

学习、观感心得，还是研究、探索的成果，足可以感受到作者的心声的真切与胸怀开阔。我无能评论欧老的诗词，很想借此作序的机会多学一些知识。欧老之诗是因志有诗，有感而发，力避世俗之病，不乏熔铸古今之佳作。其中有《对传统诗词的继承和发展的一些看法》一文，对创新、提高、技法、炼字、格律、声韵等方面都有研究，提出明确的见解，足可借鉴。

欧老在收藏与鉴赏方面，富有理论联系实际的有利条件和雄厚基础。他社交面广，随缘而学，不耻下问，与许多专家学者都有深交，学术研究之广也非同一般，如容庚的治学、黄文宽的篆刻、方人定的绘画、胡根天的风范等，都因学习、研究和工作的需要而写成文章，弘扬学术研究的精神。

数年前，我曾参观广州美术馆举行的"欧初珍藏文房四宝展览"。这种个人收藏"文房四宝"展览在广州展出还是第一次，在全国来说恐怕也不多见。展品除各种笔、墨、纸、砚，还有各种辅助用品如笔筒、笔架、水盂、臂搁、印章、印盒、纸刀、纸镇等，可说是琳琅满目、丰富多彩。其中，六朝时期的五足青釉陶砚、宋代的抄手端砚（启功先生题诗）、明代的青花开光花卉瓷砚、清代青花博古纹瓷砚，以及近现代出品的各款石砚等展品足以说明仅砚类一项的多姿多彩和十分名贵。欧老出版珍藏文房四宝选集，定名为《芸窗清供》，也是有纪念意义的。

在笔的展品中，有清代乾隆年间的牛角揸笔，是牛角与动物毛的结合；酸枝木揸笔，是木与毛的结合。各有形、质、色彩对比之美；白沙茅龙笔因明人陈白沙束茅为笔，号"茅龙"而得名。茅龙笔为广东新会特产，今人仍有沿用。

墨的展品形制多样，外观有如一座微型纪念馆。墨的历史源远流长，3000多年的商朝的甲骨文是用碳素墨色书写的。《管子》《庄子》都有提到笔墨。信阳楚墓、长沙战国墓出土的竹简多用毛笔蘸墨写成。1982年，广州象岗山南越王越墓出土的墨丸，经鉴定是松烟墨。墨的原料有松烟和油烟之分。据史载，三国时魏人韦诞就取松烟造墨，调以胶、生漆、麝香、朱砂等材料，要在铁臼中捣三万杵而成，书称韦诞法。五代时制墨名匠李廷珪又创"十万杵法"。李廷珪原为冀人姓奚，南迁至歙州，因造出"拈来轻、嗅来香、磨来清"的名墨，被南唐后主李煜赐以同姓，于是"李墨"驰名遐迩。到了宋宣和年间，李墨更加珍贵，流传有"黄金易得，李墨难求"之说，从而使徽墨之声誉广为传播。在展品中有"布浆图"墨，因墨上有镌绘阳画庭院人物劳作小景而得名，墨的背面有诗文款识相配，具有很高的史料价值和观赏价值。值得关注的还有一锭六棱棱形的八宝五胆药墨，据介绍，凡药墨必由松烟制成。药墨有定惊、止咯血的功效，由此也可知中医药学科的渊博。

欧老的藏印和用印有专集出版，可供观赏、研究。藏品中邓尔雅一方二面印，一面记录了当时一班学者督拓广州图书馆金石文字；一面为古文物家督拓百花冢石刻。这印是邓尔雅先生代表之作，不仅有很高之学术价值，而且有历史文物价值，极为难得。还有一方"志在四化耕耘中"阴文篆印，边款为"余髫龄从事革命，转走粤中越四十春秋，虽未敢偷闲而限于才力，工作未能满意，学书学剑两俱无成，徒具虚名良可愧叹，忽忽不觉老之将至，然意气犹为四化工作尚有余勇可贾，今请文宽先生作此印用以言志，亦为自勉自励云尔。欧初志于广州庚申夏日黄文宽篆刻时年七十又一"。这百余字的边款志铭对于认识欧老之为人是很重要的。欧老捐献的与名家合作绘画，富有可读性和纪念性。如李可染题的《虚心有节图》、与刘海粟合作的《竹石图》、与黎雄才合作的《凌霄傲雪图》、与何海霞合作的《顽石移来图》、与许麟庐合作的《秋趣图》、与陈大羽合作的《兰石图》（李曲斋题款）等都可称为珠联璧合之作。其中，有几位老前辈作者已经作古，作品更加珍贵。欧老说，"我不奢望成为一位书画家，然寄情丹青翰墨，既能提高自己的学术修养，又能够为炎黄文化薪火相传略尽绵薄，此中乐趣无穷"。他临文同的《墨竹图》深得清雅之意趣，所作《老来红》《兰花》等无不是寄情之作。有了书面的雅尚，就有了与名家合作的前提和基础。与人合作是在艺术上相谐、在人情上融洽的体现，同时也反映了一定的时代精神。欧老曾笑谈："名家本人作品很多，但与我合作只此一件，所以是难得的。"

1986年，欧老曾将珍藏的名家书画恭奉于中山，供乡亲父老与同道中人鉴赏。黎雄才先生在导言中说道："欧初同志酷爱祖国文物，深知其能弥青史、存鉴戒，启人之高志、发人之浩气，甚于保护文物废寝忘食，不遗余力，甚有贡献。"称欧老是"操千曲而晓声，观千剑而识器"的"书画界之知音"，评价中肯。欧老自20世纪50年代起就将北京的琉璃厂、广州的文德路作为游乐学艺之园地，并开始了文物收藏。这次捐献的陶瓷展品，时代跨越千年，林林总总已有百余件之多，如新石器时代彩绘双耳罐、汉陶俑浮雕、晋青釉双耳罐、南朝青釉三足灯座、五代青白釉瓜棱小瓶、宋影青双鱼碗、元酱釉浮雕云龙纹瓶、明初青花玉壶春瓶等都是珍品。百余件藏品都是历史的见证物，同时也体现了收藏家文化观念的深厚和视野的宽广。

改革开放之初，欧老已年近60岁。20余年来，他的社会文化活动与艺术实践，印证了他的意气风发、余勇可贾、矢志不移的精神。凡学者、好学者都将60岁以后视为第二个青春期，尤其是从事艺术、鉴赏、收藏，正是进入佳期。欧老更属"眼阔、胸宽、路广"，数十年如一日，使学养升华，硕果累累，虽年及八旬，仍健步如常，精神矍铄。何能至此境界？他曾以苏东坡句"一点浩然气，千里快哉风"为题著文，讲述自己的人生态度，阐明生活的意义，给人的启迪是全面而深远的。

在这科教兴国的历史时期，如何提高国民的素质，如何迎接老年社会已是全社会关注、研究的课题。国际社会也在推广终身教育观念，与我国"活到老，学到老"之说是吻合的。应使这种观念深入人心，落实到行动，形成人人向学、学而不厌、以学为乐的社会风尚。各类博物馆和图书馆一样，乃是必需的学习园地。欧初艺术博物馆将给广大青少年、中年、老年观众以丰富的独具个性的精神食粮。

（《欧初艺术馆藏品集》，2000年3月）

《廖钺书画集》序

廖钺先生是一位学者型的老干部，业余钟情于诗、书、画艺术，退休后更是迷恋有加。不久前，在迎春活动中，廖老曾和我谈起他的计划，要出版3本书，计有《廖钺书画集》《廖钺文集》和《中国书画》。为此，需要多方支助，首先要出的《廖钺书画集》已准备成形，便嘱我为之作序。

《廖钺书画集》的内容别有特色，除了作者自己的书画作品之外，还包括了他的夫人陈碧琳书画作品和自己收藏的各家书画作品。集中附有廖老的一篇《画集说明》，其中说道："这里可以看到一个业余爱好者自学的创作中所经历的曲折和艰难的轨迹。"书画集的内容向读者展示了廖老热爱生活、热爱艺术的执着精神和夫妇相互唱随的和谐美感。在言谈《曲折和艰难》中也饱含了乐在其中的甘苦享受。书画集的出版，无疑有利于读者分享老人的多年用心血凝聚而成的创作成果，有助于艺术文化的普及与提高。

人生的环境与足迹各有不同。个人的人文素质的学养与价值观、艺术观的形成互为因果，直接影响着工作与生活的质量，尤其是对老年期的生活质量、身心健康产生深远的影响。

廖钺先生的书画兴趣始发于家庭的影响。他的父亲是一位藏书丰富的中学校长，擅长书写小楷和魏碑，他自小已是耳濡目染。及至读紫金中学时，他曾随傅斯达老师学画，傅老师是岭南派画家高剑父的学生。还有语文课的林浪老师，林老师善于在黑板上作画，辅助语文、数学，给他深刻的印象，至今忆起仍心怀感念之情。

廖钺先生的大学生涯也是多彩的。那是抗战期间的1939年到1945年，他首先考入由广西迁至广东乳源的广东文理学院历史系，1940年转入厦门大学经济系，当时学校迁至长汀；随后，他又转入由云南迁至坪石的中山大学社会系，学到毕业，经王亚南老师介绍到赣州正气出版社做编辑工作。丰富的学历与阅历对编辑工作的助益是无疑的。

中华人民共和国成立后，廖老在省政协秘书处任职，1956年创办《广东侨报》，这是使他感到自豪的全国首家侨报。1958年成立广东省侨联，他任秘书长，一干就是30年；后任省侨联副主席，在侨务工作方面建树良多。

"文革"期间，廖老眼看很多老画家挨批受压，他偏要向书画家学习，临摹字帖，临摹名家作品，在画集中也收入一些临摹品，可见他的学习过程。那时廖老作为省政协委员，每个星期除了参加两次时事学习之外，其余时间都用于书画艺术学习。他在一首《六十自嘲诗》中云"年华空逝六十春，五十学书喜清贫。画笔方兴人近老，珠江东畔笑痴人"。可以见证他的学习精神。

1973年，廖老在越秀山上偶遇天津歌舞团的青年美工顾志新，因有共同爱好，相互帮助，结为忘年交。顾志新在天津给廖老购了很多古碑帖，使廖老深以悉心研究，在研究中，潜移默化，使书作笔墨酣畅淋漓，富有墨润，醇厚的美感。

廖老学习古人有自己的独到见解，不重表面模仿，而是体悟艺术表现内在的含义。他作画以自娱寄兴为目的，也可以说是现代真正意义上的文人画，富有诗书情感的思想基础，没有名利的牵挂，故可任情恣意，奔上艺术的自由王国。

"出自然，情意切"，这是陈碧琳女士介绍廖老艺术风格的概括。热爱自然，热爱生活，并赋予情真意切的艺术表现，这是一切有作为的艺术家的必经之路。

作为一位爱国归侨的知识分子，廖老的激情凝集于他的合诗书于一体的《庆香港回归》大作中。中华人民共和国成立前，廖老曾先后在香港达德学院和泰国华侨学校任教职，曾被反动势力拘禁，经过斗争获释后，回到云南游击区参加反蒋武装斗争。他基于的切身经历，在迎接香港回归祖国时赋诗高歌"百年屈奇耻，雪尽在今朝"；大书"回归"二字，独显深沉而浪漫的神韵。

改革开放20多年来，正是祖国建设飞跃发展的历史时期，离休后的廖老的生活与思维更加艺术化，他的足迹与诗兴，可见于他的诗作《五台山》《青云谱》《黄鹤楼》《长城赋》《长汉山》《雁荡山》《塔尔寺》《滇池》等。读廖老的诗篇，有助于了解作者的思想感情境界，有助于了解作者的艺术创造，同时也有助于了解廖老大书"祖国"二字的分量。

（写于2001年3月）

怀念我的母亲

我的母亲纪艾珍是一位普通的勤俭持家的妇女，生于1906年（丙午年七月廿日），娘家为昌平县纪家窑村。在1925年前后，嫁到相距1公里的东营村与父亲结婚。我是1932年出生的，乳名纲子，4年后弟弟出生，人们便以大纲子、二纲子称呼我们兄弟。我名为长子，实为排行第三，母亲先生的两个男孩都在出生后不久死去，二伯母生的儿子叫虎子，也没有保住，所以母亲和家人对我特别关爱。

母亲没有读过书，没有学名，按民俗一生登记为郭纪氏。我文章开头称母亲为纪艾珍是以新观念对她的尊重，按旧礼教晚辈不能直称长辈的名字，更不能称长辈的乳名，艾珍不是虚构的名字，但又是未经核实的名字，只是在我幼小时候听到母亲和别人谈自己的往事，在与长辈或同辈对话中有这样的称呼，一直记在心里。另外我的学名与乳名的统一，也是妈妈同意的。6岁时，母亲送我去村塾读书，老师给起名叫绍舫。"绍"是同辈人的公用字，"舫"对山区人说来很生疏，又是去声，当我转进县城小学后便用乳名的"纲"字为学名。

母亲自小缠足，这是清末民初北方一些地区的社会风俗，在小说、戏曲、绘画中都有形象的表现。母亲过门后就负起家庭的重担，因为她是家中最年轻的成年人。祖父是位秀才，他和务农经商的大伯都去世较早。二伯父读书、初入中医之门，因为家道不济，父亲在14岁时就被送到北京前门外天宝金店的首饰作坊做学徒工。母亲除了家务劳动还要做些地里的活，如薅苗、摘山樱桃、耙花生等。

我印象最深的是儿时多次随母亲去地里耙花生的情景。花生成熟季节，农户将花生刨出收成后，还有些花生残留在地里，允许同村的乡民去耙那些零星的花生。每次下地母亲总是用白毛巾包头，手持一个大篮子，篮中放一把小把锄，同时给我一个小篮子要我跟着寻捡。母亲的大篮子约两小时就捡满了，而我的小篮子还只是一点点。妈妈见我为难总是笑笑而已，意在使我陪着她干活。一位缠足的妇女挎一大篮子的湿花生走一二里路回家，显然是很辛苦的事。

母亲对祖母孝顺，与妯娌和睦相处，大家庭的和睦与母亲的尊老爱幼是分不开的。祖母有哮喘病，一到冬季咳嗽得厉害，母亲每在祖母入睡前给一块加姜的豆腐，即将整块的豆腐从中间挖开，放入两片生姜清炖20分钟。这是治病的偏方，也是给老人一点营养。祖母那时已届70岁，和大家一起吃玉米粥和自制的咸菜，每日两餐，大都是这样的伙食，有时也吃一两顿玉米窝窝头或贴饼子。母亲自己养几只鸡，有时也给祖母蒸一只鸡蛋，补充营养，祖母总是要喂我几口。祖母住在北屋，母亲晚上要请她到我们住的西屋进食。母亲对待自己非常苛刻，除了每日两餐大锅饭，从不给自己补充什么营养。她尤其珍惜鸡蛋，因为鸡蛋可以交换货郎担上的针线、针花等日用品。

母亲的针线活在我看来也是优秀的，除了裁缝一般的唐装衣服，还会绣花，将选好的花样绣在兜肚上。她在做活时，有时给我一块布，教我用色线锁花纶，教我穿针引线、结扣。每逢春节前，母亲总要买几幅年画贴在炕围上，给我印象最深的是有一年春节母亲说买的年画中有一张多图的"狸猫换太子"是附文字说明的连环图画，使我天天观赏，今日忆起，母亲乃是我学习美术的最早的启蒙老师。母亲的手工活还表现在纳鞋底、做鞋帮方面，整个的手工全过程我记得很清楚，由自搓麻绳、自做布板、剪裁、层叠到一定的厚度，便一针一线地纳起来，针脚均匀、整齐，美观极了。纳鞋底，除了要有针、线、锥子，顶针也是不可缺少的工具，有时母亲要我帮助她找顶针。

无论天冷天热，母亲很早就起床，同时也把我叫醒，帮我洗完脸，待一会儿，就叫我到北屋向祖母请安，教我说声"奶奶您早起来啦？"接着，伯父教我认字，由于他是中医，便将药斗上的中药名写在方块形的纸片上，而成为单个字的字号。据说我在3岁时已能认识一百余个字，经人劝说提醒母亲注意，不要让我用脑过度，影响发育，便停了一段时间。6岁时，母亲把我送到村塾读书，学习写字。村塾教学还是沿袭传统的教学方式，入学要拜天地君亲师的牌位，从"百家姓"读起，一直到"四书""五经"，我只读到《千字文》就转到县城里的新式学校了。在村塾读书，每年过了春节都要请先生吃一餐饭，母亲也要为招待先生做一顿好饭以感谢先生一年的辛勤工作。

在我8岁生日的那一天，我正在北屋向祖母要新麦面粉做的烙饼时，大门外突然闯进几个人将我从祖母身边抢走。出了大门，见到有几位村民已被土匪绑起来。三嫂也被拉去，和大家走向村东北。土匪离村前鸣枪数响。走到一个草坡地，将大家眼睛蒙了起来。这时经众村民劝求，土匪将三嫂放回家。经一个多星期，辗转住了3个地方，最后一个村我听说是叫"大柳村"。每到一地都有人看管。每转移到一个地方，我都觉得离母亲越来越远。我痛苦得总哭，吃不好，睡不好，日夜思念母亲、祖母。他们也经受了思念子孙的煎熬。后经人说票，由父亲在津筹借600大洋赎回我，父母亲以及家人从未说过赎我的详情。经过一场劫难，母亲决定带着我和弟弟迁居到昌平县城，三嫂和表兄纪成铮也和我们住在一起。我和表兄一同上学读书，我读一年级，表兄读四年级。外祖父时常用牲口给母亲驮一些农产品接济我们的生活。

在读二年级时，我患了一种脱发症，母亲很着急，带我到离家不远的地方看病。医生标榜自己是西医，给我头上涂满了红药水，我只能每天戴着帽子上课，周围的人都用惊异的眼光看着我。母亲很为我着急，在无奈之际，有一位在师范学校任教的兆腾大叔给介绍一位日本医生，经过几次诊治，擦了几次专门的药膏，头发又逐渐生长出来。

自卢沟桥事变后，日本人何时进驻昌平县，我不清楚，我只知道日军的司令部设在东街路北的阚家大院，凡骑牲口路过大院的人都要下来，还要向大院鞠躬后才能再上牲口继续向前走。这是我和母亲、祖母等都经历过的事。

我从农村到了县城，增长了见识，开始懂得有关人生、社会、民族等方面的道理。日军占领区的生活是十分困苦的。母亲持家艰辛，我是深有体会的。她要照顾表兄、我和弟弟的生活，衣、食、学习用品都要花钱，节衣缩食到青菜都不吃，每日是粗粮和咸菜，更谈不上吃荤了。母亲的嗜好就是在休息时用烟袋锅吸几口旱烟，我也曾见过她拿出一分钱到邻街小摊买葵瓜子。摊主见一分钱很为难，只有用手在瓜子盆上轻轻一掠，抓起一点，手对手地交给母亲。瓜子之少，实在不值得包装。这也是壮年的母亲平时所能得到的一种调换口味和营养补充的手段了。

在我10岁那年，我和弟弟随母亲迁居天津。父亲在南市租到一间房，离他的首饰作坊不远。那一个一屋一户、南北狭长的大杂院，北屋三间，东屋四间，西屋三间，院门向西，进门对向东屋南间，每到雨天，胡同和院门口都积水，雨后要大家出钱请人清除积水。我们住北屋中间向阳，算是幸运的。10户人家营生各不相同，有牙医、铁路职员、小客栈主、理发师、民间泥塑师、警察、梳头师等，有一间屋是人力车夫，搬走后住进一位糊顶棚的扎彩工。每户有2至7口人不等，一个人口密集、住客从事行业不同的杂院生活是丰富多彩的，也充满了各种矛盾，包括兄弟姐妹打架、邻居吵嘴等，都时有发生。母亲从农村入大城市，还是以朴素、坦诚的良心与同院相处，待人直率而有分寸，表里一致，在家庭教育中从未用损人利己的歪理影响我们。这也是母亲人缘好的根本原因。

初到天津，我和弟弟先读私立的卞氏小学，弟弟上一年级，我读三年级。后来我考上东门内的市立第三小学读高小，一直读到毕业。母亲尽心尽力地支持我和弟弟读书，同时也教我做些家务事，总是用诱导的方式，让我们乐意干活。母亲自己是一位闲不住的人，没事就收拾屋子，擦拭桌子和桌上的器皿、摆设。她那认真操持家务的劳动精神，对我们的影响是非常深远的，给我们兄妹三人后来的独立生活、适应环境的能力打下良好的基础。

1946年，我考入河北省立天津中学（现为天津三中）。这是一间令众多学子向往的学校。我有幸考上，除了个人的成绩因素，还要感念母亲的养育和班主任张云英老师的耐心辅导。

在中学申请到住读的宿舍，搭集体伙食，相对说来减轻了母亲的负担，也使家庭居住条件有所改善，在美术老师王雪楼、胡定九先生的鼓励下，我爱上美术课，并下定决心报考国立北平艺术专科学校，终能如愿以偿，考入国立北平艺术专科学校。那时天津和北平都已解放，一个月后，中华人民共和国成立，定都北京，国立北平艺术专科学校改为北京艺术专科学校。翌年4月，学校与华北大学三部美术系合并，成立中央美术学院，变5年制为3年制，学院充满解放的朝气。每年暑假，学院都安排深入工厂、农村，辅导群众美术，体验生活，或完成布置大型展览任务，我只有寒假春节才能回津与家人团聚。每次寒假回家，我总是假期未满，提前几天返校，无非是为了多些学习。母亲对我选择美术专业和围绕美术的一些学习活动一向是支持的。一位没有上过学的母亲，能够尊重儿子的爱好选择，是非常可贵的。母亲对子女的支持还表现在1951年弟弟参军，1958年妹妹下乡，从另一方面讲，母亲有响应政府号召的觉悟，这也是母亲的大度。

1953年，我大学毕业被分配到武汉中南美术专科学校任教，开始用工资的一半汇给母亲。我已经知道家庭经济很困难，能够变卖的都卖了，为了生活还经营过"恒义成小食堂"，母亲主厨成为养家的主要劳动力。母亲曾坦率地说"不图赚钱，只求保证自家有两餐饭吃"。因我要赴苏联留学，原单位不再给我工资，便中断了给母亲的接济。5年的留学生活，为了抓紧一切时间多参观、多学习，我的家书写得不多，对母亲和亲人深抱歉意。

1958年，中南美术专科学校迁到广州，同时改为广州美术学院。1960年，我乘莫斯科到北京的国际列车经过天津站时，远远地就看到久别的母亲、父亲和弟妹们。他们也急盼着早些和我晤面，大家兴奋得不知说什么好，只谈十多分钟又挥手告别了。父亲和母亲的目光，充满了对我的期盼，那时我的工作和成家都还是未知数。

未久，我与高志在四川铜梁县结婚后，又回广州美术学院工作，仍然是远离亲人。1961年春节，我们回津探视，这时弟弟也已结婚，大家相聚，实在不容易。母亲和父亲都建议到附近的华东照相馆拍一张全家福留作纪念。1961年儿子郭晨、侄儿守民先后出生，母亲和父亲自然为抱孙而高兴。1963年8月至9月，我曾应湖北美术家协会和天津美术家协会之邀，先后在两地举办油画个展。天津展览于11月4日结束，展览将结束时我们夫妇携子赴津参加展览活动，也顺便探亲。这又是一次家庭大团聚机会，又在同一间照相馆照一幅三代人的全家福，这确是大家庭最幸福的一个时期。好景不长，在镜框厂工作多年的父亲因患绝症不幸于11月4日去世，那时我正准备到黄埔海军部队写生，只能用书信慰问母亲，悼念父亲。我只能汇些钱请母亲和弟弟料理丧事，母亲和弟弟、妹妹对我应是理解和体谅的。

史无前例的十年"文革"开始了，我和众多的"革命对象"一样，都要经受战斗的"洗礼"。我没有将自己的遭遇与感受告诉母亲，以致后来对亲人、对儿女都不讲，无非是免得使他们难过，增加内心的阴影。后来我也知道母亲在天津街道"破四旧"中也经受了一场考验。

1969年春，我带1964、1965两级学生到三水接受贫下中农再教育。4月初的一天，突然接到家中电报说母亲病逝的消息，我内心沉痛得沉默了许久，便向学院工会申请一点钱，将加上手头的积蓄共300元汇回老家，请堂兄和弟弟商议，按母亲回归故土的心愿办理后事。

母亲享年63岁，母亲的一生经历了清末、民国初期、抗日战争、解放战争、中华人民共和国成立、"文革"等历史时期。母亲是我人生的启蒙老师。她一向尊重我的个性发展，从未用打骂的手段教训我，总是以坦诚、与人为善的处世态度给我以示范。母亲作为一位家庭妇女用尽心力伺候四代人——二祖辈、父辈、我们兄弟妹一辈及我们的后辈。正是母亲的辛勤劳动和善良的美德，使我们从大家到小家庭都得以过着祥和温暖的幸福生活，使大家庭与小家庭都成为社会的健康的细胞，是母亲给我奠定了人生的物质基础和精神支柱。

写到这里我的泪水涌出眼眶，双流而下，内心无法平静。我希望写此文深表对母亲的思念，也希望我的同辈、晚辈亲人不忘母亲的恩泽。

（写于2001年3月19日）

冠华肖像画像

"冠华"是人物肖像主人的真名,姓林,她与先生志全都是艺术保护人,结交了许多美术家。我与他们夫妇是应邀在顺德举办个人油画、书法作品展时认识的。志全已是一位富有经验的艺术设计师,有一定绘画基础,他还找出自己早年学画时的素描作业本给我看,在言谈中可以感到他对绘画的挚爱。我展出的油画全部都是风景写生,他却在用电脑制作的请柬上印了一幅《戴红帽的女青年》的头像,其善意完全可以理解,我曾担心会起误导的作用。展览结束后,志全再三提出要我给他的夫人林冠华画一幅肖像,不满足于头像、胸像,而是要求画一幅带手的半身像。画肖像要双方理解,互助配合才能获得圆满的结果。他们不惜从顺德到广州多跑几次,我为他们的诚意所感动,要下决心尽力而为。

在作画之前,我曾放话,多带几件服装及围巾、披肩等衣物,以便寻找色彩的对比与和谐。冠华是一位身心健康、相貌特征鲜明的女性,没有带很多可选用的衣锦来,这可能是她对自己形象美颇具自信心的一种反映。在我的画室里适合做背景的就是书柜和书架,因为她穿的紫色毛线外衣,在黑色的书柜和黑色内衣的衬托下,肤色更显洁白与明净。总观上去具有一种纯真朴素的美质。

画家为了传神写像,总要多方面了解自己的写生对象。在自然的交谈中,我得知他们要我画的这幅肖像乃是志全在情人节所送的礼品,以用心纪念他们结婚十周年。这是生活美的象征。当我听到缘由之后,眼光更加明亮,为了成人之美,更应认真对待。我画人物既要表现人物特征,更要尊重对象的个性,一切从写生的对象出发,尽心竭力地探索,自己的风格也会自然地流露出来。

经过四次广州与顺德之间的往返,六场次时间不等的互相配合,终于完成了这幅画作。在交谈中我告诉冠华,达·芬奇所画的为后人世世代代的景仰名作《蒙娜丽莎》前后用了4年的时间,虽不是天天在写生,前后4年的时间里花了多少心血是不难想象的。这也是为什么经过数百年历史的筛选,至今人们仍将它当作人文美的象征,而且还在不断扩大它的影响。它是画家与被画者默契合作的结果。当写生快完成的时候,主人公林冠华征询我的意见,让我给这幅画写个题名,经过短暂的思考,我说就叫《冠华》吧。她点头表示赞同,还要我写一篇关于这幅画写生的心得。我答应了。因为1994年我曾出版一本风景写生专集,每幅作品下面我都加上了一段作画的回忆,便于读者了解每幅作品产生的经过。也许冠华看到了这图文并存的专集于是提出了这种要求。我为他们夫妇能够全面理解我的工作意义而感到开心。

(写于2001年3月19日)

油画《牡丹》记事

我作油画牡丹写生始于1990年春节，完全是一个偶然的机遇。我及时把握了这个机遇，而后更加热衷于花卉写生。花卉写生丰富了我的艺术生涯，也使我的精神生活更加充实。

南粤的经济勃发带旺了广州的传统花市，吸引了北方花卉南下。那年曾举办牡丹花卉展览，山东友人要求我题字助兴。展毕，友人相继赠我两盆牡丹。面对两盆牡丹，我欣赏良久，激动之情使我下定决心立即着手写生作画。

首先想到的是两盆牡丹，怎样构图，怎样画。第一个方案是在客厅的墙角前后摆列，站立写生，俯视取象，是为了多些表现花朵的全貌，减少花盆在构图中的比重。此外，在颜色造型的过程中自始至终都要自如地抒写实感，这也是艺术风格创造的基础。为了写生的连贯性，我对来访者、拜年者不得不有所慢待，只能不停笔地边画边谈，取得他们的谅解。经过三天的连续"作战"，我完成了第一方案，给这幅写生命名为《牡丹初放》（现藏于广东省美术馆）。紧跟着第二方案的实施，将两盆牡丹放置在画室的一个墙角，画室是土红色地砖，在色彩上与已开放的花朵有更多的响应与和谐。我同样用三天的时间，画到花瓣谢落，不得不停笔作罢。为了区别前幅，我便把它命名为《牡丹盛开》（现藏于广州美术学院美术馆）。连续一周的写生实践使我的艺术创造能力得到一定程度的发挥，我笑谈为过了一次"革命化的春节"作品面世并逐渐得到一些知音的赞许，在欣慰之余，我开始注意收集有关牡丹文化的资料，以便提高再作牡丹写生的内涵质量。

5年后，借赴豫鲁讲学之机，我顺便到菏泽参观牡丹的盛产情况，开阔了眼界，增加了对牡丹的感性认识。由于时间与交通的限制，我只是在居住地画了两幅牡丹。

1997年，我又随校友专程到洛阳参观写生，正是牡丹节期间，全城活跃，诚如古人诗句中说的"花开花落二十日，一城之人皆若狂"。我曾深入到几处牡丹园写生，真是春光明媚，空气清新，游人们围绕着花丛，欢声笑语不绝于耳。我的紧张的写生态势，常常得到摄影爱好者的青睐，有的摄影作品还及时得到发表，并寄赠给我，令人感动。

次年，我还在附近市场买到一盆牡丹，放在不同的环境位置与其他花种并放一起，作了3幅构图不同的作品，也算抓紧时间，充分利用了这盆牡丹，满足了艺术创造的乐趣。

作为画牡丹的指导思想，其中有三点认识要在这里说明。一是在我国传统画论中有"绘水绘其清，绘花绘其馨"之说，视觉的东西要画出嗅觉来，我的理解就是把握花卉形质的生鲜和光色的神韵。二是欧洲油画花卉的传统精神的感染及先师吴作人先生的

"芍药"油画的印象。吴先生的油画花卉创作是画笔、画刀兼用的,格调清新、雅致。三是一次与王肇民先生共赏一幅前辈的墨画牡丹,王先生评说"花形尚可,根茎较弱",并解释道."牡丹的根茎是木本的,作者画成草本故弱"。我继问知识的来由,答道:"这是我读中学时就知道的,是美术老师讲的。"我立即想到美术教育之重要,无论是作画,还是评画,知识都是重要的。

后来我才知道牡丹又称木芍药,全身是宝,丹皮可入药,花瓣可入食。牡丹自古就有国色天香之誉,不仅文人墨客留下了大量的诗文和画迹,在民间艺术中也广被用于美好的象征。

除了画牡丹,我也画了一些芍药。它们根茎有别,为草本,还有花叶也有明显的不同。芍药叶为单尖叶,牡丹则为宽而开叉的叶形,但花朵形色极为相似,难以分辨。总之,画好花卉的前提是热爱生活,不断求知进取。

(写于 2001 年 12 月)

文艺师友,学者风范
——记于安澜先生与我的忘年交

于安澜先生是我心仪多年的一位良师益友,更是我所尊崇的学术前辈。为纪念于先生100周年诞辰,我开始回忆往事,缀辑成文,深表对先生的思念与敬意。

前些年《随笔》杂志刊发一篇题为《画家郭绍纲》(作者罗远潜)的艺评,文章开头就说:"与同代画家相比,郭绍纲教授是幸运的。"诚如是,人生多际会,任何幸运都有其因果性与连续性,请容我仔细道来。

1960年夏,我从苏联留学回国,行将赴蜀结婚,一对老同学夫妇赠我一份婚礼,就是新出版的《画论丛刊》精装本上下两卷。我从书上得知编者于安澜先生的姓名,再翻阅目录,发现这是一项关于中国画学纵横全面而系统的研究成果。从此,《画论丛刊》便成为我经常翻阅、学习的书籍,40多年来,还没有一本书像《画论丛刊》那样使我爱不释手。

历时5年的留学生活,使我拓宽了视野。我在深入熟悉西方艺术的同时,也从未疏略自己中国文化根基的深化,见到一些西方画家受到东方艺术的影响,也听到过他们对中国艺术的称赞。我认为美术教育工作者应具有贯通古今、兼容中西的胸怀,才能在社会进步发展中、在中西艺术异同的比较中,扬长避短、去芜存菁。学习历史,学习前人的经验,是提高自身修养的前提,也是教书育人,明确教学指导思想的需要。否则,艺术观念、艺术视野、艺术实践必然会受到很大的局限,以至陷入误区,常说的古为今用、洋为中用也就无从谈起。

于安澜先生所编的《画论丛刊》与另编《六朝韵谱》于1936年已出版,24年后,社会巨变,《画论丛刊》又经人民美术出版社重新出版。从丛书中的《重校自序》可以知道于先生编书的初衷,以及为重新出版"重加校勘、订补疏漏、更为断句、便俾阅读"所付出的严谨而细致的心血劳动,令人感佩。

于先生是语言文字学的专家,又兼擅书画理论与艺术实践的研究,不同于一般的学者,更能鉴别美学之精微与广博。所以先生能云:"闲尝感历来论画之作颇多精深者,惟以卷帙零碎,多刻于各大丛书,网罗不易……张祥河之集刊,专而不备。近人黄宾虹之《美术丛书》既失驳杂挂漏亦多,更以不择版本,校勘疏略,学者病之,每思简选善本,详加校勘,汇为一编,以便读者……"这就是于先生致力于画学学术的切身体会,从而萌发编书之动因。

《画论丛刊》两卷本选入了自宗炳的《画山水叙》至蒋骥的《传神秘要》共50余篇,扼要地集中了中国绘画理论的精髓,各篇作者且有时代、风格、文理重点的不同,但可以发现在诸多方面的一脉相承之处,以及作者自己的独特发挥。在山水画论方面,如宗炳、郭熙、韩拙等人都在自己的文中提到四时景色特征、季节与色彩的关系等自然变化规律。郭熙的《林泉高致集》对后人的影响广泛，并早有俄译文本刊行。清人沈宗骞著有《芥舟学画编》四卷，被誉为画道指南，同时也被日本南画界所推重，以至奉为金科玉律。沈宗骞，号芥舟，兼擅诗书画，画兼山水、人物。他提出："华之外现者博浮誉于一时，质之中藏者得赏音于千古。"我视之为艺术实践中价值取向的参考。中国绘画传统丰厚与深奥，需要有心志者去挖掘。至于怎样继承与弘扬，也可以在诸代的画论中找到答案，即要摆正师人、师迹、师造化的关系，才能在实践中有所发现，有所创造。

1981年深秋，我应河南大学美术系之邀赴汴讲学，并举办个人作品观摩展，有幸与心仪20余年的于安澜先生相识。于先生为中文系教授，时届80高龄，对我的讲学、展览活动给予热情的关注，出席大堂讲座，登楼参观展览。先生的谦和、重教的精神，令我非常感动，还特邀我到府中作客，设家宴，如待亲朋故旧，并慨赠书法作品，为我提供了理想的、宽裕的学习机缘。于先生年长于我30岁，对我有忘年之热情，所以视为良师益友。自汴返穗后，为向于先生表达谢意并视贺新年，我便写了一首拙诗回敬，并请先生雅正，兹赘录如下：

师翁画论编，习久悟翻然。本末易颠倒，形神难备兼。
讲学数日客，领教一席间。厚待勉新辈，念深晤蔼颜。

不久，于先生回函，以长诗给以鼓励：

瑞雪飘窗帷，门来绿衣使。递我岭南书，展阅欣然喜。
环诵寄怀诗，铿锵叶宫徵。推评增惭愧，款待实粗俚。
自念治艺术，虽以幼童起。但少基本功，更少精深理。
羡君得天厚，留学行万里，博阅名家论，多览佳山水。
载誉还祖国，美院拥皋比。讲学遍南北，门墙蔚桃李。
百幅展高楼，来宾叹观止。欣赏不忍释，尤希罗柴几。
特寄昔日照，珍重托双鲤。愿借生花笔，写我壮年美。

先生在附寄的照片背后用钢笔加注："一九三零年摄于开封北书香街美丰像馆，时年二十九岁，安澜题记。"

没有想到，我的几句拙诗，引起先生的诗兴，竟有抛砖引玉之效果。先生直言提出"写我壮年美"令我为之赞赏与振奋，同时又有诚惶诚恐之感。

在汴讲学期间，我曾为美术系绘画教师作油画人像写生示范，画的是一位老人头像。在与同行交谈中，我曾流露过为于先生作写生肖像的想法，同行们都知道面对面的写生作品，需要较多时间的相互配合、默契，才能成功。于先生要求我写壮年美，只能以照片为依据，我有如接到一份考题，不能不尽力遵嘱应对。又因平时忙于教学、教务，我只能利用节假日动笔，所以拖至近暑假才得以完工，经托人送上。未久，先生回函，表示称意说："喜之不尽，这些天凡过访者见之，交口称道，笔端造化足以返老还童延朱颜于无穷也。"先生热爱生活，鼓励后学、溢于言表，使我有应试过关一般的轻快。

丁安澜先生在这次用3页纸、40行的毛笔信函中谈及的艺术问题很广，诸如形似与传神，素描基础与绘画题材及表现力，对古人、今人的评价等都直率地发表了自己的看法，先生的坦诚与灼见也令我感到欣慰。

1982年7月中旬，我还收到于先生寄来《画品丛书》一册，用毛笔题签赠我。从序言中我得知先生在《画史丛书》校出后，即从事《画品丛书》之审阅，积藏十余年。"文革"结束，于先生高兴地说："今者国家领导关心学术，特重科学研究、发明、创造，既弘奖而广播；文化遗产亦推陈而出新。百废俱兴，蒸蒸日上，借补过去之损失，更期四化之早现。"此书出版于当年的3月份，正是先生80岁诞辰对社会之贡献。

1985年元月上旬，于先生托在广州工作的亲人，捎给我一套《画史丛书》，共5册。其中收入断代类画史，自唐张彦远的《历代名画记》至清代张庚的《国朝画征录》等8种；地方类有宋代的《益州名画录》至清代的《越画见闻》4种；别史类有《南宋院画录》等6种；笔记类有清人周亮工的《读画录》等4种。先生治学编书系统而全面，尽力勤为，数十年如一日，从不同版本之选择、比较、校对、勘定，其中包括讳字之改正。每编都附《校勘记》，从中可知工作量之庞大与精细。先生赠书，鼓励向学，更示以勤奋耕耘的治学精神。

1995年春，我曾应邀赴鲁讲学、参观，顺路访问河南大学，探望于安澜先生，约定到南宿舍府上造访。先生已届94岁高龄，仍谈笑风生，音容未老，精神矍铄，真令人钦羡。先生欣然同意我的请求与建议，在一本小册页上留下墨宝，与陪行者一起在室内外合影留念。先生在册页上作书画，写的是于老为庆祝建党70周年而作的一阕词《调寄千秋岁引》，画则配以岩松一株，诗书画并重，意显情深，独具一格，实属难得之佳作。

自鲁返穗，我将与先生合影寄上，信中除了表达感谢与祝福之意，还希望先生能谈谈自己从艺治学的经历。事隔月余，于先生回函，用毛笔直书，足足写了6页纸，行书85行，计约1800字。先生几近与整个20世纪同龄，从自己的幼年谈起，与美术结缘，及至中学、大学都积极参加书画活动，业余生活丰富多彩。从先生的学历来看也可略知中国现代教育的发展历史。于先生的经验与著述等身，这封长信给我以多方面的启发，使我深思遐想，饱含激励后学的精神力量。要知道这封深具内涵的长信是一位94岁的高龄学者用毛笔写成，且气韵连贯，仅此一点，就足以使后人梦寐以求了。

我读先生的几封长信，有三点认识和体会。

（1）于安澜先生身兼语言文字学家、书画理论家、书画家，早年从卫辉府第十二中学以优等生身份被保送到中州大学（河南大学前身），读中文专业，业余积极参加书画活动；毕业后曾任师范学校国文教师；因功力充实，又被推荐入燕京大学国学研究所，并获国内外学术奖金；进入而立之年，因编著《六朝韵谱》与《画论丛刊》，近60岁时又重校《画论丛刊》，再行出版。此后，继有《画史丛书》《画品丛书》相继付梓问世，这时先生已年届80岁，在《画品丛书》卷首谈到"此第一辑仅开其头耳"并"呼吁同好接力，至今尚无接应者"，在国学方面尚有《说文分类简编》和《论语类编》待印，希望"有生之年，供之读者于愿足矣"。先生的事业心与殷切的期望，昭著于字里行间。国学的承传与弘扬是永久性课题，要多多举办纪念于安澜先生的学术活动，以使于先生的为人风格和教育业绩得到宣示，弘扬国学，造福社会。

（2）于安澜先生自幼喜看姐姐绣花，开始热爱美术，及至中学、大学时期，坚持参加书画活动，组织画会，更任会长，这无疑有利于书面理论造诣的精到与深化。先生鉴取艺术在山水画方面，重画理之清，取材布置之美，对于古人不应以从学者之多寡为标准而褒贬，在人物画方面主张形式与传神的结合与统一。每劝学画青年重视素描学习，掌握西画的解剖、透视、明暗诸法的基础，以补国画之缺欠，还以徐悲鸿先生为例说"即其西画根底深厚，应用于国画"，"所以超过古人推为近代大家"。于先生深谙国故，勇纳西学，这种国故发展观在学界、画界都是可贵的。于先生议论当代画家，有一种不避嫌、吐真言的坦诚风格，有令闻者感动的魅力。

（3）于安澜先生是一位长寿的学者，事业与长寿之道成正比，相辅相成。人生为了事业须要长寿，为长寿要有所作为，长寿才能为社会多做贡献。于安澜先生著述等身，为终身性的教育事业、为社会日趋老龄化所面临的问题，提供了生动的教材和范例。

虽然人的体质、个性、环境及际会各异，但是对于怎样保持身心健康、抵抗物质的精神的病毒与邪说以延年益寿是有科学规律可以认识、可以遵循的。于先生的治学与修身并行相济，这与他胸怀古今，心地纯朴，和而不同的品质是分不开的。先生在信函中说，"承询养生之道，美术、旅游、看京戏当属积极方面。不吸烟、不喝酒、不吃零食，当属消极，平时深羡你们美术家，自寻美对象、设计、构图以至自赏，如食美味，口腹已先领略，获观者叫好，更是大快。如南京李剑晨敬授九十有五，犹举行画展，展简寄来，为贺联比之六朝松"，可知先生兴致多面，志于艺事洁身自律，不随大流，心向高龄的具体目标。

于先生言谈、行文极富幽默感，在长诗《写我壮年美》之后附言："敢乞彩毫及我五十年前庐山面目（时年二十九是年冬毕业）。得勿笑我此老招惹不得耶，一笑。"在收到我的画作后，来函信尾写道："弟月初赴西安参加古韵学会旬日归来，带此笔债又干了两周、接着学校筹备七十周年校庆，以老校友身份如天宝宫女要供给五十年前的材料，有事忙着，亦自忘其老也。"我有见字如晤之感，一位健康、乐观、幽默的老学者俨然于面前，可钦可敬，当时就给我留下深刻的印象，一直回味至今。

在这经济发展、物质丰富的年代，更需要普及精神文明，全面地提高人的生活质量，明示如何实现人生价值。于安澜先生的敬业之心、养生之道，同是宝贵的精神财富，当应被后人世代承传。

（写于温哥华，2002年9月）

艺术写生的光辉

——纪念司徒乔先生100周年诞辰

艺术形象布播于世,其优者常被作为时代文明的标志。绘画传统源远流长,由于历史的变迁,古人真迹仅存者被视为稀世珍宝而难得一见。但古人经验之学说、著述仍有典籍可资借鉴,其中不少仍有现实的醒世意义。关于绘画之难易问题,在两千多年前,就已有"画犬马最难,画鬼魅最易"的见解,这是因为犬马为人类所爱,朝夕可见,画得优劣立即可以鉴别。可想而知,为人物传神写照,其难度更大。今人欲超越古人,只有在认知与训练方面去下功夫才有可能,别无他途。

绘画写生乃艺术教育的基础。在教学中称基本练习为习作,因为还有与其相对应的创作课程。写生也是直接反映现实生活的重要手段,同时是创作表现艺术形象的基础与途径。艺术史中许多优秀的肖像画、风景画、静物画大都以写生贯穿整个创作过程,而获得富有创造性的成果。创作方法是画家自己的选择,作画方式不决定其艺术创造性的有无与多寡,更重要的是画家对艺术与生活关系的全面理解,严肃尽心的工作态度则直接关系着绘画的品质。

清末民初,现代教育在广东较早地兴起,写生画也进入了课堂教学。此后各种绘画工具材料的写生遂成为被人们所重视的艺术活动。在中国现代艺术史上卓有贡献的前辈艺术家中,广东籍人士占有很大比重,这与其社会现代教育文化基础有着密切的关系。在这些先辈艺术家中,司徒乔先生具有独特的代表性。

司徒乔1902年生于侨乡开平,后在广州接受基础教育。他自幼随当小学校长的叔父学习水彩画,及至青年期,深受当地美术团体"赤社"成员的油画作品影响,便作起油画来。1923年,他应同学之邀去曼谷度假,在油轮上面对大海,情不自禁地将自己绑在船栏上,作油画海景写生,以防风吹不测。艺术的激情赋予他勇气和胆识。这幅《海》的风景画,后来还参加了巴黎博览会的展出。

1924年,司徒乔到北京燕京大学读书。他更热衷于到社会底层去寻找画材,当场速写,未及完成的回来默写。画家勤奋进取,使他有条件于两年后在中央公园举办个人画展。作为一位大学生,他的艺术得到鲁迅先生的赏识与鼓励。

基于对艺术的良知与功力,司徒乔曾先后为两位伟人作遗容速写。一为1925年逝世的孙中山,一为1936年逝世的鲁迅。后者的遗容速写传播较广,画家在速写艺术上的建树与成就获得了社会的公认。

"九一八"事变后,司徒乔参加粤人慰劳团北上支援抗日,并在前线写生。为方便作画,俭省开支,他便发明了"竹笔",即用旧毛笔杆,削成蘸水钢笔嘴状,作为速写的工具。鲁迅遗容就是用这种竹笔速写而成的。

抗战期间,司徒乔伴随夫人冯伊湄赴任仰光华侨女师校长职务。画家巧遇一位古琴师,在琴师协助下,以12天的时间,写生创作油画《古琴图》。1939年移居新加坡后,由中国共产党领导的上海中国救亡剧团到新加坡演出,其中剧目有《放下你的鞭子》,司徒乔不仅作演出速写,还用油画创作《放下你的鞭子》,请演员亲自做模特,将画室布置成一个演艺的现场。演员带着感情互相配合,摆姿势,使画家更受感动。经过3个星期的紧张推敲,他完成了这幅有历史意义的代表作,现由中国美术馆收藏。

1943—1944年,司徒乔先生有一趟西北之行。在特殊的历史背景下,据说他在新疆旅行达8个月之久,写生作画180余幅,并作有美文《新疆猎画记》和《告别伊犁》两篇,附刊于冯伊湄著的《未完成的画·司徒乔传》(1999年版)书后。读司徒乔文章有助于了解画家的艺术道路与明丽的人生,有助于解读司徒乔的新疆行的作品。

《新疆猎画记》的长文游记表现了画家对生活的美感,这种美感的丰富性是用精练的文字概括出来的,值得编入人文学科教材。

在《新疆猎画记》文中有《博达克礼赞》一章,开头描述在博达克山脚下转程的情景:"从此下车上马,穿过落红塞道,杂紫舒空,绝类宋人手笔的秋林。我们踏着林下急湍,透迤地缓辔,这四十里的途程里万紫千红,随着奇岩峭壁而变幻。远见一峰顽石叠斑成虎壁,及临壁下,忽闻水声撼天,钻空乔木中,绿水直泻,巨瀑悬崖,水注处群峦环抱,众草滋蔓,云杉栉比,绕谷自成水国,即所谓小天池也。及凌巨壑,苍虬摩天,临岩招展,路转峰回,忽又豁然开朗,一片蓝天,蓦地倒置眼前。我们盖以亲临天地之外沿(天池即瑶池),马背翘首,天风拂面,池水湛碧,玉波莹洁,池大可三倍于故乡之北海;池西奇石童童,高入云表,积雪封岩,池南雪峰擎天,冰岫向阳,默立水湄,沿地东行,约十里,暮色徐张,晚霞瞑合,碧海中已紫云朵朵,四岸亦如琼楼连壁,层栏深锁。"

画家在马背上将连绵不断的景色,尽收眼底,使读者随着文字而入其境,在这些流动画面中的诗情、音色、形质、意象,令人应接不暇。司徒乔先生胸怀大业,在当时就为天池的开发、建设提出了自己的建议:为了合理地利用天然资源,建立融农牧、兽医、美术、动物园、科研为一体的"文化宝库",这种建议至今仍不失为一种可以参考的构思,而具有现实意义。

《伊宁岁晚》一章描述由玉台至三台途中所见。他兴奋地写道:"全面景色,得徐徐入吾囊襟……此行入伊,未始不可视作个人艺术修养之转换点。"到达目的地,作者仍在游思臆想,"心头正在暗自迎接那艺术创作之新机来临"。

司徒乔先生家乡的广东开平艺术馆藏有司徒乔作品和手稿,其中有油画代表作《巩哈饮马图》,就是在《巩哈读马》之后的创作成果。在《新疆猎画记》中《巩哈读马》一章,作者介绍大宛名马及画家以马为师的历史,司徒先生也不例外在"马老师"的启发下,学习的收获是多方面的;"学相马、骑马、画马,还得学吃马肉、马肠,几个月之后还吃上马乳,这是来疆以前未及梦想的事"。司徒先生曾在冰天雪地里用水彩画马,其难度在于用开水作画,一会儿就冷冻成冰,要不停地换水,一幅画搁笔时,双手已冻僵了。司徒先生将写生视为必做"晨祷",其勤、其难都是一般学者难以企及的。"伏马穿林日欲昏,画囊载梦行孑孑"。这是画家《大西沟行》马背成吟的长诗之句。

一路"走马看花",诗情画意连绵,到了驻地入夜诗兴仍在延续。请看"寒夜朗朗天星稀,吹犬偶闻归猎迟,惟灯烛天缘何事?邻家今夕是佳期"。诗句反映作者对周围事物的关注与美好的想象。最后归到自身则叹道:"夜谷寒风裂肌骨,画笔顿令冰魂摄。且让寒飚此心往,好教冬心长清澈。"司徒先生的过人之处还在于诗文书画兼擅之功。

在《三台度岁》一章中,司徒乔还记述了自己油画写生之艰苦。一次重阴之后"作油绘,奈天不作美,执笔未久,狂风直捣余背,重裘不暖,齿颤手裂,不得已,搁笔归寓,时正零下二十七摄氏度,如是履作履辍,三日始强竣事。此三日中,午后气象虽有变化,清晨净海云色,大致相若,寒荒握管,一面与彻骨朔风,袭髓寒流,鼎力相抗;一面将变化万千中的景物,把握在怀,本非易事,油绘既成,他作遂为烈风所阻……"画家身体力行克服困难的写生精神,是一般赏画者难以想象的。当画家遇到一位14岁的哈族女孩做模特达数小时,写道:"余傍炬挥抹,涕流胡湿,手裂欲脱,所画水彩,水落纸上,凝冰成奇趣,归寓检视,女郎单衣上花纹,天然浑合,神韵天工,即水自凝冰所得,一日劳苦,得此收获,良自快慰。"猎画写生虽然辛苦,当有收获时,其欣慰、甘甜也是一般欣赏者难以体验到的。

当行旅出三台,乱雪袭人,在四顾茫茫的荒漠雪海中,司徒先生不无幽默地自我形容道:"马背真宾,全部须髭白若雪人,口腔呼吸亦化水为冰,挂胡如豆,成为昭君出塞一类画面上不可缺少之配角矣。"尽显画家的乐观、想象力与文笔的风采。

在另一篇《留别伊犁》的短文中,司徒先生一往情深地表达了自己对当地风土人情的眷恋。他说:"亲爱的孩子们,和在街上用眼盯过我的朋友们,在最近几天里这个汉子要和你们作别了。他并没有什么礼物答赠这许多的浓情,他只愿美丽的伊犁,将产生无数以颂扬她的美丽为毕生事业的好儿女。"最后他用朴素的语言告慰这些好儿女:"毡房里的一碗奶茶,月牙下的一口羊肉,都会比那丰盛的大筵席合卫生,易消化。"这是出自一位热爱人民群众的画家的肺腑之言。司徒先生当年抓住了一个机遇,与几位农林兽医方面的专家一起入疆,抱着要画十几个兄弟民族生活的愿望,后来却遭反动军阀搜捕,幸得友人之助,得以脱险,并有丰富的"猎画"成果。有文章评论说:"司徒氏冒险至新疆写生,完成作品多幅,氏为以生命贡献于艺术之雅士。"其实这只是他的精彩的人生乐章的一段。

1945年,司徒乔返回广州与家人团聚,未久,又开始了他的灾情写生之行。此行途经广东、广西、湖南、湖北、河南5省份,为期4个月,除有独幅写生如《衡阳街头》《嚼草根》《祖孙》《重建家园》等作品外,最得意的是一幅用竹笔在宣纸上的长卷。关于这幅长卷,画家自己曾说:"只有那些强有力的线条才能表达我内心的情感。"画家夫人冯伊湄对《义民图》长卷描述道:"……几十年来,他手不停挥苦练的功夫,加上对受到不公平待遇的人的万斛同情,一下子倾注出来,可不就能出现这样的奇迹,凭着这么一股奔雷闪电之势,三天之内,一气呵成地创造了三十多个典型,画成二丈六尺的长卷,没有一个不称心的形象破坏长卷,没有一条不会说话的线,线的语言是那么丰富,其中有悲哀的语言,有愤怒的语言、有反抗控诉的语言。"总而言之,都是有动于衷、有感而发的语言。此行之后举办了战灾写生展览。在《展览前记》中画家说:"四个月当中,我穿过五个受灾最重的省份,如同穿过十几层地狱。我生活在被饥饿和被疾病磨难得七分像鬼三分像人的善良者之群中，我踏着被敌人破坏的剩水残山，颓垣断壁；我踏过泥土肥沃而满生丛莽的荒田……简直是寸寸山河，寸寸血泪。"有的报纸用《血、泪，司徒乔的灾民画》为题报道。写生画展引起社会的极大关注，记者与社会名流也纷纷著文，发表评介与观感。画家吴作人先生在发表的文中说："我看了司徒的新作非常感动，同时也美慕他得到这样一个好机会去战后的废墟与无数的难胞接近，并用他那支董狐般的、有力量的竹笔，写下这80幅为抗战而遭遇到颠沛流离，非语文所可喻，非血泪所可诉，悲悯惨烈的劫后史诗。"文后谈到司徒乔在中国画坛上的地位时说："无疑地在我们这些同道中他是强有力的一位。"还有文章赞道："司徒乔先生不但画好，注释也是出类拔萃的。"艺术效果因画笔与文笔的相济而彰显。

《三个老华工》是一件褐色炭棒的素描作品，也可说是深有感触、即兴写生的创作。那是1950年司徒乔在归国途中所遇的3位华工，都是年轻力壮时被卖到美国檀香山的劳工。其中一位已双耳失聪，一位有一只眼已失明。几十年的深重的痛苦磨难完全印在他们的脸上。生于侨乡的画家深知华侨打工的血泪史。这3位华工的经历主要靠那位名为汤心海的不聋、不盲者的讲述。司徒乔听后将同情与悲愤倾注于3位形象的刻画上。虽有风浪，有船的摇动，但画家有在困难中写生的经验，更重要的是饱含激情和"胸有成竹"之气势，使画面一气呵成、浑然一体。不难看出画家运用肯定有力而富有律动变化的线条，并结合以明暗布置，使3位老人的形象跃然于纸上。这种创造性的素描写生，只有在现实生活中有感而发才能产生。半个世纪过去了，我们重读司徒先生的写生艺术，仍有心灵的震撼力。

司徒乔先生回国不久就应聘为中央美术学院教授。1952年，他参加了在北京举行的亚洲及太平洋区域和平会议。大会给他提供了写生作画的条件，为作历史画做准备。每位代表讲话限8分钟，这也是他画速写的机会与时间。

1954年，司徒乔著文《谈速写——全国速写水彩展览观后感》，其中谈道："不可否认的事实是，一幅只需5分钟就能挥就的速写，它所包含的往往是艺人毕生学问修养的总和，也就是画者能在极短的时间内捉住人物（或事物）的最鲜活的形象动态，而使千百年后的人们还能亲切地有所感受，其价值是所有其他绘画形式所不及的，因此它的独特价值是无可怀疑的。纵观一个时代的速写，我们不难看出那个时代未经史家修饰的侧影。"作者还认为"世界上甚少甚少完全没有毛病的速写，"并认为速写"即使是潦潦草草，然而每一笔都是画者对对象的独特认识的记录"。司徒乔先生的作品印证了自己的见解与卓识，肯定速写的价值，鼓励作速写。

1956年秋，司徒先生随夫人回到家乡广东开平，后又去海南等地参观写生，表现中华人民共和国成立后的新人、新事、新气象。其中有水彩画《故乡的早晨》、长卷《潭江夕照》以及《青年突击队》等人物肖像，画家有感于新旧社会生活的对比和所遇人物精神面貌的焕发而当场写生，有时则依据美好的观察记忆摸黑将画完成，他那自年轻时就养成的忠实于艺术的劳动态度是具有示范意义的。

司徒乔先生于1958年逝世。粉画《秋园红柿图》是他生前最后一幅代表作，画的是自己家园中的柿子树。米红的柿果在秋阳照耀下更加灿烂。在立幅构图中，柿树的枝干、果叶主次布置得体，疏密有致，空间层次分明。外光写生已是不易，用粉画作阳光下的景物写生是更有难度的。司徒先生作品耐人寻味之处，是情理并重，写生能够连日依时追光捕象，不放过有用的细节，使树的主体与细部的阴阳向背和色彩的变化都有精到的表现，使观者感受到在秋爽而温馨的意境，突出了柿树的生命之美。他还在右下角题"十月革命40周年为纪年"。这一切都是画家爱心与匠心的体现。

司徒乔先生是一位自学、博学、善学、修养全面的画家。是一位中西优秀文化兼容的画家，他通过写生艺术将自身与现实生活紧密地联结起来，这种联结使他的作品美质中藏，富有真情实感，饱含艺术魅力。他在《画竹》一文中肯定地说："假如一个艺术家要成功地做一个艺术的阐明者的话，他必须具备月光的那种清澈的品质。"司徒先生虽英年早逝，但他的艺术人生给后人谱写了一部全面的、终身性教育的自学教材。

司徒乔先生的一生是以艺术服务社会、报效祖国的一生。他兼擅各种艺术形式，且有多方面的创造，研究他的艺术生涯，有感其全面性与丰富性，有如进入一间经典的艺术学院。正因为他是自学成才，他摄取的与应用的都是人类艺术文明的精华，见人所未见，为人所难为。他会让青少年明确努力方向，使画笔、文笔、颜色贴近生活，表达真意，健康成长；他会让成年人知道如何加油、充电、补课。

我之所以用艺术写生的光辉为题，就在于司徒乔先生在他身处的社会历史条件下，能坚持一条心向人民，深入社会生活实际的艺术写生之路，实在难能可贵。著名的俄罗斯艺术家伊·叶·列宾说过："艺术热爱艺术家身上忘我的勇气，热爱他在美和诗的无限天地中探新撷奇的无穷闯劲。他会原谅作者的错误，但绝不会原谅作品的枯燥乏味和冷漠无情。"中外画论同理共识，司徒乔先生从生活到艺术饱含兴味、激情，同时赋予他以忘我的勇气和无穷的闯劲。这也是他的艺术成果丰硕的根源。

在司徒乔先生100周年诞辰之际，写下我的学习心得，但愿先生艺术写生的光辉，长存于后世从艺者的忆念之中，并化为创造先进文化的动力。

（原文发表于《岭南文史》2003年）

为何炽萍《超越——广州美术学院美术教育系教学改革试验研究》一书作序

20世纪80年代初，在社会改革开放大潮推动下，广州美术学院领导应社会急需，决定建立美术师范系，培养美术教育人才。经过数月筹备，1981年起开始招生。开始几年每年只收30人入学，后逐渐发展办学规模和办学层次，至今学生在学人数已逾千人，教师由几人发展至几十人。由一个专业系的产生和成长，也可窥见广东教育事业发展之一斑。

美术学院办师范专业是全新课题。首先要求端正办学观念，明确教育思想，以从根本上确立建系长远的专业目标和全面的发展规划。为此筹备小组先后分两批走出去，向兄弟院校学习，求教于美术教育专家，如南京师范大学的蒋苏生、陈通顺，中国美术学院的邓白等先生都给予热情的支持和鼓励。为推动美术教育学科建设，在建系的同时建立美术教研究室，使教学与学术研究相济并行发展。这是取经提高认知的体现。

美术教育研究室参与了多次全国性的艺术教育研讨活动，有助于跟上教育事业的发展和明确教育改革的方向。教育学科建设需要学院各系暨附中支援师资力量，也要向社会吸纳人才。同时，美术教育系向各系及社会输送专门人才，无形中促进了学院教职人员的流动，使人才结构优化。

重点专业、重点课程以及重点实验室的建设与申报都是教学实力的检验。

1992年，广州美术学院美术教育系被国家教育部体育卫生与术教育司指定为美术院校办师范的试点，从而获得了深化教学改革与提高办学质量的强大动力。10年来经过两次检查验收，虽然系领导与教职人员新老更替，学术研究的接力却一直在持续地进行，使人才与科研创作成果不断丰收。昔日的众多学子已成为今日分布各地的教学与创作骨干。

何炽萍副教授到广州美术学院美术教育系工作至今已17年，由担任1门课程的教学到兼任5门教育学科课程，既是教学人员，又是自觉的研究人员，使教学与研究相辅相成，并有勇气承担科研课题"超越——广州美术学院美术教育系教学改革试验研究"，其研究成果即将成书出版，是可喜可贺的事。作者善于将教育学原理植根于艺术园地，使美术这个教育分支得到生发、结果。一位读教育学出师的人到美术学院工作，经过努力有此成果是不容易的事。与其说她善于工作，不如说她更善于学习。在与教育实习基地教师通力合作下，一届又一届的学生得到教学能力的培养，"四年不断线"的绘画、语言、文字书写、多媒体运用及实习教案的制定、教学要点的把握等方面的锻炼，都是卓有成效的。

为了适应日新月异的社会进步与发展的形势，逐步提高教育质量，完善我国美术教育学科建设，还需要有更多的有志者参与，并对此书提出意见与建议，以供作者与同行们深入研究、参考。

（写于 2002 年 10 月）

归侨画家司徒乔

在纪念司徒乔先生100周年诞辰之际,我又重读画家夫人冯伊湄著的《未完成的画——司徒乔传》。这本书在20多年前初版面世时,我曾读过,深受感动,后来又买到一本《司徒乔画集》,每次翻阅都获教益。前不久,我曾到司徒先生的家乡,见到开平美术馆藏有司徒乔先生的油画、水彩及手稿等,就更觉亲切,好像在与先生交谈,聆听先生传道。

司徒乔先生是一位勤奋、多产的画家,其作品的艺术价值在于题材来自现实生活,极富真情实感。他的作品还收藏于北京、广州等地的美术馆,可供后人观赏。非常可惜的是,日军侵华轰炸南京时,将他的早期的17年的作品积存化为灰烬,令人痛心。

司徒乔先生是一位爱国忧民的画家。他在北京读大学时,就画了很多素描、速写,反映民间底层生活。24岁时,他曾在中央公园举办个人作品展览,展品《五个警察一个○》和《馒头店前》得到鲁迅的赏识与收藏。从此他与鲁迅相识,还给未名社设计刊物封面、作插图。1936年鲁迅逝世时,司徒乔作遗容速写,倾注了敬仰与悲愤之情,于报刊发表后,引起广泛的共鸣。

司徒乔先生为了学习与生活,足迹遍及大江南北,远渡南洋、巴黎、美国各地。正因为画家热爱艺术,所以他关注社会,在表现现实生活中将自己锻炼成为多面手——素描、水彩、油画、粉画、水墨画、书法兼擅,且都有代表性、富有创意的作品传世。司徒先生还在文学方面有深厚的造诣。在新版本《未完成的画——司徒乔传》一书中后面附有他的美文《画竹》《新疆猎画记》《留别伊犁》《谈速写——全国速写、水彩画展览观后感》共4篇,读后便知画家文思的全面、眼光的敏锐与笔锋的精到,可入编人文学科教材,有助于学者深入了解画家之为人与其艺术的独特风格。

1932年,司徒先生30岁时即患有肺病,此后的作品都是边养病边作画的产品。1938年,他去仰光养病,满怀激情地创作了《泼水节》和《缅甸古琴图》等作品;1939年到1941年到新加坡养病,创作了油画《放下你的鞭子》;1942年返回重庆作《尚未瞑目》,作《国殇图》等画;1943年,有西北之行画华山10幅,后赴新疆写生创作《巩哈饮马图》《生命的奔腾》《新疆集体舞》等180余件作品;1945年,在重庆举办写生画展,引起社会的关注与好评。

抗战胜利后,他到粤、桂、湘、鄂、豫5省份灾区,用竹笔作《学龄儿童》《义民图》《逃荒》等作品,先后在沪宁举办灾情写生画展,报刊记者、社会名流纷纷报道、评论与赞赏。1946年秋天,他赴美求医、寻药、养病,一直未搁下画笔。

1950年,司徒乔先生回国在船上作《三个老华工》素描群像。这3位老人是从檀香山上船的,画家与他们相遇、交谈,得知3位老人都是广东四邑同胞,于1897年即离家别妻到夏威夷高威岛上去开荒耕种。画家在素描上面另附一幅毛笔手书的题记:"在汽船枪手的警戒下,被逼与外界完全隔绝,使一批批的美国资本家发了财,经过53年的残酷压榨,600人死亡殆尽,图中李东镭、汤心海、郑进禄是仅存的9个人中的3个,于1950年9月由夏威夷中华公会募集船费遣返回国,已是耳聋眼瞎、血枯力尽……"生在侨乡的司徒先生从小就知道侨胞的疾苦与诸多不幸,面对3位老华工不能不用画笔传达自己的同情与愤怒。这件作品画家以深刻的洞察力描写了3个确凿生动的人物形象,展示在北京首届全国美术作品展览会上,使人止步、凝视、深思遐想,铭记在心。

笔者也是当年在场的观众之一。司徒先生以深情和心血创造的这件《三个老华工》与《鲁迅遗容》一样具有时代意义,同时也将中国的素描艺术提升到足以值得自豪的高度。

画家夫人冯伊湄写的司徒乔传,冠以《未完成的画》,是因为1952年10月亚洲及太平洋区域和平会议在北京举行,有75个国家的和平战士出席。司徒先生有如记者一样,得到采访、作画的便利,在14天内作了很多速写。和平的主题使画家产生了创作巨幅历史画的意念,仅是作画稿,朝思暮想,推敲再三,就投入了4年时间。

这幅大作准备画在订织的大绢上,在等待织绢的时间里,画家随夫人回乡采访,这也是一次深入生活、继续写生、多出作品的机会。1957年,织的绢已寄到,司徒先生已被家乡的巨大变化所吸引,又开始画《潭江夕照》。这时画家的身体日衰,全靠他那"惊人的忍耐与克制,"(他从来不愿让别人分担他的痛苦)来坚持工作。夫人冯伊湄不无遗憾地说:"他的生命就像一幅未完成的画。"同年11月,司徒先生用粉画写生,作了一幅《秋园红柿图》,既是一幅描写家园柿树的情景并重的现实写生,又是一幅充满理想的象征的作品。

司徒乔先生早年曾任教于广州岭南大学,1950年至1958年任教于中央美术学院,他的艺术教育业绩、著述和大量的艺术作品已作为宝贵的精神文明财富,将永垂于中华文化教育史册。

(写于2003年)

展前自叙

年过七十堪回首，我已从艺五十余载。

1999年年初，我移民加拿大，每年秋季返回广州，两地轮流各住半年，随之艺术活动空间扩展，画材也倍加丰富。

我喜爱大自然，平时观察有素，并坚持勤于动笔写生、写实、写意。笔法巧拙，虽时有参差，但都是诚心感悟自然生机之轨迹。尤有对物象色彩的观察与把握，更要从时间与空间的现实出发，去捕捉动人之处，争取"独得之秘"，须有猎手般的勇敢精神，才能有所收获。因为写生是写生活、写生命、写生动，要有寻觅画机、视而有见之眼力，会心得意之手笔，以及按需或站或坐，一鼓作气之体力，深厚的艺术功力才得以积聚，艺术健身之道也随之而立。

现应翰林斋主人之邀请与支助举办这次油画展，特选出38件作品向各位观者汇报，其中，大部分为一次或多次现场写生之作品，也有几幅是根据写生稿放大加工而成的。如画南澳的《石浪》和画封开的《春雨》等。展品中多数为温哥华和多伦多的风景写生，从中可以看到那里的自然生态与环保情况。

随着社会经济的繁荣与文化教育的普及，中国油画必然也将健康发展并走向世界。我坚信，只要在艺苑中辛勤耕耘，总会有所收获，油画的知音也会日益增多。

衷心地感谢为此次展览付出心血劳动与资助的亲朋好友，感谢各位参观指导。

（写于2003年2月）

捐献作品展览开幕式致辞

各位领导、各位来宾、老师们、同学们：

在2004年新春佳节即将到来之际，在我所捐赠的作品展即将开幕之前，学院党委为我举办从教50周年、从艺55周年的纪念活动，我深感鼓舞和欣慰。这不仅是对我个人的鼓励和肯定，同时也体现了学院对老教师和老艺术家的重视与关心。在此，让我向为这次活动付出辛勤劳动的同志们及前来参加纪念活动的来宾们表示衷心的感谢！

回顾半个多世纪的艺术和教育生涯，我内心激动不已，这是一种欣慰的回忆、温暖的回忆和幸福的回忆。50多年来，在革命文艺思想的指引下，在国内外艺术大师的教育下，我执着追求着艺术，一直执教于广州美术学院，风风雨雨，沧桑几十年。在50余年从艺、执教的过程中，我逐渐认识了艺术与教育、作画与做人、教学与管理的辩证关系，树立了边学边教、边学边用、活到老学到老的终身教育思想，把学习与实践统一起来，不断寻求美、发现美、创造美，并与美术和美术教育结下了不解之缘。

我热爱美术教育，更乐于探讨研究美术教育工作的内在规律。我认为从事美术教育工作的人，首先要正确认识学艺过程中遇到的师人、师迹与师造化的问题。一个人只有真诚地、坚定不移地、身体力行去学习实践，他/她才能在美术文化的薪火相传的过程中有所收获，有所作为，有所创造，他/她才能教好书又育好人。孔子曰："三十而立，四十而不惑。"其实只要我们树立了终身教育的思想，我们可以做到早年不惑、晚年有立以至于大器晚成。学习与实践是延续历史文明的永恒的核心课程，富有人生价值的乐趣就在于学习与经历之中，以学为乐不仅可以满足人生志趣，同时也有利于社会风气的健康发展。

根深叶茂是自然现象也是修学治艺之道。人的精神食粮如同物质食粮一样要自己不断去汲取。只有身心健康的人，才能汲取养料。只有驱除浮躁之心，坚持固本务实的人，才能在创作上、学术上积健为雄，具有独立的思考能力和开拓创新能力。如今我虽是已逾"古稀"之年龄，但我的求知、进取的欲望仍不衰减。我非常珍惜今天的美好时光，并会抓住人生"第二春"，努力学习、创作、研究，为普及与提高美术教育工作而奋斗终生！

近几年来，在家庭成员的大力支持和理解下，我先后四次向学院捐赠了280余件作品，这些作品都是我接受艺术教育和从事艺术教育事业后，尤其是在苏联留学时期创作出来的作品，它们反映了我在那个时期作画的心境。前后对比，虽各有长短得失，但力求将主观与客观的个性表现融为一体的艺术风格是连续一贯的，谨请各位参观之后能给予宝贵的意见，以便使我今后的艺术实践有更为长足的进步。

最后,让我再次感谢为这次纪念活动付出心血的领导和各位同志们,感谢有关领导部门和兄弟院校同学好友发来贺电、贺信对我的支持和鼓励。我对赠送花篮的单位和亲朋好友的心意表示感谢。

谢谢大家!

(写于 2004 年 1 月 5 日)

传神写照，人本在心
——恽圻苍肖像艺术观感

走进恽圻苍画室参观与交流，有两点突出的感受：一是他专心致志地在人物肖像画方面颇下功夫；二是创作环境的改善，画室宽阔明亮，令人欣慰。

人类艺术文明以人为本，绘画之传神写照历史源远流长。中西参照，纵贯古今，在稳定的经济发展时期，也是肖像艺术的兴起时期。绘画各科分工明细，在人物画中，肖像之难在于要表现具体个性的人，而非想象中的人。古人已深知"画犬马难，画鬼魅易"的道理，何况画社会中活生生的、各有特点和个性的人，更要求相貌、神态的肖似、酷似以至逼真，性格、气质的毕现。想达到这种境界的高度，不仅要求作者要具备坚实的功力，还必须全身心地投入工作，深入艺术堂奥才能成功。世界名画《蒙娜丽莎》就是画家达·芬奇为他所熟悉的佐贡多夫人而创作的一幅肖像画。达·芬奇为这幅肖像用去整整4年时间的心血劳动，其艺术魅力的永恒，绝非轻而易举所获。

凡成功的肖像画大都是以写生为基础的，要求被画者与画家配合，达到默契。有效的工作时间是有局限的，是受制约的。画历史人物肖像不仅要借助图像文字资料，更要依靠工作、生活经验，发挥想象力去创作。

恽圻苍笔下的人物肖像，凡熟悉的人观后都会引起内心的共鸣，赞赏他的劳动成果。此时用栩栩如生来形容则会更加贴切，他的作品使这个词语概念内涵充实。再读他的《漫谈肖像艺术》一文，可知其每一幅肖像的创作历程与追求，作品的深度远非一般的人像习作所能比拟。

在20世纪90年代，恽圻苍先后作《晚照——水彩大师王肇民》和《赢来难得晚晴天——国画大师关山月》的肖像。这两位老画家与作者共事数十年，而且都住在一个大院里，正因非常了解，所以更要有进一步的要求。作者将人物形象的探索与意境的追求融于一体，画王肇民以"霜重色正浓"的诗意为导向，将老画家置于晚照的紫红色调中；而画关山月期以"雨后山更青"的青字为意境的主调，画面色彩调性的选择与运用，一切都为了人物形象的烘托和艺术理想的体现。

绘画肖像与摄影肖像之不同在于绘画作者更富有扼要取精、综合概括的自由。传神写照、形神兼备的提出，在于强调人的生命力、人的精神，在于提示学者、画者要尊重对象，振作自我，使主观认识与客观存在统一起来。欲显对象之神，首先要有进取精神，并将这种精神贯注作画的始终，才能有所收获。在人物写生中，造型、求形、捕捉特征必须要有一个反复磨炼的过程。此外，拘形失神、拘形失色、拘形而失气韵生动都是绘画的常见病。所以，强调形神兼备的要求，绝非无的放矢。那些有违天人合一、主观与客观相结合的观点，无助于美术创作的健康发展。

恽圻苍是位资深的油画家。基于修养的良知和信心，他热衷于在肖像艺术中深入探讨，并取得了可喜的成果。为了表现特定的人物肖像，《近代中国放眼世界第一人——林则徐》采用了高浮雕的艺术形式，有助于增加历史的沉重感，引发人们的反思。还有运用素描形式表现《捷足——广东现代舞团团长杨美琦》，这是一幅动势中的定格肖像，背景以陈列大量的报刊资料为衬托，别具设计意味，这也是一次大胆的尝试，在恽圻苍肖像艺术作品中，凸显成果的还是他的油画肖像作品，并且以方形画幅为主，如前述的王肇民、关山月，还有后来作的《风华正茂》《世纪松谭天度》《书画家苏华》等肖像，都置于正方形的画幅之中，油画—肖像—方形，似已形成为画家风格的表层。形与形式、形式与内容之间的关系也常为美术界的话题，其实各种艺术形式都是由人类在不同的历史时期创造、传承、发展而来的，名种艺术形式的存在与发展，都增加了艺术家可选用的范畴和可创造基础，任何现成的形式都不是简单的躯壳，更有其丰富的内涵与层次性。恽圻苍的肖像作品的方形选择，自有其认识与表现的需要。形式有比例和大小，恽圻苍的画幅以125厘来见方为多，有彩色的，有单色为主的，有平面的，有立体的，有肌理粗细的，有色彩冷暖的，有笔法繁简、张弛等方面的变化，这些都决定于认识内容的追求，而产生逐渐深入的形式变化。恽圻苍认为"对于肖像创作最困难的也是最具魅力之点，就是要寻找出在我心中存在的，或在创作过程逐渐形成的那个样子"。他画苏华像就是先对苏华朴实的"广味"的个性美有了认识，才产生了创作肖像的意念，于是选择了在1米多见方的画幅作为半胸像的形式，头像的大小及位置，背景字迹的大小、轻重都是作者为表达画意而反复推敲的结果。这也是形式的层次变化的体现，还有那明亮而含蓄的眼神刻画，都突出了人物的风采：柔中有刚、朴中有色的个性之美。形式由人选择，更要由人去创造。

《世纪松谭天度》是一件非常难得的作品。为了画像，恽圻苍主动联系，多次登门拜访，并认真研读了谭老的文章资料。根据观察、信息所得的构图过程中数次易稿，正当进入正稿创作之际，老人去世的噩耗传来，使他不得不在悲痛中间断地继续进行。这幅肖像曾参加广东油画大展，展后又继续深入加工完成。这也体现作者在艺术上的进取精神与社会责任感。此作品之可贵在于及时地将一位老革命者的形象表现出来。在美术史上，一些表现深刻的老人像被称为传记性的肖像。这幅《世纪松谭天度》承载着106年的人生经历，知史而又爱画者，可以面对肖像仔细品味，从谭老的坚忍不拔、笑对人生的眼神中得到宝贵的启迪。

在圻苍所作的一系列肖像作品中，可以看到有形神兼备的优良传统继承，同时发挥了形色并重的油画语言的特长，其创意在于根据不同的人物，情动于衷，有感而发，给予不同的表现。从《晚照——水彩大师王肇民》《世纪松谭天度》两幅肖像中，可以感到富有深入探索的琢磨意味；而在《荫》《陈香梅》两作品中更富有色彩的抒发、写意的意味，这一切都源于画家眼光的敏锐和洞察力之强，内心的感受，酝酿、厚积而薄发。这也是画家的功力所在，其动力的根源是热爱社会生活，对人物的尊重，将自己的艺术个性紧密地与表现对象的个性结合，这也是艺术家职业道德规范的操守。自然，这是那些"玩世者""玩艺术者"无法做到的。

恽圻苍是位艺术业务基础雄厚的画家，并且长期在教学岗位上工作，在培养人才方面也是卓有贡献的。其聪明才智早在20世纪50年代初期的速写与年画创作中凸显出来。20世纪60年代初，他进入中央美术学院研究班，专攻油画从而步入油画创作之路；20世纪90年代初又曾到巴黎国际艺术城生活一段时间，考察、参观欧洲各国艺术成品，拓宽了视野，提高了眼界，增强了信心，开拓自己的艺术道路，进而选择人物肖像为事业的主攻方向。通过10多年的心力发挥，他取得了累累成果，有些作品已通过大型展览或报刊发表面世，受到观者、识者的赞赏。圻苍的肖像成果来自心力的耕耘，此外，还融合了一种善学的精神，从主题的推敲到技术层面的切磋都能集思广益，征询意见，他的学习对象不仅是前辈、同辈，还包括晚辈，目的都是明确的。

恽圻苍的肖像艺术因有传统的继承，可以说是传统的；恽圻苍的艺术又是现代的，因为他是生活于现代的艺术家，要表现的大都为活生生的现代人。恽圻苍是一位务实的艺术家，没有逐潮的动因，只是致力于表现、刻画他所面对的有个性的心目中的形象。

（写于2004年4月）

一座丰碑，一所学府

——纪念徐悲鸿110周年诞辰

　　重温历史，研究徐悲鸿生前所创造的业绩以及逝世后的影响力，对于发展我国现代艺术创造及其人才的培养，具有继往开来的现实意义。

　　徐悲鸿先生生长于清末民初的历史转折时期，饱经沧桑，从一个普通的美术青年，经历了学习传统、留学于欧洲、奔走于海内外交流文化举办展览、捐资、支持抗战、兴办艺术教育，以及中华人民共和国成立后，创建中央美术学院，当选为中国美术家协会主席。先生虽英年早逝，但在近现代中国美术史上，纵横比较功业卓著，永垂于世。学习、研究徐悲鸿先生的艺术道路，不仅可以了解他的为人为艺的独特风格，同时还可以使我们领悟到美术教育人才成长的规律。

　　徐悲鸿先生17岁就在家乡担任美术教师，经过自己努力研习，创作声名鹊起；23岁时被聘为北京大学画法研究会导师。其间，他曾带会员20余人到故宫文华殿观赏藏品展览，面对展出的历代书画作品，给予一一点评。他全赖自学修养的厚积，才得以在关键的时候薄发以对应教学，不负后学之期望。

　　徐悲鸿赴法国留学，面对形形色色的时髦流派，以智之美术的头脑与眼光选择了欧洲绘画艺术的现实主义传统精华的继承为主攻方向，潜心于素描与油画的基础训练。1925年他时年30岁所作的自画像，是一幅颇具影响力的代表作。我在河北省立天津中学（现为天津三中）图书馆所藏徐悲鸿画集中见到这幅自画像，所留印象深刻，并使我坚定了学习美术的志向。当我考入国立北平艺术专科学校，入住学生宿舍，看到许多双人床上下墙面挂着学长们的自画像，很受鼓舞。今日美术教育提倡现实主义的现代艺术，从自画像起步练习，仍不失为一个方便的途径。

　　如果能够耐心阅读徐先生在巴黎所作的系列人体素描，我们不难发现他那种专心致志的钻研精神，还有那些在素描上的题字记事，既有克服困难的心思，又有情系祖国的胸怀。他的油画《箫声》是坐标性的创作，创作时他时年31岁。徐悲鸿的大量素描与油画作品表明，中国人是可以学好西方传统绘画的，同时也是有独立思想的创造能力的。

　　1927年，徐悲鸿刚一回国便投身于美术教育事业，与田汉等人创办南国艺术学院，育人宗旨为"能与时代共痛痒而又有定见实学的艺术人才，以为新时代之先驱"。不久先生又受聘于南京中央大学美术系，曾奔走于沪宁两地教学。大型历史油画《田横五百士》是一幅坐标性的代表作，就是在教学之余创作的。

　　1932年，徐悲鸿编《画范》出版。这是一部教画、学画、赏画的社会美术教材，在序言中先生撰写"新七法"：一、位置得宜；二、比例准确；三、黑白分明；四、动作或姿态天然；五、轻重和谐；六、性格毕现；七、传神阿堵。主要是针对素描人物写生提出的要求。今日在美术教学中若医治画中的常见病、多发病，仍离不开"新七法"的指导作用。徐先生提倡"拳不离手，曲不离口"的勤奋练艺精神，还提出在素描练习中"宁方毋圆，宁拙毋巧，宁脏毋净"的指导思想。这是打好基础的必由之路，也是优秀的传统治艺精神的弘扬。

1946 年，徐悲鸿赴京担任国立北平艺术专科学校校长，规定国画、油画、雕塑、图案、陶瓷各科在 5 年学制中都要学两年素描。通过素描实践，掌握艺术造型规律，培养审美的创造力，奠定个性风格的基础。

徐悲鸿先生作为美术教育的一代宗师。自南国艺术学院开始，就注意人才的培养和师资队伍的建设，着眼于文化教育事业的久远传承。有真才实学的师资队伍的形成，才使得现实主义美术基础教育得到落实。这对于中国绘画的发展，尤其是对人物画的复兴起到了关键的推动作用。

中华人民共和国成立后，徐先生更加忘我地工作。他亲自主持考试，参加评分、口试等工作，还带领教师在校进修。中央美术学院成立，注入了解放区革命文艺力量，使艺术教育的文艺方向更加明确。悲鸿先生更加努力创作并为战斗英雄劳动模范画像，深入水利工地体验生活，为民间艺术唱赞歌等，均表现了身先士卒的风范。

1952 年，徐先生已卧病在床，还在挂念学校办学情况，计划编印爱国主义教育挂图，拟将历代美术珍品集中编印出版以教育一代代青年学子。

1953 年，徐先生的病刚有好转，还惦念我们这届毕业班尚缺"世界美术史"教育。为了补这门课，他亲自授课，令人感念至深。万万没有想到当年 9 月他就与世长辞，至今已半个世纪了。在这几十年里，徐先生的形象和业绩一直鞭策我努力。我没有放弃过机会，探寻徐悲鸿当年在岭南的活动情况。在香港，我曾拜访新加坡画家陈文希先生，他的画集附印了徐先生给作者以热情鼓励的信函。1937 年，徐悲鸿画展在香港、广州、长沙等地举行，在香港由陈文希陪同，徐先生拜访了前辈画家李铁夫先生。我还访问了赵少昂先生，他感动地说："当年徐先生向中华书局推介出版《赵少昂画集》，要知道那时我只有 20 多岁，二是徐先生见李铁夫作油画的困难，便提出每月赞助 30 大洋的材料费，请他多作画。"徐悲鸿画展在广州举行后，任真汉著文对《田横五百士》的人物关系提出意见，徐先生毫无反感，后来还函请任真汉到学校任教，这是任真汉未曾料到的、感慨不已的事，可见徐先生的胸怀与度量。

古人已提出学艺有个师人、师迹、师造化的关系问题，师迹易，师人难，师造化更难，师人实际上是师人之心。徐先生是极力主张师造化的，心与情相连。徐悲鸿与诸多实有成就的大师一样，其辉煌的业绩是用诚心与真情创造的。本文标题所说的一座丰碑要从大时空多角度去观感瞻仰；一所学府要从大时空多层面去研读，去默念！

（写于 2005 年 11 月 25 日）

《夏立业作品集》序

刚刚迎来 2006 年，艺友夏立业携来即将出版的个人画集的版样给我看，真是洋洋大观，丰富多彩，其中包括油画、水彩、国画、版画、舞台美术设计等，并请我为画集作个序。当我看了他的简历，他自 1956 年考入中央戏剧学院舞台美术专业至今，正好从艺 50 周年，这不是一般的画集，所以要编入上述 5 部分作品。这正是他从艺半个世纪的一次回顾，一次业绩总览，对作者以及对社会的意义都是必要的。

夏立业，1935 年出生于山东淄博桓台县李王村，曾在淄博、济南读中学，先后得到李天凯、张厚进老师的培养，使作为一个中学生的他的画作《珍惜每粒粮》入选 1955 年的山东省美展。1956 年，他考入中央戏剧学院舞台美术系，受业于孙宗慰、张重庆、齐牧冬等先生，经过 5 年制的本科学习，其毕业创作设计《刘三姐》曾参加北京市美展，并被浙江歌舞团搬上舞台，用于演出，可见其学习成绩之优秀。

舞台美术设计为表演艺术提供相应的空间环境，随着剧种、剧目、剧情而发挥设计艺术的创造力，不仅是布景、人物造型、化妆、服饰、道具、灯光，还有现代科技的运用等因素都要纳入创作的任务范围。因此，它要求设计师应具有广博的审美文化基础与综合艺术的创造能力，而绘画则是获取这种基础和能力的途径。

夏立业毕业后，先在河北梆子剧团工作两年，于 1963 年调到广州部队战士话剧团，一直工作到退休。可以说他的舞台美术业绩与战士话剧团团史业绩是密不可分的。20 世纪 60 年代前期的舞美设计《南海长城》获中央文化部优秀奖。继有舞美设计《英雄工兵》获中南区设计奖。20 世纪 70 年代的《秋收霹雳》获全军文艺奖。舞美设计《马克思流亡伦敦》获鲁迅文艺奖。舞台美术是艺术舞台整体表演效果不可缺少的构成因素。连连获奖，从一个侧面可反映出战士话剧团是一个强有力的演出团体，业绩辉煌。20 世纪 80 年代初，战士话剧团有《北上》《南海长城》等 4 个剧目的舞美设计参加全国首届舞美展，并送日本展出。1991 年，夏立业的舞台美术设计和全国话剧金狮奖，在军内荣立二等功。1996 年，他还获广东戏剧家突出贡献奖。他任中国舞美学会常务理事、广东舞美学会会长，当之无愧。

夏立业是一个爱生活、爱艺术、守本分的人。业精于勤，这使他的绘画创作与舞美设计相辅相成。1985 年、1987 年、1992 年，他先后举办三次个人美术作品展览。

1962 年，北京举行春季美展，夏立业的套色版画《西山柿子红》《渠水长流》和《傣家风情》入选参展。这三件作品虽色调不同，都具有明丽的特点，富有装饰性，尤其是后者，结构分明，有如一场舞台景观。1964 年，他创作的版画《槐花飘香》参加全军美展；《收割忙》参加第三届全国美展，由中央文化部组织出国展，巡展 10 余国；20 世纪 70 年代，他创作的版画有《喜送丰收粮》，参加第四届全国美展。

夏立业的油画《宁都街头》充分显示了他把握光色和谐的写实功力。近年来，他创作了沂蒙山区的系列风情画，如《瑞雪盈门》《沂蒙山的金瀑布》《峨石寨》等都是富有地方特色的佳作。作者对葵花情有独钟，创作有《夏日浓情》《葵花朵》《小院》等作品，用工笔式的点色、铺陈方法表现欣欣向荣的花卉，别有新意。《小院》参加了中日合办的《中国的四季》美展，荣获银奖并被东京美术馆收藏。2001年，他在青岛举行油画个展，可知复立业在油画方面也是卓有贡献的。

在画集中，水彩画《西沙银滩》《西沙丛林》《龙眼滩》《田野小溪》和《奇峰晨光》等都是富有深度的抒情之作，表明作者运用水彩工具材料表现特定空间的意境能力是游刃有余的。

画集中的国画《江南杏花雨》《山乡春浓》《春风》等作是拓展性的大胆尝试，从中不难看出有水彩和版画作品的影子，这两种画都是作者所擅长的。用国画的笔墨和颜色表现物象的光影，是为众多画家所注意并付出努力的课题。我认为中国的舞台美术工作者能够注意掌握民族的书画传统，结合实际创作，加以弘扬，是应当给予鼓励的。君不见，在不少影视剧中出现绘画和书写文字的场面中，包括匾额、对联以及商业招幌的艺术表现与特定的时代生活有较大的差距，因而使艺术环境设计的感染力打了折扣，是很遗憾的事。夏立业在这方面的努力，不仅是个人的创作延伸，对于后学者也是有启发性的。

夏立业是一位坚持务实而具有实力的成功者，他于1988年就被聘为全军艺术系列高级职称评审委员会委员，不是偶然的。立业年逾七旬，身体健康，正能随心所欲地创作，美景还在前面。

（写于2006年1月18日）

参加"彦涵·穿透历史的青春画展"活动有感

2003年3月4日,广东美术馆举办"彦涵·穿透历史的青春画展"。在开幕前我见到了彦涵先生,由于久违而感到特别的亲切。美术馆在展览之后举行了一个学术研讨会,宾主交流,同心相印。主持人要我先发言,我感慨良多,实在不知从何说起,还是从学生时代先生的教学谈起吧。1951年,中央美术学院师生利用暑假到天津参加华北物资交流展览会的筹展工作,各班分组都承担了一定的连环画或组画的制作任务。彦涵先生等教师到各班去看创作稿,彦涵先生看我们那张稿时,提出了构思构图的深度问题,给我的印象很深,使我经常回味。这是由空间深度引向内容深度的艺术原则问题,使我不仅当时得到警示,此后也铭记在心,受益长远。1952年,我们又利用暑假到太原工厂实习,丙丁两班一起去,彦涵先生是丁班的带队老师,去太原钢铁厂,我们丙班老师则为李斛、吴冠中两位先生带队,而我作为班代表做些事务性的工作,故与先生们接触较多。先生在座谈会上谈到为了筹备亚太地区和平会议,在太原期间学院电召他回京创作一幅版画宣传画,题目是《我们热爱和平》。此作配合和平会议产生了很好的国际影响。这幅作品表现了一位短发着唐装的青年妇女一手抚胸远望的形象,据说是请女同学王绣为模特画的,作品已为外国博物馆收藏。此画在中国版画史中应有代表性地位。

参观展览过程中走到1948年创作的《审问》一画前,彦涵先生说此画原题为《讯问》,后来不知怎的就改为了《审问》,且一直叫下去了。一字之差,含义不同,我则认为应尊重作者创作的原意,可以恢复原名。

1957年,先生蒙冤,被划为"右派"。据先生自述,问题发生在为江丰辩护。江丰为了使国画专业能表现现实生活,认为应该画点素描,不能只用"红楼梦""西游记"线条,这也是与徐悲鸿的教学思想一致的。结果被扣上取消中国画的罪名,其实江丰的思想是"极左"的,而非右派。就在蒙冤的那一年,彦涵创作了一幅《老羊倌》的木刻版画,老羊倌用双手保护小羊,联系社会背景去欣赏老羊倌的形象,会更能体味艺术作者的用心良苦。

经过21年的内心受到压抑的生活,1978年,作者预感到历史转折时期的脚步声音,一改过去的写实风格,用大刀阔斧之气势创作了一幅《春潮》,富有装饰性的视觉冲击力,令人耳目一新。继而有1982年的《向大海招手》,延续着这种风格。随着社会经济的飞速发展,繁荣稳定,作者仍在关注社会问题。针对某些腐败现象,画家从正面简洁地构思创作了一幅《明月与玉峰相吻》,大胆地运用黑与白、三角与圆的对比,形象鲜明有力。

进入了21世纪后,彦涵先生已是85岁高龄,以自己的双手表现自己的双手,名为

《老手》。这是充满皱纹的手背,记录了作者的艺术道路,非常值得回顾,从而可以感悟历史的变迁和人生价值的创造。

座谈会的发言、提问无不充满对这位高龄的画家的肯定与敬意,彦涵先生的谦虚诚恳的言辞,更是感人肺腑。

当问起一些版画起稿、技法等问题时,先生自己谈到在杭州读书时,曾选修潘天寿先生的国画课,修了3年,最后只剩他一人坚持学习。潘先生仍认真教学并批改作业,可惜作业放在家乡未能保存下来。彦涵先生有国画基础,木刻也是用毛笔起稿的。

从早期的木刻作品就可以看出先国画后版画的造型,富有国画写意线条变化的韵致,可见基础的广博与风格的形成有着直接而密切的关系。

座谈会结束后通过展厅走廊,得知潘天寿画展仍在继续,关于潘先生的历史图片仍在墙面上。这更使我感到在他们的业绩中值得思考、值得挖掘的传统宝藏无比丰富,从教治艺的精神一脉相承,后人必须具有穿透历史的青春活力,才能一往直前。这是彦涵先生的艺术道路足以证明的。

(写于 2006 年 2 月)

"涂志伟美术馆开馆油画展"致辞

各位领导,各位来宾:

涂志伟美术馆开馆油画展的举办是韶关文化艺术界的盛事,我在此谨表示衷心的祝贺!

韶关山河壮丽,人杰地灵,富有悠久的历史文化传统。涂志伟出生于翁源县农村,自幼就具有诚谦好学的精神和知书明理的智慧,这使他在艺术人生的旅途中不断远涉,攀登进取;从一位赴美的留学生,到有资质被推选为全美油画家协会主席。这不仅与在国内接受教育,学习油画奠定基础有关,很重要的一面是他虚怀远志,继承先辈艺术家的优良传统作风,为艺术事业多有创意的贡献;更可贵的还有,他的热爱家乡的赤子之心见诸行动。涂志伟美术馆在韶关博物馆内开馆就是有力的见证。

韶关博物馆开设涂志伟美术馆,拓宽了人们对我国传统博物馆的观念的认知,丰富了博物馆展示文化的内涵;涂志伟油画艺术的普及,扩大了博物馆的观众面和影响力。

博物馆是城市精神文明建设的标志,是珍藏文化之馆,是市民常到之处,也应是旅游者参观首选之处。因此,我们应建立全方位的文化服务的规范以使它真正成为社会教育、科学研究不可或缺的基地。教育要面向未来,提高人的素质,应当不断完善能够吸引教师、学生及家长的优待政策和措施,使他们对博物馆的藏品有知有数,从而增加文化艺术的鉴赏能力,增加他们对所在城市珍藏文化的自豪感。如果大家都能资助博物馆,使藏品量、观众量逐年增长,就是造福社会、功德无量了。

涂志伟美术馆能与观众见面,正是推动社会文化建设的契机。其深远的凝聚力和影响力是可以想见的。在此特向为建馆和筹展付出心血和努力的同仁志士们表示敬意!

谢谢大家!

(写于2006年2月28日)

"列宾美术学院教师及历届毕业生作品展"致辞

各位领导、各位来宾、各位老师同学们
你们好:

在俄罗斯列宾美术学院建校250周年之际,由20世纪画廊在我院美术馆举办这次"列宾美术学院教师及历届毕业生作品展"是很有文化历史意义的。我作为列宾美术学院的校友和名誉教授,在此表示衷心的祝贺!

列宾美术学院始建于1757年,我在留学期间正赶上建校200周年的校庆活动。转眼间,至今半个世纪又过去了,今天有幸在广州美术学院参加这个展览的开幕式,不由感慨万千。我认为列宾美术学院有自身独特的光荣历史,培养了众多美术事业人才,其影响力是广阔而深远的。列宾美术学院最辉煌的时期当属19世纪后半期和20世纪的中期。中国的美术教育就是深受俄罗斯现实主义传统影响的,尤其是在油画方面更加明显。

近几年来,我时居海外,得悉"冷战"结束后美国的美术学者、收藏家们十分关注俄罗斯的绘画艺术。有校友转述,使美国友人惊叹的是:"为什么曾被称为'铁幕'国家的苏联时期能创作出如此大量的优秀作品,令人费解。"有人系统地做了研究工作,还有两本大型图文并茂的画册问世:一本为《俄罗斯印象派》,另一册为《社会主义现实主义》,有助于回答上述的问题。

此次展览涉及近40名作者,他们的年龄、学历差距几近一个世纪。我建议各位在观摩作品的同时,也要认真读一下展场中的作者介绍,可以得到一些画外的东西,目的在于推动我们的美术教育改革,增强我们教育的实力。企望有更多的好学者、有志者投入美术教育的研究工作,因而也使中俄美术文化交流更有活力。

(写于2007年3月22日)

一代宗师，同求大道

——纪念吴作人先生 100 周年诞辰

我国首次承办奥林匹克运动会的 2008 年，也正是我国文化艺术界的一代宗师吴作人先生 100 周年诞辰。通观历史长河，这百年来中国社会巨变，毛泽东于 20 世纪中就有"天翻地覆慨而慷"和"人间正道是沧桑"的诗句，特别是近 30 年来的改革开放，政治稳定、经济腾飞、文化繁荣，国家开始走向富强之路，中华民族屹立于世界民族之林的自信心倍增。

吴作人（1908—1997）的一生，几乎与 20 世纪同行。作为一位推动历史进步的文化人，他自从艺以来，每一个历史时期都有其独特的亮点，这些亮点汇聚成一代宗师的光辉形象，令人景仰。

青少年时期的吴作人已经受了反帝反封建的爱国主义教育的洗礼。他在 17 岁入苏州工业专门学校建筑系，从此立志学习美术；19 岁时已才华显现，受到在南国艺术学院兼任教授的徐悲鸿的青睐，后转入南京中央大学美术系为旁听生，更加接近了徐悲鸿的教育思想和教学环境；后因参加田汉主持的南国社的进步活动而被逐出学校，这令徐悲鸿也气愤不已。殊不知因祸而获得新机。在徐悲鸿的鼓励、支持下，吴作人决定赴欧留学，先到法国学习一段时间，后考入比利时皇家美术学院，深得巴思天教授的器重。在皇家美术学院暑期全院油画大会考中，吴作人的《男人体》获第一名，并获金质奖章和桂冠荣誉，享有个人工作室和一切作画物质材料公费的待遇。吴作人在学油画的同时，还在卢梭教授的晚间雕塑班学习。1933 年，他的浮雕《构图》获雕塑第一名。吴作人的油画《男人体与雕塑男人体》（1932 年作）都能表现作者的素描基本功力。吴作人作为一个中国留学生因成绩优秀而获得多项奖励，表现出中国人学习西方绘画传统的骄人成就，无疑为国人增光，同时也增强了同行学者的信心。

吴作人身在欧洲，胸怀祖国。在 1935 年年初，他就以《艺术与中国社会》为题著文，阐发自己的艺术观，文中有道"艺术既为心灵的反映，思想的表现，无文字的语言。艺术是入世的，是时代的，是能理解的。大众能理解者方为不朽之作。所以要到社会中去认识社会，在自然中找到自然"。继又强调了作者的生活体验与创作真诚的重要性。联系当时中国社会的时代背景，作者的美术观念的宣言是十分可贵的，并从此后半个多世纪所践行的艺术道路和艺术成就得到印证，直到今日，仍具有现实的指导意义。同年秋，得到徐悲鸿的函邀，吴作人回到南京中央大学艺术系，登上了美术教坛。

抗日战争爆发后，中央大学内迁重庆。台儿庄大捷后，在徐悲鸿支持下，吴作人率战地写生团辗转于汉口、信阳、商丘、等地，创作宣传画以支持前方战士，作出多幅战地速写。他参加并当选为全国美术界抗战协会理事，使美术创作与战时的社会文化工作紧密地结合起来。

1942年,他被教育部聘为终身教授、教育部美术教育委员会委员、中国美术学院研究员。

1943年,他赴西北写生,赴敦煌考察临摹莫高窟的古代壁画,创作油画《玉门油矿》等作;次年继赴青海、西藏地区旅行写生,深入少数民族的淳朴生活。沙漠中的骆驼,高原上的牦牛以及高空翱翔的苍鹰都给他以心灵的激发,被形象地表现于此后的创作中。

吴作人在1944年创作的油画《负水女》是一幅表现藏族生活的人物风情画,突出地表现了近处负水女的清纯朴素之美,在中景、远景还有两个层次的人物衬托,富有生活气息和形象真实的意蕴,加上空气的清新、光照的明快、溪水的清澈和潺潺流动,令人向往。此作具有开辟中国外光油画创作之先河的地位。笔者有幸于1949年夏在国立北平艺术专科学校入门院内,首次享有近距离欣赏的机会,初识油画色彩可以表现强烈的光感以及那表现蓝天白云的刀法,印象极为深刻。今用历史的眼光回顾、衡量、比较,《负水女》的开创性是显而易见的。

1946年夏,吴作人应徐悲鸿函邀到国立北平艺术专科学校任油画系教授兼教务主任。1950年4月,中央美术学院成立,他仍任原职。吴作人到京任职不久就由徐悲鸿引见与客座教授齐白石相识。齐白石是一位自学成才的诗书画印兼长的极具代表性的前辈画家,其在吴作人心中的地位可想而知。经过多年酝酿,他于1954年遂有油画《齐白石像》的创作产生。齐白石曾主动上门做模特,于是便有了面对面的艺术写生基础。齐白石的手势、肤色、须发、神态都是肖像画创作的重要构图因素。这采用平光赋色的艺术处理充分显示了作者在继承中西绘画传统中贯通融合的功力,这种功力表现于"尽精微,致广大"笔法,置陈布势的气度。可贵的是艺术表现人物的深刻性要有长期的追求,始能厚积而薄发,使作品在艺术创造性方面垂范艺林,光彩永恒。

油画民族化绝不仅是形式或形式感的问题,任何形式的采用和创造都是作者对于艺术反映生活、表达认识的结果。吴作人的油画是入世的,反映时代的是有感而发的,是一定的历史时期艺术文化的体现,油画民族风格正寓于个人的画风之中,《齐白石像》在中国油画肖像史中的典型性使其具有里程碑的地位。

吴作人的油画创作具有多方面的开拓性,在风景方面的创作早在20世纪40年代就有不少反映西北青海、西藏的风景写生创作,20世纪50年代的《佛子岭水库》《黄河三门峡》以及20世纪60年代的《珠穆朗玛峰》都是代表作,表现大自然的伟力与实景的意境,全赖画家的情感与气度。吴作人在静物画创作方面也时出新意,尤其是在芍药花卉方面给人以文雅温馨的感受,为此出版有《怎样画静物》作经验介绍。

吴作人乃是一位杰出的美术教育家,于1955年任中央美术学院副院长,1958年任院长,1979年任名誉院长、中国美术家协会副主席。他在学校教育和社会教育两方面都尽心意做贡献。在授业、传道、解惑等方面承前启后,为同行和后学者做出了表率。在美术教育诸多学术问题的众说纷纭中,他能抒己见,既有宽容,又能指点迷津。

吴作人在教学中强调画速写,且坚持身体力行,自家组织邻近的教师进修,并为进修室起名为"十纸斋",即每晚画10幅速写。当时吴家住水磨胡同,离中央美术学院火

神庙宿舍较近，住宿舍院内的老师方便参与"十纸斋"的业务活动，从后来发表的作品中可见"十纸斋"的成效与影响力。

1957年，《吴作人速写集》在上海出版，精装喜人，由艾中信作序，评介周详。到20世纪末有《中国现代美术全集》速写卷出版，附文中谈到"吴作人在速写方面整合中西所达成的程度显然也超越于同代人之上，一种纯中国式的现代速写在他笔下有了完整的呈现"。速写的功力加上中国书法笔墨的修养致使吴作人笔下的骆驼、苍鹰、牦牛等形象不仅气韵生动，而且富有内涵的整体性，丝毫没有那种为了笔法而笔法的支离破碎。

1985年，在济南召开全国美术家协会第四次代表大会上，在全体代表的热烈掌声中吴作人当选为中国美术家协会主席。就在这一年，吴作人在四尺对开长幅上用篆体书写"同求大道"四字，用草体书写王冕诗题梅句"不要人夸颜色好，只留清气满乾坤"，抒发情怀。

《吴作人文选》于1988年在安徽出版，收选了自1929—1988年各个时间所写的80篇文章，分类标题有《艺为人生》《诚而勤》《严而后放》《法由我变》《变才是常》《关于新中国的美术》《论中国美术》《论外国美术》《漫忆》等章节。吴作人在序中说道："《文选》集余六十年之文章多为因感、应时之作却真实记录六十年余来所经历之美术道路。当年文艺问题上，论争纷纭，美术界亦各抒己见，以昔之视今，六十年来之风云沧桑意识形态之演变，恐非终吾一己之身所能尽窥也。余笃信事物历史唯物辩证发展之真理……"《文选》涉及面广博，史料珍贵，且富有学术性。例如在《诚与勤》章节选入吴作人研究徐悲鸿的8篇文章。在《严而后放》的章节中8篇文章大都为有关速写、素描、油画基本功问题的意见，对于现今及今后教学练功均有指导意义。这些文章应成为美术课教师与学生必读参考。最后《漫忆》一章是1985年的一篇回忆录，以"艺海无涯苦作舟"为题，叙述自己的学艺经历。总而言之，《吴作人文选》应当是文化学者、美术学者、美术爱好者必备之读物。能够认真学习、研究吴作人给社会创造的精神财富，其中包括他的大量绘画作品和文章，就是对先生100周年诞辰最好的纪念，还有他那儒雅、仁厚、时出幽默的为人风格更是值得学习的。

（写于2008年5月）

在温哥华中央图书馆林再圆山水画展开幕式上的讲话

各位来宾：

今天参加校友林再圆的山水画展，请让我先讲几句。我已经脱离教学多年了。林再圆是20世纪70年代广州美术学院的学生。我属于兴趣比较广泛的人，所以不仅在油画、国画、版画还是其他各方面都给予广泛的关注，关注的目的是吸收各兄弟画种，先辈、后辈以及同辈人的心得经验。我听说林再圆在这儿要举行画展，非常高兴。我虽然和他接触不多，但当他在美院学习的时候，我觉得他是一个温文尔雅的人。后来我们又到中山见了面，一起工作过，应该有更多的共同语言。今天我又到他家里聊了聊，也可以算是对他有所了解。看了他的画后，我是觉得他是一个很用功的人。我认为对一个艺术家来说，那是很重要的，所以我说他有希望，直到今天他仍然热衷于师法自然，能够心有所得，然后把它画到画面上去。当然，比起许多老前辈来讲，他还是处于盛年或是中年，来日方长，如果再继续提高的话，除了要继续向大自然学习，还要广泛地吸取兄弟艺术，借鉴兄弟艺术品种的一些优点。向大自然学习写生，实际上是用笔墨来勾染。

我记得我们古人说过宜浓反淡，则神不全；宜淡反浓，则韵不足。对于这两点，实际上我觉得就是素描关系、明暗关系、深浅关系，另外，我觉得还要在章法上更加精练。我在这儿，就不多说了。

林再圆校友能够在温哥华举办画展，我感到非常高兴，这也是我们校友努力结晶的展示，但往更高一层来说，就是传播中华文化。今天随着我们国家国力的提升，经济的发展，中国人民的话语权声音大了，这个话语权也必然要反映到文化方面，不仅在经济上、政治上、军事上。我觉得林再圆的优势就是他属于文武兼长。他除了写书法，还练太极拳。我为什么要这样讲呢，那都是中华几千年文化的精髓。中国画的山水画、人物画、翎毛花卉，这些画种都是中华文化积数千年来的经验而形成的，中华武术、中华的诗词文学都是中华文化的组成部分。所以我说，林再圆的画展，首先应该是成功的，而且将有很好的影响。我希望以后有更多的同行能展示中华文化。

（根据讲话录音整理，2009年6月6日）

《陈田恩画集》序

旅加画家陈田恩校友将回广州美术学院举办个人作品展览。为了配合展览活动，做好艺术文化交流和向母校汇报自己从艺55年的劳动收获，选编、出版一本画集是十分必要的。

田恩早年曾在广州美术学院附中学习，后入广州美术学院版画系学习，于1963年年初赴港后不久即赴巴黎留学。1968年，他定居于加拿大温哥华，开始了他的专业画家的生活。由于勤奋创作，每年他都有相当数量的作品展出于加美两国各地的画廊。举办个展，参加联展，陈田恩之姓名随着展销作品和媒介而深入到画界与赏家的脑海之中。1983年，他加入加拿大艺术家协会并获资深会员和资深专业画家职称。田恩作为老校友、侨居温哥华的华裔画家，为社会多有义举，自觉担起虽无名而行其实的校友会负责人的工作，社交和接待均有热情得体的表现。从2000年开始，田恩的作品连续9年被卑诗省儿童医院选为圣诞贺卡作为年度筹款之用，广获赞誉。

2011年，田恩荣获加拿大艺术家协会名誉授予委员会所颁予的"陈田恩终身成就奖"，从而成为首位获此殊荣的华裔艺术家。《星岛日报》《世界日报》均文图并重地详细报道其学历和近50年的艺术创作历程，亲朋好友包括校友均受鼓舞，表示祝贺。

田恩从小生长于广州，学习于广州。广州美术学院附中给他以全面的基础教育。他后又到广州美术学院版画系学习，版画艺术的多材质、多形态扩充了他的艺术视野。巴黎的留学生活更加充实了他的艺术观念。田恩有自题座右铭："每一天感谢父母师长，一生不辜负父母师长。"这是他专心致志、不断进取的精神支柱，正如有联曰"知恩图报心田润，饮水思源意味长"。1980年，田恩回到母校广州美术学院访问，并捐赠一大批图书画册，由学院图书馆收藏，深受学院领导和师长们的欢迎与珍视。此后，田恩与母校及校友的联系增多。2004年是广州美术学院附中建校50周年，田恩应邀回校参加活动，与老师、同学们相见甚欢，团聚叙旧，留有大量的图像资料可兹纪念。

田恩的早期创作以油画为主，常画的题材是加拿大的雪景，多有地方特色。在树林与河崖之间穿插一条安静的小河，凸显着黑白版画般的强烈对比。河水几乎是全黑色，雪是纯白色，树木则是中间色的造型，有一种非同凡响的情趣。有时在肃穆的林景之中、在雪地点上一些残留的红叶，增加了视觉上的兴奋点。从树木枝干粗细变化的笔法中，可以明显地看到中国传统绘画的骨法用笔用于油画的发挥。

在油画花卉题材方面，他有着多取大朵的芍药、牡丹、百合为主体的写实风格，追求深入，写实与装饰相结合，风格则追求铺张，繁密，各有千秋。他有时也将瓶花与室内景结合在一起，表现生活环境的温暖与富丽。田恩笔下的花是鲜馨的，有生命力的，充满了生活美好的情感，画家的艺术追求与观者的生活向往相吻合，正是田恩的成功之处。

怀念故土乃人之常情,近年来,田恩的思乡之情反映在他花大量的时间整理其青少年时期的速写和记忆,以白描的形式述说故事于《羊城百景》图册中,诸如白鹅潭、越秀山、六榕寺、长堤、东堤、晓港公园、隔山十香园、大新公司等景点,均囊括其中。这些忆写之图,可见画家线描双勾细致的表现力,结合画中的题记,文图兼顾,才可以感受到作者的情思。如在一幅以树为近景主体的画面中,他题道:"一江春水向东流,时光如流水,忆少年时日美术学院求学之时,常在课余独自挟速写本子沿珠江写生。自春复秋从不间断,晌午、晨曦、晚霞尽情去画,与享受珠江美丽景色。在珠江南岸海幢寺渡口望东北方,且见帆船点点,得此景观,忆写之。"又如《繁忙珠江的夜晚》《隔山居廉画室》《大新公司》等均有历史生活的题记。通过这些勾勒、白描的作品,可以见到画家那种"尽精微、致广大"的艺术追求,充满了人文精神的主宰力量,其深情厚谊需要用心地去品味。此外,尚有一些新页的装帧设计形式,如《历代羊城八景》以红棉花朵衬托,以工楷书写宋、元、明、清各朝代羊城八景之内容变化,具有历史资料的内涵,须要欣赏品味《羊城百图》所联系的历史空间和地理形貌的丰富多彩,方知画家的胸怀与心力尽在其中。田恩不愧为羊城养育的画家。

田恩也常用水墨加重彩表现他所熟悉的生活题材,如珠江三角洲的景色、香港的楼群等,在他的笔下多有浩繁的气势;帆蓬林立的水面和渔家生活,以及服饰艳丽的人物布置更加吸引观者仔细审视的眼球,从形式到内容,都有古为今用的借鉴,因而成为现实生活与艺术想象相结合的产物。田恩的力作很多,只能列举一二简而括之。综观田恩的艺术创作,空间广阔,情趣独到,而手段丰富多样。画家在图文的题记中多次自称"白发学童",这也是先辈画家治学精神的传承,视作画为生活快乐的享受,抓紧时间钻研学术,乃是画家提升作品数量和质量的秘诀。田恩信奉的天道酬勤,把他领向成功之路,还要继续引领他走向远方。

(写于2011年5月)

《易利森画集》序言

本油画集作者为湖南师范大学美书学院易利森教授。他早年毕业于广州美术学院油画系，从事美术教育至今已50年。在长达半个世纪中，他授艺育人数以千计，在教学岗位上忠于职守，并勤于艺术实践，创作成果累累；虽已逾古稀之年，仍发奋不已，深入长沙地铁工地体验生活，写生作画有"地铁工地系列"之作，作为一位资深的油画家能保持这种不断进取的精神是非常难能可贵的。

在《军魂留我心》一文中，作者易利森有如下的自白："只要身体条件允许，我仍愿甘守孤独和寂寞，用我的画笔去默默地实现我的人生价值。这便是我从军旗下步入艺术领域里对人间'真''善''美'的终极索求。"这段自白是认识作者创作道路和艺术风格的一把钥匙。

在5年的军队生活中，利森养成了组织纪律观念和时间观念以及良好的生活习惯。他认为在部队历练出来的思想品德作风，"已成为我敬业中终身享受的无价之宝"。良好的思想基础和健全的体魄，使他经历了退伍后的两年自学和4年美术本科学习以及此后艺术教育工作均有持续性的业绩收获。

油画作为艺术教育课程已有百余年的历史，其间每个历史时期都会因政治、经济、文化方面的原因产生一些具有代表性的作品。随着中华人民共和国的成立，反映历史重大事件的作品不断涌现，使油画艺术逐渐普及开来，以至油画复制进入年画领域，油画原作深入民间，利森的多件作品相继被有关的陈列博物馆收藏。

利森在教学之余努力投入创作，服务社会。1961年，他从广州美术学院毕业不久，便受湖南省文化局委托为湖南第一师范革命陈列馆创作《毛泽东青少年在农村考察》油画；20世纪70年代先后应邀创作《毛泽东同志在秋收起义部队中》《毛主席重上井冈山》；进入20世纪80年代又应邀创作《衡阳永和会师》《孙中山率领北伐军进驻桂林》以及《钢铁长城》等油画，20世纪90年代先后应邀领衔合作《黄遵宪首次赴南学会演讲》《薪火犹传万世功》等历史油画；进入21世纪，受委托创作《临危不惧——纪念人民公仆郑培民防洪抢险事迹》油画。他还自费创作巨幅《秋收暴动》历史画，自制步枪模型，夫人编织草鞋作为道具，儿子、儿媳为创作摆动态、做模特。利森说："这幅油画成为我们全家为悼念革命先烈而进行的集体创作。"可知画家成就背后是有众人之助的。他于20世纪70年代创作的《长岛人歌》，气势不凡、形象生动，充分地发挥了油画色彩的表现力，乃画家表现现实生活的代表作。

人物写生是历史画、人物画的基础，固然要有长期的技巧的磨炼，很重要的是从思想情感上要摆正作者主观与对象客观的关系。首先要有学习、尊重对象的态度，才能发现特定人物的个性美质，形从神导才能达到形神兼备。利森的教学示范和深入生活的人物写生是素显功力的，数十年的经验积聚见诸大量人物肖像中。虽然我掌握的资料极为有限，但我认为，如20世纪70年代的《汉子》《织渔网》，20世纪80年代的连南少数民族的系列人像，还有近年创作的《薇薇》肖像，都可列入气韵生动、形神兼备之佳作。

风景写生是有充分意义的空间艺术，要在平面上表现立体空间之深远、广袤，油画有其独特的表现力，画者必须树立向大自然学习的决心。经常走出去并能克服诸多困难，方可有成果收获。有幅名为《洞庭鱼汛》的作品是利森当年在湖堤烂泥路上写生完成的，在潮湿的空气笼罩中，令人信服地感受到洞庭湖鱼汛的生活气息。作者此行归来，更有《十月洞庭》之油画巨构，于1984年参加庆祝中华人民共和国成立35周年美展，以表现渔业丰收时的群体人物劳动的喜庆特色向祖国献礼。

4年前，利森尚有欧洲旅行写生之举，到了德国、奥地利、荷兰各国名城景区，作品有《阿姆斯特丹》《远眺德国小城镇》《维也纳城边村户》等。异国风光、新鲜感受使他在捕捉地方特色中笔法更加肯定有力，色彩更加明丽清新，虽然作画的时间长短有别，但画面均具相对的完整性。

风景写生考验画者应物象形的构图能力，同时也是发挥艺术创造力的契机。以热爱生活、热爱自然为前提，才能随遇而有美的发现。利森的近作《地铁工地系列》不仅表现了具体工地现实生活之美，同时也显现了现实主义油画艺术的勃勃生机。此作产生于2001年元旦，画家的发奋精神令同辈人、后学者跟进，以不负光阴。祝利森在艺术上军魂长驻，自强不息。

（写于2011年5月）

展刊自序

  此次油画个展全赖诚丰美术馆之邀请与资助，所选作品为风景和花卉两大类，而花卉类多取材于牡丹、芍药、月季、玫瑰等，风景则以海景为看点。展品大都为近年所作，可谓是师造化的结果。

  回顾从艺数十年，深得地利之泽惠，因广州每年春节前三日为传统花市，又因气候温暖，故常举办花卉展览。北方大田里的牡丹一般都在农历谷雨前后发苞开放，但广州居民可以在花市或花卉展览中看到北方的盆栽牡丹。因缘际会，我得到写生素材，画兴大发，曾先后专程到牡丹之乡——山东菏泽、河南洛阳去写生感受生活，故有《牡丹园》之创作。从展出作品中可以看到我在这方面所付出的心血。前人早有"绘水绘其清，绘花绘其馨"之画论，用油画表现出花卉之鲜馨，是一种画意之追求。牡丹素有富贵之花的雅称，有联赞曰："竞夸天下无双艳，独立人间第一香。"作为生活美好的象征，牡丹反映在文艺作品中有丰厚的历史传统，故将牡丹立为国花的建议也深得众望。用油画表现牡丹有利于突出其色彩浓艳、造型的浑厚大方，可刀笔并用使牡丹结构的肌理更加富有质感。我画牡丹园乃是花卉与风景相结合的景观，微观是花，宏观是景。在现场写生，耳听游人的欢声笑语更令我心旷神怡，乃人生幸福美好的真正体验。

  我爱大海，广东面临南海且海岸线长，每到一处都使我流连忘返。从珠江口、海南岛，到西沙群岛我都留有写生作品，并有良深的记忆；既画有后浪推前浪，惊涛拍岸，也有静海行船。1975年的西沙行，因特殊原因我竟在舰上漂流18天，其间在台风中画了西沙七连屿。台风吹得画板咯咯作响，我不得不一手扶板，一手作画，坚持画完。每次回忆，我都为有此经历而倍感自豪。

  近年两次从温哥华到美国旅游我也抓紧时间写海景，故有《加州海湾》之作。风景画是自然空间的表现，要由独到的发现产生画面，并非摄影的翻版，而是要着意突出看点，也就是要有重点、亮点、精到之点，才会产生艺术的魅力。不论使用什么方法，脑中要有画面之全局，开始铺陈布阵要分清主次：没有色彩对比，则色彩弱化无力；没有调子，和谐易致乱无章法，缺乏统一效果。写生作画就是要在这些矛盾解决的过程中探索，积累经验。总而言之，师法自然、师造化必须在写生中去发挥创造性，才能产生富有个性的艺术语言，持之以恒，个性风格也会自然脱颖而出。欲使作品富有生气、富有清新之气，必须经常外出写生，自出手眼，积累"猎获"，才能彰显独得之秘。

  我的许多大幅海景，虽是在室内完成的，但都是在写生作品的基础上再发挥而产生的，因画幅较大，不易达到写生作品的浑然一体。但并不是到此为止，每有发现问题，我还要作某种修改和补充，尽管有的已经刊印面世，也要尽量使其完善，我很乐意听听观众的意见。

作品展览有时间、空间、人流、交通等条件的局限性，一般出版的作品集大多偏向豪华、沉重、价格不菲，使群众难以接受。伴随展览印制作品图录是一种有意义的文化积累，可使观者留下永远的纪念。

　　为了普及美术文化增加展刊的可读性，同时选入艺友、校友的评论文章，他们的评论的角度不同、文风不同，我都视为知音的鼓励，并在此表示谢意。

（写于 2011 年 11 月 18 日）

《操驰作品集》序言

我与操驰相识多年，知道她工作之余，热衷于陶瓷绘画，连续两届广州国际博览会都有她的作品展览，对此我有别开生面的良好印象。作为一个观众，我只能从绘画的角度写点感言。

操驰研习彩墨画，不乏心得与达意之作。在传统绘画的六法中，她能领悟并掌握气韵生动这六法之首要，故能使作品脱颖而出，屡受嘉奖，还在国际艺术交流中有良好的业绩。一般的陶瓷绘画大都在日用器物或陈设配件上，风格常以装饰性、写实性为主，操驰却用没骨法施重彩于大小的瓷瓶或圆盘上，而成为独特的画作，立意不俗，而追求深邃的意境，使色彩浑然一体，颇有咫尺万里遥之气势。如《黄山云海》《五台福音》《草原晨曲》以及《失去的记忆之二》等，都可谓出手不凡，各具特色之代表作。此外，尚有《远古小山村》一作，赋色运笔结合巧妙，展现了天地混沌、大气磅礴的景观。

操驰有《陶瓷没骨法的实践与创新》一文，介绍自己的艺术道法和自然的思想理念。只有虚静忘我，排除杂念，真心进入天人合一的自由境界，才有其纯真的艺术创造。在现实社会中，她的经验是难能可贵的。

虽说操驰瓷版画作得益于没骨法的研究与实践，但总览她的作品，也不尽是，尚有勾骨法的运用。这可见于《赶集》一作中的妇女形象，线条勾勒，以繁衬简，突出表现女性之美，这种白描可以"锥画沙"誉之。《残花》一作富有韵味，可以"折钗股"的表现誉之。操驰运笔富有机趣，饱含审美心灵的感应，乃情真意切所使然。

艺术活动包括创作、观赏、鉴藏，都具有由浅入深、追求和探究的层次性。所谓仁者见仁，智者见智：见智者作为知音是普遍性的，见仁者要能在艺术鉴赏中感受到作者的精神、情感、心态等方面的蕴藏与流露。

操驰的艺术创作，自由、潇洒、大气，除了女性对于色彩大多敏感的天赋之外，后天的家庭环境影响，辗转各地的军旅生活，以及转业后的工作阅历等综合因素，使她在权位与艺术之间的选择，重心逐渐转移到后者；虚心善学，广益求师，使她的阳光气质得到创意的发挥。一旦重心落定，相信未来将会有更加完善、更加美丽的作品问世。

（写于2013年2月20日）

从容书画游

"学以公,退而升"是四年前概括我志从艺术60年的6个字。2013年,在从教60年之际也当有所回顾,以瞻前程。美术教育的职业道德规范了作为教师的从艺方向,以育人为目标当然是文化传承的责任重担。欲传播终身教育观念,首先要身体力行,在艺术创作道路上勇往直前。

人生与艺术密切相关,真善美和假丑恶并存且相互衬托。古人已认知"画鬼魅易,画犬马难"的道理,今人因有空气污染,也会日觉新鲜空气之可贵,当力争护取。艺术的本质在于作者反映生活,并将其体现于作品之中。首要的是要有人文思想的指导,有爱人之心。生活的源泉是不可缺少的。

近些年,我在温哥华、广州两地轮流住,每日坚持用功于书画,书写汉字是抽象艺术造型,有助于油画写生的气韵生动和骨法用笔的概括力。我坚持油画写生已成习惯,它使我乐在其中,不仅保持作品的生动性,又有美意延年之功效。此外,我在写生写意中追求形象的明确性、深刻性,这也是艺术永恒的目标。

(写于2013年2月20日)

形从神导，形神兼备

我认识王韧已有40多年。20世纪60年代，我作为广州美术学院招生组的一名教师去湖北招生时，第一次与他会面。他当时是湖北美术学院附中的应届毕业生，四年的基础训练给他打下了良好的绘画功底。虽然考入了我们学院的工艺系，但他自己喜欢中国画，并且一直坚持练习。

毕业之后，王韧分配到了韶关群众艺术馆。他在粤北地区深入生活，能接触到很多少数民族和煤矿工人，这是形成他今天艺术风格的重要因素。他的人物画多取材于矿工和少数民族。在中国美术界，同时深入到少数民族和基层工人中，在这两方面均有取材的艺术家并不多见。王韧很注意深入群众，在韶关时他主动地去组织各种美术活动，争取多接触群众，多搜集素材，这些都是中华人民共和国成立以来艺术发展的优良传统。艺术要深入生活，否则就是无源之水。因此，富有生活气息的人物画在王韧的这次画展中得到了十分鲜明的表现。除此之外，王韧还先后组织一些美院的老师去那边写生教学。王肇民老师的《画语拾零》就是受王韧邀请去粤北时由他记录整理出来的。当时我建议他可以多陪老先生画画，多向老先生学习。在王韧后来的很多画作的色彩使用中，我们都可以看到王老先生对他的影响。

王韧作品中表现的人物有形象的真实感，抓住了少数民族的气质，风土人情显露在画中。画矿工难度大，要接近矿工，就要和他们打成一片。他画了很多黑脸未洗的矿工，却有一种情感在里面，这种画充满了生活气息。对比之下，有些人物画要不就是平淡地、客观地反映对象，要不就是依靠服装之类来表现对象的特点。要使画像具有鲜活饱满的真实感不是一件易事，王韧却做到了，他的画充满了感情和人文关怀。他能够对作品投入这么多的心血，不仅仅是出于一种职业的责任感，更是出于对生活的一份热爱和真诚。

画人物画，这里面除了热爱所画的对象之外，还有一个指导思想，就是要形神兼备，对于某些把形神割裂来评价艺术的提法我是不认同的。从认识论来讲，形神是统一的，画的对象有各种各样的神和形，但是不能画成颓废的、痴呆的、病态的，这些是负面的神形。我们应当指导学生去发现、捕捉人物的精神亮点、光彩。要看到了一个整体的生动历程，才能够捕捉到人的精神状态的最好的一点。不能把形神分离，或者说形是一切，必须要形从神导、形神兼备。色彩画还有形色相融的要求。研究一个人，画一个模特的时候，都要发现并找到一些对象美的神态和美的表情，很多时候一些微小的动作都要注意去捕捉。大家同画一个对象，不同的人各有所取，形怎么造，跟取材、情感、追求等都有关系。这是一种认识的表现。

现代的艺术家有几种情况，一种是有职业的责任感，加上他对生活的热爱，使得他的这种情感能够进入他的作品当中。另外一种则是为画而画,深度、力度不一定很够,但也算是尽了职责。还有一种则多少有些高高在上的态度,认为群众都是随便借题发挥的芸芸众生,并不是值得尊重和认真表现的对象,没有试图接受群众给予他的一种生活启示,所以这种人画出来的人物易将群众矮化、丑化,脱离生活。更有一种,是一种玩世不恭的艺术。这种艺术明显跟社会健康的审美情趣相违背,越走越远。创新一旦脱离了生活和健康情趣,必然容易走向病态。从搞史论的角度去看,我认为健康的、跟生活密切相关的艺术永远不会过时。古代的那些精品传世之作都是和生活密切相关的。

我觉得王韧属于第一种画家,从他的画作中也可以看出。比如王韧画于1985年的《瑶小妹》,这幅画表现的是现代人物,但是他把传统的线条和没骨法相结合,运用色调的丰富变化,同时又充分利用了其他艺术手法,借鉴了版画的样式,还给人以某种雕塑感。《烤火的大叔》这张画则充分体现了他运用素描表现光影的功力,色彩的运用上也同样独到。

所以,我觉得王韧有素描基础,也有色彩基础。他用色彩力求到位,有一定的体会。至于色彩跟墨色怎么结合,他现在也是从多种形式去探索。搞中国画容易固守自己的轨迹,搞油画的也容易以为自己接近世界,却缺少中国文化的营养。而王韧的优势正在于他兼用中西两方面的优良传统来反映现代人物。

王韧能够在从领导岗位退下之后不久就办一次画展,说明他这么多年一直在坚持自己的艺术实践,没有丢掉自己的艺术表现能力。他作为研究生指导老师,完全可以给学生一些指导意见就可以了,可是他坚持和学生一起在画室写生、研究人物,使研究生们受益多方。他自己也把授课当作一种不断学习的机会,对于艺术和教学都起到了示范作用。

(原文发表于《南方企业家》2013年第3期)

《徐立斌油画风景写生》集序

  艺友徐立斌现任教于湖南师范大学美术学院，主授摄影课，并兼下乡写生实习课。徐立斌已学艺40余年，有良好的绘画基础，因工作需要在基层文化艺术单位从事摄影工作多年，但从未放弃绘画的实践。其实，摄影与绘画关系密切，可以相资互用。近年社会持相机者虽日益增多，但仍有不少美术工作者走向摄影岗位而创下喜人的业绩，全赖审美创意的发挥。在绘画领域内，有些评论穷究于写实的"再现"与"表现"的差别，无非是强调个性风格的突出。摄影虽是客观地再现生活，作为一门艺术，仍因持相机者的审美修养和价值观以及操作技能、经验等因素，而展现特有的艺术风格。徐立斌的摄影与绘画风格是一致的，其艺术追求就是自然美，是主观、客观的统一。基于油画写生以及师法自然的敏于观察和判断能力，徐立斌的摄影作品所反映出来的现实生活给人以祥和的亲切感，在特定时空中的人物和动物悠然自得而令人向往，令人恍若亲临目睹而吸纳清新的空气。他的诸多写生油画作品是质朴耐看的，善于表现不同时空的场景，师法自然，尽精微而致广大，尽显意境物象之特色。绘画要求画意、画理、画趣的自然统一，风景画尤要表现大自然的层次与深远。徐立斌从艺有序，善学勤行于务本求实的道路上。

  唐代张彦远虽强调骨法用笔，但也重视画中的"笔踪"现象，以自然的天趣为上，将绘画的品评与创作标准分为"自然、神、妙、精、谨细"五品。徐立斌的表现自然与自然表现的一致性，与张彦远以自然为上品的标准不谋而合，乃是优秀传统的继承。在现代社会艺术中，浮华做作的风格愈多，徐立斌这种朴实自然的风格就愈加珍贵。

  徐立斌有丰富的摄影资料，但他作画时仍重视写生，无一般常见的依赖照片之嫌，有着完全发挥得心应手的笔法，这也是其画作赋色生动自然、富有气韵的缘由。徐立斌虽已接近花甲之年，但正处于艺术创作的旺盛期，加上他又是一位务实的勤奋者，我相信春华秋实，丰硕的成果还将连年有增。

（写于2013年3月）

八十自况

我从艺从教的经历均已达 60 年，现已到了书画并行的创作时期。我拿毛笔始于童年，远早于持油画笔。少年时的书法作业、老师的亲笔示范以及城市街面和建筑中的文字图画等都给我留下了深刻印象，引起了我的文化遐思，让我逐渐形成进修习书的动力。

在多年的工作社交活动中，我也常遇有提供毛笔而留下墨迹的需要，理当抓紧机会练习毛笔字，以便应对不时之需。

美术教育改革初期引进了设计、构成等概念，取代了图案、手工等常用词语，其实与书艺相关联的一些活动，在传统艺术中早已充满了设计、构成这些内涵。每一个汉字都涉及字体、字形、字义等方面，形式与内容、字数、字距、行距、行气、章法、题款、钤印，无不与作者们的设计、构成意念有关。由书写到雕刻，小到印章，大至墓碑、纪念碑，当因材、因地而成为完整的构成体。因此，整体的设计思想、意念是不可或缺的。

我钟情于楷书是基于原已学习过的楷书基础和楷书易普及，服务社会面宽的原因。在这传统文化复兴而信息发达的历史时期，应当重视书写内容的选择和简明的信息传达，使观赏者从中得到精神上的慰藉和启发。

我将书写与诗文学习结合一起，且从中得到深远的人生教益，如联语"得山水清气，极天地大观"。这不仅是养生之道，也是从艺者师法之道，我在坚持风景写生中深有体会，也引以为豪。又如常写"德从宽处积，福向俭中求""鸳鸿得路争先鬻，松柏凌寒贵后凋"等，都富有人生哲理。

书画同源，同出于心源，出于生活之源。传统的书画理论，历史名人、文艺界前辈的诗词学习，使我书画并进，人生观、艺术观、价值观得到提升，自信心推动着前进的脚步，不曾懈怠。

书法之道，神采为上，作品出神采，才有艺术魅力，令人振奋。《书概》作者刘熙载说"写字者，写志也"。"书与画异形而同品"，书法的格调是因人而异的。司空图之二十四诗品也是有益于书的。一般品尚以士气为雅尚，凡市气、匠气、江湖气、酒肉气等皆为士气所不容。神出于读书养心。

书画相辅相成，相资为用。书写笔法讲究肯定、有力，充分发挥笔锋的作用，自然可以借鉴到油画中，加强笔力与笔法的肯定性。这也是油画抒情写意所使然，从而产生艺术语言的个性风格。

书画方法多样，但均以气韵生动为导向。写字、书画都是修心养气的过程。只有热爱生活，热爱大自然，融入社会，能够分辨真善美和假恶丑，才能养护真气、元气，养成浩然之气,书画的骨气洞达、气韵生动是可以期至的,这也是我的努力方向,期望与更多的同道共勉。

(原文发表于《中国艺术》2014年)

侨乡画家刘达滚的艺术

我与刘达滚先生于20世纪80年代相识，那时他还是侨居美国的一位同行。在这30余年的交往中，我逐渐认识到他是一位谦逊务实、富有公益心的画家。他现已回国定居多年，正在筹办个人作品展览，特要我写作文章评价，我颇有义不容辞的心意。

刘达滚先生已年届八旬，生于1937年台山横湖龙扬村——著名的侨乡，父辈早已在海外谋生，家道小康。幼年的刘达滚是在留守原籍的祖母和母亲的关爱下成长的。台山的画店是他常去欣赏作品的地方，在那里，他买得一本费新我写的《怎样学画画》，读后深受启发，萌生学画的意念。

1954年，他随家人移居香港，未久即移居美国纽约。此时，他刚满17岁，人生地不熟，正是寻找自己未来的时候。在唐人街中华公所，他在附近遇见一位青年画家正在为人作肖像写生，画得肖似生动，便钦羡不已，通过交谈相识，得知这位青年画家也是刚到美国的新会人，名字叫刘庆祖。刘庆祖先生比他年长4岁，成为刘达滚学艺的引路人。后经刘庆祖引荐，刘达滚得以跟从洋人画家比·罗伦斯学艺，经过两年的努力，便考入纽约视觉美术学院。在学期间，他得到油画大师蔡·马高斯和粉画大师罗·勃莱克曼的指导，不仅步入正轨的基础课程的磨炼，同时也掌握了油画、粉画艺术的要领，走向独立创作之路。我们从刘达滚油画、粉画兼擅可以见证这点。他的粉画作品《功夫人》参加久负盛名的萨玛甘地俱乐部组织的众多人参与的美术作品展并获得名誉奖，还得到英文报刊专文附图介绍。这不仅是个人的荣誉，也是华侨同胞的荣誉。

刘达滚在美以绘画、美术设计为业，夫人以美容艺术为业，夫妻和谐，共同抚育子女成人并走向独立生活之路后，决定于1986年回国定居，并专心从事艺术活动。他们先是在广州美术学院附近设立画室，供人物写生，具有以画会友的性质。未久在广州荔湾区设西关画屋，结交美术爱好者，为他们创造一个人物写生环境，培养人才。

2002年，刘先生在家乡台山市捐出一处住屋，给当地美术工作者作为艺术交流活动的画室，受到台山美术界的重视。刘先生的善举还有为《刘氏家谱》《台山画廊》等书刊的出版出资出力，深得邑人敬重。

欣赏刘达滚的艺术作品，首先要注意画家写生写实的认真态度。画家本着艺术良心，尊重人物对象，观察人物对象，通过必要的细节表现人物艺术的整体性，有别于那些照片的临摹。如粉画《亲人像》，重点在头部与手部的描绘，并在构图创意上赋予了时空想象的内涵，要结合画家的经历与情感去领会画意之所在。又如油画《老艺术家》《吸水烟的老汉》，从人物的色彩造型与空间关系的处理，都具有不俗的实在感和岁月的沧桑感，这也是绘画艺术的魅力所在。刘先生的绘画真诚稳健地为同行及后学者提供了可贵的示范。

（写于2017年3月6日）

高龄留学生的典范

　　油画家黄谷，原名黄汉国，早年毕业于广州美术学院，因毕业创作优秀而留校任教于附中和广州美术学院油画系。他于20世纪80年代中移居香港，数年后返校应聘任教。他在青年时代就向往当时的苏俄艺术成就，终于在77岁时圆梦到圣彼得堡列宾美术学院进修，先后入读萨甫古耶夫工作室和卡留塔工作室，与博士研究生一起学习研究油画艺术，充分利用两年时间，画出大批素描、油画人物、风景、速写、临摹大师作品等。收获丰硕，得到导师和同学们的肯定。

　　所展示的作品素描以男人体为主，油画以女人体和男女肖像为主，其中以《持黑伞的着衣少女像》《逆光的女裸体》《持棍的男裸体》《着工作服的老人像》等为代表作。从众多的室内人物写生作品中亦可见证列宾美术学院坚持写实传统的教学情况。同时还有以城市雪景为主的一批风景写生。从风景写生中也可见作者黄谷在运用色彩对实景的空间表现的功力。

　　黄谷在留学期间有一幅创作题为《苏联人敬仰毛主席》，表现众多苏联人在毛泽东像前留影，背景毛主席像悬挂于华夏文明之光中国艺术大展附有俄文的宣传墙前，不同年龄的10多人的苏联人手持鲜花合影，喜庆氛围很浓，意在于表现两国人民的情谊。此外还有一幅尚未完成的创作《列宾》，表现列宾和谢洛夫等学生在工作室中教学的情景。此作要完成当然是有难度但也是很大胆的。他能做到艺术追求与年龄增长同进，精神可贵。

　　黄谷是广州美术学院一位资深的教师，在77岁高龄时毅然赴俄留学，树立了一个"活到老，学到老"、践行"终身性教育观念"的典范。他在回答俄罗斯《团结造型艺术》杂志专稿作者提问"何以如此高龄还来进修？"时回答"梦想与追求"，要珍惜，要努力，要重视素描基本功。这也正是国人师生应当认真思考的。列宾美术学院素描展曾到广州大学城展出，对比之下可以看到我们美术教学中素描基本练习与别人的差距。"素描是一切造型艺术的基础"，对此我们应当全面而深入地去理解。活到老、学到老是人人可以选择的。

　　黄谷先生这两年留俄学习经历是可贵的，其收获与家人的陪读和充分支持是分不开的。这点也是应当点赞的。

（写于2018年3月26日）

人生马拉松六字感言

人的一生境遇因人而异,命运各有不同,生在何处,何种环境,非个人能够选择,如何教育成长却是一个严肃的社会问题。

人生接受教育一般情况下始于家庭,继而有各级学校教育、社会教育。家庭教育乃人生教育的开始。如将人生百年视为马拉松的长跑,起跑线就在家庭。不少家长要求子女教育参加补习,参加诸多社会教育补习班,补习专业或专长课程,理由是"不能让孩子输在起跑线上"。希望子女多学本领可以理解,只是将起跑线由家庭推到学校时期已有延误,社会教育大谈素质教育,素质教育亦应从家庭的起跑线开始。

现提出六字恒言,易记,可供参考,即语、文、图、画、工、艺。六字可合成三个词,但又各成概念,各有丰富的内涵。故以六字单论。

(1)语。幼儿首先是从听讲话语学起,初知人伦,称呼爸爸、妈妈、爷爷、奶奶、外公、外婆等,话语无论会有什么地方特色,都要有相应的音准和声情,随着知识、词语的增多,逐渐达到对话解说达意的能力。

亲人的口授、教学,可使幼小孩童背诵成语、诗歌,锻炼记忆能力,儿童掌握语言的同时要伴随文明用语的进步,注重礼貌语言的学习,养成良好习惯,有利于未来步入社会,在社交中能掌握有理、有利、有关的能力。辩才永远是珍贵的。讲好母语是学好其他语言的基础,如地方话、普通话以及各种外语等。

(2)文。文是语言的载体,文字是语言的书面形式,每个人使用文字首先要认识并学会书写自己的名字、姓氏,由接受教育而达到的文化水平在很大程度上体现在运用文字的表述能力、阅读的接受能力,自然除了母体语文也包括其他族文字、外文等驾驭能力。

除了文字的运用、识别,还包括书写能力。古代取士很看重书法水平,现今多用硬笔书写签署,写一手好字也是受人重视的。做一个中国文化人之不易在于几千年的文化、文明都是以文言文标记的,识今文还要识古文,故书写还有多体写法。

自幼多识字,多写字,多用文字表达,记叙自己的思想、见解,应当持之以恒,乃至毕生的实情。自小做好功课,课外多阅读、多练习。写好字也要从家庭教育开始。

在家庭教育中,不论家长的文化水平高低,创造一个良好的家庭文化氛围是很必要的。身为家长要以身作则,讲话文明,注重礼貌语言,洁身自爱,给孩子一个良好的学习氛围。除了监督子女做好功课,家长还应鼓励子女有更多的时间阅读有益的书报文章,培养一种主动好学的习惯,知道开卷有益,书籍会起到良师益友的作用。

(3)图。含义很多,有名词、动词之区分,大体可分为具象和抽象。具象有小大

之分，书籍中的看图识字之图，文艺作品之插图均为小图，城区规划之蓝图，又有平面图、立体效果图之分。有关职业需要有相应的识图能力、设计制图能力；日常商品做标记以及商品应用的说明图，要求简明易识；出版物以文图并茂之图不仅有图有画，还有摄影模型等图像。图像的设计与展示，更需有制图创意的发挥。属于专业的图案概念，包含从小小的纹样到大的设计规划图纸方案，图的表现力不亚于文字，更加形象易懂。优秀的图纸无论有无色彩的配合都要求科学性与艺术性相结合。天文图、地理图都要借助色彩与文配合使观者易于辨识、乐见。所以，在家庭教育中应经常张挂地图，培养儿童空间、地理、城市环境的观念。

图的抽象性乃志向良图的含义，生活中常以大展鸿图（或大展宏图）做祝词，鼓励志向高远、发展。家庭教育当以鼓励为主。有人将家庭成员共餐分为欢快型、沉默型、争辩型、唠叨型。快乐进餐对健康有益无疑是好的，教育子女应根据儿童心理特点，在鼓励的基础上提出进一步的要求，围绕识图扩大知识教育，如能使儿童与图结缘，将受益长远。集邮是小图的收藏，包含历史、地理、人文、植物、美术、文字等方面的知识，是良好的教育资源。

（4）画。绘画有多种形式、各种材质，完成的作品其中也包括绘画的复制品，选择绘画挂在家中，不仅是为了好看，装点墙壁，同时也是家庭教育的资源。笔者童年住在农村，入村塾读书，母亲为了迎接新春，买了一幅年画贴在土炕边上，内容是一幅多图连环画《狸猫换太子》，每幅图下有文字解说。我第一次接触故事画图，同时也知道了一些宋朝宫廷历史的片段，至今仍深有印象。对我来说，这也是学习美术的最早的启蒙教育。

现代儿童教育从看图识字，用粉笔、铅笔、蜡笔等涂鸦开始，家中挂画、藏画不仅要根据屋主的审美品位，也要与子女教育结合起来考虑。重视美术家教的同时，还要走出去参观画展，参观美术馆、博物馆，逐步扩大视野，丰富知识，提高审美水平。参观画展，首先要注意展览前言介绍，欣赏画作还要对照作品的文字标签、结合题目欣赏作品，会收获更多的信息，加深印象。我国的审美教育无论从个体或是从整体都有历史的欠缺，在一定程度上也束缚了人文学科的发展。

绘画实践从儿童起步的家庭教育开始，到义务教育，各专业教育、成人教育、老年教育中都应占有相应的地位，其对健康身心的作用不可低估。提倡书画印相结合的传承更是凸显民族文化的传承发展。一切都要从热爱生活、拥抱大自然中产生。平面的图画，也是一切立体造型的基础。

（5）工。工是劳动教育，劳动内容和形式、方法各有不同。工的内涵广阔，家庭分工、社会分工等划分，各种职工，各个工种，如钟点工、义工、勤工俭学等都关系到劳动态度、负责精神、能力高低的问题。爱劳动，干一行爱一行是一种美德。和谐的家庭大都成员分工明确，勤俭持家，相互尊重。劳动习惯应从儿童时期养成，以利于生活自理能力的提升。

对社会分工的各个工作岗位应一视同仁，无高低贵贱之分，家长的平等意识会给子女以良好的影响。有平等的观念才能以礼待人，步入社会之后更有利于工作的顺利开展。

在义务教育课程中，除了图画还有手工劳作的教学，都是手艺的学习，都能培养动手能力、制作以及创作的能力。如纸工艺、雕刻工艺、陶艺、竹木工艺、针织工艺等，从中掌握工具与材料的密切关系，发挥制作的想象力，而有所成果。各种智能的获得可以横移，渗透到其他工艺劳动中。

我国的传统绘画，素有写意与工笔之分，工笔画与微雕都要有精益求精的能力。当今社会重在提倡工匠精神，这种精神不仅是继承非物质文化遗产的需要，也是新时期创制精工产品的需要，维护百年大计、质量第一的需要。

社会需要各种劳动工作者，脑力劳动与体力劳动相互配合，始能提高生活质量，分种分工都是相互依存的，不可或缺，故有"三百六十行，行行出状元"之说。

（6）艺术是身体与心灵的产物。艺是富有创意的才能，表现于文学戏剧、音乐、美术、舞蹈、摄影、曲艺、影视等方面。孔子的六艺为礼、乐、射、御、书、数，概括了历史文明多方面。艺与工相结合为工艺，涵盖了多种行业，艺与园林结合为园艺，艺与烹饪结合为厨艺，还有各种手艺。各方面的指挥都要求高明，而上升为艺术。各种才能所展现的艺术性都与社会、历史文化传承与现代生活的需求不可分割。都要以文学为基本。文学与艺术结合，概称文艺，电影、戏剧、戏曲、歌舞剧以及连环画都要有文字脚本，还有配乐之需。许多艺术形式称为综合艺术和时间艺术。绘画、雕刻、陶瓷、刺绣等称为空间艺术。各种艺术行业都要求以文助艺，才有精神力量，所以自古有"读万卷书，行万里路"之说，这是从艺者提升艺术才能之必需。多些文化气质才能摆脱庸俗之气。尤其是文学、绘画、雕刻等从业者，均多为个体劳动，易于远离受众，脱离生活而陷于自我陶醉的状态。当然业余爱好者另当别论。社会政治、艺术人才的培养都会受"称天才"的干扰，古有"路遥知马力，日久见人心"之说，称天才的客观因素，聪明反被聪明误为主观因素，皆为"宁静致远"的干扰，学艺练功是要谦虚诚踏实才能逐步获得真功夫。"三百六十行"手艺行行出状元，非称虚名，而是才能的实力积累的结果，是令人信服的。在运动上，马拉松长跑能坚持到最后达到终点的仍会获得热烈的掌声，尽管未有名次，其坚持的精神也是应该受到掌声鼓励的。

中国古代六艺中最后是书与数，术艺、数艺的历史辉煌，现正有复兴之势。

数艺从结绳、刻骨甲，直到算盘的运用都是一种专长手段，现代社会数的计算更是社会科学、自然科学工程技术不可缺少的工作手段。中国计算机的运算速度领先全赖计算机的程序、方法。现已进入大数据时代，关于电脑运算和智能科技都通过最起码的数学来完成的。二维码是用函数比例识别。人脸的识别技术也是通过函数曲线连续性来判断具体的个性特征。绘画人物的特征也是通过目测能力去把握，关键还是方圆、位置、数字的比例准确，方能达到肖似。

在素质教育中，只有将文科、理科结合起来学习，才是全面的素质基础与修养，是能有丰富创意的发挥。

至于家庭教育的全面性，在起跑线上家长带头跑，示范性是至关重要的，要牢牢掌握儿童教育的起跑线。为人父母当有启蒙优育之责任，不可推诿。

艺能之广大，乐队需要有指挥，艺术方能发挥集体的力量；美食需要有大厨师掌握食材的性能和火候的烹调艺术。任何单位生产科研的发展都需要具有管理艺术才能的人去主导；军事力量的发挥，能打胜仗的结果全赖将帅的指挥艺术的发挥。艺术与科技均是人类社会文明的载体，都需有志者去学习、研究和创造。

（写于 2019 年 12 月）

附录一 郭绍纲油画艺术研讨会记录

时间：1994 年 11 月 22 日

地点：广州美术学院岭南画派纪念馆

梁明诚（广州美术学院院长、雕塑家、教授）：

  各位来宾，老师们、同学们，今天我们很高兴地看到郭绍纲老师的风景油画。郭绍纲同志从领导岗位退下来后，全心全意地从事创作、教育和美术活动，成绩很大。今天这个展览，他把从过去到现在的一些精品风景挑选出来，让大家欣赏，对我们来说是个很好的学习机会。郭绍纲同志的油画风景具有鲜明个性和艺术风格。油画风景作为艺术门类之一，现在越来越受到社会的欢迎。在我们这个改革开放的时代，油画艺术进入家庭，我看首先是风景油画。最近第八届全国美展优秀作品评选工作也完成了，其中的获奖作品也有风景油画。所以，风景油画艺术的前景非常开阔，它对陶冶人的情操、美化人们生活有重要作用。所以，郭绍纲同志的风景油画展具有重要的意义。我谨代表广东省美术家协会、广州美术学院，祝愿郭绍纲同志精力充沛、艺术上永远长青，也祝展览完满成功！

郭绍纲（广州美术学院教授、广州画院艺术顾问）：

  尊敬的老同志们、各位来宾、老师们、同学们，你们好！我今天非常高兴，在学院和广东美术家协会的支持下，举办这样一个风景画展。多年来，我是遵照传统的艺术思想，即"外师造化，中得心源"去做。在这方面，我还发挥了见缝插针的精神，积累了一点东西，现在拿出来，请大家看看，提些宝贵意见。我认为，艺术的出路，必须要紧密地跟生活结合，跟自然结合。大家看到的我这些貌不惊人的作品，虽说很多都没画完，但我确实花了很多精力，克服了很多困难。其中的辛苦可以被后来的精神和心里的甘甜所弥补。我非常感谢各位光临，特别令我感动的是一些老前辈、老同志用爱护后辈的精神，来我的画展，我再一次向老师、同学们、各位来宾表示我的感谢。

潘行健（广州美术学院副院长、教授、版画家）：

  郭老师是著名的油画家、著名的教育家，几十年的艺术实践，留下了大量的作品。过去，我们看过郭老师的作品许多次了，非常熟悉。从他留苏的油画、素描作品，到回国后大量的作品，他这几十年艺术实践，给我们展示了一条艺术道路。它包括郭老师对艺术与社会的关心和信念，包括了对艺术传统的继承，油画写实的深厚功力，也包括了郭老师那厚实的、内美的艺术个性。当然这条艺术道路价值还在于：在当代艺术逐渐趋向多元化的时候，他以自身现实主义的特点，继续显示出他的价值。正如梁院长刚才所说的。中国过去的风景画，相对于人物画、静物画，是比较薄弱的。现在开拓有了新的进展。郭老师的风景油画对开拓中国风景油画，也是一个突出的成果。作为开头，我就说到这里，希望大家通过讨论，更好地理解、认识郭老师的艺术。现在请大家发言。

胡一川（中国美术家协会顾问、广州美术学院原院长、画家、教授）：

在这个研讨会上，我讲两个小插曲。我曾经去过英国，考察美术教育。在一个画廊，看了一幅画，我不懂，后来慢慢理解了。后来看到一个大厅，有些砖头摆得整整齐齐的。我问翻译这是什么，翻译说这就是美术作品，我说为什么美术作品却摆在地上，我觉得很奇怪。他说把砖、石摆上120块整齐的，这个从来没有搞过，这个就是创作。我马上想到这种摆砖头的方法不用进美术学校（就）会做得到。我觉得有问题。第二个插曲是，在波兰有个很有名的艺术家，知道我是中国人，他要请我去参观他的创作，拿啤酒、水果准备招待我。我进到他的雕塑室，看到桌子上有一个火炉，烧了一锅蜡，烧得滚滚的，旁边有一盆冷水，把烧热的蜡倒在冷水里面，这里一点，那里一点，每个的样子不一样，有长有短，有花的，然后用线吊在上边，他说这个就是我的创作。我不大理解，但觉得不是这个样子吧。艺术有变化，这是规律之一，但是这种搞法，太简单了。我很为难，没法去歌颂他。乱歌颂，回来要检讨的。我没讲好话，也没讲坏话，我摇了摇头。这里面就包含了很多内容。所以他摆的酒、水果也没有请我吃，我就回来了。我认为这种东西是不长久，不耐看的，骗人的。今天我看郭绍纲同志的展览，有很多作品过去没有看过，说明他是很勤奋的。一个画家没有勤奋是不行的，这是一点。第二点，从郭绍纲同志的作品中，看出他的业务基础是比较扎实的。我觉得当一个画家，没有从思想上、业务上打基础是不行的，你进入大学也是不行的。所以我回想到在英国考察一些大学的时候，一些学生，基础很差，根本没有写实能力，就乱搞创作，这不是我们的走向。郭绍纲的基础比较好。中央美术学院毕业后，我就派他去苏联学习。学了几年，都是老老实实打下现实主义的基础。郭绍纲的风景画，包括很小的，从构图、用笔、用色都会看出是有基础的。有基础与没有基础就同国画一样，搞国画如果没（好）的笔墨，不耐看，光是模仿得很像，也是不行的。郭绍纲的画，一看就很美的。包括空间，掌握很好。色彩不像我那样脏，他的很单纯，到现在，他的颜色仍很好。冷热对比掌握得也很好，包括很小的东西，都搞得很好，所以他的画耐看。一张作品能使读者看得不想走，这就比较难。现在有些画，我就看不懂，不知道它讲什么。言之无物，要想半天，甚至想一个礼拜还想不通，我就不再想了，因为时间不多，美也是多种多样的。美的东西很多，问题是画家能不能发现，有没有基础，有没有正确的审美观点等。郭绍纲作品的展出，不但是对我们同学，对我们本行，包括对一般观众，都是耐看。所以，我觉得他的展出是很成功的。作品都搞得很充分。是从生活里来，又都是高于生活，没有基础是画不出来的。这对我们的教学也好，技巧上的提高也好，创作也好，都有很大的帮助，我的讲话讲得有点乱，想到哪里就讲到哪里了。

赵瑞椿（广州画院一级画师、版画家）：

今天看了郭老师的画感到很亲切，我跟郭老师讲，现在的名牌正宗他当得一家。我觉得艺术作为一门科学，它需要很多这种科学的基础训练的东西。看了郭老师的画，不好的少。在有些人的印象里，好像郭老师这样的画过时了。可是我感觉郭老师的画却非常有生命力。看到他的画，我就感到特别亲切，这是一个感受。再一个，我觉得一个人也好，搞事业也好，先天一定要足。所以，我感到基础这个东西，不管是作为学校或哪个方面，都应该摆在一个非常重要的位置。有这样一种说法，说郭老师的画非常适合于学校，适合于教学，这个讲法是不正确的，因为它本身就有很高的艺术价值。这是不可能分的。他十几年来很执着、很自信地追求，这一点精神也是非常可贵的，这就是一种个性。有些人可以以不变应万变，郭老师就属于这种人，他就坚持他那东西。看他的画，都很好，因为他表现的是生活中的他自己发现的那些平凡的东西。我觉得不管是搞抽象的还是搞具象的，只要是能在历史上留下来的那些艺术家，他都是对生活有非常执着的追求。包括搞具象艺术的，他也不是在家里胡想，也是研究生活的、提炼的过程。所以，在这个时候，在岭南画派纪念馆搞这个学术讨论，是非常有意义的。这种画展的品位，比有些画展的品位要高得多。它可引起我们很多的思考，它告诉我们艺术的真谛是什么。这很值得我们一再地回味。看了郭老师的画展，确实非常激动。

张信让（广州美术学院教授、原版画系主任、版画家）：

我不是搞油画的，匆匆看了画展，有几点感想。一是刚才赵瑞椿同志谈到的，使我感觉到学绘画，基础非常重要。从郭绍纲的画上看，他的素描、油画基础非常扎实，正是这样，他才能画出这样好的油画。现在有些人对打基础不是那么重视，包括我们学校的一些学生，总觉得基础学到一定程度就可以了，主要的是在以后……没有认识到基础像盖房子那样，你预备四层的基础，要盖五层、六层的房子，那是不行的。这一点，很多年轻同志应该好好从郭绍纲同志的画里学到一点点东西。二是前一段也听到有些人认为苏派的绘画过时了，我就不同意这种观点。艺术的高低、好坏不在它是哪个派，而在于它好不好。这一点大家也看到了，有些观点也有一些转变。我们看了郭绍纲同志这些风景画，它们给人以很高的、美的享受，那么它们是不是过时呢？如果一点美感没有，那就应该是过时了，可是这画，很多人看了都觉得很美，很感人，那怎么能叫过时呢？所以，我觉得好的艺术，没有过时的问题。苏联有些好的画，还是值得我们学习的。三是写实绘画的问题。前段时间也有人认为写实也过时了，非得搞些抽象的或者变形的才算有时代特点，这也是一种偏见。写实的绘画本身没有过时的问题，正如很多古代绘画，现在看来仍是很有魅力的……郭绍纲同志画的多是小画，有些同志觉得搞展览一定要画大的才出效果。这不一定。小画一样可以画得很精彩、吸引人。记得有一年在上海举办了一个日本画展览，有版画、油画、日本画，有一张线刻的小铜板，大概就跟郭绍纲同志小油画那么大，画面是房子，很多人走过来看半天，因为很精彩。画的好坏不在大小，还在它本身有无感染力。我觉得郭绍纲同志这次画展很成功。他的基础雄厚，不光是他的写实基础，连他的修养也是他的雄厚基础，所以他的画才有感人的魅力，这一点给我们很大的启发。

杨尧（广州美术学院油画系主任、教授、油画家）：

我作为郭院长的学生,今天再次看到这些小风景画,非常感动。前两天附中的校庆,使我们沉浸在37年前在附中读书的回忆中,这两天又沉浸在学院读书时,郭绍纲老师刚刚从苏联回来时,带我们班下乡、下工厂的日子。这里的很多画都是那时画的。我们感到很亲切。应该说当我们那个班是学苏联学得相当好的。现在再看这些画,我感到又回到了那些令我们自豪的日子。后来,郭老师做了油画系主任,又去教育系做主任,后来做了院长。他的思想给我的影响是很深的。他对艺术的执着和见缝插针精神,接近他的人都很了解的。他的这些小风景,都是用开会时间,有几张是去美国访问的短暂时间画的。我们画油画的人都不可能画出来,而他能利用那一点点的时间画出来的,他能这样做是非常不容易的。再一点,我吸收了郭院长很多优秀的地方。我现在的画,即使怎么变,我感到自己那些基本元素,都是从郭院长那里来的。凡是我们班的同学都可以看得出来。前两天我看我们班的同学的画,感到就像郭院长的画一样。所以,我们画中的基本元素都是从郭院长那里来的,作为他的学生,这一点一生都不会忘。再则,他作为一个美术教育家,他对艺术有很宽阔的胸怀,这一点,我觉得我学得还是比较好的。郭院长当然学的是写实的,有严格的基本功,在我们班上受过他教育的人非常清楚。当时上课时还是很紧张的,郭院长刚从苏联回来,训人训得很厉害,要是谁迟到或是不用功,不按要求画,那肯定是挨骂,这种事是经常有的,这种严格对我们影响很大。因此,我们现在在对很多事情都有意识地把握这一点。还有一点要值得特别提出来的,郭院长作为写实主义的画家,又是从苏联学习回来的,但他对艺术的见解和容忍是非常宽阔的。我们系搞了几次展览,都是比较热闹的,这些问题我有几次问过他,他都说作为艺术问题,在学术上都可以作为问题讨论,应该可以展出。有很多地方在当时是难以拍板的,比如我系第一次双年展有些装置的东西（徐坦的作品）。他（郭绍纲）首先更肯定的是徐坦关心世界大事（当时是美伊战争）。作为一个艺术教育家,对于艺术的发展,他不会因为自己是现实主义的,而对与他持不同见解的观点以另外的方式加以对待,这在像他们那样年纪的人是非常难得的,也是值得我学习的。因为我现在也坐了油画系主任的位置,这一点,我也向郭老师学来的。关于他对艺术、学术问题的深层的把握,我就先谈到这里。

赖征云（广州画院高级画师、油画家）：

我是郭老师的学生,和杨尧一样,对能在郭老师教导下学油画感到很荣幸。我觉得不管世界千变万化,也不管绘画的画风怎样变化,但有一点,真才实学不管在什么情况下,在任何时候,在哪一个朝代都是令人尊敬的,让人觉得最有魅力的。我觉得郭老师正是这样的,是正宗的。我们再回头看他的油画,感到每看一次都有很多启发。因为我们做学生时,郭老师教训很严,正是这样才使我们有较好的发展。我很欣赏廖冰兄的题词,端庄、深厚。郭老师的画和他的人是非常一致的。郭老师不管是绘画,还是艺术成就,还是他本人的形象,我们都觉得非常有院长那种派头、气势,感到他很完美。对我们这些学生来讲,一辈子都享之不尽,我们要更好地做好自己的工作,画好自己的画。如今对我来讲还有更重要的一点,是学习他对事业的那种不懈的追求——他出去写生、开会的时候,见缝插针,他画了很多作品。这些画真是百看不厌,很有生命力。

潘家骏(广东美术家协会秘书长、油画家):

　　看了郭老师的画,我很同意以上同志所作的总结:郭老师的画有很扎实的基本功和很深的素养,有非常强的生命力。我也是郭老师的学生,那时在油画系进修,郭老师是我们这个班的班主任,对我们要求是很严格的。他那时还把他留苏时的作品在班上展览,那时感觉是人物画较多。这次我是第一次看到这么系统的、郭老师的风景画。我感受很深的有几点,郭老师在自述中讲到要和观众一起分享这种艺术劳动的甘苦。我们回看当时,也感到这种甘苦。很多都是他在现场写生完成的,特别是那些很袖珍的油画,虽是很小的画,但是里面都很完整了。如果是印刷品,不标明尺寸的话,就会感到是些很大的画。构图、色彩、空间感,作者那种对生活美的把握,画这些画就把他捕捉的感受都在里面表达的人已经很少了。这些年看的很多作品,入选的或获大奖的作品,很多人都是拍照片回来整理或者搞变形的,或用色块来搞些装饰味道的。想一些办法、手法、制作出一幅画。当然艺术发展是多元的、多种风格的,各种流派也在发展中。但我自己喜欢的,能打动我的还是这种基本功,油画的色彩、构图、空间、绘画性。因此,有时我也非常感慨,为什么绘画性越来越弱,抽象变形,往制作方面发展的东西很多。当然这些我也觉得有很多好画,也是有着很强的时代感。我喜欢的还是这种。我自己画画,我还是追求绘画性,用基本功去画画。因此,郭院长的画,我觉得是看基本功、看修养、看内涵。我觉得这样的东西才是有生命力的,分量足的。他一直坚持这种方向也是一种典范,大家风范。另外,看这个风景油画展还有一个感触,就是对生活美的捕捉,艺术的源泉是生活,在生活里发现美、提炼美,通过很扎实的基本功,把感受传达给观众,这也是对我们的一个深刻启示了。

李垣开(广州钢铁公司美工师):

　　我是广州钢铁集团(以下简称"广钢")的。附中毕业后就一直在广钢工作。郭老师带着一班学生到广钢,现在也有几十年了。郭老师的作品,不光反映他的修养。我跟他几十年的接触,常常感受到他这种修养跟一般油画家是不同的。他对油画是很认真的。比如,《广钢》这幅画,是我陪他一起画的,他画了5个多小时。从9点钟一直画到两点半,足足5个半多钟头。画得这么辛苦的一幅画,虽然已过去几十年了,现在看起来,仍然很生动很感人,好像事隔不久一样。他的修养不但是油画方面的修养,对于中国艺术的修养,他还是很注意的。他对中国的画很感兴趣的。我家里的碑帖很多,他都做了研究,有些甚至是整本摹仿出来。这一点一般人是不知道的。过去在北京,我曾很有幸跟他一起去李苦禅先生家、吴作人先生家。在这些大画家家里,他对那些中国艺术都很感兴趣,所以我就觉得郭老师对中国艺术是非常爱好的。因此,他的油画其实也是很具有中国风的。因为他对中国画、书法、金石的爱好,他的油画也是抑扬顿挫的。中国书法、中国画是力透纸背的,郭老师的画也是力透纸背的,很实在,他的画不是画出来的,而是写出来的,带有文人画风。经过几十年的努力,他的油画已成为中国人的油画,跟一般留苏画家是不同的。

李瑞祥（澳门油画画家）：

　　看了郭老师的油画，感到很亲切。他教我们班时间最长，从苏联回来后，他包了我们班，拿我们班做试点，油画、素描、创作全都教，一直带我们到毕业。也就是说，我们十几、二十几岁时候受他的影响最大。我相信多数同学都是把他作为偶像来崇拜的。他在我们成长的时候给了我们很多东西，直到现在还受用。我觉得郭老师在画品、人品等方面都是我们的榜样，影响很大。我认为，中华人民共和国成立后，对绘画的影响，应该说他比马科西莫夫影响更大。我最近去我国台湾办画展，见了冉茂芹，他那苏式小油画和我展出的一些素描，都反映很好。台湾师范学院那些学生，都想跟我们学。甚至他们一些研究生，私下跟我们学。问题就是我国台湾受日本绘画影响重，不如我们基本功扎实。不管你们怎样吹牛，你那两下都养不起你的家，至少这一点我就觉得这很现实。另外我说句实话，也许我眼光短浅吧，我觉得这种写实跟抽象，在市场上大家还有讨论的地方。我这不是否定他们，只是这是很现实的。再有一点我觉得郭老师很有敬业精神，他能画这么多画，而且他以前作品也很多，他的社会工作也很多，而能抓紧时间画这么多画，这一点很令我感动。我们专业画家的敬业精神、职业道德不要偏了，郭老师是很值得我们学习的，这样的老师是我们的榜样。

钱海源（湖南雕塑家、艺术评论家）：

　　这一次我回学校参加校庆，首先看了我们老院长的作品展览，学校研讨会也参加了，后来郭院长的作品展览也看了。今天来晚了，是塞车。我在长沙的时候感觉自己老了，买菜的时候菜农都讲："钱爹爹，我们不会少了你的秤……"但是我们每次回到母校，还是觉得自己是个孩子，在母校面前，在老院长、老师面前，在大哥哥、大姐姐面前，我们还是小弟弟。这次来有很多启发，很多教育。郭院长是留学苏联学艺术的，这15年来怎么评价苏派艺术？最近中央美术学院邵大箴先生，他是留苏的，去苏联学艺术概论的，他在10月3日的《文艺报》写了一篇很长的文章。我感到非常高兴，所以我月底在昆明开全国文化建设和文化工作会议时，跟《文艺报》一个副总编老朋友说："你们不错啊！"现在邵大箴先生在《文艺报》上表态了，对苏派艺术有个客观的评价。对苏派艺术应该客观评价。苏俄艺术是从彼得大帝开始的，在我印象当中好像迟轲老师以前跟我们讲过，彼得大帝那时候，把学经济的、学文化的派到国外去留学，所以苏派艺术与法国画派、意大利画派有很多共同的东西。以前20世纪50年代做得不对，过分了，光是强调一面，排斥现代艺术，那是不对的。现在这些年又是这样，我觉得不是很妥当。我说邵老师那篇文章非常好，我认真看了3遍。所以，我觉得郭老师非常不容易，他做人是这么执着，搞艺术也是这么执着，而且我觉得他的艺术很好。我在当学生的时候，尽管我是雕塑系的，原来是附中的，但是我喜欢油画小风景，我家有两张小风景，还受到郭老师的称赞。我觉得搞艺术要有过独木桥的精神，不要随大流，随大流很糟糕。现在商品经济下，艺术可以变成商品。但是，我觉得我们是搞艺术的艺术家。我是搞雕塑的，我是有雕塑就做雕塑，没有就写点文章。我写文章其实也是业余的水平，主要是因为那一批人，把我们这些中年人、老年人骂苦了。有一个理论家在《美术研究》上发起了重建我国精英艺术，他认为40年代到80年代以前，中国艺术一片空白，是苍白的、软弱的、无力的。认为40年代从延安走过的，鲁迅那个时代走过的，包括在座的几个老前辈，胡院长和王肇民先生都是从30年代过来的。他们认为在中国艺术里面，只有一个艺术家是精英艺术。我就认为不对。另外，他认为五六十年代毕业的学生，在座的院长，我的老院长里面，都是被他认为是不知道什么叫作"艺术"精神，也不知道什么叫艺术品位。这是白纸黑字的文章啊！这一点我也没说假。我就不服他这一套，我就要写文章"脱脱他们的裤子"。我那天跟迟轲老师讲，我脱了三个理论家的裤子。我认为在艺术上面，现在的一些年轻人，搞新潮艺术，他们很执着，很投入，我跟他们是很好的朋友。我今年有一本书就是一个很好的朋友跟我出版的。他当这个总编辑。林墉大前天讲了一句话，原来《红旗谱》朱老钟一句话："出水才看两腿泥。你怎么折腰吧，这不用怕的。"到了最后，大家看看自己到底坚持的是对，还是错？比方说我搞一点理论，我写的文章是不是跟"风"的，"风派"的。那我收入文集的时候，我尽量一字不改。但是，有的理论家不是这样的啊！他要出文集的话，把文章改得面目全非。我跟王肇民先生说，我也受你的影响，因为我们以前跟王先生画过水彩。我们受到学校很多老师的影响，印象很深。这次回来我们感受很深，很受教育，我回去这些年来，对我的孩子是这样教育的，我说："你想当高楼，万丈高楼平地起，基础很重要，第一块砖没有贴好的话，那个房子就会垮的。所以，我那个孩子没考上美术学院，不行啦！当然他考上了中南财经大学也可以了。"

熊德琴（广州书院一级画师、油画家、广州画院秘书长）：

那时一听说郭老师从苏联回来教我们这个班，我们整个班都有这个心情，觉得很荣幸。从二年级一直教到毕业，教我们油画和素描，这种方法是很好的。我觉得在郭老师那里学到了很多东西，我的艺术道路上，从学生时代到现在所走的路，都受用不尽。如果没有在学生时候所得到郭老师教导下的那些观点、方法、体系的影响，我的学习收获会大受影响，甚至会影响我日后的艺术探索。当然其他很多很好的老师，胡一川老师、王肇民老师、韩宝林老师都教过我们这个班，我觉得这些都是是我这一辈子受用不尽的财富。我觉得郭老师属于苏联体系，在他的知识传授过程中，我就觉得郭老师有一个教学体系，对我启发和教育最深的是使我学到了一个正确的观察眼光来观察生活，怎样利用这种观察。这种感受做实践和艺术的处理，来表现生活。再一点就是把老师的这一套变成自己的东西，毕业后在探索的道路上比较有目的，觉得是一步一步地跟着郭老师所教的方法来探索艺术道路。郭老师对我们是很严格的。我想起那时，我们都是怀着很兴奋的心情迎接郭老师来给我们第一节课。那时是大学二年级。我当时站在门口画素描，郭老师一进来就看到我的画。我这个人还是比较认真画画的，当郭老师讲，你在附中学了四年，大学又学了一年，把这么大一张纸中间就画那么一点点，连构图都没有，你学什么？……而且声音又大，全班都听见了，讲得我脸都红了，一直红到耳根了。后来我想，我学了这么多年，按道理不应该画成那样，我那画确实像郭老师说的那样，这一张大的素描纸，把要画的东西就画在中间那么一点点，那构图真是难看，很小气。从这件事以后，我在艺术追求上更加认真，更加认真对待每一张画。郭老师这样是非常好的，很难得，因为从来没有人很不讲情面地来训我，后来我就永远记住了那句话。从那以后，我每次都把郭老师在讲堂上讲的一些话记在我的日记本上。一直到五年级毕业，从素描到油画都有日记。这个日记好像李正天后来知道了，鸥洋也看过，她说这个很好啊，你把它整理出来。毕业以后，我还经常翻一翻、看一看。后来我看了郭老师出的那两本素描和油画的书，就觉得我在学生时代那种体会那么亲切，我记录的那些东西好像更有说服力。我觉得郭老师对我的一生影响很大，是我崇拜的老师，为能做郭老师的学生感到荣幸。

吴正斌（广州美术学院教授、色彩画家）：

我说几句吧，同班同学讲不少了，作为郭老师的学生，这次看画展不光是感到亲切，而且画展本身的艺术品也很打动人，艺术生命力还是很强的，不仅是因为过去的回忆之类的东西，画展本身是很动人的。这两年我看的画比较多，名画各个时期各个流派的我都看，因为我对艺术各方面都很喜欢。同学都知道，音乐、美术、戏剧，各种风格各种流派我都喜欢，而且偏爱现代的作品，可能是看自己的作品看得太多，看了现代的东西就觉得很好看的。看得很多，我感觉艺术品确实需要多样性的，各种艺术品好的它就是好的。需要多样性，需要多方面的欣赏。一个好的艺术作品，它是不受时间、不受空间限制的。它没有国界，也没有时间概念，无论是古代还是现代，无论是若干年后前还是现在，它不会受时间和空间的束缚，这个给我的感受很深。今天看到这个画展，仍然感到很新鲜、很感动，因为画展本身的风格变化不大，从留苏开始一直到现在，虽然有很多发展，但是总的面貌变化不大，但是为什么感动呢？我觉得几位老先生（包括胡院长、王肇民先生、郭院长）的作品都是以写生为主的画，生活本身是丰富多彩的，因而不觉得单调。我们这一辈人看画还是比较挑剔的，展览稍稍单调一点，或者是你整天在家里弄的那几下子拿出来的画，看两张可以，看多了就觉得讨厌了。但这个画展，能够使你看下去，还想看，还不觉得多。这是很不容易的事。包括看一些博物馆的世界名画，看多了却觉得很烦的。所以在这方面来讲，艺术源头的生活丰富多彩它本身能反映出来。我觉得作为一个艺术家、艺术教育家，郭院长在这方面是比较成功的。对美术学院来说，教和学是相当重要的。中国电影在进军奥斯卡，在声乐上得了很多世界上最高级的奖，这里每一个得奖，我都了解了一下，没有一个不是在老师的严格训练下出来的。包括从专业学校和业余发展出来的都是这样。有些虽然是经过"文化大革命"，没有进行严格的训练，但由于教学是一个复杂过程，它有的是老师非常严格的教，有的是学生的自觉，非常严格的学习，这两方面都是很需要的。不一定是很明显的教和学的关系，这表面上看不出来，但是我看，没有一个不是在老师严格的教育下出来的（包括不是在学校的或者不是跟哪一个老师学的）。他自己心中必然有一个老师，或者是多个老师。包括现代派的东西，它都不是那种抽象又抽象、玄而又玄的东西，不是的。从这方面来讲，郭院长作为艺术家、艺术教育家这两方面是比较好的。另外一点感受，我觉得郭院长在写生这方面更能表现出他的才华。因为过去很多行政工作把他的时间牵制了，他只能忙里偷闲，好多作品都是在参观、访问和各种会议空闲中断断续续画的。可能在将来有一段完整的时间，有一个很好的条件的时候，会更加焕发出他的才华。我想这个画展对学校的学生方面肯定会有很大影响，不管学校的老师怎么教，我相信很多学生会自觉地来这里学习的,会自觉地得到他们的感受。

李正天(广州美术学院讲师、书画家):

我讲几件小事,从中看郭院长的精神风貌。附中的时候,我们七年制的同学约好去采访郭院长,当时是郭老师,当时他对我们同学说,你们同学怎么那么喜欢阿尔希波夫和克里马申的画。这些画格调不高,你们要好好研究我们学校的王肇民先生。他的画格调很高,那是大家风范。大意是这样。我们作为附中七年制的小孩,在当时听到这种话很是震动,当时王肇民先生在学校并没有受人注意。这是一件小事。第二件事,当时我发现每次看画展,只要是郭绍纲老师来了,他一定是很认真的,对每一幅画提出意见。有一次广州市少儿美术展览会搞了一次研讨会,通知了郭院长。改变会场却没通知郭院长,工作人员说郭院长那么忙,不一定会来。后来郭院长到了原定的会场后追踪到了会场,谈美术教育问题。而且后来的展览会上一幅画接一幅画地看,跟他往常一样,总是好就是好,坏就是坏,肯定要提意见的。第三件事,我几次到他家里,一看他就在那里认真写字,我看他写的书法很感动,通篇的字每一个都那么认真,我说写楷书的人,写一两个好字容易,通篇都写得那么通体贯气,很难,从这些事可以看出他的敬业精神,如果说一个人有影响他一辈子的人,那么在画油画这个问题上,我觉得王肇民先生、郭绍纲先生的精神是注入我血脉的。我们同学刚才看了展览以后都是很激动的。

王肇民(广州美术学院教授、著名水彩画家、诗人):

我刚才看了一下郭绍纲同志的作品展览,我觉得作品都很好、很精致、很朴实、很真实、很含蓄,也很精彩。同时我也想到,绍纲同志拿起画笔来在艺术面前忘掉自己是专家,忘掉自己是名家,忘掉自己是苏联留学的学生,那就是很宝贵很不容易的!作画要忘掉一切,像学者一样全心地研究、自然地研究、艺术地研究。这就是很宝贵一种艺术的态度,作画的态度很宝贵。我对这话是很赞成的,我又想起我自己,我50岁来到广州,常常背着画袋子,坐着公共汽车,长期在外面画风景。现在不行了,公共汽车也不能坐啦,除非有人陪。你想在广州郊区画画,到外面去画画,既没有汽车,也没有人陪,一点办法也没有,这些事我觉得很遗憾。为什么呢?我画静物、画人体都很拘束的,画风景就豪放一些。现在因为年龄的关系没有机会,结果画风景画不行了。有一天我去书店买书,我想多年没坐公共汽车了,坐公共汽车看看。哎!公共汽车那凳子很高,很难爬上去。不扶栏杆又站不稳,要扶栏杆腰一吸气,结果裤子掉了,这简直是老态龙钟。在这个形象之下,我很想去外面画风景,却很难有条件,很不好办,我也没办法。在郭绍纲同志的画面前,我又很想画风景,又很想出去,可又没办法做到。所以我希望年轻同志、中老年同志趁现在跑得动,(就)到外地各处画风景画,这还是很需要的。画静物、画人体在不能跑动的时候再画,在家里画。

尹定邦(广州美术学院副院长、教授、设计师):

我没学油画,但是郭老师拿着刮刀在我的画布上刮过两次,涂过两次颜色,然后我在他的教导下画下去,而且受益匪浅。他总是很严格地指导我,说构图老是把腿切掉了，第一张这么切，第二张又是这么切。不管是不是他的学生，他都很严格、很认真地教育。看了这次展览，我有这么一个感受，我不是画画的，也不会画油画。但是，画的最高境界是什么？美术作品的最高境界到底是什么？潘行健同志说过，艺术品是精神产品，它应该是对群众、对社会、对人民的精神素质的提高，要做出它应有的贡献，这里要有技巧、要有生活、要有修养，最重要的是艺术家本人的品德、为人、精神和社会的责任感与历史的使命感。如果没有这些东西，只有技巧，我相信中国还有接近郭老师的油画基本功那样的画家，也有他那样的有技巧和修养的画家，但是画出来的画更深一层的力量是没有的，这是画品。我今天跟李正天一起看了画，我就感觉到有这种力量，好多张画都有（不是每张都有，郭老师不敢恭维）。确实看到一批画有这种人品的力量，精神力量。这里不涉及普及与提高的问题。确实高级的艺术品与普及的艺术在精神力量上，有些表面上好像很高级，实际上很不高级。这很不容易，大家说的这些画都很感动人，是色彩感动人吗？是构图感动人吗？它感动人只能感动一时，比较肤浅，内在人品、精神力量这种感动，那才是最深层的感动。郭老师从政10年，花费了很多时间，我感觉到他这两年画的油画，又特别精彩，大概比较集中吧。以前画得好，中间这一段画得少了，最近是画得很好。对从政10年的政绩，我也是比较注意去思考，而且这两年都没有停止思考和评论。我觉得有些评价是错误的。有些同志好心表扬我们，批评他。我觉得这个批评是不对的。我们只不过是继续做下去而已，可能某些时候灵活性比郭老师多一些，但是，在原则性方面，我刚才还和张治安交换意见，不管人多大的灵活，如果丧失原则性，这种灵活性是害人的。所以，我们要向郭院长学习。我讲完了。

张治安（广州美术学院党委书记、教授、国画家）：

我讲一讲。郭老师是我的老师，虽然我是国画系的，但是在大学的最后一年，郭老师下乡辅导过我们几个班的学习。这个展览有些画以前看过，有些没有看过，看过的有一些常看常新的味道。我觉得这个展览给人感觉这些画深厚、含蓄、技术和清新，看上去这里面有时间跨度非常长，地域很广，就是说郭老师是以一种严肃认真的研究态度去调度他的所有的才、情、学、养来面对大自然。所以，他的风景有这样的内涵。从画面上来看，国外的、国内的、20年前的、现在的甚至更早的都摆在这里，看起来丰富多彩。刚才有同志说，一个展览会能让人看得不觉得厌倦，一直很有兴致地看下去，那确实不容易，这里就是他的整个才、情、学、养和一直的写实，集中于每一幅画的结果。所以他有这种风貌，不是用一种办法来应付一切，而是面对着任何一个新的对象来调动他的全部身心投进去，概括、提炼、表现出来的，所以它有这种魅力。我觉得作为一个艺术家，刚才尹定邦同志说，什么是最高境界，我就觉得一个朴素和真诚，大概是成为一个艺术家必不可少的一个条件。艺术语言你可以有很多技术、很多花哨的东西，而朴素的语言是最经得起时间考验的语言，我觉得真诚与朴素这一点我在与郭老师的接触中感受非常深。没有这两点艺术就不可能达到这种境界。从与郭老师相处的过程里面，他原来做院长我做副手，跟他一起工作，给我很多感触，我觉得刚才说到朴素和真诚不单是表现在他的画里面，还表现在他的做人上。刚才有同志说他是很真诚地做人，也很真诚地作画，很正派。这一点我感受当然就很深啦！我也简单地讲两个例子：一个是我读大学一年级时，我们上学的第一周，就有位老师说，你们先画吧，随便画，我要摸摸底。结果两周时间，我们就在那里"三包"，有的看连环画，有的写字，干什么的都有，反正是坐在课室里。后来郭老师来了，当时一看说你们这学生怎么搞的，这么珍贵的学习时间你们都在那里泡，而且很严肃。后来把我们整个班都批评一顿，结果这个班都觉得这位老师很负责任，有一种敬业精神。第二件事，"文化大革命"期间，1969年我们到三水接受再教育，郭老师是我们的指导员，汪宗伟是队长，我是副队长，当时学生提出要求，在乡下每天有两餐吃，上午9点钟一餐，下午七八点一餐。然后整天就是劳动，早上6点起来去劳动，后来学生提出来早上6点至9点学业务，大家要毕业了，要学业务，除非闹革命。结果我们请求了在干校的领导之后就定下开始执行。郭老师不辞辛苦，到5个村来辅导，结果这个时候接到学院革委会的一封信，说我们对抗革委会的决定，接受再教育已经是最大的教改，现在来学是对抗革委会，说我们自作主张。郭老师给我看了这封信说，怎么办？当时我跟郭老师说，这个事情呢，我们是要毕业走了，所有责任需要人承担。你要想清楚，如果把这封信公布了，学生有什么意见，我负责做工作，这也不是你的主意。结果呢！郭老师说我们不公布，我们照样干，照我们的决定干到底。这几个班学生有幸在那里学习了半年业务，每天学习3个小时。回到学校是郭绍纲承担责任，革委会首先就批评了他，得到的"补偿"是三天后又到干校去、到山里去劳动。如果没有一定的胆识，没有对学生的高度责任感，老师是不敢承担这种责任的。那时革委会宣布指示了，我们就不要画画了，这是很简单的问题。但是郭绍纲能承担这个责任，我觉得这对我影响很大。我觉得这一点对后来的工作影响很大，学校一直坚持改革等很多事情，广州高等院校是走在前面的，这一点郭老师是功不可没的。我简单讲几个例子就是说，郭老师不单对艺术是真诚的，是正直的艺术家，也是一个可依赖的领导。我一直在做他的学生和做他的副手并在他的领导下工作，感触是非常深的。最后我想用中国文论的两句话"真久必见，媚久必厌"结束我的讲话，归纳一下就是说，搞艺术、做人，你是真诚的，时间久了，他的好处将随着时间推移，将逐渐越来越完整，尤其是艺术家，如果你靠媚人、讨好人，媚久必厌。这样的艺术靠不住，这样的人也是被人讨厌的。

吴海鹰（广州画院一级画师、艺术委员会主任、油画家）：

时间很紧了，但这个机会很难得，我也把郭老师在教我们时，跟郭老师接触的整个过程的几件印象很深刻的事说一下。郭老师作为教我们的老师，他是我很尊重的老师，其中有几件事我印象很深刻。当时1965年我们毕业班有些同学的鉴定就被写得很差，对其中的一个是写他品质一贯恶劣，其实他只是在某件事情上犯过错误。当时一般人听了也就算了，或者是作为一个主持老师也可以不出声，但是郭老师就觉得不行。他说鉴定写的不是这个同学的本质问题。当时我感到很深刻，对郭老师这个人又增加了一分敬重。还有一件事情刚才李正天也提过，就是对王肇民老师的评价。在很早以前王老师在政治上抬不起头，在学术上还没有很多人认识。郭老师就说王先生这样的水平在世界上也是不可多得，他的水彩画远远超过很多英国画家。我觉得郭老师是真正有学问、有眼光的，他看的东西很多，所以在这样的情况下好或者不好，他心中有数。作为学生，我

一直深得一个好的老师给学生带来的关怀和爱护。郭老师刚从苏联回来,大家都说他是一个有地位的老师。他教我们班(时),有一次他叫我出来说:"你有两张画,给我好吗?"我一下受宠若惊,我说:"我有什么画给你?"他说:"你的这一张和这一张,你没有画纸用的话,你跟我要,不要再在那张画上面画,你就把这张留下来。"我的习惯是一不喜欢就把这张涂掉,就不愿再看到它,马上在上面画第二张。郭老师就说:"你把那两张给我,你也可以在我的画里挑一张画。"我当时是一个很一般的二年级学生,而他是刚从苏联回来的,正是"火"头上的人物,他这么一说,我就觉得他是很爱护我们的,平常很多事他都能这样。我就想到一个老师给学生的印象,是在他一贯的行为里。他是真正地爱护青年一代,他自己怎么样来处理问题,他的一行一动都能给学生的心灵留下深刻的印象。除了我这里补充这几个事,当然还有很多情况,时间关系就不耽误大家了。

胡天虹(广东轻工学校讲师、服装设计师):

我说几句,我不是郭老师的学生,但是在我15岁被郭老师招到了附中之后,我就觉得我永远是郭老师的学生。我记得在"文化大革命"的时候批判"黑画",有很多老师的"黑画"被拿出来展出,我当时在很多老师的"黑画"面前不自觉地被吸引,流连忘返。在以后的23年中,我经常去郭老师家去玩,我觉得郭老师对我一生影响很大。我记得那时在煤田的时候,觉得自己的基本功很差,因为碰到了"文化大革命",没有学到什么,我把自己画得很"烂"的那些画拿给郭老师看,郭老师真是诲人不倦。刚才对郭老师的油画上的造诣都谈得很多,当时给我的印象最深的是郭老师说油画家对色彩的运用应该像钢琴家一样。钢琴家的手指摸在钢琴上都是很自然的,弹到什么地方,这个音是什么音阶,都是很自然地流露出来。油画家对技巧的运用应该达到这种程度,我以后在郭老师家里看很多艺术品的时候,我都觉得他确实达到了炉火纯青的地步。郭老师的境界之所以这么高,我觉得有一点是很重要的,他热爱生活,他的画面体现了一种对生活的热爱,不仅是艺术各方面的造诣,艺术素养还体现为一种对生活的热爱。每一棵树、每一块草地、每一个海湾都是充满了生命力的。另外,我觉得郭老师不仅是艺术家,还是一个教育家。我在和郭老师这23年的接触当中,郭老师对我各方面的影响让我受益匪浅,直到我开始教书生涯的时候,我自己感到我在很多方面都受到郭老师潜移默化的影响很深,郭老师后来当了院长,搞了行政工作,他见缝插针地画这些画,艺术上的勤奋我也不想多说了。我从没把郭老师叫为郭院长,他永远是我的老师。

林宏基(广东书院高级画师、油画家):

我讲一个事情,我们读大学的时候(1970届),就是在"文革"时期,有一天跟油画系的杨大章他们一起吃完早餐的时候,就在木工棚那里捡了一张画,一看原来是郭老师的油画。那时候郭老师正受批判,我们把那张画拿回去,觉得那张画很宝贵,结果我们在杨大章的画室里把那张画钉起来老是去看,因为在"文革"时期是不能看这种画的,那时正在批判"黑画",但是我们却很喜欢那张油画。结果我们经常打开来看,学习郭老师的油画。后来郭老师解放了,没有事情了。这张画就由杨人章送回郭老师了。

包括印在这里面的留苏这批画（就是那十多张）我们经常在那前面学习，其他我就不讲了。

潘行健：请余老先生发言。

余菊庵（广东文史馆馆员、艺术家）：
　　郭绍纲画西画，留学苏联回来……对西画有很深的功底，对中国文化也有很深的研究，他的西画，开这个西画展，好多人以为郭绍纲同志西画好，但他的国画、诗文很多人都不知，这个因为被他的西画的名掩遮了，前……我今天很高兴与欣赏了这些作品，与郭绍纲同志离别很久，五六年都有，今天心情比较痛快。（因为磁带录音不清晰，部分记录不详）

潘行健：余老从中山市来参加活动。最后请郭老师跟我们讲几句。

郭绍纲：
　　这个展览对我来说是一个回顾性的展览，从1956年至1994年这个跨度。大家谈了很多美好的回忆，当我每次翻这些画的时候，也有种美好的回忆。因为我画这些画，确实是全身心地投入。从画这个"台山街景"开始我就体会到，在画街景很多人围观的情况下，要怎么样做才能让自己如入无人之境，也就是说周围的反映，周围的意见，周围……都不管；这确实需要以一种超脱的心态全力以赴地投入在上面。所以，我说这应该是我们传统的绘画境界的要求，这是精华。如果顾虑很多就会产生一种媚俗的格调，忘记自己的追求。另外我觉得在可画可不画时，在出发到一个地方时，要给自己定一点指标，到一个地方有多少时间能画两张画？哪怕是画一张也要争取画，在衡量时能画就画。我是这样来挤时间的。要想睡午觉或者早上多睡一会儿，这都允许的，并没什么错误。但是我常常为了画画这个任务，为了给自己挤点时间，我就是得牺牲一些。我讲的这些确是经验之谈。今天大家对我赞誉很多。我觉得这会对我60岁以后这一段劳动，给予很大的鼓励。我得到很多比我年轻的同志，甚至于老先生、老一辈人——我所敬重的这一批老画家的理解，我认为更重要，应该还是要跟精神文明建设，我们的教育思想，教育方针相结合，我考虑的是这些东西，同时敢借这个机会把自己的东西整理一下，所以印了这么份资料，大家看一看，如果里面有什么失实的地方，希望大家提出来。我不是那种善于把每天干了什么都做记录的人，可能有很多遗漏，尊重历史事实这也是我们应该做的事。最后我谢谢大家，我们准备了一个工作餐，大家有什么话，在工作餐的时候交换意见。

潘行健：
　　今天很感谢在座各位，热情、踊跃、亲切、由衷地发言。我看能不能把这个会概括成两点：第一点，我们对郭老师的艺术和人品认识，不仅是一种回顾、一种回忆，而且是放在今天的背景重新发现，重新评价。我相信随着时间的过去，这种发现和评价还会有新的内容。第二点,今天大家比较集中的一个问题是郭老师的艺术并没有过时,在社会和艺术的发展,非常急速、趋向多元化的今天,这个不过时的内涵,"不过时"的意义是什么呢?什么样的艺术才能不过时呢?这点对我们有相当现实的意义。从这个角度去认识郭老师的艺术,我相信可看得更本质、更深一点。我从大家的发言中受到很大的教育和启发。把它概括归纳为这两点不知道能不能概括这次座谈会。最后再次谢谢大家。

(资料来自广州美术学院教学科研处的录音整理)

附录二　纪念郭绍纲教授从教 50 周年、从艺 55 周年座谈会发言记录

时间：2004 年 1 月 5 日
地点：广州美术学院美术馆

黎明（广州美术学院副院长）：
　　郭院长为师、为人、为领导都做得很成功，都是我们的楷模。特别是郭院长留苏回来后正是在 1960 年祖国那么困难的时候，他毫无怨言，和学生一起下乡、课堂写生，留下了这么多示范作业，很多都是跟学生一起画的。甚至是工作之余，星期六、星期天也在家里透过窗子画出去，所以说郭院长为人、为艺、为领导都为我们立下楷模。衷心祝愿郭院长艺术常青，不断为我们留下佳作。

李正天（广州美术学院老教师）：
　　有几件小事我以前在其他会议上也讲过，但是我觉得还是有重谈的必要。第一个是当时郭绍纲老师从苏联留学回来，可以说他的画被同学们非常尊重，他画画的地方我们常常躲在窗外去看他每一幅画，郭院长发现了我们也不责怪。当时，郭院长提醒我们，"你们要学习西方油画色彩"。我们在国内学习，说看不到西方的油画。郭老师说："怎么看不到，王肇民先生的色彩就很好。"还有一次我们带同学到郭老师家里去访问，我们同学来得不齐，有的来晚了，郭老师一进门就跟我们说："你们每个同学现在看一看那个门口这个框，你们现在能不能马上把这根线画出来？"后来我们每个人都默想了一下，郭老师说它的比例感极为特殊，要我们培养对比例敏锐的感觉。郭院长的话当时给我们留下很深的印象。另外，我记得当时在油画系郭老师给我们上油画课的时候，郭老师说："我建议你们现在画一张八开画。你们不要忽略一张小稿，人的色彩感觉是很难得的，往往画得比较疲劳。我以前画画我就画小稿，小稿画好了这张作业画几十个小时都不会忘掉最初的感觉。"这个给我印象很深。后来他多次提醒我们说，别看巴掌大的一张画，这种对色彩的锻炼是最重要的。
　　另外，还有一件事给我印象很深。有一次少年宫要开一个会，通知了郭院长，当时会议临时改了会场，我问我们改了会场有没有告诉郭老师，有人说郭院长这么忙，可能来不了，我说郭院长说来一定会来。后来果然郭院长到处找会场一直找到文化公园。还有一次我们又到了文化公园上展览课，我的印象很深，当时郭院长一张画一张画认真地点评。郭院长有一个特点，就是治学极其严格，一切秉公处理。当时刚刚改革开放，身为油画系负责人的郭绍纲，毅然到教育系当主任。我非常欣赏吴正斌的发言，因为吴正

斌的发言是从每一件事产生的时代背景出发，校庆期间因为一些偶然的事情，郭绍纲变成议论中心，这一次活动很好，大家对郭绍纲院长的人格的肯定，让我们每一位老教员都感到很大欣慰。

周凤甫（广东省美术教研员）：

很高兴参加郭绍纲先生从艺55周年从教50周年庆祝活动。作为一个后辈，作为一个美术教育的小辈，从小从学画画的那天起就对郭绍纲老师充满景仰。我觉得在仪式上各位来宾的发言说得比较到位。"郭绍纲老师在中国美术史、中国教育史上是有地位的"，我认为此言不虚。我认为郭老师代表一个时代，我想每一位来宾到这个展厅看一下郭老师丰富的作品，都是时代的产物，也代表着中国的美术当时的面貌。他对未来的美术和美术教育提出了非常了不起的理念，他既是一个时代的杰出代表，也永远是我们的老师。

潘鹤（广州美术学院教授）：

我们这辈人不仅是教学问题，也不仅是创作问题，而是美术发展和学院发展更重大的问题，现在中国艺术该怎么走的问题：即美术作品、教育、活动组织该怎么走？面临着管理教学方面应该引导下一代该怎么走？上面应该怎么走？我们美协应该组织当代怎么走？这些问题如果走得好，国家和全球的艺术会走向光辉灿烂的未来，走得不好，可能会从我们这一代开始走下坡路。我们教学、我们美协怎么组织得很好？整个观念对不对？方向对不对？我们可能成为历史的功勋，或成为历史的罪人，都可能在我们这一代里发生的。

吴海鹰（广东画院）：

我今天参观郭老师的油画展览，看到郭老师的精神面貌，我真的很感动。因为油画不像其他画，一天一张都是认认真真地操劳。郭老师能够把自己的大部分作品都捐赠出来，我觉得这是一件大事。在广州美术学院美术馆前后进行了三次大展，现在是郭老师的展览，我觉得这三个展览都是我们国家首屈一指的。另外，胡院长是一个跟共产党革命去延安的画家，他的画也代表了他的整个艺术生命。郭老师是在中华人民共和国成立后派出去的第一代留学人员，我们从他那里深切地看到了外国西方油画的一些真面貌。以前我们看到的都是一些印刷品，自从1960年那些留苏的学生回来后，他们的确使我们看到了一些西方的油画，虽然是东欧，但是他们的老祖宗也是法国印象主义，那时候郭老师给我们的印象是他的油画灰调子很有特色，画的都是外光，这些东西我们一看就觉得很新鲜，受到很大的影响。20世纪50年代在外国学到的油画的基础的东西，都给我们传过来了，我印象很深。郭老师1960年回来之后在台山画了一批外光的印象作品，也是我国那个阶段的代表。我是他的第一批学生，现在我们在座有很多都是郭老师的学生，那时候我们觉得很幸运，郭老师能够从苏联一回来就给我们上课，我们感到很幸福。别人是偷学的，我们是堂堂正正地学。这个展览灯光不好，影响效果，如果改善展出效果会更好。但是唯一遗憾的是画什么都好，就是光没搞好，所以对油画很不利,最好的效果都没有出来,那个光线是直射下来,它的光下面有投影,朦朦胧胧一片灰。

郭老师从苏联回来,我觉得当时他对学生负责,讲出应该讲的话,他对学生客观公正的表述,我对此印象深刻。

任兴(羊城晚报编辑):

看完这个展览非常好,20世纪60年代我第一次看到郭老师的画,有素描和油画人体,印象很深。当时也开座谈会,大家也向郭院长提出很多问题,那个时候感觉不仅是油画,在素描上也看到郭院长的功底。另外一个是在中央电视台的美术星空节目,专门介绍了留苏的这批学生取得的一些成绩,也有一些照片,还有郭院长在留苏的一张油画。郭院长坚持外出写生,相比较而言我们表现很差,现在往往是拍照片参考画画的。因为郭院长坚持到生活中去画,所以他这些作品很感动人,色彩很丰富,不会像一般的作品。这次展览很丰富,有油画、素描、速写、粉彩等。希望郭老师永葆艺术的青春。

夏立业(广州军区战士话剧团):

我是从中央戏剧学院毕业的,但对郭老师很崇仰,当年为部队辅导美术,郭老师非常热情,每周都去教学。我们土生土长,水平不高,郭老师义务辅导热情、负责,不仅对学院教学,对社会教学也很热情,有求必应。

林明琛(广州美术学院退休教师):

我不是杨尧班的,所以是偷学的。但该班学生也不一定有我受益这么大,因为我和郭老师很长时间在一起画画,我学到很多东西。郭老师在留苏的学生中是重要人物,基本功非常扎实,他的画我都看过,成就、为人我都不重复,只想强调一个中心问题:对西画的保护很重要,有些画已经变了、掉了,要研究怎么保护。

郭老师坚持写生,我都是受他影响。郭老师现在心态也很年轻,祝他身体健康、艺术青春常在。

杨尧(广州美术学院油画系原主任):

吴正斌在大会上的发言,代表了我们的想法,也表达得很清晰。

个人觉得他当时从油画系去教育系是不可理解的,直到十几年后的今天才看到意义。郭老师堪为教师楷模,全身心地投入教育。有两个老师对我影响最大,一个是初中的启蒙老师,一个是进油画系后的郭院长。郭院长当时在中国美术界影响很大,一股苏联油画旋风直到"文革"前。作为他的学生,我当时很狂,但郭老师要我们把眼睛放宽。当时对胡一川、王肇民的画体会不到位,总被郭院长提点。教师楷模、技艺精湛、为人师表。

于秉正(广州美术学院教育系原主任):

郭老师是良师益友,有些事情憋在心里很久。"文革"时由于年轻,我主持过对郭老师的批判，但郭老师以德报怨，没有对我有任何记恨，非常正派善良。他组建教育系，站得高，看得远，教育系能确定为教育部试点单位，与郭老师的推动有很大关系，他为此发表30多篇论文，其影响外界不一定能够看到。

王天一（广东艺术师范学院）：

我是15年前从山东曲阜师范大学调到广州的，由于研究美术教育理论，从接触郭老师到和他关系密切，他创建美术教育系到美术教育研究室，在理论探究这一方面做出了很大的贡献。现在美术教育理论有这样的局面和他的推动是密切相关的。我调来之后，他亲笔写了聘书聘我为研究室研究员，一直在鼓励我做这方面的研究。如果说我对这方面有一点探索有一点成绩的话，与他的鼓励是分不开的，对此我表示感谢。另外，我还转达新疆师范大学王建武的问候，因为昨天晚上他把郭老师的电话搞错了，就打到我家里去了，他过几天也要来看展览表示祝贺。

潘行健（广州美术学院原副院长）：

我认识郭院长较早，1957年我是广州美术学院附中第一届学生的时候，就知道有留苏回来的老师，虽然没见过面，但是看到他的画，对他的自画像印象很深刻。那时候郭老师话不多，但是给我印象相当深，非常谦逊。那个时候能够在苏联留学，很不简单。有一句话几十年下来都记得——"向自己周围后进的同学学习，绝不是一句空话"这句话给我印象很深，不知郭老师还记不记得。他给我们教导的，是希望我们做到的，不但是艺术而且是为人，这个人怎么做，当时这句话留在我的脑海里几十年。虽然我没有直接成为他的学生，但经常看画，听他讲话，不断看、了解他的作品，那个时候比座谈会了解得要深，一直到今天再看了一遍，有些没看过，有些看过的没拿出来，最近的油画小风景还没拿出来，越看越有味。我看出两点：一是看他的画能看到一种信念和对这种信念的坚持，这个不容易。这个在技巧也好语言也好，整个画的总体面貌是不能被替代的。从郭老师年轻时候留苏的作品一直看到近期的作品，找到一个内在的支撑的因素，就是用自己的实践、用自己的画、用自己的作品去坚持这种信念，去延续这种信念，去继续不断显示这种信念的价值。在新的时代有其价值，在中国美术史上留苏画派带来的影响是不可避开的。只要真正代表了一个时代，他在历史上的价值是有的，我觉得在郭老师的画里面看出这一点，我们对这一点继续挖掘、继续思考，包括郭院长在油画系时美术教育在中国刚刚起步，他能够果断地搞美术教育系，这也是他对这种信念的坚持，也是对一种信念的体现。包括书法，刚正坚毅，一丝不苟，没有任何虚假的东西，只有人格，这些都是他的信念体现。

戴立德（广州市教育局美术教研员）：

我对郭教授印象深刻，感情深厚，我们给大家带来一本画册，这本画册有关广州市的基础教育50年的内容，这里面第3页、第4页的5张照片都有他的影子。他给我们留下的印象是什么呢？在我心目中，他是美术教育的开拓人之一，我们不敢接近郭教授，但是我觉得他非常慈祥，心怀非常宽阔，经常在关键的时刻给我们的学校艺术教育很好的指导。这里面的 50 年来，学校美术教育你们看看有很多专题，当时我请教郭院长指导，他提出一定要在基础教育当中渗透大美术文化教育，多年前我就觉得他的学术思想非常有指导性，他也是我们广州教育局艺术教育的指导。这么多年来我们的艺术教育和基础教育发展的事实证明了他的学术思想是正确的，而且正在发扬光大。我想代表我们千千万万的广州市中小学生向郭教授深深鞠一躬。郭教授的学术思想将载入祖国美术教育史。

王韧（广州美术学院副院长）：

郭老师3次捐赠给学校的画，相当于完整地体现了郭老师的整个艺术面貌，我觉得更重要的是显示了他的博大的胸怀。我们评价一个人，怎么用语言去表示这是一个次要的方式，行动才能向大家展现个人的胸怀，比如郭老师发现人才、尊重人才、推荐人才这方面的胸怀。刚才说到王肇民先生，我在这里说一个一般人不知道的事实，我在这里一定要讲。改革开放刚刚开始的时候，当时我在韶关文化馆。有一次郭老师跟我说王肇民先生的艺术绝不亚于塞尚的，当时我大吃一惊，他说如果有机会的话能不能把王先生请到你们下面去，一方面写生一方面讲学，好好地把他的讲学全部做了记录。通过郭教授的推荐，当时我们把王肇民先生从广州请到韶关去待了一段时间，他讲的内容我们都做了记录，但没有说谁出的主意。王肇民先生讲学的记录、谈话的记录非常精彩，然后郭老师就说，我们希望帮他老人家出一本画论方面的书，这是郭老师给我们提的第二个要求，我们照办。我们把那个记录送给了王肇民先生，他很感动，后来我们促成了他的话语录出版，但是王肇民先生很迟才知道这是郭老师在后面推动的。有一次王先生因学校有些方面的事情对郭老师有一些微词，后来郭老师当了院长，当时我跟王老先生说："我说王老你还不知道，过去学校有些方面对你不恭那是时代的结果，不是哪一个人左右行事的，您老要想开点。您知不知道您那本话语录从头到尾都是郭绍纲老师在推动的。"我把那个过程讲给他听。当时王老先生听了之后，他老泪纵横，感激郭绍纲老师促成此事。

李正天（广州美术学院老教师）：

关于郭教授的美术成就，我做个补充。前不久中央美术学院副院长范迪安先生，他谈到一个问题关于造境，创造环境，美术史造物造境很早就由郭老师提出，美术不仅仅是画画而且要造物造境，我觉得这一点非常有意义。今天我们看完这个展览走上三层有什么感觉，几十年前看觉得好，现在看还觉得好，所以你现在看还不觉得过时，时代的很可能就是永恒，民族的很可能是世界的，寓雄强于平实是大美，所以不要藐视这些平实的东西，当然一定是这个平实最好的、民族最好的、时代最好的，他们体现一种风格，所以我觉得郭院长的画是极其宝贵的财富。

马高骧（广州美术学院教育系退休教授）：

我是郭院长由四川美院调到教育系的，也就是十几年前到了广州美术学院。我以前是搞工艺的，到了广州美术学院之后他让我去教育系。作为艺术教育家的郭教授为中国艺术教育思想发展做出了贡献，他是艺术教育家。他不仅针对高等美术教育，还认为我们国家基础美术教育应该从幼儿园、中小学到大学，反映了其教育整体的思想。一个国家提高艺术素质不仅仅是美术学院的问题，应该从一开始整个培养他的艺术兴趣到追求一个正确的艺术；第二点就是从他的艺术教育观反映了他的美术教育思想，不仅仅是绘画还有设计、工艺等。现在社会发展证明他的远见英明。

王维加（广州美术学院油画系主任）：

作为郭老师的学生，讲件印象最深的事。郭老师有一次上课的时候给我们举了个例子，他说家乡抓老鼠的方法：一个笼子里放着吃的，上面开个小洞，老鼠肚子饿了就会钻进去，等到老鼠肚子吃饱了就出不来。郭老师说："我要是那老鼠的话，我就进去吃，吃到刚好能够出来的那个量就可以出来。"这个例子郭老师上课给我们讲，对我们影响太深了，这种治学的精神、求学的态度对我的影响太深，直到现在我成为油画系的老师，我也在给学生举这个例子。所以刚才有老师说了徒子、徒孙的问题，我觉得那是必然的，因为老师的人品影响着我们，除了他们的艺术之外，他们的品格也影响我们。做过油画系的工作者，郭老师也担任过系主任职务，后来到了教育系，到了学院，但是对我来说，过去、现在、将来永远是我们的老师。

罗兆荣（南国艺术研究院院长）：

我虽没有机会进入美术学院学习，但有幸早拜师了郭院长，几十年来郭院长的艺德人品深深地感动着我，他以他的言、行、书、画到人作为典范，今天大家在座谈会上发言，高高赞扬，深受感动，得来诗句：

（一）
广州美院聚群贤，赞颂声声动九天；
祝贺绍纲名院长，光荣从教五旬年。
（二）
郭老绍纲世所钦，群歌院长父母心；
撑天桃李为梁栋，艺术杏坛一伟人。

他的桃李也是春天，所以不愧为艺术界的一个伟大人物。

张弘（广州美术学院美术教育系主任）：

我们都知道：整天画画的人并不是个个都能成为画家，长期从事美术教学的人也未必都能成为美术教育家。而郭绍纲教授不仅是中华人民共和国第一代最具代表性的著名油画家，更是南方美术教育的大家。他对我国当代美术教育提出了自己的观点，并先行实践，他对美术教育的热衷和执着的投入以及所实施的教学方法，在某些方面，常超出了一般人的理解和所能接受的范畴。然而随着实践的推移，被实践证明。这些正是郭绍纲教授眼光先见之处。

今天，中国的美术教育已在大专院校蓬勃的发展并为社会所关注，最近教育部体卫艺司还专门在杭州召开全国艺术教育系主任讲习班推广。

20多年前,整个社会人们普遍还不重视美术教育,特别是在专业的艺术院校内,相当多的人不理解师范教育。但是当时身为油画系的学科带头人,且被广州美术学院学生视为偶像的权威画家郭绍纲教授在得知学院想办师范系(后改为美术教育系)时,出人意料地主动请缨,来担当了系主任一职。

在学科建设和课程设置上,作为油画家的郭绍纲并不是以自己的专业特长和喜好来安排,而完全是根据美术教育自身的专业特点以及中学美术教学的所需来考虑。比如,他明确提出以水彩画作为师范系色彩主修课程(这在全国其他兄弟院校的美院教育系中是绝无仅有的)。我们从其组建的师资队伍也可以清楚地看出这一意图。他把专攻水彩的画家胡钜湛调来作为其副手,协助他共同创办师范系,又聘请著名的水彩画大师王肇民先生来系指导学生。还把他最得意的学生黄中羊、宣承榜、吴正斌等有一定成就的油画家先后调进师范系,且让他们专门改教水彩画。没想到郭教授这"无心插柳"反让他这几位油画系的弟子后来对水彩画的研究和执迷追求远胜过油画,而且取得了相当大的成就,并得到过水彩画专业里最重要的奖项。

郭绍纲教授在担任师范系主任时,直接指导过的前几届学生,不仅有着较全面和扎实的美术造型基础和技能,而且在他的"有心栽花"的水彩画上面,这批师范生更是硕果累累,他们当中还有不少人已成为当今中国最具实力的中青年水彩画家。像黄增炎、龙虎、李涛、蔡伟国、李凯煌等大批学生已形成了自己特有的风格和较高的艺术水平。

除了水彩专业人才的培养,在美术教育方面,还培养出王季华、李跃、关俊、谢铿等一批在各类高等美术和艺术学校的系科负责人和学科带头人。

王建国:

我在工作期间,与郭绍纲教授常有联系和采访,在《广东画报》多次刊登他的油画作品,并撰写评论。他的作品我比较熟悉,是我喜爱和学习的范画。在学院读书时,我已搜集过他留苏时的素描照片,深受其影响。我们那个时代的同学都很敬仰郭老师。在社会上也有一批青年油画爱好者很崇拜郭教授,例如我去接触广州"麓湖画派"极为年轻的油画家,经常谈起郭绍纲的油画艺术技巧,他们喜欢俄罗斯灰色调风格的油画。

这次有机会欣赏郭绍纲留苏时期的风景小油画,觉得非常精彩,有俄罗斯的灰调子特色,色彩高雅,提炼简洁,很淳和耐看。在"文革"前的美术学院学生,都喜欢拿小油画箱到外面画这种风景小油画,很有味道。我虽然是版画系毕业的学生,但过去受这种艺术熏陶,喜欢色彩,每天又不断看到郭老师坚持画油画风景写生,所以我也在画风景小油画写生。坚持写生是美术学院的优良传统,每天仍然要以郭老师为榜样,要不断去写生,要得留学生时代的那种心境。

郭老师在他的文章中曾写到"写生是写生活、写生命、写生动"。这点讲得很深刻。写生的过程是抒发感情,是创造,是画家个性、气质、情感的即兴发挥,许多大师在写生过程中充分表现个人格调,进行艺术概括、提炼、变形,胡一川、王肇民都是注重写生的大师，凡·高、塞尚的作品大多是写生，他们的写生作品是永远不过时的。

郭绍纲老师的写生作品中，我印象最深刻的是那幅《台山街景》，我在《广东画报》发表时，曾编排得很突出、很大幅，这是一幅绝妙的写生作品，是即兴写意油画的典范，笔法紧密结合物象形体结构，肆意挥洒，果断肯定，力透纸背，过街走廊和房顶亭子画得尤其有力度，金色调表达了阳光明媚的感觉，可见他作画时的那种全身心地投入，处于高度亢奋的状态，感觉敏锐、心灵手巧，虽有众人围观，仍似无人之境。这种作画的激情，是在家中画照片所不可能有的。

从郭绍纲教授的油画作品展览中，我们看到了希望和信心，坚定了我们对写实艺术的信念。当我们看了很多西方现代绘画，回过头来再看苏俄时代的绘画，我感到亲切、感人，生活气息浓郁，格调高雅，那些作品都是艺术家用情感画出来的，所以能打动人心。

附录三 "郭绍纲从艺六十年画展"座谈会议记录

时间：2009 年 3 月 20 日
地点：中国美术馆学术会议厅

赵健：

  各位来宾，"郭绍纲从艺六十年画展"座谈会现在开始了！通过刚才开幕式和之后的参观展览，我和坐在我旁边的广州美术学院科研处处长钟蔚帆老师以及广州美术学院的团队，对各位出席开幕式并参观展览表示非常感谢！刚才在开幕式上作致辞时，是我做院长以来，第一次面对这样一座"大山"——郭绍纲老师，我感到诚惶诚恐，只好把我院杨书记生病住院期间写的稿子逐字逐句地念出来，可能有些口音，请大家见谅。而现在在座的都是郭老师的老同学、老朋友，我们可以放轻松些了。

  我先开个头，就说"我与郭绍纲"吧。

  郭老还记得，我是 1991 年从美国回来后调进广州美术学院的。我来广州美术学院时，是我们当时设计界的长辈尹定邦老师带我去郭老师家拜访的。我当时也诚惶诚恐，因为以前学画的时候就是看着郭老师留苏时候的画（印刷品）成长起来的。那天在郭老师的家里，想知道郭老师会不会批我到广州美术学院来，但郭老师没有和我说这件事，一直和尹老师议论他的书法。后来尹老师对我说："没有关系，郭院长肯定同意你来广州美术学院，并祝你升官发财。"这是我第一次与郭老师的接触。

  刚才钟蔚帆老师也提到，郭老师任院长时特别廉洁。他的儿子考广州美术学院好像只差一两分，时任院长的郭老师不走后门，没让儿子读广州美术学院，这在当时广州美术学院传为佳话。

  今天我们现场也有从广州美术学院专门赶来的老师。学校没有要他们来，是他们自己坚持要来的。这是为什么呢？因为郭老师是我们广州美术学院的一个宝。能为他办这个展览是很荣耀的事情，也是我们后人能为他做的一次微不足道的总结。

  现在是老朋友们的聚会，就请前辈们踊跃发言！作为晚辈，我们洗耳恭听！我就先开个头。现在坐在郭老师旁边的邵大箴先生——他也是我们美术界的一座大山，有请邵先生。

邵大箴：

  刚才赵院长说了"我与郭绍纲"，那么我也讲一下自己对郭绍纲的一些认识吧。

  我与郭绍纲是老同学了。他 1953 年毕业于中央美术学院——中华人民共和国成立前叫国立北平艺术专科学校。毕业时他已经是助教。毕业后他是被胡一川要到中南美术专科学校任教的。我对郭绍纲最深刻的印象是，他有明确的目的。当时他到了中南美术专科学校，就帮胡一川翻译一本教材；而且在绘画的学习上他表现出了很强的主动性，比如说如何掌握技巧、绘画的功能等方面；后来在教育上关于办学的理念、教学的方法等方面，郭老都有十分明确的思路，这是第一个印象。

第二印象是，郭绍纲是个非常严谨、非常朴素的人，作画有板有眼，非常认真。这在他的言行中都可以看得出来，这是令人敬佩的！当然他有时候灵活性不够，但他也有过人之处：有着浪漫的一面，比如在当时的文艺活动中跳舞很突出；也有着自由的一面，比如对当时的中苏关系（有苏联的问题，也有中国的问题）发表了一些议论，在一些工作会议上也表明自己的立场，这些都对他很不利，但是他为人很正派，很正直。我在"文化大革命"期间到广州美术学院去交流，一进门就看到"批判郭绍纲"的标语和很多批他的大字报，还有他的照片、资料等也被贴了出来。我知道他受了很多苦，但是他坚持自己的信仰不动摇。郭绍纲的画，包括一些素描、油画，都画得非常认真、非常严格。现在的美术学院的教育就没有那么严格的要求。他的画反映了他的艺术特质。作品对反映一个艺术家的人格很重要。人格反映在艺术上，会呈现出鲜明的对比，正如刚才所讲，他做事严谨，做人非常正直，这是好的一面；他的不足，主要是自由度不够，这在他的作品里也有所反映。所谓人无完人，艺无止境。郭绍纲正是用他自己的优点来实现自己的艺术追求，这是值得我们学习的。

另外我想说，郭绍纲最重要的贡献是在教育上。在中南美专的时候，他自觉收集教学材料、自拟教学大纲，向胡一川提出教学建议，是胡一川非常得力的助手。胡一川先生非常器重他。后来他当上副院长、院长一职，是胡一川提拔的，也是众望所归的。他对师范教育很重视，可以说是中华人民共和国成立以来第一个重视艺术师范教育的人。他确立了师范在中国的高等美术教育里的重要地位。无论是在当院长还是在之前当副院长的时候，他都专门管美术教育系，兼任美术教育研究室的主任。可以说，他是我们美术教育事业的很重要的实践者、先行者。

郭绍纲还很关注中国的传统文化。除了做自己的专业——油画外，他还爱写书法，收藏文人画。虽然说这次的展览是回顾展，但包含了很多新的内容，展出的很多新作品可以为我们重新认识郭绍纲提供很好的视点。这是非常值得我们学习与讨论的。

尚佩芸：

我与郭绍纲也是老同学。我们都是中华人民共和国成立以前，第一批考进国立北平艺术专科学校，毕业时已改名为中央美术学院。在我记忆里，郭绍纲是个学习非常认真的人。比如，他学习素描特别认真。还有就是在学习俄语的时候。我们那时候不学习英语，都学习俄语。从一开始设俄语班学习俄语开始，他就经常讲、经常练，上课的时候抓紧机会和老师对话。所以，他掌握得很好，很流利。他对人也很好，他老讲要"为别人服务"。最后我祝他身体健康，事业丰收！

李葆年：

我和郭绍纲也是相识在1949年。我来回顾一下我们当年在中央美术学院的绘画学习。当时的课程虽然没有现在这么多元化，但是我们同样感觉到丰富，很充实。我们白天画素描，晚上就自己组织起来画速写。怎么画呢，没有模特，也没有什么严格的规范，大家就你画我，我画你。友谊也是在这个过程中确立的。那种生活与学习的方式，直到现在我还是感到很亲切、很留恋。我们就是这样度过了那段时间的学习生活。后来我毕业从事艺术教育工作，出国又回国，回来之后就遇到"四清"和"文化大革命"。十年"文革"中，大家处境不同，际遇都不一样。之后也有人重新拿起笔创作，也有人从事艺术教育。当时我们同学聚会，大家说起受到的打击、吸取的经验教训，都很感慨。后来大家又各分东西。今天老郭的展览，是我们这个班的老同学难得的聚首机会。

葛维墨：

黄永玉先生最近发表了一篇文章，其中讲到他1953年从香港回到祖国，到中央美术学院当老师。他特别提到，1953年从中央美术学院毕业出来的一大批优秀毕业生成了中华人民共和国美术界的栋梁。郭绍纲先生正是1953年毕业的这批人。这批人直到现在，在美术界，从中央到地方，都发挥着重要作用。我看在中华人民共和国的美术史里面，应该有专门的篇幅来研究中华人民共和国成立初期的开拓者。郭绍纲是我的老同学。我印象很深的是，1953年毕业之后，中央美术学院的党总支书记胡一川要到中南美术专科学校办美术教育，他就挑选了一批人才，郭绍纲就是其中之一。后来中南美术专科学校从武汉搬迁到了广州。应该说，广州美术学院，除了其原有的国画传统之外，基本上是移植了中央美术学院的传统。这是我说的第一点。

第二点是，中华人民共和国成立初期，我们向国外借鉴，主要是学习苏联。也是从那时开始，国内把政治教育那一套用在了美术上，而且选派了大量学生到苏联学习。所以我们发现，今天在座的除了当年中央美术学院的老同学外，主要是留苏的同学们。在那个年代，我们老师那一辈，从徐悲鸿他们开始，主要从欧洲的法国引进了艺术教育。中华人民共和国成立后，主要学苏联。而实际上，苏联的传统自19世纪来也是来自欧洲的传统。这样，我们所借鉴的对象，有着共同的起源背景。在那个历史时期，在那种社会条件下所造就的1953届的人才，现都已经七老八十了，最为突出的贡献在于传承方面，特别是在教育上，起到了承前启后作用。到今天，我可以无愧地说，我们这代人完成了我们的历史使命，应该让更加精力充沛的人来继续我们的工作。刚刚完成的美协改选就是这种要求的体现。我觉得比较安慰的是，我们这一辈人没有屈服！我们起到了我们这代人应该起到的作用。而且，我们的学生辈，他们比我们具有更为远大的前途和视野，对此我体会很深。我也当过系主任、副院长、院长，他们的视野、开拓能力都比我强多了。当然，我们也还可以发挥作用，叫作发挥余热。但指挥家严良堃就很反对，说："什么是发挥余热？发挥余热就是我已经灭了！"（众人大笑）我们应该说，我们要发挥老年人的优势。我们的优势是什么？就是历史赋予我们的使命使我们在历史中得到的经验。我就讲这么多。

詹建俊：

我和郭绍纲也是很久没见了。今天的展览，是一个很好的聚会的机会。我赞同在郭绍纲的成就里最重要的是在教育上的贡献。作为他的同学，我觉得他是个非常严谨认真的人，做事勤勤恳恳。他刚一毕业，就被胡一川选去组建中南美术专科学校。胡一川带着他们，就像当时很多运动那样（很多学生跟随老师闯），为中南美术专科学校奠定很好的基础，之后他们又转到广州办广州美术学院。他是最早的胡一川的拥戴者，也可以说是美术教育的改革者。他留学的时候，就一直专心在艺术教育上，留学回来之后就承担着艺术教育工作，而且在全国教委负责一些与美术相关的工作，同时他自己也有兴趣编写关于艺术教育的著作与教材。他的主要精力都投入到艺术上，培养了一批又一批的栋梁。

我们是中华人民共和国培养起来的第一批学生。我们中很多人，都是在老一辈革命家的带领下从事美术工作，比如到报社、出版社，也有到学校教书的，都是去开拓。老郭为南方特别是岭南的艺术教育贡献很大，建立了这所祖国需要的尤其南方需要的学校。他也绝对可以接受学校给他再高也不过分的荣誉。他的一生都是严谨认真的。他的子女都没有得到照顾进广州美术学院，这的确是现在很少有的现象。这说明他的为人、人格之坦荡。他的画也是这样，我看过一个他的本子，是他留苏时期的素描。这些作品大多都遵循了一种非常严谨的俄罗斯的手法，可以说，现在很多学生都应该以这种精神来画，踏踏实实来学。现在能做到这样的学生已经很少了，当然他们也有开放的一面。我们看到了他后来一些很放得很开的作品，他的观点角度变得比较宽，但还是透露出他的严谨。他的艺术真正体现了一种"从生活中来，到生活中去"的精神。他的精力主要放在教育上，我倒觉得他到加拿大之后，他的精神才开始放松，才真的开始了晚年的比较轻松的生活，作品也流露出更多奔放的情感。终于不用承担太大的社会责任，高高兴兴过日子，终于不用太"学术"了。所以，我们可以在这个展览上看到，在郭绍纲身上的一种整合了艺术与生活的气质。我就不说"身体健康""艺术常青"之类的话了，只要日子越过越好、心情越来越舒畅就行了！

孙克：

我和郭老是中学的校友，都是天津三中的学生。三中是一所很古老的学校，是在洋务运动的时候创立的，里面很多老师都是留学归来的。学校学风非常严谨，注重传授数理化的知识。郭老的严谨精神应该就是从中学开始培养出来的。1953年的时候我入学中央美术学院，他已经毕业了。那几批的毕业生都是非常优秀的。我在读的时候，常听闻郭老的事迹。也看过不少他的作品。他的风格、做事方式、艺术气质都非常打动我们这帮"小孩"。我记得我入学的时候，就觉得中央美术学院的学习气氛很浓，各系都有墙报、新年晚会、各种展览活动，一直到"反右"之前都是十分活跃的。郭老是品学兼优的学生，我则是调皮捣蛋的角色。他的一些作品，包括了留苏的作品，经常在中央美术学院院里挂着展示，我们读三中的时候就经常能看到，而且一有空就看，对我们影响很大。

中央美术学院的现实主义的教学传统是由徐悲鸿先生引进的写实主义的教学方法的

实践,还有别的一些教学经验,加上苏联的那一套教学经验结合起来的。这在 20 世纪 50 年代开始,这些后来影响到四川、广州……可以说对全国影响都很大。它给我们中国 20 世纪下半叶到现在奠定了造型艺术的基础。即使到了现在,不管是"现代"也好,"后现代"也好,还是"后后现代"也好,也不管花样怎么翻新,怎么变,总会有写实的地方,总有写实主义的这样一条道路,人们的爱美之心、生存需要还是不变的,还是有真善美的追求,最终还是回到根本上来。

曹春生:

今天我的身份比较特别,一个是代表"娘家人"——我是高志的老同学,另一个代表留苏留俄美术家校友会向郭先生表示衷心的祝贺!郭先生代表了他们那一辈的艺术家,他们完成了他们的历史使命。我国的艺术发展至今,在国际上取得了举足轻重的地位。培养出来的大量的杰出的美术人才得到了认可,因此,他们靠在国内学到的这些本事在外国都发展得很好。近现代外国很多学校——包括巴黎美术学院及美国的美术学院的美术教育,都忽略了基础教学。比如一些美国院校学生画的画,我就觉得像小孩画的画,显得很"弱智"。当然他们也有他们的长处,但从在基础教育上,我国就保持了现在国际上一些国家少有的先进水平。这些成绩的取得是与包括在座的老一辈艺术家、艺术工作者所坚持的东西息息相关的!我们应该珍惜它,看到它的可贵!我们要学习与了解西方先进的东西,但是基础美术教育上,我们要有清晰的头脑,不能跟着他们再走一圈。我们老一辈的先生们——如黄永玉等到巴黎学习回来的时候,他们还保留了一些欧洲的传统,但到了 20 世纪以后就都把那些传统扔了。不管艺术怎么发展,艺术教育的基础是不变的,我们要让学生有基本的技能与基本的艺术学习过程,不可能把这些都丢掉,在这一点上,我们就要传承。我们不应该把自己的传统丢掉了马上再另起炉灶,不然就会有很大的损失和遗憾。我们老师身体力行,做了很多工作,培养了包括郭绍纲、我们这一批人。我们除了学习美术技能,还要学习如何做人、如何热爱国家、如何热爱人民、如何把艺术融入生活。我们受到了这方面的熏陶,这种优良的传统我们确实应该继续,虽然现在的艺术路子拓宽了,但是艺术最终的东西始终不变。尽管现在艺术的花样很多,不少人也做出了贡献,这些艺术发展的现象我们都可以见到,但对基础的东西应该有一个清楚的认识。

在这方面,作为晚辈对批评工作的肯定,也是我们艺术工作发展的根基。我们有些毕业生毕业出去之后,有一些还是比较清醒的,说当年没有好好打基础,现在遇到实际问题,总觉得自己能力有点不够。所以我觉得特别是做艺术教育领导工作的,更应该注重这一点。在我们中央美术学院,虽然院系的领导都有这种愿望,但是很多工作在落实上不是很容易。前段时间搞了一个全国院校雕塑专业毕业生画展,请了雕塑界的如钱绍武先生等老前辈来看。他们看了之后,总觉得有些遗憾。我们应该反思我们的艺术教学是不是有什么问题?有些毕业作品我们无法理解?我们的艺术事业发展到现在,有拓展,有传承,有发展。但是我觉得,最主要的问题还是传承。有人总是说要"转型发展",我觉得不行,还是要"传承发展"。我们不保守,但对已经有的优良传统,我们要保留。

最后，我代表我们校友会对展览的成功举办表示祝贺！

程永江：

我觉得今天是很难得的机会，郭先生60年的回顾展，给我们同学聚会的机会。60年是一个甲子，但是我脑中还是大家年轻时候的样子回忆。我印象中郭绍纲又黑又瘦，喉结很突出，比较沉默寡言。他谈问题时头头是道。他有点刻板，但非常严谨。初时我和他不熟，后来我们通过同学聚会、打篮球、过年聚会等渐渐熟悉。今天我看了作品很有感觉。他留学回来以后，在广州创业，成立了美术师范系，把教育当成科学来研究——不是一般的教学，这是对近代中国美术教育做出很大的贡献。现在什么都讲创新，比如戏剧的创新出现了很多门派——什么麒派、马派等，但到底怎么创新？在什么基础上创新？有的人连基本功都没有扎实就去创新，常常唱错，内行人一看就看出来。我在中国戏曲学院见过很多，发音什么的都乱七八糟，我真的很想问他们，你们的教育是怎么搞的，教学大纲是怎么编的？对新一代怎么不负责地胡乱搞？我们的艺术优秀传统在什么地方？怎么可以丢掉？它们现在的硬件条件很好，但是软件——师资水平不行，老师连优秀传统都没见过，又怎能教学生传统呢？

我不知道再下一辈怎么样，但对前人已经留给我们的优良传统，我们应该对它有一分敬畏的态度，怎样保护它、传承它，这是一个关键的问题。

今天看到这个展览觉得很好，现在您都这么大年纪了，可以更超脱——超脱所谓"为人民服务"的方针，服务于大自然。我想您的基本功这么好，可以有更进一步的发展。我就讲这么多。

李骏：

我去苏联第二年和郭绍纲认识。当时大家很年轻，也都是20来岁。当时大家都很忙，学习很紧张。但是郭绍纲当时已经很重视苏联的艺术教育方式，他总是抱着一个理想，要把苏联的教学方法带回中国，后来终于实现了。现在60年过去了，成果有目共睹。当时，他这么年轻就有这样的理想，很难得。通过这个展览，我回想了很多，勾起我关于我们一起学习工作的回忆。

奚静之：

我要感谢郭绍纲，他的这个聚会让我们又聚在一起。老同学在一起，勾起了很多年轻美好的回忆。文如其人，画如其人。从郭绍纲的画，从这个展览就看出他的人品，看出他的严谨、努力勤奋。他各方面的特点都流露在画中，尤其是留苏时期的。他的画不同阶段都有不同的特点，这说明每一阶段他都对自己的理论、技术进行了思考和改良。特别最近十几年的创作，色彩更加明丽、灿烂，也证明他的心情跟原来的那些灰色的回忆不一样。我觉得他的心境都反映在画中。联想起他这么多年的经历，60年了，确实白了少年头。我有一件印象很深刻的事，就是在1957年他画了一张漫画，表现了他在热恋中浪漫的美好的心情。我真的很感谢这个展览给我们这个聚会的机会！

冀晓秋：

这么多年来，郭绍纲一直在坚持，无论是开始的时候还是后来"文化大革命"，他都坚持他的艺术。即使到了加拿大，他还是非常勤奋，一直在画画，往返国内外办展览，这种精神我觉得很值得学习！

我和郭绍纲是同届同系的同学，我们在一起同吃同住同劳动。印象最深的是，我们到北俄地区劳动，到伏尔加河沿河采风画画。我特别怀念那一段时光。2000年到广州去拜访没遇上他，现在看到还差点认不出来，变化真大啊！

我看了今天的展览，觉得要给自己鼓劲：要活到老画到老，要画自己熟悉的，画出自己的感觉！

冯真：

我记得我们在苏联学习特别怕考试，因为有语言等困难。我们刚入学的时候，条件都很苦。但郭绍纲无论遇到什么困难，他都能做到做事有板有眼，没有什么过激的行为，我真的特别佩服！而且他特别勤奋，他后来当了学院领导，经常要去开会，他会在会议之间抽空画速写，很珍惜时间，很踏实，这很了不起！这些很值得大家学习！

晨朋：

我再说一个。当时郭绍纲的工作室和我们宿舍很近，我经常看见他在走廊读书，他很勤奋。此外我觉得他很坦荡。他提前一年毕业结束学业，去做工作，这不是每个年轻人都愿意的。哪里需要他，他就去哪里，作为一个年轻人这是很少有的。而作为一个教师，作为一个画家，他还是一个有心的人，我们天南地北，很多同学在北方，他在南方，他总是惦记我们，他真的很有心。

王之标：

我和绍纲都是启蒙老师的学生，是校友。绍纲当时经常给我们讲解他的画，在留苏联期间也一直与我们保持联系。他的勤奋、认真一直是我们学习的榜样！

赵健：

现在请郭老师讲两句。

郭绍纲：

很感谢大家对我的支持！我很高兴的是，除了关心我，对我现在的艺术提出建议之外，这聚会达到了最初设想的见面、叙旧的目的。我不想搞得太严肃，太多的学术讨论。在座的很多是我的同学、学生，大家都非常自然地交流。

我觉得我们这辈人"生得及时"，早几年和晚几年都不一样，这是天时；地利，就是我到了广东——改革开放先行的省份，开阔了眼界，在整个国家改革开放大潮趋势下，我只是顺应了潮流，做了一点力所能及的事；人和，就是有好的人缘——有这么多同学、同事的帮助，也得到一些领导的赏识与信任，也就这样过了60年直到今天。

　　本来这次展览计划是到我的母校——中央美术学院办的,但大家都建议一定要在中国美术馆来办。我觉得从方便群众、方便大家联系的角度来看也很好,就不再坚持。当然,回母校办也有它的意义,可以有更多的师生来看展览。

　　我一生都在思考,我很强调基本功,特别是素描的基本功,是决定人一生的基础。基本功如果没有一定的精神带动的话,人往往就处在练拳不练功的状态,花架子,不扎实。我受中国戏曲的影响,看了很多的戏报,对曲艺的消息非常灵通。那些如梅兰芳等曲艺家都非常重视他们的衣食父母——观众,必须要认真对待。画画也一样,只不过画得再好也不会有人给你鼓掌,画得不好了没有人给你喝倒彩,但自己应该有自知之明。今天美术教育上的基础是什么呢?我给年轻人四个字的建议:"语""文""图""画","语"就是语言的表达能力;"文",是文章、文学、文思;"图"是制图、画图、蓝图等应用能力;"画",就是绘画的审美基础与手工技艺,这些都是不可或缺的。光在画里面下功夫还不行,要把绘画与文学联系起来。我常常会想起鲁迅说的写文章的所谓"秘诀"是"有真意,去粉饰,少造作,勿卖弄",目的是使年轻人学会怎样适应工作需要、服从工作分配、向自我挑战,少走一点弯路,少一点迷惑。

　　今天承蒙各位表扬与过誉,我实在是不敢当,谢谢大家!

钟蔚帆:
　　今天的座谈会就此告一段落,谢谢大家!

(广州美术学院科研处供稿。录音整理:李耀、赵嘉敏、汤弼明)

附录四 关于郭绍纲美术教育的访谈笔录

编者按：

广州美术学院 2011 届美术教育学硕士研究生司徒达仍在其硕士论文《郭绍纲美术教育思想与实践》中，曾就郭绍纲美术教育方面的问题，采访了包括郭绍纲教授在内的多位教授、专家和学者。这些采访分别从不同的角度和不同的层面，谈及郭绍纲美术教育的实践和思想，成为研究郭绍纲美术教育的重要资料。

中华人民共和国美术师范教育的开拓者（一）
——郭绍纲教授访谈录

受访者：郭绍纲（教授、广州美术学院原院长、中国书画家联谊会顾问、中国油画学会理事、俄罗斯列宾美术学院名誉教授、广东省文史馆名誉馆员）

采访者：司徒达仍

时间：2010 年 3 月 25 日晚

地点：广州美术学院郭绍纲寓所

司徒达仍（以下简称"司"）：郭教授，您好。您是美术界公认的著名油画家和美术教育家，您是怎样看待这两种身份的？

郭绍纲（以下简称"郭"）：从小学开始我就对美术感兴趣，并得到了老师的极大鼓励，后来所取得一些成就，我认为跟老师的影响是分不开的。正因如此，在个人价值取向方面，我没有把当画家作为最终目标，而是把当美术教师作为自己终身追求的目标，希望通过自己的努力，培养更多热爱美术的人才。经过几十年的教学之后，我更加坚定了自己的人生目标就是美术教育。1994 年退休后，我办了个书法展，在展览会的开幕式上，我强调我的主业是美术教育，专长是油画，业余爱好是书法。我想摆正这些关系，不能让人以为我想跻身于书法家这个行列。至于油画嘛，既然国家当年让我去苏联学习油画，回来也教油画，把学到的知识传授给学生，其实还是美术教育，是为了教育才学油画。

司：您是从何时开始从事美术教育工作的呢？

郭：准确地说，我的教学生涯应该说是从初中三年级就开始了。当时我在河北省立天津中学（现改名为天津市三中）念书，那所学校的声望比较高，教学质量很好。在初中三年级的时候，由美术老师推荐，我担任了民众义务小学的美术教师，那算是业余教学工作了。所谓的民众小学就是利用中学生放学后空出来的教室，收留附近一些读不起书的，或者没有能力读全日制学校的适龄儿童上学。任课老师的资格一般要求高中生，可能高中没开美术课，或许挑不出合适的人选。于是，老师推荐我去任教美术课。那是1948年暑假以后的事，我大概16岁，从一年级到六年级，每班每周上一节美术课，有的学生年龄跟我差不多，那时我是硬着头皮上课的，从讲课脸红锻炼到流利自如。1949年秋，我在中央美术学院（那时叫国立北平艺术专科学校）读书。北平虽然已经解放了，但教育还没有完全走向正轨，有很多失学儿童。当时国立北平艺术专科学校附有一所义务小学，专收失学儿童，本来是一位姓陈的同学在张罗的，他比我高两届，因为快毕业了，所以把我拉进去当负责人，然后把组织教学的事情交给了我。于是，我在全校同学中征求意见，物色老师，问同学能不能完全义务地上点课。在考北平国立艺术专科学校填志愿的时候，我填今后的工作志愿就是当教师，因为我认为教育事业是最崇高的，不论在社会上，还是人们的心目中，教师都是受人尊敬的职业，特别是想起老师们对我无私帮助和关怀，那是终生难忘的。我能考上天津三中，也完全得益于班主任在课余时间无私的辅导，这些都为我以后从事美术教育工作奠定了情感基础。

大学毕业时，我们的工作都是服从国家分配的。当时，我们的老院长胡一川先带一批人组建了中南美术专科学校，要从中央美术学院那里挑选毕业生（也可能不是他自己选，是别人帮他选的）。宣布毕业分配工作时，包括我在内的5个人就被分配到了中南美术专科学校。当时，年轻人志在四方，远也好，近也好，完全服从国家需要，没有什么家庭负担和远离父母的观念，全力以赴地投入教学中，那是我一直以来的愿望。

我知道国家要选派留学生到苏联学习油画，心里想着如果能去更好，去不了也可以在自己岗位上继续提高。当时，国家每年都派出一两千名留学生去苏联，各个专业各个学科都有，美术相对来说比较少。在高峰时，我们学校（列宾美术学院）的中国留学生有二十几人，我们学油画的大概有10人，还有美术史专业的，也有舞台美术专业的等。听说中华人民共和国成立初期培养一个留学生的费用，相当于一个部长级的待遇。我想，一个小青年享受部长级待遇，国家得花多少钱呐，既然学了就要不负国家的培养，要为教育做些贡献。

司：留学期间的苏联美术教育体系对您的教学思想和教学方法有什么影响？

郭：列宾美术学院拥有全苏联最优秀的油画家、雕塑家、版画家、建筑学家、舞台美术家和美术理论家，学校安排我们在名师画室学习，接受正统的苏式美术专业训练。每天都安排两个小时的素描课和3个小时的色彩课，其余时间安排专业和理论知识的学习，教学内容从人的骨骼到人体写生，从低年级到高年级循序渐进，强调基础的造型训练。在基础造型训练中又特别重视素描造型能力，认为它是基础的基础。每年还有两个月的室外写生课，加上暑假连在一起约有4个月的时间，要求学生到大自然中进行写生。而且，从现实主义艺术的要求出发，特别重视构图能力的训练，要求到工厂、工地或农村写生，搜集创作素材，这一措施的重要目的是保证学生的创作题材来自现实生活。

除了课堂教学之外，他们各大城市博物馆的艺术藏品让我大开眼界，开拓了艺术视野。在列宁格勒（今圣彼得堡）距离学校不远有世界最大的博物馆之一的冬宫博物馆，里面的藏品非常丰富，有欧洲的古代、近代和现代美术作品。还有俄罗斯博物馆，我也在那里临摹过一些画。

我认为学习西方美术史、中国美术史、文学史，以及一些优秀的文章，都能综合到艺术上来，对提高自身修养和教学水平都是有促进作用的。我印象最深的是鲁迅杂文《作文秘诀》里面说到，作文没有什么秘诀，如果是有的话就是十二个字：有真意，去粉饰，少做作，勿卖弄。我一直把它奉为艺术人生中的座右铭。画画跟演戏和写文章有很多相同点，首先要有真意，不要粉饰，而是提升、美化，不是为了修饰而把棱角磨圆。与之相反的就是做作和卖弄，那是做人和从艺浅薄的反映。谁愿意跟做作的人在一起？谁愿意跟卖弄的人接触？在画界有多少人在做作在卖弄，因为他自己不懂，觉得这样才是大家，其实就是糊弄那些不懂艺术的人，懂艺术的人都厌恶这种行径，由此可见社会需要普及和提高社会的审美素质基础。我们崇尚真善美，绝不能把假恶丑当作真善美，那就颠倒了。社会复杂就在于明明知道是毒品，还是有人爱接触、爱试验。画画也一样，明知这样不行，却又不能随便给他扣个帽子，说他这样不行那样不行，这样一来就成了过去搞运动扣帽子。但是，你把他拉过来，让他不要这样搞，那也是行不通的，他已经进去了，已经有了这种嗜好，不能自拔了。

我有机会去苏联学习，接触到整个学术氛围，看到很多古代艺术作品，那都是前人文化精华，从中受到良好的教育。西方美术史就是很好的例证，每个时期有多少个画家，可是最后筛选到只剩下那些真诚对待艺术，把个性反映出来的精粹。搞艺术就要真实、敬业，然后把个性反映出来，利用历史唯物主义审视历史。怎样教育后人看待社会事物，看待历史人物，要有说服力，不是不可理喻，包括我们对待自己、对待历史人物等。广东中山有一个我很崇敬的人物，叫余菊庵，他在参观了洪秀全中山故居之后，把感受写在诗里："洪杨固足纪，输却大公心。"就是说，洪秀全、杨秀清固然可以纪念，就是他们一旦掌了权，就把一切都忘了，只顾贪图享受，失去了民心。实际上，这些人还是没有大公心，革命的动力还是夺权夺利，贪图享受，并不是为了更多的人。我觉得对历史人物，包括对过去的画家也一样，我们往往是人云亦云，人家西方怎么介绍，就跟着人家怎么说。其实，我认为应该要有自己的观点，对有些画家没必要那么推崇。

司：在这么多年的学习和教育的经历中，有哪些特别深刻的经历令您难忘？

郭：我给你看个纪念册页。这里下款的日期是民国三十八年六月十二日，也就是公历1949年6月，当时我初中毕业离开学校（天津三中），是送给一个二年级的学生王昌仁做留念的。这个学生现在还健在，这事我自己都忘了。前几年，他打电话跟我说这么一件东西，问要不要还给我。我说："你不要给我，我既然送给你，你就保存着，但你可以复印一份给我。"你看这个纪念品，不但写了字，还用牙刷蘸颜料喷了图案。

当时年轻，心中有远大理想，就想成就伟大事业，写下这样的豪言壮语，但其中"处处要学习，时时要学习"是我一直坚持的。如果说我学艺一生有什么体会或经验，就是这两句话了。我自己也是不断学习，终生学习，所以我很赞同终身性的教育观念。从小就听说"活到老，学到老"的说法，列宁也说"学习，学习，再学习"，其实就是"学而时习之"，不断学习。当然，这个学是有不同方式的，有的是偷偷地学，有的是公开地学，有的是悄悄地不声张地学，有的是大张旗鼓地学，只要你有心就能做到处处学习，时时学习，见人之长，补己之短。

司：1960年，您留学回来后仍在广州美术学院任教，至1978年担任了油画系副主任。当时的油画系在广州美术学院是最受重视的，您是如何想到放弃油画副主任的职务，然后去创办美术师范系的呢？

郭：关于我放弃油画系副主任去创办美术师范系的事情，有很多人，包括一些老领导，都好像很难理解，说你搞油画的，为什么转去办美术师范呢？我说，办美术师范和画油画没有矛盾。实际上，我们都在办教育，只不过是在哪个系哪个专业办教育而已，我也只是到了美术师范系罢了。

你知不知道有这样一段历史，当时文化部有一位副部长叫林默涵，他到学校召集大家开座谈会，我也参加了。会上他说，社会上普遍需要美术教师，希望你们考虑培养师资。我当时就说我有这个意思，不知道有没有这个可能。当时学院领导没有表态，可能他心目中已经有了人选。后来，可能做不通别人的思想工作，就跟我说，看来还得你来做这个事（办美术师范系）。

我为什么有信心办好美术教育呢？除了社会需要，我也曾经跟一些老师私下探讨过，知道他们对办美术师范系的兴趣。例如胡钜湛老师，他原来在国画系，问他有没兴趣到师范系来，他看了看我，说："那要看谁当领导。"我说："行了，你的意思我懂了。"我揣摩他的意思是：这个事不是上面一吆喝，大家就会去做，还得看谁在组织。我为什么要争取胡老师去呢？是因为他是水彩课教师，我当时就想把水彩画作为师范系的色彩主要学科来发展。

司：您当年的想法是促进南方水彩画发展，您是基于什么原因把水彩画定为师范系的主要学科呢？

郭：那时候排课的说你是搞油画的，应该多开点油画课。我说作为四年本科的师范系，有6周到8周的油画课就完全够了，从师范教育的规律来说，其他的色彩课一定要上齐，不能因为我画油画的就开多点油画课，这也算是出于公心考虑。也有很多人会说，你是画油画的，为什么不主张教油画，而主张教水彩？水彩画在其他系是色彩辅助技法课，国画系有水彩课，版画系有水彩课，附中的学生也学水彩。但从师范生的知识结构和基本技能结构来考虑，是最需要通过水彩画来认识色彩的规律的。再说，中小学的美术教学条件也适合水彩画的材料轻便、容易掌握的特点，因此就有这么一个决策，使得我们美术师范系有了胡钜湛、陈秀莪、王肇民等几个水彩的大师级人物。这样一来，水彩就成了美术教育系色彩强项，这么多年一直延续下来了。

司：现在看来广东的水彩画在全国处在专业领先的地位，是不是跟广州美术学院师范系的水彩画定位有关呢？

郭：应该说，水彩画在广东一直有很好的传统。从李铁夫那时开始，以及更早的英国画家钱纳利来华，也是带了一批学生画速写、画水彩，也画油画，画的是出口外销画。外销画也有水准高低，就像我们民间艺术的年画、门神之类的，点点嘴唇，抹抹脸蛋，勾勾眉毛，就是这么出来的，算是民间的一种生活需要，也算一种文化交流。从中西结合的角度来看，广东是走在最前的。从水彩画的角度来讲，李铁夫的水彩画是正统，他的水彩画棒极了，在画里感觉到一种气派。后来进入20世纪的司徒乔的水彩也很好,广州艺术博物院曾经办过他的画展,小小的一幅水彩画,人物可以画得很传神。当然王肇民、潘鹤、胡钜湛、陈秀莪夫妇等又是另外一种个人的风格,教育系后来也不断培养出新人,促进了水彩画不断地发展。所以,广东的水彩画从传统到现实,这个学科在全国是领先的,教育系当年把水彩画作为色彩画的重点学科来发展,对南方水彩画的发展起到一定的推动作用的。因为我不画水彩画,所以我这样的看法还是比较客观的,你说是不是?

司:我知道您一向都重视写生教学,对这种教学方式,您有什么与众不同的观点?

郭:不论画人物,还是画山水风景、花卉静物,对于王肇民先生的"形是一切"的提法,我是不完全赞同的。虽然我很敬重他,我也很早就肯定了他的艺术成就,但对他提出"形是一切"的观点不是很赞同。原因在哪儿?就这句话来说,你说错吗?没错,造型艺术,当然是"形是一切"。问题是,说"形"是一个结果可以,说"形是一切"就是说表现的好坏都在形上了,这个有点说不通。我们是教学单位,不是鉴赏单位,我们自身要有一种艺术的追求,就好像作文章,你提"文是一切",演戏说"戏是一切",画画说"画是一切",这显然对教学是毫无意义的。

我也听他讲过这样的观点,形神是二元论,有什么样的神就有什么样的形,有什么样的形就有什么样的神。我认为不是这样,特别是人物画,既然画是一种心思的轨迹,它不是照相机,只是客观的反映。即便拿着照相机,你都还有一个抓拍的成功与失败的问题。一个优秀的记者或摄影师能够根据他的经验,选一个合适的角度,可以抓拍到一个很精彩的镜头,即使别人等一天也不一定能等到的镜头,这就靠他的经验和投入,对不对?拍肖像时要考虑什么角度,什么光线,估计什么时候会有个什么样的动作,有什么样的表情,什么样的眼神等,我就在这个时候才"咔",这就要靠你对人物的理解,对职业的理解了,还有对人物身份和年龄的理解,然后都集中到按下快门的一瞬间,这不完全是机械的问题。画画更是如此,不是在什么角度都可以画好,不考虑构图取景,画成什么样就是什么样,是不应该的。我们教学的任务就是要让学生全力以赴,投入情感,尊重对方,特别是画人物,要有平等待人的观念。

现在艺术界存在很多问题,不少人高高在上的,自以为自己是艺术家了,对人物,我想怎么画你就怎么画你,这是"我"的风格,"我"的自由,自我感觉完全膨胀,把对方变成自己玩世不恭的或对现实的牢骚和不满的发泄对象。在一次访谈中,我曾跟记者谈过这个观点,他就把我说的"画人物不能够弱智化"这句话给抓住了。其实,我这话包含两方面意思,一是指有的画家本身不动脑子;二是把对象画成智力低下的样子,都是呆呆的,木木的,像发育不良一样,甚至用高视角,头大身小,也不完全是那种机械化的反映,透视不准反而把人画得更显智力低下。徐悲鸿先生早年提出"智的美术",就是说画要有智慧,我们要提高的也就是这个智慧,要用智慧去画画。

还有就是神形兼备的问题。当时王韧副院长,现在已经退下来了,他画的人物画,让我给提点意见,我就写了"形从神导"。"形"要服从"神"的导向,如果没有这种观念的话,好好的一个人,就会被画得无精打采,当然你可以把他画成闭着眼睛在打瞌睡。什么人愿意让你画他打瞌睡?恐怕没人乐意让你这样画,大多都是要提起精神来,甚至还要做出一副特别精神的表情。当然你自己想怎么玩变形,把人幽默化、动漫化,

那是另外一回事。无论怎样都好,尊重写生对象,在基本功练习中是非常有必要的,现在很多艺术家的毛病就在于自以为是,不尊重对象。

司:1981年,广州美术学院成立了美术师范系,没多久就设立了美术教育教研室,当时是基于怎样的考虑才有这样的决定的?

郭:我们成立美术教育系后,我和胡钜湛老师分别带队到兄弟院校考察,看人家是如何办美术教育的,例如南京、上海等地的院校。在南京师范大学考察时,听他们介绍说到:"我们这没有什么特别的,要说特色,就是设立了美术教育研究室。"后来我想,这就对了,美术教育系应该有这么一个教学研究机构。因为教育学科是讲规律的,它不像画家的工作室,我这个什么风格,他那个什么风格。美术教育的目标是培养师资,学生在将来的工作岗位上,要完成学校的教学任务,因此,不研究教学规律,不研究教学上共性的东西是不行的,还有教学实习等教学实践的规律也是要探讨的。

从这个角度上来说,设立美术教研室是我们从人家那里取回来的经验,但这个研究机构对广州美术学院的美术教育发展起到了相当重要的作用。刚开始由我兼任美术教研室主任,后来是范凯熹接手。当年我们合编的《美术教育方法论》一书,基本由他执笔,把我的一些教育思想写进去,书中分别论述了美术教育在学校德育、智育、体育、美育、劳动教育中的基本职能、教学方法理论,以及现代美术教育教学技术和方法问题。简单地说,美术教育最主要的就是因材施教,因地制宜。教材虽然统一,但其中有很大的灵活性,学生不同,地方不同,教育不可能都用一种方法。对一个教师来说,教学既是个体的,也是集体的,不仅要调动班集体的学习风气,还要激发个体的积极性。

司:对,教学对象不同,教学方法也应该有所区别。在油画和素描的专业教学中,你有哪些主张或观点?

郭:这个很难用三两句话讲清楚,我认为最根本的是要养成一种敬业精神。敬业精神要从生活中的一点一滴培养,首先要尊重前人的经验,但又不局限于前人的经验,还要有自己独特的观点和见解,把自己摆在一个恰当的位置。试想,一个根本没进门的人,你要他如何去创新?即便进门了也不一定有所创新,因为旧的经验容易让他墨守成规,这就是继承和发展的关系。艺术传承也不能只继承一个门派。所谓门派,就是标榜我是××派的,××师承下来的。我认为不要管上一辈的事情,而是要横向看到其他人的优点,不能排除与自己派系不合的东西。搞学术一定要眼界宽广,把自己摆在一个上有古人、旁有同行的位置。要默默地吸收别人的优点,转化为自己的一种能量,培养自己一种厚发的力量,它会形成一种良性的循环,用现在的话来说就是可持续发展。否则,艺术追求到一定时候就会没有后劲。我们搞美术的,有相当一部分人到了一定年龄就后劲不足,当然这个不足是有多种原因的,主要是对生活的热情不够。如果对生活没了热情,艺术就会走下坡路。我说生活热情是一种积极向上的精神,不是那种我要享受什么,我要拥有什么名牌,而是对生活的热爱、对生命的热爱、对未来的信心,能看到生活里有价值的东西,而不是注意那些腐朽没落的东西。

我常常说,真善美是因为有假恶丑的反衬才显得可贵,就像现在新鲜空气的可贵就是在于有污染空气的困扰。古人享受的都是新鲜空气,都是大自然,没有污染,后来现代文明速度加快了,产量增加了,相反,人反而受到了机器的制约,受到环境污染的困扰。所以，我觉得真善美永远是可贵的，它跟假恶丑是永远并存的，不可能都是真善美，也不可能都是假恶丑，两者之间的较量永远存在，但可能在某个地方、某个时段或者某个范围的比重有所不同。

司：相对于其他院校的美术教育专业办办停停，有始无终，广州美术学院的美术师范系经过多年的发展，现已经取得相当不错的规模，对它和其他系之间的关系您是怎样处理的？

郭：首先，各个系非常支持建立美术师范系。建系之初，美术师范系没有什么经费，也没有固定场地，是其他系提供的教室。师范系招了学生后，就这里放一个班，那里放一个班，由于教室来自各个系，所以布局比较分散。最先招了两个班，后来四个班，规模慢慢扩大。由于学校比较重视，两年之后，初见成效，高教局也看到我们办教育的决心，于是就批了经费，建了现在的教育系大楼。从此师范系也有了固定的办学场地，同时也从外边调进教师，不断充实师资力量。当时，广东是改革开放比较早的省份，我们的办学思想也跟上经济发展形势，所以在吸纳师资方面几乎没有什么阻力，除了省内调进，也从东北、西南、西北、华东等地调进了老师。

司：从1981年开办，到教育系的专业设置上走了师范专业和非师范专业双轨发展的道路，时间上虽然比其他院系短，但发展迅速，而且也创出了自己的办学特色，这是广东其他师范院校无法比拟的。

郭：我担任过教育部下设的艺术教育委员会委员。有一次，艺教委要向时任副总理李岚清汇报，特意安排让我在座谈会上作发言，我说音乐、戏剧、电影等各艺术院校都应该办培养艺术师资的教育专业，因为这是一个专业发展的原动力，没有良好的师资培训做后盾，很难提升广大艺术工作者的素质，光靠某个人即兴的积极性去办教育是不行的，要有一个不断培养后备人才的队伍，并建议增派公费留学生。我们学院在全国美术院校里面是最早办师范的，但是在广东的院校中，不是第一个，而是第二个。广东在20世纪50年代有个美术师范培训的教学单位，后停办了，到了20世纪70年代后期，开始时叫肇庆师范专科学校，后来叫西江大学，现在叫肇庆学院。当时有个县委书记到教育部门专管那个学校，利用他们的优势储备人才，最早把培养教师的14个学科的人才都准备了，时间上算是比较早的，但是水平怎样是另外一回事。华南师范学院1989年要升级为大学，但是他们只有12个学科，缺美术和音乐，为此，才不得不成立美术系和音乐系，否则就升不了大学。现在的广东教育学院办美术教育系，也是胡钜湛老师退下来后才有的，虽然我早已向当时的梁院长建议，教育学院也要办美术教育系，不能光靠我们，我认为美术教育人才多多益善。这种开放办学的思想是因为我们能力有限，精力也有限，不想把整个美术教育都包揽下来。当时的领导认为既然这里有了，那里何必还要办呢，把钱分散，倒不如集中一起使用。我的主张是只要是适合的，谁有要求，谁有能力，谁都可以办，在这样的基础上可以竞争，谁办得好谁就领先；想垄断，谁都达不到那个水平。

司：我了解到您在人才的选拔和培养方面不拘一格，在人才的任用方面不拘一格，这种人才观在竞争如此激烈的当前实属难能可贵。

郭：在学校人才培养方面，破格留专科学生在校任教，也是我的一个观点。设计系有，教育系也有，大专毕业按要求是不能留校任教的，如果他确实有专长，确实有贡献的，我们就把他留了下来，之后再培训。我任院长时，设计系的白马公司的产学研办得有声有色，当时想请张艺谋来办影视和摄影专业。当时张艺谋还在广西电影制片厂，我非常支持，尽管后来由于种种原因事情无果，但"请进来，走出去"的用人机制，我们坚持了下来。例如，省里面要把韩子定调到省里办公司，要不要放他？我说，既然省里面要，应该放。我们要有这样一个信心，人才走了一个还有第二个，走了第二个还有第三个，因为学校就是一个输出人才的单位，人才能流动，学校才有生命力，而不是捂住人才不放。我说，走可以，但要有条件，你那边可以搞设计，学校这边也要上点课。省画院要调走我们的老师，我也说放人，既然在我们这里教了课，走了也要兼点课，他们既是画院的画家，又是学校的教师，两边兼着都挺好。这样既有利于他们个人的发展，也能促进学校的发展。办学就要有这样的信心，从外面笼络人才的目的也就是为了培养更多更好的人才往外输送，只有学校不断往外输送人才，有进有出才能形成良性循环，只捂住人才近亲结缘只能是死水一潭。

司：在为中小学培养师资方面，广州美术学院师范系采取了哪些与众不同的举措？

郭：从理论上是这样，美术师范系是为中小学培养师资，但具体是怎样做，才能提升中小学美术老师的教学水平，我是动了脑筋的。有这样的一个例子，当时广州市美术教研会有一批20世纪80年代后期的中学美术教师，有60余名，因为学历没有达标，于是他们就跟我们联系，说怎样给他们培训才能完成学历教育。按照一般观念，来广州美术学院提高学历就要脱产学习。我了解一个单位如果有两个美术老师，其中一个要去提升学历，就要把课都压给另一个，这是行不通的。但另找一个来代课，学习的那个回来了，单位还要不要？于是，我就想了这么一个办法，因为我们的教室也有限，就把他们分成两批，一批周一、二、三在自己的学校上课，周四、五、六到我们的学校来上课，另一批的时间就错开，这样既能充分利用课室，又不影响原来学校的教学。一两年后这60多人基本上都完成了学历培训。给中小学培养师资是我们的工作任务，只要中小学有这个需要，我们就有责任为他们提供方便。这个事虽然展开不是很大，但做到两不耽误，既解决了学历问题，又不耽误原单位的教学任务，只是调课稍为麻烦些，我们这样做也算是一个创举了，没有被条条框框限制住。

司：现在美术专业的学生往往是专业素养和综合素质不能兼有，您认为学校对此应该怎么做？

郭：20世纪80年代初期，那个时候把油画系看成老大，系排名先中国画、油画等，教育系是排最后的。第一批学生有相当一部分是附中毕业的，他们的专业水平相当好的。我是很重视入学教育的，学生一入学，我就要他们端正学习思想，跟他们说教育系的专业跟其他专业是平等的，不要小看自己，不是比谁画画怎么样，思想上不要背这样一个包袱，不要觉得比人家矮一截。谁学得好，最后不在于是在哪一个系，而是在于你自身要有向上的精神。

根据美术教育的特点，课程上分基础课和专业课两大类，基础课是素描、水彩、中国画、设计基础。前两年是普修，什么都要学一点，两年后就重点分中国画、水彩、设计三类选修课程，专业的叫法是美术教育选修水彩或选修中国画等，教育学、心理学和教学实习等课都有专门的老师教。

在教学素质方面,我是鼓励学生周六日去小学、幼儿园兼课的,理由很简单,就是找机会实习,不要一说这个就是去捞外快。我认为大学生能够去小学、幼儿园辅导辅导学生就很好,可以把理论联系实际教学。在我的观念里,硕士生、博士生到小学幼儿园任教都是很正常的,没有什么屈不屈才的,只是社会具体分工不同。中华人民共和国成立后有相当一部分留学生在中小学任课的,有当校长的,也有当老师的,不管他是为了生计还是为了服务社会或者其他原因都好,并没有职业高低之分。现在或许我们的人才太缺了,能往上拔就往上拔,这样一来基层工作谁来做?在我们的国人观念里面是:大学生跑去小学去当老师就认为低下了。我觉得这样的想法是不对的。

广东和上海成立教委是最晚的,大学教育是在高校工委那里管的,一般教育是教育厅管。我的想法是,既然是普及终身教育观念,就应该把教育观念具体化,从小抓起,从娃娃时期抓起,每个阶段都要衔接好,成才之路不应越走越窄的。从人才的角度来讲可以是金字塔型,越来越尖端,但是社会分工不应该是金字塔型,而是要越走越宽。在学生观念里面不应该只有高考这条路才是最高级的,没有了这条路才被迫走另外一条路,这样造成了人才单一的社会格局。现在普及九年义务教育之后就应该分流,普及十二年义务教育之后,也应该有相当一部分分流到职业技术学校,因为高中生不可能都进普通大学去,应该还有很多职业类的、技能类学校供学生选择。现在社会最缺的不是大学生,而是技能人才,教育要面向社会的这种需求做出相应的抉择。现在独生子女多,父母都希望自己的孩子一层一层往上,结果是学历高,能力不行,包括创造思维能力和心理承受能力,甚至还出现心理障碍等很多问题,这不能说不是教育的缺失。

司:在您是怎样看学校的教育公平问题?

郭:我在这个学校几十年,深深感受到学术的公正是学校良性发展的动力。所谓学术公正是什么呢?实际上也是一种敬业精神,是对教育的尊重。我在专业评分的时候就发现,有的老师对自己的孩子或学生非常偏袒。又如甲、乙两个班一起看素描,这个班是我教的,我提供这几个是5分,那几个是4分,那几个是3分,我介绍完了,就让大家发表意见,有的可能说这样就行了,马马虎虎就过去了;有的说这个不行,构图不好;那要讲出道理来,让老师接受,有的老师不容易接受,自己心爱的学生怎会那么差;或者认为我这个班优秀学生多一点,应该5分多一点。我觉得教师的这种偏袒是心理问题,3分多5分少的,并不等于教学水平差,因为其中还有一个学生基础问题,有些是感情分,有些分有点偏离标准。还有一种情况,学生中我的孩子、你的孩子、他的孩子,在打分时能不能面对教研组做到公正不偏袒?做不到,对自己的孩子能捧就捧,能高分就高分。过去的招生、发准考证等情况都出现一些结合自己利益的单一标准或者双重标准。在学校如果能维护好学术的公正性,就可以避免很多人情上的作弊。我觉得应该让学生清楚自己的实际能力,不能夸大也不能贬低,该怎样就怎样,让他们知道学习是一辈子的事,而不是为了短时地冒充高分。社会上的一切问题都可以追溯到教育,有些是环境变了跟着改变,有些是从小就受到不好的影响。如果学校里能做到学术公正,就不会有那么多作弊,有那么多作假。比如跑官卖官,一个在学校弄虚作假的人,在社会上当了官,权力越大就越危险。我们学校也发生类似这样的事情:跟某个学生

好,为了把奖学金给他,就帮他改分数。对这样的人,学校在行政上也没有给他一生都能记住的处分,导致这种风气在学校得到了纵容,渐渐蔓延就不得了。所以,我认为学校要维护好学术公正,教学才会产生良性循环,否则只能产生学术腐败。老师表达对学生好,不能在学术上的造假,不能在画面评分上掺进乖好的评价。可以在品行评价上给他一些好的评语,或用别的形式。当然,画面的评分也不一定是绝对标准的,因为不同老师的标准和要求会有差别。

中华人民共和国美术师范教育的开拓者(二)
——郭绍纲教授访谈录

受访者:郭绍纲(教授、广州美术学院原院长、中国书画家联谊会顾问、中国油画学会理事、俄罗斯列宾美术学院名誉教授、广东省文史馆名誉馆员)

采访者:司徒达仍

时间:2010年11月3日晚

地点:广州美术学院郭绍纲寓所

司徒达仍(以下简称"司"):郭教授,从您的作品可以看出您的绘画基本功很扎实,能谈谈小时候学习绘画的经历吗?

郭绍纲(以下简称"郭"):我初中毕业后就考取了国立北平艺术专科学校,本来是5年制。读了一年预科之后,第二年国立北平艺术专科学校就改名中央美术学院了,接着就读了3年制的本科。留学苏联前,在外语学院学习了一年,苏联列宁格勒(今圣彼得堡)列宾美术学院5年,总共在高校读了10年。

小学之前我念过两年私塾,就是村里请了位先生,把小孩们都管起来,学学《百家姓》《三字经》《弟子规》《千字文》等四本书,那个时候都能背下来,现在还是觉得很有用的。

我母亲没有读过书,但受过一定的家庭教育,针线活做得相当好,比如绣花、做衣裳、做鞋、纳鞋底等。她在忙的时候,为了哄我,也会给我一块布让我在那锁线。除了那些绣花的纸样之外,印象深刻的就是炕围子边上年画图案,比如狸猫换太子的故事等,有的连环图形式还附带文字说明。印象中对图画的接触就是从那时候开始的。我的同龄人回忆时说我小时候爱在地上画,我自己没什么印象。还有我认字比较早,因为伯父是中医,他闲时会把药名写成识字卡片让我辨认。他说:"我3岁时就能认识300来个字。"确实,我认得的字有很多是从药名开始的。在学认字时,我都把文字看成是抽象的图画来记,可能对我后来的画画、书法有一定的影响吧。

小学三年级转学到了天津三小,才正式有图画课,就是对着小黑板上的范图临摹。那时对手工制作也很有兴趣,这跟家里环境有关。因为父亲是高级的首饰镶嵌工,能做大活,也能做精巧的镶嵌活。做活时,除了目测大小,还常常拿着量规度尺寸,比例尺寸很精确。印象中我用草板纸做过书夹,还要穿上绳子,像线装书一样,那时父亲给了我一些建议，总的来说比没有家长指导的做得好一些。那时我还负责收班上的劳作费，统一买泥巴、竹板和手工课的一些材料。

在河北省立天津第三中学时，初中一、二年级的美术老师是王雪楼，他是国立北平艺术专科学校毕业的，是天津八大家之一的懿德王家的后裔。他常常在课堂上表扬我的画，给我很大的鼓舞，课外还给我看一些欧洲油画的印刷品，开拓我的视野。初三的美术老师是胡定九，他也是天津有名气的老师，书法、篆刻、国画都很在行，以山水为主，也画人物，对我的鼓励也很大。

司：1981年，您在创办教育系时是怎样确立"多能一专"办学方向的？

郭："一专多能"的概念早就有了，要求学生将来就要"专"，就像广州美术学院的各个系的专才画家。办教育系时，我认为首先要"多能"，不能过早地确定专什么，因为中小学师范的知识结构首要"多能"，因为中小学教材里面各种绘画、手工知识都有，美术老师的知识不能单一，所以要在"多能"的基础上再"一专"，比如说，专设计、专国画、专水彩，或专木雕、泥塑、折纸等工艺制作。在观念上，中小学美术老师应该是一个多能手，"一专"就是他个人的选择。学校尽可能提供学习条件，最后还得靠自己去钻研。"多能一专"更适合中小学教师的知识结构、能力结构，适合中小学的美术教学。所以，我把"一专多能"改为"多能一专"，当时是我提出来的。

司："多能一专"也可以说是个人综合素质的体现，与您后来提出的"大美育观"有没有一定的关系呢？

郭："大美育观"与我的社会阅历有一定的关系。比如我到了圣彼得堡，看到那里的城市规划和建筑，感觉很不同。当年彼得大帝借鉴西欧的城市规划和桥梁设计，甚至城市雕塑，乃至整个城市空间都是全面配套的设计。在那样的环境里，我的视界开阔了。再说，我一直把建筑艺术看成是主导性的艺术，认为建筑是建筑艺术而不是建筑工程，围绕建筑艺术需要一些艺术配套，比如说建筑雕刻就不完全是传统意义上的架上雕塑，应该包括跟环境配套的装饰性的或者写实性的雕刻、壁画，这是观念问题。在中国，我印象的建筑是一向都往工程方面靠，公共建筑、民用建筑，城市规划就更不用说了，说明都是为了解决温饱问题，有个窝有个住房就行了，缺少文化标志性的东西。再者，以前盲目地破除迷信，庙宇建筑被损坏了，传统文化也被破坏了。

我所读的建筑类的书也是大多从工程角度谈论建筑，很少是从艺术的角度谈论。现实生活的很多壁画和雕像都是在建筑主体完成后，觉得哪里需要就往哪里放，只当是家人随心所欲的安排，而不是从整体考虑的，在设计上极其不配套。严格地说，在建筑设计初期，就应该按照比例、环境，从多角度的整体考虑多个局部之间的协调、适当的联系和相互的作用，特别是城市规划要整体，而不是想到要搞旅游城市，就到处挖掘文化资源。

在过去，老师都站在自己专业角度谈美育，有的没有美育观念，只有专业观念，至于专业美不美，是不是追求美，那是另外一回事，只是从自己的角度强调自己的专业多么重要。我认为，老师应该从社会的需要出发，客观地锻炼学生的整体思维观念。专业的画家、雕塑家、美学家只是一小部分人，影响社会的力量始终有限，但掌握决策权和经济分配的人有了美学观念就不一样，至少在资金分配轻重比例会不同。所以说，美育

面向的不是个别人,而是整个社会。有的老师看不惯学生改行,抱怨辛辛苦苦培养出来的学生改行干别的什么,就可惜了。我不这样认为,知识能够在日常工作中起到潜移默化的作用,这就足够了。美育的作用不仅仅局限于某个专业某个行业,更重要的是作为内在的素质,影响人生观念和行为习惯。

司:听说徐悲鸿先生给您上过外国美术史,他对您有什么影响?

郭:我第一次见徐先生是入学前的暑假。他穿的是夏布浅蓝色的铜纽扣的长衫,头发是从中间分开的,那时我就知道这是我们久仰的校长徐先生。我入学面试的时候,我是他第一个面试的学生。他和蔼可亲,问我从哪里来,住哪里,爸爸是做什么的以及家里的一些情况,内容很简单。

因为他的身体不好,社会工作也很多,没怎么给我们上课。记得到了1953年年初,我们快毕业了,他的身体刚恢复,听说我们这一届没学过外国美术史,就要给我们补课。当时办公室的干事跟我说,徐先生要给你们上外国美术史课,让我召集大家去听课。我坐前面第二排的位置,看得很清楚,他的教案是一卷宣纸竖写的提纲。为照顾他的身体,他是坐着讲课的,并不是站在黑板前写板书的。他讲课很幽默,不时引得大家都哈哈笑。讲到米开朗琪罗的艺术时,他说可以用"惊心动魄"四个字来形容,而我们中国的宋词呢,用两个字就可以了,那就是"销魂"。他是情感型的艺术家,一激动时就用江浙口音说"好得不得了"。

司:除了徐悲鸿先生外,李可染等画家也对你有很大的影响吧?

郭:我觉得他们对我的影响是潜移默化的。我对他们很了解,从他们身上学会了融会贯通和创新。我认为民族艺术也好,国外艺术也好,基本上是相通的。从美术教育的角度来讲,要强调它们的相通之处,看到它们的联系,这样有利于吸收艺术精华,形成自己的艺术风格。我们老一辈艺术家善于"古为今用,洋为中用",就是直接拿来有用的东西,可能每个人吸收的东西不一样,用得好就是一种创造。李可染、李苦禅先生都学过素描,他们的国画就有沉甸甸的厚重感,是把西方的素描转化成为笔墨的力度和深度,这就是融汇创新。

司:在苏联留学期间有什么特别深刻的经历?

郭:印象较深的是那里的学习氛围很浓,其中一个是课堂教学,另一个是在博物馆的参观和临摹。一、二年级的时候看学长们的色彩挥洒自如,看他们的毕业创作时就想我们以后能不能达到那样的水平。我三年级下乡时画了些小油画,后来办了个展览,学长就说那几张小油画不错。我没想到能得到学长的认可,这给了我很大的信心,觉得毕业创作可能不会弱于他们。

我有幸接触了很多老师,他们都有自己的教学特长。在读四年级的时候,有一位老教师叫米哈伊洛夫,非常严格,专教素描,很有经验。例如人物的脚踝的内踝、外踝的位置怎样画,指点得很精确到位,可惜没教多久就去世了。这幅习作的题词就是纪念他的,从作业上看他指导得很具体,点评得很到位。

这张画的背景是点拖下来的,力度不是很平均,能看出线是这么横着下来的,比较宽,不啰嗦,关键是整体的关系。白衣服绝对留白,不能用手摸,要保持它的亮度,等到最后阶段就用写意的手法把衣纹简练地画出,产生一种服装材质和肌肉厚度的对比。

不要以为素描都要有一种调子或一种颜色,其实可以留出高光,这和中国画的留白、以白当黑的原理是一致的。

我画素描时都是带有实验性的,关键是怎样驾驭材料表达我的想法。虽然是画素描,但是我把中国画笔墨和意境融合进去了,从画面上看,有那样的思考。

司:在苏联留学时,长短作业是怎样界定的?

郭:在苏联时,每星期有一个下午,由学校供应模特,大概15分钟就要画一个姿势,主要练习如何把握人体运动时的结构和比例的关系。在长期作业的情况下,我们很需要这种练习,这样的长短结合练习对我来说很重要。现在的素描教学常常走两个极端,善画速写的不善于画长期作业,善画长期作业的,不善于画速写,这样对基本功训练是很不利的。怎样确定作业的长短呢?学校两方面要考虑到。我们很重视速写,入学就考速写,也要更进一步提升画长期作业的能力。画不画长期作业不完全是学生的问题,一是教学安排,二是老师怎样引导。如果老师在这方面没有基本功就不能循序渐进,逐步深入,影响了作业的效果。有人质疑说,一个作业没必要画几十个小时。我认为,这正是学校的长处,只有学校才有这个机会。工作后,没人给你几十个小时画一张画。即使有充分的时间完成一件作品,如果没有从浅入深的能力,翻来覆去也未必画得好。这需要长期作业的训练,前面怎铺垫,后面怎样画,应该有个程序。速写是速写,长期作业是长期作业。用速写的要求否定长期作业,说是磨洋工,是不对的。学校的优势就是给你长时间研究。但话又说回来,长期作业要懂删繁就简。画到一定的时候,就要果断,该删该减该否定的就要大胆果断,如不成功,重新再画也可以,也就是最后的概括,用写意的形式表现出来,要有这样的信心。

我有很多速写作业是见缝插针画的,都不是正式作业。比如我们班的模特走了,邻班的还在画,我就跑过去画一张,很快的,有的头都没画,但人体的饱满程度,大的光影效果都出来了。我在俄罗斯学习的就是这样的一种情况,有渴望多画的欲望,就像捕猎,收获越多越好。这张油画《戴礼帽的老人》是我用国内包东西的麻袋作为画布画的,也没画完,正式的作业肯定把手画完,都是些见缝插针的作品。但是人家觉得效果还不错,没注意到手没画完,作为速写像,整个画面的颜色基本铺满,说明油画要从深重的地方画起,重颜色出来了,亮部的颜色就好处理了,主要是靠素描的概括力了。说是我的代表作,其实就是一个作业,但是也是全力以赴地投入去画的。有很多画近乎是全侧面角度的写生画,包括素描也是,因为我不争位置,是在边上画的,边上也有个好处,空间大一些。

我有个在俄罗斯买的小画箱,设计得很科学,里面可以配上小油壶、刮刀、油画笔等,一直都带着外出写生,一次外出就可以画四张18厘米×14厘米或略小于这个尺寸的小画。有一张直幅的,当时我的指导老师都说色调把握得很好,他们喜欢的是灰调子。喜欢画阳光的东西,拿着小画箱在手上就画了,用笔用色要恰到好处,很细致,要很认真地一笔过,不能拖泥带水,拿着画了3个小时,手都有点打战。

司:在"四清"运动的时候有没有画画?

郭:在不耽误开会学习的前提下,我也画画。比如中午,早点吃完饭,就背着小画箱,在路边选个角落画一张小画,然后才去开会。饭前饭后,周六周日,都可以挤些时间来画画。还画了很多色粉画，用了灰色卡纸，加上一些淡淡的色粉。我一直在坚持这种艺术形式，一般人都是画油画、画水彩或水墨画，极少有人用素描形式后加色粉。

司：您的素描作品有很多都加入粉画材料，什么时候开始采用那样的画法的？

郭：我是从徐悲鸿先生的素描那里学到的，他用灰色纸画人像的时候，在高光的地方点一下，画面层次丰富了，我觉得效果挺好的。后来，我也是非常巧合地用上了这个方法。20世纪60年代时，学院每个老师都有一笔材料费，就是每个月到教具科领6块钱的材料。有一次，还剩一盒德国产的12色粉画笔没人用。于是我就领了。从那时开始，我就用粉笔画画，有时候用来起油画稿，因为少，舍不得用，一般是画面点缀一下，大面积涂的效果不一定好。

肩负重任留学苏联
——邵大箴教授谈美术教育家郭绍纲

受访者：邵大箴（中央美术学院教授、博士生导师、《美术研究》主编、俄罗斯列宾美术学院名誉教授）

采访者：司徒达仍

时间：2010年11月30日

形式：电话访谈

司徒达仍（以下简称"司"）：邵教授，您跟郭绍纲教授是同期被派往苏联列宾美术学院学习的。据您的了解，在当年留学期间，郭绍纲教授特别关注苏联的美术教育吗？

邵大箴（以下简称"邵"）：关于这方面的内容，我在他画册的序里已经谈过。当时派他到苏联留学的时候，中南美术专科学校刚成立不久，他是带着任务赴苏的，胡一川要求他回来后要帮助学校办好美术教育。因此，他学习目的很明确，一是学习油画艺术，二是学习美术教育。

司：能否谈谈他在苏联关注美术教育的具体事例？

邵：当年在闲谈的时候，他就说过：胡一川要他专门收集美术教育方面的资料，回去要担任美术教育工作。他跟胡一川也经常通信探讨这方面的问题。看得出，胡一川有培养他的意向。

司：他对列宾美术学院的教学体系是不是很关注？

邵：对，他很留意苏联美术教育体系，对其课程设置、教学方法等都很关心。例如，他翻译的《列宾美术学院的学校教学大纲》《素描和油画的教学大纲》等资料，就是在研究苏联的美术教育。

司：在您的文章里曾说过郭绍纲是"新中国美术师范的开拓者"，是基于怎样的评价？

邵：在美术师范教育领域中，他是中国美术专业院校里第一个办美术师范系的，并且担任广州美术学院美术师范系主任。在他任广州美术学院副院长和院长期间，也非常关注美术师范教育，并且培养了一大批美术教育人才，为美术教育的普及做出了贡献。所以，对他这样评价是恰当的。

司：随着时代的发展，现在的美术学院对苏派美术教育所带来的影响似乎不以为然。您是怎样看待苏派美术教育和现在学院美术教育差异的？

邵：首先要弄清楚什么是"苏派"，那是指"苏联俄罗斯画派"。俄罗斯绘画是欧洲绘画的一部分，由于俄罗斯处于欧洲和亚洲交界的地方，主导是欧洲文化，油画也是从意大利、法国传过来的，所以它的教育体系和创作体系基本是欧洲的，只是结合了俄罗斯本土的特点，糅入了关注时代生活，表现人民生活的现实主义作风。所以，仅仅说"苏派"是不够严谨的。苏联画派提倡社会主义现实主义，意识形态性比较重，但是绘画技法还是跟欧洲一样的强调写实作风。所以，俄罗斯画派也好，苏联画派也好，对中国的影响是方方面面的，不能一概而论。一方面，现实主义的传统，对中国有其积极的影响；另一方面，由于过分强调政治，强调意识形态，带有一种政治干预艺术的倾向，对中国艺术界也有消极的影响。实际上中国美术教育所产生的问题，不完全是受苏联的影响，也有中国本身的问题。有个时期我们的文艺政策偏"左"，漠视对人的关注，对现实生活的关注，所以谈苏联对中国的影响不能片面。另外，现在一些人把"苏派"归纳为"契斯恰科夫体系"也是不对的。"契斯恰科夫体系"只是一种素描体系，并不是像某些人所讲的那样就是把笔削尖画素描，它也是很注意用多种媒材和手段来培养学生造型能力的，跟欧洲教学有相通的地方。

司：对，有人说：对"契斯恰科夫体系"的误解，源自没有学到其最本质的东西，只了解一点皮毛。张少侠和李小山编著的《中国现代美术绘画史》把学习苏联美术教学这一时期定义为"失误的选择"。对此，您怎样看？

邵：张少侠他们只是写了中华人民共和国成立初期一些情况，对于中华人民共和国成立后的全面情况并不十分了解。郭绍纲从苏联回来的时间是1960年，1964年搞"四清"运动，接着是1966年开始的"文化大革命"，因此，他在教学和创作上没办法充分施展所学。不过，现在看来，郭绍纲那一批从苏联回来的学生在推进艺术教育，特别在油画教学方面确实起了积极的作用。否认留苏学生在美术界的作用显然是不客观的。实事求是地说，不论在油画教学方面，还是整个美术院校的教学建设方面，留苏回来的那一批人发挥的积极作用是毋庸置疑的。郭绍纲还担任了教育部艺术委员会艺术委员，我知道他对这个事情很积极，经常来北京开会，也尽心尽力，在这方面做了不少实实在在的事。

坚持美术师范为基础教育服务
——章瑞安先生谈美术教育家郭绍纲

受访者：章瑞安（教育部体卫司艺术教育处原处长、中国教育学会美术教育专业委员会副会长兼秘书长）

采访者：司徒达仍
时间：2010年11月20日
形式：电话访谈

司徒达仍（以下简称"司"）：章秘书长，您好。您曾经担任过教育部体卫司艺术教育处处长，主管全国中小学艺术教育，能谈谈对郭绍纲教授当年担任国家艺教委委员时的情况吗？

章瑞安（以下简称"章"）：郭绍纲教授当国家艺教委委员的时候，我还在基础教育司，主管中小学教育。我们一起办过教育活动，跟他也很熟，算有一些了解吧。

司：您对郭教授的美术教育思想有哪些深刻的印象？

章：郭绍纲教育思想的可贵之处就是始终坚持高等美术教育要为基础教育服务这一方向，体现了美术师范的特点。他认为美术教育专业的学生要有当中小学美术老师和为基础教育服务的志向。

当时的美术专业院校的关注点都在美术创作上，并不在教育专业上，很多人都不愿意当老师，一心想当艺术家，当然这是无可非议的。但是，作为油画家的郭绍纲却是高等美术教育改革的带头人。广州美术学院在他的领导下成立了美术教育研究室，承担了不少高师美术教育改革的研究工作，在全国是很有影响力的。当时虽由范凯熹负责，假如没有他的支持，广州美术学院也不可能成立美术教育研究室。当年的广州美术学院教育系是教育部的改革试点单位，他们教育系的学生分配也比较顺，教育专业的招生和分配就占了学校的半壁江山。

司：在高等师范改革方面，郭绍纲教授采取了哪些改革的措施？

章：郭教授认为教育专业的培养方向就是要提高教师专业化的水平，主要在课程设置和改变教育观念上，他做了一些探索性的改革。比如，加强教育理论水平，要有当教师的思想准备；增加了教育专业课，强调基本功、基本知识、基本理论的训练与培养等，都做得比较好，他关心的是学生将来能不能当一名合格的老师。在当时的美术专业院校，特别是像美院这样的院校都不重视教育。可见，他的思想在当时是非常前卫和少有的。

司：重视高等师范教育，培养大量的优秀基础教育师资，对提升社会美育有很大的帮助。

章：郭绍纲把美育当成一种文化基础教育来看待，认为社会美育不是为了让学生去当艺术天才，而是为了提高他们的审美修养，让美育在未来的生活与工作中起到潜移默化的作用。因为他热心青少年的审美教育，所以对少年宫等社会单位的活动都非常重视，能抽出时间参加就一定去参加。还有一个原因，就是他身为国家艺教委委员的责任所在。

司：你对郭绍纲教授的为人及工作作风有什么印象？

章：我对郭教授很尊敬。虽然他的性格比较平和，但个性也很强，美术教育思想鲜明。他为人和学术都很正派、公正，在全国都是有名的。当时的广州美术学院在他的领导下，各方面都取得了的好成绩，那时广东省的美术教育在全国也很有影响力。他参加了国家教委的许多活动,比如美术教育文献的撰写与整理,特别是基础教育和高校美术教育专业的发展,他做了很多工作,也做得很好。国家艺教委选他当委员,就是因为他热心美术教育,学术修养较好,而且指导思想很正确,在全国很有影响力。

司:1981年,郭绍纲教授在广州美术学院创办师范系时,很多人都认为国画系、油画系等专业也能培养美术教师,没必要再建立一个师范系。直到现在,这样的声音都还在。您是怎样看待这种现象的?

章:现在来看,在什么环境里建师范系已经不重要了,关键是指导思想是什么。如果指导思想正确,就算在北京大学建美术教育专业也没关系,比如中国地质大学就有音乐教育专业。在德国是没有专业的师范院校的,师范专业都设在综合大学里。比如汉堡大学有美术教育专业,学生成绩是由美术学分和教育专业学分构成。在构建学分的时候,就兼顾了当教师和当艺术家。现在我国教师已经专业化了,想当教师必须领教师资格证,就算现在北大、清华的学生想当老师也要拿到教育学分才行。所以,我们不应该把艺术家专业和教师专业对立起来,它们之间并没有矛盾。现在很多人都愿意当教师,因为当老师还能从事社会的美术工作,不仅是绘画,还包括设计,这个时候我们应该考虑美术教育应该怎样发展的问题。现在改革的问题比过去复杂多了,美术教育专业和美术专业已经分不开了,学校本身的环境有了很大的变化,怎样培养美术教师都是大家需要思考的问题。

司:现在美术学院把美术基础训练课程安排在基础部,教育学、教育心理学等教育学科成了选修课,任何专业的学生都可以选报修读,学生选择教师职业的机会大大增加了。

章:这是有问题的。这样的课程安排下教育专业就没有优势了,造成了教育专业的学生在进校的时候就没有当教师的准备,而是三年后再考虑。没有教育专业的设置,把教育学、教育心理学作为选修课是不合适的,教育专业还是要有教育专业的样子,这样对社会、对学生都会有好处。

司:一般来说,美术学院的教育专业要设置哪些主要课程?

章:要有两大类课程,一是教育类,二是专业类的。其他的就是基础类的,比如理论、基本技法等,跟培养专业画家是不同的。现在的教育是个大学科,它的发展和完善对社会建设是很重要的,而且教师职业现也很受社会欢迎,毕竟时代已经不同了。

宽容待人,严谨作画
—— 李正天教授谈美术教育家郭绍纲

受访者:李正天(广州美术学院教授,中国美术家协会会员,兼任中国后现代研究所教授、所长,中国管理科学研究院研究员,2001年被聘为东方美学研究院教授、院长)

采访者:司徒达仍

时间:2010年7月22日下午

地点：中国后现代研究所办公室

司徒达仂（以下简称"司"）：李教授，您好。您是郭绍纲教授早期的学生，对他的美术教学方式和方法都比较熟悉吧。

李正天（以下简称"李"）：我以前写过一些关于郭绍纲老师美术教学的文字材料，但未能正式发表，很遗憾。你是第一个跟我谈他的人。其实，他的教育思想早就应该引起重视，要进行研究的。

在关于他的几次研讨会上我都做过发言，从几个细节谈他：一是他当院长时，儿子考不上广州美术学院；二是他当院长的住房条件比我们还差；三是他支持我搞教学改革试点班，还支持我到华南理工大学带研究生。现在想来，这些在当时很不容易的，因为那时的我只不过是年轻教师，而且刚从牢里出来，按照资格来讲是轮不到我的。如果他没有宽广的胸怀和卓识的远见是根本做不到的。

司：有的人说"苏派"对中国美术教育影响的利弊没确定，而郭教授以前是提倡"苏派"美术教育的，所以他的教育思想在学术上有争议。

李：首先，郭绍纲老师不是一个只谈"苏派"的人，他不是狭隘的苏派主义者。在教学上，他重视苏俄的优秀传统，能把苏俄学派的优秀东西传授给学生。同时，他也很重视吸收其他学派的精华，在艺术上没有门户之见。他在教学中经常会谈到几个人，如德拉克洛瓦、米勒、伦勃朗等，显然他们不是苏派，一个是法国浪漫主义代表人物，一个法国写实主义代表人物、农民画家，一个是世界公认的油画大师，他们是世界闻名的艺术宗师。谈色彩时，他会大量介绍印象派的色彩，并不仅仅局限于苏派的色彩教学，对印象派光色、自然、空气等自然规律谈得比较多。现在我甚至怀疑有没有苏派色彩教学。在这点上，中国色彩教学真正突破印象主义色彩规律的还是很少的，大概只有尹定邦先生引进了西方包豪斯体系的色彩构成，才对写生色彩学进行了某些补充。可见，我们的色彩教学一直以来都是比较缺乏的。这不仅仅是某几个老师的问题，恰恰还是整个教育的空缺。王肇民先生也重视色彩教学，但更多的是后印象主义的，在教学的具体操作规范上人们也谈得不多。

司：的确，郭教授后来的色彩写生作品中是明显带有印象派色彩风格的，而且非常注重户外写生，跟印象派很像。在用笔方面似乎更多地融合了中国书法用线和笔触的特点。

李：对。他的色彩作品很多是户外写生的，色彩层次丰富，冷暖变化明显，具有朴实、醇郁、凝重的特色。同时，他也很重视笔法，这跟他长期重视书法创作有很大的关系。

从他的画风来看，应该是现实主义的油画传统，把他说成苏派是不准确的。在教学中，他除了向我们介绍伦勃朗、委拉斯凯兹、米勒等大师之外，还介绍马奈、莫奈、德加等印象派的大师。有人认为郭绍纲老师只是苏派教学，这说法是不真实的。说他传承了西方写实主义传统的油画技法，这样说会比较贴切些。

司：俗话说：同行相轻，但郭教授总是善于发现和肯定他人的长处，更难能可贵的是为他人提供一个发挥长处的平台。

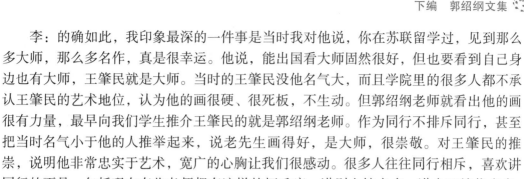

李：的确如此，我印象最深的一件事是当时我对他说，你在苏联留学过，见到那么多大师，那么多名作，真是很幸运。他说，能出国看大师固然很好，但也要看到自己身边也有大师，王肇民就是大师。当时的王肇民没他名气大，而且学院里的很多人都不承认王肇民的艺术地位，认为他的画很硬、很死板，不生动。但郭绍纲老师就看出他的画很有力量，最早向我们学生推介王肇民的就是郭绍纲老师。作为同行不排斥同行，甚至把当时名气小于他的人推举起来，说老先生画得好，是大师，很崇敬。对王肇民的推崇，说明他非常忠实于艺术，宽广的心胸让我们很感动。很多人往往同行相斥，喜欢讲同行的不是，包括现在有些老师都有这样的坏毛病，讲别人缺点多，讲自己就优点多，一般不容易发现和欣赏同行的长处。在广州美术学院办了教育系后，他请了王肇民先生到教育系任教，还有胡钜湛、陈秀莪等一些水彩画家，把水彩作为主要学科来发展，现在广州美院教育系作为南方水彩的重镇，郭老师是功不可没的。

司：郭教授跟王肇民先生一样，都很重视写生。

李：是，郭老师长期坚持写生，从没间断，这是非常难得的。他强调直接面对自然写生，这个非常重要，老是凭别人的照片画，凭概念画，是画不好画的。所以，也有人以此攻击他，说没见他搞创作，没见他跟着运动有新作品出现。我们要知道，他是专业教学老师，是以教学为主的，不是整天以创作为主的画院画家。

认识郭老师的朋友也是这样说的，你们的老院长郭绍纲很重视写生，在自己精力最充沛、体力最好的时候，抓紧时间写生。在下乡采风时，有的人到处游山玩水，玩够了玩累了才写生，他不是。他对写生很严谨，非常重视直接面对景物的感觉，把自己的感觉和大自然融为一体。

司：据说郭绍纲教授对社会的美术教育也是很热情的，从不计报酬，也不怕辛劳。

李：是啊。他看展览不是敷衍地看，而是一幅一幅认真看，好就说好，不好就说不好，不喜欢讲客套话恭维话，也不讲面子。在开会时也是这样，只要是他参加的学术会议，他都会严谨、中肯地发言。记得他任院长时，我在少年宫当特聘教师，有一回少年宫在广州市少年活动中心办一个儿童画展览，邀请他来参观，可是等了很久，他还没来。有人认为他肯定不会来了，但我坚信他一定会来，因为我了解他的为人。如果是请客吃饭，他可能不会到，如果是儿童画展览，他一定会来。果然，因为展览临时改了地点，没有通知到他，他是到处打听到地点才赶到了会场，当时大家都很感动。

司：郭教授毕业于中央美术学院，先在中南美术专科学校绘画系任教，后又留学苏联专攻油画和素描，这样的经历对他在美院的学术地位有什么作用？

李：广州美术学院美术馆藏了很多郭老师的素描，确实很好。他的油画是地地道道的油画，我们认真研究他画的每一笔，画得很扎实。他留苏时的同学也曾对我说过，在留苏同学当中，他画的素描是最好的，画油画特别好的有萧峰、郭绍纲、李天祥、林岗，他们对我是这样讲的。

郭绍纲老师是广州美术学院学生非常敬重、追随和崇拜的一位老师。他刚从苏联留学回来时，地位并不高，只是学院的一般教师，但是，他从苏联带回的那批自己写生、创作和临摹的作品，是很有说服力的，基础扎实，态度严谨，给人耳目一新的感觉，非常让人敬慕。当时学校专门举办过他的留学作品展览，影响很大。我很认真看过他的每

一张画，不论构图、章法、格局、用笔，还是素描关系、色彩关系和空间关系，都非常耐看。学校也很重视那些作品，会定期展出供学生老师观摩。

司：据我所知，郭绍纲教授在教学上是很严谨的，他是怎样看待学生的不同艺术观点的？

李：郭绍纲老师对教学有热诚，但不会以自我为中心。他的教学是严谨到了严格的程度，但他对各种艺术风格的画不排斥。我当学生时，用过未来主义、象征主义的手法来创作，他从来没有对我的画进行过非议。他对我的创作、我的探索一向都是支持的态度。现在我办展览，都希望他能给我提出建议。他退休后，我利用在艺术家画廊当总监的机会帮他办了个展览。他说："我当院长时你不来找我，我不当院长时你就来找我。"我说："我李正天不想有攀附之嫌，你当院长时，我找你不方便。"我们俩既是师生关系，又是朋友关系。我很敬重他的为人，对于那些攻击他的言论，我不屑一顾，还会经常反击。

司：郭教授一直从事的是油画教学和素描教学，对于两者的关系也有自己的独特见解。

李：郭老师对素描教学有自己的看法，从不认为国画素描就是国画素描，版画素描就是版画素描，油画素描就是油画素描。他认为，素描就是素描，就是培养造型能力，培养眼睛视觉观察能力的，不能过分强调专业的特点，否则，无形中会削弱了它的基础性，搞得不伦不类，没有基础的特征。

虽然郭老师教我们班油画，但是他不是具体负责我这个班，可能杨尧、吴正斌更清楚他的具体教学。当时实行责任班教学制度，素描、油画、创作都是他一个人教。责任班比单元制好，老师都认真负责到底。后来，我们也坚持了这个教学制度。单元制学生可以接触很多老师，缺点是可能有些老师不负责任，或者跟不到底，经常浅尝辄止，就结束了。

司：我记得你也在油画教学班制方面做过试验，办油画改革试点班，那个班和郭教授的责任班有什么不同？

李：当时的责任班制度基本是以郭绍纲老师一个人为主的。我后来带的教学试点班汲取了责任班的经验，由几个老师联合起来的，而不是由一个老师负责到底的。在老师分配上，每次都是一个为主两个为次。从招生开始到毕业，都是这样。当时由我、杨尧、司徒绵、沈军四个人负责。一个为主，两个为次，另一个就有更多的时间去写生考察。这个责任班是学习了郭绍纲老师的经验，还避免了单人教学所顾及不足问题，也跟现在的画室工作制度有点相似。

司：现在的油画系还有没有坚持这样的责任班制度呢？

李：现在也有，只是面目不清而已。油画系也在搞画室，但面目不清。现在学生是基础部学习，然后在专业画室学习。跟我们办的画室的不一样，差别很大，笼统感觉是敬业精神不够，不及当年郭绍纲老师、王肇民教授的时候。

司：郭教授很看重敬业精神，他曾经说过，不论办教育还是当画家，敬业精神都是最重要的。他还提到一个观点，由于建筑划归理工建筑学院，现在的建筑物和城市规划缺乏人文气息，没有美感。你是怎样看的？

李：这个问题要重点讲讲。郭老师在一次座谈会上说过：我们不仅是造物，也不仅是造型的，还要造境，我们要在创造境界上下功夫，建筑艺术，环境艺术，园林艺术，城市规划艺术，所造的景观对我们的生活起很大的作用，我们美术学院是创造景观、创作环境的学院。

我觉得他的话有很高的境界。在西方，建筑是属于美术专业的，而我们国家的建筑专业是划归理工学院的，设计出来的房子千篇一律，不重视人文精神，这很不好的。郭老师知道我在华南理工大学带研究生，也是非常支持的，而且那段教学经历对我很重要，当时在华南理工大学培养的三届建筑美学研究生都非常有活力。当年我在华南理工大学带研究生时，去华南理工大学听我上课的广州美术学院学生，现在基本是集美公司的骨干，所以，我跟集美公司的关系到现在都保持得很好。

2005年我还担当了东京世界博览会中国馆的双螺旋线造型创意设计人和总顾问，假设当年没有让我当教学试点班主任，到华南理工大学、星海音乐学院和广州舞蹈学校现代舞班去教课的经历，就不会有今天的成就。我被邀请去巴黎讲课，听说学院是很支持的，只是当时的省政府写了"不同意"几个字，在上面盖了个章，也不写具体负责人的名字。

司：可以看出，郭教授是非常重视人才的。

李：是。当年，我在华南理工大学任了三届建筑美学研究生的课，不但得到了油画系的大力支持，还有像郭绍纲老师这样的学院领导也是大力支持的。可以这样说，郭绍纲老师任职期间，是我的特长发挥最好的一段时间，没有那段经历，也没有我现在的成就。我平反出狱的时候，他没认为李正天坐了十几年牢就把专业都荒废了，知道我在读书时是班干部，专业上很下功夫，很刻苦，所以很重用我。我曾写过《一个老学生的自白》，发表在学报创刊第一期，对教学改革提出了一些看法，于是郭老师认为我对教学是有自己想法，对我这个刚刚从监狱出来的人委以教学改革试点班的班主任职务。我当时没有职称，既不是讲师，也不是教授，他就敢于打破一般论资排辈的用人惯例重用我。

郭老师当院长时，天天在学校转，学校大大小小的事都很关心，但他绝不以权谋私。我是最早搬进教授楼的，我的房子很大，很宽敞。曾经有个朋友要求我带他去郭绍纲先生家看看，人家就说郭院长住的地方怎么这么小，比李正天住的地方小多了。他当院长时期，儿子差两分没考上广州美术学院，他也没有凭借权力录取。正是由于他的以身作则，不徇私舞弊，因此广州美术学院当时的学术风气很好很正。

司：看得出，郭教授的人格魅力对学生的成长产生了很大的影响。

李：对，郭老师是一个讲话有板有眼、有根有据的人。学校开学术研讨会，只要有他在，别人是不敢开小会乱讲话的，一定是很严肃很认真的。他很重视年轻学生看他的画的反馈，这也让我很感动。记得有一次办展览收集作品时，郭老师说："我记得你在看展览的时候，对这张画很留心，因此我这次把这张画也收集进来了。"

司：郭老师是不是受到广州美术学院老院长胡一川的影响？

李：这有很大的关系。郭绍纲老师和胡一川老院长是一脉相承的。胡一川、郭绍纲、王肇民都有一股正气在。当时郭绍纲当院长，可以说是广州美术学院最有学术气

氛,教学管理最开放的。在产学研的问题上,教学和经济环境相结合是没有矛盾的,郭老师在这方面做了很多工作,是很有贡献的。

兼收并蓄的艺术教育家
——吴正斌教授谈美术教育家郭绍纲

受访者:吴正斌(广州美术学院教授、中国美术家协会会员、广州美术学院美术教育系原主任)
采访者:司徒达仍
时间:2010年5月6日晚
地点:广州美术学院教学大楼0414课室

司徒达仍(以下简称"司"):吴教授,您好。您是郭绍纲教授留学苏联回来后任教班级的学生,又曾经担任过美术教育系主任和美术教育研究室主任,您对郭教授的美术教育思想了解得比较全面吧?

吴正斌(以下简称"吴"):要评价郭绍纲先生的美术教育思想,不仅要从艺术家的角度分析,还要从艺术教育家的角度去分析。有的人懂教育,但不懂艺术;有的人是大画家、艺术家,但不善于教育。郭绍纲先生身兼两个方面,既是艺术家,又是教育家。在国内,尤其是在现当代,像他这样的例子不多。当代很多艺术家在学院任教,也想教好学,由于不熟悉艺术教育,不精通教学规律,所以成不了优秀的艺术教育家。

一般来说,美术教育可分为两种。一种是培养艺术家的教育,比如美术学院油画系培养油画艺术家;一种是大众化的美学普及教育。从培养艺术家角度来说,郭老师是众多的留苏学生中最有心的,不但认真学习了苏联现实主义的绘画技法,还收集了苏联的教学理论和教学方法。由于中苏关系的破裂,本来是留学六年的,被迫提早了一年回来。不过,在前五年他已把要学的课程都学完了,第六年是毕业创作,他画完草图就回国了。

从1960年回国,到"文化大革命"以前,郭老师主要教我们这个班,由于没有合适的教材,他直接翻译了苏联的色彩教材。郭老师一直有这样的想法:去留学时,在学校的工作是别人帮他分担的,回来后就要报答人家,要多承担些工作,减轻别人的负担。于是,在教我们班时,他全包了我们的专业课(按学校规定,一个老师一学期上七周至八周的专业课就够了)。他认为这样不但可以减轻别人的负担,还能更直接传达国外一些艺术理念。所以,不仅在油画系,甚至在整个美院,郭老师都有很大的影响力。

再者,郭老师非常注重全民艺术教育。改革开放初期,老师的地位很低,被人看不起的就是师范专业。当时,学院响应国家号召,要找人办美术师范系,动员了好几个人都不愿意干。可是他做了一件令人意想不到的事,主动提出要去创办师范系,要知道当时学院地位最高的就是油画系,他还是油画系副主任,这样的做法让很多人都不能理解。美术师范系是培养中小学美术老师的,而不是培养艺术家的教育。所以,那时郭老师提出了"大美育"的教育观点,也是全民艺术教育思想,很符合现在的教育理念,时任国务院副总理李岚清也很赞同他这样的观点。现在国际教育界上也是这样认为的:全民的艺术素质不高,国家的艺术素质也不会高。从这点看,郭老师对教育发展确实很有远见,而且很热心教育,亲力亲为地做了很多相关工作。例如,为地方中小学培训美术师资,组织创办广东省高校美术教育专业委员会,也就是现在的高校美术与设计教育专业委员会等等。

司:在培养艺术家教育方面,郭教授在教学上有哪些与众不同的观点?

吴:郭绍纲先生比较重视基础教育,认为在校学生不是艺术家,再说,培养艺术家是有阶段性的,也是需要一个过程的。有人认为,在校时就直接把学生培养成艺术家有什么不好?那肯定好,但不符合人才成长教育的规律。在校是学习阶段,不经过磨炼是不可能直接成为艺术家的。如果仅有学校的学习,没有厚实的社会生活积累,也是不可能成为艺术家的。现在的很多人不重视学习过程,只看结果,随随便便就把自己定位成艺术家,这是很可笑的现象。

曾有这样一件事:郭老师全包了我们班的课,就没上别班的课。这样一来,有的老师就不愿意了,因为不仅油画系学生,其他系学生也希望郭老师教。一年之后,学校也给郭老师安排了其他班的课。他跟我们说,在油画系,本是应该以油画为主的,但最基本最主要的还是素描,那是基础的基础。当年我们班只有三门专业课:素描、油画和创作。第一年他把三门课全包了,第二年就只保留了我们班的素描课,而同时教其他班的油画课,可见他对素描教学是非常重视的。

司:看过一些文章介绍徐悲鸿先生评价苏派素描就是把铅笔削得很尖,线排得整整齐齐,言下之意似乎对这种风格也不太认同。郭绍纲的素描教学是不是也像所说的苏派素描那样的?

吴:徐悲鸿先生也没特别说苏联的素描画法不好。苏联素描强调调子,强调写实,注重长期作业,有它的优点,也有它的缺点。徐悲鸿先生在法国学习期间的短期作业,跟苏联的风格还是有很大区别,这都不是本质的问题。有人把苏派风格和欧洲风格完全对立起来,这是不对的。现在俄罗斯收藏的艺术作品比哪个国家都多,包括伦勃朗、委拉斯凯兹,还有印象派的一些精品,他们和欧洲之间是有传承关系的。郭老师带着一种学习的态度去苏联留学,汲取了苏联绘画的优点,对不好的东西还是有所回避的,并没有完全照搬苏联的教学。他在上课时介绍的不完全是苏联的东西,素描也不完全是契斯恰科夫的素描,他很强调欧洲传统写实绘画风格。

司:郭绍纲教授的教学方式是徐悲鸿式还是苏联式的?

吴:中央美术学院的教学体系主要是徐悲鸿体系,也可说主要是欧洲体系,但它与苏联教学体系不完全对立,相互之间并没有矛盾。郭绍纲先生在教学中很注重介绍欧洲名家的素描和印象派的色彩,汲取欧洲绘画精华,真正做到了兼收并蓄各派所长。因为他从苏联留学回来,所以大家都以为他就是苏派的,其实他有多种学习经历,基本是以欧洲传统为主的。

从苏联回国后,郭老师很注重吸收中国的文化传统,比如练习书法。现在他也是一个书法家,有些人还专门收藏他的书法作品。还有,他的风景画里的那些树枝,画得比一般的油画家好。我曾问过他原因,他说研究过国画里的毛笔用线勾勒的画法。可见中国的传统绘画对郭老师是有影响的。从他的作品来看,山石树木等都带有欧洲的结构和中国的笔墨用线相结合的特点,可以看出他吸收了中西绘画的精华,并不局限于哪一家哪一派的风格,在教学上也是如此,并没有让学生固守某一种风格上。

司:改革开放之后,国内渐渐对苏联的美术教学提出了质疑,这对郭绍纲教授的教学有什么影响吗?

吴:改革开放以后,虽然有新的教学大纲,也不断借鉴欧美的一些教学,但总体上并没有完全否定苏联的美术教学方法,因为真正有价值的东西是经得起时间考验的。现在的中央美术学院还是继承了苏联的素描教学体系,广州美术学院也是一样,原来的教学方法还是占主要地位,而且不断吸收其他派系的优秀传统,进行补充和完善。郭老师的教学就是这样的一种兼收并蓄的教学。

司:在组建美术师范系初期,郭教授是怎样确立"多能一专"的办学方针的?

吴:我对这个不是很清楚,这可能是国家的一种办学方向。当年八大美术学院都响应国家号召一起创办美术教育系,广州美术学院最先挂牌,可是其他美术学院一直办得不理想,有解散的,有转向的,还有停办的,后来也有恢复重办的,只有广州美术学院一直在坚持着,而且越办越好,还成立了全国美术学院中唯一的美术教育研究室,跟学院的岭南画派、工业设计研究室是同等级的。我想,广州美术学院能够坚持下来,可能是因为一开始就坚持"多能一专"的办学方针,没有把美术教育系当成是美术学院的附属办学吧。

司:从教育系的课程编排上看,现在的课程和1981年建系时相比有什么不同?对学生成长有什么影响?

吴:我退休也差不多有10年了,没有研究过现在的课程设置是怎样的。有人说现在的学生素质低了,我觉得这样的说法不够客观。现在的学时减少了1/3,课程却增加了不止1/3,我感觉学生负担很重。过去周六上课现在变成休息日了,过去周三上课现在也变成休息时间,算了一下,现在一周只有4天时间上课。过去一个上午有4节课时间,现在是4节课不够,过去5年制,现在变成4年制,最后一年是毕业创作和找工作,基本上变成三年半。条件发生了变化,课时大量减少,而课程却比以前多了很多,不能说是他们的素质差了,我认为现在的学生素质比以前高了。如果教学上有不尽如人意的地方,我觉得就是教学思想和教学方法不对头。从学校的教学角度来说,郭老师一向认为大学阶段要以基础教学为主,他当时的教学也是这样的。

创办美术师范系初期是没经验的,也没有现成的办学模式可参考,只能不断摸索前进,慢慢地由当初的小美术学院模式发展到现在的独立的教育模式。在过去,很多人说师范系就是一个小美术学院,什么课程全都有,现在慢慢形成研究师范专业的特点,这是一个过程,应该说现在比过去更完善了。不能说过去什么都不好,过去是创办,现在是在过去的基础上发展,这要从客观上分析,要立足一定的环境条件下,从它所处的时代特点和教育追求来分析。

司:郭绍纲教授是怎样把水彩画教学发展成为广州美术学院师范系的教学特色的?

吴:其实广州水彩画的发展基础一向都很好。中华人民共和国成立后是学苏联的,原来广州美术学院的国画系、版画系、油画系都有水彩课,油画系是一年级学水彩,版画系和国画系的色彩课就是以水彩为主的。郭老师从成立师范系开始就把水彩课作为培养教师色彩感的主要学科。首先是从中小学美术教学条件考虑的。如果要培养中小学生学画色彩,他认为在中小学校不具备教油画的条件,水彩画材料比较轻便,更适合课堂教学。再说,水彩一直是广州美术学院的强项,从李铁夫开始,到阳太阳,后来到王肇民、胡钜湛等,有一批大师级的水彩名家,师资力量雄厚,有利于展开教学。由于有客观的原因,也有主观的因素,因此,水彩画在广州美术学院教育系的发展很快,也取得很大的成功。后来,我们教育系画油画的老师都转教水彩画了。

司:这种转变跟王肇民先生在教育系培训水彩师资有关系吗?

吴:我们跟王肇民先生学的是水彩技法,但开办水彩课是师范系的办学指导思想,不完全是受王肇民先生的影响,胡钜湛老师也起了很大的作用,后来就是我和宣承榜老师等,包括胡钜湛老师自己也是从画油画转变过来的。我从前画油画,到教育系就教画水彩了,主要是水彩画确实对培养师范生的色彩感很有帮助,而且也适合中小学美术课堂条件。

司:郭绍纲教授对学生参加社会的教学实践是怎样一种的态度?胡一川院长对他有没有影响?

吴:大概在1983年,郭老师当副院长的时候,慢慢地就没有在教育系里教学了,我来教育系就是要接他的课,他也还没完全退出教育系,对教育系还是挺关心的。由于他从国外回来,在教学实践方面,思想比较开放,心胸宽广,谁先富起来,他都不嫉妒。他很重视学生的教育实习,对于在校外代课,只要不影响教学,他都是支持的。1985年当院长时,郭老师对广州美术学院当时教学和经济挂钩的"产学研"也是大力支持的。

说到人格魅力,当时学院里面大家就崇拜几个人,一位是胡一川老院长,一位是王肇民教授,而郭老师刚从苏联回来,由于大家对苏派画法的崇拜,所以也很喜欢他。后来的广州美术学院毕业生都一致认为,他们的人格魅力对他们的成长有很大的影响。胡一川院长是老革命家,从延安开始就跟部队一起走过来的,但这并不妨碍他的艺术家气质,他非常重才,不论对老师还是对学生都是这样的。郭老师跟他们一脉相承,非常注重人才的实际能力,并不讲究是否名牌大学毕业的。

写生也可以是创作
——恽圻苍教授谈及郭绍纲教授

受访者:恽圻苍(广州美术学院教授,1953年建校之初即任教于中南美术专科学校,曾任广州美术学院油画系主任、研究生导师、广东省美协近代历史画创作顾问等)

采访者:司徒达仍

时间:2010年12月21日下午

地点:恽圻苍工作室

司徒达仞（以下简称"司"）：恽教授，您好！您与郭绍纲教授在油画系共事多年，能谈谈您对他的印象吗？

恽圻苍（以下简称"恽"）：我跟郭绍纲是多年的老同事、老朋友，他早年留学回来，我们常常待在一起。他为人很真，内心比较开朗，我觉得跟他比较容易会心，所以很敬重他。所谓会心，是指我们两个性格比较直，内心比较明朗，容易被人了解。

1960年他回国时，我在中央美术学院。1963年下半年我才回来。回校后，我就带1964届学生去阳江搞毕业创作。之后，我又在阳江东平渔港参加"四清"近一年，接着带1966届毕业班先在阳春参加工作队。不久，我奉命把他们都拉去河南搞焦裕禄展览，直到文化部将我们与以王式廓为首的北京创作组汇合，在京基本完成《焦裕禄组画》艺术创作展的筹备工作，不幸因"文革"夭折。那段时间很少在校。

"文革"后，我们很长一段时间共用一个画室，在油画系教学，相互也很接近，直到他主动请缨去组建美术教育系（当时叫师范系）。

司：您怎样评价郭绍纲教授的绘画基本功？

恽：从他留苏的作业，可以看出郭绍纲是一位很踏实、用功、成绩优秀的留学生。他的大量习作都是相当完整、充实的。他的作品量也大，多亏他留学时保存得不错。这跟他为人、做事总是严严正正、扎扎实实的作风是一贯的。

上基础课时，我觉得他比别人更强调思想方法，常常要求学生用正确的思想方法来对待、思考习作中面临的问题，也常常提到要将真善美的感悟能力贯穿在习作之中。这也属于他一贯的教育思想。

司：郭教授在承办教育系的时候，正是教育不被重视的时候，对他的这个举动，您是怎样看的？

恽：郭绍纲对教育事业一直十分热忱，对于各种有关教育的活动都由衷乐于参与，发表的观点也比较有说服力。他要办教育，就会一心一意办好，即使涉及中小学师范教育，也从不会认为地位低下，被人看不起，吃亏了。他从没这样想过，这个我很清楚。

司：1971年，当时您跟郭教授一起创作过一张油画作品《毛主席带领我们在大风大浪中前进》，能谈谈当时的创作过程吗？

恽：那是为什么政治背景的展览而被指定要画的，以及后来在广州或者北京展没展成，我都搞不清楚。

当时，因为我的主题人物创作较多，郭绍纲的基本功好，这是大家公认的，所以，军区的领导小组一定要我们合作画重点题材。那时所谓的"重点题材"是，一定要有毛泽东的形象，而且最好要画毛主席在广州的题材。毛主席曾视察过水产馆、造纸厂，于是建议我们去水产馆和造纸厂收集素材，甚至参加劳动，深入工人。后来我们发现这些题材都有人在画。我们都想到如果我们接下来画，很可能会将别人挤去了，让别人白努力，这会让我们过意不去。我还认为毛主席视察其实只是一些过程，并不能体现有深度的主题思想，就提议能不能想个广泛点的题材，比如毛主席游长江。郭绍纲也赞成我的想法。后来，把这个想法汇报给领导，领导也同意。我们拿着政工组的介绍信就去武汉准备创作。因为政工组当时是很大的权力机构，所以武汉制片厂就把毛主席游长江的纪录片调出来给我们看，还找来陪游的运动员、警卫员跟我们访谈。我们也在长江边写生,画了很多场景,做了很多前期的素材收集工作。回来之后,上级批准了这个题材,我们就画了。

司:从郭绍纲教授的从艺从教的经历来看,有人认为他的创作比较少,甚至说他没什么创作,您是怎样看的?

恽:这不奇怪,他的经历跟我们不一样。我们经历过很多次政治运动,为了各种社会任务、各种展览会的需要不断进行创作,是这样搞创作成长起来的。可是,他在我国政治运动最复杂、最蓬勃的时期留学苏联,没有那样的经历,也没有这类机会,主题性创作少一点是很正常的。

在一次郭绍纲的个人画展上,我陪同部队的两个同志一起看展。他们说,郭绍纲的习作很不错,但创作不行。我听了之后,想到对他有这样看法的人应该还不少,觉得这个看法并不完全对。这里有一个对创作与习作的看法问题。我认为,郭绍纲作品《牡丹盛开》既可以是习作,也可以是创作。片面认为主题性创作才是创作,其他的不叫创作,这样的观点是不对的。对这个观点,我们可以看王肇民先生的画,他的画张张都是写生,可是张张都是创作,而且他是"非写生画不画"。我在《读郭绍纲的〈牡丹盛开〉》一文结论中就明确提出:一是他画牡丹的角度跟世俗画牡丹不一样,有独到的见地,用平实的语言,把花盆、花泥都画出来,却把盛开的牡丹画得扣人心弦,将作品的精神境界提升到全新的高度。二是在艺术形式和处理上,有自己独到的虽平实但他人却难以企及的艺术语言和风格。三是有很高的社会审美价值和意义,通过这张作品能更深刻认识到画家的精神内涵。难道这不叫创作吗?所以,郭绍纲有相当一部分作品的创作因素是很明显的,只是程度有所不同。

所以谈郭绍纲的创作,要引用这样的原则,才能谈得清楚。如果仅仅认为主题性创作才是创作,写生都叫习作,这就片面了。写生有的是习作,有的是创作。写生习作中能体现艺术家的特色、自身风格的,就包含了创作的因素了,不是一般的习作能够做到的。从郭绍纲的习作中能体现艺术家的感情、艺术语言等。《牡丹盛开》就是很不一般的创作精品,所以,我用这个例子来纠正他们认为郭绍纲没有创作的片面看法。

营造"多能一专"的师生成长环境
——张弘教授谈美术教育家郭绍纲

受访者:张弘(广州美术学院教授、广州美术学院教育系原主任)
采访者:司徒达仍
时间:2010年10月21日晚
地点:广州美术学院教育系主任办公室

司徒达仍(以下简称"司"):张老师,您好。美术教育的教学架构和水彩课程的发展方向,是不是郭绍纲教授当系主任时就建构起来的?

张弘(以下简称"张"):是的。郭老师这个观点是根据中小学美术教学的实际情况,以及美术教育教学规律提出来的。在教学座谈会的时候,他跟我们说过这样的观点:油画成本比较高,不容易在中小学老师中普及,而水彩材料简便,作为色彩训练的课程适合在中小学推广。

司:教育系能够推行水彩特色教学和当年组建强大的水彩教师阵容有很大的关系。

张:对。当年在广州美术学院画水彩的,最出名的就是王肇民先生,还有就是胡钜湛、陈秀莪夫妇以及陈杰雄老师,他们原来有的是国画系老师。教育系刚成立时老师不多,其中就有3个水彩画名师。由此可知,把水彩画作为美术教育系的重点课程来发展是非常明确的。王肇民先生在油画系只教素描,到我们系以后才教水彩课的。所以,在广美能够直接上他的水彩课的人并不多。教育系创办之初的两三年,他只教过龙虎老师的那个班。那时王肇民先生已非常有名气了,我们虽没直接听过他的课,但他在校园里写生的时候,我们会站在一旁观看,也有不少机会听他的水彩画讲座,其实这就是无形的影响,一种精神的力量。胡钜湛、陈秀莪夫妇更是一心从事水彩画教学,为教育系培养了很多水彩画方面的人才。

司:当年创办师范系的师资是怎样组建而成的?

张:创办美术师范时,很多人认为美术学院培养中小学美术老师就降格了,现在都还有人这样认为。可想而知当时压力有多大。很多人不理解郭绍纲老师既是有名的油画家,又是油画系副主任,为什么要主动请缨去办师范系?

在那样的情况下组建一个系,师资真是不容易找的。当时只能向各个系要人,这是非常被动的,况且各个系也不会把自己专业的骨干老师让出来,能调来教育系的老师基本上都是对他们本系专业影响不大的老师。而教育系"多能一专"的办学方向恰好是什么学科老师都需要。后来,我们在研究生和本科生里面有意识地培养师资,这样就变被动为主动了。

当时教育系的教师由三部分组成。一是聘请其他系的老师上课。二是调入一些老师,作为基本的组成队伍。1981年建系,第二年就调了童燕康、盛蒙、陈卫东、杨杰昌、梁如洁、黄中羊等,我毕业留校时教育系只有14位老师,包括郭绍纲、胡钜湛、葛曾鹊、姜今、张祖泰等几位老师,与我同时调来的有吴兆铭、梁海娇、梁器奇。三是从应届研究生那里物色一些作为教师。

例如,张祖泰老师教写美术字,也教素描,他在版画系的美术字课程就不会很多。当时电脑还没在学院出现,可是美术字在中小学很实用也很受欢迎,特别是宣传墙报方面是不可缺少的,所以,他来教育系教美术字就发挥了很大作用。同样的情况,国画系的两位水彩老师胡钜湛、陈杰雄调入教育系也能很好地发挥了水彩的教学作用。

司:"多能一专"的教学模式对学生很有帮助,是不是对老师的专业发展也有很大的影响?

张:老师的"多能一专"不是刻意提的,但在实际的教学中,无形中迫使老师向"多能一专"发展。教育系的国画花鸟老师不可能只上国画花鸟课,那样很难排课,应该也要安排一些其他的国画课。这点不像其他系,专业国画花鸟老师就专教国画花鸟。我记得那时系里规定年轻老师必须备多少门课,排不排得上是另外一回事,但必须事先做好准备。郭老师从教育的角度和中小学需要出发要求年轻老师必须开多少门课,系里也鼓励老师多开课。当时，姜今老师就对我说，你的花鸟、山水、人物课都要备，排到你上什么就上什么。从这点看，教研组长确定的排课计划肯定是经过系主任审核同意的。郭绍纲老师在课程设置上要求老师的面要广，在没上课时就要求老师大量备课，排到有课时就不能说不会上。像童燕康老师现在很多课都可以教，图案、构成、编织、染织、漆画、平面设计都行，这就是在教育系锻炼出来的，她在工艺系的学习不可能样样俱到，但在教育系教学就要求要面面俱到，这就是教育系老师的"多能一专"。到最后，"多能一专"的"一专"发展可能比"一专多能"的"一专"还要好。

还有，安林老师跟国画系的老师也不一样，他是学山水的，但参加全国美展的画常常有花鸟或人物画，你说他是画花鸟还是山水的？平时工笔和写意的花卉也要教，这样对国画的各个学科都需关注。所以，我们不仅要求学生"多能一专"，老师也要"多能一专"。假如，我在国画系可能只画自己擅长的人物专业，就可能不会像今天这样，不但可以教人物画，自己的山水画也能参加全国美展。

司：在"多能一专"和"一专多能"办学方针的区分上，胡钜湛教授坚持认为学生样样都要能，样样都要专，都要好，非常强调学生的全面发展。郭绍纲教授的观点则要求学生在专业方面要多接触、广接触，可以不精，但教育方面要专。

张：其实他们的观点基本都是一致的，都是要求学生要全面、多样发展，确立专业特色，既是中小学教育的多面手，又可以把握自己的专业发展方向。这两方观点刚开始时有些争议，后来慢慢就认同了"多能一专"。后来华南师范大学也办了美术教育系，为了区别和彰显广州美术学院的特点，我们认为只强调"多能"不行，还要有"一专"，我们恨不得学生什么都专。比如现在的国画班，"多能"也不多了，但在"一专"方面也不会比纯国画专业有太大区别。在广州美术学院有这样的潜意识，如果你专业差了，不管你学了多少，都会被说是业余的。所以，广州美术学院的老师都有暗地里在较劲、比拼的意识。早期有些人认为广州美术学院不该办师范，可能就是认为师范的专业水平业余。虽然，我们还在强调"多能一专"，但是现在的"专"已经不是一般的专了。比如教育系的漆画专业，李伦老师在国内绝对是一流的漆画教师，他教的学生作品的档次与品位就很高，赵健副院长看了我们系学生的漆画后，就笑说设计分院的漆画会很有压力。王绍强老师教的平面设计课程也很专业很到位，影响很大。水彩专业就更没什么好说的，一向都是教育系强项。刘三建老师主持的摄影工作室的硬件目前是全院最好的，软件建设方面正在渐渐完善。正如胡钜湛老师说的，我们虽强调"多能"，但"一专"从来没敢放松过，所以，我们系的专业与其他系相比起来毫不逊色，也有自己的特点。

司："多能"是不是更能促进"一专"的发展？

张：因为现在的教学形势有了新的变化；一个学期有固定的选修课时间，学生可以根据专业的未来发展选修喜欢的课程，各个院系都在强调综合素质的培养，教育系再强调"多能一专"也就没有多大的意义了。以前郭绍纲老师当主任的时候，广州美术学院的课程是很单一的，每个专业课程设置都是固定的，所以，教育系强调"多能"是非常有必要的，可以扩大学生的知识面，提高综合素质，跟现在的所提倡的教育方针是一致的。

司：现在全院都是按照"多能一专"的模式来设置课程吗？

张：没有这样提，但整个综合素质教育都朝这个方向发展。以前师范专业是按照教学大纲，认为中小学老师必须要掌握教育学、心理学等一些课程，按照中小学教学的需要设置好的。现在的本科教育和以前不一样了，有近三分之一是选修课，这也是教育发展需要的课程调整的结果。学校已经把这种选课的自主权力交给了学生。

司：现在的教育系和其他系差不多了，因为选修课是全院范围的。

张：对。根据目前的教学发展趋势，我们再强调那种师范性质的"多能"已经意义不大了。从毕业找工作来看，现在师范和非师范也没有什么明显的区别了，谁能找到老师职位谁就去当老师。至于当教师所需要的一些课程，其他系的学生会有意识地选修我们系的一些教育课程，比如教育心理学、教学法等，在毕业前还可以申请教师资格证等。

司：现在的学生身份也没有了师范和非师范的明显区别了吗？

张：没太明显的区别。学生考进来有两个渠道：师范专业是通过广东省联考进来的，其他专业则要通过广州美术学院的专业考试进来。

司：师范专业的学生毕业后跟教育职业也没什么必然关系了吗？

张：如果毕业后找不到中小学的职位，就算是师范专业的也没什么可用武之地。以前要求毕业后必须做老师，现在就业的形势变了，不一定有机会当老师。所以，现在的大专院校都开始慢慢淡化专业倾向，注重的是培养综合素质。

司：教育系的水彩课是怎样成为省级精品课程的？

张：这需要向省里申报的。以前广州美术学院还不太重视课程申报，2003年的时候，龙虎老师做了副主任，他之前是水彩教研室主任，对水彩课程比较了解。经过商量，我们都觉得水彩课应该申请省级精品课程，刚好那时候也有申请省级精品课程的机会，当年广州美术学院同时申报的还有三四个课程。我们系的水彩课有两个有利因素：一是水彩大师级的人物王肇民先生等人在我系授过课，有这方面的传承与影响；二是1999年的全国美术展览里，我院的水彩画拿了两个金奖，一个是陈海宁，一个是黄增炎，这在广州美术学院过往的历史上是从没有过的。这说明除了课程好之外，还要看培养出什么人才。黄增炎是教育系的水彩本科和研究生毕业的，也在教育系任过课，陈海宁是龙虎老师的水彩画选修课的学生，毕业留校，后来也调入了教育系任教。申报材料要求有完整的课程录像和教学教案，由于我们一直重视这门课程，申报准备工作也做得比较好，所以申请成功了。这也是教育系的做事风格，要做就认真做，而且要尽力做好。当年郭绍纲办教育系也是这样的，不是马虎敷衍，而是全心全力去做。

司：在人才任用上，郭绍纲教授当时是怎样做的？

张：郭老师当年选人的时候，认为专业有潜力、基本功好就行了，重要的是看人品以及责任心。我也很认同郭老师的看法。一位教师可能开始在专业上并不是最好的，但人品好，有事业心，慢慢就可能会出成绩，所以教育系的教师比较低调，专心绘画，专心教学的老师很多，这也算是一种传承吧。

对年轻老师，郭老师一向都以长者的身份严格要求，而且说话很干脆，从不拖泥带水。他对年轻老师的业务进修抓得很严，要求必须备课认真，不能误人子弟，我今天对教学仍能认真投入与当年郭老师的教育与影响不无关系。所以在教师的选用上，除了看重人品，还要善于和学生沟通。虽然郭老师在教育系主持工作仅仅几年，但创系时的那种作风和民主氛围都传承下来了。

我为参与了创办美术师范系而自豪
——胡钜湛教授谈创办美术教育系

受访者：胡钜湛（教授、广州美术学院教育系原主任）
采访者：司徒达仍
时间：2010 年 10 月 21 日晚
地点：广州美术学院胡钜湛寓所

司徒达仍（以下简称"司"）：胡老师，您好。您是广州美术学院师范系的创办人之一，您的个人成长经历对当时美术师范系的课程设置有没有什么影响？

胡钜湛（以下简称"胡"）：我 1950 年到华南文艺学院，这所学校是广州美术学院的前身。1953 年整个学校就搬到了湖北武汉，包括师生、教具、图书等整个都过去了，与中南文艺学院、广西艺术专科学校组建为中南美术专科学校。我们在那里学画，后来留校当老师。1958 年又随学校搬回了广州，我们这批人基本上都没有离开过学校。

中华人民共和国成立初，我搞过民主改革，配合解放军搞清查户口，扫过黄赌毒。因为我的海外关系比较复杂，在"左"的路线下，虽然早参加革命，但是不受重用。"文化大革命"时，我去干校劳动了三年，当过犁耙的班长、种菜的班长。在学校不管怎样努力教学，组长都没当上。但我有这样的优点，就是不管你用不用我，我都埋头做事、教学，所以评先进都有份。

我的教学经历可以说比较丰富，从任教附中到学院，从学院绘画系到国画系，国画系到教育系，所以整个学校的所有运动我都经历过。

那时附中的教学很全面，最初是按苏联附中的那一套来教学的，主要是作业太长了，太细了，说难听点就是磨洋工，画一个骷髅头、一个石膏连缝隙都画出来。直到 1958 年，我们认为跟中国的现实环境不太相符，才慢慢有所改变。其中重视体验生活、注重速写与创作，以及强调学习要全面、基础要扎实等一些现实主义教学的理念，我们还是保留下来了。后来组建师范系时也多少参考了附中的一些教学理念。从这点来看，改革后的附中与师范系还是有点相似的。由于学院的教学发展需要，"文革"后我被调到学院国画系，教素描和水彩。附中老师的特点就是具备全面的实践经验，每门课都能教，素描、色彩、油画、工艺等。那时的附中生就是美院的后备生，学习很全面，样样都学，是为了便于今后各个系挑选。林墉是我那个班的学生，他从 1958 年进校一直到毕业，样样成绩都好。本来他是想学油画的，我就劝他，你可以到油画系，但去国画系会更好，因为你有几个优点是别人比不上的。后来，他就转到国画专业去了。当时我既是任课老师又是班主任，分析每个学生的特长，介绍和建议他们到哪个系，所以附中的

老师知识比较全面，国画、宣传画、工艺、版画都做过，除了雕塑，我也什么都学过。那时候就是以这样的基础到学院教素描和水彩的。1980年之前我在国画系，方楚雄、王大鹏他们这一批都是我的学生。

我没有派系观念，古今中外对我有影响的，凡是好的、优秀的都是我的老师，甚至学生也是我的老师。有这样的一个例子：有个学生在画水彩时用的是油画笔，我就干涉他，说这样是不对的，应该用水彩画笔才行。后来，学生并没有听我的，照样用油画笔画水彩，想不到效果蛮好的，因为油画笔可以边画边改，他有他自己的一套画法。这就影响了我，使我有了启发。在晚年，我体会到：外国的绘画理论虽然重视科学，但中国的画论更高明，在这一点上我体会很深刻。

司：当年你参与了美术师范系的筹建工作，又曾经担任过系主任，能谈谈"多能一专"的人才培养方向是怎样确立的吗？

胡：那是1980年的事情了。当时胡一川院长要求郭绍纲、我、葛曾鹊、蚁美楷、姜今五人着手筹备美术师范系。郭绍纲是留学苏联回来的，是学校的重点培养对象。为什么选我呢？可能因为我是从附中过来的，学的是油画，教的是水彩，什么画都能会一点。因为当时师范专业是最被人看不起的，所以筹建师范系的条件很艰难，其他系的老师都不愿意到美术师范系来。

在办系思想上，郭绍纲主张学生对各美术专业都要涉猎，因为别的系培养的是画家，我们应该是教育家，又是画家又是设计师怎么行呢，他是站在这样的角度去思考，因此，他主张美术师范系应该以培养中小学美术老师为主，对美术专业要求可以不要那么高，但每样都要学，每样都要懂一点。

我不是这样的，我认为每样都要学好，我们学生可以是画家，又是设计师，又是教育家。只是美术教育家，不会搞绘画，不会搞设计，能成为专家吗？所以我提出来要当三个家。当然，意见不合也没有争论，我坚持认为要学就一定要学好，师资不够可到别的院校去请老师来上课。

我们去各个系要人，他们只把一些对他们专业影响不大的老师介绍到教育系。当时办美术师范是蛮困难的，能调到我们师范系的老师基本功都很好，教学很有能力，当然不一定在全国很有名。郭绍纲当了两年系主任就去当副院长去了，后来是我当系主任。

司：美术教育中的"一专多能"和"多能一专"的区别在哪里？

胡：两个提法是不一样的。"一专多能"的提法是各个系的主张，比如国画专业，国画的"一专"是基础，也要求样样都要懂。我们教育系是"多能一专"，一、二年级是样样都要学，到三、四年级才选专业，比如国画、工艺设计、水彩等，基础是"多能"。因此，这两者是不同的。"多能一专"的毕业生好找工作，因为他们除了有自己专业外，其他的设计、手工也样样都能做点。其实我就是"多能一专"的，我从附中到学院，什么都学一点，什么都会一点。我认为各方面的修养多一点是有好处的。现在的年轻人比较浮夸，动不动就吹嘘自己是"大师"，现在绘画界"大师"满天飞，过去的大师都不是自己吹出来的，是后人公认的。

司：当年广美师范系是怎样确定水彩画、国画和工艺美术专业特长的呢？

胡：这跟我们的指导思想和几个水彩画老师有关系。再说，中学生一般都喜欢画水彩，因为工具简单，花费不多，容易操作，所以中学老师不会画水彩不行。国画是中国的传统，应该让中小学生接触和继承发扬。工艺设计在日常生活中是经常接触的，实用性强，学生也应该掌握。所以，当时就确定了要办这三个专业，大家的观点都比较一致。师范系成立五年后，在广州文化公园办了个学生作品展览，效果很好，引起了轰动。

司：美术教育系从建立发展到现在，你认为其中的主要成功因素是什么？

胡：教育系走到现在，不是因为领导高明，而是当时强调了民主集中，调动大家的积极性。如果只考虑个人的利益，拉帮结派，怎能把教育系办好呢？系里的重大问题，都是经过教研组长级别以上人员开会通过才决定的。例如，调哪个老师或哪个毕业生进来，我把材料往桌面一放，让大家讨论，要还是不要，并不是我一个人说了算，所以经常得罪人。刚开始教育系上课是没额外报酬的，后来才有，一上午课，三块钱，每人都是一样的，一视同仁，没有教授和助教的差别。因为我主管教学，所以工艺组、国画组的评分我都参加，不但了解老师的上课情况，也了解学生的学习情况。

还有，教育系的课程安排也是比较合理的。一、二年级的时候，国画、素描、色彩、工艺都要学，主要是打基础，到了三、四年级就可以选水彩、国画和工艺设计专业方向。在全国，广州美术学院师范系最早把水彩画定为专业，而且还在全国招收水彩专业研修生，这在其他院校都是没有的，后来在全国还招了两届水彩画研究班。在教学上，把油画当作水彩画的基础，这也是在全国首创的。1981年我和蚁美楷老师到全国各师范院校调研，汲取人家优秀的经验。那时我们就指出南京师范学院的课程不对，因为他们招到学生后就分国画和油画、版画专业，表面是师范，实际上是美术院校，只多了一个师范的课程。

司：听说教育系当年利用有限的教学条件为广州地区培养了一大批中小学美术老师，提升他们的学历和专业教学水平，现在他们都已经成长为广州美术教学的骨干力量。

胡：是的。在还没成立教育系的时候，我们学校有几个老师就已经帮助市教育局培训美术老师了，我也去过几次，知道地方迫切需要美术老师。所以成立师范系后，我们专门制定了针对广州市中小学美术老师的考试，采取放宽年龄的办法，有意照顾，当时就录取了一大批广州附近的中小学美术老师入学，提高了他们的学历和专业水平。我们觉得美术师范系就应该为地方美术教育服务的，这样不但可以提高他们的学历，而且对他们今后评职称和提高个人教学水平都很有帮助。因此，他们对我们很有感情，现在还经常请我去参加他们的聚会。

司：您从教育系退休后，被聘请到广东教育学院（现改名为广东第二师范学院）筹建了美术系，也跟广州美术学院的美术教育系有很深的渊源关系。

胡：完全是一样的，连教学大纲、教材都是照搬过去的。当时我刚退休，他们两个院长到我家，邀请我去任教。我想，他们那里没老师，要帮也帮不上忙，怎么办呢？后来我就找了广州美术学院的一些退休老师，他们都是教授。我一说，他们都赞成，说你去我们就去。所以，一下子就带了11个教授去筹办美术教育系，当时没有助手，买教具也是我们去挑去买的。可以说，广东教育学院的美术系是我们学院的退休老师帮忙筹建起来的。

附录五 学美术，教美术

口述/郭绍纲　　记录整理/王立

一

1932年，我出生在北京昌平县东营村。我们村据说最早是为了看守明朝十三陵的军士们修建的营房，所以叫"东营"。村子不大，也就几十户人，一大半姓郭。家家户户都是以耕田为生，没有什么富裕人家。我们祖上可能是从山西移民到东北，又从东北搬过来的。我听伯父讲，祖父是文秀才，二爷是武秀才。

祖父去世的时候，我父亲14岁，家道中落，经人介绍到北京大栅栏的一家金店做学徒。师父很喜欢他，教了他镶嵌等很多手艺。首饰的镶嵌就算是细活了，不同于一般的金银匠。有个亲戚有了笔意外的财富，好像是中了彩票，就资助我父亲去天津与人合伙开了首饰工厂。当时天津有英国的、日本的银行，他们需要些贵重的礼品，像金银的烟盒、银盾之类的，我父亲的首饰厂就接这些活儿。工厂又收了几个徒弟，父亲对徒弟还是很不错的，徒弟后来也成了师父，渐渐有点规模。父亲又和3位朋友合伙搞了个门面，他是经理，另3位注资，在天津南市开了一个小首饰楼，"恒义银楼"，其实就一间铺面。

没经营多久，日本投降了，国民党换金圆券，接着天津解放，金银都由政府统购，他们也不能经营银楼了，便改成小食堂，就是家庭饭馆。我母亲做内厨，生意也只能勉强维持生计。之后楼下做镜框加工，算是公私合营，接着又改成大集体制，我父亲是其中的职工，1960年被调去当厨师。我父亲与世无争，吃苦耐劳，虽然他只读了几年私塾，可对于人生道理看得很明白。他一直兢兢业业地工作，养家糊口，对任何事都不太较真儿。3年经济困难期间，父亲的健康受到影响，于1963年去世。

母亲善良贤惠，话不多，对长辈孝顺，与妯娌相处和睦，为人坦诚、直率、有分寸。父亲常年在外，母亲做家务之外，还要做些地里的活儿，有空就做针线活儿。做衣服、绣花、纳鞋底，把花样子缝在肚兜、枕头上。小时候，母亲做针线活儿时，给我一块布，教我穿针线、锁扣、锁花边等。每天早晨，她起床很早，起来后也叫醒我，洗漱后去给祖母请安。母亲表里如一、淳朴善良的品行，对我们几个孩子都有很大的影响。

伯父对我十分疼爱。他的儿子早夭，只有两个女儿，就把我当儿子养。伯父学过中医，他用药斗上的药名做成字卡，让我认字。据说我3岁时，认识了100来字。有人从旁说，这么小的孩子认识这么多字，不一定好，伯父便没有再教我认字了。但我毕竟也认下了很多字。我六岁的时候去读村塾。村塾是全村请一个老师，教不同年龄的学生。

《百家姓》《弟子规》《三字经》《千字文》这4本书我学完了，内容含义也不太懂，大概能摇头晃脑地背下来。在村塾读书时，过年要请先生吃一顿饭，母亲就把家里积攒的好东西找出来给先生做饭，感谢先生的辛勤教学。

8岁的时候，我被绑架过一次。那天是我的生日，我正在祖母那屋和祖母要新面粉烙的饼吃，突然闯进来几个人把我抢走了。那一次村里被土匪扫荡，有十几口人被绑。我们是最后一家。我跟我堂兄家的三嫂一起被绑走的。我堂兄在一个银号里打杂，土匪应该是事先打听过的。绑走之后，我辗转了3个村子，最后停留的那个村子叫大柳树。大约一周后，父亲托人把我赎出来。当时我并不知道花了多少赎金，也没想过去问。小孩子嘛，也不想那么多。后来偶然听说，父亲借了600块大洋去赎我。对穷老百姓来说，600块大洋是很大一笔钱，当时店铺掌柜一个月有十几块大洋的工钱，小工也就挣三五块。不过对当时的高级知识分子来说，这笔钱还不算太多。徐悲鸿校长在南京大学时，月工资是300块大洋。林风眠做杭州美术专科学校的校长时，月工资是500块大洋。不知道父亲是怎么筹来的钱，又怎么还的，家里人一直都没过问。

这件事情之后，为避匪患，母亲带着我搬到了县城。外祖父的孙子也在昌平读书，跟着我和母亲一起住，外祖父经常接济我们些粮食，送点农产品。他在山里，还有个果园。外祖母早逝，我没见过。读了两年后，我和母亲移居天津，我进入私立的卞氏小学，读了三、四年级，后考入公立的天津市第三小学。五年级时，日本投降，班主任换成张云英老师。她对我特别照顾，毕业前她让我星期天下午到她家，帮我补习算术四则运算题、鸡兔同笼等。我考初中那年，六年级甲乙两班，各考取了一人。我是乙班考取的，甲班是一个老师的儿子。我是靠张老师对我的额外补习考中的，老师的帮助真是很大。那时也不懂要给老师回报，就是被动地叫去补习。大概老师也是希望学生能考入重点中学。小学时有位孙家树老师也对我有启发，他教美术和武术（国术）。

1946年，我顺利考取了河北省立天津中学。河北省立天津中学（市人称官立中）是河北省学生向往的平民中学。天津的耀华、南开也不错，但是私立的，要学费。小学毕业时，我请教校长，是考南开呢，还是考官立中呢？校长说："考官立中。只要你家里能管得起你吃饭，你就能上下去。南开要缴学费，官立中不要学费，教学质量也不错。"官立中被老百姓称铃铛阁中学，后来改名为天津市第三中学。那时校长是佟本仁，天津市国民党党部成员。教务主任是杨学涵，教高中大代数。他在讲话时说过："有人说我主张死读书。死读书、读死书，我觉得，比不读书还要强。"

由于申请到在校住读的宿舍，能搭集体伙食，减轻了家里的负担，也锻炼了我的生活能力。初中时，我特别喜欢几何学，对日后的美术创作也有帮助。教过我的两位美术老师王雪楼和胡定九，对我帮助也很大，他们鼓励我上国立北平艺术专科学校（以下简称"艺专"）。胡老师是传统路子的，擅长国画、书法，能跟上时代。除了我之外，还有书法家协会副主席、去故宫工作的刘炳森，他也是学美术的，后来转向书法；北京画院的张仁芝、戏剧学院的张秀江，都是胡老师的学生。王雪楼老师是艺专毕业的，他告诉我："你去图书馆借《悲鸿画集》看看。"这本书不外借，只能在图书馆看。书翻开后，是徐悲鸿的自画像，1925年他30岁时画的。当时我就被他艺术的高超技法所打动，决心要学美术。老师们也给我很多鼓励，当众展示我的作业。作为少年，自然心里

很高兴，也想将来学美术。

为什么特别介绍这些呢？因为从中我认识到，老师对学生的培养、启发、引导很重要。我就经常讲，我们都是受益于老师，那么社会上又缺少师资，我们应该培养师资。我并没有在私下里练，老师留什么作业，我就画什么。我最早接触美术，是从生活中来。比如我母亲做针线、绣花，看她绣花，就是和美术的接触。还有，农村不管家里多穷，过年前也要买几张年画，贴在墙上，做成炕围子。年画上也有简单介绍，从那儿我知道什么"狸猫换太子"，知道人物、朝代，知道有什么故事。再加上父亲的工作实际上是仿造或者设计的工作，比如生产香烟盒。他们要考虑造型、制作，量尺寸、按比例缩放，上面还要雕花。雕花这个工艺，父亲他们都做不了，就要我跑腿，把要雕的东西送到天津小白楼的一个地方，找一位专门在金属板上雕花、刻字的师傅。这些无形中对我都有影响。那个师傅是广东人，当时我就特别想找出他们说话的规律，想知道他们说什么，可就是不明白。没想到后来到了广东工作，现在都能听明白了。

我们小学在天津市东门里。东门外路西有一个基督教的青年会，有时组织文艺讲座，我看了广告，去听过两场。一个是黄二南的墨画表演。黄二南早年留学日本，和高剑父是同学。高剑父是岭南画派代表。黄二南是用舌头画画，吞一口墨，用舌头画。我当时也不懂他画得好坏，但是对他这种特别的画画方法不欣赏。还有一次是请洪深讲戏剧。当时我才小学五、六年级，对他讲的道理不是太懂，不过毕竟接触了这些。

在天津读书时，看"三国""封神""西游""小五义"等连环画，都是图文并茂。租这些书看，也是早期的美术接触。那时还租借过老舍的小说，他早期的小说我都读过。通过老舍口语化、幽默的文学作品，我懂得了不少人情世态。当然还有一些电影、戏剧的影响。戏剧虽然我看得不多，可是上小学时看了不少戏剧海报。每天上学、放学要经过东兴大街北口，那里有一段30米左右的大砖墙，后来才知道院子里是日本人的电台。外墙上被利用来贴演艺海报。北京或什么地方的名角来唱戏，都贴出海报。不仅是京剧，还有评剧、梆子戏等。离我们住的药王庙街不远的地方，有一条大街上有两个园子，一个演评剧，叫升平；一个演曲艺杂耍，叫燕乐。新凤霞在升平驻唱过，侯宝林是在燕乐起家的。还有宋氏兄妹踢毽子、王氏兄妹抖空竹、佟树旺巧耍花坛等。很多杂技演员在开场时演。在蔡桥子那边有个园子叫大舞台，我和同学有时候钻到后台去看。

官立中除了正式的中学，还办有公益性质的小学，专门收容上不起学的失学儿童，名字叫民众小学，算附属小学。每天我们中学放了学，利用空出来的教室给小学生上课。一天两节课。高中部学习好的同学，会被选出来担任小学一些课程的老师。不知为什么，我上到初三时，他们找我去教小学部的美术课。从小学一到六年级的都教，正好一个年级一天，每天都有课。我虽然才初三，没上高中，不够资格，不过他们既然请我去，我也愿意去，就斗胆答应了，愿意把我自己学习画画的心得体会分享给孩子们。我就从那时开始了教学方面的锻炼。

那些孩子因为是失学的，有些高班的岁数都比较大了，或比我小不了一两岁，个头也高。那时也没有教学大纲、课本之类的，但我都尽己所能去准备。一开始我也不知道说什么，就点名，一个学生一个学生地认一认。上课有时候是带去图样让学生临摹，有时是出个题目让大家画，我从旁指导。我生性内向，有时候说话急了还有点口吃，就宁可说慢点儿,也要让大家听清楚,所以在教课的过程中我也得到了锻炼。

教了一年,我考上艺专去了北平,未久又教了中央美术学院的义务小学。很多年后,有一个我当年教过的学生叫王昌仁,那时他在二年级,他姐姐叫王昌华,姐弟俩我都教过。他给我写信说,他还保留了我送给他的卡片,问是不是要寄给我。我说:"既然送给你的,就应当你保存。不过如果你方便请复印一份,我存个资料吧。"他寄来了复印卡片。上面贴着我的小照片,有用彩色颜料刷上去的一些装饰图案,我还用毛笔写了句豪言壮语——"在儿童时期,处处要学习,时时要学习,准备将来做伟大的事业"——真是不知道那个时候怎么来的这样的语言,也不知道从哪里看来的。

1949年春节时,我去天津耀华中学礼堂观看了新式歌剧《白毛女》。现在回想起来,观看演出的那张票很可能就是学校的青年团员或者民众小学奖励我教课送的。这一年的代课经历让我对教学有了接触和认识,虽然初三时只有16岁,却有了站在讲台上的经历和感受,也是奠定我日后甘愿以教学为毕生事业的基础之一。

二

我初中毕业时正好是1949年。元月,天津解放。3月,北平和平解放。初中毕业时我17岁,报考了艺专和本校高中。

艺专的校长是徐悲鸿。据说国民党撤退时,已经给徐悲鸿发了旅费,让他跟随南撤。徐先生以离不开学生为由没有走,把旅差费给学生当了助学金。入学前,7、8月份的时候,我已经来了北京,参加学生会组织的素描补习班。后来知道,当时艺专的地下党及青年团很活跃,是他们出面组织的,由学生做辅导员,招这些准备入读艺专的学生提前培训。我在那里学了三四周素描,是免费的,他们是义务教学。培训期间,我住在同村远房的亲戚家,我叫她二姑。二姑夫在前门外大栅栏有一家关闭的金店,有个伙计在那里看房子。也没有床铺,我就铺条褥子睡在柜台上。吃饭就在外面,随便买个烧饼什么的。其间第一次见到了校长徐悲鸿,当时给我印象很深,这位校长很朴素,分头,穿一件灰蓝色的夏布长衫,铜纽扣,蛮有风度。那个时候,我对什么事情都很感兴趣。没事儿时,我就在北京逛逛。去过府学胡同里文天祥就义的地方,当时是一所中学,叫丞相祠,因为在书本中读过文天祥的故事,便想去凭吊。逛北海时,从后门进去,买个大油饼,边走边吃,抓紧时间转悠。想起来还是挺开心的。

学完了又回天津,等待录取通知。收到天津三中和艺专的录取通知,录取时艺专还是5年制的。家里有人建议我考职业高中,比如铁路铁饭碗、银行银饭碗等,我还报了北京高级高工学校。北京高级高工学校初选时录取了我,面试时,问我是否需要住宿舍,我说一定要,因为我家在天津。最后没被录取,因为他们没有宿舍。

艺专入学考试完了,还要经过一次面试,在大礼堂面试。几位老师摆着桌子,有一张空着的,是给校长准备的。校长也来面试。我看着他进去坐下,一下子就叫我的名字,我很紧张,不知道校长会问什么。坐下了之后,徐先生很和蔼、客气,问我从哪里来,家里做什么的等问题,我就如实回答了。徐先生当时请的人多是他的学生辈,因为他是权威人士,很有号召力。考试后,我们画的素描都挂在礼堂屏风上。徐先生会去

看,按照他的标准评选名次。发榜第一名我记得叫李葆年,第二是李荣华,第八是詹建俊。我是排在中间的位置。

艺专入学后,要填写一张详细的表,从籍贯、家里几口人到爱好、志向都要填写。在志向一栏,我就写了"教育"。因为我能来艺专,就是教育的结果。如果没有老师们的引导、支持,我根本不知道自己喜欢什么。而且我初三时也代过课,有当老师的体会,我也喜欢当老师。由此我便选择了教育作为自己的毕生事业。后来工作中,即使做了学院领导,我也没有中断教学工作,仍然兼课。我宁可少看文件、少休息,挤出时间来也想做教学工作,我认为教学工作是重中之重,不能牺牲,其他方面我倒是没有那么看重。这也是受徐悲鸿校长的影响。徐悲鸿先生就是深入教学,经常去看学生们的画作,发现一些被低估的作品,比如老师给了82分,徐先生看了后,认为还可以再高些,改成84分。这样也很鼓励同学们好好画。

1949年,我们一年级分甲、乙、丙三班,我是丙班,属于绘画系。当时艺专的师资力量很强。甲班董希文,乙班艾中信,丙班孙宗慰,都是徐悲鸿先生的学生。当时的艺专还有雕塑、陶瓷、音乐、图案几个系。音乐就很多了,还分弦乐、管乐、声乐。中华人民共和国成立后不久,艺专改制,音乐方面的迁到了天津,所以中央音乐学院最早是在天津。我入学的时候住的宿舍名叫筠斋,是混合宿舍,不按专业或年级分,有空位就安排。不同专业和年级的同学们在一起,也有助于更多了解学校。宿舍里有几张双人床,我们和音乐系的同学共六人同室。我记得其中两位的名字是王铁铮和王志隆。徐悲鸿校长鼓励我们每人都画幅自画像挂在床头。看门的老大爷看多了自画像,就知道谁是住宿舍的,每天我们进出筠斋的院区,他也不过问,但心里都有数。画自画像也很锻炼素描的技能,因为谁都希望把自己画得好看些,但又要像自己。我们就这样抓紧一切时间和机会多练习。整个学校的气氛就是不要浪费时间。

进艺专后的冬季,徐悲鸿校长给毛泽东写了一封信,请他题写校名。毛主席题写了"中央美术学院"这几个字。徐先生把这封信原封不动地放在一间教室里,我们都去参观了。我印象很深的是,毛泽东很谦虚,"悲鸿先生,来函收悉。写了一张,未知可用否?顺颂钧祺",这些对我的性格养成都是一种陶冶。小时候读连环画,其中有一句"能人背后有能人",给了我很大的教益。

徐悲鸿校长和吴作人教务长将中央美术学院的教学方案确立为欧洲写实主义的路线,采用循序渐进的方式。徐校长欣赏西方和中国的传统艺术,他要求我们通过了解欧洲一流的艺术家100名、二流艺术家200名、三流艺术家300名来了解西方艺术史。由于当时需要大量的普及美术的干部,艺专没有分油画专业、中国画专业、版画专业等,什么都学,统称为绘画系。

当时艺专的学生生源很广,有一位剧团演丑角的,叫陆德昌,德字辈的,比我高两届。也有在其他学校学了又来这里继续深造的,像王学仲,京华美院毕业后,来艺专的彩墨画科学习。那时不叫国画,叫彩墨画,这是徐悲鸿命名的。我认为这个比较科学,比"中国画"的提法准确。油画、水彩画、彩墨画,都是按照物质材料分类。而且其他国家的人也画彩墨画,并非只有中国人画。如同把油画叫作西洋画或者某个国家的画也不确切。反过来说,中国绘画也包括很多种类,并非局限于彩墨画一种。概念的确切性对于美术的宏观教育、美术知识的普及、美术文化的国际交流都是必要的，有益的。不能搞狭隘的民族主义。越是国家强大，越要有博大的胸怀。

开学后，素描课之外，上图案课，请高庄先生来教。高庄原名沈土庄，是清华大学的老师。他穿着美军剩下的那类军用大皮靴，还背个背囊，背囊里面装的谷子、麦穗之类的，他一上课就发给大家每人一种谷穗。先写生，然后变形，作麦子和稻谷的图案。他为什么要让我们做这些呢？后来我想，清华大学梁思成教授接受了设计国徽的任务。高庄先生教这些，无非是为了集思广益。后来还有一位教图案的老师是徐振鹏。我们也上过雕塑课，包括浮雕、圆雕，临摹已有的雕塑。又画水彩，老师有宗其香、戴泽、萧淑芳；跟随李可染、黄均学习毛笔白描、勾勒；油画老师是吴作人；创作课老师是伍必端、李琦、邓澍；素描课除了孙宗慰先生（他教了不到一年就病了），后从清华大学请来李宗津教课。二年级时，学长级的李天祥教我们。我们入校时，他是四年级。随着学制缩短，改成中央美术学院后，是三年本科，他四年级就毕业了。1949年我们入学时，是5年制专科的预科，第二年才让选专业，分图案、绘画、陶瓷等。改制后，就只有3年本科。我们这届就改成了1年预科、3年本科。我自己的感受就是跳级式的，有利有弊，利处是抓紧学、早点毕业为社会工作，弊端是本来应该在学校多利用资源优势、多学习，但减少了一年学习时间。

在中央美术学院学习的时候，确立了艺术的方向性问题，就是文艺为什么人服务。我认为这一点是很重要的。中央美术学院成立之后，胡一川、王朝闻、王式廓、罗工柳、张仃这5个人是党组核心。那个时候中央美术学院是党总支，胡一川是党总支书记。胡一川书记他们几人从华北大学第三部美术系过来，利用老解放区的人员关系，请了一批文艺工作者到学校开系列讲座。比如艾青讲文艺思想课，蔡仪讲艺术欣赏，王朝闻讲新艺术创作论等，李庚讲新民主主义革命史，都是系列讲座。也请一些人来做单次讲座，比如杨尚昆的夫人李伯钊在中央戏剧学院工作，也来讲过，讲的都是进步的文艺思想历史和我们推崇的艺术欣赏。比如蔡仪的讲座是介绍俄罗斯巡回展览派画作，讲他们的代表作。文学选读请的是萧殷、王森然和中央美术学院图书馆馆长常任侠等。

理论认识之外，更重要的是实践。我在学校学习的这4年期间，没有浪费一个暑假。寒假两周，暑假至少是7周左右。1950年的暑假是学校组织去京浦线（北京到浦口）铁路系统的单位体验生活，和工人打成一片。说是办美术辅导班，可我们只是十几岁的孩子，也没法辅导。我们那时的心气是走得越远越好，但我没去多远，被分去的是丰台桥梁厂，属铁路系统管，专门做水泥电线杆。有个上了年纪的人叫杨荫林，我记得问过他："您这么大年纪还来学美术？"他说："我们搞工程设计，需要美术的眼光、手绘的能力。"我们那时还不懂横向的审美的联系，只是局限于自己画得好，没有上升到那个高度。这无形中给我们一种启发。我们去了5个同学，两个三年级的，一个二年级的，两个一年级的。这个暑假也是大开眼界，真是感觉到解放了的工人的那种热情，加班加点、展开竞赛——有些地方还没解放，很多地方铁路需要修复和建造。

1951年暑假，学校组织承接在天津举行的华北物资交流展览会的布置与绘制工作。在天津跑马场搭上席棚，分门别类搞展览。我们被分配到农业展览馆，负责绘制、布展。学先进互助组的事迹，画成图，也要画各种实物，要对应摆列。两个月的实习学了

一些农业知识,对社会多了些认识。跑马场蚊子多,每人先发一个蚊帐。那也是我第一次挂蚊帐。当时听一位姓李的负责人动员讲话,讲了农村形势,动员如何为农民服务。他讲到"梅兰芳小镜子"——一种圆形镜子,背后镶嵌着梅兰芳的剧照图,这种小镜子非常受欢迎,让我认识到艺术名人的社会效应。

1952年暑假,学校安排去山西太原机械厂和钢铁厂实习,系里让我去打前站。我先去联系好了,同学们从学校出发。要在石家庄转车,转车的过程给我印象很深。第一次走这么远、第一次转车,一方面觉得任务重,另一方面又觉得很好奇。联系好了,给学校打长途电话。那也是第一次打长途电话。我记得很清楚,因为是按照分钟计算,为了给学校节省长途电话费,给系干事靳之林打电话时,拿起电话我就开始说,结果线路不好,他总是听不清,还得重新说,反而更花钱。

我们分了两个组,去钢铁厂实习的指导老师是版画家彦涵、邓澍,我是去机械厂,指导老师是搞国画的李斛和吴冠中。大家都是住大通铺。其间,老师们要评级,学校让我跟同学们摸底,了解一下,哪些老师可以评副教授——当时李斛、吴冠中都是讲师。我们这个年级人多,包括1950年寒假从上海招了一批和暑假招的一批高中毕业生,分成了甲、乙、丙、丁、戊5个班。在太原时,新疆歌舞团来演出,有个舞蹈家叫康巴尔汗,跳得非常好,吴冠中先生看了非常激动,说他在法国从来没看过这么精彩的演出。有人说徐悲鸿排挤吴冠中,据我观察是不实的。后来院校调整,很多老师都被调剂到其他学校了,这是客观工作安排,不是谁排挤谁。

1953年暑假,我们去了河北满城要庄,村子里姓要的多。我们三四个同学住在要振武家里,每天去做些农活。我做过淘粪、晒干、弄碎的工作。我们和农民相处得很好,也有不少提亲的。年龄小的同学根本不懂,个别年龄大的也有在这里结亲的。书法家王学仲(笔名呼延夜泊)从北京京华美专毕业后,插班到中央美术学院四年级,徐悲鸿先生还和他有通信来往——他因肺病在家养病,徐先生写信鼓励他,康复后回校继续读书——这也是徐悲鸿先生诲人不倦的体现。徐悲鸿先生对王学仲评价很高。王学仲也很有才华,绘画、书法、诗文都出众,他毕业后到天津大学建筑系教书。我岳父后来在天津大学任办公室主任,也住在天津大学家属区。我去看望岳父时,也去他家拜访,看到他太太就是要庄人。王学仲后来成就很大,他被日本筑波大学特聘去做教授,研究、讲学,回国后还在天津大学成立了王学仲艺术研究所。

每年暑假的劳动锻炼非常有帮助,生活是艺术的源泉,这是没有争议的。延安的经验、苏联的巡回展览画派的影响,都是要艺术家走出来,为大众服务。

毕业时要求搞年画创作。我画的标题是《一年级新生》,反映农民翻身了,孩子们去读书,画了一位老爷爷带着孙女去入读、见到女教师的情形。女教师是按照我在昌平县读小学时的刘炳琳老师的形象画的。刘老师是从昌平师范毕业后留在昌平县县立小学的。我对她印象很深,她是我正式接受新式教育的启蒙老师,对我很好。那时我住得不远,有时候也帮她做点事,记得最清楚的是有一次帮她去打一瓶醋。她剪着短头发,知识妇女的样子。我就以她的模样想象着画了这幅画。这张年画在我们的毕业作品展时,被人民美术出版社看中,当年作为年画出版,大量发行。1956年又被苏联一本专门介绍中国年画的书册选中了。人民美术出版社给了我300块稿费,应该是很多了。1954

年，我去武汉工作，月工资是 42.9 元。这笔稿费我一半给家里，一半用来分配工作后安家。1957 年，我从苏联回来实习，这张画再版，又给了我 150 元稿费。我用这笔稿酬在北京王府井的和平画店买了一幅齐白石的作品。当我进去时，王朝闻和艾青先生也在店里，我请他们谈意见供参考，当时齐白石的画就两张，一张是牵牛花，一张是蜡梅。最后选了蜡梅，60 多元。

一年级时，我被选为班里的劳动干事。那时都要求学生深入工农兵生活，每周有一天下午，我就带领同学们从学校走到建国门外大北窑的一处农场，做些简单的农活，每次干大概两个钟头。二、三年级时，我是学习班代表，就是做些为学习服务的工作。比如画画用的颜料、画布等材料，都是学校供给的。每次画画前，我去办公室把这些材料领来，在教室的桌子上放好。同学们每人六七支笔，一个调色盘，谁要什么颜料就去桌子上取一点放在自己的调色盘上。下课后，我再把这些材料收好交回去。这些事情虽然简单，但让我有了服务大家的意识和习惯。

在中央美术学院，我也有一段教小学的经历。中华人民共和国成立时，北京有很多失学儿童，中央美术学院也专门为失学儿童办了一个义务小学。比我们高两届的学长陈洞庭负责这件事，因为在一个宿舍里住过，他就把这个小学交给我了。在天津民众小学时，这批孩子四、五、六年级时我教过。等到六年级了，要给证书，必须刻章给发个证书、承认学历。他办的时候还没赶上这个，他自己也没办过这个事，他就全托付给我。我刻了一个人名章，这个章现在还留着。我也很重视这个小学，拉一些学校的同学一起来办。他们都很乐意支持学校工作，不只是美术，包括小学所有的文化课。好多同学来教语文、算术、常识等，办了两年。后来朝阳区教育科和我们联系，设计了一个徽章，发给我们这些义务工作者作为奖励。随着政府办的学校越来越多，我们的生源也少了，便停办了。我还留着一张和部分学生的照片。记得其中有名学生叫魏振华，他家里是个体裁缝。

我还被选为腰鼓队队员。腰鼓队大多数都是男生，个子要比较高的，表演时头上扎条白毛巾。有时候也跟着表演队去演出，不过我不会演戏，就是在旁边打旗。有些同学演得真好，放得开，我在旁边看得也有收获。演出是学校安排，主要是宣传抗美援朝、"土改"等。记得在左安门外小红门做过"土改"宣传，演出活报剧。

我们还去工厂、基层等进行美术教学。我去过丰台桥梁厂、印钞工厂、北京农业大学工会美术组。去北京农大还没有公共交通，要坐三轮车，学校就给我发五角钱的车资。同学贾鸿勋原来在印钞工厂上班，后来考入我们学校，他也组织同学去印钞工厂给工人讲解美术知识，便于他们制版。

每年国庆在天安门广场游行时，中央美术学院的学生队伍都扛着自己绘制的大幅领导人油画肖像，非常引人注目。一般是高年级同学进行创作，但我从二年级时，也被邀请加入绘画工作。这些社会实践帮助我接触到社会、认识到社会，也培养了我的服务意识。

那个年代青年人几乎人人要看《钢铁是怎样炼成的》。保尔·柯察金说："一个人的生命应当这样度过：当他回首往事的时候，不因虚度年华而悔恨，也不因碌碌无为而羞愧。"这段话对我的影响很大。另外就是车尔尼雪夫斯基的《怎么办》，两位男士都喜欢同一位女士，不是像欧洲过去那样去决斗，而是自动退出。这个恋爱观点也启发了我，很多事情不要争抢。"中国的保尔·柯察金"吴运铎写了《把一切献给党》，这本书对我影响深远。我们学校的罗工柳等为他的作品画了插图，出版后，吴运铎来我们学校时，还签名送了我一本。

在中央美术学院毕业时，同学们基本都是填写的"服从分配"。那时我们想得比较少，没有想过非要去哪里或者不去哪里，都是满腔热情地想投入工作，希望为建设中华人民共和国出力。分配命令下来，我和其他几位同学被分到新组建的武汉中南美术专科学校。要求报到的时间很紧迫，我们收拾一下便马上动身了。到了武汉，胡一川校长亲自去接我们，这种平易近人的态度也影响了我，让我知道老一辈学者的好传统。就像季羡林先生在北大做副校长时，还去帮新来的学生看行李。

三

我到中南美术专科学校之后，真是意气风发。我每天早晨按时起床，先到操场跑步，然后开始一天的工作。我任3门课，独立教一年级一个班的水彩、一个班的速写，还作为助教辅导二年级一个班的素描，接触3个班的同学。我希望能多代课，多了解教学。

寒假刚过，学校通知我，要派留学生到苏联，各个单位要推荐学员参加考试。中南六省两个考试名额，一个分派给中南美术专科学校，一个分派给中南文化局领导下的美术创作组。我们学校就派我去参加考试。考试在我的母校中央美术学院进行。全国报考油画专业的有十几名，录取两名。考试后回武汉，接到通知说我被录取了，另一位是邓澍老师。所以，我觉得我是沾了地方名额的光，分配到中南美专，让我有机会教学，还有机会被选去留学，很幸运。中南美术专科学校创作组的钱运达考试后，领导找他谈话，说现在国内需要培养动画专业生，拟派他去捷克留学，不用经过语言训练，直接到捷克学语言。他问我的意见，我鼓励他去，我觉得这是开拓性的工作，大有前途。

很多年后，当《胡一川日记》出版后，我才知道当时中央美术学院毕业分配的情况。派去中南美术专科学校的5个人是学校原打算留校或作为研究生培养的，因为要支持新建的中南美术专科学校，便改派到了武汉。改派的人选名单可能是系主任罗工柳老师等帮助物色、选择的。

1954年武汉水患，各单位都在防汛。两岸筑堤，我们也参加了防汛的劳动。就在劳动的过程中，得到通知要到北京去报到。当时京汉铁路不通，我和音乐专业的两位老师一起坐船到南京，从南京坐京浦铁路在济南转车，才到了北京。在济南时，我们顺便游览了大明湖，看了《老残游记》中写的那些景物。

在北京住在宣武门内鲍家街。在鲍家街的北京俄语专修学校第二部留苏预备部学俄语，半年后这所学校迁到西郊大学城，就是后来的北京外国语学院。我们准备了一年，突击性地学。在中央美术学院念书时，中华人民共和国成立之初就开了外语课，其实就是俄语，当时没有英语等其他语种。俄语老师是苏联人。大一开课时，一屋子五六十人坐得满满的。因为不是必修，是选修课，我断断续续坚持下来，等最后毕业时，只有五六个人坚持下来了。我在那段时间能坚持下来学俄语,是为了读懂苏联来的宣传品,比如他们的画册、宣传画上的标题、作者等。王府井南口有个国际书店,专门卖这些进口的书籍杂志。我们常常下课赶紧跑去,看有什么新的东西可以买到手。所以我有些基础,发音、单词,都算知道一些。有些同学没有基础,需从头学起,难度确实大。我还算幸运,那一年没有那么辛苦,很顺利地度过了。我记得同学中有程砚秋的儿子程永江,他研究美术史、美术理论,在中央美术学院学了两年,就去了外语学院学俄语;李葆年,就是我们入学素描考试第一的,他是从中央工艺美术学院派出的,学装饰雕塑;还有一位从美术转向专职翻译,做美术评论的,他原是清华大学外语专业的,因为美术兴趣浓,就转到中央美术学院学习,即吴达志。

教育部留学生管理司司长艾大炎是民主人士,在我们学语言时,两次去北外给我们讲话。他说:"希望你们大家出国以后,都要黾勉自重。"让我印象最深的是"黾勉自重"4个字,首先要自重,然后要不受干扰,完成学习任务。

我们那年出国大概两千人。那时家里都比较困难,衣服也没有多讲究,国家给每个人量身定做西装、中山装、棉大衣、夹大衣、衬衣、领带、皮鞋等,包括刮胡刀,都装在两个大帆布箱子里。考虑得很周到。还有政治审查。政审很严格,调查社会关系、海外关系。体检、外语、政审都过关才行。我们美术方面的学生还要准备绘画材料。我在中央美术学院学习时,绘画材料都是学校提供的。这次去留学,我们也希望国家能提供绘画材料。我代表大家去文化部艺教司申请,由司长刘建庵接待,我们做计划提出来要买什么。最后确定,每个人配备一个简单的画箱,其中配置画笔、颜料、画布等,还申请买一件工作服,以及为交流方便再买些小礼品。当时为了节约经费,有关部门讨论,是否不要配备夹大衣。我们就提出来,能否把夹大衣改成工作服,因为画画不能穿着西装画,很容易污染。后来夹大衣没有砍掉,也给配了工作服。

火车几乎是留学生专列,一列车主要都是留学生,走了七天六夜,早晨到达莫斯科。当天,中国驻苏联大使馆留学生管理处李涛处长简单地给我们介绍了情况,晚上安排我们搭车到列宁格勒(今圣彼得堡)。在莫斯科一天,我们坐了地铁——那也是第一次坐地铁。当地的老留学生义工很细心,交代我们万一坐错地铁站怎么办,安排得很周到。我们去莫斯科大学参加活动,听报告。晚上坐火车,次日早到达列宁格勒,列宾美术学院的老留学生来把我们接走。

我们9月初到了列宁格勒。一般学校都是9月初开学,列宾美术学院则是10月1日才开学,因为它把两个月的实践和两个月暑假连起来,共4个月,因此,我们入学前有了一个月的准备时间,先由老同学安排给做介绍。老同学是肖峰、全山石、林岗、周正,他们都比我们早去一年。周正是学舞台美术的,给我们找了间教室,放了些静物,让我们练习。同时安排宿舍。刚开始在河对岸的宿舍,那个地方也是俄罗斯过去一位画家的画室和住宅,等到1958年时,调整到学校附近。调整宿舍反映出中苏关系微妙的变化——把分散的或者在二线城市的中国留学生,开始相对集中起来。

列宾美术学院分6年制、5年制不等。第6年是毕业设计、毕业创作,给一年的时间进行创作。在中国留学生内部也有相应的思考,毕业创作要画什么,是学美术的一个独特的问题。另外,离开祖国那么久,情感容易淡薄。李天祥学长比我们早去两年,教过我素描，曾代表中国政府参加过青年联欢节等活动，是列宁格勒的学生会主席（列宁格勒留学生的领导是钱其琛夫妇）。毕业创作是在国内完成，还是在苏联完成？从李天祥这一届就面临这个问题。后来学校、中国政府好像都不同意毕业设计在国内，所以我们还是继续学下去。但他们为后来的学生争取到一个机会，就是每两年回国体验生活一次。

我们那届是1955年出去的，1957年暑假就回到国内。其他专业的可能没有这个机会。那次回国住了4个月。我去了长城，后来去了北京车辆厂、良乡长沟镇。去这些地方主要是因为中央美术学院的附中学生在那儿实习，已经安置好了，我们跟着搭伙就行，很方便。去了农村、工厂，深入基层，参观学校、工厂，也请一些学生做模特，和农民打成一片，画素描、写生。

两个多月后，我回到中央美术学院，就像回家一样。我也不用找铺位，总有人主动安排我住在空铺，非常方便。吃饭就去饭堂，外面也有小饭馆。那时中央美术学院正在开展"反右运动"。苏联专家马克西莫夫从1955年到中国开办油画训练班——美术干部培训班，用两年时间培养了一批中国的画家。毕业创作展览时，朱德委员长特意来参加毕业典礼，看了展览，大家也尽了全力，搞出成绩。这一班有几位同学想请文化部出面收藏这批毕业作品。在交涉中，态度可能有些激烈。那时的院长是江丰，他是老资格革命者，20世纪30年代在上海就搞木刻，后来搞评论，江丰也帮助同学们说了话，同学们又去文化部请愿，结果就被留在学校参加"反右"运动。中央美术学院附中毕业生有些同学想直升大学，去文化部请愿，也被处分，留在学校不让走。

就在这期间，马克西莫夫那个美干班里几个同学就找高志做模特来画画。高志那时是中央美术学院附中的毕业生，被留在学校。我回到母校后也没事儿，他们要去开会，让我接着袁浩的画继续画。这样我就和高志相识了。中间有个情节：她说："我渴了，要回宿舍喝点水。"回来时，从宿舍里又拿了杯子，从开水房打了两杯水，给了我一杯。我就觉得这位附中同学能够体贴人。接下来的时间里，我要去一些博物馆参观，看一些展览，高志也一同去看，有时候还互相约了一起去看展览，这样就慢慢走近了。暑假结束前，高志提出来让我去她家见见父母，我们才知道两家人都在天津。记得我们是坐快车回去的，2.90元一张票。那期间，高志收到四川美术学院的录取通知。直到1960年我回国，我们才又见了面。分别的3年都保持联系，差不多一周写一封信——邮资是5毛钱，那时是很贵了，但她家里条件还不错，还有这个能力。这些信我一直保留着，"文革"时被抄家，抄走之后就不知道落在哪里了。

在列宾美术学院时，我除了课堂认真学习，也抓紧利用课余时间，有机会就去博物馆、美术馆参观、临摹，也去图书馆饱览书籍和画册。1958年王朝闻先生去苏联访问时，鼓励我们要在留学时像牛吃草一样尽量多学多看，回国后再慢慢反刍消化，我很赞同他的这个说法，也在努力地实行。

在苏联学习的那几个暑假，我们也都没有浪费时间。暑假自由安排，有的学生去黑海舰队，有的到工厂、到农村，或者回家乡，都是深入社会。1956年我们去了一个叫作格鲁布考瓦的农村，待了两个月。那是列宾美术学院的教学基地，也是住在老乡家里。老乡在空屋里铺张厚垫子，就当我们的宿舍了。带队的老师是两位轮换，每位老师住一个月。一位是素描老师，叫边万林；一位是油画老师，叫乌噶洛夫，后来他做了美术研究院的院长。边万林是朝鲜族人，他第一次见到我，就和全山石指着我说我像朝鲜人。金日成当政时，很想让他回去，他没有回去。我有一次和边老师一起去清水塘边洗脸，他说我能走远路，因为足弓高，他说他自己是平足。他对我很提携，对我有不少指导，我的素描课作品他给了满分5分，后来这张素描做了一本素描书的封面。

1986年，我随华君武带队的中国美术家代表团回列宾美术学院访问，我是南方的代表，北方的代表是郝伯义，我俩见了边万林。乌噶洛夫那时已经是美术研究院的院长了，在莫斯科。我在国内时，接受徐悲鸿的素描观念，达到一定基础，去别处再学习，基础还是起很大作用的，没有被俄罗斯那种高水平教育所吓倒。每个人都有自己的优势和不足，我们的弱项在色彩训练，必须急追猛赶才行。他们在博物馆看油画原作很多，我们的劣势是看的原作少、印刷品多。到了三年级时，我的油画色彩被同宿舍的学长看到了，给予我肯定。他说："你暑假的画画得不错，你是好样的！"我就有信心啦，看到了自己努力的结果。

1957年暑假回国实习。1958年暑假，我去了列宁格勒造船厂实习，实习结束后，自己组织起来去北俄罗斯参观沃洛格达附近一个14世纪的老教堂。1959年暑假，我去了德聂勃尔河一个叫康涅夫的小镇实习，那里其实属于乌克兰。我们去基辅的时候，结识了基辅美术学院的一些朋友，他们说他们有个实习基地，可以一起去画画。他们也很客气，说不用出费用，我们也带了些模特费，如果农民当模特，还是要付些钱的。我们跟着基辅美术学院的学生一起画，也很长见识。我们6人一行，邓澍和我，总政来的舞美设计冀晓秋，还有3名搞舞台美术的男生。我的一个意外收获是在德聂勃尔河那里游泳可以漂浮起来。当时基辅美术学院一个学生能手托着画箱游到对岸，画画后再游回来。

之后学校号召大家去部队体验生活——学工农兵嘛，造船厂去了，农村去了，还应该去部队。去部队不用自己负担食宿。我和邓澍都报了名。后来我被获准，邓澍是女士，不能去，因为部队都是男兵，没法安排女士。到部队去，本来想按照国内的习惯，与战士同吃、同住、同劳动。但去了后，也就只能做到同吃，住是在一个军官的宿舍，也没让同操练、同劳动。他们接受不了，他们正规化的观念很严重，觉得我不是军人，不能和军人一起操练。我就以伙房炊事班为据点，在那里画炊事兵。偶尔有些早结束训练来吃饭的军官、士兵，也可以接触一下，画些素描像。没多久，有位师长问我，是否可以给他画一幅像。我很高兴，但我和他说："你要做两次模特，我画你两幅像，你先挑，另一幅我保留。"他欣然同意。我就画了两幅，让他签了名，挑一幅，另一幅我留下来。1959年，中华人民共和国成立10周年时，我正在这个部队里，也画了一批，主要是炭笔素描和油画。他们在俱乐部搞了个小型画展，同时开纪念会，庆祝中华人民共和国成立10周年，我发言表示感谢。这个算我的第一次个人作品观摩展。他们对我的画感兴趣，因为画的都是他们的人，士兵们都能互相认出，上面还有签名，觉得蛮亲切的。

在俄罗斯那几年，我们有一次去参加农业劳动。他们是按劳取酬，一个小时给多少钱。我们没有拿，而是把报酬捐给当地共青团活动基金。因为我们有国家给的助学金，

不需要这笔额外的钱,这也是后来我们的教育中推行的精神。王学仲成立的艺术研究所也是如此,他没有用日方给予的资金去改善个人生活,而是用于大学的科研,为教育服务。我们那个时候,强调集体主义、公共事业心、公益心,反对个人主义、反对自私自利。

1960年,中苏关系有些紧张。暑假我们回来后,去文化部开会,讨论"斗私批修",批评"三和一少"。先是批铁托,后来批赫鲁晓夫,大家都要在会上发言。按照道理,应该是"三不政策":不抓辫子、不戴帽子、不打棍子,让大家畅所欲言。我记得我讲的是"一个人的行为不在于口头说的,比如赫鲁晓夫是苏共老党员,但他做的事情未必符合社会主义发展的方向,卡斯特罗非共产党员,但他做的事情也许正能代表革命力量"。当时我们也是即兴发挥,因为我们对苏共内情也不了解。

这次我是与王宝康一同回来的。我的毕业创作是《过雪山》,画稿已经让指导老师通过了。王宝康也想画长征题材,我们两个分开活动,各自去走遵义那一带。我走到阿坝地区,不能再往前通行了,只好远远地看了一眼雪山。

我到四川时,和高志定好了时间,准备结婚。那时我属于大龄青年,也不讲究体面、排场,就在她实习的铜梁县登记结婚。他们那时在铜梁县集体创作,画邱少云,是一幅大画,我也跟着去帮忙画。四川铜梁县是邱少云的家乡。我还特别从文化部把户口关系转到四川美术学院,才办完登记。本来我们不想搞什么活动,他们老师说开个茶话会,于是在7月12日晚上开了一个茶话会。他们找了一张红缎子,大家签了名,买了瓜子、糖果等。我以为是他们热情接待我们呢,会后给了我们一张收据,6块多钱,原来还是我们做东。

从四川结婚回来,我到文化部报到,要回列宾美术学院,工作人员说,"因为工作需要,让你提前毕业回广州",那时中南美术专科学校已经迁到广州了。我就问了一句:"我还没毕业,那学历怎么算?"工作人员说,国家教育部会给我发证书。后来我了解到,可能是中苏关系紧张、压缩经费。地方派去读书的,我认识的还有搞音乐的也提前回来了,其他地方去读书的也有不少提前毕业的。但就这一年,还有中央美术学院附中的3个学生被派去苏联。

四

我没有去追问为什么要提前一年回国。对我来说,早毕业也好。高志当时已经怀孕,家庭也需要我,教学也需要我,我早点返回广州美术学院参加工作也是好事。而且我在苏联画《过雪山》找模特也很难——在那样的环境中,只能凭想象——那份稿子后来在"文革"中也丢失了。我留在列宾美术学院的衣服及画作,从列宁格勒一路原封托运到广州。那两个箱子后来被我改造成了书架。

我在苏联的经历在"运动"中没有给我带来太多麻烦,后来广州美院的同事有的去文化部调查过,想看看我当时的发言是否受处分,又有人说我和赫鲁晓夫握过手,其实这是张冠李戴。1957年在莫斯科举办的十月革命40周年大型展览,我们也去看过。有一天赶上了赫鲁晓夫和艺术家握手。我们是普通老百姓,也不能随便上去,只是远远看到赫鲁晓夫和艺术家在聊天。不过,即使真握过手,也无可厚非,握手是基本的社交礼节。

回到广州美术学院后，我要求去劳动锻炼，想熟悉一下国内的现实情况。先去了清远莲塘石溪生产队，一个半月后回到校内鸡场劳动。3个月的劳动结束后，安排我带毕业班实习。高志毕业后，被分配到成都电影学校，教美术课。学校也照顾我们，1961年年初把她调过来，让她在版画系做系干事。

同年5月，儿子郭晨出生。我们在广州举目无亲，两个人都要上班，还要带孩子，时间上虽然很紧张，但学校有幼儿园，还可以请校工家属带，还算顺利。生活困难，我们常常觉得很饥饿，而且什么食物材料都没有，即使有钱也买不到东西。布票给一丈多，我这样的身材做一身衣服都不够。即使买铁锅也要票。1961年我带毕业班去汕尾时，根据学生的政审背景，分成两组。一组在汕尾，一组在海丰内陆。我带汕尾那一组，教课、写生，住在渔业大队，伙食也还过得去，吃大锅饭，每人给块咸鱼。我发现百货店里卖文具的地方卖铜锣，这东西不要票，可以随便买，便买了一个铜锣回来当煎锅用。那时搞运动，时常还要做自我检讨、自我检查，比如对待生活困难的态度。自我检讨时，我就把这个事儿当作一个材料。

1961年下半年，我带二年级一个班的3门课，素描、油画、创作都是我教，从年头管到年尾。离开学校这么多年，我应该上的课其他同事都分担了，现在我回来了，多代些课也是应该的。我从来不计算多少课时、超量不超量。而且我觉得，既然学了那么多年，现在学完回来了，要尽量分享给学生们。

1963年，我被安排教两个班，1963—1964年我参加了"四清"运动。文艺批示的压力很大，以至于文化部下达文件，要求取消模特教学。有人提出来，画家不能深入生活，是因为校内有模特，限制了画家走向工农兵，这当然是不对的。人也是自然的一部分，师法自然，没有具体的模特，凭想象、印象来画人，就无从教育。就像学医，取消了人体解剖，怎么能学会治病呢？

1963年，我去了阳江，1964年就坐在学校整风。老院长胡一川就要做检讨。他也没什么可检讨的，最多就是说他是官僚主义、宗派主义。官僚主义是说他把很多事情交给相关负责的人，比如教学交给负责教育的副院长，党内工作交给了党委书记，他只在重大场合露面等。至于宗派主义，我不认为他有什么宗派主义。他胸怀广阔，不属于那种拉帮结派的。他在位、在世的时候，对社会上出现的一些对他的误会、不实的报道，他也不在意。胡一川对职位并不看重。搞"三反五反"运动，胡一川带队下了基层，因为那时江丰已经调到了中央美术学院。罗工柳对我说："江丰调到北京来，胡一川欢迎，两个人都有私心。一个想当官，一个想画画。"确实，人各有志。有的比较擅长做领导工作，有的比较适合搞业务。江丰去世，胡一川去参加葬礼。葬礼后，只有他跟罗工柳两个人，把江丰遗体护送到火葬场，其他人都走了。

1965年，我又担任了一年级油画课老师。没有模特，就画风景，我就带着学生去学校附近画，去珠江边上画。那时也提倡备战备荒，我们学校在广东和广西交界的怀集山区有个分教处。我带着这批学生去那儿上课，找蚕种厂的工人、当地农民来当模特，让学生画。如果有人批评我使用模特，我就说这是学工学农，不是模特教学。

1968年，局势逐渐安稳，我们就回到广州。我不代课，主要是接学校给的任务，

比如每年广交会画画。广州的优势在于它的外贸从来没有间断过。周总理在把关,要求每年的交易会必须开,必须保持和平的环境。我那两年就去广交会画画,也画革命历史画,都是集体创作。1969年,我去毛主席视察过的广州水产馆画大壁画,是集体创作。那几年中,还是有不少活儿能干的。虽然是参加集体创作,也是锻炼。毛主席像也画了很多次,最大的是广交会的那张《毛主席在延安》,后刊载于《南方日报》上。

1969年,我们学校复课闹革命。很多老师去了干校,我和另外几位没有去干校的老师,带了1969届、1970届两个年级一起去三水大日头大队接受贫下中农再教育。学生们也有打架的、谈恋爱的,但我坚持一条,不管怎么样,要求学生们在出工前至少画半个多小时画,手不能生。有人说我大胆,其实也不算大胆,我说我是学解放军的"天天学、天天练"的口号嘛。学画的,不天天练,手就生了。拿支铅笔、拿张纸,画个速写,也算天天练了。我没觉得自己冒太大风险——我已经带着学生下了基层,即使再被处理,也就是下基层了,不会更惨;而要求学生天天画画也是应该做的事情,不能算什么大胆尝试。

1970年,把这些学生带回去后,我去曲江县马坝办试点班。那时广州美术学院已经是音乐、美术、舞蹈合并,改成广东人民艺术学院,学院成立绘画、雕塑、工艺系,音乐是音乐系、舞蹈是舞蹈系,成立了五大系,并重新组织了革委会的班子,学校领导层也改组了。艺术学院成立后,先在马坝作为试点。办班的时候,关于音乐的钢琴、舞蹈的地毯是否要带下去发生了争执。有人反对,认为钢琴、地毯是资产阶级那一套。有些人认为,既然有这些设备,藏起来不被教学所用是浪费。钢琴、地毯已经运到火车站,又运回去了。正好有个钢琴伴唱《红灯记》出来了,这个革命节目成了带钢琴的理由,钢琴又被带下去了。地毯没有带下去,教舞蹈毯子功的就没法教。先是去山上拔草、打草垫子,但是草垫子太滑,没法练,最后又只得把地毯运下去了。

我在马坝办试点班时,河南要搞焦裕禄事迹展览。他们点名要恽圻苍老师去。但教学改革、试点班需要恽老师负责美术这一摊的工作,就改为派我去。我到了郑州、开封、兰考。为了展览内容,比如焦裕禄补了又补的衣服、袜子要不要展览,就有两派意见。当然,布展不是我的工作,我就画了一张《焦裕禄在群众中》。这幅画带着公式化、概念化,有人提出来,焦裕禄怎么能随时带着"毛选"下乡,可只有这样画才能通过。在此之前,《羊城晚报》发表了一张我画的水彩画,《焦裕禄在群众中》是焦裕禄坐在晒谷场中和大家聊天。但他们不用这个,一定要突出"毛著",只能这样画了。这幅画中的人都是站着的,要表现英雄好汉的气概,便没有了生活气息。

完成创作我就回广州,学院开始招工农兵学员了。

五

20世纪70年代初,参加焦裕禄事迹展览后,我回到学校,从1971年到1976年,教了5届工农兵学员,下基层实习一直没有断过。

1975年,南京举办澳大利亚风景画展,老院长胡一川带我和另一位年轻同事去参观(他1974年已经获得平反,担任革委会副主任)。参观完了,老院长去扬州见了校友。到了上海,老院长想拜访林风眠先生,我说我还想去拜访刘海粟先生。20世纪70年代搞焦裕禄画展时,有位干部叫张仲夫,是刘海粟在上海美术专科学校的学生。谈起模特教学,他提供了一些资料、线索,我很有兴趣,跟他讨教,掌握了很多东西。我和老院长说:"我去拜访刘海粟先生,你们考虑一下是否适合去。"因为那时刘海粟还没解放,在被审查当中,很多人不敢去接近他,担心受牵连。老院长和同事愿意跟我一起去拜访他。刘海粟门上贴了条,"毛主席说,还有一个刘海粟"。他贴这句话是为了应对来客、革命小将,告诫他们,不要太轻举妄动。一进去,刘先生拿了本子来:"请你们留下大名。"本来老院长打算跟着听听谈话,没打算声张,但他一写名字,刘海粟就知道他是谁了。我是有备而来的,诚心请教。老先生知道我们是真正来拜访的,不是来糊弄他的,便对保姆说"上茶"。之前有些人过来要材料,后来都不退了,有去无回。坐下来后,我提了很多问题,他也都回答了。临走时,他给了我一份资料,送了我一本早期的出版物,签了名,真是对我们很优待。

次日,我们去拜访林风眠老校长,他是胡一川的老师。胡一川1929年入杭州艺术专科学校,胡一川在我们面前是前辈,在林风眠面前是学生。他说:"我是被艺专开除的。"林风眠说:"是啊,我当时就派人告诉你,赶紧离开学校,否则他们要把你抓走。"胡一川当时是"一八艺社"的主要负责人之一,王肇民、李可染都是这个团体的。他们师生谈,我们就在旁边听。我问他:"林先生,您墙上挂着的少女像,是谁画的?"他说是学生苏天赐画的,苏天赐是南京艺术学院的老师。林先生家里给我印象深刻的是,一进门看到他的大写字台边上放了一摞《解放日报》,摆得整整齐齐,整齐到什么程度呢?像一刀切的一样。那时他还没有完全解放,还处于被审查中,后来才批准他去巴西探亲,从巴西回来他就留在香港了。

我们又访问了颜文樑先生,他是苏州美术专科学校的校长。他是写实派,徐悲鸿劝他去法国留学,颜先生20世纪30年代去了法国。颜先生的一位学生是李宗津,我们读艺专时,他教过我们的课。我说我到上海不做别的,也不去拜访老同学,我一定要拜访这3位教育界老前辈。那时我还不知道自己将来做什么,但既然搞美术教育,应该对前辈的经历、办教育的经验做一些了解,这些对我办学、待人接物都有很大的启发、教益。颜文樑先生那时已经八十出头了。我们想看他的作品,他拖着脚,从自己的房间中一张张拿给我们看,很让我们感动。他其实可以说不方便给我们看来回绝,但是他不仅拿给我们看,还不只是给我们看两张,而是给我们看了很多张他的作品。等到我们临走时,他送我们出来,送出屋门、送出院子,还招手再见。他的学生们都称他为颜老夫子。

离开上海后,我们又跟着胡院长到了杭州,看望了他当年的同学、画友,参观了杭州美术学院西湖老校址。这一趟江浙沪之行收获真是很大。

1977年的寒假,国家恢复高考招生。1978年已经是新的领导班子上台,把广东人民艺术学院改回广州美术学院,所以广州美术学院是从1977年寒假开始招本科生,1978年正式恢复院制。音乐、舞蹈专业又搬出,美术学院恢复老样子。那个时候,学院任命我为油画系副主任管教学,主任由副院长杨秋人教授兼任。领导对我的任命也是扶植青年人。

1980年秋天,文化部副部长、文艺评论家林默涵来学校开座谈会。他传达一个信息，现在社会上需要大量的美术教师，希望你们能够办师范专业。学校领导也认为应该办，我也认为应该办，所以我发言的倾向性也比较明显。谈到谁去办的问题，我表示我也可以考虑。胡一川老院长说："你是专门学油画的，你不要改专业了。"党委书记吴表凯后来找我，说："现在看来，还要你出面搞师范系。"我说没问题，我可以做。在酝酿筹建过程中，我了解到学校还是有潜力可以做到的。我问一位后来担任副主任的胡钜湛老师："你在国画系教水彩，也不属于任何教研组，国画系分山水、花鸟等，你可不可以考虑到师范系教水彩？"他就很严肃地说："那要看谁来主办"。我说："我懂了，你不要再讲下去了。"这样，各系都支援一个人。版画系支援了蚁美楷老师，附中支部书记过来，工艺的姜老师，我们5个人算筹建小组。1981年招生，我们借用雕塑系的一间教室。工艺系借了间教室给我们做办公室。可谓全校支援。

1981年招生了20名，次年招生40名，引起了社会关注，美术专业院校办师范专业，在全国来说，也是受关注的事情。有的学校虽然有条件办，但不一定乐意，因为有些画家觉得从事普及性的工作离自己的专业就远了。实际上是观念的误区，把自己的专业看得太重。

新生入学时，我给他们讲话："你们出入学校大门，要挺着胸进、挺着胸出。不要总觉得自己低人一等。"

这班学生学得很好，分配工作后很受欢迎。这个广州美术学院的新系成立两年后，广东高教局特批款项新建教学大楼"师范楼"。有些人不太理解，问我去师范系当主任是否权宜之计。我说不是权宜之计，我一定要办好。我办师范系，视野就要放到师范上，怎么培养中小学美术老师的知识结构、能力，就开始在脑子里琢磨这些方面，不能总想自己的油画了。

有人问我，为什么那么看重办美术教育、培养中小学美术老师。我说你们不要小看中小学生，20年后他们就是家长，家长的素质高低直接影响到孩子。他们如果受的教育不全、不良，会影响到他们的孩子，关系到民族的未来。

1983年，学校任命我做学校副院长，抓教学。1985年，任命我当院长。在任院长期间，我不脱离"生产劳动"，在教育系（师范系）教学到1987年。

我做副院长时，有一次领导干部开会，有人指着我们说："你们知道吗？一到下午5点钟左右，就有些人推着车、挎着包，出学校了。干什么，你们知道吗？"就是有人去兼职了，有些老师去教课、画画。我说："我知道。""有没有请假？""不需要请假！下班了，时间自由。再说，学校不能在大门口设个岗，问每一位出校的老师干什么去。他可以如实地说，也可以不告诉你。你能跟踪吗？"事实上对于教育系的学生，我鼓励他们去幼儿园、中小学实习。不在乎给多少钱，就是多找实习锻炼的机会。学校能乐意接收去实习就已经不错了。作为大学老师，他愿意做些发挥自己专长的工作，就是务正业。我鼓励去做，也是顺应改革开放的形势。广东领风气之先，是一个试点。我们在这样一个大环境中，顺水推舟，能开绿灯开绿灯，并非我如何高明，只是顺应大势所趋。

为了学科建设引进人才，我们能抢先一步就抢先，能办的就尽量早办。对社会急需的学科，比如装潢设计、广告设计、服装设计、环境艺术等，我们都尽量给予扶植。利用广东改革开放领先的优势，人家乐意来广东，就尽量欢迎人才过来。对很多教育规定、条条框框，又不能公开违反，只能抢先做了，实际上是培养人才、储备人才。比如我们办服装专业，按照规定，开一个新专业要有科学论证、储备条件，要有几名正教授、副教授等。可是全国有相当多的高级裁缝，是高手，但他不是教授，只是传统手艺工作者。如果当时找服装教授，根本不可能。传统的专业有染织专业，我们招生就采取"婉转"的方法，打的旗号是染织专业，加一个说明"（服装班）"。这个专业设计还是符合上级规定的，但重点是培养服装设计。小女儿报考大学时，我们就鼓励她报考服装专业。还有就是在研究生培养上，方向倾斜。比如环境艺术专业刚开始，也是挂在装潢专业下面，"装潢专业（环境艺术班）"。产品设计很多方面都需要的，就开了"陶瓷专业（产品设计班）"，其实不限于陶瓷设计，包括多种材质的产品设计。

虽然广州美术学院扩展了很多新的系，但某些学科还是有所欠缺。比如说模型设计制作社会需求很大，这个也是我们艺术教育的薄弱环节。20 世纪 80 年代初，我在北京看到山西省文物展览，其中就有一些木结构的模型。当时我便感觉到，这应该是一个很好的模型教育，还可以作为一个产业开发，在各旅游景区销售这些模型。模型可以做成可拼装的，像乐高玩具那样可以组装，游客们可以买回去自己拼接，比如应县木塔、天坛等，有趣味又有纪念意义，也是传统文化的再现。还有就是对材料的开发运用，比如石头、竹、木、棕榈等。对这些材料的开发利用，也可以构成新的产业链。从我的美术教育角度来看，我还想到，比如旅游业的导游培训，也应该根据导游的文史知识等多方面能力评级。现代旅游主要是风景、美食，对文化历史背景的介绍很不足，而旅游更重要的意义在于让游客的文化知识、审美观得到提升，有利于对精神的陶冶、文化传承。

我在苏联就读的列宾美术学院，全名是列宾绘画雕刻建筑学院。建筑在中国来讲，往往放在理工那边，侧重建筑结构，没有当艺术品设计来创作。当艺术品又容易脱离实际，但建筑是凝固的音乐，中国建筑也应该体现这一点。有些设计师认为，越贵、越新的材料越好，其实不然，还是应该根据实际情况选择、比较。广州美术学院也想把建筑专业纳入，我们和一些单位联合培养，也请相关专家来上课，可是想完全建立起这个专业还需要过程。相应地，建筑模型专业也很重要，不可缺少。这是个手工活，需要很多计算。各地都需要，人才是不够的，应该加大力度培养。怎么能用可利用的材料做好模型及良好的文案工作，都是需要培养、提高的。艺术的观念、内涵，及各种艺术形式的配合，整体性很重要。

实际上，美术在社会各方面，从人文修养到产品实用，无孔不入。要想增加产品的附加值，必须有设计的理念在其中。1913 年，在蔡元培领导下，鲁迅写了《拟播布美术意见书》，这篇文章收在《鲁迅全集》的《集外集拾遗》。除了老舍的小说之外，鲁迅的杂文我读了很多。他谈到美术的目的与致用，"表见文化，辅翼道德，救援经济"，基本上概括了各种情况。当然，按照我们现代的情况，更重要的是开发经济，不仅是救援。我也很认同鲁迅先生的观点，这 12 个字对我说来，作为指导教学的思想是根深蒂固了。因此，我很重视怎样把艺术跟社会服务、经济开发结合得紧一点。有了这个观念，才能促使美术教育从无到有，由有到优，美术教育才能发展。

作为院校领导，我对学生工作所持的态度是具体情况具体分析，对待有些学生犯的错误以教育为主，宽容对待。比如有一个学生有偷窥嫌疑，在邻校女生宿舍附近被校警抓了，相关人员向我汇报，问如何处理。我让系里干事把学生领回来，了解情况，做内部批评处理，不公开，这属于个人心理问题、不良癖好。公开后说不定对这个学员的未来人生轨道有负面影响。后来他在自己岗位上很有创造性，工作成绩不俗。还有个教育系的学生在异性面前露体被抓，把他从公安局领回来后，他第一个反应是不要告诉他的妈妈和妹妹。这也是心理问题，怎么办？还是采取折中办法，不让他参加实习，让他留校写检查。缺少实习，他就拿不到实习分数，也就没法拿毕业证书，只能是肄业。就这种情况，我抱着宽容、挽救的心，不是不给学生出路。

但涉及学术的公平、公正、严谨方面，我坚决不放松。早年有个学生毕业创作抄袭，被一个老师发现了，说他的画不是原创，是仿照美国画报杂志上出版过的作品。他的毕业创作就未获通过。后来改革开放，学校政治平反，他也回来了，要求平反，我正在副院长职位上，我说："他要求重新评分是不对的，这个是学术鉴定，和政治冤情不同，一定要顶住，学术鉴定就是鉴定。"还有个兄弟院校，把他们的硕士论文给我们做校外评审。那篇论文没什么学术性，讲了油画界的历史、老画家之间的派系，没有学术观点，都是历史资料，我说这个就不符合硕士论文的标准，直接就否定了。后来有人传话，希望我给予更正，我说我不更正，学生不能讨价还价。学术就是学术，鉴定完了就完了。

担任校领导时期，我也秉承了我们广州美术学院的风格——不去拉关系走后门。按照社会风气，广东高教局这些领导机关掌握经费分配，有的学校会做事，多跑几次，再加上可能还有别的利益关系，可以多一点经费。我们的胡一川老院长是延安干部，他从来不去做那些私下工作。开会就去开会，就事论事，有要求就提要求，上级批就批、不批就不批，我们后来也继承了这个风格。有一次开后勤工作会议，别的学校都是抓后勤的副院长去的，我们那时抓后勤的副院长正好去美国探亲，我也没派其他人，就自己去了。在肇庆开会，我在会上说，我们学校有什么要求，我就写个报告，领导认识到这个事情的重要性、必要性，就批准。不批准，是领导的事情，我们不会去求爷爷告奶奶。好像为单位求利益去讨好领导也不为过，但我一般不做这些事情。别的学校怎么做，我们也不去管。因此，我们学校向来不会找关系。有一次，省委有一个领导干部说他是负责联系我们学校的，来我们学校视察。我们汇报工作之后，也许为了表示他来过了，他问我要一张画。我说画一张油画很困难，花时间，你要不嫌弃，我给你写几个字吧。他也写字，对书法感兴趣。后来不了了之，算是公事公办地回绝了。

1992年，我卸任院领导职务，到1997年退休，1998年拿到退休证。卸任之后，人家问我有什么感觉，我说我原来是挑着担子爬山，现在是卸下担子下山。

在我的职业生涯里，看重的是工作能力、经验与艺术、教学专长，重工作成效不重官位。所以我说"学以公，退而升"。"学以公"，为公而学，为公而做，学术观点要尽量公正。公，也包括学术上、专业分工、社会分工，我都主张公正平等。我为什么要办教育系？我并没有强调哪个画种，而是要平等对待。在美术院校里，往往按照国、油、版、雕的顺序排序。其实各个画种应该都是平等的。"退而升"，退下了，我觉得很轻松，没有失落感。退下了，专门从事专业、学术，反而自由。

回顾这几十年，我知道我的机遇是不错的。我自己尽量珍惜这些机遇，可我不去滥用这些机遇。我没有浪费时间，我在下功夫，这样就足够了。

附录六 郭绍纲从艺从教活动年表

- 1932 年　6 月 21 日生于北京昌平县南邵乡东营村。
- 1946 年　入读河北省立天津中学，先后受到王雪楼、胡定九等先生鼓励与教导，立志学习美术。义务兼教附属民众小学美术课。
- 1949 年　考入国立北平艺术专科学校。在校期间，曾从孙宗慰、李宗津等先生学习素描，从李可染先生学习白描，从肖淑芳先生学习水彩画，从吴作人先生学习油画，从伍必端等先生学习创作。兼主理义务小学。
- 1953 年　毕业于北京中央美术学院。毕业创作年画《一年级新生》，由人民美术出版社出版，毕业后分配到中南美术专科学校任教。
- 1954 年　创作宣传画《来！我们一起锻炼！》，由湖北人民出版社出版。
- 1955 年　由国家选派赴苏联列宾美术学院留学，专攻素描、油画。五年间曾先后师从于帕·乌加洛夫、彼·弗明、尤·涅普林茨夫等教授。
- 1956 年　夏，到实习基地格鲁布柯沃写生，作品有《男孩像》《农舍》等。
- 1957 年　夏，回国实习，到长城、长辛店车辆厂、良乡农村写生，体验生活。每周空闲时到俄罗斯博物馆临摹，曾临列宾油画《斯塔索夫像》《德拉嘎密拉娃雅像》。
- 1958 年　到列宁格勒造船厂实习，参加公益劳动，写生《锻工阔利亚》，后发表于《苏中友好》杂志；随老师帕乌·加洛夫到北俄基利洛夫写生，年画《一年级新生》入编莫斯科国家出版社编印的《中国现代年画选》；每周空闲时到埃尔米塔什博物馆临摹弗哈尔斯的油画《戴手套的男人像》，此作品经使馆向国内献礼；到俄罗斯博物馆参加集体临摹列宾油画《伏尔加河纤夫》。
- 1959 年　夏，到乌克兰柯涅夫镇基辅美术学院实习基地写生，参观基辅博物馆和文化古迹；到列宁格勒北郊驻军基地体验生活，并举办写生展览。
- 1960 年　夏，回国任教于广州美术学院，到四川阿坝地区写生，沿长征路线，搜集创作素材。
- 1961 年　3 月，在学院陈列馆举办留苏习作展。
  4 月，带油画系毕业班到海丰、汕尾实习，辅导毕业创作，暑假与学生到桂林、阳朔写生；加入广东省美术家协会；油画《老人肖像》入编《广东美术作品选集》。
- 1962 年　带油画系二年级学生到广州钢铁厂实习。
  夏，到台山广海等地写生，作品有《台山街景》《广海渔港》《新会原野》等。

秋，到东莞太平南面大队体验生活，作油画《龙眼树林》《草垛》《威远炮台》等；油画《女大学生》参加省展，在《广东画报》刊出。

1963年　8月，应湖北省美术家协会邀请在武汉举办个人油画展。

9月，应邀在天津举办个展。

冬，到黄埔海军部队体验生活，作《军人像》《孙中山纪念像》及风景画，合译的《论色彩与颜料》（C·阿列赛夫著）完稿，并印成小册供教学参考。

1964年　创作油画《将遇良才》参加全国美展，在《南方日报》刊发；为北京铁路部门创作油画《检车工》；在浙江美术学院举办留苏个人作品展。

1965年　任教油画系新生油画课，带学生到珠江边、窑头附近写生，作油画《珠江渡》等。

1966年　创作水彩画《焦裕禄和群众在一起》，刊于《羊城晚报》。带学生到怀集分教处上课、写生。

1968年　参加广交会美术创作活动，创作油画《毛主席在陕北》，后在《南方日报》刊发。

1969年　参加广州文化公园水产馆创作活动，组织集体创作油画《毛主席视察水产馆》；带学生到三水县农村接受再教育。

1970年　3月至8月，到曲江县参加试点班教学工作，其间有一个多月到郑州参加"焦裕禄展览"筹备工作，创作油画《焦裕禄在群众中》，后编入《油画小辑》。

1971年　3月，带学生集体步行到东莞实习，学军拉练到目的地松柏朗大队，作油画《荔枝林》《春田》等。

5月，到广州造纸厂体验生活。

8月，赴武汉搜集创作素材，与恽圻苍合作油画《毛主席带领我们在大风大浪中前进》。

11月，带学生到广州钢铁厂实习。

1972年　着手编写油画教材，在图书馆组织油画复制品展览，给工农兵学员讲油画欣赏和技法课；到新中国船厂和广州造船厂写生，作油画《船厂》《码头吊机》《珠江口》。

1973年　参加素描教材编写组，并到高州、茂名、湛江等地写生，组织一系列教学改革座谈会；带学生到广州钢铁厂实习写生。

1974年　3月，带学生到陆丰县南塘镇学军，每天安排一小时速写课。

5月，参加省文艺工作团赴西沙群岛写生，作油画《金银岛》《抗风桐林》，创作油画《西沙前哨》；合作油画《挥斥方遒》参加国庆美展。

1975年　5月，到海丰遮浪、碣石等部队基地写生。

10月，赴南京参观澳大利亚风景画展，访问南京博物馆，欣赏元明清书画作品；访问林散之先生，继赴扬州参观博物馆，与校友座谈。

11月，在上海访问林风眠先生、刘海粟先生、颜文樑先生。在杭州访问浙江美术学院和吴之弗先生、诸乐三先生。

12月，到榆林海军舰艇体验生活，随护卫舰出海拉练到西沙群岛，因部队临时有护卫邻国触礁商船任务在海上经历 18 天，作《北岛风浪》等油画写生作品。

1976 年　创作油画《出诊》，并参加广东省美展。

9 月，到乳源桂头镇省干校学习三个月，业余作小油画多幅，其中有《山坳》《乡土》《山区工地》等。

1977 年　创作《南天一柱》《雄关漫道》等油画，合作油画《胜利的节日》，参加北京"毛主席永远活在我们心中"展览；到英德马场和梅田五矿、骑田岭、南雄登大庾岭写生。

秋，赴京参观画展，并访问吴作人先生、李苦禅先生等。

12 月，出席广东省文联（扩大）会议，当选为广东省文联委员、广东省美协理事。

1978 年　任广州美术学院油画系副主任；赴京参观"19 世纪法国农村风景画展"，出席《美术》杂志编辑部座谈会。

暑假，应邀赴韶关辅导该地区重点美术创作作者学习班，并写生示范；一批油画作品参加三人联展，先后在深圳、广州举行。

10 月，开始任教油画系研究生素描课，后又兼国画系、雕塑系研究生素描课；油画《胜利的节日》（合作）在京展出，入编《毛主席和我们在一起》画册，并由天津、上海两家美术出版社分别出版单张画幅发行，此画由历史博物馆收藏。

1979 年　4 月，赴万山群岛写生，作《万山浮石湾》《万山渔港》等油画。

赴长沙参观瑞典画展，并在当地讲学。

秋，赴杭州出席全国美术院校素描教学座谈会作学术发言，后访问苏州丝绸工学院。

1980 年　元月，加入中国美术家协会；油画《南粤雄关古道》写生作品参加中央美术学院建校 30 周年展览；粉画《老人像》等四件作品在北京"粉画联合展览"展出；油画《卡玛尔像》等七件作品参加油画系教师作品展。

暑假应邀到茂名举办个展并讲学，为中山一所宾馆作油画《兴坪初夏》，油画《骑田岭上》参加广东油画会首展。

1981 年　3 月，赴肇庆师范专科学校讲学，提供 20 幅作品供观摩。

创作粉画《总理与画家》，参加纪念建党 60 周年广东省画展，并获奖。

7 月，赴英德，为师训班讲学，并写生。

9 月，被任命为广州美术学院教育系主任，油画与素描系列作品由学院美术服务部制成教学幻灯片发行。

9 月，赴上海参观波士顿藏画展。油画《油城矿区》参加广东省油画会第二次展览。

11 月，应邀赴开封河南大学讲学并举行个展，随后作品相继在郑州展出。

12 月，应邀赴汕头写生、讲学，并展出作品。

1982 年　2 月，带师生到封开莲都写生实习，作油画《雨后山村》《初春》等。

3月，赴安阳讲学，作油画写生示范。
4月，赴京参观韩默藏画展。
5月，广东省高等教育局授教学优秀奖。
8月，赴山西大同参加中国美协读书会，并参观大同煤矿、云冈石窟、应县木塔、悬空寺等。
9月，油画《雨后山村》参加侨乡风貌展览。
10月，油画《山区工地》参加省油画会第三次展览。
11月，赴武汉、南昌、芜湖、南京、上海、杭州等地参观，考察美术教育；粉画《姑娘与苹果》等作品参加南京、杭州粉画联展。

1983年　7月，赴汕头、潮州、丰顺、留隍等地写生实习。
9月，被任命为广州美术学院副院长。
10月，留苏习作个展在广州美术学院举行。
11月，油画《初春》参加广州美术学院建校30周年展。

1984年　1月，为军区某部创作四联屏海景壁画。
5月，文章《一代新风，势质俱盛》在《美术》杂志第3期刊发。
6月，粉画《小提琴手》《文艺工作者》《女青年》《少女》四幅作品刊于《广东画报》。
9月下旬，赴揭阳看望学军的师生，并为驻军官兵作"美术的目的与致用"专题报告。
10月，粉画《留念》参加广东省美展。赴安阳参加殷墟笔会，参观文化古迹多处，会后赴京参观徐悲鸿纪念馆，并为廖静文馆长画速写。
12月，油画《初春》等三幅作品参加广东省油画会第五次展览，并写展览前言；专著《素描基础知识》、个人作品专集《素描选集》《油画选》年内陆续出版。

1985年　1月，《习艺练功，本固枝荣》刊于《青年生活导报》。
3月，赴中山参观"余菊庵书画展"。
5月，率广东美术家代表团赴济南出席第四次全国美术家代表大会，当选为中国美术家协会理事。
7月，出席广东省美术家代表大会，当选为广东省美术家协会副主席。
8月，应邀赴湛江举办个人画展。
11月，被任命为广州美术学院院长。
12月，主编《中国高等美术学院素描集广州美术学院分卷》。

1986年　2月，文章《胸怀宏远，艺教兼精——观徐悲鸿画展感想》刊于《羊城晚报》。
3月，在美术学院组织余菊庵书画展。
4月，应聘为省属高校重点学科文科组评审委员。
7月，为《中国高等美术学院学生研究生作品集广州美术学院作品》出版作序。赴台山写生。

8月，油画《雨后山村》参加在香港展出的"当代广东油画展"，并作前言。

9月，广东美协成立粉画会，当选为会长；粉画人物两幅参加广东省首届粉画展，并作展览前言。

10月，粉画《女孩像》入选全国水彩粉画展览。参加中国美术家代表团访问苏联，赴莫斯科、列宁格勒、伏尔加格勒、埃里温等城市参观、访问、交流艺术，作油画风景速写5幅。赴中山市为油画会开讲座。

11月，粉画《黄埔晨色》参加纪念孙中山先生120周年诞辰美术作品展，并入选纪念画集。

12月，受聘为国家教委教育委员会委员，赴京出席艺术教育委员会议。获教授任职资格证书。

1987年 4月，油画速写访苏写生五幅和《访苏漫记》一文由《画廊》第22期刊出；《埃里温儿童艺术博物馆》刊于《美育》杂志第3期。

5月，《余菊庵的四绝与〈海棠花馆印赏〉》刊于《美术之友》第三期。

6月，参与主编《中国高等美术学院素描集》，获1987年全国优秀畅销书奖；主持"吴芳谷暨学生画展"开幕式，并撰文《重视美育是现代文明的表现》，刊于《羊城晚报》；赴南澳岛、潮阳、普宁、汕头等地林区写生，创作油画《滨海林带》参加"绿化广东画展"，并入编画集。

9月，粉画《古榕》《女孩》参加广东省粉画展，粉画《海军战士》《女教师》入编《粉画欣赏》画集。

12月，书法条幅《东坡诗》参加苏轼贬儋890周年纪念展，赴海南儋县参加纪念活动。

1988年 3月，被任命为广东省政协书画室主任。

4月，率广东美术家代表团赴美国麻省进行学术交流，并举办美展。

5月，赴港参加京、穗、港、日设计连锁展活动，参观大一艺术设计学院。

7月，下旬到从化森林公园写生。

9月，率广东省政协书画室同仁赴陕参观和艺术交流。

10月，《广东画报》介绍郭绍纲风景写生，并附作品《植物园》《台山街景》等四幅。

11月，赴京出席第五届全国文艺工作者代表大会。粉画《漓江夕照》、油画《人像》参加广州美术学院建校35周年展。

12月，率师生赴澳门举办附中师生作品展。

1989年 1月，应邀赴韶关教育学院讲学，并举办个展。

2月，为《中外人体艺术欣赏》作序。

3月，在本院主持开幕式包豪斯展，并致辞。

5月，《高等美术学院应为中学培养师资》刊于《中国高等教育》杂志。

6月，赴深圳参加第七届全国美展评选工作。

7月，书法对联参加省政协40周年书画展。

8月，赴粤北乳源林区写生作画。

9月，赴港参加天坛大佛圆顶仪式，在港写生作《大屿山木鱼峰》《修顿球场》《太平山下》《太平楼群》等油画风景。

11月，赴鹤山参加李铁夫先生120周年诞辰纪念活动，后陪苏联汉学家到佛山考察民间艺术；受聘为香港书画学会顾问。

12月，主持"胡一川同志从艺60周年"纪念活动，作学术研讨发言，并刊于《广州美术研究》。

1990年　论文《加强美育，发展教育学科》发表于《高教探索》。

3月，获省高教优秀教学成果奖二等奖。

7月，应香港书画学会邀请，赴港交流艺术，举行"我的艺术道路"讲座。

9月，参加省政协组织的文物保护考察团赴佛山考察。

10月，赴港参加荃湾海滨公园建筑群雕塑落成仪式。

12月，《加强美术教育学科，培养合格美术人才》刊于《美术学报》。

1991年　2月，油画桂林风景入编《当代百家画桂林》。

3月，为《海之诗——吴芳谷水彩画集》作序。

4月，随广州画院创作组到西樵山写生作画10天。

6月，参加广州美术学院岭南画派纪念馆落成典礼，并致辞；参加广东省政协赴川考察活动；参观大足石刻艺术；油画《雨后山村》入编《当代中国油画》。

7月，油画《乡土》参加纪念"七一"美展，书法对联参加"中国著名书画家作品展"并在台中展出；书法对联参加广东省美协赈灾义卖。

8月，赴封开写生，作《双龙洞》《封开风光》。

10月，广州美术学院美术馆举办"郭绍纲50年代留苏作品展"。

11月，应邀赴澳门举办"广州美术学院教师作品展"，油画《牡丹盛开》和书法长联参展；书法长条幅入编《中国年鉴》编委会编撰《书画选》。

1992年　1月，应香港中华文化促进中心邀请举办油画个展，举办"中国油画传统与发展"讲座。

4月，油画《牡丹初放》《溪边秋色》等6幅作品和梅创基评论文章发表于《龙语》。

5月，为任真汉遗作赴台展出作前言。

7月，主持在广州美术学院举行的"中外美术教育理论与实践"学术研讨会；在深圳美术馆举办个人作品展览，其中油画30幅，粉画20幅，书法10幅。

8月，油画《雨后山村》入编《广东当代美术家作品选》。

9月，应邀赴巴黎访问国际艺术城，参加广州美术学院在巴黎的广州画室开幕式。

10月，应澳门东方基金会邀请，赴澳举办油画个展。

11月，卸任院长职务；在广州美术学院美术馆举办个人画展。

12月，带研究生课程进修班赴翁源写生作画，作油画《铁笼南山》《大宝山》；赴京出席艺教委年会，访问北京大学、北方工业大学、首都师范大学、北京师范大学、中央美术学院，考察美术教育和美育情况。

1993年 4月，获广州市教育基金会少儿美术教育促进会突出贡献奖。在江南大酒店艺术家画廊举办书法个展；油画《春暖》《封开风光》参加广州油画邀请展。

5月，到惠东盐洲岛参观、写生。

7月，应邀赴京参加"'93油画年展"评选工作，油画《泰山扇子崖》参展。

8月，书法条幅参加武汉《楚天翰墨情》书画作品义卖。

10月，应邀赴汕头举办绘画书法个展，访问汕头大学、韩山师范学院。

11月，油画《盐洲西虎屿》《春到深山》《牡丹初放》等18幅作品在中国艺术博览会展出。

12月，书法条幅参加北京军事博物馆主办的"纪念毛泽东同志100周年诞辰"书法展。

1994年 4月，油画《盐洲西虎屿》参加第二届中国油画展；在广州美术学院主持高等学校美育学术研讨会，作《加强高校美育，提高人才素质》主题发言。

5月，协助组织"王式廓作品展"在广州美术学院举行，为展览撰写前言，题为《素描艺术之光》，刊于《南方日报》；率广东省政协书画成员赴湛江联欢、访问。

6月，应邀赴新疆天山西部林区写生作画，作《高原苗圃》《林间畜栏》《林场食堂》等油画；广东省政协成立书画艺术交流促进会，被聘为副会长。

7月，应邀赴京参加全国教师美术作品评选工作，油画《林区宿舍》参展；参观徐悲鸿纪念馆藏品。

9月，书法条幅参加庆祝建国暨人民政协成立45周年书画展；被聘为第八届全国美术作品展览广东省评选委员会委员。

10月，油画《雪融》参加广东省美展和全国美展；油画《黄玫瑰》参加"'94凌高广东画家代表作品展"；书法条幅参加端州名砚，粤港澳书画家作品邀请展，出席开幕式，致辞。

11月，在岭南画派纪念馆举办油画风景个展；出席由学院教学科研处主持召开的"郭绍纲油画艺术研讨会"。

12月，出席90年代美术思潮学术研讨会（新兴），出席广东省老教授协会成立大会，被选为常务理事，《永念师情》发表于广东《第二课堂》第12期。

1995年 1月，作为省政协委员考察碧桂园学校。

2月，油画《林区宿舍》入编《我的祖国，我的家乡》画集。

3月，《羊城晚报》介绍《郭绍纲油画风景写生》集，刊作品两幅。

4月，赴开封河南大学讲学，示范油画人像写生；赴曲阜师范大学讲学，并到菏泽作油画，写生牡丹；赴济南到山东师范大学、山东艺术学院、山东工艺美术学院参观座谈；应聘为河南大学、曲阜师范大学、山东师范大学客座教授。

5月，《羊城晚报》刊发文章《艺无止境》及油画《林间畜栏》。

6月，赴京参加徐悲鸿100周年诞辰纪念活动；《人民日报》（海外版）刊发书法"神州"专栏题目;《郭绍纲油画风景写生》集序文及油画八幅刊于《深圳特区报》;应聘为中国书画家联谊会艺术顾问。

7月,文章《丰碑在我心中》入编《美的呼唤——纪念徐悲鸿100周年诞辰》文集。

8月,油画《瓶菊》《雪融》参加广州画院展览。

9月,赴安阳出席全国高师专科美术教育专业学科课程方案研讨会。

10月,《美术》杂志刊载《船厂》等油画作品9幅及罗远潜文《郭绍纲治艺之道》;作文《读王式廓素描有感》,参加北京"王式廓素描展"学术研讨会。

11月,油画《黄玫瑰》参加"'95希望工程广东筹款拍卖会",油画《牡丹盛开》《雪融》及素描两幅参加广州美术学院赴京展览。

12月,作文《以文化建设为目标,发展广东旅游事业》参加广东省旅游文化研讨会;赴湛江出席高山寺(雷州)藏书画展开幕式。

1996年 1月,赴郑州出席国务院学位委员会学科评议组第八次会议;书黄庭坚诗及对联参加广州美术学院金秋书画展;广东省文化传播学会成立,被任命为副会长。

2月,中国艺术教育促进会在京成立,被聘为理事;中国油画学会在京成立,被聘为理事。被聘为广东省文史研究馆名誉馆员。

3月,出席广东省中专教研会美育分会成立大会,并以《美育的重要性与现实性》为题举办讲座。

4月,油画速写8幅参加广州美术学院教师生活速写邀请展。

6月,油画《春暖》等3幅作品刊于《广东美术家》为潘嘉俊文《画册即人》之附图。油画《乌拉斯台草原》参加"中国当代名家油画百人大展"(台南)。

7月,赴东莞大岭山参加荔枝节活动,以书法及合作书画拍卖扶贫;被聘为国际美术家联合会名誉副主席;油画《高山苗圃》等4幅作品及随笔短文发表于《美苑》季刊。

8月,赴潮州参加"饶宗颐学术研讨会",写论文2篇,题为《承前启后独行远》《提高书艺有良方》。

9月,油画《百合》《林曲》参加广州画院赴京展览;书法参加社会公德四字歌书画展。

10月,速写2幅入编《美术院校师生速写集》。

11月,赴华南师范大学美术系讲学,题为《美术教育学科建设之我见》。

12月,赴番禺出席"屈大均的思想在岭南文化中的地位国际研讨会";出席国家教委艺术教育委员会成立十周年座谈会;被聘为比利时世界文化艺术交流中心顾问;书法作品参加在港台举办的纪念孙中山130周年诞辰海峡两岸书画名家作品联展。

1997年 1月,书法作品参加布鲁塞尔首届世界书画艺术作品展,获最高荣誉奖;油画

《凼仔岛》和文章《情深力作，艺象纷呈》发表于《澳门文化》杂志。

3月，出席广州市艺术教育委员会会议。

4月，油画《海韵》发表于《广东画报》，并有楚山文评介。书法作品参加新西兰首届中国书画展。

5月，向广州职业美术中学赠书一批。粉画《女儿像》入选庆祝香港回归"中国艺术大展"。

6月，书法作品参加"迎接香港回归书画联展"。出席广东省高校艺术教育工作会议，并作主题发言《艺术教育在人的素质全面发展中所起的作用》。

8月，被聘为国家教委艺术教育委员会专家讲学团成员。

9月，应澳门中华文化艺术协会和广东中华民族文化促进会联合之邀赴澳门写生作画；油画《金银岛》等4幅作品入编《中国风景油画》。

10月，作文《承前启后独行远——观读〈饶宗颐书画〉有感》编入《华学》期刊第2期。

11月，作文《艺术教育与全面提高人的素质》在《高教探索》发表，论文《提高书艺有良方——读〈选堂论书十要之见〉》和《承前启后独行远》入编饶宗颐学术研讨会论文集；到广州华联大学讲课，题为《设计与工艺教育发展趋势》；参加全国高师设计与工艺教学研讨会并发表论文；参加国家教委艺教检查团到穗、惠、深三市学校检查。

12月，赴厦门大学参加贷款课题鉴定会议，到湖光岩等地写生；油画《牡丹初放》由广东美术馆收藏、展出，并编入《主流的召唤》画集。参加主编《美术鉴赏》。

1998年 1月，被聘为华南文艺成人学院学术委员会委员。

3月，赴东莞出席广东省高教学会'98年会，提交论文《高校艺术教育与校园文化建设略议》。

4月，油画《乡土》等3幅作品编入《中国现代美术全集》油画卷；粉画《女儿像》编入《美术全集》水粉卷；速写《老干部》入编速写卷；素描《女双人像》《老人肖像》入编《素描卷》赴洛阳作牡丹油画写生多幅。

5月，在深圳博物馆举行"郭绍纲曹明球牡丹艺术展"；展出油画牡丹17幅，书法作品13幅。

7月，应广州市旅游局邀请作文《远观广州旅游形象特色的创造》。

8月，文章《从王式廓素描谈素描教学》在《美术》杂志发表。

9月，被聘为广东美术馆第一届学术委员会委员。

10月，书法作品2件参加广州美术学院老艺术家书画展，赴珠海展出。

11月，油画《白玫瑰》《红黄月季》及书法作品在《广东画报》发表。

12月，油画《天台观景》参加"广东省春暖花开美术作品展"；书法作品参加"中国佛教2000年书画展"。

1999年 1月，书法作品参加"中华千秋魂诗书画展"，赴潮出席开幕式，在韩江写生。被聘为广州欧美同学会第四届理事会顾问。

2月，赴温哥华旅居，在本那比市写生。书法作品入选"紫云山名士碑林"；广州《诗词》报刊登油画《牡丹大丽》。

5月，旅居多伦多万锦市，在大多地区参观写生。

6月，文章《墨彩随时代》刊于《羊城晚报》。

7月，返回温哥华，参观游览写生。

9月，业绩入编《中国专家大辞典广东卷》和《广东高级专家大辞典首卷》。

11月，在深圳关山月美术馆举办个展。

12月，在广州广东美术馆举办个展并出版画册；油画《古堡》参加澳门"当代著名美术画家笔下的澳门"展览。

2000年 1月，赴顺德职业技术学院出席专业指导委员会年会；出席广东省第六次美代会；于广州电大开"素描基础的再思考"讲座。

2月，在东莞可园博物馆举办"郭绍纲油画书法展"，其间在可园作油画园景写生；捐赠油画风景一幅给吴作人艺术基金会。

3月，赴温哥华。被推举为世界华人名家诗文书画展艺委会会员；书法作品一幅由潍坊市博物馆收藏；书法对联入编《百名家书联鉴赏》，由广东人民出版社出版。

4月，在温哥华写生。

6月，被聘为广东省美协学术委员会委员；经多伦多访美芝加哥城并作风景写生；应芝加哥华人艺术家协会陈海韶会长之邀请与会员座谈。

7月"美中新闻"报道座谈会消息并刊发作品《湖滨柳》《庭园草坪》；《神州时报》和《世界日报》均报道访芝加哥消息；《神州时报》刊载《红帽女青年》头像局部；为广州艺术博物院、欧初艺术博物馆藏品集写序言《尽人生责任，游艺术林府——写在欧初艺术博物馆开馆之前》；《毕业论文是提高学识的牵动力》编入《美术专业毕业论文集》；赴旧金山参观 Kacmel 镇画廊；台湾《艺术家》杂志发表油画《公园夕照》及撰文介绍。

11月，油画《路》参加"2000广东当代油画艺术展"并编入大型画集。

12月，赴惠州游西湖，作书法4幅。

2001年 1月，在顺德致尚美术馆举行油画书法个人展。

2月，《顺德报（新周刊）》发表黄国育文章题为《南粤美育大师岭南油画巨匠——著名油画家美术教育家郭绍纲教授其人其画》及油画《路》；《羊城晚报》发表油画《春花》；《梅州日报》发表罗雄文《朴实宽博中的隐秀——谈著名油画家郭绍纲的书法艺术》；附刊五言对联书法。

3月，赴温哥华写生；为司徒勤参画集作序。

7月，为美国华裔画家刘庆祖画集作序；油画《海石》《草卷》参加广东油画风景邀请展——"南方的阳光"。

8月，聘为广州市政协诗书画艺术交流会顾问。

9月，沙雁文《业行九转　德艺双馨——新中国第一代优秀艺术教育家郭绍纲先生记略》刊于深圳十佳企业期刊《万丰义讯》，同时在封三、封四刊载《戴红帽的女青年》《牧场》《盆花》及《大湖之滨》4 幅油画;赴多伦多写生,顺游渥太华。

10 月,由加拿大返穗;油画《海石》《林间畜栏》参加广东省文史研究馆馆员精品展;为雷州靖海宫书"靖扫尘氛培宝树,海腾瑞气映珠宫"联,论文《适应社会发展需要,更新美术教育观念》获优秀社科论文一等奖。

11 月,油画《大枫树》与《女坐全身素描》(1958 年作)编入《广州美术学院美术教育系教师作品集》。

12 月,油画《齐放》发表于《羊城晚报》艺术长廊;为教育系研究生授课三周(代课)并随课作素描和粉画示范。

2002 年 1 月,油画《红杜鹃》参加致尚美术馆馆庆两周年展,并入编画集;陪同杨瑞敏参观广州市少年宫美术教学。

2 月,到阳江溪头、闸坡、东平等渔港写生。

3 月,曾华文《情系阳江——记郭绍纲在我市的写生活动》及油画《阵风》《马尾岛远眺》《渔港之晨》《大澳小艇》与生活照一幅发表于《阳江日报》;应安阳大学之邀请,进行讲学、参观、写生活动。

4 月,经香港赴加拿大;曲海庆文《郭老的太行情》及生活照发表于《安阳日报》。

8 月,在温哥华松柏画廊举办郭绍纲、郭晨画展各展出作品 15 件。

10 月,赴河南开封参加河南大学文学院主办的《纪念于安澜先生 100 周年诞辰》之学术活动,撰文《学者风范文艺师友——记于安澜先生与我的忘年交》;赴天津出席母校天津三中百年校庆活动,《新中国第一代油画家、美术教育家——郭绍纲》并附《顺德报》记者黄国育文《南粤美育大师、岭南油画巨匠——著名油画家美术教育家郭绍纲教授其人其画其书》载入《官立中学堂——天津市第三中学校友风采录》。

11 月,到安阳市林州市参观并在铜雀艺术学校讲课作写生示范;应广州私立华联学院美术设计系邀请带学生写生一周;出席台山美术协会画室开幕捐赠仪式,并赴铜鼓海滨写生。

12 月,任广东省政协书画艺术交流促进会顾问。

2003 年 1 月,油画风景二幅参加关山月美术馆画廊展。

2 月,于翰林斋举办"郭绍纲油画展"。

3 月,油画《郭梅像》和风景两幅参加温哥华《春之意象——中信艺术邀请展》;第三次捐赠油画、素描、粉画 100 件作品给广州美术学院美术馆。

5 月,油画《武水清流》参加广东省油画展。

11 月,油画《红帽女青年》和《高原牧场》参加校庆 50 周年作品展。

12 月,应邀赴湖南益阳、安化、桃江等地写生,进行油画创作。

2004 年 1 月,广州美术学院藏画系列:《郭绍纲素描》《郭绍纲油画》出版;由广州美术学院主办"郭绍纲从教 50 周年从艺 55 周年纪念"活动,并在广州美术学院美术馆举行"郭绍纲绘画作品展",召开学术座谈会;《信息时报》、广东省美术家协会、广州市美术家协会主办广东美术名家经典作品回顾专栏刊载张鹏撰写的艺评《宽博、丰厚、平和隐秀静气》，作品有《戴红帽的女青年像》《矿工像》《台山街景》《武水清流》《牡丹初放》；深圳美术馆举办"郭绍纲旅加风景油画展"；顺德致尚美术馆举办"郭绍纲油画作品展"。

3月，《艺术写生的光辉——纪念司徒齐100周年诞辰》刊于《岭南文史》首刊；《顺德报》发表黄国育文《郭绍纲新中国第一代油画大师》，附图油画《郭沫若像》；《信息时报》发表《美是人生的永恒焦点》，广东文化名人系列访谈录。

4月，书法《陶铸诗》入编《南岳情》大型书画集，人民美术出版社出版。

6月，文章《高校艺术教育与校园文化建设略议》发表于《顺德职业技术学院学报》。

11月，专著《素描基础教学》由湖南美术出版社出版发行。

12月，专集《油画基础教学》由湖南美术出版社出版发行。

2005年　1月，新世纪艺术研究院与广东省美术家协会联合主办"郭绍纲教授油画近作展"在岭南画派纪念馆举行，并召开了艺术研讨会。下旬由深圳市美术家协会深圳龙岗区布吉街道办事处主办"郭绍纲教授油画新作展"在大芬油画村美术展销中心举行。

3月，《新世纪书画》刊载《人美画美心灵美——郭绍纲教授油画艺术研讨会纪要》。

6月，赴多伦多写生。

11月，赴长沙、韶山写生；被聘为广东老教授协会顾问；赴京出席"徐悲鸿110周年诞辰纪念"活动，并在艺术研讨会上作《一座丰碑　一所学府》的发言。

2006年　赴美加州洛杉矶参观、写生。

2007年　创作油画《牡丹园》（四扇屏），在深圳带学生去溪涌海滨写生。

2008年　年初，先后在广州岭南会展览馆、深圳市龙岗区艺术中心展览馆、深圳市福田区文化馆、东莞市大运河美术馆举办"郭绍纲家庭画展"。

夏，《溪涌海滨》等4件作品参加深圳龙岗区主办《名家画龙岗》作品邀请展。

2009年　3月在广州美术学院美术馆举办"郭绍纲从艺六十年作品展览"。

3月中旬从200件作品中选出60多件作品在中国美术馆举办从艺60年作品展。《白衣黑姑娘像》由该馆收藏。

2010年　6月在温哥华举办"金婚纪念活动"。

12月底—2011年3月底先后在珠海古元美术馆、东莞岭南画院、广州二沙岛广东省美术馆举办第二届"郭绍纲家庭画展"。

2011年　乘游轮赴美国、墨西哥等地旅游写生。

2012年　12月"东涞画廊"举办"旅外画家油画展"，有4幅油画作品参展。

2013年　3月在北京中国美术馆举办"二十世纪留学到苏联"美术作品展，有27件作品参展。

8月在加拿大温哥华举办第二届家庭画展巡回展,展览期间接受邀请为当地美术家示范油画人物写生。

10月,在温哥华11件书法作品参展义卖,义卖款项全部捐赠慈善事业。

2013年11月至2014年3月初,先后在广州"品尚画廊"、厦门"中华儿女美术馆"、台山"南村艺术部落"、中山报业集团书画院展览馆展出作品,其间举行学术讲座。

12月,五件作品参加省文史馆"油雕院"在东莞民间艺术馆举办"绘画作品展"。

2014年　8月,有两件作品参加温哥华"中华文化中心"著名艺术家作品邀请展。展后赠送"中华文化中心"书法作品一幅。

8月底,全家赴美国阿拉斯加旅游,沿途作粉画写生多幅。

2015年　3月,于本院美术馆举办"从艺六十五周年书画作品"个展,文题为"从艺进德,献身于艺术教育",附作品图30余幅,除自己谈艺术,还有邵大箴"内美"的艺术一文。

8月15日,于温哥华中华文化中心文物馆举行"艺术与人生"讲座,标题为《我的艺术养生观》,《台山村景》(油画)入编五邑乡村之美画展作品集。

12月,荣获广东省文艺终身成就奖,并在座谈会上发言。

11—12月,在瀛艺廊举办"道艺传承——郭绍纲、郭晨油画展"。

2016年　2月,书法对联赠新会黄云美术馆。

9月14日,《南方日报·画苑》栏刊发赠联"得山水清气　极天地大观"书作。

2017年　7月,广州美术学院美术馆举办王肇民、郭绍纲、冯健辛三人素描作品联展,并举办座谈会。展题为"观看的立场",目的在于探讨新中国艺术造型基础。

8月,《今日中国》8月号封面刊发早年油画《自画像》及王立(辛上邪)探访,文题为《孰不实而有获,独好修以为常》,文中附油画人物、静物、风景及书法等作品图片。

10月,温哥华国际画廊举办北美画家杰作展(华裔),4件油画作品参展。温哥华《高度》生活周刊第103期刊发辛上邪文章《郭绍纲·桃李天下艺苑留芳》,除附图有油画、素描、书法作品外,还将半身生活照用于封面。

2018年　10月,接受广州美术学院"987口述史工程"师生的探访,《广州美术学院院报》有简要的报道。

获广东省文化传播学会1996—2016年组织贡献奖。

被广东传统文化促进会聘为荣誉会长。

2019年　3月,《读库》刊发王立文《学美术,教美术——郭绍纲》。

得到广东省文史研究馆关注,资助忆写《我的素描之路》。

两幅油画风景参加在文联艺术馆举办的《学到老画展》。

10月,《读者》杂志刊发《以美育人,以文化人》,介绍广州美术学院美术教育学院历任画家情况，每位一个专版。有彩画《留念》、素描作品《冯钢百先生像》、油画《牡丹盛开》等附图。

12月下旬，广东省文史馆油画雕塑院在陈树人纪念馆举行馆员作品展，有3件油画作品《名模》《小湖野鸭》《院内小枫》参展，并致辞、介绍。

2020年　忆写《我的素描之路》完稿待审校，并投入从艺七十年个展筹备工作。

7月11—30日，由凡非凡艺术鉴定公司主办"郭绍纲高志家庭画展"，展出绘画、书法各36件。